本书由上海文化发展基金会图书出版专项基金资助出版

【晚清以来人物年谱长编系列】

柳和城 ◎ 编著

叶景葵年谱长编

上卷

上海交通大学 出版社
SHANGHAI JIAO TONG UNIVERSITY PRESS

内容提要

叶景葵(1874—1949),民国著名实业家、银行家、藏书家。清光绪二十九年(1903)进士,受维新思想影响,曾掌理财政、商矿、教育事业,因代为起草《条陈十策》,而闻名当时。八国联军入侵中国后,痛愤于内忧外患,遂弃官经商,走上"实业救国"道路。主持浙江兴业银行达三十多年。历任清政府天津造币厂监督、大清银行监督、汉冶萍铁厂经理、中兴煤矿公司董事长、浙江兴业银行董事长等职。叶景葵有强烈爱国心、高度正义感与民主思想,1947年5月,国民党政府迫害学生运动,叶景葵为"十老上书"人之一,声援学生运动。叶景葵笃志收藏古籍,尤重名人手稿。1939年与张元济等人在上海创办合众图书馆,捐地捐钱,建造馆舍,并尽捐个人所藏。

本书按年谱长编体例编写,客观、完整和系统地记录叶景葵各个时期的生平历史。正谱包括家庭生活、求学经历、社会政治活动、金融实业活动、图书收藏、学术思想发展、个人情操、友朋交谊等,谱后附录叶景葵收藏文献等资料。

图书在版编目(CIP)数据

叶景葵年谱长编:全2册/柳和城编著.—上海:上海交通大学
出版社,2017
ISBN 978-7-313-15572-6

Ⅰ.①叶…　Ⅱ.①柳…　Ⅲ.①叶景葵(1874—1949)-年谱
Ⅳ.①K825.3

中国版本图书馆 CIP 数据核字(2016)第 182247 号

叶景葵年谱长编(上下卷)

编　著　柳和城
出版发行　上海交通大学出版社　　　　　　地　　址　上海市番禺路 951 号
邮政编码　200030　　　　　　　　　　　　电　　话　021-64071208
出 版 人　郑益慧
印　　制　苏州市越洋印刷有限公司　　　　　经　　销　全国新华书店
开　　本　787mm×960mm　1/16　　　　　总 印 张　81.75　插　页　10
总 字 数　1526 千字
版　　次　2017 年 4 月第 1 版　　　　　　　印　　次　2017 年 4 月第 1 次印刷
书　　号　ISBN 978-7-313-15572-6/K
总 定 价　450.00 元(上、下卷)

叶景葵先生像

叶景莘像

赵尔巽像

李维格像

大清银行第一次会议官商合影(1908 年)

北京大清银行旧址

大清銀行正監督葉景葵啟事

美國 李佳白先生　序文
侯官嚴　嚴復先生
閩縣林　長民先生

卓定謀　督屬編譯

啟者銀行係商業性質，所有執事人等，必須熟悉商情，操守廉潔，方能勝任其職。本銀行一切實缺缺額，推薦之人，決非意氣用事，務必虛心延訪素有學識，為眾所信用者。故前此登報，引人四方，親勿濫用私人，庶幾人地相宜。如有毛遂薦本行者，候試驗以憑去取……來者一概謝絕，務懇諒察。京滬請託，屏斥勿怪，如有持薦……

大清銀行正监督叶景葵启事(1911年7月
14日《时事新报》)

代發行所上海商務印書館……

叶景葵致盛宣怀函手迹(1911年8月2日)

浙江兴业银行总行行址(上海北京路230号)选自
《银行老照片》

浙江兴业银行杭州分行行址

徐寄顾像

徐新六像

蒋抑卮像

浙江兴业银行第四版纸币三种（1923 年）

浙江兴业银行第一版纸币一种（1908 年）

叶景葵致李宗仁（德邻）函稿
首、末页（1928 年 10 月 9 日）

蒋抑卮致叶景葵函手迹
（1929 年 4 月 24 日）

叶景葵致朱启钤函手迹
（1944 年 6 月 23 日）

叶景葵与浙江兴业银行同事在南京玄武湖
五洲公园合影（1948 年 10 月）

《兴业邮乘》创刊号首页（1932 年 9 月 9 日）

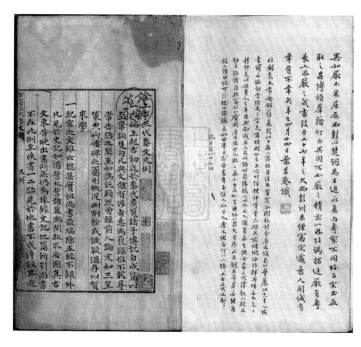

叶景葵撰《全上古三代
秦文·跋》手迹（1941
年 5 月 9 日）

叶景葵（后右二）与张元济（后右三）、葛嗣浵（后右四）、陈理卿（前右一）等在陕西南五台山合影（1935 年 5 月）

张元济致叶景葵函手迹
（1939 年 2 月 23 日）

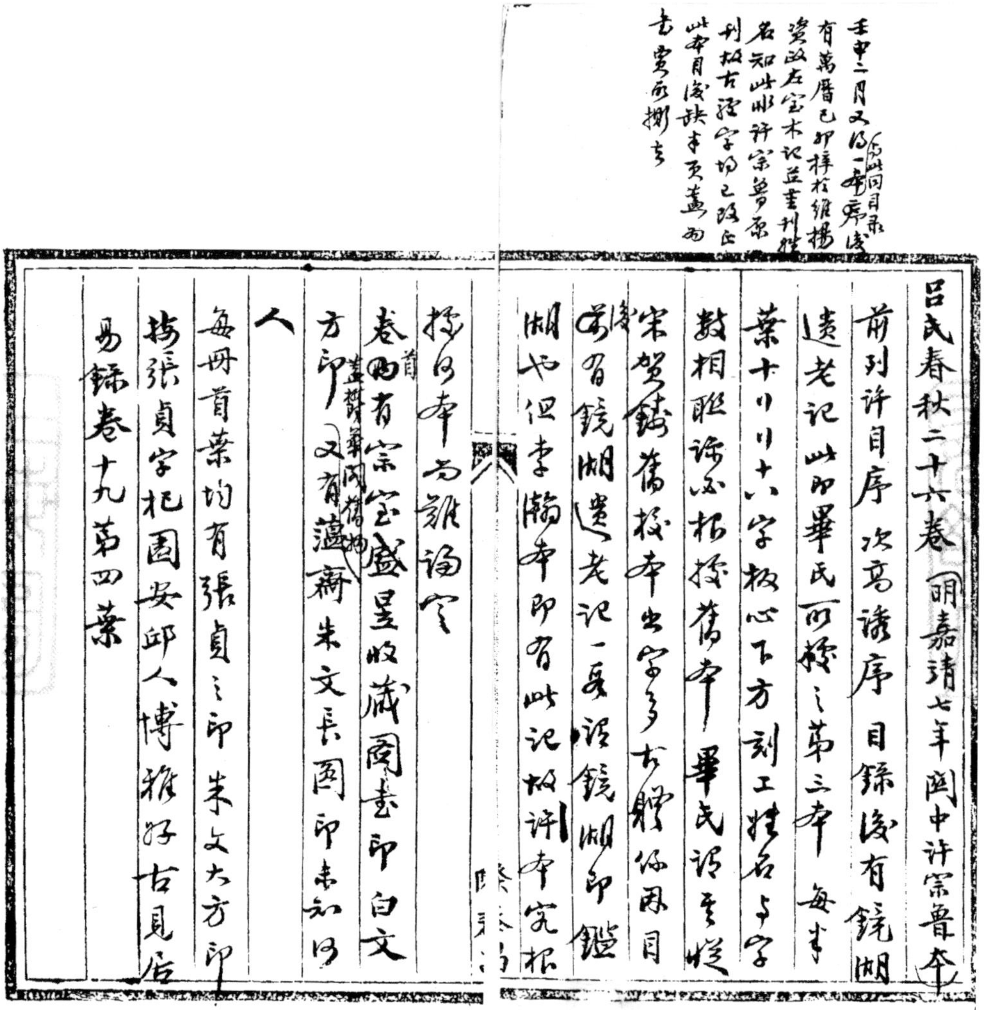

叶景葵《卷盦藏书记》手稿"子部"一则

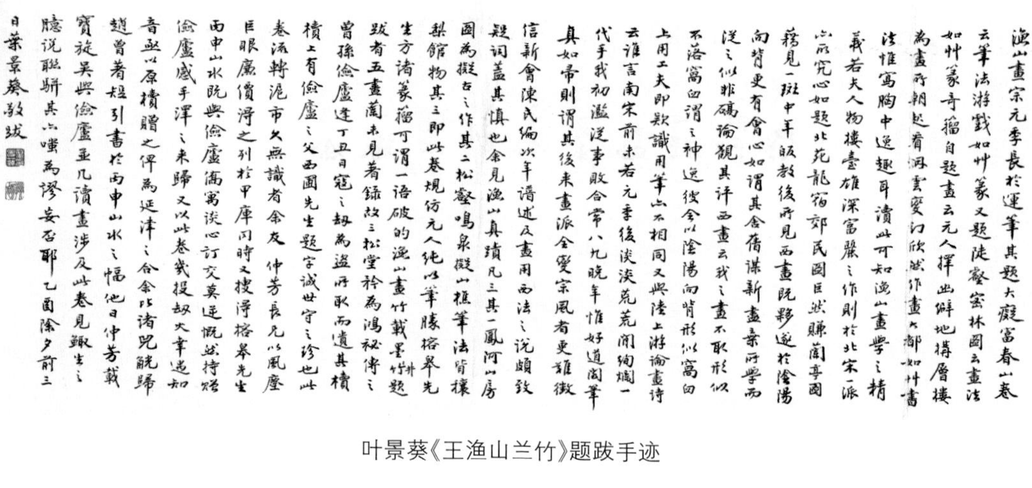

叶景葵《王渔山兰竹》题跋手迹

合众图书馆馆舍今貌　朱国良摄影

距今十六七年前杭州抱经堂主人朱遂翔告余在绍兴收得方
舆纪要稿本因蠹蚀不易收拾砌以廉价出让余嘱耿来则
以纸一巨包书之碎烂检出首册见旧跋与陶心云年丈跋均
为硕氏原稿以七十元得之煌下排日整理删除蠹鱼蚀蟲不
下数石排列次序残缺者少乃觉杭州修书人何长生细心修
补费时二年景歀二百元于足完整如新又送次绪递益与刻
本对校知奉之此底本详有字白不可而大體妄異而石解
者全书签校删改朱墨雜遝非出一手是名硕氏及门人所為有
妄颜氏就筆柳为乾嘉以後人所加妄遑肥勁就正好学之士
皆来雠决乙亥莫正此示祝揆十饬两清錢寶四摆鉴定

叶景葵《读史方舆纪要·跋》手迹(部分)

叶景葵在沪第四处住所白利南路(今长宁路)兆丰别
墅51号今貌　朱国良摄影

叶景葵在沪第五处住
所蒲石路(今长乐路)
752号今貌及标识
朱国良摄影

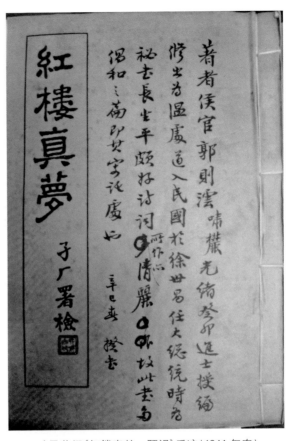

叶景葵书对联　上海荀道勇先生珍藏　　　　叶景葵撰《红楼真梦·题识》手迹（1941 年春）

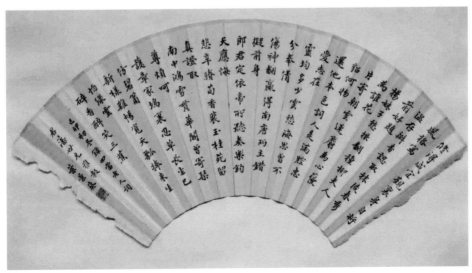

叶景葵书赠高君藩扇面（1939 年 11 月）　上海张军先生珍藏

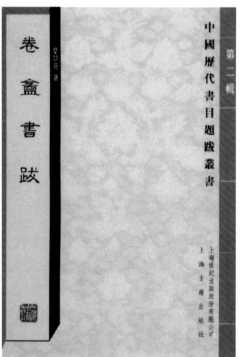

叶景葵已刊专著三种封面

序 一

晚清民国时期,中国社会处于空前、持续大变动过程中,从国家政权形态、经济结构、社会结构、教育体系,到人们的知识、职业、生活方式,都发生了广泛、深刻的变化。从闭关锁国到门户开放,从君主专制到民主共和,从以农立国、社会流动量少而缓慢,到采矿开厂、兴办工商、社会流动逐步加大加速,从科举考试到新式学堂,从诗云子曰到声光化电,新知识、新事物、新职业,层出不穷,日新月异。

任何社会大变动时代,都是社会大分化、利益大调整时代,对于身处其中的个人来说,也是适应能力大考验时代。不明大势、故步自封、抱残守缺者,或窒滞,或落伍,或困窘;洞明大势、顺时应变、勇于进取者,则能抓住机遇,搏风击浪,勇立潮头。蔡元培、张謇、张元济等,都是属于后者,顺势明理、与时俱进。本书谱主叶景葵先生,也是这样一位善于把握机遇、在多方面取得非凡业绩的成功人士。光绪朝进士,通艺学堂学生,奉天财政监理官,浙江铁路公司股东,天津造币厂监督,大清银行正监督,民国汉冶萍公司经理,中国银行股东联合会发起人,浙江兴业银行董事长兼总经理,商务印书馆董事、监察,著名藏书家,合众图书馆创始人,这些不同时期、不同行业、不同类型的头衔,都属于同一个叶景葵。这是一个令人难以想象的奇迹。

综览叶景葵同时代的人,有的人在科举道路上成功了,就抱残守缺,鄙薄新学,停滞不前。有的人学术研究成就斐然,但行政能力却低能弱智。有的人在实业方面相当成功,但在学业方面一窍不通。有的人穷则自暴自弃,怨天尤人,达则不可一世,纸醉金迷,鼓了钱袋,腐了脑袋。叶景葵不是这样。他二十岁中举以后,并不认为只有科举一条路可走,而是一边钻研科举,一边研究新学。他二十九岁中了进士以后,在一般人看来,此后入翰林、踏仕途,循序渐进,顺理成章,但他目击时艰,另择他途,毅然放弃入翰林之选,投身实业,自愿赴长沙入湖南巡抚赵尔巽幕下,参与处理财政、商矿等事务,历练济世之才。他成为巨富以后,依然生活俭朴,低调做人。他干一行,专一行,干好一行。在浙江兴业银行董事长位置上,一干就是三十年,业绩超群,彰明较著。他具有强烈爱国心与高度正义感。孤岛时期,日伪多次派人前来游说,拉他下水,他大义凛然,坚不为动。1947年,国民党政府迫害学生运动,他投袂而起,勇敢声援进步学生,坚决反对当局的倒行逆施,为著名的"十老上书"人之一。鉴于在不断的战乱中传统古籍大批损失外流,他痛心疾首,斥巨资购买收藏,最后无偿捐献给合众图书馆,成为日后上海图书馆最重要的馆藏珍品,包括珍贵古典文献 2 800 余部,三万余册,内有唐代写本 2 种,宋元版本 9 部,明刻善本 400 余部,稿本、钞校本 600 余部,为保护传统古籍做出了巨大贡献。叶景葵不但藏书,还研究书,比较版本,品评价值,卓然成家,诚如顾廷龙先生所说,每得异本,"必手为整比,详加考订,或记所闻,或述往事,或作评骘,或抒心得,而以鉴别各家之笔迹,眼明心细,不爽毫黍。所撰跋语,精义蕴蓄,有如津逮宝筏,裨益后学者甚钜"。①

读叶景葵先生的生平资料,有一点印象特别深刻,久久难忘,即他极善学习。他除了学科举,学英文,学数学,学金融,学管理,还学健身养生。他自幼体弱多病,自称"五劳七伤",骨瘦如柴,面白如纸,但是,经不断琢磨健身养生之道,居然得享75岁高寿。他曾照着一本养生之书《人生要旨》,练习打坐,结果无师自通,很有成效。他还曾练习米勒氏体操、太极拳和奔纳氏体操,也很有效。他六十岁时自述:"惟习奔纳氏体操后,二年余未曾伤风。向来夜间不能看铅印石印书,现在灯下以朱笔校书,作蝇头小楷,亦不觉累,跑山十余里,不至腿酸腰痛。此皆奔纳氏体操之效。"这方面,叶景葵与郑观应很为相似,他们都是既善读有字之书又善读无字之书、既能济世也善修身的绝顶聪明人。

旧时代科举道路上百里挑一,新时代实业救国出类拔萃;既有行政长才,能管现代企业,又有丰厚学养,能为传世之学;还有深切文化关怀,悉心收藏传统典籍,创办合众图书馆,利在当世,功在千秋,叶景葵先生足当不朽!

这部年谱长编,详细地记述了叶景葵的生平事迹,取材宏富,考订细密,品评得当,是迄今为止最为翔实的关于叶景葵传记资料的荟萃,对于展现叶氏丰富多彩的人生,对于研究近代经济史、文化史,都有重要的学术价值。作者柳和城先生,是我交往多年的老朋友,也是我十分尊敬的学长,长期从事近代史研究,对于鲁迅、张元济、穆藕初、孙毓修、王云五等名人,对于藏书文化和出版史,都下过很深的功夫。柳先生学养富赡,兴趣广泛,学风严谨,勤于笔耕,在学术界有很好的声誉。柳先生现是上海市作家协会会员、上海浦东新区文史学会会员,有多种文学与史学作品问世,且多才多艺,会作曲,能弹奏。此书编成以后,蒙先生不弃,让我先睹为快。在此之前,我虽知道叶景葵先生在创立合众图书馆方面的独特贡献,但对于他其他方面的业绩,其实不甚了了。读了年谱长编,我才对叶景葵先生有比较全面的了解,深深地为传主的非凡见识、过人能力和卓著贡献所折服,也深深地为编者创榛辟莽、潜心治学的精神所感动,谨草此短文,以为推介。

2012 年 2 月 22 日于上海社会科学院

---

① 顾廷龙:《〈卷盦书跋〉后记》,载叶景葵《卷盦书跋》,古典文学出版社 1957 年版。

序 二

20世纪80年代末,余尝痴迷于书画作品,经邹振环兄介绍,得以拜访著名图书馆学家、书法家顾廷龙先生。顾老洵洵长者,学问深厚,书法温润静穆,坐在他并不宽大的居室,真是如沐春风。其时他刚编辑出版《叶景葵杂著》,亲笔题签后送我一本。杂著有书跋、札记、诗词、回忆,全是旧时文人气息,不过也因此知道叶是大藏书家,自号书寄生。叶回忆,顾祖禹手稿本《读史方舆纪要》到手时,"则故纸一巨包,业已烂碎",遂不惜工本请人修补,花费两年时间,"于是完整如新矣"。抗战初期,叶景葵与张元济等人在租界创办合众图书馆,不仅捐出全部善本书籍,而且在图书馆旁造屋居住守护。顾老说,他在合众随叶工作十年,受益良多,故有编辑此书之举。

彼时印象留存至今。近年因涉猎近代金融史研究,才知道叶景葵还是一名职业银行家,如果从1915年担任南三行之首——浙江兴业银行董事长算起,到他抗战结束后辞去这一职务,竟然连任长达30年之久,这在上海金融界几乎是一个奇迹,更不用说之前他担任大清银行监督等其他经历了。

说起近代中国的银行家,他们中的大部分毕业于欧美或日本的名校,因为欧风美雨的熏陶,给人的印象总是风度翩翩、西装革履,外文流畅,善于与外国人周旋。而且,在中国动荡不定的社会背景下,他们的经营活动极大受制于政治因素,因此练就了他们八面玲珑、人脉广泛的特质。在银行家中,几乎都与蒋介石、宋子文、孔祥熙等人保持有密切的私人关系,其中一些人遇到难以排解的纠纷,往往亲自寻求蒋介石的帮助,如金城银行总经理周作民要不是千里赶赴重庆面见蒋介石,他在战时上海的活动,就是跳进黄河也洗不清,那顶汉奸的帽子肯定是戴定了。

叶景葵是近代金融界当之无愧的元老,但为人低调,有很浓的文人气,与其他银行家作风迥异。他经历丰富,经营过多种企业,却是举人、进士出身的文士,曾为晚清大吏赵尔巽捉刀弄笔多年,也没有海外留学的经历,因在晚清官场的口碑和才干,在大清朝廷倾覆前,竟以三品京堂候补身份,受命署理大清银行(即中国银行的前身)正监督,得以一脚跨入近代金融业的最高权力圈内。武昌起义爆发,长河落日,落花流水。照理说覆巢之下安有完卵,叶景葵却在辞职前数日,毅然决然以长芦盐票三张向法商东方汇理银行作抵押借款,平息了一场因清皇室退位而引发的大清银行挤兑风潮。他辞职后,以秘书长项兰生为主联络部分浙江籍股东与高级负责人,发起成立大清银行股东联合会。随即由联合会主持,厉行改革,又得到孙中山的支持,迅速将大清银行改组为中国银行,开创了近代中国金融业的新纪元。这一切,不能说与叶景葵没有关系,因为实施改组事宜的基本班底,仍是他周围的一批挚友。

1916年5月12日,北洋政府因财政枯竭,导致通货膨胀、物价高涨,社会动荡不安,竟下令全国中、交两行暂停兑现付现,禁止提取现款,两行的现金准备一律封存。中、交两行总行以及京、津分行等,由于处在皇城根下,迫于压力只得遵照执行。各地分行相继跟进,全国金融市场一片恐慌和混乱,酿成近代史上著名的金融风潮。

事情发生后,上海中国银行经理宋汉章、副经理张嘉璈决意抵制,宋秘密拜访已经离开中行、担任浙江兴业银行董事长的老上司叶景葵等人,商议由中国银行股东组织"股东联合会",既可维护本身利益,也为了支持"抗拒停兑令",大家推拥张謇为会长,叶景葵自任副会长,钱新之任秘书长。他们登报声明,此时骤行停兑,"无异国家宣告破产,银行宣布倒闭",因此,"中央命令万难服从,沪行钞票势难停兑"。并称,中国银行事务"悉归股东联合会主持",由股东联合会接收银行全部财产,即使政府提用款项,也要按照章程办理。不仅如此,股东联合会委托律师接管中国银行,并责令该行照常兑现。同时,叶景葵以浙兴财产向各钱庄抵押头寸,秘密支持上海中行备足现款,应付挤兑。在叶景葵等金融界元老的支持下,上海中行终因应付得当度过风险,史称"抗拒停兑令事件"。

1915年,叶景葵为发展浙兴业务起见,与主持浙兴的蒋抑卮、项兰生、沈新三等人商议银行改革,其中最显要的一项,就是将浙兴业务重心由杭州搬迁到了上海,改上海分行为本行(后改为总行)。取销各分行事权不一、各自为政的总理制,改为董事长负责制,由叶景葵出任董事长。叶景葵也是华商银行中最早担任董事长的人,而且连任达三十年。与以后许多银行实行总经理负责制不同,董事长全权决定银行的一切业务和人事调遣,因而叶景葵走马上任后,立即大刀阔斧进行了一系列改革,如引进人才,把全行行政和业务重心移至上海,改杭州总行为分行,在上海成立统一的董事会,在董事会下设总办事处等。

上海特殊的地理位置和三方四界的政治格局,使上海迅速成长为一座远东国际大都市,浙兴的有备而来,无疑为银行以后的发展奠定了扎实的基础,这不能不说是叶景葵的远见卓识。这一时期,特别是1915年到1926年,可说是浙兴的全盛时期,资本和存款均列各大民营银行之首,"调剂金融,流通农产,辅助工商,推广营业,信誉日隆"。茅以升主持设计和兴建的钱塘江大桥时,叶景葵首先响应,联合其他银行组成贷款银团,共同投资 200 万元,其中浙兴自认一半即 100 万元,可见叶景葵之不凡气度。

1927 年南京国民政府建立后,在向新时代的转型和发展中,由于经济社会和市场氛围的发展,金融业的地位和作用不断增加,银行家开始逐渐崭露头角,他们不仅在经济活动中趋于活跃,而且不可避免地卷入政治圈内,有投怀送抱的,也有随波逐流的,与蒋介石政府关系日趋密切,因为在近代中国,没有政治靠山的企业家很难出人头地。南三行、北四行的总经理或董事长中,只有叶景葵始终不冷不热,游离在政治秀场外。这在某种程度上使浙兴的业务发展受到影响。而在近代中国的金融史上,他作为银行家的声名,也不及他曾经提拔的后辈,这或许是性格决定命运的又一个例证。

说起来,宋汉章出任大清银行上海分行经理,系由叶景葵推荐,清政府任命。辛亥革命后,叶去职,宋仍留任。除宋汉章外,叶景葵敦聘幼年同学项兰生为总办事处的书记长(后任浙江兴业银行秘书长);吴鼎昌为南昌分行经理。吴后任盐业银行董事长兼总经理,1921 年盐业、金城、中南、大陆四家银行成立联合营业机构后,任四行联合准备库及四行储蓄会主任。吴在任期内,兴建了著名的上海国际饭店,作为四行的营业场所。1935 年以后,吴鼎昌弃商从政,历任国民政府实业部长、贵州省政府主席、国民政府文官长、总统府秘书长等职。

在浙兴担任董事长时,叶景葵又从中国银行物色了两位得力干将徐寄庼和徐新六。徐寄庼,字陈晃,日本留学生,曾任中国银行九江分行经理,到浙兴后担任办事董事兼总司库。他在主持总司库时,倡导该行准备金实行百分之百的现金,使浙兴信誉大增。抗战胜利后,叶景葵辞去浙兴董事长职务,即由徐寄庼继任;徐新六,字振飞,留学英法等国,任过财政部秘书、中国银行总会计等职,到浙兴后担任书记长,后改任总经理。在徐任总经理期间,浙兴大量向民族工商业放款。1938 年因所乘飞机被日寇击落,不幸罹难。

上述几人均是近代中国金融界的精英,即使地位声望一般,只要具有真才实学,叶景葵总是求贤若渴,其情令人感佩。余在编辑《上海银行家书信集》一书时,曾收录杨介眉与叶景葵等人来往函件。杨其时任浙兴上海总行副经理,因故辞职,欲往上海商业储蓄银行另觅岗位,叶景葵得知后多方挽留不得,事后"痛苦万状",多年后仍在自责。在他掌舵中国和浙兴这两家银行时,深感银行管理和专业人才之不足,因而极为留意新晋才俊,罗致了不少金融界的精英人士,算得上金融界的伯乐。

叶景葵无疑是新旧转型时代中,脱颖而出的第一代银行家,既有文人的铮铮风骨，又有现代银行家的独立精神。本年谱长编中，叶景葵身世经历、用人识才，以及卓异的现代银行管理经验和杰出的银行家精神风范等方面，无不资料详尽，更重要的，透过叶景葵的身世和活动，可以观照近代中国经济史乃至文化史、社会史的诸多要素。不用说，年谱的内容决非本文所能概括，笔者只是从叶景葵与近代中国金融业的关系上略作阐述。

本年谱的编著者柳和城先生命余作序，再三推辞不得，又有一点感触要说，乃恭敬不如从命了。这本煌煌巨编的出版，识者无不敬佩自在意料之中。因长期从事档案资料的整理工作，余对此类编著的艰辛深有体会，因而敬佩的程度或许又在一般学者之上。简而言之，年谱长编类似史料汇编，往往算不上学术专著，但编著此类资料书，不仅须具有孜孜以求、锲而不舍的冷板凳精神，而且要具有相当的学术功底。一本书蕴含的学术成分和学术功底，无关书的形式，只关乎书的质量。柳先生不良于行，又是高度近视眼，笔者每每见他坐在上海市档案馆阅档室的电脑前，寒来暑往，查看那些天书般的旧档，然后复印，然后抄录，不知费尽多少心血，才得以成书，时至今日，这样甘于寂寞的专家几乎屈指可数，也难怪近年来有价值、有水平的资料书显得凤毛麟角。故而在向柳先生表示衷心祝贺的同时，还是要表达一下由衷的感谢和敬意，并希望能有更多的类似本年谱的资料书问世，于社会文化和学术研究功莫大焉。

邢建榕

2012 年 4 月 9 日于上海市档案馆

序　三

揆老(叶景葵先生)是先祖父张元济先生的挚友。现在可以查找到的资料显示,他们初识于1897年戊戌维新时期先祖父在北京创办的通艺学堂,直到1949年揆老去世,历五十余年,几无中辍。记得我幼年时,父亲每晚下班回来,全家围坐一桌用过晚饭后,就陪祖父回到卧室,一同聊天,而叶揆初是他们常常提起的人名,浙江兴业银行亦然。揆老与先祖父不仅在事业与学问上合作和切磋甚多,在家庭生活上,亦给予过帮助。本谱引用了1941年4月16日的一则资料,正好说明1939年因日本帝国主义全面侵华,商务印书馆经营艰难,祖父家庭经济日益拮据,不得不售去了靠自己多年辛勤劳作而构筑起来的住宅,经揆老介绍,租住了位于现今上海淮海中路、被挂上了"上海市文物保护单位 张元济故居"的那栋新式里弄房。此后的若干年中,先母主持家计,令她时常担忧的是房主会过快提升租金,甚或终止合约。由于揆老于中斡旋,此事终未发生。这条资料也正可以纠正近年来多种关于上海名人故居、历史保护建筑书籍中一传再传的一则谬误,它们称张元济迁居(今)淮海中路寓所,是受惠于他在浙江兴业银行工作的儿子,其实先父从未在浙江兴业银行工作过。

揆老与先祖父合作,给后人留下深深的历史记忆的成果,当数上海市私立合众图书馆的创立。1937年"八一三"事变,日本侵略军进攻上海,其时揆老因公出差去了汉口,先祖父在隆隆炮声中,到靠近战线的兆丰别墅内的叶宅为之整理藏书。但个人的力量毕竟在战火面前显得过于渺小。如何保护各自的藏书,使之免遭战火吞噬,已不仅仅关涉个人财产,而更是在凶残的敌人面前如何使中华优秀传统文化有以继承和流传,此也是这一辈老人在衰迈之年,有可能做到,从而体现出他们所肩负的民族责任的大事。他们设想在上海租界内静僻处筑一馆舍,以各人的藏书捐入,集中保护,免致其在市场流散,甚或流入日伪人物之手。揆老以其个人的财力,出资二十万元,以十万元建馆舍,十万元动息不动本,作为日常经费,并邀请先祖父和陈陶遗先生共作发起人。揆老将自己全部藏书捐入馆中,先祖父亦将三十余年间访购所得浙江海盐张氏先人著作,藏弆、刊刻书籍,以及浙江嘉兴府先哲著作悉数捐入。著名藏书家蒋抑卮先生捐入藏书之外,还捐助五万元股票用于经费。李拔可、陈叔通等多人也捐赠了各自的收藏,加之开办初期经费尚宽裕,陆续收购到一些有价值的古籍和文献资料,如盛档、汪康年师友书信、熊希龄文稿等。集腋成裘,使合众成为历史文献的重要集聚地。度过了艰苦的抗战时日,揆老在1949年4月病逝。可以告慰揆老的是他逝后不久,合众又逃过了国民党军队撤离上海前夕企图占据馆屋而使图书馆受损的劫难,藏书得以保全。1953年,董事会决定将合众图书馆捐献给上海市人民政府,改名上海市历史文献图书馆,曾短暂对外开放,后来归入上海图书馆。合众的藏书,为上图的古籍收藏奠定了基础,并在上图得到了妥善的保存。揆老对我国文化事业,特别是古籍和历史文献的保藏、传承,做出了巨大的贡献,将名垂史册。

我与本谱的编著者柳和城兄结识已有四分之一个世纪。那时为先父主编的《张元济年谱》一同做编撰工作,近年又合作完成了《张元济年谱长编》。和城兄于近代文化、出版、经济史方面人物的史料研究,孜孜不倦,可谓全身心投入,而获得的成果,不可谓之不丰。例如,商务印书馆早期的编辑孙毓修,恐怕现今商务馆内知道这个名字的人也不会多,而和城兄不仅从当时多种出版物,而且从许多孙氏本人和友人的手稿、书信中找出史料,理出脉络,勾勒出历史人物和事件的面貌,并给予恰切的评价,写成《孙毓修评传》,为近代出版史、商务印书馆馆史填补了空白。史料是历史研究的基础。和城兄在研究和著述的同时,摸索出了寻找史料的门径和方法,往往从一点由头而能追索出整条乃至多条线索,最后发掘出丰富的"金矿"。这次他接受上海交大出版社的约请,编著揆老的年谱长编,我就说这是带有开创性的工程,因为揆老一生还是以金融家的身份为主,但过去大家了解得比较多的是他在藏书和图书馆事业上的贡献,而在银行、金融业方面的史料还没有人去发掘和整理过。和城兄此项研究成果为前人未尝涉足,是一大突破,十分有意义。现在全书已脱稿,杀青有期,和城兄嘱为序,仅以数言,表示对他的钦佩和祝贺,也作为对先祖父的挚友的景仰。

顺便提起一件事:本谱选用了1935年揆老和先祖父、先外祖父葛嗣澎先生同游西安、华山、洛阳等地时的一幅照片。此照的摄影者是我的姨丈刘培余先生。姨丈爱好旅游,擅长摄影,然而数历沧桑,旧物早已损佚殆尽,去世后,他的幼子,即我的表兄刘世恢先生自海外归来,从残存的纸片中发现六帧黑白照相底片,每帧套入一个专用封袋,写明摄影时间、地点、天气状况、所用光圈等。世恢表兄深知其史料价值,便交由我保存。藉小序的一角,对每一位有史料意识,懂得爱护和保存历史资料的人道一声感谢。

张人凤

癸巳新春于新加坡

编 著 凡 例

一、本谱引用资料,包括谱主活动、言论、著述,均按发生时间依次排列。日期难考者,或系于月末、年末,或冠以"约"字,系于相应位置。

二、日期一律采用公元纪年表述。1911 年及以前各年份,于公历后加标农历月日,1912 年后则不再标注农历。谱主年龄以传统虚岁记述。

三、每年正谱前简要列出本年度国内外重大事件,以及经济、金融方面大事。1907 年后正谱内也适当编入浙江兴业银行行史资料,便于读者理解谱主活动因果关系。

四、本谱使用人名,单独称"先生"者均指谱主;一名多字号者,引文按原文记述,编著者叙述文字一般以名表述;少量与谱主交往密切、当时已以字号行世者,仍以通行名表述。

五、引文尽量使用谱主著述原稿、档案原件或第一发表处文字。原稿有无法辨识之字,以"□"表示;明显错、讹、衍、脱字,用"( )"或"〔 〕"改正之。

六、为便于读者查考,每一条目均注明出处,书籍并标注页码。出现频率较多的档案、书籍,一般采用简称,以省篇幅。如上海图书馆藏盛宣怀档案,简称"盛档"加档案编号;上海市档案馆藏浙江兴业银行档案,简称"上档 Q"加编号;上海市档案馆藏上海银行公会档案,简称"上档 S"加编号;《杭州叶氏卷盦藏书目录》简称"《叶目》";《历史文献》第 1 辑所载《叶景葵与顾廷龙论书尺牍》简称《尺牍》;《卷盦书跋》简称《书跋》;《叶景葵杂著》简称《杂著》等。浙江兴业银行部分叙述时也简称"浙兴"。

七、一些需要说明的人物、名物、事件背景或编著者考证,以脚注形式处置。

八、谱主作为银行家,相关史料涉及数字极多。原件一般均使用中文数字,少量还有如今已不用的码子字。本谱除引文仍保持原样外,编著者叙述中则一律改为阿拉伯数字,方便读者阅读。引文内出现码子字,均改为中文数字。至于藏书条目书籍卷册,按照习惯仍使用中文数字,不改阿拉伯数字。

九、书后附列"引用书目",分若干类别排列。上海图书馆藏盛宣怀档案及上海市档案馆藏浙江兴业银行档案等,不再一一分列详目。

十、"人名索引"辑编原则:以谱主同时代人物为索引标准;著述引录内虽同时代,而无直接间接交往者,从略。以姓氏汉语拼音次序排列。字号、别称系于名后,不另设条目。个别姓氏失考者,按名收录。索引标注出现年月日,不标页码。

目　录

1874 年(清同治十三年　甲戌)　1 岁

5 月　上海发生四明公所血案。沙俄拒不交还伊犁,清廷命左宗棠迅速西进。

6 月　日军三路进占台湾。

10 月　中日议定《北京专约》。

是年　上海江南制造局翻译馆出版一批由傅兰雅、金楷理与赵元益、徐建寅、华蘅芳等编译的西书,涉及数理化、制造和军事等领域。

8 月 29 日(七月十八日)　先生出生于浙江杭县(今杭州市)木场巷补藤花馆叶宅。为父亲长子,取名景葵,字揆初。后别署存晦居士,一曰卷盦。叶氏原籍安徽新州,明万历中始迁居杭城。(顾廷龙《叶公揆初行状》,《叶景葵杂著》,第 418 页)杭州叶氏,家学渊源,多文人学士。

六世祖叶藩,字登南,号古渠,晚号皋亭山农,乾隆辛未(1751 年)进士,由翰林院庶吉士,历官广西太平府明江同知、广东廉州府知府等职。(《清代朱卷集成》第 267 册,第 255—256 页)"工制艺,归田后历主讲楚北、江汉、新安、紫阳、四明、月湖等书院。居家与昆季及老友时为湖山之游。卒年八十。"(《国朝杭郡诗续辑》卷九)先生后记云:"六世祖卜居张卿子巷,有书斋名紫藤花馆",太平天国时被毁。(《〈文选〉跋》,《书跋》第 174 页)

高祖叶之纯[1],字中子,号寿拵[2],嘉庆庚午(1810 年)岁贡。"工制艺。有《敦怡堂稿》行世。从游甚众,掇巍科者指不胜屈。性孝友,晨起,肃衣冠,至家庙前上香毕,启门一一呼之,如生时晨省然。生平言动不过则,不知人世有争凌欺诞事,见之者皆知为肫然仁者也。洪量善饮。晚喜学佛,且讲求修炼之法,故夜恒不卧;虽严晨霜月,必脱帽露顶,自谓于此中有得。年逾七十,以中风卒。"(《国朝杭郡诗续辑》卷三十六)

高叔祖叶之承,字瓒夫,号秋水,嘉庆戊午(1798 年)举人。官山东寿光、商和知县。"喜饮,工书。耽吟咏。与兄焘庵明经之田相友爱。年未五十而殁。"(《国朝

---

① 《清代朱卷集成》叶济篇与《国朝杭郡诗续辑》卷三十六均称"之田"。——编著者

② 《国朝杭郡诗续辑》卷三十六称"焘庵"。——编著者

杭郡诗续辑》卷二十九)

曾祖叶庆暄(1800—1857),字宣三,道光丁酉(1837 年)举人。至河南彰德主持昼锦书院。甲辰(1844 年)大挑一等,任河南鄢陵县知县。因病故于军营,奉旨赐恤予祭葬,追赠知府衔。(《清代朱卷集成》第 267 册,第 256 页)叶氏数代游宦河南由宣三公始。先生后记其渊源,云:"《吴兴沈氏家集》第二种《春星草堂文集》,为子惇先生之父菁士观察(丙莹)所著。菁士观察为吾杭俞云史先生(焜)之婿,云史先生为我高祖煮荃公之入室弟子。集中有《行略》一篇,于吾家颇有关系,节录入家谱。读此篇,知我高祖文稿为云史先生所刻。我曾祖至彰德主昼锦书院,后以大挑知县至河南,皆因云史先生之嘘植,因之吾祖亦以河南为游宦之地,吾父又因之。不读此篇,竟不知其渊源有自也。"(《卷盦札记》,《杂著》,第 234 页)有《曾王父宣三公年谱》一卷(叶尔安编,叶景葵补)稿本存世(上海图书馆藏)。

祖父叶尔安(贞甫),附贡生,候选训导。后任河南省商水县知县,调滑县知县,署理许州直隶州知州等职。(《清代朱卷集成》第 267 册,第 257 页)先生记云:"王父奉母至河南辉县,依舅氏徐石樵先生以居。同治末将致仕,乃购得木场巷新屋,修葺后,以'补藤'榜其斋。所植花树六七株,皆仿老屋为之。"(《〈文选〉跋》,《书跋》,第 174 页)贞甫公喜藏碑拓,先生记云:"余祖专研造象,尚有裱本四巨册";"余祖所收碑拓,以河南马氏存古阁旧藏为最多,皆乾嘉间拓本。"(《卷盦札记》,《杂著》,第 204 页)贞甫公收藏古碑拓对先生后来藏书事业有直接关联。著有《韵字辨同摘要》四卷、《补藤花馆石墨目录》一卷、《北朝造象石刻目》一卷、《北朝造象题跋稿》一卷、《咏兰室石墨证古》一卷、《病余诗草》一卷、《叶贞甫先生改笔》一卷、《叶贞甫先生家训》不分卷墨迹,以及清张寅撰《西征记》钞本一卷、《赵氏竹崦庵碑目》一卷(题识)等存世。(《杭州叶氏卷盦藏书目录》,以下简称《叶目》,上海图书馆藏)

贞甫公还著有《代拟钱敏肃公抚豫答咨札》稿本,为其在河南抚幕时期代拟文书底稿。后由先生所珍藏,装订成册,题名《代言集》,并于封面题识云:"先王父贞甫公手稿 孙景葵识。"(原书,上海图书馆藏)

先生后曾编《补藤花馆印存》一册,钤印曾祖宣三公以下印章 30 余枚,以资纪念。有"叶庆暄""仁和叶尔安所得金石书画印""叶尔安""贞父仁和""贞甫""号补藤""尔安和印""尔安""高帛山农四十之后作"等。(原书,上海图书馆藏)

父叶济(1857—1929),字作舟,号既行,杭州府仁和县学附生。先生出生后第三年(1876 年),作舟公乡试中式。历任河南安阳县知县、郑州直隶州知州。光绪二十一年(1895)在安阳县任内,有政绩,主持兴修水利,四十年后被载入《续修安阳县志》。入民国,任郑县知事,升任开封道尹。(《清代朱卷集成》,第 255 页;顾廷龙《叶公揆初行状》,《杂著》,第 418 页)父亲一生为官,清廉为民,对先生影响颇深。

毕生珍藏有作舟公初宰安阳时开挖新渠禀稿三纸,以及邑人所立《叶公渠碑记》拓本,以视表率。晚年还请人装裱成册,永志纪念。(顾廷龙《安阳县叶公渠事实》,《顾廷龙文集》,第 530 页)

母徐际元(?—1923),同邑咸丰己未(1859)翰林徐尔麐之女。(《清代朱卷集成》第 267 册,第 257 页)

叶氏家族同时代尚有多位饱学之士,对先生有诸多影响。

堂叔祖叶尔恺(1863—1940?),字悌臣,号伯皋。光绪十五年(1889)进士,授翰林院编修。曾任陕西学政、云南提学使等职。民国后在沪鬻字为生。著有《济师塔院志》五卷(上海集云轩编,叶伯皋校)、《伯皋庚戌日记》一卷等。(《叶目》)

堂叔叶瀚(1861—1936),字浩吾,肄业于上海格致书院。入鄂督张之洞幕府。1895 年,与汪康年在上海创办蒙学公会,刊行《蒙学报》。1902 年,与蔡元培、章太炎等发起成立中国教育会,次年与蔡元培等人组织对俄同志会,积极参加拒俄运动。1905 年,与蔡元培、杜亚泉等创办理科通学所。民国后,曾任北京大学历史系教授兼研究所国学门导师。著有《清代地理学家传略》《块余生自纪》等著述传世。先生曾收藏其《块余生自纪》手稿、《晚学庐遗著五十四种》(手稿排印誊写版印本,五十六册),以及收藏品目录《浩吾先生碑帖拓片书籍目录》(武曾传井懋编)手抄本一册。(同上引书)

堂叔叶澜(1875—1943 后),字清伊、清漪。杭州府学附生,后留学日本,参与发起东京青年会。1903 年在上海创办《国民日日报》。著有《天文歌略》,又与叶瀚合著《地学歌略》。(陈玉堂《中国近现代人物名号大辞典》[①],第 109 页)

表母舅吴庆坻(1849—1924),字子修,别号悔余生、补松老人。浙江钱塘人。光绪十二年(1886)进士。历任会典馆总纂,四川、湖南学政。著有《补松庐诗集》《悔余生诗集》《补松庐文录》与《蕉廊丛脞》等。先生启蒙师之一。

表兄吴士鉴(1868—1933),字公詧,号絅斋,晚号九钟老人。光绪十八年(1892)榜眼。授编修。历任翰林院侍读、南书房行走、江西学政。民国后任资政院议员、清史馆纂修。著有《含嘉室诗集》《含嘉室文存》《九钟精舍金石跋尾》《晋书斠注》等。

是年 赵尔巽(1844—1927)31 岁,盛宣怀(1844—1916)31 岁,张謇(1853—1916)22 岁,金仍珠(1857—1930)18 岁,张元济(1867—1959)8 岁,李维格(1867—1929)8 岁,项兰生(1873—1957)2 岁。

---

① 据《叶揆初伉俪亲友手札》叶澜 1942 年致先生函,时七十岁,还提及第二年先生也届古稀,说明叶澜比先生大一岁,出生于 1873 年。《中国近现代人物名号大辞典》称其出生于 1875 年,似误。——编著者

1875 年(清光绪元年　乙亥)　2 岁

1 月　同治帝死,光绪帝即位。慈禧太后再度垂帘听政。

5 月　清政府任命左宗棠为钦差大臣,督办新疆军务;派李鸿章督办北洋海防、沈葆桢督办南洋海防。

6 月 7 日(五月十四日)　蒋抑卮出生。蒋抑卮,名鸿林,以字行,又字抑之、一枝,浙江杭州人。蒋广昌绸庄主人蒋海筹之子。留学日本。1906 年协助汤寿潜等创设浙江铁路公司。浙江兴业银行创办人之一。(叶景葵《蒋君抑卮家传》,《杂著》,第 284—285 页)

1876 年(清光绪二年　丙子)　3 岁

6 月　淞沪铁路通车。10 月,清政府收回该路并拆毁。

8 月　仁和水险公司创立于上海。

9 月　英国借口马嘉理案,逼迫清政府签订《烟台条约》。

8 月 7 日(六月十八日)　陈叔通出生。陈叔通,名敬第,浙江仁和人。光绪二十九年癸卯科进士,授翰林院编修。1904—1906 年留学日本法政大学。回国后任资政院议员。民国后任第一届国会众议院议员等职。(《清代朱卷集成》,第 89 册,第 371 页;《上海名人辞典》,第 288 页)

是年　父叶济乡试中举。(《清代朱卷集成》第 267 册,第 255 页)

是年　李拔可出生。李拔可,名宣龚,号墨巢,福建闽县人。诗人。光绪二十年(1894)中举,官至江苏候补知府。曾创办华丰搪瓷厂、龙华水泥厂等实业。民国后,供职于商务印书馆,任经理等职。(陈祖壬《墨巢先生墓志铭》,《李宣龚诗文集》,第 431—434 页)

1877 年（清光绪三年　丁丑）　4 岁

本年　丁宝桢在成都设立机器制造局。李鸿章派员开办开平矿务局。

约是年　弟景槐出生。幼殇。（《光绪甲午浙江乡试闱墨》,《甄屑录》,稿本,上海图书馆藏）

1878 年(清光绪四年　戊寅）　5 岁

7 月　开平矿务局开局;10 月开工凿井。

10 月　四川候补道彭启智呈禀南北洋大臣,请准设立机器织布局,李鸿章、沈葆桢先后批准。

是年　在杭州。

1879 年(清光绪五年　己卯）　6 岁

3 月　日军侵占琉球,废琉球国王,改琉球为冲绳县。
9 月　上海耶松船厂工人罢工。

　　约是年　入补藤花馆家塾读书。受业师先后有:表母舅吴子修(庆坻)夫子、汪少勋(宝颐)夫子、章韵香(桂臣)夫子、赵竹来(光辅)夫子、表姨丈徐少梅(承敬)夫子。(《光绪甲午浙江乡试闱墨》,《甄屑录》下册,稿本)徐少梅"授读《四书》及《诗》《书》二经"。(《〈甄屑录〉跋》,《书跋》,第 169 页;《卷盦札记》,《杂著》,第 185 页)

　　是年　弟景莱出生。叶景莱(1879—1909),字仲裕。1903 年进上海震旦学院肄业。1905 年,为抗议法籍神父谋夺教育权,随马相伯院长脱离震旦,创办复旦公学(今复旦大学前身)。景莱为"筹划办学,奔走募款,常至废寝忘食,健康很受影响"。1907 年,与于右任、邵力子等创办《神州日报》。次年回杭州,又接办《全浙公报》,兼任安定学堂监督,并积极参与政治活动。后得脑疾,1909 年 6 月 2 日投长江自沉。(叶景莘《二先兄景莱传略》,《杂著》,第 426 页)

　　约是年　认识文廷式(道希)[①],留下深刻印象。《〈闻尘偶记〉跋》记云:"余弱冠前在杭,得见道希先生,见其躯干魁硕,以后未得再见。"后与其诸位兄弟有交往。(《书跋》,第 93 页)

―――――――――――

① 文廷式(1856—1904),字道希,号云阁,江西萍乡人。光绪进士,授翰林院编修。甲午战争后,支持光绪皇帝掌权并变法维新,反对慈禧干预朝政。1895 年与康有为、陈炽等在京发起强学会,倡导变法图强。戊戌政变后被革职。著有《纯常子校语》《云起轩词钞》等。――编著者

1880 年(清光绪六年 庚辰) 7 岁

2月 清政府派曾纪泽出使俄国,谈判收回被占伊犁事宜。

是年秋 李鸿章奏办天津水师学堂,奏设南北洋电报线路。在天津设立电报总局。

是年 继续在补藤花馆家塾读书。

是年 三弟景莘(叔衡)出生。叶景莘(1880—1962),清末留学英国。1913年任北洋郑府财政部技正、佥事。1918年任总统府外交委员会事务员,1923年任总统府外交委员会委员。新中国成立后,任外交部条约委员会委员、中国人民政协第三届委员会委员等职。1958年任欧美同学会主任委员。(欧美同学会·中国留学人员联谊会 http://www.wrsa.net/1/2009/07/23/25@103.htm)

1881 年(清光绪七年　辛巳)　8 岁

2 月　中俄《伊犁条约》和《陆路通商章程》签订。

6 月　吴大澂在吉林设立机器局。

10 月　英商创办上海自来水公司。

是年　黄佐卿在上海设立公和永缫丝厂。唐山——胥各庄铁路完工。

是年　继续在补藤花馆家塾就读。

是年以前常病。先生后回忆云:"我幼时秉赋薄弱,中医生说'先天不足',凡小儿常有的病,如惊风,痦儿,痢疾,我都生过。赖我的母亲,辛苦调护,幸未夭折。"(《寿诞答辞》,《杂著》,第 256 页)

8 月 17 日(七月二十三日)　徐森玉出生。徐森玉(1881—1971),名鸿宝,浙江吴兴人。毕业于山西大学堂西学专斋。1905 年任奉天测绘局局长。后任职于清学部、民国教育部、京师图书馆、北平图书馆、故宫博物院古文物馆等处。抗战中为保护古文物与善本图书奔走南北,建立不朽功勋。建国后任上海文管会副主任、中央文史馆副馆长等职。著名文物鉴定家。(参见郑重《徐森玉》)

是年　徐寄庼出生。徐寄庼,名陈冕,浙江永嘉人。光绪二十四年(1898)杭州高等师范学堂毕业,留学日本。1905 年回国。后任浙江兴业银行董事、董事长等职。(《上海名人辞典》,第 434 页)

1882 年(清光绪八年 壬午) 9 岁

4 月　李鸿章奏请在上海试办机器织布局。

10 月　上海平准股票公司开业。

是年　继续在补藤花馆家塾就读。"延叶乔年先生来馆,于授经外,兼习小题文。"先生后深情回忆:"乔师寿至九十余岁,至宣统间始逝世。在馆时已六十外,性敦笃,终日危坐,住城隍山脚,距余家约十里,来往均步行。住在馆中,晚饭后必燃灯吸阿芙蓉两小口,前后十年,从未增加,因有疝气疾,非此不能脱然也。"(《〈甄屑录〉跋》,《书跋》,第 170 页)

叶乔年夫子,名曾寿,浙江仁和人,恩贡生。先生记云:"自九岁至十八岁,相从十年。"(《光绪甲午浙江乡试闱墨》眉端批注,《甄屑录》下册,稿本,上海图书馆藏)对先生影响很大。

先生在馆做小题文,又得朱煜(硕甫)老师削改和指点。先生后回忆云:"朱硕甫先生为余父丙子同年,最相契,往来甚密。师长于八股文,为余改小题文数篇,以程度相去太远,不甚得益。惟师道貌俨然,每相见,必勖以为人之要道,要信实、忠厚、和平、正大,谆谆不已,如老妪然,至今如在心目。"(《〈甄屑录〉跋》,《书跋》,第 170 页)

是年　得眼病。十一岁方愈。先生称,其时"身体极弱,大家说我'骨瘦如柴,面白如纸'。"(《寿诞答辞》,《杂著》,第 256 页)

1883 年(清光绪九年　癸未）　10 岁

5 月　黑旗军大败法军。6 月,法国驻日公使来华重开谈判,企图强迫清政府承认法国在越地位。

6 月　祝大椿在上海开设源昌机器五金厂。

是年　继续在补藤花馆家塾就读。

是年秋　误食祖母调理药,眼病又复发,重"阴亏火旺"之药。(《寿诞答辞》,《杂著》,第 256 页)

1884年(清光绪十年 甲申) 11岁

3、4月　法军先后攻占越南太原、兴化,占领红河三角洲。

5月　英商丽如银行停业清理。10月成立新丽如银行,总行设伦敦,上海设分行。

8月　法军进攻台湾基隆。中法战争爆发。

11月　清政府在新疆设立行省,设置州县。

是年　父母亲为小景葵定亲。未婚妻夏氏,杭州人,岳父在山东为官。(《寿诞答辞》,《杂著》,第256页)因此先生结识同龄叔岳夏地山①,遂为终生至交。(《地山叔岳同庚以联祝之》,同上引书,第416页)

是年冬　眼病方告痊愈。(《寿诞答辞》,同上引书,第256页)

---

① 夏地山(1874—1956后)名偕复,浙江杭县人。清末举人出身。曾任工部主事,1897年与张元济、陈昭常等在北京创设西学堂,后改设通艺学堂,培养西学人才。1913年至1915年任中国驻美国兼古巴公使。——编著者

1885 年(清光绪十一年　乙酉)　12 岁

2、3 月　法军先后攻陷谅山与镇南关。

3 月　李鸿章受命与法使议和。

6 月　中法战争结束。

10 月　清政府改台湾为行省。任命刘铭传为台湾巡抚,清政府设立海军衙门。

约是年始　曾赴外家(徐氏)家塾附读。时有同馆同学项藻馨(兰生),以后成为终生挚友与同事。(《我与浙江兴业银行关系之发生》,《杂著》,第 252 页)项藻馨(1873—1957),字子苾,号兰生,浙江钱塘人。早年肄业于上海格致书院,先后任杭州求是书院、浙江高等学堂教习,安定学堂监督。1901 年与林白等创办《杭州白话报》。1907 年浙江兴业银行成立,被聘为汉口分行内经理、代总经理。1911 年应叶景葵之邀任大清银行书记官。1912 年 5 月,又应先生之荐任汉冶萍公司会计所长。1915 年后任浙江兴业银行书记长等职。(《项兰生自订年谱》(一)(二),《上海档案史料研究》,第 9、第 10 辑)

约是年　妹景蓉出生[①]。

---

① 叶景蓉生卒年份不详。假设其 1902 年出嫁时年 18 岁,由此推算她应出生于是年。——编著者

1886 年(清光绪十二年　丙戌）　13 岁

11 月　《天津时报》创刊,传教士李提摩太任主笔。

是年　李鸿章在天津筹建武备学堂。

是年　继续在补藤花馆家塾就读。"至十三岁,读完《易》《书》《诗》《三传》《礼记》《周礼》《尔雅》《孝经》,皆能成诵。"(《〈甄屑录〉跋》,《书跋》,第 169 页)

1887 年(清光绪十三年　丁亥)　14 岁

　　是年　外国传教士在上海成立同文书会,后改称广学会。张之洞在广州设机制铸钱局,开设广东水师学堂。严信厚在宁波设立通久源轧花厂。

　　是年　继续在补藤花馆家塾就读。毕《十三经》。(顾廷龙《叶公揆初行状》,《杂著》,第 418 页)"十四岁读《仪礼》,则苦其繁难,旋读旋忘矣。幼时不喜《四书》文,下笔亦甚迟钝,初作尚清通,愈作愈晦涩。"(《〈甄屑录〉跋》,《书跋》,第 169 页)

　　约是年　得杭城东城讲舍山长高宰平(学治)老师奖励,喜购书。晚年回忆云:"余弱冠前应经古月课,屡蒙拔厕前茅,月得膏奖,即至珠宝巷修本堂购书。生平蓄书自此始。饮水思源,尤应珍重。"(《〈存雅堂遗稿〉跋》,同上引书,第 133 页)

1888 年(清光绪十四年　戊子)　15 岁

10 月　康有为上万言书,请求变法,未达。

12 月　清政府建立北洋海军,丁汝昌任提督。

是年　喜读家藏《文选》。先生后回忆云:"此书在余家至少七十年,上钤'补藤花馆'印,系王父斋名。六世祖卜居张卿子巷,有书斋名补藤花馆,洪杨时全毁。王父奉母至河南辉县,依舅氏徐石樵先生以居。同治末将致仕,乃购得木场巷新屋,修葺后,以'补藤'榜其斋。所植花树六七株,皆仿老屋为之。家中尚存张卿子巷老契一纸,上有六世祖签押。此书为余十六岁以前所温习,余姑丈严蓉孙先生(曾铨)在书摊购得《文选集释》以赐,余颇欲摘要签记于书眉,《西京赋》未竟而即中辍。"(《〈文选〉跋》,《书跋》,第 174 页)

1889 年(清光绪十五年　己丑)　16 岁

1 月　德国十三家金融机构合资的德华银行上海总行开业。

3 月　慈禧太后"归政",光绪帝"亲政"。

4 月　张之洞上奏请建芦汉铁路。8 月,芦汉铁路开办。

12 月　上海机器织布局开工。

是年　两广总督张之洞筹划在广州建立炼铁厂;同年张之洞调任湖广总督,筹办炼铁厂事也移至汉阳。

是年　应童子试。"县府均以经艺见取,所作《四书》文,殊不合格。"然因叶乔年老师等亦不喜《四书》,遂得以通过,"补县学生",即中秀才。"余之受惠于乔师者,家中有阮刻《十三经》一部,因读经不通,喜缮阅之。又得《文选》一部,尤爱读之,甚至高声朗诵,师不加禁之。入泮以后,不再作小题文,而馆中自余叔余姑余弟以及附读者不下十余人,位置太窄,乃移至别室读书。于是虽从乔师在馆,已有名无实。余乃有机会浏览群书,顾家中书甚少,祇有《皇清经解》一部,为余枕中之秘。"(《〈甄屑录〉跋》,《书跋》,第 169—170 页)

△　先生少年时喜读吴梅村诗。晚年于《卷盦札记》云:"梅村诗除去应酬牵率之作,其余叙事读史诸篇,悲壮激越,开阖变化,允为清初第一家。余少时即右梅村而左渔洋,至今尚未能捐去成见。"(《杂著》,第 187 页)

△　先生少年时对家藏《伊阙三龛碑》等碑拓"喜临摹"。晚年曾回忆云:"余祖专研造象,尚有裱本四巨册……余叔浩吾公所收曾氏造象,尤为精博……余祖所收碑拓,以河南马氏存古阁旧藏为最多,皆乾嘉间拓本。"(同上,第 203、204 页)

是年　独头山人孙翼中(江东)[1]在叶家任西席,"教授三弟叔衡专习举业"。(《〈地学问答〉跋》,《书跋》,第 117 页)

---

[1] 孙翼中,别号江东、独头山人等,浙江杭县人。杭州求是书院教习。1902 年留学日本,加入兴中会。1903年回国,主持《杭州白话报》。民国后,应叶景葵之邀任浙兴与浙江实业银行接管的赣丰饼油公司经理。——编著者

1890 年(清光绪十六年　庚寅)　17 岁

春　与夏夫人循巽结缡。先生回忆云:"我的未婚妻早年丧母,有吐血症。母亲主张早娶过门,便于调护。故十七岁春季,我就成婚。结婚第三天,我便吐血。遵医生之嘱,虽在蜜月,亦异床而居。但不到两个月,我亦患咳嗽了。"(《寿诞答辞》,《杂著》,第 256 页)

11 月(十月)　获上海求志书院庚寅春季课案"舆地"一等。① (1890 年 11 月 27 日《申报》)

是年　徐新六出生。徐新六(1890—1938),名振飞,浙江余杭人。文史学者、商务印书馆编辑徐珂之子。1908 年赴英国、法国学习经济。1914 年归国,任北洋政府财政部佥事兼北京大学教授。1919 年随梁启超出国考察。后应先生之邀进浙江兴业银行。1925 年后出任浙兴总经理。(《上海名人辞典》,第 435—436 页)

是年　师事宜兴朱启勋(天笏)老师。"吾师示以读书门径,及文章流别,谓宜从先秦两汉入手。"对先生以后读书、做学问影响很大。(《〈骈体文钞〉跋》,《书跋》,第 177 页)

---

① 据此,是年先生似到过上海,在求志书院参加考试,获"舆地"科一等。求志书院位于小南门今乔家路、巡道街附近。清光绪二年(1876 年)由冯姓士绅捐银 2 万两,建屋 50 余间,创办该书院。设经学、史学、掌故、算学、舆地、词章等科,聘请学者钟文烝、俞樾、高骈麟、刘彝程、张焕纶等主持。书院按季课试近 30 年。书院藏书七八千册,成为当时上海城内最大的书库。光绪三十一年(1905 年)书院停止课试,经费和藏书移至龙门师范。——编著者

1891 年(清光绪十七年　辛卯) 18 岁

5 月　芜湖教案发生。

8 月　康有为在广州设万木草堂学馆讲学,梓行《新学伪经考》。

10 月　中华汇理银行上海分行开业,总行设于香港。

2 月(正月)　夏夫人病逝。先生后回忆:"十八岁正月断弦,不免伤感,我又咳嗽,渐渐痰中带血,盗汗,遗精,怔忡。父亲不叫我在馆读书,在书馆之外,安一书房,叫我自由看书。我在父亲书架上随便翻翻,看见一本《大生要旨》,内中说'打坐调息,可以益寿延年'。我就依照所说,试做几次,觉得怔忡稍好,做了一个月,遗精盗汗亦止了。一直做到十九岁夏季,人已复元。"(《寿诞答辞》,《杂著》,第 256 页)

是年秋　初应浙江乡试,报罢。先生《〈小谟觞馆诗集注〉跋》记此次乡试前后与友朋交往情形,云:"是年回杭应试者,如钱念劬(学嘉,后改名恂)、汪颂虞(舜俞,后改名大钧)、刘襄孙(燕翼)、先姑丈严蓉孙(曾铨),与业已得乙榜而在杭之夏穗卿(曾佑)、汪伯唐(尧俞,后改名大燮),常聚谈于补藤花馆中。余以后进隔坐,得闻绪论,稍启读书门径,而以浩吾公及蓉孙丈朝夕牖启,尤为得益。"(《书跋》,第 151 页)

是年秋　第一次买书。《〈小谟觞馆诗集注〉跋》云:"光绪辛卯,余年十八,初应乡试,泖生先生长子毓盘字子庚亦来杭与试,因旅费不足,出是书招售,定价银饼十元。先堂叔浩吾公语余曰:'此书印本流传极少,且为泖生先生朱笔句读,殊便初学,汝盍留之?'时余得东城讲舍月课奖银七元,不足,向先母乞三元,遂得此书,是为余生平购书之第一次。"(同上引书)

1892 年(清光绪十八年　壬辰)　19 岁

7 月　孙中山毕业于香港西医书院。

11 月　湖北织布官局开工。

是年　日商横滨正金银行在上海设立分行。

是年春　遵朱启勋老师之嘱,过录老师评点本《骈体文钞》。先生记云:"光绪壬辰春,余年十九,师以此本见示,命照录一部。自春徂夏,写录甫竣。""回忆四十八年前,补藤花馆中,师每于日将晡时,咿唔而来,科头而坐,以宜兴官话背诵任彦昇杰作,口讲指画,娓娓不倦,至今思之,如在目前。此乐胡可再得耶?"(《〈骈体文钞〉跋》,《书跋》,第 177 页)

是年秋　赴开封父亲处。"由杭州取道运河,至安徽之亳州上岸,以骡车至开封。"(《〈文选〉跋》,同上引书,第 174 页)

10 月(九月)　获宁波辨志精舍壬辰夏季课案"词章"超等。①(1892 年 10 月 28 日《申报》)

---

① 据此,是年先生曾到过宁波辨志精舍参加考试,获"词章"科特等。辨志精舍又名辨志书院,清光绪五年(1879 年)由宁波知府宗源瀚建于月湖竹洲(今宁波二中旧址)。书院分设汉学、宋学、史学、舆地、算学、词章六斋,黄以周被聘为主讲。黄以周提倡实学,士风为之一变。光绪二十八年(1902 年)宁波知府高英将辨志书院改为南城小学堂,次年即停办。——编著者

1893 年(清光绪十九年　癸巳)　20 岁

2 月　《新闻报》在上海创办。

5 月　日商横滨正金银行上海代理处开业。

本年　郑观应《盛世危言》、陈虬《治平通议》出版。

是年春夏　在开封。

是年秋　"由开封陆行至道口,乘船至天津,入京应试。"(《〈文选〉跋》,《书跋》第 174 页)先生少年时喜临摹,随身携带家藏存古阁本《伊阙三龛碑》,"吴絅斋表兄谓较近拓多数十字,可珍之至,乃付裱工。"(《卷盦札记》,《杂著》第 203 页)

应顺天乡试之前,又请益于同乡蒋稚鹤。先生后回忆云:"癸巳应顺天试,余叔岳夏厚庵先生介绍,请蒋稚鹤先生阅文,亦余父丙子同年。师最懒,全课作不下十余篇,未改一字;每见必在烟榻,奖借倍至。师为别下斋后人,博览群书,闻有著述,不轻示人。余亦未知请益,未免宝山空返。"(《〈甀屑录〉跋》,《书跋》,第 170 页)

在京时,遇同乡汪大燮之弟汪仲虞,同应顺天乡试。汪赠以某家刻本《传经表补正》。(同上引书,第 20 页)

是年秋　顺天乡试未中。入冬回开封。父亲督教更严。"光绪癸巳应顺天试,报罢,回汴梁,严君谓场作太劣,以后窗课请松江陆幹甫先生(廷桢)改削。"(《〈甀屑录〉跋》,同上引书,第 168 页)"为时不过三月,改削制艺四篇,谒见两次。"(《〈吴江陆幹夫先生墓表〉跋》,同上引书,第 27 页)陆师改削作文①如下:

匡章曰陈仲子岂不诚廉士哉

　　大贤欲折廉士之隐,而即以廉穷之焉。夫以巨擘之仲子,又为齐世家,而矫廉如此,其关风俗者大也。是以匡章惑之,而孟子折之。今使天地间一我而已矣,则何有于人? 何有于物? 然而不能离物以为养,即不能绝人以为高。于是有必不可轻之人,于是有必不可轻之物,于是有必不可轻之人之物。② 否则见重于人,而见轻于物,君子耻焉。如母与兄,必不可轻之人也。食与室,必不

---

① 本谱所录为经陆廷桢老师削改后之作。——编著者

② 陆师眉批:"思窗以深,笔然而连。"——编著者

可轻之物也。母之食,兄之室,必不可轻之人也物也。① 而陈仲子曰:否否。而仲子廉矣。使仲子为无闻无见之人,则仲子之廉可信。使仲子为不饮不食之人,则仲子之廉可信。使仲子为无母无兄之人,则仲子之廉可信。而何以复有闻,复有见,而何以亦咽李,亦食鹅,而何以有食盖之兄,有避居之母? 于是称仲子者为之说曰:彼母之食,不义之食也,盗跖之所树也。然则过半之李,未哇之鹅,伯夷之所树欤! 于是称仲子者又为之说曰:彼兄之室,不义之室也,盗跖之所筑也。然则织屦辟𫄧,居于於陵,伯夷之所筑欤! 呜呼! 充仲子之操,惟鹍鹏者谅之耳。方见笑于井上之螬,而何论槁壤黄泉之蚓。② 夫仲子世家也,齐之巨擘也。而为蚓且不可,彼齐国之士,直与醢鸡等耳。宜匡章之有是问,而孟子有是答也,所不可解者,以夫妇无憾之乾坤,而抟挍阴阳,竟不能去斯人口体之官,以节两间之精气,又日产鸟兽草木,给朵颐之欲,以相救于生死之关。③ 于是锱尘轩冕,独受怜于井上之蜉蝣,土木形骸难自外,于於陵之日月,若仲子者尚恨嗜欲之未平者也,是天地生人之缺陷也。所尤不可解者,以今古有情之形气,而口枯清浊,卒不能泯骨月嫌疑之隙。致伤一室之太和,犹幸有妻子田庐,奉清白之躬,以俯仰乎鸡虫之宇。第恐以螬视万物,而百族有爪牙之利。以鹅视万物,而百年无醉饱之欢。若仲子者,未免食息之皆危也。是名士谋生之忧患也。

[陆师批语]

前路清矫拔俗,不染纤尘。入后沉郁顿挫,颇窥正希门径。

子曰不知命无以为君子也

举数大端以相责,而不知者可勉矣。夫欲为君子以进于立与知人,非知命、知礼、知言不可。而不知者比比矣。故举以相责欤! 且上天下地中人,而以藐然之身统之。④ 将欲与天合其法,而天之赜隐,不易探也。将欲因地制其宜,而地之赜列,不易究也。将欲与乎人同其功,而人之散殊,不易定也。要即吾身自具之聪明,以索其微,而即以共其诚而已矣。惟圣人默体乎消息盈虚,乾端坤倪,尽轩豁于玑衡之表,而复斟酌三王之宪典,赜核百氏之异同,乃能握阴阳道德之原,悉窥其精蕴。⑤ 而凡民日炫乎声色臭味,天帱地载,尚茫昧于橐籥之机。况复百家之诵说既纷,万变之世情莫析,所贵括精一危微之要,明

---

① 陆师眉批:"承接一气,化堆垛为云烟。"——编著者
② 陆师眉批:"语有风趣。"——编著者
③ 陆师眉批:"议论风生,辩才无碍。"——编著者
④ 陆师眉批:"词连理举。"——编著者
⑤ 陆师眉批:"开合动荡。"——编著者

示其指归。一曰命,所以受中于天,而超然异于群生者也。其寄之一身者,自起居饮食以及祸福死生,皆天理流行之实,悖之则凶,修之则吉。① 血气不能与性道争权,其散在万事者,自礼乐鬼神,以及君臣父子,皆人伦契合之源。后天而乐,先天而忧,圣贤所以与幽明合撰。不知此,则所为者终非君子矣。一曰礼,所以效法于地,而杰然立乎宇宙者也。大之则天下国家,而日用饮食之繁,亦三代质文所由起。故修明律度,遂以奠万物之居。精之则蟠天际地,而视听言动之节,亦群伦师表所瞻依。故肃正衣冠,皆以称百骸之职。不知此,虽欲立而无其具矣。一曰言,所以取鉴于人,而灼然知其纯驳者也。名法儒墨,无虑数十家。何所谓非?何所谓是?第审流别以分叙录,而渊源门户,烛照于衡鉴之中。对策上书,不啻数百辈,何所谓废?何所谓举?第察华实以秩群材,而优劣纯疵,毕献于旂纩之下。不知此,虽欲知人口而无其方矣。此三者,不过略举翕辟刚柔之妙,以示蒸民攸好之大原,使中材者悟气化之屈伸,而返窥其始,由是博习乎古今之变。三年入学俎豆觌其神明,万卷藏书,弦诵练其器识,亦皆备之躬所万难自恕者也。此圣教之精也,不必赅括圣神文武之称。② 第从大贤以降之通号,使有志者乐造端之易简,而不敢自宽。即使深究乎造诣之全,参赞中和,定乾坤之位置,表彰先哲,发河岳之英灵,虽匹夫之贱亦与有责焉者也。此圣教之大也。

　　[陆师评语]

　　前路步伐整齐,中后七者灏气流行,真力弥满,浮烟涨墨,一扫而空。

子贡欲去告朔之饩羊子曰赐也尔爱其羊我爱其礼

　　圣贤皆不忘情于礼,而圣人深远矣。夫羊之既去,礼于何有?故犹幸其仅有存也。子之用爱,不较子贡为深哉!且国家之典,祖宗创之,子孙守之,有司奉行而已。数百年后奉行之意多,而恪守之意少。观礼者伤其无实,乃矫而存一切荡弃之思。不知大典所垂正,恃此一线之尚沿,即可冀过激一朝之立复。圣人所即由于此眷眷焉意也。即如八政之目三曰祀,五礼之经尤重祭,告朔之有饩羊旧矣。王者命羲和而观象,履端举正,既通三统以奉元年。③ 于是太史颁时,诏群侯而敬授,此以见普天无外。守王朝之正朔,不敢采私家测候之书。诸侯受时宪于季冬,皮弁朝衣,将入太庙而颁吉月。于是礼官循法,备牲鼎以告虔。此以知国政无怨,拜令典于春王,而愈彰先代留贻之泽。斯礼也,若斯

---

① 陆师眉批:"用大城包小城法,朴实说理,淹有归方之长。"——编著者
② 陆师眉批:"简练名贵,力破余地。"——编著者
③ 陆师眉批:"蓬蓬勃勃,如锅上气。"——编著者

其重也。礼废而饩羊为刍狗矣,而子贡之欲去之也。盖以牧政者,财用之所关,必权山林园泽之征,以供水稾楅衡之用。迨所出日多,所入日少,府藏渐觉不支,盍若就已废者并去其名,则与政体无伤,而可节国家之费。又以牺牲者,万物之一体。王者自私其祖父,天地岂不自惜其生灵?而刍人所掌,牧人所陈,典礼尤难从俭。盍若就无实者渐减其数,虽与民生无补,而可彰造物之仁。去之之意,二者或居一焉。然皆为爱羊计,而非为爱礼计也。宜为夫子之所裁欤!开国之初,事已定而威仪未定。迨数传以降,衣冠律度,皆寓累朝缔造之心。君子坐际末流,如奉祖考之几筵,尊其名而不敢亵。庶为子孙者,咸晓然于祖法之严焉。夫问典章于故府,若者为某朝所创,若者为某朝所增,用之者已渺然不知其故,而尚有黄冠父老,读月吉而念先君;白首司曹,引旧典而争今律,此可见祖泽之未尽沦湮也。其亦足为子孙告矣。封建之世,官有权而胥吏无权。及数世以还,制度文章,易失先代奉行之旧,君子力祛流弊,使守历朝之成宪,至于久而不敢更。庶为有司者,咸懔然于国法之尊焉。夫考沿革于百年,至某君而修改者几事,至某君而不行者几事,有心者独厘然有会于中。而及至定正月朝会之仪,采古今而杂就,创炎帝明堂之典,献图籍而可徵,未始非官守之犹存什一也。其亦足为有司告矣。而后世掌故之学,由此起焉。①

[陆师评语]

经经纬史,响切充坚。结构缥缈,迥异凡蹊,此必工于古文。

第四篇题目为《子曰善人教民七年亦可以即戎矣》。②

(《甄屑录》上册,稿本,上海图书馆藏)

是年止　从朱又笏老师学骈文,遵嘱抄录《晋文约钞》。计有张茂先《女史箴》、张孟阳《剑阁铭》、张士然《为吴令谢询求为孙置守冢人表》、刘越石《劝进表》、阮嗣宗《为郑仲劝进晋王笺》、桓子元《荐樵元彦表》、羊叔子《让开府表》、李令伯《陈情表》、陆士衡《谢平原内史表》、吕仲悌《与稽茂条书》、干令升《晋计总论》、郭景纯《山海经图赞》《山海经序》、庐山道人《游山门诗序》等。(《晋文约钞》稿本,上海图书馆藏)

是年前后　“朝夕繙阅”江藩著《国朝汉学师承记》《国朝宋学师承记》二书。四十年后购得《节甫老人杂著》,回忆云:“《汉》《宋》二记,弱冠时朝夕繙阅,如逢故人。”(《〈节甫老人杂著〉跋》,手迹,原书,上海图书馆藏)

---

① 陆师眉批:“结笔不苟。”——编著者

② 原文陆师改动很多,几乎重撰,此从略。——编著者

1894年(清光绪二十年　甲午)　21岁

1月　张之洞奏设湖北自强学堂。

6月　日本出兵朝鲜。

7月　日军击沉中国运兵船高陞号,并击伤济远等舰。中日甲午战争爆发。

8月　日商正金银行上海分行在市民反日抗议声中停业。

9月　慈禧启用恭亲王奕訢主持总理各国事务衙门。

11月　日军侵占大连、旅顺等地。孙中山在檀香山创立兴中会。

是年　汉阳铁厂投产。时设大厂六个,小厂四个,炼炉两座。自筹建至1895年共用经费580万两。

2月(正月)　至济南续娶夫人朱昶。朱夫人名鸿年(1875—1937),改名昶,字铭延,浙江钱塘人。陈叔通《叶夫人家传》云:朱氏"三世官山东。父钟琪,由知县擢至奉天度支使,以能吏称。""揆初先馆于朱。逾年(朱夫人)随揆初侍宦河南。揆初两弟一妹,次第婚嫁,适严氏姑娎稚茕茕,同居河南任所,夫人以冢妇左右承欢,襄事维谨,门庭翕然。""其治家如宰剧县,事至而泛应曲当,能矣。"(《杂著》,第424—425页)

岳丈朱钟琪(? —1916),字养田,晚号蜕庐,浙江杭州人。历任寿张、招远、兰山、清平、历城、泰安县令及青州知府等官职,为官清明有政声,重气节。中日甲午战争时,尝变卖祖传地产支援北征军队。他博学通识,尤深南北史,有《南史节抄》等著述传世。曾于历城设泽古文社、于泰安创仰德书院,又于光绪三十二年(1906)奉命建立山东高等农业学堂(山东农业大学前身)。民国三年(1914)清史馆开馆,为纂修兼总纂之一,撰《拟修清史目例》。家有兰笑楼藏书,凡千余种数万册,大都为钟琪先生研治学问所用之书,而非作为文物收藏,故除个别为明末刻本外,大多数为清中期以后刻本。本人著述存世有《蜕庐先生日记》《蜕庐剩稿》《蜕庐读书丛录九种》与《蜕庐钟韵》等。(参见陈先行《兰笑楼与合众图书馆》,《藏书家》,第15辑)

在济南,结识赵尔萃[①]。先生记云:"赵尔萃,字小鲁,别字傲倈山民,铁岭人。

---

① 赵尔萃,清末重臣赵尔巽之弟。——编著者

光绪己丑进士,以即用,分发山东,补夏津县知县,颇有惠政。后以道员分直隶候补,弃官卜居泰安。好鉴别书画,宦橐不给,借债以求之。辗转息耗,终为债家所乾没。"(《〈傲徕山房所藏五朝墨迹〉跋》,《杂著》,第 95 页)后又回忆:"甲午至济南续娶,外舅朱蜕庐先生谓余曰:'汝有志诗古文词,宜执赟于丰润赵菁衫先生国华。'先生须眉岸异,乐道人善。以《青草堂文集》赐余,余以陆先生改本呈正,先生批答有褒词。"(《〈瓶屑录〉跋》,《书跋》,第 169 页)

在济南,又受业于向笃生夫子。向笃生,名植,湖北沔阳人,光绪己卯举人,山东候补知县。先生"甲午至济南,以课艺就正,仅两三月。"(《光绪甲午浙江乡试朱卷》眉端批注,《瓶屑录》下册,稿本,上海图书馆藏)

6 月(五月)　南归应西太后六十万寿恩科浙江乡试。赵尔萃题诗纨扇赠行,诗云:"建鼓中原大势来,云帆南向广陵开。旧时江上千头杵,傍台钱生衹霸才。"(同上引文)师友们亦为先生钱行。"余在济南将南归应试,孙佩南先生(葆田)钱饮于泺源书院。晋之先生亦在座……"(《〈夏小正笺疏〉跋》,《书跋》,第 9 页)

是年夏　从济南至沂州。又由沂州至台儿庄,取道运河回杭。(《〈文选〉跋》,同上引书,第 174 页)

7 月 14 日(六月十二日)　在杭州应浙江乡试。大主考官梁仲衡、秦夔扬。(《清代职官年表》第 4 册,第 2988 页)

△ 先生获第三房首名,中式第二名举人。各场朱卷如下:

知之为知之不知为不知是知也

守其知而毋讳其不知,而知之之道得矣。夫知之云者,以其有所不知而别言之也。于是有为知者,于是有为不知者,而要皆知之道耳。今使以知为有尽乎,而已然者吾不得而窥也。使以知为无尽乎,而未然者吾不得而定也。惟一旦深自刻责,悉举当年之心得,愈剖而愈精,在当局方默课夫信者参半疑者参半。而有识者因其未然者之不敢自矜,信其已然者之必无或谬焉。斯知有尽而知之源愈无尽矣!不然,诲女以知可矣。而必曰知之者,是将就所已知而以知扩之也,是将就所未知而以知开之也。而果何者为知乎? 何者为不知乎? 取我之所知,以与众人较,而我胜矣。设更合天下之知以相较,而我不已隘乎? 又况大道之渊微,方日新而未已,我索之彼遁之矣。是知与不知乃中立之途矣。取今之所知,以与昔日较,而今进矣。设更出异日之知以相较,而今不已浅乎? 又况平时之见解,每递转而不穷,此入之彼出之矣。是知与不知有日变之机矣。知耶不知耶? 其以知为知耶? 其以不知为知耶? 而其知之者如是,而其不知者又如是。道体之繁而知出焉。凡一心之所推而勘者,非皆万理之绪余乎? 而何论也。前之所通非后之所袭。入乎知之奥而奥愈开,此之所歉非彼之所盈。择乎知之途而途更杂。使必故高崖岸矫,所知而侈语新奇,在吾党有所不受。而利其说者,或以张皇幽渺,背吾道而妄炫聪明。斯则加以不知之名,而必有怫然怒者。然而知之体已自此而歧也。君子所以辨之于早也。日用之赜而知匿焉。凡一时之所推而暨者,非皆万事之分端乎?而何尽也。已往之知随事而俱留,无以凝之则不永;未来之知当前而即在,无以导之则不灵。使必自牧卑谦,讳所知而强名清净。在中材且将自疑,而承其弊者,或更畏葸因循,负官骸以自安茫昧。斯即奉以不知之目,而将有怡然受者。然而知之用已由此而戕也。君子所以持之于后也,若是者勿以知不知之故,而交战于中。豪杰于是有光明磊落之言,相期于既往。而求知者尤必扩充闻见,以慎择乎两可之途,则体验精而心思益邃。且勿以知不知之名,而自封其域。圣贤于是有即浅求深之学,相励于无穷。而已知者益当涵养从容,以融化夫一成之见,则分际严而神智愈昌。此知之之道也,女其识之。

君臣也父子也夫妇也昆弟也朋友之交也

历举人伦之重,由修身而推之也。夫君臣、父子、夫妇、昆弟、朋友,非君子所独有也,而要必自君子推之。故历举焉以为修身者法。今夫修身之君子,自一身而外,于天下莫与焉。然而有以致吾身者,有以成吾身者,又有以配吾身以联吾身者,而并有以辅吾身者。浑而举之,而范围不可越;分而属之,而伦类不容诬。统上下内外而交萃于身,盖可循名而类举之已。所以致吾身者何也?八政建维皇之极,位衍箕畴;六卿总庶职之成,班联雒邑。尊天而卑地,堂廉之辨,辨以此也。而于是有君,而于是有臣。所以成吾身者何也?懿慈荫于南山,桥仰取元公之法;采遗经于卫国,肯堂慕康叔之休。同材而异宫,形气之通,通以此也。而于是有父,而于是有子。所以配吾身者何也?读昏礼之终篇,其识帅人之义;颁内宫之阴教,咸知正位之尊。合卺而同牢,赞助之成,成以此也。而于是有夫,而于是有妇。所以联吾身者何也?负剑循铭,曲礼特严于事长;傧笾联谊,周雅无间于宜家。吹埙而和篪,天显之敦,敦以此也。而于是有昆,于是有弟。所以辅吾身者何也?勿疑协鸣豫之占,盍簪有庆;伐木志求贤之雅,干豆无怼。献带而赠衣,丽泽之孚,孚以此也。而于是有朋之交,而于是有友之交。则尝就文武之政而观之,自穆考以弓矢扬灵,瑞鸾征祥,已开万国共球之业。于是衍丹书而拜赤雀,无忧早著于三朝;歌荇菜而奏葛覃,起化遥通于百族。即或双踪远逝,难回采药之骖。而鬻熊、虢叔诸贤,又以北面谈经,重访布衣之故旧。文之无忝于君臣、父子、夫妇、昆弟、朋友者,何莫非修身肇其基也。今即文德云瑶,而诵伦纪之书,条目无难缕述。斯则肃雍之灵爽,所日呵护于明堂之上,而诒厥孙谋者矣。自昭庙以钺旌秉武,神鱼告备,早受百方吁藟之朝。于是敶绎思而教青宫，燕翼肇源于先德，颁牧誓而杖黄钺，鸡晨垂诫于后王。纵或伯氏无年，久寂荾瑜之佩，而箕子商容诸老，又以南宫问政，上侪北海之高风。武之无憾于君臣、父子、夫妇、昆弟、朋友者，何莫非修身宜其准也。今即武功不复，而考明伦之典，训颁弥懔精详。斯则缵绪之声威，所日昭示于清庙之中，而垂之来叶者矣。臣得而分指之曰：君臣也，父子也，夫妇也，昆弟也，朋友之交也。

周公思兼三王以施四事其有不合者仰而思之

以思始者以思终，为元圣曲绘其状焉。夫兼之云者，欲其合而施之也，而未必尽合也。始则思，终则仰而思，而其状不可曲绘乎。且士生古人后，仅得其一二载籍，以待仰而读，俯而思，则亦已耳。然以后儒刻厉之心，状先圣经营之业，则有生古人后而为其易者，亦有生古人后而转为其难者。于是始则以心求事，而其心肫然；既则以事应心，而其心又皇然。此其状圣人不自知，而后世知之。且不仅知之，而并可得而言之焉。不然，周公生禹、汤、文、武之后，凡所谓酌二代之中，而俟百世之圣者，宜其无所不备矣。而漫云思之思之哉！公施四方，似克勤之禹；公忧二叔，似惭德之汤；公摄七年，似受命之文武。合数圣人以定一朝之业，而天下不得议其夸。本斯意以仰企前人，遂以酌三统质文之准。维禹之甸，公实荒之；于汤有光，公实赞之；成文武之德，公实始之，亦公实终之。合数天子以启一相之勋，而天下不敢疑其僭。推斯旨以仰承先德，遂以迓四方和会之休。呜呼！其代则三，其事则四。既已施之，何有于兼；既已兼之，何有于合。其然耶？其不然耶？公于是愈迫而为思矣。雒邑之新规既启，而丰京旧制半即销沈。又况由周溯商，维有历年；由商溯夏，维有历年。时代之迁移，不知几经兵燹矣！公而欲缵成规，岂遂漫无区画。而考故家之籍，旧典何征；读法令之辞，民间互异。于是取三王之实政，而虚以拟之，庶几其有当乎？百年非远，而帝王如导于先；七庙有灵，而祖考如临于上。此则先型翘企之余，有不觉形写其神者矣。东都之版籍既繁，而岐邑遗规，渐多隔阂。又况周初之政，不必授于商；商初之政，不必承于夏。事势之变易，不知几阅星霜矣。公而欲承旧德，岂必泥其规模，而彻法未行，贡助不宜于近代。井田虽善，近畿难例于国中。于是就三王之常典，以变而通之。庶几其有济乎？咫尺通万里之灵，而精神迥出；方寸握百王之矩，而志气长凝。此其望古遥集之怀，有不觉情见乎象者矣。其仰也，其思也。其思也，其思之也。夫羹墙见帝，犹将无所凭藉，以追异世之神。而兹则缘仰造思，直已收千古于寸心；而静持其表，即桥梓观型，亦将有所瞻依，以著承家之法。而此则因思见仰，直欲殚毕生于晷刻，而如见其心。而于是卜其夜焉，而于是警其旦焉。

赋得雨过潮平江海碧 得平字五言八韵

海阔江空处,长天一碧横。凉招飞雨过,气压怒潮平。珠点收开霁,银涛撼息声。屿涵晴翠活,波染蔚蓝成。雾縠迥风扫,云帆贴浪轻。带环闽越控,黛抱赭匔明。地势金瓯巩,诗章玉局赓。星槎欣咫尺,珥笔侍蓬瀛。

诗言其志也歌咏其声也舞动其容也

合诗、歌、舞以观乐,志与声、容俱备矣。夫诗以合乐,歌以宣乐,舞以节乐,而志、声、容即由是寓焉。为言、为咏、为动,不可缅乐之盛哉!粤稽乾坤未开,浑浑噩噩,睢睢盱盱,万物咸缄口韬容,以自晦其采,则亦已耳。然而不寄之笙镛,则神不咆;不宣之管籥,则气不谐;不达之干羽,则仪不肃。所以伊耆氏之代,勃勃荡荡,惟德是行;芒芒芨芨,惟道是成。若夫官天地,怀万物,友造化,必于土鼓黄桴□籥寓之。则以精神心思之寄于物者,不得以道德之世而返其真也。而况生三代以后者耶!是故欲言其志也,曷先于《诗》征之。故无论《关雎》之三,《葛覃》之三,登于廊庙,陈于乡国,皆言志之正也。即彼据美刺无邪之说,而刚郑诗者,亦岂言志之总汇乎?六卿饯宣子,所赋鬈兮及有女同车,皆谓刺忽之诗。郑伯如晋,子展赋将仲子,亦刺庄公之作。是则断章之言志也。夫惟国史序诗,上奉先王之典训,以下治其子孙臣庶。于是有以陈诗之赏罚为志者,有以编诗之鉴戒为志者,有以引诗之取义为志者。《虞书》曰:"诗言志,歌永言,此典乐之始。"即以为言诗之心传也可,故详绎之,而知诗也者言其志也,然而有歌焉。昔者葛天氏之乐,以三人操牛尾投足而歌。其歌八阕:一曰载民,二曰凤鸟,三曰遂草木,四曰奋五谷,五曰敬天常,六曰达帝功,七曰依地德,八曰总万物之极。乃帝尧氏立,乃命质为乐。质乃效山林溪谷之音,又以麋革置缶而鼓之,乃拊石击石以象上帝玉磬之音,以制舞百兽。夫两帝之作歌,何为者也?凡祭祀之义,以人声为本,阳气发扬于上,则神灵得而享之。是故其声庄以曼,气乃越;其声雍以和,情乃畅;其声舒以敛,神乃凝。《虞书》又曰:"声依永,律和声,非此之谓乎?"故再绎之,而知歌也者永其声也,然而有舞焉。陶唐氏之始也,阴多滞伏而湛积,水道壅塞而不行,民气郁阏而滞著,筋骨瑟缩而不达,故作舞以宣导之。其先也帝喾亦令人抃矣。或鼓鼙击钟磬,或吹苓展管籥,因令凤鸟天翟舞之。帝喾大喜,因以康帝德。今夫舞者,曾挠摩地,扶施猗那,动容转曲,便娟拟神,身若秋芍,发如结旌。故有肢舞,有羽舞,有皇舞,有旄舞,有干舞,有人舞。盖以神灵之降,飘渺万状,驰云车而上下,对几筵而肸飨,故为舞以动之。至于入学之舞,所以习八岁之威仪也;两阶之舞,所以肃万方之心气也;下管之舞,所以导百官之和平也。推之八变九变之节,象事象德之文,要皆有其所以然之理,以垂于后世。故三绎之,而知舞也者动其容也。

△ 同考官薛应枢(絜铭)荐批:"沉实高华,经策详瞻。"大主考翰林院编修秦夔扬(韶臣)取批:"气息渊雅,经策乔皇。"大主考内阁学士兼礼部侍郎梁仲衡中批:"局度雍容,经策鸿懿。"(《光绪甲午浙江乡试闱墨》,《甄屑集》下)

△ 榜发,至寓所谒见房师薛应枢(絜铭)。(《〈西泠侨居客遗诗〉跋》,《书跋》,第 160 页)"秋后又取道运河,回沂州。"(《〈文选〉跋》,同上引书,第 174 页)

房师薛应枢对先生才学极为称赞。其孙薛佩沧记述云:"辛亥国体变更,先大父解组归里。佩沧家园侍读,课余每为谈论古今,问及亲旧朋好,辄自谓:'平生最惬意事在浙之三襄文闱,得士如仁和叶揆初、吴兴沈谱琴、宁海章一山,三君道德文章、经济器识,均度越恒流,师弟间情意尤为契合。'"(《敬悼揆公》,《兴业邮乘》,复第 54 期)

是年夏　在杭期间,拜谒叶乔年老师,并为其开方治病。《〈甄屑集〉跋》云:"甲午年师已七十余,余回杭乡试,往谒,师正患温热病,瞠目不相识。师母亦七十许人,苦于药医无效。余见师壮热谵语,便秘舌刺黄黑,手足瘛疭。投以大承气汤,次日即省人事。当时余方二十一岁,胆大气粗,敢于下药,亦甚冒险矣。"(《书跋》,第 170 页)

10 月 12 日(九月十四日)　《甲午科浙江乡试题名全录》刊布,先生题名其上。(同日《申报》)

10 月 14 日(九月十六日)　《甲午秋浙江乡试官板题名全录》刊出,先生题名其上。(同日《申报》)

是年　赵尔萃致先生函①,贺其乡试报捷。云:"闻君高捷,距跃三百。惟是耻王勃之在前,屈东坡于第二。试呼明月早印证,桂粟前身,何物凡葩,敢妄占梅花头上,斯亦寄矣,能无愧乎? 比者锦帆高挂,兰楫东来,随外母以同归,迓新人而俱去。风光一路,欢喜两家,乐不可在,言岂能尽? 仆舟虽不系,鲍则终悬;既不孤抒贺登堂,更难望临岐握手。寸心眷眷,不可言名。惟望走马春明,不负来年之约。倘肯班荆夏邑,愿为东道之供。堂上双亲,务比叩贺。"(原件,《亲友手札》)

是年　先生乡试"制艺并《诗经》文刊入闱墨"。(陈叔通《卷盦剩稿序二》,《杂著》,第 433 页)

---

① 原信无日期,据称"揆初孝廉","闻君高捷"等语,应为先生浙江乡试中举当年所撰。——编著者

1895 年(清光绪二十一年 乙未) *22 岁*

2 月   日军攻占威海卫。北洋舰队全军覆没。清政府委派李鸿章赴日议和。

4 月   中日《马关条约》签订,中日甲午战争结束。

5 月   康有为发起"公车上书",号召拒约自强。

8 月   帝党文廷式等联合康有为组织强学会。

10 月   日军攻占全台湾。

11 月   兴中会横滨分会成立。

是年   先生由沂州陆行,取道曹、单至开封。又由开封赴洛阳,而至安阳县。(《〈文选〉跋》,《书跋》,第 174 页)

是年   父亲叶济任河南安阳县知县,兴修水利。"访问民间疾苦,一闻斯渠之害,则救灾念切,不辞奔走劬劳,拯溺情深,不惮往来寒暑。"(《叶公渠碑记》,抄件,上海图书馆藏)

是年   借钞钱大昕(竹汀)撰《潜研堂金石文字目录》八卷。清光绪二十一年杭州叶氏钞本。(《叶目》)

1896 年(清光绪二十二年　丙申)　23 岁

1月　康有为在上海创办《强学报》。

2月　华俄道胜银行在上海设立分行。

6月　中俄在莫斯科签订《御敌互相援助条约》,即《中俄密约》。

8月　梁启超在上海创刊《时务报》。张元济、唐文治、汪大燮等任总理衙门章京。

是年　盛宣怀接办汉阳铁厂,改官办为"官督商办",招股 100 万两。盛任汉阳铁政局督办,郑观应任总办。

4月下旬(三月中旬)　父叶济为修浚安阳青龙渠工竣呈抚台、藩台等禀文①。文稿曰:

　　禀抚、藩、本道、本府

　　敬禀者:窃照卑县青龙渠连年浸溢,前经督同各村首事勤议,挑挖新渠,顺导入洹,尝将办理情形并开工日期驰禀在案。卑职时轻车简从,前往督率,各村民大踊跃从事,于二月十五日一律复工。计自洪水庄起,辛庄鸡爪沟止,长一千三百二十五丈,面宽二丈五尺,底宽一丈五尺,深丈余。及八九天不等,分泄水势,颇为通畅。其旧渠淤垫日久,数十年于兹未加修浚,夏秋雨水稍多,即致漫溢,居人苦之,匪伊朝夕。闻○○②之开新渠也,咸愿以奋疏导一次。倘能循守勿失,则上下游数十里中三百余顷之田,可永息嗷鸿志叹。新渠购地之费,系○○捐廉给发,挖渠需之费亦由○○酌量津贴,并未动之公款,请免造销。除将新渠占用民地,蠲缓钱漕另文详请核办外,所有开挖新渠并挑浚旧渠,一律工竣,缘由理合绘图禀请大人鉴核。肃此恭请勋安。伏乞垂鉴。

　　计呈渠图一幅　　　　　　○○○谨禀　　　　　　(原稿,上海图书馆藏)

同旬　叶济将《议定岁修青龙渠章程》开折呈请抚、藩鉴核。(抄件,同上引书)

先生时在安阳。父亲草拟禀报河渠工程竣工,"正伺坐,亲见踌躇满志之状",

---

① 后先生将此文稿装订成册,题名《安阳叶公渠事实》,顾廷龙、秉志撰题跋。——编著者

② 原稿如此。应为作者自称。下同。——编著者

留下深刻印象。"修挖青龙河,及大小青龙渠,捐廉施工,颂声蔚起,渠成,名曰叶公渠。"(《卷盦札记》,《杂著》,第191页)

约11月(十月) 在济南,借阅《南迁录》抄本"手录一过"。此为先生藏书、抄书、校书之始。先生后回忆云:"此余廿二岁在济南历城县甥馆中,借昆明萧绍庭丈(应椿)所藏抄本迻录,藉以练习楷法。抄毕手自衬纸,先室朱夫人为余装钉,当日闺房静好之乐,如在目前。"(《〈南迁录〉跋》,《书跋》,第25页)

是年 安阳县民为感谢叶济兴修水利、造福百姓之举,特建叶公生祠,并立《安阳县叶公渠碑记》,记其事迹。文曰:

> 盖闻禹之治水也,垂四载而奔走弗遑,历八年而忧勤靡止。诚以水性就下,顺其性则养人,逆其性则害物也。即如青龙河一道,旁纳夫万公、百阳、大小青龙四渠,暨无名之细流,至慕村合二为一,向南至苏宋邨入洹,由来久矣。近因洹水涨发,地势淤高,致使沼渠潦溢,累年被淹,若不疏瀹,斯民之害伊于胡底!幸我邑侯叶老父台大人莅任安阳,访问民间疾苦,一闻斯渠之害,则救灾念切,不辞奔走劬劳,拯溺情深,不惮往来寒暑。正在勘办间,复经生员郝荣选、文童、胡春芳等,将洪水庄向东旧渠年久民侵成地情形禀明在案。又据大佛村常兆魁等十三呈纸,赴抚宪行辕报灾,蒙批饬令勘办,择吉兴工等因。于是谕饬工书宋仁查丈东道,审察地势。计经过之村庄,则崔桥、槺东、店北、双塔、辛庄,在东宋村屯、五村店,西核被灾之田地。则因地出夫,按亩分工。现有渠形者,但丈地停征;无渠形者,宽以三丈为限。长有六七百丈之多,挨段买地,每亩发价八串,又停缓地粮。且地价不取诸灾民,我邑侯捐廉垫发,大施格外之恩。而斯民安堵无虞,永享莫大之福,忧民之深心如此,虽西史岂能逾乎!届期兴工,民皆趋承恐后,踊跃争先,不二旬新渠告成。虽愚妇童子,莫不歌而颂之曰:叶公渠。又将南北旧渠开宽加深,必使上下通畅,今而后水浸无忧,泠滥永绝,波平有庆,利泽普霑,有不歌功颂德、永感不忘者乎?工竣除垺,岁修章程另勒外,属余作记。余不敏,不能为文,聊记事实,勒诸贞石云。
>
> 邑庠生胡廷融撰文　郡庠生郝荣选校阅　邑庠生李玉洁书丹(下略)

(抄件,上海图书馆藏)

民国二十二年(1933年)《续修安阳县志》"人物传"曰:"叶济,字作舟,光绪二十一年如安阳事,清勤自持,禁奸宄有郑季雅风。疏渠道,俾上游广阔,下游免淹没之虞。崔家桥等数十村不病水患,济之力也。当时建有生祠,今巍存云。""循政志"云:"安阳近数十载,治讼如郑季雅,弭盗如叶作舟,皆卓卓在人耳目,其它有可节取者备载焉,作循政志。"该书"集记门"又云:"(光绪)二十一年四月,漳水复决,二分庄老河断流。至七月水涨大淄,仍趋老河。知县叶济会同临漳知县周秉彝、内黄知县蠲钱,督率邑绅修堵,被水村庄皆赈之。"(转引自顾廷龙《〈安阳县叶公渠事实〉题识》,手稿,同上引书)秉志《〈安阳叶公渠事实〉跋》亦云:"余昔日读书汴垣,见人士往来汴郑之间者,皆盛道郑州叶刺史之贤;时以年幼,未能征闻其详也。今于四十年后遇公哲嗣揆初先生,以《安阳县叶公渠事实》册见示,命焉题识。此册载公宰安阳时捐廉浚渠事始末,有公当日呈详省宪之禀稿,其手泽也。有邑绅胡君廷融之碑记及顾君廷龙之题识,追录公一切德政,藉悉公筮仕豫省,历任安阳、祥符等县,后升任州牧,所至以惠民见称,为清季之循吏,遗爱在民间者甚众,安阳浚渠特其一事耳。"(手稿,同上引书)

是年　经赵尔萃结识其兄赵尔巽①。陈叔通《卷盦剩稿序二》云:"君就甥馆于济南,时赵尔巽丁艰家居,谂君才。"(《杂著》,第 434 页)

---

① 赵尔巽(1844—1927),字公镶,号次珊。清末汉军正蓝旗人,祖籍奉天铁岭。著有《刑案新编》《赵留守攻略》等。——编著者

1897 年(清光绪二十三年　丁酉)　24 岁

2 月　康广仁在澳门创刊《知新报》。夏瑞芳等在上海创办商务印书馆。

4 月　江标、唐才常在湖南创办《湘学新报》,后改为《湘学报》。

5 月　盛宣怀奉命招商集股在上海创办中国通商银行。李维格进《时务报》任译务,11 月李与梁启超赴湖南时务学堂任教。

10 月　严复在天津创办《国闻报》。

11 月　德国借口巨野教案,出兵强占胶州湾。

12 月　沙俄舰队强占旅顺、大连。

是年　杨宗濂等在无锡创办业勤纱厂;庞元济在杭州创办通益公纱厂。

1 月 24 日(丙申十二月二十二日)　赵尔萃复先生函[①],告以在山东夏津之心境及家人近况。云:"屡辱赐书并损惠多仪,久稽答谢。顷差来,又荷慰词,开我胸臆,深情厚爱,纫感难名。执事天赋才华,经术淹贯,入著作之府,登侍从之班,皆指顾问事。明春伉俪偕归,椿萱上侍,家道欢聚,正是美满春光,务以远大相期。凡一切离合悲欢,勿为萦绕。侄女气体荏弱,尤宜善自珍卫,此后上侍舅姑,下相夫子,正有许多事业,勿徒比人生感。此即仆所企望者也。惟南辕北辙,相见不知何时,不能无快快耳!境遇困人,不可思议。年来所遭拂意动心之事,纷至沓来,千磨百折,方寸殆无隙地,仆则若即若离,若思若忘。迷邪?悟邪?痴邪?醒邪?仆不能自解。执事解人,必能比我领会。至于翠子无谋,亦惟自惭凉德,不徒作无益戚戚。室人犹获生存,已属难得。至其尪羸,缓缓将息,或冀元复。望贤夫妇勿过悬系,室人亦深以此为属。家慈因天气严寒,不乐行路,明岁正二月间,拟买舟径赴夏津,较为安逸。所幸精神、眠食健适如常,实万千之福,堪以藉行。委送朱卷报单,皆已分致矣。锦注转瞬新春,顺贺大喜。"(原件,《亲友手札》)

春　至河南彰德。先生后回忆云:"丁酉又由宜阳取道洛、巩,至开封渡河,而至彰德。"(《〈文选〉跋》,《书跋》,第 174 页)

---

① 原函仅署"二十二日"。据信称"转瞬新春",当为农历十二月;又称"明春伉俪偕归"。先生夫妇于丁酉年回济南省亲,与此恰相符。赵尔萃时任山东夏津县知县,故考定为是年初。——编著者

春 送夫人归宁赴山东清平县。期间与赵尔萃(小鲁)等作"诗钟之会"。"光绪丁酉，先外舅朱蜕翁摄清平县事，余送妇归宁，适赵小鲁师任夏津县，境壤相接，时往来为诗钟之会，余亦与焉。"(《〈蜕庐钟韵〉跋》，同上引书，第 185 页)

约夏秋 在济南经岳父朱钟琪结识张莲芬，并参与中兴煤矿公司规划等事宜。顾廷龙《叶公揆初行状》云："公于该公司渊源有自，初识莲芬时，钟琪官山东商务局，亦董事，公以馆甥居贰室，常参擘画，筹议借款。"(《杂著》，第 422 页)从此先生与该矿结下不解之缘。1912 年被推举为该矿董事会查账员；1928 年被选为董事；1931 年当选常务董事；后又被选为董事长。[1]

山东中兴煤矿为近代中国重要实业之一。"峄县煤矿，位于山东峄县、胜县间之枣庄，而大部分煤区属于峄县，故普通皆称峄县煤矿，距津浦铁路之临城站约六十余里，敷有轻便铁路以为联络，故运输颇便。""清光绪六年北洋大臣李鸿章，委戴华藻集股本洋二万余两，在山东峄县枣庄设立中兴矿局。初用土法开办煤矿，嗣后增加资本，扩充器械。光绪二十一年，山东巡抚通令禁止。光绪二十五年，张莲芬复行借助外股，继续开办，并奏明改为华德中兴煤矿有限公司。光绪三十年，以德股未能招集，先招华股，翌年由工商部注册。光绪三十四年，经部注销华德字样，颁给关防，文曰'商办山东峄县中兴煤矿有限公司'，此实为该公司华商完全自办之始。商部查得该矿煤质佳美，拟为整理，以资提倡。"(《现代中国实业志》，第 221 页)

约 11 月初(十月) 偕夫人离山东返开封。抵豫后，致函岳丈朱钟琪及赵尔萃师，报平安，又询巨野教案后德国出兵占领胶州湾事。(见 1897 年 11 月 24 日赵尔萃复先生函)

11 月 24 日(十一月初一日) 赵尔萃复先生夫妇函[2]，告以近况及答复询问等。云："由单寄到惠书，知双卫业经首途，詹望汴电，曷胜离感。昨又读致令岳书，敬悉安抵梁园，沿途平顺，至为抃慰。想上侍椿萱，下联昆季，围炉笑语，天伦之乐无穷，言之欣羡。流光弹指，转眼年关，明正当以早进京为是，其他皆可不计，惟折卷非以与太史诸公考校不可。尊严、慈闻益健适，下怀顿释。铭女心口疼及口疮等，皆未再犯否？承惠《说文》拜领，谢谢！厚惠累累，无以为琼琚之报，奈何！萃于月之十七校士[3]，扃门俯首，日日阅文，如在十七国驿馆中，满耳嘈杂，不知所说何辞。此真天下第一苦事！内子近颇极力自解，绮儿亦甚能为之开心。牙疾虽犯两

---

[1] 参阅 1912 年、1928 年、1931 年有关条目。——编著者
[2] 原信无年份，仅署"十一月晦日"。据考，内述先生赴鲁省亲事，又提及"胶澳事"，无疑为光绪二十三年十一月。——编著者
[3] 约指书院考试阅卷。——编著者

次,皆未甚剧,刻渐平复矣。舍甥女前月底抵京,一路安稳到京,亦尚无恙。皆勿劳念。前错托单勇寄上一函,当早寄到。又上尊大人一书,托朱迈卿大令带去,不知其何时起身也。闻励斋处奇窘,昨由济南汇去七百金,不知下月半能到否?自送双旌,意外之项共出两千金,劫财运亦可谓盛矣!兹有恳者,萃拟延一博学通经古之人,为舍侄教授,兼择书院中之秀良者一二十人同居。受业馆金以三百为度,再多亦可。问道必于己经,择人必观所与。执事博学淹通,必有同志同道之人,足膺斯选,务求费心代为物色。至叩,至叩!舍侄留此未去,若得此名师,即不令归去矣。恂卿①竟作古人,真令人痛惜!半生沦落,天复不假其年。弱妻幼子,数口嗷嗷,将何以为生?所有一切身后事宜,及清还零星账目,来春再运其眷枢南归,大约非五百金不能蒇事。花欢喜钱,究竟赚得欢喜,在忙此等伤心耗财,真是无味耳!胶澳事,刻已退兵,要求六事,所说不一,俟得确音,再为奉布。"(原件,《亲友手札》)②

---

① 姓名不详。——编著者

② 《叶揆初优俪亲友手札》共收有赵尔萃信札六通。一通以赵国华署名。此函之后尚有两通,日期难考。一通通报先生岳丈朱钟琪病况,称已请外国医生诊治,并已转愈,仅署"阳历一月六日",字迹已显老态。二系由他人代笔,署"傲徕山民",无日期,告以本人病情,称"自今正以至今日,一字不能写,一事不能作,一步不能行,就在本室中咫尺之地,坐则在东床,卧则上北床,终日消磨日月而已。"此二通当为民国初赵尔萃晚年在济南时所撰。赵卒年待考。——编著者

1898 年(清光绪二十四年　戊戌)　25 岁

1 月　康有为上光绪皇帝《应诏统筹全局折》。

3 月　清政府与德、俄分别签订《胶澳租界条约》和《旅大租地条约》。

4 月　严复译著《天演论》出版。

6 月　光绪帝下"明定国是"诏,宣布变法。

7 月　诏立京师大学堂。

9 月　慈禧发动宫廷政变,光绪被囚禁。"百日维新"失败。谭嗣同等六君子被害。

是年　盛宣怀为解决汉阳铁厂燃料,又招股 100 万两,设立萍乡煤矿局,开采江西萍乡煤矿。张謇在南通筹设海通垦牧公司。朱幼鸿在上海创办裕通纱厂。

约年初　从某期刊剪录《滇缅界务新约诤议》(甬上随槎客撰,阙名译)黏贴成卷一册①。(《叶目》)

是年春　进京参加戊戌年会试。"会试报罢。"(《〈太康物产表〉跋》,《书跋》,第 99 页)"其时康梁提倡新学,废八股,我亦受了刺激。下第之后,投通艺学堂,习英文、算学。"(《寿诞答辞》,《杂著》第 257 页)

通艺学堂为总理各国事务衙门章京张元济(菊生)等创办②。光绪二十一年(1895)冬,张元济与陈昭常、张荫棠、夏偕复等八人结为健社,"约为有用之学,盖以自强不息交相勉,冀稍挽夫苟且畏缩之风。"(张元济《送简庵入滇序》,《张元济全集》第 6 卷,第 443 页)1896 年 4、5 月间,张元济等又与诸同好合聘教习,设馆授读英文及各种新学书籍。1898 年初,时已任总理各国事务衙门章京的张元济与陈昭常等在英文学馆基础上,联合集资,筹设西学堂,呈请总署提倡。时聚学者二十多

---

① 原书无日期,先生后撰题跋云此为"光绪丁酉、戊戌间剪存之稿",由此系年。"滇缅界务新约",约指 1887 年 8 月清政府与英国在伦敦交换之《中英会议缅甸条约》,其中有重新勘定中缅边界等事项。——编著者。

② 通艺学堂创办人与学员共四五十人。创办者除张元济外,有陈昭常、夏偕复、曾习经、何藻翔、周汝钧、陈懋鼎、王仪通;学员可考者有叶景葵、林旭、林胥生、郑沅、姚大雄、黄敏仲、林朗溪、夏坚仲、雷曼卿、毛艾孙、戴芦龄、曾叔度、陈钧侯、郭则沄、吴鞠农、范赞臣、夏虎臣、孙宇晴、王亮、冯祥光,以及御史杨崇伊之子等。参见《张元济日记》上册第 431 页和刘德麟《从健社到通艺学堂》(打印稿)所录名单。——编著者

人,赁学舍于宣武门外海王村。张荫桓函请各省督抚募捐。陈昭常等"酌定章程致十条"。改称通艺学堂。(张元济《戊戌政变的回忆》,同上引书,第233页)同年9月,张元济与夏偕复、陈懋鼎、王仪通等为设立通艺学堂呈文总理衙门。同年12月17日,总署上奏。12月26日谕旨批准总理衙门奏片,"札行该学堂绅董刑部主事张元济等可也。"

张元济对通艺学堂回忆云:"那时候我在北京和一些朋友办一所通艺学堂,教授英文和数学,学生有四五十人。学堂聘请二位教员,一是同文馆的学生,另一位是严复的侄儿严君潜。'通艺'二个字就是严复取的。校址设在宣武门内象坊桥,租了一座大房子作校舍。学堂创办人有陈昭常、张荫棠、何藻翔、曾习经、周汝钧,均系部曹,夏偕复和我。经费无所出,由我和倡办诸人向总理衙门各大臣递个呈文,请他们提倡。张荫桓最为热心,约了同僚数人联名写信向各省督抚募捐,一共捐了好几千元。张之洞、王文韶等都有捐款。"(同上引书)《通艺学堂章程》规定:

"宗旨":

第一条　国子之教,六艺是职。艺可从政,渊源圣门。故此学堂名曰通艺。

第二条　欲开风气,必先首善。欲宏造就,必资儒流。故此学堂设于京师,以待缙绅与其子弟之有志于此者。

第三条　欧美励学,新理日出。未知未能,取资宜博。故此学堂专讲泰西诸种实学。

"事业":

第一条　现在先习英国文字。俟款充人众,再分设各国文字学馆。

第二条　所讲之学,务存阶级。通理达职为先,术艺次之,而以达于从政、专对四方为归宿。现在先习英文、史书、地志、算学等门,俟一、二年后再行分门课授,其详细办法见以下课程各条。……

(《张元济全集》,第5卷,第4—5页)

在京时,喜读黄遵宪人境庐诗作。先生后记云:"戊戌计偕北上,见沈乙盦先生手持纨扇,书黄先生酬曾重伯七律二首,爱之,讽咏不去口。后在《新民丛报》见所登《锡兰岛卧佛》及《莲桃杂供》诸作,始知先生五七言古诗尤为戛戛独造,前无古人,至今犹能背诵。"(《〈人境庐诗草〉跋》,《书跋》,第160页)

是年夏　在京得重病。先生后回忆云:"其时寓在城外长元吴会馆,距酒馆茶寮甚近。凡苏浙两省下第留京之人,每日聚会。其初不过酒食征逐,渐渐叫局,摆酒,打茶围。去过几次,就有素不相识的人,前来拉请,不去又不好意思。人请我,我便须请人,我居然亦以大杯豁拳。酒醉之后,往往不自检束。时届夏令,暑湿熏蒸,夜深回寓,风露侵入;次早又须至学堂听讲,不免劳顿。一到秋令,种种'罪案',一齐发作,生了一场很危险的秋温。那时没有量热度的寒暑表,我还记得,热甚时,谵语发狂,大约至少一百零四度了。在京请中医诊治,缠绵几个月,方能回河南。"（《寿诞答辞》,《杂著》,第 257 页）

7 月（六月） 清政府以"新海防例掣签"分发一批郎中、主事,先生名列主事名录。（1898 年 7 月 30 日《申报》）

9 月 18 日（八月初三日） 在通艺学堂,听严复讲演①。是日,张元济邀严复到通艺学堂讲《西学门径功用》,"宣读西学源流旨趣,并中西政教之关滦,事为局外人所闻,是日除本学堂肄业诸生外,京官之好学者相约听讲,不期而集者数十人。"（1898 年 9 月 21 日《国闻报》）蔡元培、郑孝胥亦到校听讲。郑孝胥称,"听者约四十人。"（《蔡元培全集》第 15 卷,第 208 页;《郑孝胥日记》,第 681 页）先生回忆,"在校时听严几道先生演讲,物竞天择之理,又读所著《天演论》,恍然有觉。"（《〈太康物产表〉跋》,《书跋》,第 99 页）

9 月 21 日（八月初六日） 慈禧发动政变,囚禁光绪,通缉康有为等维新党人。是日,张元济正带领通艺学堂学生往东交民巷日本使馆访日本首相伊藤博文②。此后,康梁出逃,六君子被难,与变法有关官员或革职,或谪戍边陲。一场轰轰烈烈的维新变法运动归于失败。（张元济《追述戊戌政变杂咏》,《张元济全集》,第 4 卷,第 235 页）

10 月 8 日（九月二十三日） 张元济被处"革职永不叙用",通艺学堂并入京师大学堂。（同上引书）《国闻报》刊登题为《通艺罢学》报道,云:"北京向有通艺学堂,由已革刑部主事张元济创办,此学堂开设两年均有规模。自张主政罢官以后,此学堂遂无人接办,肄业各学生因八股取士已复旧制,亦各意存观望,纷纷告退,张主政因将学堂中所有书籍、器具及积存余款开列清单,呈请管学大臣孙中堂将通艺学堂归并于大学堂,闻日前已由管学大臣派人接收。"（1898 年 11 月 1 日《国闻报》）

是年冬 先生离京返豫。"思诸弟辈僻处河南,非导以新学不可,乃延北洋大学卒业生庄君敬于至开封,教授英文、算学。是年冬令,同车而行。又购新学诸书,及《新民丛报》等,载之而南。"（《〈太康物产表〉跋》,《书跋》,第 99 页）

---

① 据汤志钧《戊戌变法人物传稿》"严复传"记,1898 年 9 月 14 日严复受光绪召见后,即寓居通艺学堂。张元济等延严复讲《西学门径考》,听讲者数十人。——编著者
② 叶景葵先生是否在内,不详。——编著者

1899 年(清光绪二十五年　己亥)　26 岁

3 月　山东义和团朱红灯部起义,不久打出"扶清灭洋"旗号。

5 月　中俄签订《勘分旅大租借专条》与《辽东半岛租地专条》。

7 月　康有为在加拿大成立"保救大清皇帝会",简称"保皇会"。

12 月　袁世凯署山东巡抚。朱红灯部义和团被镇压。

是年　法商东方汇理银行在北京、上海设立分行。

是年初　在开封调养身体。当时,"'骨瘦如柴,面白如纸'了。病后,羸弱之极,见了人两腿发软,不能起立。我想,我的生命,已极端危险了。回忆到二十岁前所做打坐调息,从新温习。温习三个月,大有效验。又在庭院内种了菊花二十盆,凡分根、打头、摘蕊、浇水各事,皆亲手为之。早起一一移至有日光处,中午移至无日光处,将雨移至廊下,皆不假手于人。到秋季,菊花开后,又练习八段锦。居然到二十六岁夏季,完全复元。"(《寿诞答辞》,《杂著》第 257 页)

是年春　父亲调任河南陈州太康县知县,全家由开封迁往太康。"庄师(按,指庄敬于)与诸弟偕行,馆课之暇,同至郊外漫游,与老农闲话,所得辑成《太康物产表》,咨访最力者,为余二弟仲裕(景莱)。其同受庄师之教者,尚有三弟叔衡(景莘)、姑表弟严鸥客(江)、严龙隐(泷),皆于此表有助力。"(《〈太康物产表〉跋》,《书跋》第 99 页)

是年　先生"又得《农学报》及严译《原富》读之,实获我心。"(同上引文)

是年　于河南彰德购入明赵府味经堂刊本《洹词》十二卷。《卷盦藏书记·集部》记云:"余廿六岁时购于彰德府考棚。"(稿本,上海图书馆藏)

1900 年(清光绪二十六年　庚子)　*27 岁*

5 月　义和团与清军在河北等地大战。义和团毁长莘铁路和丰台铁路附属设施。

6 月　八国联军从天津进攻北京,与义和团接战。义和团在北京焚毁教堂,并与部分清军进攻东交民巷外国使馆。

7 月　奉天义和团烧毁城内法、英教堂与东清铁路公司。俄军大举侵入我国东北。八国联军攻占天津。

8 月　八国联军攻占北京。慈禧挟持光绪帝西逃。

8—10 月　俄军先后侵占哈尔滨、齐齐哈尔、吉林、辽阳、沈阳、锦州。

12 月　八国联军向清政府提出《议和大纲》十二条。清政府照允。

是年　李维格重回汉阳铁厂任会办。

2 月 8 日(正月初九日)　由开封致三弟叶景莘书。(叶景莘《日程》①,稿本,上海图书馆藏)

2 月 20 日(正月二十一日)　致三弟书。(同上引书)

2 月 28 日(正月二十九日)　叶景莘复先生书。(同上引书)

3 月 2 日(二月初二日)　致三弟书。(同上引书)

4 月 2 日(三月初三日)　叶景莘致先生书。(同上引书)

9 月 29 日(闰八月初六日)　由太康赴开封。叶景莘记:"大哥入省。"(同上引书)

10 月 3 日(闰八月初十日)　叶景莘"得大哥信"。(同上引书)

---

① 《日程》手稿,存庚子、辛丑各一册(部分),盖有"杭州叶氏藏书"与"合众图书馆"印,上海图书馆藏。无署名,无序跋、题记。上图电子库标作者为叶景葵,而《杭州叶氏卷盦藏书目录》"史部·日记之属"标"民国杭州叶景莱(仲裕)撰",似均误。据考,当为先生三弟叶景莘日记无疑。理由:一、内频繁记述"葵哥"与之通信,称"大哥",不可能为叶景葵本人日记。二、笔迹与《叶仲裕残稿》所收景莱书写各件完全不同。三、先生为《残稿》所撰题识,称二弟"生平无著作,即家信亦散佚",仅保存其光宣之交在杭州安定学堂任职期间几件文稿,"特为手装保存之"(参见本谱 1941 年 6 月 27 日条)。如果有其日记保存下来,先生题识不可能不提。再说如果《日程》是景莱的作品,先生一定也会同《残稿》一样撰有题识,以资纪念的。据此,排除先生本人与二弟景莱,只能是三弟叶景莘日记。——编著者

10月8日(闰八月十五日) 由开封回太康。叶景莘记:"大哥回。得两宫幸太原确信。"(同上引书)

10月22日(闰八月二十九日) 由太康赴汝州。叶景莘记:"葵哥赴汝。"(同上引书)

10月30日(九月初八日) 由汝州回太康。叶景莘记:"大哥回。"(同上引书)

12月14日(十月二十三日) 致叶浩吾书。叶景莘记:"葵写新叔信,并交日昇昌汇规银一百。"(同上引书)

是年 在河南太康就老农话树艺,辑成《太康物产表》一卷。著录谷类、菜类、草类、果类、木类、花类、药类、纺织类、酿造类、禽类、兽类、鳞介类和杂产类共13大类、270余种当地物产。包括称谓、特点、产业规模、发展前途等多方面的资料,有详有略。"是为公有志实业之始。"(顾廷龙《叶公揆初行状》,《杂著》,第419页)摘录《太康物产表》部分条目如下:

大麦 其种有有芒者,有无芒者。闻乡农言,数年前大水,高朗集一带有人试种稻田,结穗甚大,收成颇丰,后因累年干旱,遂无种者。可见土性之未始不宜也。倘修水利,因而振之,利较麦田更厚矣。东乡农人择麦秸之梢细而坚者,断之束之运至鹿邑,供编草帽辫之用,每斤可得四十文。本境麦秸仅供薪爨,或以编织筐筥,价不过五六文。

谷 俗名小米,其种甚繁。豫谚有云:"种田一世,不识谷子",言名目太多也。其秆名秆草,可以饲牲。

金针菜 利厚,丰收年每亩可得三十千。陈州种此者甚多,本境较少,皆与田塍之畔,或树阴植之,取其占地不多也。每年行销亳州、周家口,再由彼处运至上海、汉口,为豫省出口货大宗。

回回菜 可为漂白之用,其法撷嫩叶杵如斎,筒白布中揉之于水,更以清水漂之,便成洁白色。按西国有绿气漂布之法,未知此菜内含何种质性,惜无精化学者一试验之也。熬碱淋盐,亦用此物。

草类 春令百卉怒生,土人撷取以供蔬食,其名为菜者,皆草类,故二类不能详为区别,略举采访所得附于菜类之后耳,目所未及者盖不少矣。

灯笼科 开细红花。

落花生 有中国种,有西洋种。县境多沙地,涡河之故道也。凡沙地皆宜瓜,故实大而甘。

湖桑 涂中丞宗瀛抚豫,购湖桑秧札发各属劝种。当时以车运载来,县招致乡农领去,遂置不问。至今各村无孑遗者,西门外官地尚存十余株,叶大多津,一株抵鲁桑三株之用,乡人亦深知其利,有摘取以饲蚕者。惜传种不广,又未谙压接之法,恐历久则靡有存矣。

桐　三月开紫花,状如诃子,与作油之冈桐异,与白花桐亦微异,即陈翥《桐谱》所谓紫花桐也。

白蜡树　柘城植此者夥,往往辟为园圃,夏间有外省贩客担荷虫子如泥丸者,置之树上,虫食树叶即化白蜡,刮取而归。柘邑人亦有畜此虫者,以衰旺卜一年休咎,所出之蜡,为浇烛之用,销路极广,农人以此为河南一宝,洵不虚也。或养其长条,斫去旁枝,仅留顶上两三叉,俟其坚实,取作粪叉。若仅取其杆,又可为各器之柄。本邑植此者年年增进,皆以丛条为编织筐筥之用。闻取蜡者修剪枝干,不令蔓长;如湖桑之法供编织者,皆齐根斫去,年年丛生,故不能两用也。蜡树之利一株可得数百文,编筐则利薄矣。

臭鸡蛋　柚类,以其干接柑橘甚良,即《本草纲目》所谓臭橙也。邑人晒其叶代茶饮,亦如棠梨然。

蜀葵　俗名蜀季花,近有人考验其杆可为麻。

白芍　十年前,太康白芍之名甚著,远道来贩;歉岁后,此利去矣。

黄化地丁　可充盘飧。河朔气候寒,桑叶迟,往往采其叶细切,饲蚕蚁,邑人未闻用此法者。

棉花　有白花、紫花两种,白者良。此为本邑农产大宗,土性极宜,利大于麦田数倍,外贩争来购运,故有银太康之谚,与金杞县并称,金谓金针菜也。近数年来稍稍衰矣,推究其故,盖因布种太密,施肥太少,又不知开沟泄水之法,故霪雨往往成灾。

茧　每斤百余文至二百余文不等,丰收则产额可得万余千。本境缫丝者祗一二家,或线店零星,收买销路不旺,民间无处求售,运至陈州价亦相等,若有大商坐庄收买,则产额必可数倍于今日也。

布　每疋宽一尺二三寸,长三丈至四丈余不等,每尺售钱三十余文,皆邑人自纺棉线,所织幅狭而丝粗,农家多喜用之,以其耐久也。前岁大饥,争售布机求食,旁郡人以小车来运者络绎不绝,今虽转歉为丰,而小民之生计隘矣。

全境所产皆贩至东北境马头集,有外客陆续收买,每年销数约银二十万两。

芝麻油　其价视产额丰歉为率,自五十至百余文不等,质清臭香,严寒不冻,胜于豆油、花生油也。

蜜　三四月间蜂群最多,田间荷锄者往往收取以卜一家休咎,而饲养之理、割蜜之法、巢箱之制、分封之时,一切不问。盛夏隆冬,往往逃窜,且有恶其毒蜇而毁巢弃之者,可笑甚矣。蜜价每斤百数十文,蜡价亦如之。闻农人言,蜂采罂粟即受毒而毙,故近来蜜蜂愈少,此说不知何据。西人言印度不养蜂,所失浮于鸦片之利,亦可证二物之不并存矣。

(《杂著》第 351—361 页)

是年 又辑纂《刍牧要诀》。全文如下:

养绵羊要诀

养羊大约十雌一雄,则孕育以时。少则不孕,多则乱群。

绵羊不可一日缺食,冬饥一日夏必死,夏饥一日冬必死。

养羊十一只,如自己买叶喂,每日约须枯叶干草四十觔。

养羊十一只,每年可得肥粪三万觔;若垫土勤换,尚不止此数。

羊性喜燥恶湿,垫窠常要干燥,每日换得愈勤愈好。

羊食毕,必与清水。如无河水,亦须好甜水。

羊性好抢食,恃强者为胜,不顾其子。小羊十余觔以外,已离乳者,另棚饲之。

羊指甲内,每患有虫食毛。如见羊腹上毛有伤损,即捉住剪其指甲捉虫,否则患脚软而毙。

羊又怕生虱。羊圈上多挂荞麦秆,可以去虱。

养山羊须三雌一雄。

羊性好食桑叶。桑树壅羊粪,则叶格外肥大,养蚕必旺,故养羊之家,不可不种桑。

羊性喜盐。圈中多挂竹筒,中盛盐,下凿小孔,令盐汁下渗,羊可时时舐之。

春夏宜早放,秋冬宜晚放。

春夏宜早收,收迟遇午热汗出,有尘入肤,即生疥癞。

秋冬如放得太早,吃露水草,口生疮,鼻生脓,或腹泻。

凡羊生癞,炒荞麦子为黑灰,和白矾硫黄,用香油调匀,先刮去癞,再上药即愈。

羊栈宜高干,蹄久在泥中,则生茧,并生癞。

羊毛一年剪两次:四月剪一次,夏不热;八月再剪一次,令长氄过冬。

防牛瘟要诀

凡牛有病,必发热,发热后必倦怠垂头。约经一二日,唇内面及牙床、阴户等,必现红色,胃闭不食,自眼鼻口漏稀液,发湿,咳嗽,呼吸渐粗。约经三四日,下痢,病愈进,眼鼻口之稀液愈多,呼吸愈频,下痢愈甚,终虚脱而死。

预防之法,当此时疫流行,不可借用他家病牛之器具,又不可将他处之畜,牵入自己牛栏。牛栏中污薁粪尿,时时出之舍外,用灰土垫干;又时时烧硫黄,以去舍内恶臭,令栏内清洁干燥,风气疏通。所有刍料,须用煮熟沸过一二次者,饮料用极净甜水。

牛最喜洁,牛尾尤不可稍沾污秽。喂养之所,地下须开一沟,令牛尿可以流至别处。总宜十分干净,而牛身及尾,务须时常洗刷。

牧猪要诀

猪性不尽愚蠢,能自救,能附群而取暖,能互相保护其子,可见亦有知觉也。

人谓猪性好秽,此大不然。猪当暑月辗转于污泥之内,乃其性畏热,以此冷其身,且以避蝇耳。观其寝处之地,必择美好洁净之处而后眠,然则猪实好洁之兽也。

猪怕冷,冷则聚群以取暖。冷气将至,彼常舍食而急返其圈,故养猪必择和暖之地。

凡猪有病,欲捉而验之,必须用法擒捉,不可粗鲁猛烈。盖猪不易捉,捉之太猛,或挣扎求脱,或叫喊异常,其病必更增,反为不美也。

畜猪之处,宜四面通气,干燥和暖而广阔为要,小猪尤以地方和暖为要。

猪非肉食之兽,与以余骨零脏等物,虽食之亦不长肉,其性亦不好也。

酒糟养猪,最能长肉,惟肉不结实耳,然亦不能多喂。

猪圈宜南向,以能避大热大冷为佳。

潮湿冷冻之地,万不可养猪,犯之则猪必生抽筋症,或痢症。猪圈之顶,须两边卸水,而檐口当有槽,以接去雨水,勿得溅湿猪圈。凡猪圈宜多设窗门,天气清亮则开,或冷或雨则闭。猪圈之地宜斜侧,所以避雨水。

圈内地面,以柱石架之,须有空眼,以渗去尿水,谓之地台。或用砖,或用木。砖砌者不如木砌之良,因砖砌者虽加禾草,猪仍受冻。用木则暖,且木有空眼,可以漏水,且能通气。

猪圈宜有地三所:其一睡所,其二食所,其三厕所。厕所在至低之地,睡所在至高之地。

猪圈宜近水,以便澡洗。盖猪之食饮,每以前脚踏入食槽之内,易于污其身也。

饮槽宜每日换清水二次。

食槽食毕,宜洗净再添。

生子早者身必弱，须生十二个月后方可配，至早则十个月。雄猪则生十八个月方可交。

母猪多孕，每至难产，辛苦异常，甚则将尿胞带出。斯时即当用暖水将尿胞洗净尘土，再纳入之。或临产时，其子已出，而与子俱出之脐带，若染尘土，亦可用暖水洗净而纳入之。

猪性最嗜青草。

猪产后如有发冷发热之病，当用煮熟之物饲之，少与而常喂，恐其不消化也。切不可用腐败之物、与水太多之物。

小猪断乳时，每十二时辰须食五六次，每十日减一次，再七日又减一次，减至每日三次而止。更有善，以硫磺或朴硝少许，用滚水和匀，杂在食物内饲之，可以免病。

凡欲使猪无病者，每数日内，当以毛刷刷洗其身，则猪清净无病矣。

猪在圈内，当三日一次以木炭与之食，因猪不食炭，其胃不舒爽也。

凡腐烂恶臭之物，不可与猪食。

猪喜食盐。隔数日，食物内当撒盐饲之，不可太多。

喂猪须有一定时刻。

喂猪必当换物饲之，不可专食一物，则能增其胃口，胃强则少病。

喂猪不可令其过饱，食足而止。

凡喂猪得诀，每只可重七百觔之谱。

凡传种之猪，必须极大极雄壮之雄猪，母猪须选无病者。寻常母猪，一生八九子，即为至多。

（同上引书，第 346—351 页）

1901 年(清光绪二十七年　辛丑)　28 岁

1 月　清政府在西安发布"变法上谕",宣称"维新"。

3 月　汪康年、孙宝瑄等在上海发动"拒俄运动"。

7 月　清政府改总理衙门为外务部,派奕劻总理事务。

9 月　清政府与十一国公使签订《辛丑条约》。

10 月　慈禧等自西安启程回北京。

11 月　李鸿章病逝。袁世凯署直隶总督兼北洋大臣。

2 月(正月)　撰《〈太康物产表〉序》。指出"国力之大小,由于民智之污隆",又强调改善民生应从兴修水利入手。全文云:

光绪乙亥春,侍严君莅兹邑,方大祲,老弱僵于路,疹疠繁起,乃振乃治,麦登而毕。暇则验民俗之流变,地力之蓄耗,就田夫而杂诹之,逾年次为表,都二百七十余种。吾观五洲万国,有常产之物,有特产之物。特产者,必其地之气候土壤与此物宜,又有人测验而培沃之,乃能独致于最宜,而为他产所不能竞。此惟文明之国有然,无化之国,虽有地产最宜之物,往往寝消寝薄以至于无。于是斯民奉生之需,不得不取最俭啬者,投之而易长,硗之而不死,减获之而无靳,苟且之意多,则勤勉之力少,不幸告歉,坐毙而已。国力之大小,由于民智之污隆,讵不信哉?以征之豫,如郑之米,邓之烟,永城之枣,武安之苹婆,名藉藉遍他省,今叩其产额,岁有减无有赢。以征之太康,太康昔者利红花,红花之外,棉之利上上。今者红花之利蹶,棉则村村植,但闻深秋农相语曰:"今年收成薄。"谂之老者,曰:"十余年前,每亩可二百斤。""今何若?"曰:"丰则百斤。"于是终岁所冀,不于棉,于麦若杂粮。麦获,粜之,易杂粮以食,不获则饥。麦获则争售,市侩劫之,不得价。故丰亦寠,歉亦寠。吾尝推究其故,由于道路之不通。道路不通,则地产之销路难,难则通功易事之事狭,狭则农之所以偿劳力而计赢利者寡。农之赢利寡,则一家之自食者约,自食约,则致力于地产者惰。惰则地产之所以报劳力者微。以征之太康涡水自西北来,自东南出境,经淮宁鹿邑入皖界,合于淮。百余年前,此邦为帆樯鳞萃之所,今则节节淤垫。《旧志》所纪支河与沟浍,率湮没无可征者。戊戌夏,霪雨,涡水大涨,农人以巨舟至皖之亳州运粮,往来利便。其时岁歉而民不大饥。以此例之,若测豫省诸水道,属于京汉干路者:如漳、如卫、如沁、如洛、如汝、如颍、如淮,悉浚而通之,则转运之利,不数年而瘠病化为膏沃。且北地农民之困,又有一大因焉,雨量不足也。燕豫齐晋诸壤,凡田之或濒河,或多井者,其佃必勤,其入必丰,其粮价必腾,其境内钜细贸易必殷阜,其都人士文化必易增进。更以此例之,尽黄河两岸数千里之地,咸振之以水利,晶五洲农品,除热带诸特产,移而植之靡不宜。其进出殆不可思议。故事有聚讼数百年而历久弥惬者,北方水利是已。余列是表而广论之,亦以见北数省之农事。其情大率一致尔。

辛丑正月,仁和叶景葵。(《书跋》,第97—98页)

3月20日(二月初一日) 叶景莘得"(山)东省驿递到《胶报》三纸,第十九至廿一号。"(叶景莘《日程》,稿本,上海图书馆藏)

3月25日(二月初六日) 致叶浩吾书。叶景莘记:"葵哥发新浩叔信。得省信,知北事又变,回銮成画饼,西兵已入晋。"(同上引书)

4月8日(二月二十日) 得朱旭初来信。叶景莘记:"得旭致葵哥信,并《胶报》。"(同上引书)

4月16日(二月二十八日) 离河南太康,赴山东泰安岳丈家。叶景莘记:"葵哥赴东。"(同上引书)

4月28日(三月初十日) 叶景莘发致先生书。(同上引书)

4月29日(三月十一日) 叶景莘得先生书。(同上引书)

5月1日(三月十三日) 叶景莘得先生书。"得大哥信,初五泰安发。"(同上引书)

5月5日(三月十七日) 叶景莘致先生书。(同上引书)

5月6日(三月十八日) 叶景莘得先生书。"得大哥信,十三发。"(同上引书)

5月7日(三月十九日) 叶景莘得先生书。"得大哥信,许矿回,并《胶(州)报》。"(同上引书)

5月11日(三月二十三日) 叶景莘得汪大燮致先生书。"得汪伯唐丈致葵哥信,初八发。"(同上引书)

5月19日(四月初二日) 叶景莘致先生书。"初二发葵哥信。"(同上引书)

5月25日(四月初八日) 叶景莘得先生书。"初八得葵哥信并《胶(州)报》。"(同上引书)

5月28日(四月十一日) 叶景莘"得葵哥信,廿九发,并《胶(州)报》第四十一号。"(同上引书)

是年　删改增补《地学问答》。① 该书孙江东原著，先生《序》云："这书是独头山人做的，刻在《杭州白话报》中。存晦居士看了，甚为佩服。但是，《杭州白话（报）》有同北方不对的，所以动笔改了一番，也有添的，也有去的。原书共七章，现在添成九章，又添了几个图，重新刻板。独头山人自记道：我们处这世界，第一要开民智。我只望列位看了这书，一切智慧全都开发。便有人说这书做得不好，说得不明，我是情愿受的。存晦居士重刻这书也是这个意思。存晦居士记。"该书以通俗的问答形式，深入浅出地介绍天文、地理、历史、哲学等常识，涉及自然与人文诸多领域。难能可贵的是，两位作者将中国的过去和现在完全置身于历史进化和世界一体的大背景下加以比较、考察，反映出他们维新图强的思想基础与政治主张。青年叶景葵阅读之广博，研求之精到，通过自学不断更新知识结构；为开启民智，他又身体力行，编印小册子，从事普及新知识的实际工作，此书乃证明之一。九章标题分别为："地球的样子""地球的行动""地球的算法""一年四季的道理""天然的界限""各国的位置""人种的分别""宗教的分类"与"政体的异同"。现摘录第二、第三、第六、第七、第八、第九各章如下：

第二章　地球的行动

问　有说地是动的，有说地是不动的，究竟那一说不错？

答　从前孔夫子的时候，那一班圣贤都说地是动的，我有许多古书可以考据。但是后来的人，不能够晓得地动的道理，所以说地是不动的。到了现在，那明白的人都相信地动这一说不错。

问　地为什么能动呢？

答　因太阳的热气比地还大，把我们所住的地球平空吸起，行动起来。

问　地有几种动法？

答　有两种动法。

问　第一种什么动法？

答　叫做日动，那地依了中心从西面向着东面自己转动一回，却要二十四点钟，便合着一日一夜。

问　第二种什么动法？

答　叫做年动，那地围着太阳转动一圈，却要三百六十五日零五点钟四十

---

① 根据上海图书馆藏稿本封面有叶景葵先生手书题签："地学问答　杭州白话报原本　杭县孙江东原著　景葵删改印行稿本。"又内封题签："杭州白话报原本　地学问答　仁和叶氏重刻"。叶氏删改于原《杭州白话报》印本之上，大段增补则用别纸书写，钉入相应地位。第二、第三章基本上系先生新增。稿本内封前叶景葵先生撰于辛巳春题跋，参见本谱 1941 年 4 月条。——编著者

八分,便合着一年了。

问　除地球以外还有围着太阳走的么?

答　还有行星围着太阳行动。

问　行星能同地球比吗?

答　行星还有比地球大的,地球就是行星里的一个星,如果在星里看地球,同在地球上看星是一样的。

问　行星共有多少?

答　现在已经看见的最大的行星共有八个。

问　什么名字?

答　第一个叫水星,第二叫金星,第三就是地球,第四叫火星,第五叫木星,第六叫土星,第七叫天王星,第八叫海王星。

问　第一第二什么分别?

答　第一离太阳最近,第二远些,第三又远些,以后一个远似一个。

问　月亮也一样吗?

答　月亮是围着地球走的,一个月走一圈。

问　地球围着太阳走,远近有一定吗?

答　两面离太阳近,两面稍远些。

问　什么道理?

答　地球走的路是一个长圆的圈子(文话叫做椭圆,这圈子的线叫轨道)。譬如第一图上画的,甲字丙字处离太阳近,乙字丁字处就离得稍远了。

第一图(略)

地球走到甲字处是春分,乙字处是夏至,丙字处是秋分,丁字处是冬至。

问　究竟离太阳多少里?

答　牵匀算来,合英国的里数约九千三百万里(一英里合中国二里又三百二十丈四尺八寸六分五厘)。

问　我们立在地上,为什么不觉得动?

答　譬如地球是个橘子,橘子上有无数蚂蚁,走来走去,就把橘子颠倒过来,蚂蚁也照常行动,何曾觉得动呢?况且人在地上,比蚂蚁在橘子上还小,所以地球转动我们不觉得。

问　既说地是动的,为什么地上的各样物件,不会掉下来呢?

答　现在考究地学的,说道地的中心有一种力气叫做摄力(摄字作牵字解)。这种力气能够把地上的各样物件暗暗牵住,如同牵牛牵马一般。

问　为什么不觉得呢?

答　这种摄力我们看不见的,你看那一块吸铁石,正在吸针时候,何尝看见这一块铁发出一股气来,去引那尖尖的针么？我且问问你们,为什么我们学纵跳的工夫,虽然跳得很高,总不能不下来？这便是被地心摄力牵住了。

第三章　地球的算法

问　如将地球分开,有几种名目？

答　有东半球、西半球、上半球、下半球、北极、南极、赤道、黄道、北极圈、南极圈、子午线、经度、纬度各样名目。

问　怎样叫东半球？

答　若把地球从上到下直分两半,东面叫东半球,西面叫西半球。

问　南北极怎么讲？

答　地球顶上一点叫北极,底下一点叫南极。

问　南北极离多少远？

答　从上往下一直算,离八千英里,就是地球的厚(文话叫直经)。

问　赤道怎么讲？

答　在地球南北正中地方,平画一圈叫赤道,就像第二图从甲字到乙字的那一条线。

问　赤道一圈多少长？

答　长二万五千英里。

问　黄道呢？

答　在赤道上面的叫北黄道,在赤道下面的叫南黄道,就像第二图从丙字到丁字,又从戊字到己字的那两条线。

问　南北极圈呢？

答　离北极不远的地方,周围画一圈叫北极圈,下面的叫南极圈,就像第二图从庚字到辛字,又从壬字到癸字的那两条线。

第二图(略)

这画的是东半球,那面叫西半球,都是一样的。

问　怎么叫子午线？

答　起北极到南极,周围画一圈叫子午线,就像第二图正中间的那条直线。

问　经度呢？

答　子午线东边的直线叫东经度,西边的叫西经度。

问　经度二字怎么讲？

答　度字作道字讲,经字作直字讲,譬如说一道一道的直线。

问　共有几道?

答　周围共三百六十道。

问　怎样画法?

答　把地球周围画一百八十个子午圈,两面合算便是三百六十道。

问　子午圈画这许多,究竟那一条算正中?

答　从前美国京城邀请各国讲究天文的,大家议定就把英国京城名叫伦敦的地方当作正中子午线。看第三图便知。

第三图(略)

这图上黑点就是伦敦,因为地方小,一度当十度用。如果照算法推起来,一度应该分作六十分,一分还要分作六十秒。

问　纬度怎么讲?

答　纬字当横字讲,譬如说一道一道的横线。

问　怎样画法?

答　从赤道往上到北极为止,分做九十度,再照样往下到南极为止,又分做九十度.两道合算也是三百六十度。看第四图便知。

第四图(略)

这画的也是一度当十度用。

问　地球上本来没有这几道线,如何凭空画出来?

答　我且问你,譬如走到大海当中,望不见岸,又不懂算度数的法子,你晓得离岸多少远呢? 所以地学家依着天文的道理,把地球分出度数来,无论走到那里,用仪器一试(仪器是算天文地理的家伙),就晓得这个地方是东西几度几分(就是经度),南北几度几分(就是纬度),一点不会错的。这就是画这几道线的用处。至于怎样画法,你们将来学了便知,我且按下不说。

第六章　各国的位置

问　亚洲有多少国?

答　亚洲地段在六大洲中算是顶大的。可惜洲内各国除日本国外,都不能强大起来。现在已有大半土地被欧洲各国占去,我且依次说来。

中国　在亚洲近海的地方,京城叫做顺天府,统辖十八省,以外如满洲、蒙古、西藏、天山北路、天山南路,都是中国的地方。

日本国　是亚洲东面一个岛,京城叫做东京。

高丽国　在亚洲近海地方,京城叫做京畿。

暹罗国　在亚洲近海地方,京城叫做邦哥。

波斯国　在亚洲近海地方,京城叫德墨(黑)兰。

阿富汗国在亚洲,京城叫做客尔布,现算英国的保护国了。

缅甸国 在亚洲,起初是亚洲的大国,现算英国的保护国了。

安南国 在亚洲,起初也是亚洲大国,现算法国的保护国了。

俾路芝斯坦国在亚洲,现算是英国的保护国。

以外还有印度、锡兰、亚拉伯、西比利亚,当初何尝不是国呢?到了后来,那印度、锡兰归英国管了,亚拉伯归土耳其管了,西比利亚归俄国管了。唉,这不是亚洲不能自立的缘故么?

问 欧洲有多少国?

答 欧洲地方却也不大,但是现在有名望的国,大半都在欧洲,我且依次说来。

英国 是欧洲一个岛国,京城叫做伦敦。那开国时候只有三岛地方,现在土地日辟,连那亚洲、美洲、非洲、奥(澳)洲都有英国的属地,真算是地球上的雄国了。

法兰西国 在欧洲近海地方,京城叫做巴黎,以外亚洲、美洲、非洲都有归法国管辖的地方。

俄罗斯国 俄国地方跨有欧亚二洲,京城叫做圣彼得堡。

德意志国 在欧洲陆地的当中,起初没有立国的时候,原有二十六个国,内中算普鲁士国顶大。后来各国联合拢来,推普鲁士国为主,因此叫做德意志联邦,又叫做合众国。你们看那联字合字的意思,便晓得是不止一国了。京城叫做柏林。现在土地日大,连那非洲地方也有奉德国号令的。

奥国 在欧洲陆地的中央,起初也是两个国,一叫奥地利,一叫匈牙利,后来联合拢来,便叫奥匈合众国,京城叫做维也纳。

西班牙国 在欧洲近海地方,京城叫做马德里。现在亚洲、非洲地方都有西班牙国的属地。

意大利国 在欧洲近海地方,京城叫做罗马。现在非洲地方也有意大利国的属地。

瑞士国 在法、意、德、奥四国的中央,京城叫做伯尔尼。

荷兰国 在欧洲近海地方,京城叫做俺斯特坦。

比利时国 在欧洲近海地方,京城叫做比律悉。

丹麦国 在欧洲近海地方,京城叫做哥本哈根。

葡萄牙国 在欧洲近海地方,京城叫做黑(里)斯奔。

以上我所说的,都是现在顶有名望的国,其余小的弱的如希腊、土耳其、罗马尼亚、蒲加利亚、塞非亚等国还有不少,我也不能细说。总之,欧洲地方虽小,却是你挨着我,我挨着你,都怕别人欺侮自家,因此个个想出自强的方法来,把自家的国牢牢保住。大家都是如此,还有什么胜败呢?便都要找寻新地,显显他自家的威风。唉,现在地球上面那些不能自强的国,不是都受了欧洲各国的管束么?

问　美洲有多少国?

答　美洲地方在西半球,四百年前没有人晓得这个地方。到了明朝孝宗弘治五年,却有一个奇人名叫哥伦布,他一生最喜游历。此回从西班牙国起身,过大西洋一直西去,走了三个月,找出一块陆地便离船上岸,同那处的土人做了许多交易。后来又从原路回来。彼此互相传说,那英国的人也去了,法国的人也去了,西班牙国的人也去了,从此美洲地方便立出许多国来。

美利坚合众国　在北美洲近海地方,起初却是英国的属地。到了乾隆四十年间,出了一个顶公道、顶明白的人,叫做华盛顿。他因为英国看待他们十分暴虐,便联合十三邦的百姓共起义兵,两下战了八年,华盛顿胜了。从此美洲地方造起一个自立的国来,京城便叫华盛顿,这也是百姓记念他的意思。

墨西哥国　在北美洲近海地方,也是合众国,京城便叫墨西哥。

中央亚美利加国　内中却分五国,一叫瓜地麻剌,一叫闳都拉士,一叫三萨耳瓦多,一叫尼喀拉瓜,一叫科士他利加。这些国都在北美洲中央地方,也是合众国。

巴西国　在南美洲近海地方,也是合众国,京城叫做来约热内卢。

秘鲁国　在南美洲近海地方,京城叫做利马。

智利国　在南美洲西岸,地形狭长,京城叫做三的亚哥。

乌拉乖国　在南美洲近海地方,京城叫做蒙的维的。

巴拉圭国　在南美洲地方,京城叫做阿松桑。

其余如委尼瑞拉国、科伦比亚国、厄瓜多国、波利非亚国、阿根廷尼国,都是不著名的小国,我且按下不说。

问　非洲有多少国?

答　非洲地方没有能自立的国。有归欧洲各国保护的,有作欧洲各国属地的。近来也有一二国要想振作起来,但是力量不足,恐亦徒然。我且依此说来。

脱兰斯哇国　在非洲南面,向来是英国属地,现在要求自立,同英国打仗,虽然没有打胜,但是脱兰斯哇国人的意思,除非死了方肯干休,后来或能自立也未可知。京城叫做勃兰达利亚。

康哥自由国　在非洲康哥河地方。你道为什么叫自由国呢? 大凡一个国,不受别国的压制,便叫自由国。这康哥国眼前虽受比利时国王的管束,但是康哥的人还能照着自家的主意去做事体,所以也叫自由国。

埃及国 在非洲东北地方,向来是很有名望的。因为自家不能振作,一切国事起初归土耳其国管理,现在又归英国管理了。京城叫做改罗。

巴巴理诸国 都在非洲近海地方,一叫摩洛哥,一叫阿尔及耳,一叫突尼司,一叫的黎波里。这几个国除出阿尔及耳是法国殖民的地方(把法国的百姓移到阿尔及耳地方,叫他渐渐的生长起来,要把阿尔及耳的土人都变作法国的人种,这便叫殖民地),其余三国,虽然都受别国的管束,也还有一半主意可以做事,这叫做半独立国。

阿比西尼亚国 在非洲,现在归意大利国保护。

其余还有苏丹、毛里削士、赖比里河,也都是不著名的地方,我且按下不说。

问 澳洲有多少国?

答 在太平洋、印度洋的中间,大小海岛统叫澳洲。洲内地方大半是英国的属地,据说现在百姓颇能发出爱国的心思,要想自立起来,但一时也不能成功的。

新兰威尔士国 在澳洲陆地的中央,首府叫做悉德尼.

维多利亚国 在澳洲东南地方,首府叫做美耳本。

坤士兰国 在澳洲东北地方,首府叫做勃力士边。

南澳洲国 在澳洲中央地方,南北近海,首府叫做阿德猎特。

西澳洲国 地占澳洲三份里的一份,首府叫做贝尔次。

达斯马尼亚国 在澳洲陆地东南地方,首府叫做哈巴登。

新西兰国 在澳洲陆地东面地方,首府叫做威林顿。

以上七国都是英国殖民的地方。

檀香山国 在太平洋的中央,京城叫做火奴鲁,现算是美国的保护国。

其余还有波利尼斯、美利尼西亚、马来西亚、马伊哥洛尼休,这些都是岛国,现在并不著名,我也不必细说。

第七章 人种的分别

问 人种是怎么讲?

答 小的花草,大的树木,为什么能生长起来呢? 这便是未生的时候先下了种子,不久便要抽芽生叶,发出许多红红绿绿的花果来。我们这种人类也是一样。当说道一个人的身体,便是父母的血肉,那弟兄自然是分枝,子孙自然是果实了。但是地球上面人类数目,约计有一千五百兆(一百万叫做兆),若说把个个人的老祖宗考究出来,这也不胜其繁。却早有一班有名的人细细查察,知道现在人种应该怎么分别。这种学问便叫种学,讲究种学的人便叫种学家。

问　种学和世界上的事体有什么关系呢?

答　我们这一辈人为什么要保身呢?为什么要成家立业呢?你们必定说道,这是替祖宗扬些名,增些光。咳,是了。我现在要讲究这个种学,便是这个缘故。从前天地开辟时候,人和各种畜生同在一处。后来人渐渐强大起来,把各种畜生杀的杀,赶的赶,那畜生也便稀少。这便是向来争种的实据。现在有个有名人,姓严名复,他一生专讲究种学,说道世界上面,无论那一种活物,都有彼此争强好胜的心思。那个强横些,那个聪明些,自然胜了;那个弱些,那个蠢些,自然败了,这叫做争存(便是留种的意思)。外国种学家又说,好种和坏种争起来,那坏种必败,但是也有法子能把坏种渐渐改他好来。你们听我这句话,便要说人种是胎里生成的,怎么能改好呢?我便告诉你们,大凡强种的道理,第一要合群,如同一家的人,大大小小都合着心思做事,那家便兴旺起来。一国的人,上上下下都有爱国的心思,那国便能保住了。同种的人,男男女女都有留种的心思,那种也便能保住了。第二要开智,开智的工夫要从多看报多读书做起。报看得多,书看得多,自然聪明起来。聪明的种,什么人能绝他呢?据我看来,人人能够把上面这两件事都做到,虽说是个坏种也能改好的。我再把现在人种的分别一一说来。

问　人类共分几种?

答　分五大种。

问　五大种什么名目?

答　名叫黄种(又叫蒙古人种,因在中国元朝时候,蒙古的兵力到那欧洲各国,所以叫中国人为蒙古人种)、白种(又叫高加索人种,又叫亚利安人种,又叫印度欧罗巴人种)、黑种(又叫爱西曷皮亚人种,又叫亚非利加人种)、红种(又叫印度人种,因哥伦布新辟美洲时候误认作印度,所以又叫美洲为西印度)、棕色种(又叫巫来由人种)。在这五种以内,还分出许多细目,兹不多述。

问　黄种的相貌什么样?

答　皮肤薄黄,额角开阔,略带平势,眼小,发硬而黑,须不甚多。

问　现在那这几国是黄种?

答　我们中国人都是黄种,其余如日本人、满洲人、朝鲜人、暹罗人、土耳其人、匈亚利人,以及亚洲各国大半都是。

问　黄种人数有多少?

答　约有五亿八千万人。

问 白种的相貌呢?

答 皮肤甚白,额角宽长,眼细而长,鼻高,发棕色拳曲如丝(弯曲如拳所以叫做拳曲),须多。

问 现在那这几国是白种?

答 如同英国人、法国人、美国人、德国人、意国人、俄国人、希腊人、埃及人、阿拉伯人都是。

问 白种人数有多少?

答 约有六亿四千万人。

问 黑种的相貌呢?

答 皮肤黑色,额角浅狭,鼻平,腮突,唇厚,发黑而短,须少。

问 现在那几处人是黑种?

答 在非洲地方居住的土人都是黑种,上面说过的黑奴,便是这种人。

问 黑种人数有多少?

答 约有一亿九千万人。

问 红种的相貌呢?

答 皮肤红色,鼻高,颊骨上耸,眼长,睛黑,发黑色而直,须少。

问 现在那几处人是红种?

答 在南北美洲未开辟以前,所居住的土人都是红种。

问 红种人数有多少?

答 约有一千五百万人。

问 棕色种的相貌呢?

答 皮肤棕色,外貌像似黄种人,但两眼不斜,额角、眼睛又相似白种,须甚多。

问 现在几处人是棕色种?

答 太平洋各岛人,印度洋各岛人,以及马达加斯加岛人都是。

问 棕色种人有多少?

答 约有五千万人。

问 从前以那一种人为最强?

答 以黄种为最强。中国二千年以前圣人贤人却也不少,自此以后,一切国政渐渐败坏下来,但是兵力充足,也还算是数一数二的国。即如奇渥温氏(元世祖的姓)做中国皇帝时候,连那欧洲各国也知道是强横的。大家说道"黄风不可长"。这是什么意思呢?便说是黄种人真正强横,不是轻易可惹的。不过这句说话,自从甲午那年中国被日本国打败以后,便不说了。咳,我黄种人的无用,早被外国人看破,那里还算得强横么?

问　现在以那一种人为最强?

答　以白种为最强。欧洲各国近着这几百年,无论士农工商以及种种的政事,都能日有起色,民智也开得极了,兵力也强得狠了。还有一种考究种学的人,都说道这个种学是一万件事的根苗,并讲出那播种的方法来(播字当下字解)。所以欧洲各国都以殖民为最要紧的事体。如现在美洲的百姓,莫非还是红种么?非洲的百姓,莫非还是黑种么?澳洲这个地方大半是英国殖民地,这无非是要把欧洲聪明的种子流传出来,等到几百年以后都变作白种的人民,那白种便要大一统了。你道这白种强不强呢?

问　灭种用什么方法?

答　现在讲究灭种的法子,说是带着几十万人马,把这种人杀得干干净净,这是做不到的。却有一个极巧极稳的法子,便是上面说过的"殖民"二字。他把自己这种的人,搬到那别种所住的地方,渐渐的生长起来。那别种的人充当苦役,饮食也不如意,身体也不快活,自然生育这件事体渐渐稀少,再等着几十年,便把这些人赶到深山里去,不上一百年,这人种自然绝灭了。从前中国东南地方都是苗蛮,便用着这个法子,驱逐他们,等到今朝,那苗种蛮种的人,真是见得不多。欧洲各国在初辟美洲、非洲、澳洲时候,也是用着这个法子。现在红、黑两种的人,同那苗蛮一样,你道灭种这一件事,容易不容易?

问　灭种有什么凭据?

答　现在开矿时候,常有许多奇怪的禽兽草木,是现在所没有的,这便是已经灭绝的种。我听说从前红、黑两种的人数也不少,内中也有聪明极顶的人,如同现在黄种的聪明人一样。无奈这种聪明人太少,不是自家互相残害,便是被别种人杀害。到了今日,红种只有一千五百万人,黑种只有一亿九千万人(一万万叫做亿),都还是极愚极蠢的,恐怕一百年以后,那红、黑两种便要灭绝。这不是灭种的凭据么?

问　将来黄种是什么情形?

答　据现在黄种的情形看来,除了日本国尚能自强,其余如我们中国也真正可危得狠(很)。第一是民智不开,第二是自家互相残害,第三是欢喜胡闹。如去年北方义和团这种行为。倘然依着这三个样子,一些不改,那黄种是必定绝灭的。但是凡样事体全在人为,常言道"天下无难事,只怕有心人"。所以处着这种世界,只要人人有个保种的心思,那黄种便保住了。我今朝留下一句说话,便是黄种人要灭黄种,那黄种便灭了;黄种人不要灭黄种,那黄种便不能灭了。黄种的灭不灭都在自己。

第八章　宗教的分类

问　宗教二字怎么讲?

答　凡皇帝统治百姓的法子,那劝人的叫做"礼",防人的叫做"法",赏罚人的叫做"律"。这都是百姓当奉行的。不过朝代一换,便有许多更改。只有一种教法,是古来极聪明的圣人颁定下来,无论国内那一等人都要遵守,这便叫做宗教。但是现在地球上宗教名目不止一个,如儒教、佛教、基督教,以及各种外教。既然有了这宗教的名目,也不是一点道理没有的。所以现在有名的人,都要讲究宗教的异同,这种学问叫宗教学,那考究宗教学的人便叫宗教家。

问　宗教和世界上的事体有什么关系呢?

答　中国自孔子未生以前,皇上家的政事同教化不分开的。那时有几个有名的皇帝,就是尧、舜、禹、汤、文王、武王,在史书上很有光耀。不过朝代一换,教化全改,直到孔子降世,才定一万世不变的教法。从此国政、宗教分为两样。所以朝代常换,教不能换。如此看来,宗教一事,于人心风俗极有关系的。外国的教虽与孔教不同,道理却是一样。现在有人明白这个道理,把天下万国有教无教分作三等,依着等级看来,这些国的兴废存亡真是一些不错哩!

问　第一等是什么?

答　第一等是有教的国。人都聪明,一切学问都肯讲究,并且志向坚定,遇着伤害宗教的事体必要竭力争回。

问　第二等是什么?

答　第二等是半教的国。他国里也有一教,但是随随便便,不能热心信奉,遇着别教的教主(便是教祖),他也将就肯拜。如同我们孔教中人,遇着拜忏时候,见了释迦牟尼佛也拜了,见了太上老君也拜了。这便叫半教国。在这种国里的百姓,大半是知识不开,不肯在学问里面讲究切实的工夫,名虽奉着这教,其实早已背叛。这时候一切外教都要乘虚而入,久而久之,变成一杂教的国了。

问　第三等是什么?

答　第三等是无教的国。人极愚蠢,不讲学问,也没有大众联合的心思,人各一心,欢喜争斗。平时饮食的物件,无非仗着那打来的野兽,钓来的鱼,以及旷野所生的草木。终年昏昏沉沉,一事不做。这种国最容易消灭的。

问　这三等我已明白,且把现在世界上有几个大宗教一一说来。

答　照现在中国所有的宗教说来,一是儒教,二是佛教,三是道教,四是回教,五是基督教(这教内有三种:一是天主教,一是耶稣教,一是希腊教)。以外中国所没有行过的,还有苦罗门教、拜火教、萨满教、犹太教、凡物教,这也一时不能尽说。

问　儒教是什么情形？

答　自从周平王避难东迁，把向来皇帝治百姓的权柄渐渐消灭。那时鲁国昌平乡地方（现在山东曲阜县）出了一位圣人，姓孔名丘。他幼小时候已与常人不同。眼看人心风俗日坏一日，晓得天下就要大乱了，并动了慈悲心，离了故乡去见各国的君。这也是孔子心里放那受苦百姓不下，要想借一点权柄，做些有益百姓的事业。无奈各国的君见着孔子，不说是迂腐的书生，便说是行险的秀士，没人肯用。孔子便回到鲁国，拣杏坛地方开了一个大学堂。那时登门受业的，却有三千余人，学礼的也有，学乐的也有，学兵、学农的也有，生徒济济，真是算得极盛。孔子见学生众多，便想替中国开个教派，就编了几种教科书，名叫儒书。又按着古礼别造了一种服式，名叫儒服。凡在孔子门下，都要依着教规行事。一时王公大人见孔子如此行动，不免有些害怕，便生出杀害孔子的心思。不料孔子的门徒越发团结，推孔子为儒教的祖，真同事君事父一般。直到孔子去世以后，诸大门徒散到四方，一传十，十传百，到战国时候大半皆归儒教。忽然出了一个秦始皇，他一生最恶儒教，坑杀儒士四百六十余人，所留儒书全行烧毁。自此以后儒教便中绝了。汉高祖既得天下，也拜孔子，也用儒士，但是意思不同，行为亦异。到了汉武帝时候，下了一道上谕，说道现在的书有不合孔教的，一概不用。那时有个名儒姓董名仲舒，他一生于孔子的学问，也见到十分的七八。可惜不上几百年，又复失传。一直到赵宋年代，出了一班讲究道学的老先生，开门授徒，极其热闹。历过元朝、明朝直到本朝得天下以后，都道这一班老先生是儒教的真派。乾隆、嘉庆年间，又渐渐的改变过来。但是愈变愈坏了，你看现在念书的人，在书房里也拜孔子，一出家门便把孔子忘却，见了释迦也拜，见着太上老君也拜。列位，你看那归佛的和尚，归基督教的洋人，是不是胡乱都拜的么？不料我们这个儒教，竟弄到这个地步！现在外国明白的人，说道我们中国，算是无教的国，又算是半教的国，这也是真话。列位，要晓得强国的原由，虽然不是全靠宗教，却也仗着一半。如今孔子的教连一点米气也没有，如何说得到强国呢？

问　佛教是什么情形？

答　中国西方有一国叫做印度。印度起初奉的叫婆罗门。那时印度人族分为四等：第一等是和尚，便是婆罗门，叫神种；第二等是武士，叫王种；第三等是商贾，叫商种；顶下的是奴隶，叫贱种。这四等的等级一点不能乱的，因此婆罗门教大行。后来武士中出一个人物，名叫释迦牟尼，是个王太子，他到为人在世，总不免生老病死这四样苦处，便想出家了。因到那南天竺的地方（就是锡兰岛),静心修行。到三十六岁出来传教,这教与婆罗门相反,发明贵贱平等的道理。释迦活到八十岁,教也渐渐广行了。后来中国汉明帝时,佛教渐入中国,到了唐朝更盛,以后渐渐不兴了。中国现在的和尚,是无赖的别名,也不配称佛教。这且按下不说。且说释迦盛的时候,婆罗门不敢动,释迦死了,又渐渐强大起来。那时印度奉佛教的不过三四百万人,倒是印度以外,如锡兰、暹罗、缅甸、中国、日本,大半是奉佛教的。近来有人算现在佛教的弟子,有五亿万人,却占了地球上的人口三分中的一分,你道佛教还不算强么?

问　道教是什么情形?

答　道教的始祖说是元始天尊,第二个便说是太上老君了。这老君是中国战国时候的人,他做了一部《道德经》,后来骑着青牛出函谷关,早已不知下落。过了几十年,出了一个秦始皇,又出了一个汉武帝。这两个皇帝都信神仙,便有许多道士装神弄鬼,说老子是飞升的。直到汉顺帝时代,安徽地方出了一个张陵,他专用符咒术骗人,闹出大祸,就是史书上说的黄巾贼。后来张陵的元孙,世住江西龙虎山,又渐渐强盛起来。碰着魏晋时候,出了一班名士,彼此附会,那道教居然同佛教并行了。到了唐朝,李世民说是同老子同宗(老子姓李名耳),一心要行道教。唐明皇时,谕令天下百姓都要读《道德经》。那时王公宰相都捨了自家的房屋帮造宫殿。等到肃宗、代宗、德宗、宪宗时候,道教居然比佛教兴旺了。那些荒唐道士便造出一种丹药,说吃了就可长生不死,竟骗上了几个皇帝。便是穆宗、敬宗、宣宗,都是吃了药丸发热身死的。可见道教是各教中最没道理的了。

问　基督教是什么情形?

答　当中国商朝,犹太国生了一个名人,名叫摩西,他立的教叫犹太教。到了中国汉哀帝时,犹太地方生了一个耶稣,他立的教叫基督教。那些奉犹太教的都不信他,造了一个十字架,把他钉死。耶稣死后,他门徒依旧传教。过了七百四十余年,日耳曼的皇帝名叫沙釐曼,一生信服基督教,便加重教主的权力。教主便捧着冠冕,立他做日耳曼皇,并做罗马皇。又过了四百年,教主便自称教皇。以后凡碰着国王即位,须要教皇奉冕,方可无事。有碰着两国争斗时候,都要凭教皇公断。那教皇趁着这种权力,也便放肆起来,碰着不同宗教的人,全都杀却。有一日杀了三万多个。其时日耳曼国出了一个奇人,名叫路得。他说国家的事应有国王作主,奉教的人不必过问。又攻着教皇别项的错处。此言一出,大家都依着他,他便立了一教,叫做耶稣新教。自此以后,基督教分而为二。那奉旧教的叫公教(又叫天主教,又叫加特力教),现在法兰西、意大利、西班牙、葡萄牙、比利时、拜维利亚、澳斯玛加,以及德意志的赛士兰七邦,都奉这教,教徒约有一亿九千余万人。奉新教的叫修教(又叫耶稣教,又叫罗特士顿教),现在英国、美国、瑞典、挪威、荷兰、非洲澳洲各处都奉这教,教徒约有一万三百五十万人。两教彼此辨驳,直到今日还不能合一哩!在这两教以外,还有一教也是基督教的分支,名叫希腊教,现在希腊、俄罗斯各国都奉这教,教徒约有八千五百多万人。以上天主、耶稣、希腊三教,只有希腊教没有传到中国。明朝末年,天主教徒遍行江南、广东各省,以后逐渐加多。到道光年间,五口通商,那天主、耶稣两教的人,从此畅行中国了。

问　回教是什么情形?

答　起初亚刺伯人拜一块黑石,说是天神的化身。到了中国隋朝时代,亚刺伯出了一个奇人,名叫摩罕默德,把那摩西、耶稣以及亚刺伯旧教,参合起来,别立一教,叫伊斯兰教(又叫回教),说道上帝命我仗着刀剑保护回教,又说刀剑这一件器物,便是开天门的钥匙。他的种种说话,无非要百姓替着他死战的意思。从此兴师动众,破麦地拿,平定亚刺伯全土,进克犹太国城,他便自称大教师,俨然是个皇帝。信服回教的人从此更多。如南洋、西域、欧罗巴、亚非利加,多半服从回教了。直到中国唐朝高宗时候,亚刺伯人屡来朝贡,史书上所称大食国便是。这时回教渐行中国。自后逐渐加多,弄出些造反的事情来。到了本朝,平定回疆,才把这回教徒四处散佈。但是中国受他的苦处,也真不止一次了,你看去年带领义和团的董福祥,他不是奉回教的么?

答　欧洲闹教的事情时时有的,那顶大顶久的教案却有两次。一为回教和基督教的战事。起初回教门徒虐待基督教人,这基督教便兴了一个十字军去伐回教徒,彼此大战七次,杀人二百万,方才罢休。一为天主教和耶稣教的战事。那时教皇威权甚是强横,新教(便是耶稣教)的门徒不服,彼此争斗起来。内中还是有许多强国,如英、法、奥、日耳曼各国,并在一起,有好几场的恶战,杀人五六十万,才渐渐的平安下来。其余零星教案也不知有几十百次,我也不能尽说。

问　如此说来,那闹教这些事情有什么稀奇呢?

答　这大不是了。欧洲教案虽然常有,却都是为争教起见。现在中国连自己本有的儒教也废弃了,还要说此教长、彼教短,闹出事来,一回吃亏一回,真正惭愧。

第九章　政体的异同

问　政体二字怎么讲?

答　在四五千年以前,无论中国外国,都是人禽杂处的世界。那时候的人,饥吃生肉,寒穿兽皮,把那生老病死这四个字,混沌做去。自后聪明智慧也渐发达,才晓得聚集百姓,造起一个国来。这国里的上下大小事体,都叫做国政；这国政安顿的地位，便叫做政体。不过地球万国，若说到政体两字，也都不同。早有一班政学家考究明白，我且依着他的说话，一一说来。

　　问　政体共分几种？

　　答　分三种。

　　问　三种什么名目？

　　答　一叫君主政体（又叫专制政体），二叫民主政体（又叫共和政体），三叫君民共主政体（有叫立宪政体）。

　　问　君主政体是怎么讲的？

　　答　一国的大小事体都皇帝一人作主，皇帝说是，那事便行了；皇帝说不是，那事便不行了。其余自宰相以下，以及顶小的官儿，无论要做那件事，都不敢擅自主张。这等国的百姓，只要不欠租税，便算是良民了。若说到这个皇位，须按着以父传子的方法，莫说是异姓乱宗，断乎不可。便是疏远的房分，也不敢希望大位。现在地球上，君主国却也不少，只因强弱不同，内中又分出许多等级来。

　　问　君主国现分几等？

　　答　分五等。

　　问　第一等是什么？

　　答　第一等是完全无缺的君主国。国内国外君主号令所到的地方，无不遵行。现在单有一俄罗斯，当之无愧。余如我们中国，起初也能如此，却屡次被外国战败，所以君主的威权也有些欠缺了。

　　问　第二等是什么？

　　答　第二等是忽全忽缺的君主国。这君主在所管地方，有时也令出必行，但时时被外人牵制，便不免舍己从人。如同土耳其、希腊、波斯、俾路芝阿剌伯等国便是。

　　问　第三等是什么？

　　答　第三等是半主的君主国。这等国凡碰着重大事情，定要听大国的指挥，便同属国一般。如同埃及、阿富汗、塞尔非亚、克什米尔、罗马尼亚、布加利亚、门的内哥、朝鲜，安南、暹罗、基发、阿科伯、廓尔喀、蒙古、檀香山、苏大、义火罗、马达加斯加等国便是。

　　问　第四等是什么？

　　答　第四等是被邻国剖分的君主国。这等国虽然立了一个君主，真正同无主一般。如阿比西尼亚、摩洛哥、塞内冈比、几内亚、公额、桑给巴、索非拉、那达尔、苏丹、突尼斯、阿尔及、的波里、哥多番、达夫、撒哈拉、亚德、莫三鼻给、加弗勒里等国便是。

问　第五等是什么?

答　第五等是附庸的君主国。这等国凡遇着大小事情,同他国交涉的时候,须仗着大国代为料理。如同坎巨提、布鲁克巴、蒙古所属的梁海青海、西藏所属的诸土司便是。

问　民主政体是怎么讲的?

答　行这等政体的国,一切行政立法的大权,都由百姓作主。在这国内,那位(名)望顶高的人,号称总统。这总统要百姓公举的,公举定了,便把那行政的权柄,一切交付与他,以后国家大事便由他一人行去。过了四年或五年,算是一任,接着另举一个,号新总统。同中国官府调任一般。那位(名)望次一等的,号代议士,便是代百姓议事的人。这等人也要百姓公举的,一切立法的权柄都在这辈人掌握之中。总之,行政由着总统,立法由着议士,那公举总统、议士的人,便是百姓,所以叫做民主政体。

问　民主政体现分几等?

答　分四等。

问　第一等是什么?

答　第一等是合众的民主国。为什么叫"合众"呢? 便是联合无数小国并成一国,这便叫合众国,如现在美利坚合众民主国便是。

问　第二等是什么?

答　第二等是兼管君主的民主国。这国政本是民主,不过他的所属地方,有行着君主政体的,如同法兰西兼管马达加斯加便是。

问　第三等是什么?

答　第三等是完全无缺的民主国。这等国凡遇着大小事体都可由总统作主。如同秘鲁、智利、墨西哥、巴西、玻利非亚、新加拉那大、厄瓜多、委内瑞拉、巴拉圭、乌拉圭、拉巴拉、哥多番等国便是。

问　第四等是什么?

答　第四等是酋长特立的民主国。这等国地方却小,那管这地方的人,真正同酋长一般。但是权力甚足,不受大国的节制,所以叫酋长特立的民主国。如同摩求奈便是。

问　君民共主的政体是怎么讲的?

答　行这等政体的国,也有一个君主,但是国内百姓亦有公举代议事(士)的权柄。欧洲君民共主的国,英吉利最大。前几百年,君民二党争战不休,才定出这个政体来。日本几十年前,一切大权都在幕府。那时出了一班处士,拼命力争,后来明治(现在日本天皇的年号)即位,也立了这个政体。总之,这个政体凡君主和那百姓,都有一半权柄的。

问　君民共主的政体现分几等?

答　分三等。

问　第一等是什么?

答　第一等是帝统的君民共主国。如同英吉利、德意志、日本、奥大(地)利亚(合匈亚利叫做奥斯马加)、意大利等国便是。

问　第二等是什么?

答　第二等是王统的君民共主国。这等国和第一等一般,不过是名号不同。如同荷兰、比利时、日斯巴利亚、葡萄牙、瑞典(兼管挪威)、丹马(又叫嗹国)等国便是。

问　第三等是什么?

答　奉别国的君主为君,而自与民政的君民共主国。这等国却同属国一样。如同匈亚利是奉奥大(地)利亚王为王的,挪威是奉瑞典王为王的,卢森堡是奉荷兰王为王的,波兰是奉俄帝为王的。

问　以外还有别种政体么?

答　还有两种.

问　第一种是什么?

答　是贵族政体。便是世家子弟掌握大权,连那君主、百姓都没有些儿权柄。从前如罗马、希腊等国,都行这种政体,现在早已废弃了。

问　第二种是什么?

答　是君王和贵族共主的政体。从前如同巴尔达国,以及英国遁孙和那曼的时候,都行这种政体,现在也废弃了。

先生后记云:"光绪辛丑在开封,曾用《杭州白话报》所印《地学问答》重印数百本分送,以期开发民智。""原本题独头山人,姓孙,名江东,于光绪十五六年间在余家任西席,教授三弟叔衡专习举业。性甚顽旧。光绪十八年,余家赴汴,即分手。甲午以后,受时事之激刺,渐渐求新;至庚子后,乃赴日本求学,曾为《浙江潮》主笔,主张排满革命。回国后,为《杭州白话报》[①]主笔,曾草《罪辫文》。与驻防旗人贵林

① 《杭州白话报》,初为月刊,后改旬刊、周刊、三日刊,最后改日刊。孙翼中(江东)任主笔。据《项兰生自订年谱》(二)记,该报创刊于庚子五月(1900年6月),"发起者陈叔通、汪叔明、孙江东、袁文楬、林琴南、汪秋泉等。时杭州尚无活字印刷机关,决用木刻,暂在吾家举行。款由同人捐集,每月出二册,每年售一元,吾总其事。其宗旨以开通风气,宣扬中外大势,提倡新政学业为主。"(《上海档案史料研究》第10辑,第289页)——编著者

冲突,为当局所注意,不能容身,又逃至日本。宣统时赴吉林,在民政厅服务,辛亥后始得回杭。"(《〈地学问答〉跋》,《杂著》,第 110 页)

是年 手钞《日本警察新法》一卷。"《日本警察新法》一卷,日本小幡俨太郎纂译,清光绪二十七年叶景葵手钞本,一册。"(《叶目》)

该书《序》云:"本书系客年馆友小幡乐山译述。尔来《新闻纸条例》《外人待遇法》等,经厘革者不一而足。然至其大体纲要,未尝少变易。但其编译之体,觉稍偏于简约耳。夫警察者,为政之要具。所以戒防祸害,保持康安,俾民事秩然齐一也。故其制度之良否,实邦国文野之所岐。其关系极大矣! 今也东邻西邦警察之设,尚属草创,其参酌外法,取长补短,亟致完备以期乎? 文明岂非方今急务乎? 本馆有见于兹,现从事其详译。然刊行期迫,不暇待其成,因印本书,以充先驱。盖亦本馆之微衷也。大日本明治三十有二年十月,善邻译书馆编辑局。"内容包括行政、司法各方面法规法令,分十一编。目次如下:第一编总论(分本义、典则、事务三章),第二编保安(分公权限制、集会结社、刷印法则、身分、信书之秘密、住居及所有权、教育宗教、凶器火药等八章),第三编保安(分国害、屏去解散、放逐、就业等四章),第四编净乱(分总论、谋反、诱之外患、啸集凶徒等四章),(中略)第八编风纪(分祭葬、演游诸场、赌博赌窟、公娼私窟、丐人流氓等五章),第九编营业(分总论、古物商、典当铺、旅馆浴店、马车腕车、刷印发兑及版权、度量衡等七章),第十编卫生(分总论、传染病及检疫、医师、药业、墓地及火洗场、屠兽贩肉、牛乳食水灯七章),第十一编司法(分总论、搜索缉捕、假钩摅、行牒、护送等五章)。(《日本警察新法》排印本①)

是年至壬寅年(1902 年) 庚子之乱后,国势式微,国贫民穷。先生鉴于社会现实状况,忧心如焚。为此更努力学习新学,对矿务尤为注重,阅读并摘抄、剪贴中外报章论述矿务之文章,辑纂成《矿务杂钞》②稿本一册。内容涉及中国各地矿藏开掘、产量质量、官商经营,以及外国矿产新发现、外国势力介入中国矿务等方方面面。收录报刊《天津日日新闻》《字林西报》《文汇报》《新闻报》《时务日报》《中外日报》《同文沪报》《益新报》《汇报》《申报》《大阪新闻》《苏报》《维新日报》《博闻报》等。四十年后先生回忆道:"光绪庚子以后,钜额赔款支出,朝野皆以贫瘠为忧,一时提倡矿务,颇为风行;而外人之垂涎内地宝藏者,亦不遗余力。当时展阅报纸,及谈论所及,皆笔之于册;其他要政,亦分类作记。"(《〈矿政杂钞〉跋》,《杂著》,第 111

---

① 《日本警察新法》一卷叶景葵手钞本迄未查得,是否有题记等说明文字,不详。然而却见有该书排印本,日本善邻译书馆明治三十二年十二月(即公元 1900 年 1 月)发行。先生手抄本显然据此本而录,故逐录其序文、目次,可见当时叶景葵先生视野即关注所及之广博。——编著者

② 原稿题签称《矿政杂记》,现按《卷盦书跋》所用书名。——编著者

页）目录①如下：

吉林矿归俄　意窥浙赣之矿　日人开宣城矿并路工　德国山东矿会　俄开乌港煤矿　江苏省铜矿　云南铜厂　直隶临城煤矿　开平煤税　潍县煤矿　悉毕尔产金方里　韶州锑矿　祁阳铁沙　俄开司秋煤矿　德查东矿　太武山煤矿（厦门）　中国煤矿方里　晋康公司　俄英美产金原始　大冶矿绘图存案　利国煤铁矿　龙王洞煤矿　兴国矿　开州藏州矿　湖北五宝山　广宁金矿　华俄合办新疆金矿　漠河解款　法商办川矿　东三省煤矿　美富铁产　石塘铺无煤　小花石煤矿　法商开祁武矿　青阳山矿　四川煤油公司　殷山矿务　内邱煤矿　矿师　著名各矿　彭泽煤矿　衢严各矿　开建金矿　汉铜加价　江西矿务　湖州银矿　辽江煤　河南煤矿　山西煤矿　石门铜矿　上虞铁矿　苍梧金矿　奉化银矿　闽清银铅况　儋州金况　英人拟采三省矿　中国产金钢石　天全州银矿　迁安县金矿　金勃尔来城　九十九年②产金数　九十九年产煤数　开平余利　吸水机器价　磁石　贵州水银矿　英商勘蜀矿　罗森煤矿　鄂尔河金矿　宣城煤矿筑路通宁国　福公司承办晋豫矿务　朝鲜金矿　温州银矿　西山煤至天津　宣城煤矿合同　安的摩尼折本　高丽矿务　花县煤矿　山东招平金矿　山东煤矿　黑龙江有限公司　东三省金矿　四川矿务　诸暨矿山　裕州夹山银铅矿　法人在华所得矿权　镇人集股开河南矿　珲春金矿　法占闽矿　秘鲁新铜矿　俄开煤油矿　诸暨银矿　巫山铜矿　开建矿务　俄商开黑龙江矿　日美图山东矿　湘裕亏折　镇平锡矿　宋公坑　英德森林　川矿归英　开平之发达　福公司　绥州煤铁　叶县辉县金矿　无锡之矿　镇江矿　俄开齐齐哈尔矿　东三省矿利均沾　俄思煤矿　金龙金矿　漠河报效　冕宁　热河金矿　太平佳矿　北满洲采金公司　湖南安的摩尼　保定府西煤田　宛平煤矿　东三省矿权瓜分　俄需煤矿述闻　德需东矿述要　外务部奏定矿务章程折　书外务部奏定矿务章程折后　论中国开采矿产事　热河金矿　烟台煤矿　盛京石庙子沟矿务　镇江铁矿　湖北襄郧房竹两县华商开办矿务章程　安徽矿务总局英商凯约翰订立开矿章程　霍州银矿　交城大谷料　蓬州油　临城煤　宣化晶　开州矿　山东矿　隰州矿　上海提炼五金公司　泽潞煤铁　夏县银　垣亚铜　垣曲金　安包铜　绛县铜　平陆银　阳曲磺　平江金　美国矿师克利夫化验潞安府长治县煤铁矿质

---

① 原稿本无专门目录，原摘抄文眉端由先生亲拟标题（少量阙题），现照录；剪报则按原报文章标题为准。——编著者
② 指公元 1899 年。下同。——编著者

分数表 美国德国化学师化验晋省各属矿质分数表 黑龙都鲁河 热河金矿报效 浙东宝易公司 蒙古金矿 唐努金矿 热河银矿课 湖北铁政局报销 云南铜本 广德煤 桂阳铅 武昌矿务有限公司草稿译文 福州铅矿 徐州煤况 开矿新器

摘录部分条目如下：

　　△ 吉林矿归俄 吉林全省矿务尽归俄有,增祺已与立合同。闻奉天某处矿务,亦将仿吉林章程。(廿七年《天津日日新闻》)

　　△ 意窥浙赣之矿 意人欲造浙江至江西之路,因两旁金银煤铁甚多。(廿七年《字林西报》)

　　△ 日人开宣城矿并路工 闻日人土仓庄三郎近与盛京卿订一合同,以资本五百万圆开采安徽省内之煤矿。系土仓之子鹤松氏其矿在宣城,并筑路至芜湖,资本各出其半。

　　△ 德国山东矿会 德国矿务工艺会,其总行设于山东青岛。计已集成股本马克一百万枚。如生意加广,股本亦当再添。该公司即在山东办理矿务及购买基地等事。每股英金五十磅,与股者先交四分之一。(《文汇报》)

　　△ 俄开乌港煤矿 乌港东部苏城河畔之煤矿,现由俄京募集远征队一队已照行,前来开掘。队长即著名矿师,并有监督及医师三十名。豫算此矿每年可得煤斤六百万磅,足供东方舰队之需。

　　△ 开平煤税 每吨纳税三元或四元,每日以千吨计,通年计算已须一兆元矣!

　　△ 韶州锑矿 韶州曲江县铁矿,现经查詧非铁矿,乃锑苗。其质若煤,制炼可以发光,以之可以代灯,比煤油明亮,并可炼炸药及统帽火、马□引等用。现在设局专售。

　　△ 中国煤矿方里 中国煤矿共四十万英方里。英国之煤甲于天下,然不过一万二千方里。今中国仅以东南方及山西计之,已有一万四千方里。果能一律开采,可得六十三万兆吨,且各矿多有精铁可供军制。(《英国工程报》)

　　△ 晋康公司 晋康煤矿公司在繁昌五华山中,为吴少斋直刺、王少谷太史所创。

　　△ 大冶矿绘图存案 大冶矿山极多,非钜款不能全买,而民间产业尚有不愿出售者。兹变通办理,将所有矿山一概详细绘图存案,饬乡民具结不准私售外人。

　　△ 利国煤铁矿 徐州利国煤铁本为佳矿。宋时试开,未有成效。近有人集股开办。(廿四年《时务日报》)

△ 龙王洞煤矿 英人柳满在重庆江北龙王洞开煤矿,系董姓公产,被其族人私售与柳。现欲赎还,柳不允。(廿七年《中外日报》)

△ 湖北五宝山 兴国、大冶合界县境有五宝山一座,周围九十余里。《新闻报》

△ 华俄合办新疆金矿 新疆南北矿务累年虚掷巨款,难于报部。兹有俄国游历人马堂四福谓,天山北路直至阿尔泰山一带,金苗甚旺,拟请租地开采。新抚饶中丞拒之。马遂唆驻迪化领事吴司本,向驻京公使与中国政府要求。政府许之。议定华俄合办,资本各半。领事即电请俄矿师携带机器而至。拟先勘塔城厅之喀图及库尔喀喇乌苏之济尔噶朗金矿。(廿四年《申报》)此处一面系喀什噶尔省,一面系福尔喀纳界。

△ 漠河解款 漠河金矿岁解户部银二十万两。廿四年铁路矿务总局大臣王张奏稿

△ 美富铁矿 美《万国月报》载,一千九百年地球各国所出之铁,约有四千万吨。内美有一千三百七十八万九千二百四十二吨;次则英,有九百〇五万一千一百〇七吨。两国所得之数已过于各国四分之三。四万吨内有二千七百万吨制炼成钢,有十分之四成自美国。兹据地理师查称,美国德格士省矿产极富,独就策罗其一乡而言,已查出铁质六百兆吨。其在德东方,全部则所有之铁当在三千三百兆左右。(《益新报》)

△ 小花石煤矿 湘潭县小花石地方煤矿产煤甚佳。前陈佑民中丞曾委员采办,颇获其利。嗣因经手非人,井被水没。现经湘抚将该井拨归萍局合办。(《同文沪报》)

△ 内丘煤矿 直隶内丘县西娘子岗地方,煤苗甚旺。(廿三年《新闻报》)

△ 开建金矿 广东德庆州开建县属浦流之地,有金矿一区,苗质甚美。每矿石一担,上者可得金净约五十元,最下者亦得七八元。

△ 汉铜加价 廿三年汉督崧、汉抚黄奏请铜运每年三批到京,恳每百斤加价二两,合前准加一两共银十三两三钱。按同治十三年试办茂麓、宁台、德宝、万宝四厂,奉定铜价连由厂运省脚银均在十两以外。惟万宝稍减,亦须九两六钱五分,十八年请准加价一两。(原报[①])

△ 辽江煤 湖南产煤之地,自醴陵通至湘潭,纵横二万一千方英里。所产之煤分为二种,一曰辽江煤,一曰湘江煤,质洁净。惟华人采法不精,遗弃甚

---

① 原文如此。——编著者

多,上品之煤运至汉口,每吨成本不过三两二钱。(廿三年《维新日报》)

△ 英人拟采三省矿　英人拟立公司,专采皖苏赣三省之矿。今集股三十万○一百四十磅。(《汇报》)

△ 中国产金钢石　德人在胶州矿中觅得金钢石。法国《学问报》谓,(光绪)廿四年前北京有教士精于博物学,曾于教堂所用煤中,并于街间拾得金钢石粒屑。则中国产生此石无可致疑。

△ 九十九年产金数　九十九年合众国产金三百六十兆,斐洲南境出三十七兆,合计天下共采一千五百兆。(《汇报》)

△ 九十九年产煤数　九十九年天下采取煤共六万六千二百八十二万吨。内百分之三十分半出英,二十分出于日尔曼,三十分出于合众国,奥得五分三厄,法得四分八尼,比得三分三尼,俄得二分,他国又得五分。(《汇报》)

△ 开平余利　开平煤局本年结账,除去开销可获利二分四厄。以一分五为股友之余利,其余归入公积。若秦皇岛铁路接通,矿所出路便捷,可操必胜之券。(《苏报》)

△ 英商开蜀矿　英商摩根议开四川全省诸矿,与李徵庸会商一切。已派矿师甲开等三人至蜀。(廿六年《博闻报》)

△ 罗森煤矿　复州之东二十英里罗森地方煤矿,日出煤一百五十吨。西运至怀芳汀地方,为铁路之用。怀芳汀距大连湾不过六十英里。(《字林西报》)

△ 温州银矿　温州南溪乡某山有银矿,每矿质十斤,含有四成银质。(《沪报》)

△ 安的摩尼折本　湖南湘裕公司所出之安的摩尼一项,成本过高,运汉求售,洋商多方贬价,刻下价银仅七十余两,亏折甚多。闻该矿质色欠佳之故。(《新闻报》)

△ 山东煤矿　沂州、新泰、章丘、博山、潍县有素著名之煤矿。(《大阪新闻》)

△ 黑龙江有限公司　伦敦商民集英金七千五百磅,仿照北京福公司章程,创黑龙江有限公司,专为寻察黑龙江沿岸各处地方之金矿。(《字林西报》)

△ 四川矿务　英重庆领事里德尔在西藏交界处巴德尔瓦地方,发见一金矿,又在瞿县得沙金一区,已至成都要求云。

李徵庸既为四川矿务督办,已劝商民创立公司,凡四川矿业皆由该公司一手承办。顾以力有未及,适摩根来谒,意气相投,遂与订约合办。逮余蛮子事起,法领事饶舌,于是保富公司与中法合资之福安公司订约,凡灌县、犍为、威远、綦江、合州、重庆(除唐家沱外)以上六处矿山,皆不得经他人开采。是法人已得有开矿之特权矣！而该约未订之先，英人已在合州属龙王洞地方开掘炭矿。又闻一中英合资之煤油公司，今且要求灌县与藏界金矿。李氏于是一无所为，人望大去，乃假劝捐名赴广东。李去后四川矿务愈失其主脑，保富、福安二公司图其虚名而已。(日本报)

△　诸暨矿山　诸暨吾家坞矿山已延请英矿师支利氏入山勘验试炼，质含铜铅，成色甚佳。

△　镇人集股开河南矿　镇江人刘铁云以英义福公司为名，拟合股一千万元，在河南怀庆地方开煤铁等矿，刘自出资十万元。

△　法占闽矿　法领事与闽督议定，准法人在闽择地开矿。并闻已归马岛移民公司办理。

△　日美图山东矿　日索山东矿利。美得日照地方矿，地到港口仅数里。

△　宋公坑　英人思第至肇庆采验矿苗，据云，各山之产惟宋公坑最佳，质具五金及煤石 12K 银。闻系承坚毡公司之聘云。

△　川矿归英　四川矿务将归英人包办，惟冕宁金矿，经法人出面与英人争。

△　金龙金矿　直隶永平府金龙县所属地方出有金苗，前总工师金达禀请开办，因事封闭。现又有人欲合股办之。

△　热河金矿　热河金矿极微之时，一日可得百两。除去支销仍有利。今年颇有亏空，其故由于司事太多，舞弊偷漏。

△　上海提炼五金公司　职商黄有贵在上海设厂，收买各省矿砂，用机器提炼，名为提炼五金矿砂公司，报效二成并专利。

△　泽潞煤铁　山西泽、潞两属铁矿，闻系在泽州府之高平县与潞安府之长治县交界处。在高平东乡者为陈曲河、米山河一带；在西乡者为香庄河山后一带，共有铁炉一百五六十座，每日每炉出三四五百斤不等。通计每日出铁七八万斤。

（《矿政杂钞》稿本，上海图书馆藏）

是年至癸卯年(1903 年)　阅读并摘抄、剪贴报章资料，成《卷盦政典类钞》二卷。内容包括中外教案、中国赋税、世界经济、外国语言文字、中外条约、国际政治、国内实业、屯田垦牧、进出口贸易、财政金融、文化教育、华工华商、租界由来，乃至农业种植、科学常识、中外度量衡换算等方面知识。注明报刊出处者有《申报》《汇报》《文汇报》《户部报》《新闻报》《学闻报》《字林西报》《同文沪报》《中外日报》《苏报》《益闻报》《商务报》《国闻报》《日本西报》《大阪每日新闻》《大公报》《叻报》《直报》《贺璧理说帖》《萃报》《时务报》《徐家汇汇报》《胶报》《文汇西报》《东京朝日报》

《北京新闻汇报》《外交报》《东京日日新闻》《官书局汇报》与《博闻报》等 30 余种。

分类①如下：

卷一

教务　各项税　厘税　各国预算　格致新理　语言文字　客乡　条约

交涉公法　工艺局厂　礼仪　矿学　物产进出口货　户政屯垦　产业税丁漕

度量权衡　中外首脑纪事②

卷二

制造新器　赛会　官制　农事渔务　粮饷　财政　银行　钱币　商务

学校报馆译书局藏书楼　出洋工商流寓　口岸租界

目录如下：

卷一

山东天主教案赔款　北京教案赔款津贴　河南北属天主教案赔款　河南

南属天主教案赔款　山西公理会赔款　新加坡与孔教　西藏聘像为教务　耶

稣公会自立条约　饶州教案赔款　俄人信佛　蒙古教案赔款　天主教驻中国

各地者　密密教　荷兰比利时宗教　云南教案赔款　修教　太原府天主教案

教案赔款　奥商包缴番规　武昌鱼税　浙江酒捐　码头捐　土药茶糖烟酒

厘加三成　厦（门）厘（金）议包　粤商包厘欠饷分赔　鄂拟裁并厘卡　宜昌筹

饷局　粤商包缴花纱厘　厘金总数　厦门包厘　销场税　新加坡厘款办法

旅顺海参崴经费　高借日款　法以赔款票抵借国债　美国余款　台湾进款

日筹赔款之支销　日本明年度支豫算表　续日本明年度支豫算表　再续日本

明年度支豫算表英法两国近年进款清单并跋　英法两国近年进款清单并跋再

续前稿　论暹罗国财政　日本豫算表　亚尔步明　硫磺粉　动物种类　小吕

宋用口语　英考华语　文字总数　欧美用法语三国　法言用少法文用多　墨

西哥语　埃及篆文　安南用法文反切上音　英今领事习土语　和文假名五十

音　林文德为山西顾问　暹用李克辽　英用亨利　律师担文　鄂督顾问官小

山秋作　科门　萍局用五西人　日人襄助海关　商约随员两人　税务司总数

北洋聘日本武员　粤匪时外人助战获赏　朝比通商条约　英美抛拉麦约

中韩修约　英美密约　比为中立国条约　墨西哥约　刚果订约　土法约章五

款　英日盟约译录　英日盟约再录　英日盟约再译录　美国新约述电　日韩

改约译闻　中俄全约照译　俄约异闻并志　俄韩新约纪要　法暹新约　论葡萄

---

① 原书稿分类标识于各叶翻口，一些剪报黏贴则无标识。——整理者

② 此分类原稿无标识，因篇幅较长，现由整理者所加。——整理者

牙事 葡索香山地 中缅界址 中韩界址未区划明 野卡瓦 葡得濠镜始末 日本照会新金山 法俄照会土耳其 法土复和 新金山新例 英不准土让 哥物城与他国 美国调停中美战争 新加坡新令 俄澳亲密 英葡联盟 日 索美款 中美二国战争智利守局外 智利与阿根廷启衅 脱索英允五款 自 由党论英脱交涉 英俄分中国权限 俄法联盟照会译录 英国外部才长 俄 廷布告文件 俄廷布告文件续 俄廷布告文件再续 俄廷布告文件四续 俄 廷布告文件五续 上海道禀设劝工局 山西省农工局 杭州利用磨麦公司 脚踏小轮 重庆煤油公司 北京工艺局 日本漆器 北京纸烟公司 工艺局 缘起 日本拟设制钢所 汉阳铁政产额 汉口制砖厂 觐见礼仪述要 德赠 十字架宝星 英皇后女冠 海草含碘 磁土含磷养 气与气无化合之力 碳 养二消化于水 白矾原质 糖之原质 制蔗糖法 小粉碘成蓝色 木灰多钾 养 廿六年夏季进出口金银值 福州购西贡米 中国输日本之蛋税 华骡出 口 台岛宜烟草 福建(樟)脑务 粤米准出洋 粤米出口不止五十万石 鸦 片出款 波斯枣 白沙肋地枣 进口火油出口各种油 各种油分 貔貅 鸦 片产额 洋药进口数 嘆啡 川茶运印 樟脑总数 哈尔滨油 晋省地毯 德州新式草帽 哪喊(挪威)户口 蒙古荒田 屯田数 通海垦牧公司 冬月 种谷法 特古斯塔屯政 日京民数 养息牧租地 黄种人数 比国户口繁滋 白尔的马户口 澳大利户口 俄国户口加增 上海户籍 锦州马厂垦荒 各省屯田数目 大凌河牧厂已开垦 旅顺华人口数 盛京将军要折汇录 波 罗洲新福州公司招工开垦章程 大凌河丈放牧厂章程 欧洲六大国增加丁口 数 报纪中国人数因推论之 山西荒地 岑春煊请开晋边蒙地折摘要(岑春 煊)又奉一折 (岑春煊)附片议垦丰宁二厅与察哈尔毗连蒙地一折 贻岑会 奏办法 鄂尔多斯七旗名称 丰宁垦局存款 垦务公司 正黄旗牛羊县界址 丰宁押荒局已改 贻大臣简放日期 土黔特六成地租案 江西屯租 山东 卫田数 日购马种 俄购快抢 英练华军 英各处驻兵数 直督练万人 浙 江营数 华倡武学堂 蚊虫有瘴 脑重 鱼油牛汁不可同服 樟脑公司 台 湾(樟)脑税 橡皮 台岛(樟)脑利 橡皮产额 金鸡纳树 闽省(樟)脑务归 日商 本省要件 广东开房捐亩捐 山东提地丁平余 江西加增丁漕 直隶 豁免差征 江安折漕 江苏提漕粮运费 江苏加赋 海运河运所省漕费 江 苏冬漕价 江南房捐大略 欧洲抽收丁口例 漕米仍办八万石 南北折漕所 省之费 皖加赋 浙加赋 闽随粮捐输 迈当合中尺 法方里 法权衡 克 兰姆 亚施音 日本一石 贯 具拉模 坪 法斤 法里 英里 一亚尔 中外首脑纪事

卷二

风船　大阪赛珍会　脚踏小轮　纺纱水机　蜘蛛绸　博览会原始　一千九百年法国赛会　德太子拟开赛会　美鲁伊阿那赛宝会　纸鸢　革拉司哥与会人数　打辫机器　美会在桑德市　比开万国航会　程广鸿　王启人　日本博览会章程　总理衙门始末　太平司巡检　停米折　三都华洋同书　渤海渔业　台湾宜烟　伯留创渔业公司　葡萄与麦肥料　种稻新法　清韩拟订捕鱼约　日营韩国渔务　户部拟裁兵饷米折　弭兵会核议兵费　德驻华兵费　东三省的饷　直省协饷　江海关应解银　户部奏陈核定各省协拨直隶饷项折　康乾户部存款　嘉庆以后用款　政府不敷之费　北京日本银行　雷锡格倒闭　中国银行钞票　菲律宾银行　鄂省银票　苏省当十铜元　釜山银元　日本新钱银　江南银元　广东银元局　比效华钱　江苏当十铜元　陶芷帅与张香帅论行用银铜圆书　德国商务减色　新金山新税则未行　改说规则　日本调查商约专员　德国新税则　菲律宾新税则　俄国振兴商务　英拟商约　税表暂行　印度商务英减色　日本运华货物进步　改订商税专员　美拟蠲中国茶税　滇缅商务潮旺　缅甸商务起色　欧洲会议糖税　值百抽五所增之价　日煤新税则　绸缎绵丝税则　日考商约　波斯湾商约　美免中(国)茶税　茶商递禀　秦皇岛通商税则纪要　会议商约纪闻　英商论商税书　濮兰德答英商立德尔书　西人函论加税之事　节译李德立复濮兰德驳增税减厘书　论马凯君会议商税事　条拟商约　论海关税则银数　论西比利亚设关收税　日本政府酌定商业会议所新例　日本政府酌定商业会议所新例续　日本政府酌定商业会议所新例再续　书日本商业会议所新例后　辨议加税评函　奏订商律要问　中英新约　李家坚呈外务部文　杭州东文学社　江都普通学社　皖省藏书楼　杭绅安定学堂经费　杭府高等学堂　江鄂译局　杭州满营东文社　秀州小学堂经费　杭州府中学堂　宁波文明学社　浙士设编译局　杭州求是书院设蒙塾　浙士设时敏学塾　粤绅设时敏学堂并资遣出洋学生　北京通信讲学社　丰台镇东文学堂　浙绅拟设师范学堂　华北译书局　江宁拟开师范学堂　公众书院经费　上海育材学堂　广东育材书社　上海理氏书馆　通州书报社　杭州女学讲堂　湖州志正学塾　杭州方言社　上海绳正学堂　天津藏书楼　无锡竢实学堂　京口储英学堂　巴县教士学堂　渝《旬报》　天津德文学堂　山西学堂经费　山东学堂经费　河南学堂经费　山西寄报免邮费　杭州蚕学招考　大学堂教习　大学堂经费　库巴学塾数　尚贤堂办法　南洋公学经费　北京印书场　黄遵宪为总教习　台地学校　德国留学生　俄人限制犹太　美藏书楼　日本陆军大学堂　天津大学堂经费　（日本）善邻书馆股分

广方书馆学生减额　法文学堂津贴　埃及叶尔阿哈　广东同文馆　日本女学堂及中等学堂数目　大学堂教习　西人好义　务本女学　经纬学堂　闽设众学堂　公众普通学堂　大学堂生息款　江南拟设高等学堂　回民义学　东湖通艺学堂　俄设东洋学校　四川经纬学堂改师范学堂　苏州武备学堂　日本留学生译书　湖北在日本设译局　利济学堂　《北京时报》拟改译书局　湖州志正学塾　苏省大学堂　苏府中学堂　东亚善邻学馆　秀水县学堂　五城公学　杭绅设高等学堂　八旗知方学社　绍绅设学堂书藏　北京官报局　育才彩票　黄岩清献学堂　大学堂用员　工部局藏书楼　定海人　八旗官学经费　广东学堂章程　保护回里华商　东三省总督　刘雨田　华人入美籍　西贡招华工　马达岛招华工　美禁华工限期　华工往东三省　叻限华工　华人被杀索偿　美人苛政　入东籍　护照归关道办理　护照税　请设南洋轮船公司　索美偿款　小吕宋来往华民　朝鲜华商拟设金行　林寿年　华人纳粟荷廷　寓日华商集议　华人在外洋之数　玛玛　和属华人税　抽收厦门出洋华商费用　美洲英属禁止华工　暹罗华商领日本牌　华人欲割辫　美排黄种非律宾新章　澳洲禁止华人　美禁华人之故　坎纳达禁华工　论美国禁止华人事　侨寓暹国华人　九江日本租界　美国天津租界　日本重庆租界　马山浦日租界　秦皇岛各国租界　英派员治威海　九龙拱北中国自设　十九年以前所开口岸　旅顺情形　牛庄繁盛　廿四年自开商埠　九龙进出款　厦门等非患疫口岸　俄思漆原港　天津俄租界　高丽开口岸二处　梧州　西江开通口岸日期　牛庄作瘟疫口岸　租赠澳门始末　牛庄　大沽　威海　京口　汕头　广州　拱北　蒙自　龙州　沙市开商岸日期　沙市河道　吴淞　中墩乡　秦皇岛开港日期　三都澳地理　汕头地理　达勒尼镇　巨文岛开通　蛮耗　德人拟辟广州租界　湘潭　江门　关心商埠译略　北洋大学（法科工程矿学工艺理化学医学地理格致）学生名单

摘录部分条目如下：

△　山东天主教案赔款　山东一省所毁教士、教民产业，天主教索赔一百〇七万，耶稣教索赔五十九万。青州一处索赔四万。（廿七年《胶报》）　青州赔款已减为三万两。天主教索赔减至八十万两。（山东来函）

△　北京教案赔款津贴　京师教堂教民赔恤、议立碑碣等款，由国家贴补民间二百万两。内将江浙上年折漕一百三十六万，山东折漕十一万，江苏筹饷新捐二十二万，宜昌关税十万，安徽应还漕项十二万，通商银行应缴武卫军饷十万，共二百万两。由行在户部饬解北京。（廿七年《东京日日新闻》）

△　云南教案赔款　云南天主教案赔款三十万两。《汇报》后改为十五

万两。

△ 浙江酒捐　浙省酒捐定章除值为百抽捐二十外,后定各坊酿缸捐,以缸五十只为一帖,应领司照一张,计银五十两,谓之"官缸"。《苏报》

△ 土药茶糖烟酒厘加三成　各省土药及茶糖烟酒四项重征之,似无妨碍。拟令就现抽厘数再加三成。(廿七年《户部报》)

△ 粤商包缴花纱厘　粤东花纱厘费由四德堂商人郭成等包缴。每年现认三万六千两,内以二万四千两拨抵九(龙)拱(北)两关厘费。以一万两拨抵各厂行半厘,以二千两拨抵坐厘。(廿七年《新闻报》)

△ 旅顺海参威经费　俄已于明年预算表内,备支罗卜五百二十万枚,为旅顺海参威两处办理防御工程之用。(一千九百〇一年西十月伦敦电)

△ 亚尔步明　蛋中有精质,名亚尔步明。热之则元粒伸涨,故生蛋变为硬蛋,他物不然。愈热则元粒愈散,故实者流,流者浮也。《汇报》

△ 文字总数　地球各处文字已用于世者,计三千四百二十四种。至土语、方言不在文字之属者,约六千种。《益新报》

△ 林文德为山西顾问　晋抚请林文德大律师为顾问官,仍可在上海照常办事,有事则前往太原。《中外日报》

△ 律师担文　南阳大臣刘奏派三品顶戴、英国头等律师担文为南洋外务正律法官;三品衔分部郎中罗诚伯(贞意)为南洋外务副律法官。驻扎洋务局,已于正月到局视事。《益闻录》廿四年

△ 萍局用五西人　萍乡矿局矿师赖伦、福来,机器师史弥德,工程师马克来、修文。《苏报》

△ 税务司总数　西历一千八百九十九年七月计算,中国税关官吏总数五千六百四人。其中外国人九百九十三名。此九百九十三名内,八百卅七名为税务官吏,九十二名为船舶吏,五十八名为邮政吏,其他六名在北京从事教育。(下略)(东报译　《时事新报》　廿六年《商务报》)

△ 北洋聘日本武员　闻袁世凯聘日本武员教练士兵,并予以约束权。《申报》

△ 比为中立国条约　一千八百三十九年,英法俄奥布五国为平权计,立公约,认比为自立之国、中立之邦,何论何国战事概不涉比利时。并约比不得将尺土寸地让人。一千九百七十年布法交兵,英恐两国图比利时,乃与两国交约,议定比为中立,照一千八百三十九年伦敦之约,如法入比,则英助布驱法;如布入比,则英助法逐布。(廿六年《苏报说论》)

△ 墨西哥条约　中国与墨西哥所订通商行船条约,已在墨京签字准行。

约内声明两国皆以最优待之国相待,并准墨国在中国各部设领事,自治其民。(廿六年二月《苏报》)

　　△ 葡索香山地　葡萄牙近欲占据澳门附近之香山县境地,以为建筑炮台及一切防御之用。其办法悉照九龙之例。闻粤督已电告政府。(廿七年九月十一日《文汇西报》)

　　△ 中缅界址　中缅界址现已划至经线九十九度〇十五分之地。此外,则划界委员尚在斟酌。(廿六年英国报)

　　△ 日本照会新金山　新金山澳大利亚政府接日本照会云,贵国如必举行禁止日工之例以及邮政新章,则吾国邮船即不来往新金山一路。(二十七年九月《文汇报》)

　　△ 英葡联盟　葡君与英使当众声明,英葡两国现已联盟。《香港循理报》接葡领事来文。(廿六年《申报》)

　　△ 智利与阿根廷启衅　南美亚景丁①、智利两国互有战事。(十一月《新闻报》)

　　△ 山西农工局　山西农工局于九月十九日开办。岑中丞拟请日本农工教师。

　　△ 杭州利用磨麦公司　杭州利用磨麦厂现已开办。每日可出面(粉)五千磅,价较土磨面(粉)尤廉。

　　△ 重庆煤油公司　重庆煤油公司与英商立德乐合夥。

　　△ 北京纸烟公司　徽人何隆简,号敬亭,商于南洋各埠。心知纸烟一物行销甚广,利权外溢,因筹赀本三万金,在京师设立纸烟公司于后孙公园温姓房屋。聘沪工四名,在新加坡置办机器。业奉商务大臣给予专利,告示大约九月可以出货。(廿七年八月《胶报》)

　　△ 汉阳铁政产额　汉阳铁政局所制铁,每年约六万吨,一半供本地需用,一半输出海外。(《商务报》)

　　△ 海草含碘　海水含碘最少,然为生长海草之要物。海草无不有碘。

　　△ 磁土含磷养　为作磁器之胶土,即已变化之花钢石,故其中含有非尔斯司配耳。细察之,显出磷养甚多。

　　△ 廿六年夏季进出口金银　进口金值关平银二百六十二万〇八百八十一两,出口金值关平银四百万〇〇四千六百九十八两。进口银一千二百〇六万七千八百九十五两,出口银一千〇八十万〇六千三百八十九两。漠河一处,

―――――――――――――

① 即阿根廷。——编著者

出金每年在十万两内外。

△ 福州购西贡米　福州华官以收成不丰,向驻闽法领事商请代购西贡米四万担。西贡购米之路一通,将有福建米粮设有不足之处,不必赖江鄂两省矣。(廿七年《中外日报》)

△ 中国输日本蛋税　中国输至日本之鸡蛋,其税金某年有一百二十万圆之谱。业是者忧之,请两议院减税。(《大阪每日新闻》)

△ 福建(樟)脑务　福建龙岩州之德化、大田两县,产樟树极夥。大田为最,德化次之。台绅林朝栋领办福建全省脑务,缴洋四千元押柜。又先在厦门设一总公司,俟有成效,再行分设。(《新闻报》)

△ 鸦片出款　一千八百九十六年,西人算中国进口鸦片,约值银一百二十佛朗,即合英洋四千七八百万元。自种鸦片,大约二倍其数。(《汇报》)

△ 进口火油出口各种油　进口火油每年三百五十兆升。出口油一万余吨,牛羊等油七千五百吨,子(籽)实约一万六千五百吨(一千八百九十五年)。(《汇报》)

△ 川茶运印　四川砖茶由西藏运往印度,南境之赍埠者,其数甚多。一千九百一年春季所运,比值二万五千卢比,其售与藏人者尤为繁多。(英商部日报)

△ 樟脑总数　上年地球各处所出樟脑,共五百万斤。内四百五十万斤皆台湾及日本内地各处所产。中国南方虽有樟树,所产究不如日本之佳。

△ 冬月种谷法　谷即北方带壳小米。倘应种小麦时得雨过晚,麦不及种,可种冬谷,较麦仅晚熟二十余日。向来谷雨节种早谷,收麦后种晚谷。早谷熟在七月节,晚谷稍后。冬至前一日,将谷种入甕,麻布扎口,掘土穴,深四五尺,甕倒置穴中,土封固。满十四日(自冬至前一日算起)取出,大寒日种入熟地。春透苗生,较常谷早熟一月。约五月底六月初即熟。盖受冬至子半元阳之气,虽种冰雪中亦生。此明末豫抚王子房荒岁祈祷,遇异人传授,试之而验。蔡忠襄抚山右,试之亦验,方载《畿亭全书》。畿亭,陈龙正先生也,理学名臣,《明史》有传。咸丰三年,河南太康县贡生李又哲试种亦验,非纸上空谈也。愿见者勿疑。地多之户如得此方,务即岁种一二亩,以便取信于乡人。咸丰七年,河南滑县有人于冬至日,如上法将谷种种入地中,立春得雨后苗生,五月底熟收,不减于常谷,蝗不及食。①

---

① 此篇与其他各则不同,系另书于他纸,黏贴于册上。字大,未署明出处。似非录于当时报纸,可能由先生改写于文中提到的《畿亭全书》,或采自河南民间老农。——编著者

△ 蒙古荒田 蒙古哈喇靳坝一处,可开荒田二千四百余顷。三眼井地方又有荒田一区,计纵横八百余里,亦可招垦。(《大公报》)

△ 通海垦牧公司 通州吕四盐场,因盐法旧有放荒蓄艸、禁民开垦之例,故荒废之场占该场全境之半。海门小安场沙滩,本系苏松、狼山两镇及民间于道咸间招买之地,嗣因原户无力缴价,故亦荒废。上两项荒地共一千数百顷。廿七年八月,江督刘奏已派经理通海商务张謇详查,集股试办垦牧公司。按照供应额,盐艸地外宽留二倍有余,此外由公司陆续开垦。其小安场沙滩,凡属两镇旧买之滩,既已改屯垦,时已围筑外未筑之地,均呈招无力,愿听公司筑堤,日后按两镇尚余银数缴价收地。民间原招而迄未缴价者,历届催丈罔应,并由印委各员查详藩司注销,归入公司。(原奏)

△ 黄种之数 环球共十五万万之人。中国、日本、印度占八万万,中国独占四万万。(《汇报》)

△ 上海户籍 上海户籍不下六十万人,青年者居十之二三。此指中(国)人而言。(《苏报》)

△ 英练华军 英驻威海都统派人至津招壮丁,充士兵。(《直报》)

△ 直督练万人 袁慰帅延日本武员训练军队,共有万人。(《中外日报》)(以上卷一)

△ 风船 法国空中飞行界阿雷伊基博士,去岁悬一奖格,有能于三十分钟内垂回转自由风船,自塞克尔公园启程,两番回转阿富尔塔而还原处者,奖十万佛郎(约四万元)。法人商特勒孟氏所造,形如吕宋烟,于午前六点四十一分自塞克尔飞行,仅十三分钟已抵夺卡巅。其间计六海里,旋扬入阿福尔塔左边,两番回转,以风势不顺,至七点二十二分始还原处。计逾十一分钟,因未能领奖。然其成绩已足夸长全球矣。(《同文沪报》)

△ 美鲁伊阿那赛宝会 (光绪)廿七年八月,外务部接美国康大臣函,称:"美国从前置买鲁伊阿那之地,再越一年即系百年之期,拟设一天下赛宝会,聚天下所有制造之物,与百工技艺工产、矿务材木、海味珍品,为美国素所羡慕者,请贵国谕知商民届时赴会。"(《申报》)

△ 比开万国航会 一千八百九十九年,比利时波拉塞尔府开第七次万国航海会,时日本曾派伊东藏五郎氏往参其议。一千九百年又于巴黎开会,日本并未派人前往。兹闻一千九百二年六月间,又于德来因河畔第塞尔德乌市开会,期将世界各国之海运工业讲究精明,并一切港湾运河、海陆关系之处,亦当讨论及之,以助技艺、法律、经济三项学问之进步。(以上译东报)

△ 总理衙门始末 创于咸丰十年十二月初九日,至光绪二十七年止,先

后三十一年。初各国通商诸事归两广督治理,惟俄事操诸理藩院。自英法逼立《天津条约》,中国始设总理衙门。其始以恭王及桂良、文祥主之。法使某君善之,曾致书恭亲王言,此举各有利益,桂良卒,增派四大员主持其事,兼充军机大臣。同治八年增至十员。光绪三年又增一员,复又减为九员。二十四年后增二员,系恭亲王、庆亲王、李鸿章、荣禄、廖寿恒、翁同和、敬信、许应揆、张荫桓、崇礼。先是以恭亲王为领袖,光绪十年简庆王代之。二十六年仍复十员之旧。于是王文韶、廖寿恒、崇礼、赵舒翘、徐用仪、许景澄、吴廷芬、桂春、袁昶、联元相继而入。(《徐家汇汇报》)

△ 渤海渔业　元山日领事馆调查,去年十一月至本年六月俄日两国在朝鲜海之捕鲸船,计俄五艘,日四艘,又哈林格三艘。以上各船所捕之船(鲸),共计一百八十余尾,每尾平均之价即作为一千五百圆,已二十七万圆矣!(东报)

△ 葡萄与麦肥料　葡萄酒多含钾养。壅葡萄宜用草灰,因草灰中多钾养也。麦中多磷质,壅麦以牲骨为佳,因骨中多磷质也。(廿六年《汇报》)

△ 北京日本银行　日本东京贮藏银行至北京创设银行,为鼓舞仕商贮蓄银款起见,凡大钱一千以上,皆可存贮,随时支取。该银行在东京开二十余年,存款至三百五十余万元。

△ 中国银行[①]钞票　廿四年中国银行在伦敦定印银圆钞票一百万圆、规银钞票五十万两,二共合银一百二十五万两。现已寄到若干,准于本月初六日为始行用于市。(廿四年八月《申报》)

△ 鄂省银票　日本政府刊印局,近代两湖总督制便银票纸二百万张。(《同文沪报》)

△ 釜山银元　釜山市上通行之钱,以银元为最少,铜元、镍元最多。镍元又分四种:一、为国家铸造颁发者,二、为韩人私铸者,三、为政府谕商民承铸者,四、为韩君自铸备用者。大约一仙之镍元兑换日洋一元,须加贴水镍元四十枚。(《商务报》)

△ 广东银元局　广东铸银局,光绪十五年建,技师为英人华衣文华君。机器多从英购,价共五十万元。有汽机五,各百廿马力。现在造币之种类,分一元、五十仙、二毫、一毫、五仙各项及铜货六种。每日铸一元者可用二万两,五十仙者一万五千两,二毫者二万两以内,一毫者一万二千两以内,五仙二千两。每一元纯银九成,每五十仙纯银八成六分。银料皆从美国加利福尼亚州

---

① 此处"中国银行",指中国之银行而言,非民国以后由大清银行改制的中国银行。——编著者

及中国北方所输入。铜多购自日本，每日可制铜仙一万二千枚。

△ 比效华钱　比国现造白铜钱，均效华钱之式，中穿方孔，已一律通行。（东报）

△ 英拟商约　英拟改正商约八条：一、扬子江沿岸增开口岸；二、准其自由航行内地；三、改废厘税；四、解禁米出口之令，且准其搬运自由；五、改废开掘矿山及敷设铁道之例；六、中国确认商标及版权；七、准内地自由杂居；八、上海设中西会审公堂。（《中外日报》）

△ 税表暂行　沪上各洋商近日公举专员，将应行抽税各物定一税表，以便十月初一日以后新税则章程开办时，暂时照表办理。俟商约议妥即行停止。（廿七年九月《胶报》）

△ 绸缎绵丝税则　天津关于绸缎绵丝进口抽税一项，现已议定，可照在沪英美德日诸商共议之法举行。（《大阪新闻》）

△ 日考商约　日本考督商约八条：一、冒牌及侵夺专利之权一切有害于日商者，如何设法防卫；一、除米谷出口之禁利害如何，及米谷出入如何完税；一、华商日商合本经营应予奖励，及华商便于存款之法；一、扩张商务及添商埠处所；一、路矿及内河行轮、近海渔猎等项，应如何分别要索；一、加税一事与日商不利之处如何补救；一、全废厘金于日本利害如何；一、度量权衡及钱币制度如何统一。（《新闻报》）

△ 杭州东文学社　东文学社自春间开办以来，旧班各生已能译读各书。兹拟渐加推广，添设夜班，专课东文之法，并议将文法编成课本，月出一册，约六十页，后附学堂记事、译书广告二种，专载各处学堂要事及新译各书名目，以便用。准予十月望日出版。（杭州廿七年《中外日报》）

△ 皖省藏书楼　皖省藏书楼，王中丞拨给行台一所为开办之地。后经联廉访加拨附近房屋，均由何君春台修整，于九月朔日起任人入观。

△ 浙士设编译所　杭城志士祝再辰、蒋再唐、袁文薮、项兰生、吴立斋、俞璞如诸君，筹集款项，创设编译所，附设于官书局内，已蒙诚方伯批准。

△ 天津藏书楼　天津都统衙门设藏书楼。

△ 大学堂教习　北京大学堂教习亚拉的士君现开一堂，教授英文，学生七十五人。（《中外日报》）

△ 大学堂经费　大学堂经费五百万两，存道胜银行生息。拳匪起事后迄未用过。（西五月《字林西报》）

△ 美藏书楼　美国现有大小各藏书楼共计五千三百八十三所。此自一千八百九十六年，以至今日又增有一千三百七十五所。合计各楼共藏书籍有

四千四百五十九万一千一百五十部。(《文汇报》)

　　△ 绍绅设学堂书藏　绍绅陶心云瀋宜就原建东湖书院,改设通艺学堂,并附设稷山藏书楼。

　　△ 华人欲割辫　旅居南洋荷属加法海岛之华人,现欲去辫,该处律例本不准华人西装,惟未明言不去辫。(《文汇报》)

　　△ 美禁华工之故　华人初至美时,仅执贱役。然到美不久,即能习上等工艺,与美国上等工人相敌。黑奴所得工贷仍用之于美,无外漏卮,华人不然。自一千八百六十八年来统计,华人自美寄归中国之赀,不下金钱四百兆圆。日本已创航业与各国争利。华人种类同于日本,日本人能如此,华人不久亦必能之。华人旅居美国三十五年,与美人结婚者不到二十人,所生子女半为败类。故前次加利福尼亚省议政局会议新立一例,嗣后华人不准与美人结婚。向来美国之律禁与黑人嫁娶,今则华人亦须禁止矣。华人操作坚苦,惟白人未娶者足与之敌。然欲与华人争利,即终身不能婚娶。(《外交报》)

　　△ 十九年以前所开口岸　中国陆路互市始于康熙二十八年俄黑龙江通界之约。海疆互市始于道光二十二年英五口通商之约。五口者上海、宁波、福州、厦门、广州是也。五口既辟,继者蜂起。咸丰八年俄开台南、琼州,法开淡水。于是英又开牛庄、芝罘、汕头、镇江,十年又开天津。咸丰十年,德开九江、汉口。于是光绪二年英又开芜湖、宜昌、温州、北海。十三年法开龙州、蒙自。于是十六年英又开重庆,十九年又开亚东。以上并以立约允开是关之年为据,不以开关之年为据。(廿四年《萃报》)(以上卷二)

　　　　　　　　　　　　　　　　(《卷盦政典类钞》稿本,上海图书馆藏)

1902 年(清光绪二十八年　壬寅)　29 岁

1 月　美商花旗银行上海分行开业,总行设于纽约。

2 月　梁启超在日本横滨创办《新民丛报》。

4 月　中俄订立《交收东三省条约》。蔡元培等于上海发起成立中国教育会。

10 月　李维格受盛宣怀委派赴日本考察钢铁业。

是年　华比银行在上海设立分行,总行在比利时布鲁塞尔。

是年春　"由太康取道亳州,沿运河回杭州。"(《〈文选〉跋》,《杂著》,第 164 页)此次"奉母回杭",同行者有夫人朱昶,弟景莱、景莘,妹景蓉,表弟严江、严泷。先生此行计划:遣妹出嫁,送四位兄弟赴日本留学。"自亳州沿运河南行,每夕停泊,则兄弟五人上岸小吃,或沽鱼肉,到船聚餐,其乐未央。约行二十余日,抵杭州。"旋接父亲电报,告"调升汝州直隶州知州,相顾失色。汝州乃著名瘠缺,积累之躯,稍得休息,又入陷阱"。父亲续来家书,谓"此系受人暗算,明升暗降,大不得了,四人学费万难供给,命重行核议"。兄弟会商,安排景莘、严泷二人赴日本,景莱、严江从缓。先生"再三忖度,家中负累太重,时势变幻可虑,决计自身须早寻出路,以分家君之担负"。(《〈鸽痛记〉跋》,《杂著》第 288 页)

是年春　妹景蓉在杭州成婚。妹夫高采枞(维簾),不久浙江乡试中式。(同上引书,第 289 页)

是年秋　赵尔巽由山西布政使护理巡抚,聘任先生为其内书记。先生遂赴太原。时金仍珠[①]为前任巡抚岑春煊抚院文案,留任,与先生"朝夕相见",成为至交。(《〈秋蟪吟馆诗钞〉跋》,《书跋》,第 156 页)

是年秋　父叶济由河南太康"调任汝州直隶州"。(《〈文选〉跋》,《杂著》,第 164 页)

约 12 月(十一月)　为护理山西巡抚、布政使赵尔巽呈《通筹本计》(又称《条陈

---

① 金仍珠(1857—1930),名还,江苏上元人。清中叶著名文学家金和(亚匏先生)之子。赵尔巽主要幕僚之一,时与叶景葵合称"金枝玉叶",后在湖南抚院与奉天将军府,金仍珠分管吏治、刑律、军务、交涉,叶则分管财政、商矿、教育。1907 年徐世昌任东三省总督,金、叶均被革职。民国后,金曾任财政部次长、中国银行总裁、四合公司董事长等职。——编著者

十策》)主稿。《条陈》提出"开民智""增设民官""重农商""安游民""收利权"等"加以内治"的重要观点以及一系列实施办法。全文如下：

护理山西巡抚布政使奴才赵尔巽跪奏：为通筹本计恭折仰祈圣鉴事。窃以今日列强环伺，内据腹心，外困手足，则自强为急图。自强不外制器、练兵、筹饷三者，非财不办，则理财为急然。奴才窃观中国之弱，弱于临敌之崩溃者，其形也；中国之贫，贫于临事之搜括者，其末也。何也？其神先散也，其本先拨也。则以通国之中，愚民、莠民、游民、贫民居其大半也。然则图治于今日，亦惟于此四类之民加意而已。愚者必使之悟；莠者必使之良；游惰者必使之有所归；贫难者必使之有所养。而后可以言进化之方，策自强之效，彼列强之所以能争雄海外者，其先必加意内治，使人得所归、略无内顾，而后敢驰域外之观。向使国中愚民、莠民、游民、贫民充塞盈满，则必不敢出而争雄，即出而争雄，亦必有攻其瑕而蹈其隙者。此拿破仑之所以蹶于奥，土耳其之所以蹙于俄也。中外一理，古今一致。盖未有不安内而可言攘外者，特当此急，则治标之时，忽为敦本善俗之谋，鲜不讥其迂远而琐屑。然思今日朝廷孜孜求治，不遗余力，而出一令而阻挠者半，玩泄者半；变一法则疑惑者半，非议者半。甚至背常理而信浮言，蔑国纪而逞私忿。其事可恨可骇。而其实则皆智识未开、食息无赀，遂至随波逐流，一唱百和。上者深闭固拒，下者挺而走险。充此不治，虽兵精械利，外观有耀，而物朽虫生，内患将大诚可惧也。今值大难甫平，百端待理，幸彻桑之稍暇，立篑土之初基，亟宜先端治内之原，以渐扩攘外之计。伏维汉唐宋明之季，莫不加意于兵，而兵愈弱；加意于财，而财愈匮。而六经所列与孟子"王政"，所先皆以养民、教民为主。盖教养得其宜，则兵不求强而自强，财不期富而自富。使昔之有国者，皆知守经传之训，明本末之辨，举九州之大，无莠民，无游民，无贫民，无愚民，则外患虽炽，根本不摇。汉唐宋明末造之祸，无由而起。所谓似缓实急，似泛实切，似无益而极有效。此奴才所以不辞迂远琐屑之名，而迫切言之者也。敢竭愚诚，条列上告。惟圣明采择焉。所有通筹本计各条，理合恭折具陈，附缮清单，伏乞皇太后、皇上圣鉴。谨奏将通筹本计十条，缮具清单，恭呈御览。计开：

一、广宣教化，以开民智也。今奉旨饬建学堂，所以储备人才，力求进步。惟学堂之效，必在十年以后，即使小学、蒙学次第举行，而乡里小儒，僻陋村竖，挟其是己非人之见，逞私泄忿之心，并为一谈，有触即发，梗化仇教，罔不由之。窃以为诗书渐染之功，成就虽宏，而为期较缓，不如白话演讲之力，敷陈甚浅，而收效弥多。夫西士传教，以异国之人阑入中土，或手持一卷，随地散送；或村立一堂，按日宣说。浸润渐渍，听者日众，无他，先入为主也。今者，海内人士，异说蜂起,入于无主之胸,其变态诚不知何所纪极。欲开民智,尤宜先定民志。我朝训俗之方,具有源流。奉末,惟旧例朔望宣讲,为日太疏,为地太隘,拟请饬各省通饬各州县,选派通晓时务之人,逐日轮流赴乡宣讲。以圣谕广训、劝善要言为主。而于五洲之大势、我国之情形,其公利何以当兴,习俗何以当改,新政之无弊,民教之无猜,皆以白话委曲指陈,务使人人易晓。至于朝廷诏令、官府示谕,亦随时浅释其义,俾众咸知庶奉行,可无隔阂。各处乡里幼童,嬉戏愚顽,见外人则指斥哗笑,往往滋事。蒙学不讲,失教日久,其患甚大。宣讲之事,于蒙养尤有关系。幼童无事于众人聚集之地,每喜逐队往听,其记悟之力,亦较少壮为优。故此法可以辅蒙学之不足。所有办法略举数端。

一、宣讲人员由各州县访试延请,或本处教官,或分驻杂职,或公正绅民必须明白时务者。无则访请通才,不拘何项人,惟不得以迂执之人滥竽充数。

一、开办之始,人数只可从约,大县四人,中县三二人,小县二人,轮流周历。俟经费充足,递增其数。

一、每员月给讲费,由督抚按各省情形酌量优给。

一、宣讲之际,不论民之听从与否,非议与否,总须化之以渐,持之以恒。

一、讲员下乡,不准带舆从,亦不责以仪节,须毫无官场习气,庶与田夫孺子融洽无间。

一、讲员下乡,有需索地方供应者惩究。

一、讲员在乡应令随地采访明达士绅、绩学布衣,劝令任一乡宣讲之事。就地取材,愈推愈广。

一、讲员有能编辑白话劝俗文切实而明达者,由州县禀呈督抚刊刻传布,尤佳者酌予奖励。

一、宣化确有实效者,准从优保奖虚衔实官。

一、京师之《京话报》,南省之《白话报》《蒙学》各报,最利通俗,宜饬各督抚订购颁发,以资讲明。

以上数条,虽卑之无甚高论,然而化民成俗之方,莫切于此。方今百度维新,与民更始,若不祛草野愚顽之积习,恐条教号令之所及,扞格难通。即如奴才后陈各条,皆须妇孺咸知,官民合力。假使群焉疑怪,安望其实力奉行?尝谓民智、民力、民德三者相因,民智开,而后民力充;民力充,而后民德发。故必以开民智为入手之方也。

一、增设民官,以消隐患也。自封建改为郡县,历代官制屡经变易,而令长之制要不可废。诚以牧民之政,全赖州县。有之则治,无之则乱。故晋因侨民难理,增设寄治诸郡;明因流民滋变,增设郧阳诸府县。说者谓明辽左、河西终于荒弃者,无郡县为之也。我朝矫明旧弊,入关后即于九边增设郡县。近如奉天、吉林、新疆诸省,亦陆续增设。凡以为缉边安民之计,惟查吉林一省有郡县者,仅什之三四,黑龙江仅什之一二。其他内外蒙古之有汉民而无民官者,盖不下什之九。胡匪马贼之扰,会匪拳民之乱,各边尤甚。此皆有民无官阶之厉也。推溯其由,民多官远,争斗日多,必推豪民为长,弱肉强食,由兹遂起。又民官不置词讼,命盗待决武署听令。蒙员文例不谙,曲直不辨,颠倒纠纷,莫可穷诘。加以牌甲不密,巡缉不周,多一民村,即多一盗窟。甚至税归于匪,利擅于兵,邪巫诱之,妖徒构之,仇教抗官,巨案百出。朝阳、通化之变,皆其明证。此一害也。强邻逼处,每思启疆。金山以北,黑水以东,封域强割不下五千里。自满洲铁路开办以后,俄人尤注意蒙古,兵商游弋,莫能限制。蒙民强悍愚蠢,若不为之立长官、兴教育、讲防务,恐数年之后变乱将作,强敌乘之。拒之失欢,与之蠡国。此二害也。今议开办警务,振饬农工,以及兴学宣化诸务,皆赖有司得人方能修举。不设郡县,等于瓯脱承转,无地敷布,无人疆界,不辨部族,不分情隔膏屯,我弃人取。此三害也。现在晋北七厅,业已由奴才奏请添设厅治,听候饬议。拟请饬下各将军大臣,查明各城各旗,量户口之多寡,计道路之远近,酌设郡县或置旗、厅。但取因地因时,不必尽拘旧制。至内地蕃庶州县、苗瑶土司,或仿原任两江督臣查弼纳苏松分县之制,或按原任云贵督臣鄂尔泰改土归流之规,务以体贴民隐为主,毋使民间投诉讼牒、完纳粮赋、听奉期会有所不便。此理民之最急者也。

一、请各省州县通设劝农局,以重本业也。冢宰以九职任万民而先农圃,司徒辨五地之物生而详动植。重农之政,自古为昭。泰西致富之源,莫不以农为本。觇国计者,往往于垦事定强弱焉。我国幅员广博,土脉膏腴。惜自发捻以来,各省地亩尚有荒弃。晋陕山僻,弥望汙莱。户部上岁征之籍,各省正赋至九成者已不多见。此虽欺隐、灾歉二者交乘而由之,不治可概见矣。其他山川陵隰之所宜,毛鳞夹丛之当辨,更无核其难易。论其栽植者,浸致田成沙砾,山尽童枯,养生之资日以匮竭。西人谓中国抱至富之资,而自致于至贫之地,盖谓此也。刻下晋北、陕西已奉旨开办垦务,成效可期。各省多请设农务学堂,讲东西农术,或立试验场。然多注重省城,各郡县相去远近不等,殊难遍及。为今之计,莫如饬各厅、州、县及各乡镇,遍设劝农局。办理之始,于左近先购民地若干亩,以优价雇老农,令其按法施种。如犁田必深,选种必净,排种必稀,施肥必厚,以及蚕桑林木诸法,凡与旧俗相刺谬者,务须不顾非笑,不计毁誉,坚忍为之。但能丰获一年,四邻始而疑,继而骇,终而信。利之所在,人争趋焉。风气既开,虽禁之而不听矣。上海农学会所译《农学报》,用意甚善,而文字深奥，非乡里所能解。拟请饬各省编纂农学白话书，凡中国老农所传之法，以及东西新法，一一详说。成书后即发各州县，发给广宣教化各员，赴乡演说。至于官府奖励之法，如本籍农户有能开荒十顷、种树千株者，酌给优奖。有能试植异种、培获有效者，优给赏格。则人争自励，无一地无孳生之物，即无一物非养人之资。富庶之基庶其可立。其东三省、内外蒙古、西藏、青海荒闲各地，广漠无垠，拟请饬下各将军大臣，可垦者垦之，不可垦者分别林牧，务使无旷土，无游民，则远复三代之规，近匹欧美之盛矣。

一、请各省州县通设工艺局，以安游民也。恭查前奉谕旨，饬令振兴工艺，谆谆以养民为主，此诚利用厚生之本计。奴才窃以为安置游民，即宜从此入手。大抵地方之散，多起于游民，而游民之众莫甚于今日。任其所之，分则为劫盗，合则为会匪；欲筹安置，则散漫难稽，且何从得此钜款？不知游民虽众，不出二类：一为乡里失教之游民，一为外来无业之游民。随处有之，即宜随处收之；随处收之，即宜随处教之。钜款难筹，惟有饬各省州县通设工艺厂，查有本境无业游民，以及贫苦乞丐，皆可收入，客籍取保收入。因地因材，概令习艺资生，而立法以约束之，选绅以督劝之，不使有一游手流而为匪，转而之他州县，以此定绅董之劝奖，大吏即以此课州县之殿最。地分则稽查易周，事分则财力易举，人分则约束易从。夫工欲其大，艺欲其精，非合群力不办。若就各地素有之物产、素习之工业为之，不必好奇务广。但以为收养游民计，则无地不可办，无地不当办。若仅仅一二府州行之，游民放惰自甘，必且遁避他乡，仍归无济。惟处处以此为急务，游民去无复之，自然就我范围。办法有四：一曰相地。州县城镇若待购地建厂，始行举办，必致稽滞，或且中辍。拟请各就宽大庙宇，或租赁民间场地开办，以省糜费。一曰筹本。拟准由地方官或借支廉费，分年摊还；或劝贷绅商，待业成收利。一曰分工。凡入厂之始，各宜就地方所产，分别精粗，制办上、中、下三等。凡能改作洋货者为上等；制本土自出华货者为中等；制通行华货者为下等。所有工人及应得口食，亦视三等酌定。一曰择人。应令州县慎选绅富司事经理，不准吏胥经手。仍量予奖罚，期收实效。由此推广，凡地方有屡窃滋事、释办两难之犯，以及军流徒犯，皆设自新迁善等所，概令习艺，即以工艺厂学成之工为之教习。俟案犯习艺有成，又提入工艺厂以示奖劝。如此相辅而行，则无罪者不至误蹈刑辟，有罪者可望渐致驯良。就目下而论，惟此实为补救之方，似不可以其细而忽之。

一、重商以保富民也。海通以来，我国数千年勇于商战之民，遇西人而辄靡，其故何也？志涣不能合群，力薄不能持久，识浅不能见远。而推其故，则由国家保护之法尚欠精详。盖自崇本抑末之说兴，历代皆以贱商为事，于是商人不敢自附于清流。夫以不读书不更事之商人，争衡于尚战之世，焉得而不败？为今之计，必先重商，必使商知自重。商何以自重？开商智而已。近年湖北创办《商务报》，上海设立商会，山东亦议举行，皆属法良意美。山东所议章程，于奖励补助及严杜欺骗诸条，颇见周密，皆宜各省推行。奴才以为，朝廷董劝之道，尚有急宜讲求者。一宜劝各省富商，分遣子弟赴各处习专门商学。从前出洋学生及各省学堂毕业者，独缺商学一门。推其故，则就学者皆寒畯之士，而商业非富家不能，富家又以读书有害于谋生，故以子弟不学为幸事。嗣后，如有富商能遣子弟出外习商学者，除学成赏给出身外，该父兄亦当分别奖给头衔，以式乡里。地方官如劝导有效，一体酌奖。二宜饬各省遍设商会，入会各业，一律齐行。每行之总董声望较著者，奖以官职，并令每行公议规条，由商会总办，择其善者呈送商务大臣，鉴定后附入商律。将来以商律一书为律，即以各种规条为例律例定，而各省各业无参差之弊矣。此二者皆切要之事。然尚有至切至要者，则莫如招回出洋华商一事。闽粤人之在南洋群岛及南北美者，不特富有赀财，且有学识明通之士。其眷怀宗国之念，历久弥诚。徒以故里迢遥，简书可畏，相率不前。闻前福建兴泉永道恽祖祁，在厦门设立保商局，雇觅轮船，专司迎送。且与税务局约，凡华商回籍，行李概免检验。局中又盛设宾馆以延之。一时传布远岛，欢声雷动。未几，恽祖祁以丁忧回籍，局亦无效。拟请饬下闽粤诸督臣，按照前法，多设局所，或特选大臣以监之。目前虽稍糜经费，然华商知朝廷不忘，海外赤子感激图报，于开矿、筑路及一切公利之事，必有踊跃争趋者。较之借助洋款，利害相反，似不宜惜小费而忘此远谋也。

一、因利以济贫民也。贫者不能谋其生，富者不能保其利。中国之通患也。若能周转富者之财，而以官力维持之，俾贫者可以借资，富者可以生息，中国不患贫矣。前安徽巡抚陈彝尝持此议，奏请创设因利局，未奉准行。诚恐琐屑烦扰，有累民业，朝廷具有深意。惟是财政日匮，民生愈艰。奴才以为，凡事百姓公议皆谓可行者，官为赞成之。而用人办事之当否，仍责之百姓，似无琐屑之弊。经理之人由百姓公举，其出入账目均须刊布，似无烦扰之弊。其法始于江苏扬州，推行各处，近年山东曲阜县绅孔祥霖，纠股试办因利局，合县便之，入股者甚众，是其明证。拟请饬下各省劝所属各处绅富，仿照办理。其章程之最善者，为保票一法。凡有钱之人可至因利局保出钱票，局中以所保之钱数为出票之数。即以此票借给贫民贸易，以余利分给保人。流通颇广，人人称便。现拟变通此法，改为亩票。凡有田者，准以田价之半作保出钱票。保票数多者，准派人入局办事。盖内地有钱之家少有田之家，多以钱作保尚易凭虚，以田作保较为着实。方今赔款太巨，各省现银皆汇上海，出入利息为外国银行垄断,内地银根日紧,各业岌岌可危。欲行钞币,以救其穷,每以存银不丰,左支右绌。惟此亩票一法,可以行之一隅,推之全国,实为维持钞币之良法。但使各乡皆有轮转之资,则虽钱荒银绌,仍可乡里无虞,晏然安处。因利局以此票作为贽本,可以办补助借贷及一切公益之事。将来工艺改良诸务,亦将赖之,尤其效之近焉者也。

一、设改良局,以收利权也。我国百产俱备,何求不获? 外人取我前古之铜器,近今之磁器,重价购取,珍若球琳。而我顾将民间日用之需,如烟酒、油烛、针线、绸布之类,一一取给于彼。人咸恶洋货之夺利,咸喜洋货之适用,而向之业此者束手无策。抑何人智而我愚也? 不知彼所以胜我者,彼以精,我以粗;彼以巧,我以拙;彼以机器成而价廉,我以人工成而值贵。我诚取旧有之物而变通之,遇事求善,逐物改良,何不可以争胜? 即使取彼之法而仿造之,亦尚不至利尽归人。且今之输入者,尚系贩自重洋,成本犹重。此后许其在中国制造土货,则运费愈轻,销路愈广。必至将四民所需之物利,尽归彼而后已,为患何可胜言! 拟请饬各省先于省会及大埠设立改良局,凡工用之规矩,农用之耰锄,贾所以为屯积,商所以为懋迁,举我所自用者,一一审其良窳,讲求新法,务使人便于用,无资于外。如能得一良法,制一良器,则为之推行尽利,力求进步。民有不喻,当演讲之力有不逮,当赞助之。其能出新意巧法者,许以专利,予以旌奖,渐推渐广,器惟求新,庶足以前民利用而挽回利权矣。

一、安散勇,以销乱萌也。旷观历代,莫不始于制兵而终于募勇。募之法,聚之极易,散之极难。自削平粤捻以来,募勇之效大著,然奏凯后陆续裁遣,会匪之祸从此萌芽。近如甲午、庚子之役,各省皆有新募,以饷力不继,事定而汰之,什九不能复业。大则啸聚山谷,攻掠郡邑,如粤边之匪是也;小则亡命川野,剽劫商旅,如各省之盗是也。今粤边之匪尚劳宵旰,而各省之盗犯,悉由迫于贫难,绳以定律,皆坐枭斩。夫当未为勇之先,固良民也。及其由聚而复散,反致始良而终莠。虽犷悍不静,咎由自召。而揆之"一夫不获"之义,似宜速筹补救之方。况时势艰难,宜防未乱,欲去无用之勇,必使还为有用之民,方可无弊。拟请此后勿轻招勇,招勇即预为散勇之计;勿轻裁勇,裁勇必预安散勇之身。除就地可以安插者,应竭力筹办,毋令散而为匪外,其大者如各省营田,若原任提督周盛波之督盛军开北塘稻田,现任陕西巡抚升允督兵开马厂田之类。次如各省路工,升任山西巡抚张之洞,于修四天门韩侯岭路,皆资勇力。今芦汉等铁路公司,需夫极众,宜就近分拨助役,仍由公司照给工价。又如各省隄工,直、东、豫三省原有河兵,以人数不足,仍须雇夫。嗣后如有要工,皆可拨令修筑。东南各省之圩工、塘工亦视此。他如开矿、浚河、修渠、凿井、种树诸役,均宜随时举办。工毕之后,积资稍裕,鼓舞还乡,既无须仰给大农,又可以别招劲旅,似亦消患恤民之一端。

一、请各省府州通设教务局,以重要案也。民教之案,责成州县。州县之通达治体、公正明决者,一省之中不过数员。全省州县若干区,安能尽得贤者而任之?然教案不择地而生,而办教案之州县,未必得人而理。一遇棘手之案,或逡巡敷衍,但求了结,而事后之患方长;或鲁莽灭裂,不顾是非,而小民之气愈郁。奴才以为,州县之中尽有抚字尽心,而于交涉约章尚欠阅历者,未必人人能理教案。然合一郡数州县而择之,必有才长心细之员。求效于众人,较之求效于一人者,其事倍易。且时势日亟,办理教案实为内政外交切不可缓之图。若选一郡之贤者而专任之,既可以擢材能,其不及者,即取善为师;又可以宏造就。拟请饬各省通饬各府州设立教务局,即以各该府州为总办。如合属有教案州县能自了者,府州不为遥制。如州县不能自了而府州能代了者,即提取全案人证,到各府州讯结。若府州自揣未能了结,必须先在所属实缺各州县中,举一二贤员作为该员会办,以后遇同属棘手教案,或檄驰会办驰往讯结,或由该州县送请会办代结,或提案至该府州调员委令讯结,视案情之轻重,临时酌议。凡会办讯结一案,记大功一次。连结数起者,详请保荐。如此,则各府州但有一二员可恃,即足应缓急之用。否则绳以法律,责以文告,强不能者而使之能,逮教案既成,然后择人而治,非治本之图也。

一、请内地州县通设递信局,以便公私也。东西各国凡官民信函,皆由邮局递达,而官酌收其费。一国邮费入款有多至千万者,诚利国便民之举。中国定例驿站不得递寄私信,近虽推广邮政局,腹省终难遍及,僻地更鲜往还。血脉不通,公私交困久矣。拟仿唐代用公驿递戍边军士家书之制,凡各驿站皆设递信局,由省另刊精致印花,由州县赴省请领。印花存于各驿站,有欲递信者,无论官、商、军、民,皆向驿站领取印花纸,黏贴函面。无论本省、邻省、远省,皆为转递。由驿站记册编号,核记程限,于纸上注明递到日期。每一纸收费五十文。逾限不到,或至失落,责取违误,驿官、驿丁加百倍罚镪,补给原人。简僻无驿州县,皆量地增设驿马,添设邮夫,由少而多,即于印花费内提用。印花费未集之先,或由昔当冲要、今为简僻之驿匀拨,或暂用巡警马步兵递送均可。所有各项报章,亦均由此附递。是有数善,华民经商外埠,服贾殊方,滨江滨海,音书易达隶腹地者,非托便寄,即无至期,往往家耗之通累月经年,甚或遗失。此局若设,万里如面,羁旅无愁。物价消长,货贩衰旺,易得其详。此便于私也。无驿之区,公牍之达百里程途,动淹旬日,要政急牍每至迟误,设防缉匪往往后时。即如晋省庚子之剿拳,辛丑之议款,冲衢早经传达,僻壤或未周知。

酿祸失机，不一而足。若皆置驿，则消息灵便，隔阂无虞，费不增而用广。此便于公也。驿费所需，按之岁出将数百万，若收印花费，虽此时无从预算，而统计各省各边，大小城邑约有一千六百余处。果使蛛丝马迹无路不通，岁入必巨。除支销一切经费外，必有盈余，并可大益公费。下以体民，上以裨国，此无限之利也。

　　以上十条，有责之于官，有官民合力、有待朝廷之俯准而后可行者。奴才学识庸愚，何足仰补高深。惟凭虚而无实，言易而行难之事，不敢上渎宸听。伏念兹事体大，行之一省其效小，推之天下其效宏。故敢竭其愚诚，以备采择。倘蒙俯鉴，饬各省切实施行，天下幸甚。

（《赵尔巽奏议》，清末排印本）

是年冬　在山西巡抚文案任内，"以代草《条陈十策》有声于时"。期间，由陈莱青兄弟关系，结识时在太原山西大学堂西学专斋就学之徐森玉[①]，"纵论时务，甚相得也"。（徐森玉《卷盦剩稿序一》，《杂著》，第 432 页）

[①] 徐森玉(1881—1971)，名鸿宝，浙江湖州人。卒业于山西大学堂。清末曾任奉天测绘学堂、实业学堂监督。民国后任北京大学图书馆馆长、北平图书馆采访部主任等职。著名版本目录学家、金石学家。——编著者

1903 年(清光绪二十九年　癸卯)　30 岁

1月　湖北留日学生李书城等在东京创办《湖北学生界》。此后,《浙江潮》《江苏》《四川》等各省留日学生革命刊物陆续出版。荷兰银行在上海设立分行,总行设于阿姆斯特丹;

5月　黄兴、陈天华、叶澜、秦毓鎏、蔡锷等在东京创办军国民教育会。

是年　邹容《革命军》、陈天华《猛回头》《警世钟》在上海出版。

是年春　赵尔巽调任署理湖南巡抚。先生与金仍珠"同案奏调,同充抚院文案"。(《〈秋蟪吟馆诗钞〉跋》,《书跋》,第 156 页)

赵尔巽上清政府奏片,保举先生等三人到湖南任差,云:"兹查有指分湖北试用知府叶景葵,器识深纯,规模光远,于各国正治、内地利病,向知加意讲求,论议一切均能洞中□要。且立志忠笃,制行坚洁,毫无习气,实为奴才历官数省所罕觏。又查有留晋差遣指分直隶试用通判方荃,勤朴过人,能耐劳苦;指分山西试用知县陈廷绪,留心时务,学识兼优。皆经奴才详加考察,可资驱策。合无仰恳天恩,俯准将叶景葵、方荃、陈廷绪等三员,调往湖南,交奴才差遣。"光绪二十九年二月初十日《京报》全录,奏奉硃批:"着照所请该部知道。钦此。"(1903 年 3 月 19 日《申报》)

是年春　调任湖南之前,回杭探亲。随后,与二弟景莱、妹景蓉、妹夫高采枞,一起陪同母亲自杭赴河南汝州父亲处。"癸卯春余由山西调长沙,道经开封应会试,先至汝州省亲。""三月杪至长沙。"(《〈文选〉跋》,《杂著》,第 164 页)"其时会试改于开封举行,(先生)遂就试,中式第七名贡士,覆试一等。"(顾廷龙《叶公揆初行状》,《杂著》,第 419 页)

5月9日　会试发榜,中式癸卯科补行辛丑壬寅正并科第七名贡士。

《会试全榜题名录》:"周蕴良,浙江会稽。田步蟾,江苏淮安。杨兆麟,贵州遵义。黄兆枚,湖南长沙。史宝安,河南卢氏。褚焕祖,湖北江夏。叶景葵,浙江仁和。金兆丰,浙江金华。胡嗣瑗,贵州开州。王震昌,安徽阜阳。绍先,江宁驻防。陈曾寿,湖北蕲水。郝继贞,直隶内邱。陈善同,河南信阳。曾熙,湖南衡阳。钱振锽,江苏阳湖。区大源,广东南海。张运魁,四川华阳。吕调元,安徽太湖。祝廷华,江苏江阴。林步随,福建侯官。刘焜,浙江兰溪。马君实,安徽桐城。汪升远,江苏六合。胡藻，江西新建。吴建三，湖南长沙。王鼎，直隶肃宁。黄纯垓，湖南郴州。覃寿彭，湖北蒲圻。张恕琳，山东掖县。刘凤起，江西南昌。张瑞玑，山西赵城。徐谦，安徽歙县。张坤，云南昆明。张鹏翔，浙江海宁。郭立山，湖南湘阴。单镇，江苏吴县。王寿彭，山东潍县。胡炳益，江苏昭文，鲁藩，江西新建。田毓璠，江西山阳。刘昌仁，四川长宁。袁大琖，湖南长沙。纽泽成，浙江乌程。李德晟，安徽太湖。萨起岩，福建闽县。周杰，湖北天门。杨鸿发，江苏丹徒。朱寿朋，江苏上海。魏元戴，江西南昌。王绍曾，直隶丰润。姜曾泰，山东莱阳。胡大华，湖北江夏。郭则沄，福建侯官。陈畲，浙江象山。吕兴周，直隶乐亭。彭兆琮，湖南湘阴。王声溢，山东招远。尚秉和，直隶高唐。马进修，陕西德州。张衷沅，湖南浏阳。侯来仪，河南温县。丁惟彬，山东日照。杜述琮，贵州青江。张之昭，直隶遵化。任承沆，江苏宜兴。陆鸿仪，江苏元和。许宗杰，直隶正定。顾准曾，河南祥符。石金声，山东博山。周镛，陕西泾阳。曹兴初，湖南长沙。吴嘉谟，四川井研。章钰，江苏长洲。王永和，云南昆明。孔照晋，江苏吴县。何湛三，福建闽县。马廷弼，山东安邱。左霈，广州驻防。华宗智，四川长寿。朱宝璇，浙江嘉兴。陈中孚，江西德化。王丕熙，山东莱阳。关捷三，河南淇县。丁王骥，山东黄县。郭名典，河南偃师。陈念典，广东增城。陈钧，云南石屏。商衍瀛，广东驻防。水祖培，湖北武昌，蓝文锦，陕西西乡。仵墉，陕西浦城。温肃，广东顺德。熊朝宾，贵州黔西。史国琛，江苏荆溪。吕彦枚，山东文登。武曾任，浙江钱塘。陈煜庠，广东花县。程继元，安徽休宁。李臣淑，江西永宁。张治人，湖北江陵。曾光燨，四川邛州。谢慕韩，江西庐陵。张孝慈，陕西安康。张云翼，广东顺德。刘思明，贵州平越。王允猷，浙江山阴。龚庆云，安徽合肥。郭家声，直隶武清。萧湘，四川涪州。廖玉英，福建侯官。邵章，浙江仁和。顾承曾，河南祥符。李振铎，安徽广德。林棣，福建寿宁。于君彦，福建闽县。王宗基，浙江海盐。朱国桢，湖北大冶。李庆莱，广东南海。汪应焜，安徽六安。恩华，京口驻防。杨绳藻，江西清江。陈树勋，广西岑溪。栾骏声，奉天海城。吴曾甲，江苏江阴。李效儒，河南睢州。曾肇嘉，贵州贵筑。杜光佑，湖北江夏。庞毓同，直隶枣阳。李慎五，山西平定。朱笃庆，奉天锦州。关陈暮，福建莆田。孙宝杰，江苏通州。张继信，陕西安康。杨肇培，直隶遵化。袁嘉穀，云南石平。张濂，直隶献县。萧开瀛，贵州贵筑。方履中，安徽桐城。薛登道，山西积山。唐瑞同，贵州贵筑。王杨滨，湖北江夏。陈其相，福建闽县，刘春堂，直隶肃宁。龚元凯，安徽合肥。杨位咸，安徽绩溪。董秉清，江苏武进。王钟仁，直隶卢龙。张寿楠，陕西大荔。王荫南，直隶祁州。程起凤，江西浮梁。何正清，广西贺县。徐绍熙，安徽石埭。吕祖翼，安徽旌德。单志贤，江西高安。孙鸿烈，河南温县。张智远，四川宜宾。赵曾檣，直隶涞水。易顺豫，湖南龙阳。杨熊祥，湖北江夏。孙志敏,浙江钱塘。郭崇熙,湖南善化。陈黻震,浙江瑞安。班吉本,荆州驻防。刘道春,江西德化。沈泽生,江西高安。张荫椿,浙江钱塘。袁冀保,四川成都。王大均,浙江秀水。夏起瑞,浙江鄞县。马天翮,福建侯官。于文鑨,山东新城。胡献琳,江西南昌。彭士襄,江苏吴县。刘敏,福建闽县。唐树彤,广西临桂。李海光,河南商城。林乾,福建安南。陈旭仁,广东新会。朱枞春,湖北武昌。路士桓,直隶南宫。黎湛枝,广东南海。高嘉仁,广西苍梧。张文源,甘肃静宁。朱燮元,山东诸城。陈敬第,浙江仁和。胡骏,四川广安。袁祖光,安徽太湖。张新曾,山东博山。张凤喈,安徽庐江。施汝钦,云南昆明。聂梦麟,直隶大名。徐士瀛,江西玉山。佘树棠,浙江黄岩。郭毓章,陕西华州。王益霖,江西南昌。杨渭,山东潍县。王景峨,湖南益阳。有瑞,荆州驻防。何品蔡,河南固始。荆育瓒,山西猗氏。刘彝铭,四川成都。哲克登额,成都驻防。陈云诰,直隶易州。李盛鉴,江西德化。徐彭龄,江苏青浦。高遵章,直隶青县。甘鹏云,湖北潜江。翁长芬,江苏江宁。解荣辂,山西万泉。侯延爽,山东东平。范振绪,甘肃靖远。黄锡朋,江西都昌。常麟书,山西榆次。孟广范,山东曲阜。王鸿翔,江苏丹徒。卓宝谋,福建闽县。樊海澜,河南禹州。萧丙炎,江西庐陵。刘贞安,四川奉节。赵国光,河南氾水。马育麟,陕西绥德。关文彬,广东南海。何启栋,福建侯官。阎廷献,直隶昌黎。杨允升,江苏铜山。王世澂,福建侯官。李坤,云南昆明。范之杰,山东历城。万籣,江西丰城。周汝敦,云南太和。李增荣,四川锦竹。梁鸿藻,广东新会。王葆清,湖北江夏。何寿章,浙江山阴。培成,陕西驻防。王汝榆,直隶涿州。高廷梅,浙江平湖。李泽兰,江西宁都。牛兰,直隶献城。王廷槐,奉天五常。郑廷琮,福建侯官。吴鼎金,福建侯官。李汉光,河南光山。郑家溉,湘南长沙。赖际熙,广东增城。吕濬堃,广西陆川。孟宗舆,陕西长安。郑辉典,云南太和。邓荣辅,广西临桂。金文田,浙江天台。彭立栻,甘肃皋兰。朱德垣,广西临桂。李肇律,四川云阳。区大典,广东南海。杨廷伦,福建侯官。廷昌,京口驻防。李玉振,云南太和。陈耀墀,广东番禺。程宗伊,河南祥符。胡商彝,云南石屏。陈国祥,贵州修文。丁树齐,贵州贵阳。杨凤翔,山东金乡。廖振榘,广西平乐。马晋山,陕西怀仁。夏之霖,浙江嘉善。段维,陕西岐山。高毓浵,直隶静海。宋嘉林,河南安阳。赖瑾,广西桂平。顾视高,云南昆明。宾光椿,广西博白。魏垂象,甘肃泰安。曾兰春,福建莆田。李文诏,广西岑溪。忠兴,凉州驻防。周廷干,广东顺德。朱崇年,广东新会。吴庚,山西香宁。黄居中,甘肃阶州。任祖澜,山东高密。钱昌颐,江苏如皋。申树楗,甘肃皋兰。张家骏,河南林县。李华炳,山西武乡。殷士俊,甘肃皋兰。高骏昌,广西临桂。景俊宵,陕西鄠县。孙回澜,贵州青平。和绅布,青州驻防。谈泉,广东新

会。狄楼海,山西猗氏。"①(1903 年 5 月 13 日《申报》)

夏初　会试后,进京参加殿试。在京期间,寓于绳匠胡同叔岳夏敦复(厚庵)家。岳父朱钟琪以道员进京引见,偕先生往西珠市口仁钱会馆,访陈叔通(敬第)。陈夫人为朱堂妹。先生由此结识陈,成为终生至友。(陈叔通《卷盦剩稿序二》,《杂著》,第 433 页)

6 月 7 日(五月十二日)　应夏敦复之邀赴龙泉寺参加佛事,晤孙宝瑄②。(《忘山庐日记》,第 692 页)先生后记孙氏云:"君之姊,为余叔岳夏厚庵先生(敦复)之继室,故余以姻叔称之。每入都,必往来谈宴,至为莫逆。"(《忘山庐日记·序》)

6 月 8 日(五月十三日)　访孙宝瑄,"过谈。即去。"(《忘山庐日记》,第 693 页)

6 月 14 日(五月十九日)　孙宝瑄来访。"日中,同饮于广和居。"孙"午后,与肯哉③同车至厂肆,肯哉下车为揆初买书。"(同上引书,第 694 页)

6 月 19 日(五月二十四日)　参加殿试。"是日天气酷热,新科进士皆在保和殿试。"(同上引书,第 697 页)"殿试二甲,朝考二等,请归原班。"(顾廷龙《叶公揆初行状》,《杂著》,第 419 页)

殿试试题为:(一)《"敬事而信,节用而爱人"义》。(二)《〈管子〉"内政寄军令"论》。(三)《"汉文帝赐南越王赵佗书"论》。(四)《"威之以法,法行则知恩;限之以爵,爵加则知荣"论》。(五)《"泰西最重游学,斯密氏为英大儒,所论游学之损,亦最挚切,应如何固其质性,限以年例,以期有益无损"策》。(《历代金殿试鼎甲朱卷》)

《会试考官年表》载:"光绪二十九年癸卯科殿试正考官:孙家鼐(东阁)。副考官:徐会沣(兵尚)、荣庆(蒙、刑尚)、张英麟(吏右)。读卷官:张百熙(吏尚)、裕德(满、兵尚)、溥良(宗室、左都)、陆润庠(左都)、陈邦瑞(户左)、戴鸿慈(户右)、张仁黼(左副)、刘永亨(阁学)。"(《清代职官年表》)

6 月 23 日(五月二十八日)　传胪,以二甲八十六名成进士。(《癸卯科殿试题名录》)

6 月 29 日(闰五月初五日)　在夏敦复家晤孙宝瑄、夏履平等。(《忘山庐日记》,第 701 页)

---

① 据王中秀先生以上海新闻报馆内新昌书局印之《光绪辛丑壬寅恩正并科中式贡士三百六名题名录》对校,两者互有出入。——编著者

② 孙宝瑄(1874—1924),字仲玙,浙江钱塘人。孙宝琦之弟。清末以荫生得分部主事,继得保员外郎,历工部、邮传部及大理院等职。民国初,任宁波海关监督。有《忘山庐日记》传世。——编著者

③ 肯哉,夏敦复之子,夏履平之弟。——编著者

7月3日（闰五月初九日）　在北京，许宝蘅①来访。许记云："又拜叶葵初太守（景葵，甲午举人，捐纳知府，中今年进士）。"（《许宝蘅日记》，第37页）

同日　《癸卯科殿试题名录》发表："第一甲：王寿彭，山东潍县。左霈，广东正黄汉。杨兆麟，贵州遵义。第二甲：黎湛枝，广东南海。朱德垣，广西。朱国桢，湖北。郭则沄，福建。杨渭，山东。顾准曾，河南。郭宗熙（湖南）。李泽兰，江西。孙智敏，浙江。顾承曾，河南。钱振锽，江苏。王汝榆，奉天。李维玉，贵州。陈煜墀，广东。龚元凯，安徽。区大原，广东。陈树勋，广西。刘敬，浙江。李庆莱，广东。任祖澜，山东。王鸿翔，江苏。徐彭龄，江苏。杨恩，甘肃。刘凤起，江西。王世澂，福建。袁冀保，四川。徐冕，四川。徐士瀛，江西。顾视高，云南。杨熊祥，山东。朱笃庆，奉天。史履中，安徽。温肃，广东。彭兆琮，湖南。吴璆，江苏。杨允升江苏。李汉光，河南。胡藻新，福建。范之杰，山东。商衍瀛，满洲。区大典，广东。张濂，直隶。程继元，安徽。张新□（前文作张新曾），山东。田步蟾，江苏。任承沆，江苏。杜述宗，江西。徐谦，安徽。孔昭晋，江苏。魏元戴，江西。徐德星，陕西。朱枞春，广西。甘鹏云，湖北。杨廷纶，福建。华宗智，四川。杨绳藻，江西。彭世襄，江苏。唐铜，贵州。王大均，浙江。章钰，江苏。邵章，浙江。祝廷华，江西。王绍曾，直隶。张荫椿，浙江。鲁藩，福建。张书云，广西。萧开瀛，贵州。关捷三，河南。石金声，山东。俞树棠，浙江。曾光□（前文作曾文爔），四川。张家骏，河南。于君彦，福建。马君实，安徽。陈中孚，江西。郭铭鼎，河南。荆育瓒，山西。高毓彤，直隶。郭家声，直隶。聂梦麟，直隶。刘奚名，四川。李坤，云南。史宝安，安徽。陈云诰，贵州。范振绪，甘肃。叶景葵，浙江。杨鸿发，江苏。胡嗣瑗，贵州。徐绍熙，安徽。吴建三，湖南。张之熙，直隶。王震昌，安徽。胡大华，江西。陈国祥，贵州。刘琨，安徽。李效儒，河南。陈畲，浙江。刘思明，贵州。万篪，江西。孟宗舆，陕西。陈菶，福建。李盛銮，江西。胡骏，广西。陈毅宸，江西。李泽宸，山东。龚庆云，安徽。廖振渠，广西。马育麟，陕西。单镇，江苏。杨肇基，直隶。景凌霄，陕西。牛兰，献城（直隶献城。其他人都言省份，待查）。郝继贞，直隶。熊朝宾，贵州。邓荣辅，广西。水祖培，湖北。吕彦梅，山东。张治仁，湖北。"（同日《申报》）

7月4日（闰五月初十日）　拜答许宝蘅，"未晤"。（《许宝蘅日记》，第38页）

同日　《续录癸卯科殿试题名录》发表："第三甲：丁玉骥，山东。张坤，云南。何涛章，浙江。陈同善，河南。段士俊，甘肃。胡炳益，江苏。谢丙□，江西。赵国

---

① 许宝蘅（1875—1961），字季湘，号巢云，浙江仁和人。辛丑举人，癸卯经济特科一等。后任学部行走、军机章京、宪政调查馆科员兼大清银行差使。民国以后任国务院秘书，内务部司长、次长，北京图书馆副馆长等职。明清史研究专家。——编著者

光,河南。侯延来,山东。黄兆枚,湖南。周杰,湖北。周廷干,广东。吴增甲,江苏。袁祖光,安徽。路士恒,直隶。吕濬堃,广西。杜光佑,湖北。张孝慈,陕西。王丕煦,山东。施汝钦,云南。阎廷献,直隶。陈德昌,山东。朱燮元,山东。朱宝璇,浙江。许中杰,直隶。郑辉典,云南。栾俊声,奉天。谈泉,广东。吴鼎金,福建。李肇律,四川。林步随,福建。高嘉仁,广西。覃寿彭,湖北。翁辰芬,江苏。张连魁,四川。王杨濬,湖北。陈煜祥,广东。常麟书,山西。蓝文锦,陕西。赖瑾,广西。夏之霖,浙江。解荣辂,山西。郭毓章,陕西。李华炳,山西。夏启瑞,浙江。樊海兰,江西。王允猷,浙江。史国琛,江苏。王葆清,湖北。梁鸿藻,广东。金兆丰,浙江。朱寿彭,江苏。丁惟彬,山东。李海光,河南。黄传鼎,湖南。张智远,四川。狄楼海,山西。易顺豫,湖南。赵增瑾,直隶。谢慕韩,江西。班吉本,满洲。陆鸿仪,江苏。延昌,满洲。陈曾寿,湖北。孙宝书,江西。周镛,陕西。马骏昌,广西。武曾任,浙江。周汝敦,云南。傅良弼,安徽。张凤阶,安徽。薛登道,山西。吕兴周,直隶。袁嘉毂,云南。曹履初,湖南。黄敏孚,广东。王鼎,直隶。朱崇年,广东。董炳清,江苏。哲克登,驻防。关文彬,广东。江应焜,安徽。李振铎,安徽。张袁元,湖南。陈旭人,广东。田毓璠,江苏。陈敬第,浙江。赖际西,广东。傅家瑞,直隶。高廷梅,浙江。忠兴,满洲。何谌,福建。张祖荫,顺天。张文源,山西。杨凤翔,山东。郑家溉,湖南。恩华,满洲。李增荣,四川。严(阎?)希仁(直隶)。王盎霖,江西。郭立山,湖南。黄纯垓,湖南。黄居中,甘肃。刘春堂,直隶。廖毓英,福建。绍先,满洲。庞毓同,直隶。于文瓛,(前文作于文鐄)山东。尚秉和,直隶。胡商奚,云南。和绅布,满洲。褚焕祖,湖北。马进修,陕西。刘道椿,江西。侯来义,河南。吕调元,安徽。沈泽生,江西。孙迥兰,贵州。程昌黼,江苏。程超凤,江西。李泰,安徽。孙鸿烈,河南。黄堃,河南。张自省,直隶。陈钧,云南。马晋,陕西。高遵章,直隶。彭立栻,甘肃。胡献林,江西。吴黻藻,江西。曾肇嘉,贵州。汪春源,福建。林栋,福建。宋嘉林,河南。王廷槐,奉天。丁树奇,贵州。纽泽成,浙江。王荫南,直隶。曾兰春,福建。王声溢,山东。何启椿,河南。张鹏翔,江苏。刘贞安,江西。杨克烈,江苏。何品黎,河南。张继信,陕西。曾熙,湖南。唐树彤,贵州。黄锡朋,江西。王钟,(前文作王钟仁)直隶。有瑞,满洲。吴墉,陕西。培成,满洲。陈其用,福建。马天嗣,福建。黄光厚,福建。张宗泰,山东。马廷弼,山东。张文田,浙江。魏卓象,甘肃。刘昌仁,四川。李振钰,安徽。萨起严,福建。郑廷琮,福建。吴庚,山西。张寿楠,江西。孟光范,陕西。由树棩,甘肃。李永诏,江西。王永和,云南。夏瑞庚,云南。钟麟,满洲。曹佐武,云南。余登云,湖南。王景峨,湖南。袁大栈(前文作袁大㧪),湖南。王延纶,江苏。李慎五,山西。张瑞机,山西。"(同日《申报》)

7月中旬(闰五月中旬) 时清政府开经济特科,赵尔巽与礼部侍郎郭曾炘均荐先生应试。先生也"以老亲在汴,官累甚重,急欲分任仔肩,万难再作清秘之梦",决定应特科之试。然而,夏敦复对先生"相待极厚,视同犹子,谆谆嘱咐,谓特科非正途,万不可应试"。先生"遵其教,故举而未试",放弃特科之试。(《〈经济特科同征录〉跋》,《书跋》,第30—31页)

7月15日(闰五月二十一日) 午,许宝蘅"偕叔通至绳匠胡同,与葵初送行,闻其明日将之湖(北),未晤"。(《许宝蘅日记》,第40页)

7月20日(闰五月二十六日) 上午,乘火车离京赴武昌。夏履平(循坦)至车站送行。许宝蘅亦至,时火车刚开。(同上引书。第41页)

约7、8月间(六月) 以知府分发湖北补用。在武昌结识地理学家邹代钧①。先生后来记云:"光绪癸卯,余至湖北,与公初识面。奉调至湖南,与公往来书札,商榷学务,指导极为勤恳,惜来札均已遗失。公入都后,仅得晤谈一次,以后即天人永隔矣!"(《〈新化邹征君传〉跋》,《书跋》,第28页)

两湖总督张之洞介梁鼎芬约先生入幕。张犹能记忆先生乡试闱墨所刊《诗经》文,"以相夸赞"。(陈叔通《卷盦剩稿序二》,《杂著》,第434页)

约7月(六月) 应赵尔巽一再请调,先生离鄂赴湘。"受委为学务处提调,兼矿务局提调,奉职勿懈。"(顾廷龙《叶公揆初行状》,《杂著》,第419页)

在湘期间曾参与赵尔巽以下奏议之起草事宜:

清初与鄂省代造枪炮等项银两折[(光绪)二十九年六月]

筹解拨补宜昌盐厘片(同上)

奉拨北洋协饷委准照解片(同上)

筹解云南协饷片(同年七月二十四日)

筹解调广西忠毅军饷片(二十九年十一月二十二日)

请就地鼓铸铜圆片(同上)

欠解鄂款请饬部另拨片(同上)

请湖南府厅县各缺通融补署片(同上)

旧欠广西协饷无力筹解片(同上)

新招忠字四旗成军折[(光绪)三十年二月二十二日]

请金还以道员补用片(同上)

---

① 邹代钧(1854—1908),字伯陶,号沅帆等。湖南新化人。1885年随刘瑞芬出使英、俄等国,归国后在武昌自设法仪室,创办中国舆地学会,出版中外地图,并首创中国铜版彩印地图。1897年与江标、唐才常等创办《湘学新报》《湘报》等维新报刊。——编著者

　　清孟岳卫屯田增收契税折(三十年)

　　整顿田房税契折(三十年三月二十五日)

　　筹解广西新饷势难补解旧欠折(三十年四月)

　　设仕学馆片(三十年五月十二日)

　　派赴北美学习矿业片(三十年五月十三日)……

(《赵尚书奏议》第二次整理稿①,稿本,上海图书馆藏)

　　10 月 27 日(九月初八日)　访湖南名士王闿运②。王氏记云:"见叶景葵,卅许人,能干之至。"(《湘绮楼日记》第 4 册,第 2574 页)

　　10 月 30 日(九月十一日)　王闿运回访先生。王氏记云:"午过抚署,答访抚幕叶揆初、陈履卿、邬小亭。"(同上引书,第 2575 页)

　　12 月(十一月)　在长沙,谒母舅吴庆坻。先生《题西溪张我持(适)皋亭桃花图卷》七律诗诗注云:"光绪癸卯冬,子修母舅自云南主试移督湘学,余已入湘抚幕,相见于长沙。谏斋表弟生于南昌,迎之来湘,才一龄又半。"(《杂著》,第 396 页)

　　是年　三弟景莘与表弟严泷、严江先后入北洋大学。"其时叔衡、龙隐到日本后,因语言不习,与教授龃龉,愤而回国,改入北洋大学肄业。鸥客则闲居无事,余招至长沙,介绍一印刷小事。仲裕独留署中,侍亲读书。余又离湖南,随赵尚书赴京,鸥客亦入北洋大学肄业。"(《〈鸽痛记〉跋》,《杂著》,第 289 页)

---

① 稿本目录标明"以下各折片系湖南任内"。——编著者

② 王闿运(1833—1916),字壬秋,室名湘绮楼,湖南湘潭人。咸丰举人,曾入肃顺与曾国藩之幕。后从事讲
　 学,主讲成都尊经书院、长沙思贤讲舍、衡州船山书院等处。宗今文经学。辛亥后任清史馆馆长。著有
　 《湘军志》《湘绮楼日记》与《湘绮楼诗集文集》等。——编著者

1904 年(清光绪三十年 甲辰) 31 岁

2 月　日本突袭旅顺,日俄战争爆发。

4 月　李维格第二次出国考察钢厂与钢铁市场,为汉阳铁厂订购新设备。

8 月　英军侵占西藏拉萨。

10 月　光复会在上海成立,蔡元培任会长。

是年　清政府户部参酌各国银行章程,试办户部银行。

是年初　调充湖南巡抚衙门文案。先生后回忆曰:"三十一岁,调至长沙充抚署文案,早八时,即入署阅公牍,动笔起稿拟批,手不停挥至午饭。饭后,又就坐动笔至晚饭。晚饭后,整理回家,一见睡榻,侧身而卧,次日复如此,因此发生胃病。"(《寿诞答辞》,《杂著》,第 258 页)

3 月 25 日(二月初九日)　访张鹤林,晤王闿运等。王氏记云:"答访次青儿、次山公……谈及张小甫鹤林,云正在府,即往后堂畅谈,叶揆初亦在。"(王闿运《湘绮楼日记》第 4 册,第 2612 页)

4 月(三月)　赵尔巽奉召入京陛见,内调署户部尚书。陆元鼎继任湖南巡抚。先生与金仍珠留任抚院文案。不久,"由长沙至北京",充任赵尔巽户部衙门文案职。(《〈文选〉跋》,《杂著》,第 164 页)

6 月 14 日(五月初一日)　代表万国红十字会长沙分会,向上海总会代募得长平足银一千两,由上海中外日报馆汪颂谷转交。《(上海)万国红十字会收到各款清单》云:"长沙分会来函,'叶揆初先生现因公北上,会事概交矿务局提调廖升阶、金仍珠两先生赓续经理。仍以该局为收捐所,一切并未更章。除登《湘报》外,请再登报'等因。如蒙湘省乐善官绅捐助经费,请仍就近送往,掣取收照,俟转解到沪,即由本会汇列清单,刊登各报,以扬德意。"(1904 年 6 月 17 日、10 月 13 日《申报》)

8 月 31 日(七月二十一日)　光绪皇帝召见先生并颁布上谕,曰:"光绪三十年七月二十一日奉上谕:本日召见之湖北补用知府叶景葵着交军机处存记。钦此。"(《商务报》第 25 期,上谕栏)

是年秋　陪同夫人省亲,"由北京至济南","冬又取道青岛回杭州"。(《〈文选〉跋》,《杂著》,第 164 页)

11 月 10 日(十月初四日)　顾廷龙出生。顾廷龙,字起潜,江苏苏州人。1931年毕业于上海持志大学国文系。1932 年获北京燕京大学研究院文学硕士学位。后任燕京大学图书馆中文采访部主任。(**沈津《顾廷龙年谱》,第 26、30 页**)顾廷龙后成为先生晚年创办合众图书馆的主要助手与合作者。

12 月(十一月)　赵尔巽调任盛京将军,再次奏调金仍珠与先生跟随其出关任职。先生翌年初遂应招进京。赵又奏调史念祖①。先生后记云:"光绪甲辰冬,余随盛京将军赵次珊尚书出关,尚书陛辞时,面奏'史念祖久经战阵,废弃可惜,请朝廷弃瑕录用'。奉旨,赏给副都统衔,发往奉天交赵尔巽差遣委用。公为贵州布政使时,尚书方任石阡府;公器重之,保升贵阳府,旋擢皖臬。尚书于公有知己之感。"先生与史遂亦成至交。(**《〈弢园随笔〉跋》,《书跋》,第 89 页**)

是年　二弟景莱由杭州至沪,进震旦学院肄业。(**《〈鸽痛记〉跋》,《杂著》,第291 页**)

---

① 史念祖,号绳之,江苏江都人,行伍出身。跟随曾国藩、僧格林沁征战半生,以军功先后任直隶臬司、贵州布政司,直至广西巡抚。后坐事被革职。1905 年由赵尔巽保荐,任东三省财政总局督办。后徐世昌任东三省总督,酿成财政局参案,史被革职,"永不叙用"。1910 年家居扬州弢园而终。著有《俞俞斋文集》《弢园随笔》等。——编著者

1905 年（清光绪三十一年　乙巳）　32 岁

5月　上海民众发起抵制美货运动，各地纷纷响应。

7月　孙中山在日本东京组织同盟会，并被推举为总理。浙江铁路公司在上海成立。

8月　户部拨银 50 万两，创办户部银行。北京总行核定资本 400 万两。汉口分行成立。同年 9 月、10 月，天津、上海相继设立分行。

9月　清政府决定明年起废除科举。

10月　载泽、戴鸿慈、端方、尚其亨、李盛铎等五大臣出洋考察宪政。

1月（甲辰十二月）　出使韩国大臣曾广铨上清政府奏折，拟调记名湖北候补知府叶景葵等四员，"随带出洋"。"奉旨依议"。（1905 年 1 月 17 日《申报》）后未成行。

是年春　"由杭州经上海赴武昌，取道京汉而至北京。"（《〈文选〉跋》，《杂著》，第 164 页）

是年春　二弟景莱脱离震旦学院。"受学生风潮，与同志数人创设复旦学校于吴淞。"（《〈鸽痛记〉跋》，《杂著》，第 289 页）叶叔莘《二先兄景莱传略》云："一九〇三年，他到沪进震旦学院肄业。震旦原系由南洋公学散学风潮出来的一部分学生在马相伯先生领导之下创立的。马先生任院长，兼主持教学计划，除借用天主教会的房屋作校舍，请教会的神父当教员以外，教会不得干涉教育行政，学生们在教育行政及生活方面选出干事自行管理。仲裕先兄是自治干事里积极分子之一。以后法国神父逐步谋夺教育权，至一九〇五年初，竟到学院提出干涉行政之通牒，马先生及学生们一致反对，而于三月间离开学院，共谋创办一个复旦公学，即现在复旦大学的前身。仲裕先兄为筹划办学，奔走募款，常至废寝忘食，健康很受影响。"（同上引书，第 426 页）

7月25日（六月二十三日）　"余随次帅抵沈阳。"（《卷盦札记》，《杂著》，第 223 页）

7月（六月）　新授盛京将军赵尔巽上《奏调京外人员折》，拟调包括湖北候补知府叶景葵在内十余人随其赴东三省任职。奏云："奴才于上年春遵旨筹东事十八条,皆以辑睦邦交、变通内治,造端宏大,经画维艰。自应广集人材,以资器使。现值东事未定,□付尤难。奴才自顾心庸,深惧上无以副九重之知,下无以慰苍生之望,尤须慎选材俊,量能量事,分别派委,庶可以匡助不逮,与有成功。"(1905 年 7 月 30 日《申报》)

8 月 5 日(七月初五日)　为赵尔巽《恭报接印日期折》主稿①。文云:"叠蒙训示,指授机宜,备极周详,奴才得所遵守。起程出京,取道天津晤商北洋大臣袁世凯,筹议一切,旋复就道。于二十三日驰抵奉天省城,恭谒福陵、昭陵。于二十四日准署将军廷杰,派兵司掌官防协理崇文护理驿巡道知府孙葆瑢、内务府堂主事吉陞,恭赍将军印信、总督关防令箭,并内务部大臣印信暨营务、粮饷、旗民地方公事一切文卷,移交前来。当即恭设香案,望阙叩头,谢恩祇领任事。伏念奴才智识材能,无殊庸众,内维致身之久,仰承恩遇之隆,夙夜黾网,罔知所措。兹复特膺简命,俾守东都,时局愈艰,责任愈重。复承认真整顿,破除成例之□,特旨则凡律例民生之要,外交内政之繁,苟为势所使而时所宜,岂敢辞其劳而避其怨。奴才惟有破除积习,殚竭血诚,不畏艰难,不顾疑谤,斟酌情势,逐渐更张。以冀内采众议,外协邦交,下拯闾阎,上纾宵旰,不敢或怠或荒。致昧深渊薄冰之戒。庶几得寸得尺,稍答高天厚地之恩。所有奴才经过地方,雨水充足,大田畅茂,民情安谧,堪以仰慰宸廑,合并附呈。"(《赵尚书奏议》稿本第一辑录,上海图书馆藏)

8 月 15 日(七月十五日)　为赵尔巽《恭报接管礼兵刑工四部印钥日期折》主稿。文云:"窃于本年六月十六日奉上谕'景厚、儒林、钟灵均着来京当差,所有五部事务,着归盛京将军兼管等因。钦此'。当于二十四日接收户部印信暨奉天牛马税务关防,附片陈明在案。兹于七月初二日准礼部侍郎景厚、刑部侍郎儒林、兼署兵部侍郎工部侍郎钟灵派员赍送四部印钥、文卷前来,当即恭设香案,望阙叩头,祇领兼管。伏查五部事务,头绪纷繁,今昔异宜,势难沿袭。兹奉命着奴才兼管,仰见朝廷,因时制宜,通变化裁之至意。奴才惟有恪遵特旨,认真整顿,不拘成例,于各部应行裁改事宜,妥慎详筹,拟定办法,再行具奏,请旨施行。所有奴才接管礼兵刑工四部缘由理由,恭折奏报。"(同上引书)

约 8 月(七月)　随赵尔巽抵达奉天之后,招徐森玉来东北创办测量学堂。徐森玉回忆云:"旋尔巽为盛京将军,大事兴革,先生实主其事。东省百废待举,而兴建

---

① 先生晚年致力于《赵尚书奏议》的收集整理工作,在各辑目录及许多文稿眉端,都亲笔标明"景葵主稿"或"景葵核稿"等字样。本谱尽量将"景葵主稿"各奏折、奏片正文收入,以便研究当时主稿者的主张与思想,同时也可保存一部分赵尔巽史料,以供史学界参考。"景葵核稿"各折片,设一条目,不录原文。至未标明先生参与者则不录。——编著者

造作,测绘为其始基。因必培养测绘人才。时余方毕业专斋,乃承相招,以创办测量学堂见属,磋商规划,有针芥之投……"(徐森玉《卷盦剩稿序一》,《杂著》,第432页)

约8月(七月) 向赵尔巽提议设省财政总局。时赵为史念祖将赴盛京事征求先生意见。先生记云:"乙巳春,公将到奉,尚书询余曰:'绳帅将来,我拟以全省营务界之。'时营务处督办为张金坡(锡銮),是关外宿将,资望甚深。奉省巡防营,兵匪糅杂,驾驭为难。余答尚书曰:'张锡銮为各将所推崇,不宜轻调。'尚书曰:'然则绳帅如何位置?'余曰:'五部府尹既裁,五大处之俸饷处亦归并,宜合设财政总局,将全省财政荟萃整理。任一督办,以统率之。绳帅资格颇合。'尚书曰:'汝能为之下乎?'余曰:'能。'于是任公为督办,余为会办。""余赁宅与财政局极近,局在将军署东偏。每晨九时步行至局,拆阅到文;十时,公必到局,晤商公事,对坐约一时许;至十一时,余赴文案处办事;十二时回局,与公共案而食。"(《〈弢园随笔〉跋》,《书跋》,第89—90页)

9月2日(八月初四日) 由直隶总督袁世凯主稿,会同盛京将军赵尔巽、湖广总督张之洞、两江总督周馥、两广总督岑春煊、湖南巡抚端方联名上奏朝廷《请废科举折》,要求立废科举,兴办新式学校。当日朝廷颁发上谕,曰:"自丙午科为始,所有乡会试一律停止,各省岁、科考试,亦即停止。"

9月4日(八月初六日) 为赵尔巽《请裁奉天府尹折》主稿。文云:"窃奴才叠经钦奉谕旨,令将奉天应办各事,认真整顿,破除成例,并令兼管五部事务等因。仰见朝廷顾念根本,力图振兴之至意。伏念奉省局势艰危,自非改弦更张,无以图补救于万一。历来谕奉治者,均以军府事权不一,为丛弊之源、致弱之本。恭查乾隆年间,谕旨即请将军、府尹过分畛域,于是有府尹归将军节制之命。旋以府尹不便简制,又改于五部侍郎内简一员,兼管府尹事务。光绪元年又改令将军兼管。是奉省军府事权动多,窒碍屡□,尤非昔比。与其袭旧而多碍,不如因时而制宜。且上年因督抚同城事权不一,已奉谕旨将湖北、云南巡抚裁撤。奉天府尹以右副都御史行巡抚事,湖北等省巡抚事同一律。署府尹驿巡道增韫,亦以裁撤府尹为请,已奏陈东省事宜折内披沥言之。此奉天府府尹亟宜裁缺之实在情形也。至裁缺以后应如何设官分职,凡庙室之筹度,臣工之论列,乡校之拟议,综其大要,莫不谓当务久道之制,而不当为补苴之谋。宜参列国富强之成规,而不宜拘内地行省之陈迹。盖中国政制,治民官少,治官官多,名臣大儒言之详矣。今欲因利乘便,扫除更张,务宜审慎从容,断不可张皇苟且。应请特旨即将奉天府府尹裁撤,所有原管之田赋、盐法以及旗民户口册籍,或暂行选员试办,或归并各局经理。仰恳朝廷宽假时日,责成奴才切实筹度。一俟东事大定,再行汇采中外政制,察酌地方情形,详拟改章,请旨办理,以仰副朝廷整重根本之图。"(《赵尚书奏议》稿本第一辑录,上海图书馆藏)

同日　为赵尔巽《请裁奉天府丞专设奉天学政折》主稿。文云："窃奴才钦奉谕旨，令将奉天应办各事，因时制宜，悉心体察等因，遵将拟裁府尹一节情形，专折奏陈在案。现在奉省新政百端待举，培厥根本，兴学为先。查新定学务章程内开，日本各处皆有视学官，正与学政名义相合。各省学政即令会同督抚考察整顿全省学课，是振兴学务，尤以学政为纲领。奉省在国初时，设立州县无多，府丞因沿顺天府丞办理童试之规，兼司学务。嘉庆六年，本拟改设学政，旋经奉旨以奉天仅有二府，不必设立学政，仍以府丞兼管。是奉省不设学政因郡县太少。自光绪初年奉旨增设民官，其后迭有增添，现有六府、二直隶厅、三十余县。合吉林现有十二府厅州县，黑龙江现有十府厅州县。计之三省共有六十余州县，视嘉庆以前增至五倍。此后须添设者甚多，自未便令府丞兼摄，以致事权过轻，责任不重。其应改设专管者其一。奉省中小学堂，前此建立未多，有亟待兴举者，有尚属虚名者，必须提携，有人随时督于敷衍者，整理之；玩忽者，惩创之；偏畸者，补救之。乃曰：日起有功，不致名存实隳。奴才身膺重命，兴学一端，尤所殷虑。深冀视学有人，与为筹划，易收振起之效。又吉、江两省，近年户口繁盛，人才众多，徒以视学无人，虽有美材，无由陶植。如奉天改设学政专缺，责令就近兼管，俊乂蔚起，自在意中。此应另设专管者又其一。奉天府丞旧皆不治府事，今府尹请裁，犹留府丞职掌，既苦未垓，名实亦属不符。拟请特旨将奉天府丞一缺即行裁撤，另设奉天学政一员，兼管吉、江两省学务，令将学堂一应事宜，会同三省将军切实兴办，以符名实而重责任，必于学务大有裨益。"（同上引书）

同日　为赵尔巽《归并五部事务以便裁撤折》主稿。文云："窃奴才奉命兼管五部事务，当将接管之期先后奏报在案。伏查五部体制所以隆重，陪都今昔异宜，道穷则变，主裁之议，众论若一，朝廷折衷，至当因时制宜。上年奴才入觐天颜，即奉裁撤五部之谕。到任以后，悉心耆察，愈服圣断之明。盖自光绪初年，前将军崇实奏定将军一缺兼管兵刑两部，并管带金银库印钥稽核户部，其余各部事务，均令与将军商办，事权已属将军。徒以名目尚在，界限未分。历任将军部臣，虽亦力图维挽，无如积重难返，事权不专，百弊丛生，胥根于此。若仍循旧办理，则奴才今日之兼管，与往年崇实之兼管无殊。不予革除，难言整顿。此中私弊，久在圣明洞鉴之中，固无俟奴才多渎。惟其中有关于重要者，如礼工两部，所管典礼、工程等事，自应敬谨妥筹；有头绪纷繁者如户兵两部，所管租税、驿站等事，自应详细稽者。其余部务，紊乱居多，则欲裁撤，非先行归并不可。奴才现饬文案处人员，按照部务分股办事。选五部谙悉公事、明白大义之司员数人，检齐则例档案来辕，以备顾问而资接洽。奴才躬亲督饬，逐项清厘，当裁者裁，当改者改，当并者并，拟定办法，分别具奏，请旨施行。一俟诸务清理就绪，即将五部衙门员缺，分别留裁改用，以副朝廷整

饬官常实事求是之至意。"（同上引书）

同日 为赵尔巽《安插裁撤部员片》主稿。文云："现拟裁撤五部，则所有部缺人员自应妥为安插，以示体恤而资激励。查五部郎中十四缺员，外郎二十六缺，主事二十五缺，笔帖式九十三缺。各部有五、六、七品官司库、司狱、助教、读祝官、赞礼郎外郎、库使、驿丞等共一百余缺。缺有满、蒙、汉军之分，又有食俸、食饷之分，又有京缺、本缺之分。今拟仰恳恩施为裁缺各员宽留出路，不分京缺、本缺，一律办理。其安插之法，约有数途。凡曾经京察一等记名者，准其咨部收缺，仍记名请旨闲放。愿截取者，准其作为俸满照例截取戳掣省分。愿内用者，以原官咨部即选。其不能截取而愿外用以及无缺可收之员，准其对品改外戳分到省。至于各部应继之事，如户部管理田庄，兵部管理驿站，礼部伺候陵寝差使，工部承办祭祀工程，其中皆有熟悉情形之员，拟由奴才选择数员，作为留奉差遣，供备陵寝差使。其原俸本极微薄，请一概停止，另由奉优给薪水。如能当差谨慎，毫无贻误，准其照裁缺人员例由，奴才陆续给咨送部升转，并可随时奏奖。如有阘冗不职者，亦即指名严参，以示惩劝。至应否作为额缺，应俟将来情形再行奏定。以上各节请旨饬下政务处迅速施行。并请饬下部臣，遇有盛京五部司员缺出，即行停选。如此则部务不致废弛，人才从此激荡。上足以副朝廷变法之盛心，下足以免诸员向隅之慨叹。抑奴才更有请者，各省驻防旗人生计维艰，人才消乏，而以奉省为最。推原其故，皆缘留恋部缺，碌碌家居。禄俸极微，不敷养赡，既无部务之可学习，又无出路之可鼓励，谨愿者困顿终身，狡黠者流为邪辟。论者至谓五部为败坏人才之地，实非激论。奴才责任教养，仰受圣明付托之重，俯念多难兴邦之言，再不改弦更张，于变法富强何望耶？惟有多设驻防蒙学、小学，以及政法、武备、工商实业各种学堂，俾之普受教育，造诣所至，大者足备国家之用，小者亦能为衣食之谋。奴才现已督饬学务人员，规划兴办。其经费则取侍郎俸廉、公费，同可以化私为公款，归并支用，如有不足，另行筹备。容俟拟定办法，再行另案奏闻。"（同上引书）

同日 为赵尔巽《请奖锦芝荣绪捐垦办学折》主稿。文云："再奏奉省创办学务，凡建屋置器需用甚繁，经费颇形支绌。又因风气初开，能深晓大义、慨捐钜款者，尤不多觏。兹查候选笔帖式锦芝，率其侄候选同知荣绪，以城内官局胡同所租官地，旧有自盖房二十间报效学堂之用。经前署将军廷杰派员估计，值银五千两。已饬学务处略加修葺，估为第二小学堂。际此时局艰难，该员等见义勇为，热心教育，非从优奖励不足以敦薄俗。合无仰恳天恩，俯准将笔帖式锦芝以知县归部铨选，候选同知荣绪赏加四品衔，以昭激劝，出自逾格鸿慈。再查现行捐例，由笔帖式报捐双单月知县，由候选同知报捐四品衔，以例银折实计，该员等报效之数，实属有盈无绌。合并陈明，除分咨外理合附片具陈。"（同上引书）

9 月 22 日（八月二十四日）　为赵尔巽《密保增韫干胜艰钜恳恩破格擢用折》主稿。文云："事恭录本月初六日上谕'奉天府府尹兼巡抚事一缺着即裁撤等因。钦此'。现署府尹增韫，应遵旨饬回驿巡道本任。惟查该员器识冠时，心存君国，体用兼备，措置咸宜。当其任州县时，叠经奉天查办事件大臣李秉衡、前河南巡抚于荫霖专折特保，又经前任将军增祺胪陈政绩，先后蒙恩擢用。上年在新民府知府任内，因地居冲要，布置因应，洞烛几先，复经直隶督臣袁世凯，以胆识兼优、机才四应，为奉省人才之冠，密片奏保，奉旨存记。旋蒙特简驿巡道并署府尹。是以才具政绩，久在圣明洞鉴之中。奴才到任以来，商榷时政。和衷共济，裨益良多。当此吁俊求贤之际，难得投艰遗大之才，如该员之抱负闳深，志气奋发，尤属罕觏。奴才维以人事君之义，不敢壅于上闻。可否仰恳天恩俯准送部引见，破格擢用之处？出自高厚鸿慈，谨恭折密陈。"（同上引书）

同日　为赵尔巽《请张心田留奉补用片》主稿。文云："花翎分省遇缺即补道张心田，经前任将军增祺先后丈放扎萨克图王旗暨科尔沁扎萨克镇国公旗荒务，不辞劳怨，条理秩然。现在公旗荒务，该员实心任事，熟悉蒙情。是以前后委办蒙荒，□著劳绩，蒙民悦服，所至有声，实为奉省办理荒务必不可少之员。合无仰恳天恩俯准，将该员以本班留于奉天补用，俾收臂指之助，出自逾格鸿慈。除将该员履历咨部查照外，谨附片陈明。"（同上引书）

同日　为赵尔巽《特参收税舞弊职官请旨革职勒限严追折》主稿。文云："窃奴才到任，访闻奉省税务积弊甚深，叠经派员分途密查。兹有盖州斗秤局委员候补道判杨清，于三十年及三十一年春夏两季所收各税，匿报东钱十二万千，又银四千余两。取有各商店交税簿据比较核对，厥弊显然。似此任意侵渔，实属胆玩。然中饱之弊，所在多有，非择尤惩儆，不足以挽颓风。相应请旨将候补道判杨清先行革职，勒限严追，如逾期不交，即予按律惩办。此外，续查有舞弊员司，自应随时参撤。倘能改过自新，力图上进，亦即宽其既往，以策后效，而励中材。奴才为整顿税务起见，是否有当，谨恭折具奏。"（同上引书）

同日　为赵尔巽《请将应补府厅州县各缺暂缓请补选贤良试署片》《报萨克镇国公族义地放竣请添设广安县隶洮南府折》核稿。（同上引书）

10 月 18 日（九月二十日）　为赵尔巽《三复总理事务衙门关系重要请以盛京守护大臣定为首领衙门仍由将军稽核折》《驿丁改归驿巡道暂行经理片》《旗民交涉案件悉解驿巡道后审转详片》《承修陪都宫殿暨昭陵角楼工程请选择开工吉日折》《遵旨确查牛庄煤矿丈地委员嵩庆参案折》《户礼工三部六品官外郎改隶三陵衙门郎中以下各员缺一律裁撤片》《奉省现办旗营武职各捐仍照原垂章程暂行办理片》《奉省昭信股票未便停止拟改发执照片》《整顿宗室觉罗会设维城小学堂折》等 9 件

折片核稿。（同上引书）

10月31日（十月初四日） 为赵尔巽《奉省旗地旗民不准民人典买旧例准予删除折》《盛京户部三十年分牛送米者征银两援案截留移赈片》《兴仁县移治抚顺地方片》等3件折片核稿。（同上引书）

12月1日（十一月初五日） 为赵尔巽《奉省旗民地丁粮租俸饷以及善后赈捐均归并财政总局办理折》《运通米至永远改为征收折市钱折》核稿。（同上引书）

是年 汤寿潜（蛰先）、刘锦藻（澄如）来函，请先生在东北招募浙江铁路公司股款。先生后记其原委，云："光绪三十一年，我正三十二岁，在奉天将军署内，任总文案，兼会办财政局事。适江浙士民聚款集股，自筑苏浙铁路。我有同僚金仞珠君，接苏路总理张季直君函，请其在奉吉黑三省，招募苏路股款，并约我襄助。我想三省浙人甚多，何以浙路公司竟无此举。但浙路总协理，以及董事，除老友樊时勋君外，我皆不识。因函致樊君，告以此意。即由樊君转达汤蛰仙君，乃得汤、刘（澄如）两君正式委任，嘱我招募浙路股款。金仞珠君虑两人同时招股，发生冲突。我乃与金君约，彼此合作。凡浙人愿入股者，分为苏浙各半，不愿者听（便）。金君对于苏人亦如之。结果，招得浙股十一万余元；苏股稍弱于浙股，因三省流寓各户，浙人多，而苏人少也。非苏浙人，亦颇有入股者。后来权势炙手之张作霖，当时仅为一营统领，带有五百人，曾认苏浙股各一百元，系我托同乡张金坡、朱子桥两君介绍之力。"（《我与浙江兴业银行关系之发生》，《杂著》，第251—252页）

是年 参与"遴补"张作霖为某营统领。先生《〈弢园随笔〉跋》记："与绳公[1]同时之张今颇将军，亦恢奇人也。在奉资望极老。增祺为盛京将军，今颇奉命收编张作霖军队，故张即隶其麾下，时今颇已任巡防统令矣。赵尚书来，（委）以营务处督办。适某营统领出缺，例由督办呈请遴员补授，并面陈尚书云：'张作霖名列第一，请遴补。'尚书颔而忘之，另在营官册中，遴出一人，填注发表后，今颇大惧，托病辞职。经余转圜，并婉陈于尚书，允再出统领缺，必以张作霖补授，始将辞呈撤回。"（《书跋》，第93页）

是年 奉天生活"一如在长沙时；而事更繁，终日无散步之暇，因此胃病更剧。先停米饭肉食，吃面包。嗣后面包减至一片，须烘焦而后食。同事戏呼我为'叶面包'。"（《寿诞答辞》，《杂著》，第258页）

---

① 即史念祖。——编著者

1906 年(清光绪三十二年　丙午)　33 岁

4 月　芦汉铁路全线通车,定名京汉铁路。

9 月　清政府下诏"预备立宪"。

10 月　清政府设立邮传部,首置路政司,主管全国铁路行政。

12 月　江浙绅商在上海组织预备立宪公会,郑孝胥为会长,张謇、汤寿潜为副会长。

是年　四川濬昌源银行在上海设立分行;信成银行北市分行、南市分行在沪开业。清政府颁布《大清印刷物专律》和《报章应守规则》。

1 月 13 日(乙巳十二月十九日)　为赵尔巽《筹办奉省垦务敬陈大概勘放蒙荒振兴农政折》核稿。(《赵尚书奏议》稿本第一辑录,上海图书馆藏)

1 月 16 日(十二月二十二日)　为赵尔巽《请拨奉天吉林折牲乌拉丙午年的饷并请催解各省欠饷折》《试办奉省酒斛加价大概情形折》《设立巡警总局卫生工程折》《请将侵占饷银之章德禄革职询过折》《已裁部缺郎东文绰等原有劳绩升陞请照原案量为变通以示优异折》《盛京置牛馆豢养牛羊用过草□等项数目折》等折核稿。(同上引书)

1 月 20 日(十二月二十六日)　为赵尔巽《设立奉天仕学馆折》核稿。(同上引书)

2 月(正月)　与史念祖上街猜灯谜。先生记云:"公性好胜,极诙谐,文思亦极敏锐。正月间,署外有以灯虎为市者,每携幕客同往,非将各题全数猜中不止。会大风极寒,未猜毕,即返寓。途遇友人,劝其少休,公奋然曰:'汝不劝则已,既劝我必再往。'又入场,全猜中乃返。"(《〈弢园随笔〉跋》,《书跋》,第 91—92 页)

2 月 24 日(二月初二日)　为赵尔巽《昭信股票请奖展期一年以昭诚信折》[1]主稿。文云:"查奉天昭信股票,前因未细核奖者,尚有十七万六千五百余两,经前属将军廷杰奏准展限一年。奴才到任后,以时逾数月,呈报寥寥,复准将从前所领旧票一律作废,改领新照请奖在案。当时设法变通,原期迅达蒇事。无如展期以来,

---

[1] 原抄稿无标题,此题为编著者所拟。——编著者

请奖者仍属无几,良由从前认领官商,多已转从离奉,乱后信息阻窒,易致稽延。且因案卷毁失,官商各股准于分晰,辗转驳查,尤费时日。转瞬一年届满,理应依限告停,惟是请奖之举,原所以昭示大信,现当百度维新,鼓舞民气之时,若迫期停止,使未经请奖者抱向隅,将来设有缓急,更何以取信于民?至从前官领商领,同一急公,本无区别,现既案牍不全,且为数已属无几,必欲强加分别,办其何者为官、何者为商,似亦不足以昭大公。且恐请给无期,徒滋烦扰。奴才再三筹维,惟有仰恳天恩,准将奉天昭信股票请奖,自上年奏准俟展期扣足一年后,再行展限一年,并无官商区别,均照商股一律请奖,以昭诚信而示公平。"(《赵尚书奏议》第一辑录,稿本,上海图书馆藏)

　　同日　　为赵尔巽《整顿奉省税契试办章程疏》核稿。(同上引书)

　　3月(二月)　　为赵尔巽《奉天昭陵角陵工程开工折》主稿。文云:"窃查昭陵角陵工程,去冬已经择吉开工。后因天寒,泥水封冻,未便工作,当经援照陵工成案,奏请暂行停工在案。现在节届春和,泥水融洽,自应及时兴作,以期早日修理完竣,用昭慎重。"(同上引书)

　　4月(三月)　　为赵尔巽《奉省收编旧部宜严加整饬折》[①]拟稿。文云:"窃查本省旧有各军,自庚子乱后经前任将军增祺留强汰弱,挑取马步六千人,改为巡捕游击队,调赴各路,择要驻扎,为缉捕盗贼之用。此外,续募添勇,以及随时收抚编配成营者,尚不下万余人。营制饷章,未能一律。迨日俄和议告成,战事停止,两军降队遣散,游匪蠢动,兵力单薄,防剿两难。各府厅州县,或禀请添募护勇,以资捍卫;或就近收抚降匪,以安反侧。其有大股麇集不能资遣者,并即随时收编成营。少或数十人,多则千数人不等。人数愈多,营制愈乱,甚或一营之内,器械各别,名额不齐,庞杂纠纷,漫无节制,军政之坏,几至无可措手。奉省为陪都重地,边疆要区,右卫京畿,左邻强国,形势所在,控制宜严,况留兵燹……(下文阙)"(同上引书)

　　4月(三月)　　清廷补授赵尔巽为四川总督[②]。(《郑孝胥日记》,第1088页)

　　约4月(三月)　　为赵尔巽《宜变通民职渐重乡官培养民生折》[③]主稿。文云:

　　　　窃光绪三十一年七月二十四日"准政务处咨具奏议,覆侍郎沈家本条陈时事一折,奉旨依议。钦此"。钞录原奏咨行,照准前来,查讲求内治,必以修举民政为先。《周官》于讼、赋、稽查乡党诸职,均设专官。东西诸国于地方裁判、警察、征税、劝学诸务,下及村区亦莫不有官以理之。治民之官,多而且专,且

---

① 原注:"景葵据营务处原详拟稿。"无标题,现题为编著者所拟。原折抄稿不全。——编著者
② 赵尔巽此时并未立即赴川,仍在奉天任盛京将军。——编著者
③ 原抄件仅标注"景葵主稿,光绪三十二年",无题,现题为编著者所拟。——编著者

司法、行政分为两政，不相牵混。是以职业易举，而界限易清。详绎政务处及沈家本原奏，亦皆注重地方，议分民职。仰蒙圣明采择，行令筹议，将来中国治理跻隆古之盛，而抗东西诸国之强者，以基于此。奉省争纷甫戢，民气凋残，教养抚绥，尤为急务。且兵燹之后百端待理，事同草创，亟应变通民职，渐重乡官，以期培养民生，聿修本治，上副朝廷励精图治、惠养元元之意。惟立法必先因地图成，要贵植基。谨就奉省情形，酌拟数端，敬敢详晰陈之。

一、令地方官专司行政，以专责成也。凡属于行政之事，如巡警、缉捕、卫生、工程、农桑、学务等类，皆归地方官专营。其他大事繁者，添设巡警官一员，学务官一员，帮同治理，仍归地方官节制。其不胜任者，地方官有禀撤之权。

一、省会、各府厅州县，分设裁判所，以别等级也。查东西各国，裁判均有专官，所以示司法、行政两事，截然不相牵混。今仿其意，拟于州县设初等裁判所，府、直隶厅设中等裁判所，省会设高等裁判所，皆隶司法局。每所各设正审官一员，讼牒繁剧者酌设陪审官一二员。凡初等裁判所不能审结之案，准其控诉中等裁判所；中等不能审结者，准其控诉高等裁判所。惟民事、刑事之分，中国素未讲求，应俟试办以后，详订专章，另案奏明办理。现在法律之学，尚少专家，讼诉之繁，日所恒有。正审、陪审各官，应仍归地方官督率。如有不胜任者，准其随时禀撤，以恤民艰。

一、特设税务、粮租两官，以分职任也。征收租税为理财专责，事至繁琐，各国各设专官。拟请将各项税捐总局，均改为税务行局，并附设分局。量地势之繁简，定分局之多寡。并于府、直隶厅地方设粮租行局，于州县地方设粮租分局，均派专员办理。所有旗民粮租，皆赴局完纳。各旗民地方官无庸干预。其地方简僻者，粮税亦可并为一局。此外，尚有盐发行局、盐法分局，皆任理财之职，与财政局之税务、粮租、盐法三科，内外相维，或可收纲举目张之效。

一、分别国税、地方税，以振庶政也。中国征敛之法名目繁多，可统名之曰税。而税之中实有国税、地方税之别。各税课钱粮等类，凡解部之款及由省局支销之款，皆为国；应由税务、粮租、盐法各局解省备用，其截留地方办事之款，如车捐、灯捐、巡警捐之类，皆为地方。税除绅董经收者不计外，凡各局代收之款，仍令照章解交各地方官，以备公用。

一、分设诸曹，以辅治也。汉唐郡县，均有分曹，沿袭至今，变为书吏。无俸无奖，善者不为。拟饬各府厅州县，按立所司行政事务，分设诸曹，选用稿生，以人品谨饬，姿性聪敏，字划端楷，略通文理算法，并无嗜好者为合格。无论本籍外籍，有无出身，皆可充当。将来各小学堂学生，不能入中学者，亦可酌量选用位置。每月分别正副司书名目，酌给津贴。如着有异常、寻常劳绩亦准一律请奖,以资鼓励。劣者随时革换。另于署内设立要籍曹,酌派委员或幕友充当,以代门丁。其拣选格式、奖惩办法,照诸曹办理。

一、设宣泽馆,并筹议乡官办法,以求民瘼也。各国议院之制,中国未能骤行,然必先通商民之情,乃可徐收兴革之效。拟饬各属公举士绅,设立宣讲圣谕,公所名曰宣泽馆。先考求日本市町村制度,并中国旧行之保甲章程。各就本地情形,筹划乡官办法。每逢一、五日,各地方官率同绅商,演讲地方利弊并乡官义务。此外,官署应办之件、民间不便之情,皆可会同讨论。统限于一年后将乡官实力举办,以立地方自治之根本。此馆重在培护商富,宣布抚意,开导士绅,通知新政,似缓实急,于奉尤切。至乡官办法,于抚理山西巡抚任内业已奏陈,其奉省就地情形有须斟酌变通者,当另订专章办理,以明审慎。

一、筹加地方官津贴,以肃官常也。奉省向有州县廉俸,本已不敷,重以各项摊捐及各差支应,廉洁之吏势难自存,贪渎之风因之益盛。奴才于奏办善后折内已声明,现已裁汰摊捐者,改支应以苏官累。惟既议将粮税另设专员征收,该印官向有得项一旦尽失,尤非优等津贴无以办公。现已饬财政局,于整顿契税项下,提款作为津贴地方官之用。俟拟定数目,奏明立案。其税务、粮租、巡警、学务各专员,拟请暂行优给薪水,俟试办有效,设立额缺,再行奏明办理。

以上七条,皆为酌改地方官治理起见,似此变通,损益权限,攸分庶官,无废事之虞,而民裕自治之本,实于安民察吏之大有裨益。盖是否有当,请旨饬下政务处核议施行。(《赵尚书奏议》第一辑录,稿本,上海图书馆藏)

5月(四月) 为赵尔巽《扎萨克图王旗设立蒙荒行局折》主稿[1]。文云:

窃查奉省前次开办扎萨克图王旗荒务,于洮儿河南北岸设一府两县,成效已著。惟该王旗荒界以内,尚有毗连靖安县七十七道岭,毗连洮南府之黄牛图绰勒木山余各荒,以地太硗薄无人承领,废弃至今。荒界以外,则有搭拉莫力克图吴逊噶□各沟川,以分界封禁,山多于地,未议开辟。上年洮南府知府会商该王旗,呈请开放。经奴才饬令勘明界地地段,分别全荒展荒,切实妥议办理。兹据呈复,商允该王旗指名前项界内全荒三段,情愿续放,并愿展荒前指界外之新荒一段。复据该旗郡王乌泰呈请奏咨立案前来,奴才查殖民辟地而政所崇,固圉实边,当务尤急。现在扎萨克荒务告竣,图什业图垦政继兴。该旗界处两旗之界,犬牙相错,争界缠讼,经年不休。疆理未合,葛藤难断,诚恐积衅不解,别酿事端。且该荒段内或为泽薮,或系山峦,林茂菁深,道路险僻,

---

① 原抄稿无标题,现题为编著者所拟。——编著者

平时兵力不及,本匪徒出没之区。尤虑逐虎负隅,为全省逋逃之薮计,非及时丈放,无以清讼累而策治安。而筹款之谋,当在所后。但此项余荒,地瘠太甚,非制以界外较腴之地,必无承领之人。故暂辟新荒,更为放垦招徕之要。该郡王于前届封禁各沟川,呈请开放,深明大义,殊堪嘉尚。惟该旗承积讼之后,该王及属下等情形窘乏,亦为可悯,此次荒务自应于核定之中,兼筹体恤之法,以期上裨国计,下拯蒙荒。现已饬委保升直隶州知州、留奉候补知县张翼廷驰赴该旗,设立蒙荒行局,总办其事,以专责成。所有清丈、招领、收价、升科一切办法,拟仿照该旗前届荒务,暨镇国公旗荒务成案,酌量变通,务求完备。应俟委员到段,勘丈明确,体察情形,拟定章程,再行分别奏咨立案。(同上引书)①

6 月(五月)　先生时任奉天提学司总办,赵尔巽拟调先生掌奉天财政总局职。于是赵向北京学部尚书荣庆密荐张鹤龄(小圃)补提学使司一缺。6 月,"奉天提学使张鹤龄将次莅任,赵军帅已饬学务处,改为学务公所,将来即归提学司管辖。刻代办学务总办叶揆初太守,已将经手事件从速料理,以待移交。"(1906 年 5 月 27 日、6 月 23 日《申报》)

7 月(六月)　任奉天财政局总文案到职。时总办为史念祖(绳之),会办为金还(仍珠)。(《奉天财政总局职员一览表》,1906 年 8 月 27 日《申报》)

8 月 19 日(七月十一日)　为赵尔巽《奉省应添厅县各治派员试办折》主稿。文云:

窃照奉省荒地日辟,交涉日繁,相距较远之有司未能顾及,自非划疆分界,添设专官,无以严责成而资治理。奴才自上年抵任,即懔遵毋拘成例之谕旨,于地方应办各事留心体察,委员查勘,迩来互证参观,得其梗概。有亟应变通设治之所数处,谨为圣主陈之:

一、为法库门。系开原县属境,距县一百一十里,东北则通吉林,正北则邻蒙部,人烟辐辏,行旅络绎。转瞬商埠一开,华洋错处,交涉繁难,均须随机立应,原设知县有鞭长莫及之虞。应于该处添设抚民同知一员,名曰法库门抚民同知。则开原及附近康平、铁岭三界地方并归管辖,以资控驭而一事权。

一、为内江口。系昌图府属境,距府七十里,陇昌、开之要害,据辽河之上游,水陆交冲,五方杂处,为北路商务总汇之区,亦议开商埠。地方沿河向多马

---

① 先生对时在奉天参与蒙荒事务很有感情,民国后先生曾收得由程厚、郭文田、叶大匡等撰关于该地调查书稿本十余种,包括《科尔沁左翼中达尔汉亲王旗调查书》《科尔沁右翼扎图克图郡王旗调查书》《调查扎赉特旗报告书》等,为清末民初蒙地垦荒与边疆地理、民俗研究保存了一批第一手史料。今藏上海图书馆。见《杭州叶氏卷盦藏书目录》史部游记之属。——编著者

贼,狙伺劫掠,在在堪虞。保护巡缉,责重事繁,断非原设知府所能兼顾,应添设河防同知一员,名曰同江厅河防同知,专司交涉、缉捕,庶几有所责任,无虞疏懈。

一、为江东屯。系锦州属境,距县九十五里,毗连直隶朝阳府境,沿边要隘,向为盗匪出没之区。特与县城远隔,此拿彼窜,习为逋逃,附近商民多被其害。亟欲在该处设官,得以震慑弹压,消患无形。拟添设抚民通判一员,名曰江东屯抚民通判,划锦州迤西各村庄并归管辖,庶于绥边固围之道,胥得其宜。

一、为阿司牛录镇。系辽阳州属境,距州一百三十里,地距辽河之中,与新民府接壤,犬牙相错。附近各处均距治所较远,为教化所不及,以致民情顽梗,盗匪潜踪,良善商民多被扰害。是宜添设知县一员,名曰辽中县,划新民、辽阳、海城三处地段并归管辖。平时则宣布政教,有事则严缉匪徒,庶地方获安义之效。

一、为小三家子。系镇安县属境,距县九十里,地居边徼,控制难周,拟设分防县丞一员,责令缉捕匪类,以助县令之不逮。

一、为水门子。系复州属境,距州一百二十里,中隔铁道,重山复岭,亦易藏奸,拟设分防巡检一员,专司缉捕事宜,以辅州牧之不逮。

以上数处,奴才均已先行委员,发给经费,刊刻木质钤记,前往试办。诚以新政各学堂、巡警、卫生诸事,固非有专员提倡,劝导乡民,未易信众。即不日开埠,设立乡官,亦非有专员就近区划督饬,无以归义远而责成功。相应奏明,请旨先行敕部立案,一俟该员等试办就绪,应为何项要缺暨将来有无变通,再当奏请敕部,分别铸给关防印信条记,转发领用,俾信守其未尽事宜。及此外,如有应行设治之处,容再体察情形,续行奏咨办理。(抄件,同上引书)

9月中旬(八月初) 赵尔巽向军机处保举先生。媒体记云:"赵次帅在奉办理各项新政,颇得叶太守景葵臂助之力。日前特专折明保,请以道员交军机处存记。已奉朱批'着照所请'矣。"(1906年9月22日《申报》)

9月28日(八月十一日) 清廷下诏预备立宪,先生等被聘为学部二等谘议官。计头等谘议官刘若曾、陈宝琛、张謇、郑孝胥、汤寿潜、王树枏、梁鼎芬、严复等八人;二等谘议官孙诒让、丁仁长、赵启霖、王同愈、缪荃孙、胡峻、谭延闿、汪康年、陶宝廉、蒋黼、陈三立、谷如镛、罗振玉、韩国钧、宋小濂、钱恂、熊希龄、罗正钧、尹昌龄、叶景葵、伍光建、屠寄、夏佑曾、张一麟、胡玉缙等二十五人[1]。(《郑孝胥日记》,

---

[1] 同日《申报》报道《学部奏定谘议官名数》云:"学部奏定头等谘议官七人为张謇、汤寿潜、梁鼎芬、严复、郑孝胥、刘若曾、王树枏;二等谘议官二十人为陈三立、汪康年等。"与郑孝胥日记所记有所不同,录此备考。——编著者

第 1058、1061 页)

10 月 18 日(九月初一日) 为赵尔巽《奉省城仓裁撤仓官应考职候补片》主稿。文云:

　　窃查奉省内外城十六旗仓,经征米草豆束等项。计内仓额设监督三员,向由将军衙门奏派协领一员充任,另由将军衙门堂主事并五部司员内拣选二员送部引见,请旨间放,一年差满。外仓则兴京额设外郎一员,专归部属外郎差缺,一年差满。辽阳、开原、牛庄、广宁、盖州、定远、义州、熊岳、锦州、金州各额,设仓官一员,向由将军衙门并五部三陵衙门、宗室觉罗义学笔帖式内选派,送部引见,请旨补授,均四年差满。又辽阳、开原、牛庄、复州、岫岩、凤凰、锦州、宁远、广宁、义州各额,设全外郎一员,向由八旗部属外郎各员选派,咨部补授,均五年差满。以上各仓员差满后,均归原衙门行走。其仓官外郎如愿就外官,除兴京、铁岭二仓官系差缺不准考职外,余均准其送部考职,按照第次,以小京官知同、知县、府经、县丞等职分别选用,历经遵办在案。现在五部早经裁撤,内仓无所隶属,所有前项仓员不特届期无从更换,抑且差满多无衙门可回。查各仓经征米豆草束定例,由协领城防守尉督催,并监收监放。各界官承催其仓员,无非经征出纳而已。催征既属无权浮收,亦不过问虚縻廪禄,本同赘疣,坐食仓余,尤为巨蠹。其金州一仓,迄未开征而尚设仓官,更属有名无实。际此百度经新,事期核实,自应改弦更张,变通尽利。奴才悉心筹度,拟请将前项内仓监督、外仓笔帖式、外郎仓官等员,悉数裁撤。内仓改为仓务局,与经征牛运米豆之海运仓归并一事,遴委总、会办各一员专司。出纳仍由协领各地界官分别督催,承催外仓即归该仓协领及城防守尉经征,统由财政局随时稽查,以专责成而昭简易。至裁撤各员,内仓监督有原衙门者,照章仍回原衙门行走;无原衙门者,即援例裁撤五部司员成案,送部引见,分别录用。其余笔帖式、外郎,悉照差满办法,概行送部考职。如有不愿送部者,准留将军衙门候补,归于裁缺班内先尽补用,俾免向隅。(抄件,《赵尚书奏议》稿本,上海图书馆藏)

同日 为赵尔巽《锦州江东屯拟添设锦西抚民通判片》主稿。文云:

　　奴才前于《奉省应添厅县各治派员试办折》内奏明,拟于锦县江东屯添设通判一员,名曰江东屯抚民通判。钦奉朱批:"着照所请,吏部知道。钦此。"当即钦转行去后,兹据试办委员同知蒋文熙禀称,案将界址会同锦州划定,其新治地段皆在锦县以西,界限分明,毫无掺杂等情前来。奴才复查,凡锦县迤西地段既已划归,拟添之通判新治,似应更名为锦西抚民通判较为赅括,且顾名思义亦足昭核实而定服从。除檄饬遵照外,谨附片陈明。(抄件,同上引书)

11 月(十月) 为赵尔巽《奉省学务外交拟增拨公费津贴折》主稿。文云:

提学使管理通省学务,事体繁重,原定养廉不敷办公,各省无不另筹津贴,奉天事同一律。现拟定为每年津贴银一万二千两,按月支给,遇关照加,庶不至办公竭虞。惟奉省并无外销之款,应请准其作正开销。又驿巡道、东边道、山海关道,均办理外交,责重事繁,奴才前于奏改管制折内附片陈明,应定养廉银每年一万二千两,公费银一万八千两,至今未准政务处议复行知到奉。而各埠已陆续开放,外交事繁。除山海关道俟到营口接收地面后另案办理外,所有驿巡、东边二道,应每月先给津贴银二千两,俾资应因外交之用。

(抄件,同上引书)

12月20日(十一月初五日) 致汪康年函,告以京中二使到奉后举动,并商奉、京间建立联络事。函云:"久未通讯,遥想动履安和为祝。闻伯唐①丈有任满之讯,不知确否? 舍弟在吴②,一切皆承照拂,雅不愿其匆匆回华也。又闻庆邸有恙,久不早朝,亦未知确否? 均望便中示及。奉省近无要事,惟两使之来,本为商酌外交大事,乃振、徐③因惧革命党之暗杀,沿途严为戒备,护从如云,下车上轿时,日本领事及守备队长恭迎致敬,傲不为礼,颇为日人所轻视。又日本展览会开会,联队长面邀两使亲临,漫应之,队长致谢,次日又托病不去,亦为日人所恶。大约在奉断不敢久居,二十以后必回京矣。京中要事尚乞便中示及为幸。再,尊宅是否仍在梅竹胡同,亦望示及。""再,现在朝政迭有变更,奉省地属陪都,内政外交皆与帝都有息息相关之处。公议拟请台端于办公余暇,将中朝要闻、秘密消息,随时函示,并可摄要电告。所有一切纸笔探访及邮寄各费,拟自十一月起,每月致送京平一百两,由执事代为开销,按月汇寄。其电报之费,每月一结,凭单发付,函到即寄。如奉天有紧要之事,亦可由葵函报尊处,以备考证。如蒙季诺,请即径寄奉天东华门叶查收。日内尚拟另编密电一本,邮寄尊处也。此事为联络同志维持大局起见,想不我却,鹄候复音,不尽欲言。"(《汪康年师友书札》,第2440—2441页)

是年某月初八日 复罗正钧④函,告以奉省之事"倘再不自振拔,将永入泥犁地狱"。函云:

巽循仁兄大人阁下:暌违积久,伫想为劳。侧闻声施烂然,教化普被,特恩褒勉,五马荣膺,此固近日进步之明征,不仅吾党之光而已。贤昆来奉,颁到手

---

① 指汪大燮。——编著者
② 疑排误,应为"英"字。时先生三弟景莘在英国留学,汪大燮任驻英公使。——编著者
③ 指载振、徐世昌。——编著者
④ 罗正钧(1855—1919),字顺循,晚号劬庵,湖南湘潭人。清光绪十一年(1885)中举。光绪二十年后任陈宝箴抚幕,先后任抚宁、定兴、邢台等县知县,天津知府及山东提学使等职。1902年赴日本考察学务后,遂在湘推行新式教育。著有《船山师友录》《魏源师友集》《左文襄公年谱》与《劬庵文稿》等。——编著者

书,垂问殷勤,莫名感怍。弟自去夏到此,毫无献替之功,徒以根本要区,膏腴广衍,倘再不自振拔,将永入泥犁地狱,乃不得不效尺寸之力,已答知遇。然积疲太甚,人民程度太低,一溉之功,终恐无济。日俄约定,朝廷于陪都之事,亦若以无心出之,此固鲰生所不解者也。小浦奉命来沈督学,可为将军得人庆。近以母病珊珊其来,屡电促之,不知月内能到否? 奉省学务,尚无基址,幸有同志独画一面,遂不觉油然生希望之心矣。专布。敬颂任当,并请勋安。弟叶景葵顿首。初八日。

(手迹,《湖南省图书馆藏近现代名人书札》)

是年　在赵尔巽幕,接阅留日学生关于兴建浙江铁路同时设立银行之意见书,初识蒋鸿林(抑卮)名。(《在蒋抑卮先生追悼会上演辞》,《兴业邮乘》,第 108 期)

1907 年(清光绪三十三年 丁未) 34 岁

2 月 康有为、梁启超改保皇会为国民宪政会。

3 月 汪康年在北京创办《京报》。

4 月 清政府改盛京将军为东三省总督,并设奉天、吉林、黑龙江三省巡抚。

8 月 沪杭铁路江墅段通车。

11 月 浙路公司成立"浙江国民拒款会"。铁路学堂学生邬纲、浙路副总工程师汤绪以绝食殉路,抗议清政府借英款。

12 月 江浙两铁路公司代表赴京,与清政府谈判拒借英款事。

1 月 17 日(丙午十二月初四日) 在奉天复汪康年函,感慨徐世昌将来东北,北洋大臣"权力又增"。函云:"顷奉第四号信,读悉一切,惟第三号信尚未到。日前,托友人带上十一月分公费京平贰百两,计日内即可收到。徐公①将放东三省经略②,是否出于政府之意,抑系项城之意? 果如此,则北门之权力又增矣。闻政府谓奉过于搜括,以后拟一变宗旨,将新政停办,并竭力向政府要钱,不知政府何以应之。林到京宗旨如何? 即叩崇安。"(《汪康年师友书札》,第 2441—2442 页)

1 月 25 日(十二月十二日) 致汪康年函,寄密电本。云:"顷寄上丰密一本。即乞查收。日来闻朝议东三省改设一督三抚之信,不知确否? 云云③逍遥海上,屡假不一假,不知中朝将何以位置之? 尚祈密探指示复为幸。"(《汪康年师友书札》,第2442 页)

1 月 29 日(十二月十六日) 致汪康年函:"十二寄上丰密一本,想已收到。尊处住址发电不便,请至电局挂号用梅汪两字,以后敝处发电即用此号,即希照办示复。存晦。"(同上引书,第 2443 页)

2 月初(十二月下旬) 清政府户部依克唐阿、增祺等上奏褒奖叶景葵等东三省财政有功人员。奏称东三省设立财政总局并设税务所,"俾令专司整顿厘税各

---

① 指徐世昌。——编著者

② 原信有两字不甚清楚

③ 指岑春煊,字云阶。——编著者

事,所有向隶盛京将军户部暨各旗属经征之厘捐,木植、粮船凑挂、河口粮货等税,概归经理。现据报,自奴才到任后,自光绪三十一年七月起截至本年六月止,统计一年共收秤税银九十一万三千四百九十四两零;厘捐银三十二万九千九百九十八两零;东边各税银三十五万九千二百六十两零;木植捐银四万三千二百五十六两零;河口粮货及通江子河税共银三万九千九百三十一两零;期粮捐银七万一千五百十六两零;营口八厘捐银一十三万六千四百五十一两零;菸斤加价银六万七千二百八十一两零;酒斤加价银三十四万五千九百一两零;土药暨亩捐估征银三十一万六百八两零;盐厘暨加价银一百一十九万三千五百九十一两零;船规凑挂银一万五千二百七十两零。统计收银三百八十二万五千六百五十七两零,分别扩充各项兵饷及办理学务、警务、卫生、马路工程及创办各新政局所之用,一切细数应归另案分别核办。详核一年收数,较光绪二十八年奉省各项厘税报收一百二十五万者,并旗署所收各项杂税已增至二百三十万以上,即较二十四年依克唐阿整顿最旺之年一百六十二万者,并旗署所收各项杂税亦增至二百万以上。诚属成效昭著,为各省近来所罕有。……现核各城厘税收数有较往年增至五六倍者,有增至三四倍、一二倍者。凡此财款归之于公者有数百万,则失之于私者即有数百万。虽局外之人肆腾谤议,而奴才仍坚持定不为所动。……将整顿税厘最为出力之军机处存记留奉补用道叶景葵,请加二品衔;候补直隶州知州陶镛,拟请免补本班,以知府留于奉天补用……"谨奏奉朱批:"该部议奏。钦此。"(1907年3月28日《申报》)

2月2日(十二月二十日)　复汪康年函,询问京中情形。云:"顷奉十六手示,欣慰之至。此间同志无多,一切自当遵示,格外慎密,尚乞时赐教言,以慰岑寂。振、徐①到京作何议论? 如有所闻,并望见告。萍事想已瓦解,闻彼党尚作别样举动,公知之否?"(《汪康年师友书札》,第2442页)

2月4日(十二月二十二日)　为赵尔巽《丈放牛庄苇塘变通章程折》核稿。"财政局原详,景葵核稿"。文略。(抄件,《赵尚书奏议》稿本,上海图书馆藏)

2月18日(正月初六日)　为代销《京报》及通报东三省政事数则,复汪康年函。云:"昨奉手书,谨悉一切。《京报》②代派,已约定东三省日报馆经理,请先寄五十分试销,以后可陆续推广。尊处所垫报费,请开单示知,以便奉缴。山东、河南访事可代留意,但恐仓猝难得妥人。廿四有廷寄致三省将军,言撤兵在即,一切事宜仍着切实整顿。赵将军于初一日电奏,约三千余言,极言东省筹划情形,语颇沉

---

① 指载振、徐世昌。——编著者
② 《京报》,汪康年主持在北京创办的民间报纸,主张君主立宪。创刊于1907年3月28日,同年8月25日被
　清政府查封。时正值筹备时期,汪请先生在奉天"代派",先生还提供新闻消息。——编著者

痛。奉硃批'仍着随时妥筹办理',自此以后,东海赴东一层,已成明日黄花矣。奉省积年匪首九□手、赵小辫子等十余名,已陆续擒获,就地正法。乡民大悦,日兵将次撤尽,不致再有反复。以上数端,可以宣布,余再闻。"(《汪康年师友书札》,第2439页)

3月11日(正月二十七日) 致汪康年函,告以《京报》代销已办妥,并通报买官丑闻二则。云:"京、津剧谈甚乐,台驾何日回京?日来东事消息若何?庆邸病状若何?初七销假之期已近,不至再续假否?京馆代派已切托东三省日报馆,可以照章办理,乞转告京报馆与该馆径行商办可也。闻段香岩以十五万金买吉林藩司,赵志庵亦出十万金买吉林巡抚,真可笑可笑。余再布。"(同上引书,第2440页)

4月2日(二月二十日) 二弟景莱在上海"与同志数人创办《神州日报》社,大抵皆复旦学生,主持最力者于右任、汪漱尘,各任招股之事。仲裕性敦笃,肯负责任,馆中事务,以一身揽之,早作夜思,不辞劳瘁。股分不足,于、汪虽有招徕,但到馆即罄,仲裕以一身独任其难,四出奔驰,艰窘万状。余在关外,虽尺素常通,但未能深悉其底蕴也"。(《〈鸩痛记〉跋》,《杂著》,第289页)

《神州日报》社长于右任,主编杨守仁(笃生),范鸿仙(光启)、王钟麒(无生)执笔。叶景莱、汪彭年任经理。宗旨反清民族革命。内容分社论、学界新闻等栏,附刊小说。出版未及一年,因邻居失火,不幸殃及。编辑、印刷、营业三部均付之一炬。(《近代上海大事记》,第629页)

4月(三月) 先生应邀任春柳社文艺研究会①名誉赞成员之一②,并联名发表《春柳社文艺研究会简章》,阐述该会宗旨。《简章》云:

一、本社以研究文艺为目的,凡词章、书画、音乐、剧曲等皆隶焉。

一、本社每岁春秋开大会二次,或展览书画,或演奏乐剧,又定期刊行杂志,随时刊小说脚本、绘叶书之类。

一、凡同志愿入社研究文艺者为社员,应任之事务及按目应缴之会费,另有定章。其有赞成本社宗旨者,公推为名誉赞成员。

一、无论社员与名誉赞成员,凡本社所出之印刷品,皆于发行时呈赠一

---

① 1906年9月(10月入学),李哀(叔同)与曾延年(孝谷)均考取东京美术学校西洋画科的撰科。兴趣相近,志趣相投,两人于1906年底发起组织"春柳社文艺研究会"。——编著者

② 当时叶景葵在奉天供职,并未到过日本,应邀任该会名誉赞成员,可能有其二弟叶景莱(时在上海)或其他有人推荐。据《简章》所附署名,该会名誉赞成员有:日本伯爵宗重望、留东学生副总监督王克敏、留东陆军学生监督李士锐、学部右侍郎达寿、学部左丞乔树枬、学部主事彭祖龄、陆军部军学司监督罗泽暐、法部右丞曾鉴、湖北候补道叶景葵、福建平和县知县谢刚国、山东候补道萧应椿、山东潍县知县袁桐、陕西凤翔府知府尹昌龄、奉天东三省公报馆总经理郝鹏、候选知府朱曜、山东候补道黄华、湖北候补知县王淼、山东乐群社社员崔麟台、山东乐群社社员朱是、山东乐群社社员顾曜、日京中国新女界杂志社社员燕斌、候补道李熙、广东候补游击庄严。——编著者

份,不取价资。

发起 李衰 曾延年。

(1907 年 4 月 22 日《时报》)

约 5 月(四月) 是年因东三省改制,盛京将军赵尔巽裁缺,徐世昌授东三省总督、钦差大臣兼管三省将军事务。因"有龂龁前任之短者,酿成财政局参案",史念祖名列第一,"奉旨革职,永不叙用",先生"居第二,亦革职"。(《〈癹园随笔〉跋》,《书跋》,第 90 页)

受史念祖财政案牵连,金仍珠同时亦被革职。先生后记其二人交往原委云:"光绪壬寅秋,赵尚书由山西布政使护理巡抚,余就其聘为内书记,始与仍珠朝夕相见。癸卯,尚书调任湘抚,余与仍珠同案奏调,同充抚院文案:余司财政、商矿、教育;仍珠司吏治、刑律、军务、交涉。旋出署澧州知州,政声卓然。未半年,调回文案。桂事起,湘边吃紧,仍珠筹画防剿事宜,因应悉当。力保黄忠浩熟娴韬略,可以专任,尚书深韪其言。尚书奉召入都陛见,陆元鼎继任,仍珠仍留文案。陆过武昌时,张之洞痛诋黄忠浩与革党通,不可再予兵权,意欲以张彪代之。陆与仍珠疏,初颇疑金黄勾结,后黄军所向有功,仍珠善于料事,又长辞令,陆大信任之。时尚书已拜盛京将军之命,奏调仍珠赴奉。余本以文案总办兼财政局会办,仍珠至,以文案总办让之,仍令余会办,又令仍珠会办财政局。未几,又令会办农工商局。终尚书之任,仍珠未离文案。尤长于交涉案件,日俄战后,收回各项已失主权,皆其襄替之力。嗣因营口开埠章程草案,与直督幕府刘燕翼龃龉,大为袁世凯所恶。尚书内调,徐世昌继任,竟以财政案与余同时革职;实则仍珠仅会衔而不问事,乃同被其谤,冤矣!余二人既同去官,同回上海闲居……"(《〈秋蟪吟馆诗存〉跋》,《书跋》,第156—157 页)

是年夏初 由奉天至北京,访汪康年。又接李维格信。先生后来回忆云:"至丁未夏初,予已交卸奉天财政局,颇厌倦政治,思投身于工商业。入关至北京访父执汪穰卿先生(康年),先生时办《刍言报》[①],告以予之出处抱负,先生怫然不悦,曰:'汝之聪明才力,最宜办理财政。汝既厕身政界,应奋斗到底,不宜畏难思避,见异思迁。汝未游历外洋,究竟识见不广,最好乘此闲暇,游学东洋,专心研究财政经济,将来归国,可成有用之才。'因赠我《列国岁计政要》译本一巨册。次日,又反复言之。而同时接到李一琴先生(维格)来信,闻予入关,极为欢迎。信中力言政界之不可溷,督抚大吏之不足与有为。与其芸人,不如求己。又言方今养民之要,莫急

---

① 当时汪康年在北京主持《京报》,非《刍言报》。——编著者

于振兴工商业。又言钢铁业之足以富国强兵，武汉三镇之形势，为中原缩毂，未来之希望甚大，劝予投身工商界，且言择地则以武汉为良，邀予出京即至彼处假馆焉。时方任汉阳铁厂总经理也。"(《三十年前之严师益友》,《杂著》,第263页)

5月(四月) 出京，至济南、郑州、汉口。先生后回忆云："予以送妇归宁，先绕道济南，得晤乡先辈张毓蕖先生(莲芬)，时方任山东盐运使，并已创办中兴煤矿。一见颇承垂青，问余之志愿。余以愿就工商业告，并以汪、李两先生之言，请折衷焉。张先生乃诏予曰:'政界也好，工商业也好，专营则精，兼营则废。汝年富力强，前途正宜自决。若我则决计辞去山东盐运使，专心办我中兴煤矿，我还要开一大井，每日要出煤二千吨。地方痞棍某某以土窑破坏我矿区，我决计与其拼命。我的打井如不成功，我即葬于打井之下。'言时气咻咻然，须眉欲动，至今犹在心目间。临别又执予手曰:'我的煤矿，经费不足，尚需招股，汝南归，见张、汤两先生①，为我致意，请彼帮忙。'""予由济南折至郑州省亲，遂由郑州南下至汉阳。一琴先生郊迎，邀予寓汉阳铁厂。盛暑烈日之下，导观新式炼钢炉。历言长江一带，某处有铁，某处有炼焦之煤。西南各省，某处有锰，某处有钨，全国铁路太少，粤汉宜速筑，川汉宜速测，语娓娓不倦。予假馆二十余日，先生每日必三四次访予，夜间尤喜深谈，谓予曰:'汝生于中产之家，民间疾苦不尽知，凡寒士所尝之苦况，汝皆隔膜，以后宜习劳苦，宜留心下等社会之情状。汝体太弱，气色太不好，宜吃独睡丸。凡体弱之人，宜少服药；要知药未必治病，或反足致病。'一夕，又谆谆言曰:'凡有志办大事之人，第一须不怕死。不怕死，先从不怕病做起。要知死与病是两件事。凡人不会轻易死的；就是死也是适然，不算一件稀奇事。就是我死，也是命定，不必回避的。不回避，要死；回避，也要死。'其言凛然，令予十分感动。"(同上，第264—265页))

5月(四月) 在汉口期间，先生经李维格介绍得以结识浙江兴业银行创办人蒋抑卮等。"时本行重要发起人郑岱生、沈新三、蒋抑卮诸先生，正为调查汉冶厂矿，预备投资，至汉阳查账，予得一一识面。盘桓旬日，相约赴沪。"(同上引书，第265页)据《项兰生自订年谱》(二)记，是年"五月，浙路公司股东发起，酌提股款，创办浙江兴业银行，以调剂社会金融，资本总额定一百万元，分四期收集，公司认其半，余招集商股，并定为商办有限公司。十月十五日重阳节，假木场巷江宁会馆开成立大会，选举董事、监察人，发行钞票，在城内各处张贴大广告(此项广告曾有留存作纪念，亦遭丁丑日劫)，并先期在保佑坊惠民巷口赁屋开业试办。吾就聘为秘书，乃于十月辞去安校②校长及其它各兼职(彼时共九种职务)，就浙兴之聘到任"。

---

① 指张謇、汤寿潜。——编著者
② 指杭州安定学堂，项兰生时任该校监督。——编著者

(《上海档案史料研究》,第 10 辑,第 292—293 页)

5 月 26 日(四月十五日)　抵达上海。"丁未四月半余由京奉、京汉取道汉口,搭长江轮至上海。"(《〈文选〉跋》,《杂著》,第 164 页)定居马霍路(今黄陂北路)德福里。先生后在《〈杨猷甫先生手迹四种〉跋》里追忆云:"余丁未来沪,即识[杨]寿彤,时为岑云阶制军掌书记,家居威海卫路,余居马霍路,相距极近,几无日不相见。家多书籍,时向借阅。"(《书跋》,第 112 页)

6 月 8 日(四月二十八日)　浙江全省铁路公司就创办浙江兴业银行事,呈请邮传部、度支部、农工商部注册立案。呈文全文如下:

为咨呈事:窃浙省铁路奉旨准归商办,所招优先股已于上年九月经股东会决议十月终截招。中国风气初开,集款至四百九十四万圆有奇,存放之责,重于泰山。前荷大部准行章程原议附设银行,浙省向来银款出纳,大者票号,次者钱庄,路款关系公司命脉,存放稍未稳妥,路政商市,两受摧伤,不得不另设银行,以资转运。惟是项银行不隶公司,则巨款非咄嗟能办。纯隶公司,则铁路与银行性质又复大异,盈亏牵并,隔阂正多。因议于隶属之中,寓分立办法。今春二月由董事会发起,谨遵大部奏定股份有限公司章程,定名为浙江兴业银行,取振兴实业之意,非必援日本为词也。拟每股壹百元,额设壹万股,共银一百万元,先缴四分之一,合银二十五万元。截缴时数有不足,归公司拨补,外股多附一文,即公司少拨一文,使公司退处于股东之列,即该行无损其独立之权。界限分明,互相为用,银行主要自在发行钞票。伏念大部总笼全国财政,论《管子》"利出一孔"之旨,国币正宜出自中央,章程方能划一。但近来商战益烈,杭州地居省会,又已开为商埠,上海银行等钞票浸灌内地,日甚一日,禁之不及,听之不能,外币浩劫,赓续输入,动摇全市吸脂吮膏,涸可立待。其何以谋抵制,而示平允;此中正黄芪裁,民立银行,未经大部特许,何敢擅窃钞票之名。惟中国汇号钱庄印发银条钱纸,藉通有无,亦广懋迁,创行不知岁年,信用已成习惯。谓该银行不能窃钞票之名可,谓该银行不能援汇号钱庄之例则不可。亦惟仿行惯俗,为内顾路本、外保商市之计,且于大部提倡中央银行销行纸币本意亦不相触背。谨将浙江兴业银行章程附呈钧鉴。伏乞迅赐核准施行。须至咨呈者。右呈度支部、农工商部。

(叶景葵、潘用和编《本行发行史(一)》,《兴业邮乘》,复第 23 期)

光绪三十四年正月(1908 年 2 月)奉农工商部发给执照。同年十月,复奉度支部发给执照。(同上引刊,复第 24 期)

6月11日(五月初一日) 应樊时勋①邀饮,同座史念祖、郑孝胥。(《郑孝胥日记》,第1094页)

6月18日(五月初八日) 应樊时勋之邀赴澄衷学堂,晤广东提学使于海帆(齐庆)与郑孝胥等。(同上引书,第1096页)

6月22日(五月十二日) 应张謇、许鼎霖之邀赴立宪公会,晤周绍朴、史念祖、郑孝胥等。(同上引书,第1096页)

7—8月(五—六月) 曾赴京。8月5日(六月二十七日)在京时许宝蘅来访。(《许宝蘅日记》,第138页)

7月(六月) 奉天财政局参案以"无其事,覆奏了案"。(1907年7月21日《申报》)

8月9日(七月初一日) 汉、冶、萍三矿厂联合发布致股东公启,说明对老股与新股处理办法。公启云:"本公司原集汉阳铁厂股本库平银一百万两,萍乡煤矿股本库平银一百万两,此为创始老股,自入股日起截至本年止,应支股利七十余万两,已分掣股票,此为老商息股。现值制铁新厂工竣,萍煤石隔打通,幸赖众擎,渐有成效。集众公议汉冶萍制铁采煤公司,本属一气呵成,亟须扩充商股,通力合作,以恢实业。现时股票通用银元,应照时价改换银元股票,拼足五百万元,一律作为优先股,每股五十元,合作十万股,以便赴部注册。除息股改作银元约二万股毋庸加本外,其老股本库平银二百万两,改换银元股票三百万元,作为六万股。按照原议先尽老商加股,自应照数摊认,计每银元股票三股得添入一股,共得添股一百万元,计一万股。自函到之日起截至本年十二月底止,请将应添股本及旧股票带至本公司验明,掣发银元收条,再行订期互换新股票,以归一律。如过期限系自失优先股之权利,只可另招新股补足。此项代老股补足之新股亦作为优先股,将来官利余利与老股一律照派,并无区别。但亦只能截至注册之日为止,如注册以后附入之新股皆不得为优先股,幸勿观望自误。"(《汉冶萍公司(二)》,第609—610)

8—9月(七—八月) 盛宣怀在沪主持拟订《汉阳总厂萍乡煤矿大冶铁矿筹议合并招股章程》,拟订《汉冶萍钢铁煤焦股分公司章程》。(夏东元编著《盛宣怀年谱长编》,第870—871页)

8月(七月) 坚拒某知县贿托求差。"有曾充交涉局委员某知县,月前赴叶揆初观察(按,叶已于六月捐升道员)私宅干谒。观察以其无因而至拒不见。该令云

---

① 樊时勋(1844—1916),名棻,晚号勤稼老人,浙江镇海人。棉花行工人出身,后到上海,主持叶澄衷商务贸易。继被福州船政大臣沈葆桢委为驻沪采办;又被张之洞委为湖北铁路局采办等职。浙江兴业银行创办人之一,任浙兴申行总理,并在家乡经营公益织布厂、创办便蒙学堂及附属勤稼女学等实业与教育事业。——编著者

有要公面禀,遂勉强见之。讵料为旗员某求委海龙垦务局总办差,并言如能在军帅前求准,下札后即以万金为酬。观察见其语太不伦,斥之使出。该令快快而去,转向人言,观察之不识时务云。"(《贿托求差之骇闻》,1907 年 9 月 18 日《申报》)

9 月 12 日(八月初五日) 晚,应樊时勋约于王佩香家晤谈。座有郑孝胥、宗舜年(子戴)、伍兰孙、金仍珠、许鼎霖等。(《郑孝胥日记》,第 1107 页)

9 月 17 日(八月初十日) 浙江旅沪学会在愚园开会选举正副会长、会董、评议员及干事员,先生与二弟景莱被推为评议员。《浙江旅沪学会开会纪事》云:"浙江旅沪学会于初十下午借愚园开会,到者约近二百人。先由各会员公举周金箴先生为临时会长,述开会词,次由金雪塍先生代述浙会设立之旨,次由姚伯怀、王惕斋、俞宗周、王熙普、鲍葆琳、庄申甫、张苞龄诸先生相继演说,濮紫泉先生以力顾公益、屏除私见为主,由周金箴先生代述。次举职员,登录如下:正会长张菊生,副会长周金箴、刘澄如。会董十二人:朱葆三、严子均、李云书、虞洽卿、樊时勋、濮紫泉、孙问清、陶惺存、卢鸿沧、汤蛰仙、徐冠南、王一亭。评议员十二人:叶仲裕、汤济沧、沈迪民、虞含章、屠康侯、姚伯怀、石积夫、杜亚泉、史庚身、叶揆初、孙玉仙、杨谱笙。干事员六人:方椒苓、胡叔田、宋伯寅、严潆宣、杨振骧、孙楚琴。一切办理,于十二日晚再开职员会提议,迨散会已钟鸣六下矣。"(1907 年 9 月 18 日《时报》)

10 月 5 日(八月二十八日) 盛宣怀在沪"演说汉冶萍事略"[1],"到者约三十人"。(《郑孝胥日记》,第 1110 页)

10 月 7 日(九月初一日) 盛宣怀离沪赴鄂,视察汉阳新建炼钢厂。(《盛宣怀年谱长编》,第 872 页)

10 月 13 日(九月初七日) 浙江兴业银行第一次股东会在杭州举行。[2] 会议议程:①创办人报告创办情形;②检查股东及业务;③议定暂行章程;④选举董事与总司理:孙问清、蒋海筹、沈新三为[3]董事,舒爱周、蒋孟苹[4]、周湘舲为查账人,胡藻青[5]

---

[1] 先生是否参加此次演说会,《郑孝胥日记》没有记载。但从同年 11 月 11 日先生致李维格函分析,当时他在上海与郑孝胥、汤寿潜等均有往来,而且积极参与汉冶萍招股事宜,很可能出席了此次演说会。——编著者

[2] 当时先生已经入股浙兴,但似未参加此次股东会。——编著者

[3] 沈新三(? —1929),名铭清。浙江平湖人,浙江铁路公司董事,浙江兴业银行发起人之一。1910 年任浙兴杭州总行经理,1915 年任办事董事。沈精书法,浙江兴业银行招牌及兑换券上题字,皆其手书。——编著者

[4] 蒋孟苹,字汝藻。湖州南浔丝业巨商蒋家之后裔。他又是著名的藏书家,对版本甚有研究。汤寿潜之子韦存在南洋柔佛办明庶产业公司,种植橡胶。其资本除其兄拙存(创办光华火柴厂)出厂部分外,其余即由蒋孟苹与蒋抑卮分担。他既是"浙路"股东,也是"浙兴"股东。1914 年交通部与浙路订定收归国有合约时,他是浙路公司代表。

[5] 胡藻青,名焕,其父曾在汉口设有银号、当铺。胡家在杭州开设乾源金铺等实业。——编著者

为总司理;⑤议定正式开业日期。(《兴业邮乘》,第 13 期)

浙兴创办之初,先生入股 50 股,计 5 000 元。(《浙江兴业银行第一次股东会报告》所附股东名单)

10 月 15 日(九月初九日) 浙江兴业银行杭州分行开业。行址暂时租赁杭州保佑坊大街楼屋两进,预定三元坊西荐桥街建筑正式行屋。总司理胡藻青,内经理孙慎钦,外经理吴仪庭。(《兴业邮乘》,第 13 期)

10 月(九月) 奉两湖总督赵尔巽之命赴武汉,为其代拟文稿。据陈叔通回忆:"余于赵尔巽任两湖总督时,奏调任宪政调查局,兄汉第在幕中,时赴署进谒。君(按,指先生)由沪至,有奏案极繁复,属君起草,先检案,反复详审,忽取尔巽案头废纸,据案振笔直书,驭繁以简,轩豁呈露,相与赞叹不置。"(《卷盦剩稿序二》,《杂著》,第 432 页)

10 月(九月) 在汉期间,恰逢江浙资本团商议集股收买汉冶萍事。先生又与资本团中蒋抑卮、胡藻青、沈新三、蒋孟苹、周湘舲、郑岱生等人再次接触。先生后来回忆云:"其时本行正开办汉口分行,任内经理者项兰生君,为我十余龄在外家附读时之同馆学生,更觉一见如故。是为本行中坚人物与我订交之始。"(《我与浙江兴业银行关系之发生》,同上引书,第 252—253 页)

11 月 10 日(十月初五日) 浙江旅沪同乡会在西门外斜桥浙绍公所举行大会,号召修筑浙江铁路,"要在集款以拒款"。张元济主持,周金箴任临时议长。张元济演说,"反复详言筹款以拒款之利害,先言外权侵入之害,次言出资办路之厚利。语极详明,闻者均为歆动"。"会场之中,各府代表以及法人团体,或一私人所宣布之股数,共约洋二千二百数十万元。可谓踊跃之至!"其中蒋抑卮、胡藻新以个人名义认招五十万元。大会通过拒款之本旨与办法。办法有三:①力请朝廷收回成命,②叩阍,③江浙路事定见由江浙人自办。(《江浙铁路拒款风潮录》清末石印本,转引自《辛亥革命浙江史料选辑》,第 234—237 页)

11 月 11 日(十月初六日) 在上海复李维格函,告以汉冶萍招股事宜进展,本人"拟集股一万元"。函云:"前月梢接到九月廿日手书,并承寄招股报告一束,厂矿图各五分,当即造访郑、赵、金、刘①,如命转致。惟汤蛰老未来,俟其来沪,再行转致。各人于足下苦心,极能体会,办法亦极赞成,但近来商业凋敝,赀本不足,招徕甚为费力。弟于熟人中广为劝募,稍有成议。只因人微言轻,力量太弱,所得有限,不足以裨毫末。郑苏龛先生寄来说贴一张,嘱为函询,似于去岁议单,略有执简而

---

① 郑,指郑孝胥(苏龛、苏盦);赵,指赵凤昌(竹君);金,指金仍珠;刘,约指刘厚生;下文汤蛰老,即浙江铁路公司总理汤寿潜。——编著者

争之意。鄙人固不敢□□□①矣。以弟意观之，沪上股数即有亦微，倘汉上能集二百万元，合已有之数共约一千万元，即可赶开。股事风声所播，必有应者。目前之阻力，议策尚言托词，实则大资本家商办公司屡屡失败，担心不敢投资，又鉴于电报公司之收为官有，户部银行之加提公积，武进②此次来游，且有谣言订借日款者。种种之原因，互相裹足，令人嗟叹。所以弟前次上书，颇注意于权理董事。盖非开股东会之后，事之悉遵商律，不能招得股本。又非赀本招足不能开股东会。彼此牵制，筑室道谋，永无观成之望。倘能在汉上凑集二百万元，赶开股东会，则转移风气并非难事。弟棉力拟集款一万元，作一小股。因款尚未齐，稍迟即缴。自恨非团团之面，不能振臂响应，有负委托，殊可恼也。"（原件，盛档第 055018 号）

该年 10 月，郑孝胥曾参与汉冶萍江浙投资团的活动。据郑孝胥 1907 年 10 月 8 日日记："汤蛰先邀至浙路公司，晤蒋抑之、汪穰卿。抑之出示调查汉冶萍煤铁事。"10 月 9 日："汤蛰先来，同过赵竹君。遂至立宪公会，议汉冶萍公司事，到者十余人，皆赞成。"10 月 24 日，郑应李维格邀请赴武汉议汉冶萍事。10 月 28 日至 11 月 6 日，郑在汉与李维格议商招股之事，并参观汉阳钢厂。期间，郑多次与盛宣怀见面。11 月 2 日，又"邀至汉厂议约"。11 月 4 日，"一琴携条款来签字，老股认足五百万，新股招认一千五百万；凡七日而定议。"11 月 8 日，郑返沪。（《郑孝胥日记》，第 1111—1114 页）先生此函所说"郑苏龛先生寄来说贴一张"，以及在沪代招汉冶萍股份事，当即江浙投资团事。

12 月 28 日（十一月二十四日）　致汪康年函，答复向赵尔巽"进言"等事。云："闻公到都，近况安好，极慰下怀。燕地早寒，旧恙已霍然否？昨奉手书，敬悉一切。世界之事，正从何处说起，所闻所见都付之浮云而已。沪上寂寥尤甚于昔，王侃叔来，何未得见。次帅于报界不甚留意。川省山川僻远，更讲求为己之学，恐进言未甚效果。朱君事容致函幕府探其底蕴，我公以为何如？川汉、粤汉借款，闻又将有费约之势，外人目中华为野蛮，而东邻乃盛创输入外资之说，邻之厚，吾之薄也，衮衮国民亦猛省否？京师近闻如何？暇乞详示。"（《汪康年师友书札》，第 2442 页）

12 月（十一月）　浙江兴业银行发行"通用银元券"（纸币）。该套纸币分壹圆、伍圆、拾圆三种。图案分别为浙江历代名贤绘画像：越王勾践、王阳明和黄宗羲。③分设温州、衢州、兰溪和湖州分理处，兑收银券。至戊申十二月（1909 年 1 月）尽行

---

① 字不清。——编著者
② 武进，指盛宣怀。——编著者
③ 1923 年浙兴发行由美国钞票公司代印的新版"国币券"，票面以及图案与旧版相同，并由多种地名券。——编著者

裁撤。(叶景葵、潘用和编《本行发行史(一)》,《兴业邮乘》,复第 23 期)

是年秋冬 叶景莱在杭兼办《全浙公报》等事。"其时诸乡老如陈丈蓝洲先生等礼贤如渴,见仲裕朴诚劳苦,实心任事,待以殊礼。同乡诸公,委以主持《全浙公报》,又令参预谘议局复选事宜。其时浙抚增子固,浙藩颜小夏,均器重之,又委以浚湖局之事,一时誉望兼隆。仲裕亦不辞劳苦,为故乡服务。"(《〈鸽痛记〉跋》,《杂著》,第 290 页)

是年冬 参与浙江兴业银行工作。先生后回忆云:"其时本行上海总理为樊时勋君,朝夕相见,因与诸君往来更密。行址在大马路,极逼仄。又向隔壁春申楼楼下,租得两间,辟为一室。总理办公在斯,会客在斯,董事会亦在斯。每饭后即群聚纵谈,久则行务不回避,甚至开董事会时,亦不回避。往往不拘形迹,无所不谈。或于开会时,我以局外人参加讨论。遂于极不规则中,与闻本行秘密。"(《我与浙江兴业银行关系之发生》,《杂著》,第 253 页)

1908 年(清光绪三十四年　戊申)　35 岁

2 月　盛宣怀合汉阳铁厂、大冶铁矿、萍乡煤矿为汉冶萍煤铁厂矿有限公司(简称汉冶萍公司),在农工商部注册;盛宣怀为总理,李维格为协理。

3 月　英国强迫清政府签订沪杭甬铁路借款合同。

7 月　清政府户部银行改名大清银行,增加资本总额为 1 000 万两。该行进一步确定国家银行之性质。

8 月　清政府颁布《钦定宪法大纲》。

11 月　光绪帝、慈禧太后相继去世。溥仪即位,次年改元宣统,以载沣为摄政王。

是年　邮传部在京设立交通银行,上海、天津、广州等地设立分行。四明银行在上海成立。

1 月(丁未冬)　任四川转运局驻沪总办。先生后曾回忆云:"奉四川总督奏调赴四川差遣,以道远辞不往,派为驻沪转运局总办。"(《我与浙江兴业银行关系之发生》,《杂著》,第 253 页)

2 月 21 日(正月二十日)　夜,郑孝胥、樊时勋、赵凤昌同宴于王佩香家,先生与李维格、宋炜臣、金仍珠、萨鼎铭、柯贞贤等应邀出席。(《郑孝胥日记》,1129 页)

2 月 22 日(正月二十一日)　午后与樊时勋至日晖呢厂访郑孝胥。夜于王佩香家招客。(同上引书,第 1130 页)

3 月 23 日(二月二十一日)　四川总督赵尔巽上奏清廷《请开复奉天财政局被参各员调川任使折》,为叶景葵等被革官员鸣不平,并请准调川任用。文云:"奏为川省庶政殷繁,需员佐理,所有前任奉天财政局被参各员,业经遵旨调用,始终勤奋,拟恳恩泽尤开,复调川任使,恭折仰祈圣鉴事。窃查东三省总督徐世昌等附片奏参奉天财政局各员,前经奴才面奏,恩准调赴湖北差委,复经附片陈明,择其才优品洁、实心任事、堪备国家器使者,酌量调用,奉旨允准在案。奴才到任后,于原参二十余员中逐加甄考,除副都统史念祖业蒙圣主加恩外,当即选调二品衔军机处存记奉天补用道叶景葵,二品衔军机处存记湖南候补道金还,分省补用道周肇祥,候补道王曾俊,分省补用知府任毓麟,奉天调用同知俞泰初,分省直隶州知州全禄,奉天补用知县田征葵,山西补用知县陈廷絜九员,业经先后到省委充各差。数月以来,益矢慎勤,无渝初志,分理庶绩,深资臂助。该员等或朴诚勇敢,或器量宏恢,或具专长,或精综核,均奴才历任湘、奉搜罗延揽,相知最深,备试诸艰,皆能胜任,实近今不多得之员。此非奴才一人之言,即徐世昌原奏亦称叶景葵、金还'平日颇有声望',任毓麟、周肇祥等'有办事之才','案经查明未尝不可弃瑕录用'等语。此案始末情形,曾经奴才委曲面陈,久在圣明洞鉴之中。今时局艰难,政治废弛,揆厥原始,盖由实心任事、不避嫌怨之人,动遭摧抑,自好者洁身远引,不肖者唯阿取容。以致敷衍因循成为习尚,而时事遂堕坏于无形。奴才目击情形,未尝不唏嘘太息!以前在盛京将军任内,奏请裁并各衙署局所,设立财政局,曾经声明当事之员易招尤怨,不得不曲予维持。办事未及两年,历来积弊剔除殆尽,入款骤增几逾十万,成效甫彰,咎谤已集。该员等废弃不足惜,窃恐天下臣庶引以为戒,益将缄口裹足,无敢出死力排众怒、为朝廷任艰巨者。此奴才早夜以思,不得不屡渎于君父之前者也。……且现在仰承简命移督四川,僻在一隅,延揽尤切。西陲重镇,百务待兴,自非多积贤能,无以收群策群力之效。惟有仰恳天恩,准将已革二品衔军机处存记奉天补用道叶景葵等九员,仍交奴才带往四川,留省补用。"朱批曰:"叶景葵等九员均着先行开复原衔,准其调往四川差遣。俟该员等著有成效,再行奏请加恩。钦此。"(抄件,《赵尚书奏议》稿本,上海图书馆藏)

4月7日(三月初七日) 浙江兴业银行于杭州召开第二次股东常会。董事孙问清、蒋海筹、沈新三签署发表本行第一届营业报告[①]:丁未年五月九日至十二月底存该对照表(即资产负债表)及盈亏核算表(即损益计算书)。其主要项目如下:

资本洋 100 万元(未缴洋 736 175 元);长期放款洋 2 238 786.3 元;各项存款洋 32 477 468.49 元;本届纯益洋 12 755.47 元;派息(每股合七厘)12 675.27 元;净盈 80.2 元[②]。

会议决定议设上海、汉口两分行,任命樊时勋、汤梯云为申、汉两行总理;并通过分行章程;议决股东常会每年一次;增选郑岱生、苏保笙为董事。(《兴业邮乘》,第 3、13 期)

---

① 《兴业邮乘》从第 3 期(1932 年 11 月 9 日)起连载由徐寄顾整理的浙兴历届营业报告书,"以供将来作本行史料材料之一助也"。除少量说明文字外主要公布各届存该对照表与盈亏核算表。1912 年以前各届营业报告签署者(董事会成员)并无叶景葵先生名字,但为了尽可能完整记录浙江兴业银行历史活动全过程,况且谱主一生又与浙兴历史密不可分,故而笔者仍决定将这些史料收入本谱。1912 年前略简,1912 年后略详。——编著者

② 原系表格式,中文数字,现择要摘录并改为阿拉伯数字。——编著者

5 月 20 日（四月二十一日）　浙江兴业银行汉口分行（汉行）开业。总理汤梯云①，内经理项兰生，外经理丁子山。行址汉口一马头歆生街。（同上引刊，第 10 期）《项兰生自订年谱》记，职员还有会计王稻坪，助员朱振之、曹吉如、闻信之、蒋赓声，庶务孙泰钦。8 月 27 日，"外经理丁子山忽病殁，清查经放款项，计私人挪用洋例银二十万五千两，虽有据件，但手续均欠完备，即电总行由胡藻青、蒋抑卮于九月六日（八月十一日）到汉会同清查。"（《上海档案史料研究》，第 10 辑，第 293 页）

6 月 4 日（五月初六日）　夜，于王佩香家请客，到者熊希龄、高子伯、郑孝胥等。（《郑孝胥日记》，第 1144 页）

6 月初（五月初）　川滇边务大臣赵尔丰致先生札，"委办川汉参议"，"月薪百两"。（参见 1908 年 6 月 12 日先生致陈汉第书）

6 月初（五月初）　两江总督端方邀先生入幕，先生"婉辞之，已蒙允许"。（同上）

6 月 12 日（五月十四日）　致陈汉第书，告以谢辞端方邀其入幕，以及托问川汉参议差事薪金等事②。函云：

> 仲恕吾文惠鉴：临别惘惘，日以行踪为念。顷得午帅③转示府主电，知已安抵成都。想一路福星，平安无恙。而今而后，但盼鱼雁长通耳。此次受任与各处不同，一切事宜皆有季帅④部署妥协，为之属者较省心力。幕中组织大致若何，可否暇中赐示一二？理卿因清丈事又遭白眼，已将里差撤去，而仍留清丈事，急切不得脱身。塞翁失马，安知非福。亦只得以此两语解嘲而已。鄙人签捐局轧薪⑤，五月初即奉札借支，经济界大受影响。幸销费甚简，尚可支持。前奉帅札，委办川汉参议，应尽之责，固不敢辞。但川汉问题尚无的实办法，所谓无议可参，名不副实者也。月薪百金，原札提名在川省支给，而未言明向何局支领。川汉公司性质纯属商办，未便开轧薪之端。能否在筹饷局支领，尚祈体察情形，便中代为请示，并求赐信通知。以后即托浚川源或宝丰隆按月具领，倘能补行一札，饬在驻沪转运局按月支发，尤妙。（须将平邑提明，以便折

---

① 汤梯云于戊申年终（1909 年 1 月）辞职。——编著者

② 原信无年月，仅署"十四日"。据考，叶景葵与陈汉第约相识于 1907 年 10 月汉口两湖总督赵尔巽幕府中。1908 年 1 月，叶出任四川转运局驻沪总办，常驻上海。不久陈汉第调任四川，两人开始通信。信中提及两江总督端方电召先生赴宁。查叶于 1908 年 7 月 2 日（五月十五日）赴宁，故此信所署"十四日"，无疑当为该年五月十四日，即公元 1908 年 7 月 1 日。——编者

③ 午帅，指端方，字午桥。——编者

④ 季帅，字季和，赵尔巽之弟赵尔丰。时充川滇边务大臣，后任驻藏大臣兼川滇边务大臣。——编者

⑤ 轧薪，疑为当时"筹款发薪"的俗称，类似"轧头寸"。下同。——编者

算,并须言明在何局何项开支。)琐费清神,想不见责。沪上无甚新闻。浙路因存款及工程师事与苏省意见,现已渐就平和。午帅留葵入幕,葵以此次不赴川省,对于次帅①甚有歉情,故已决定不在他处任事。午帅与次帅交非恒泛,如有要事商榷,尽可函电往来,略舒所见,入幕则婉辞之。已蒙允许,惟委以如有电到,必须前往作数日谈。宁沪相距只七点钟程途,则未便峻却矣。此间交游慎而又慎,几于足音跫然,亦不易办到之事也。此系寄川省第一封信,请公留作记念。余续布。敬颂

旅安　　　　　　　　　　　　　　　　　　　　　　　景葵顿首。十四日

抑之、省三②诸君来沪。潭寓安好,勿念。

(手迹影印件,《合众先贤墨迹选》,第27—30页)

6月14日(五月十六日)　在沪参加浙路股份公司股东临时会,讨论会务并两次发言。《浙路股东临时会纪事》云:"昨日浙路股东公司在西门外绍兴会馆开股东临时会,其秩序如下:一、开会;二、公推临时议长;三、报告新股股份;四、提议事件:甲、推广路线:赣线芙泗孰先,乙、截股以后,应否带收;五、预留前任董事四人;六、选举董事七人,查账员五人;七、公举副总理;八、闭会。中午二时十五分,由汤总理宣告开会,请公推临时议长,众推周金箴先生为议长。议长登台布告云:小子承总协理命令为议长,为公仆之公仆,先求乡老鉴原。又请推纠议员,众推虞洽卿、王一梅(亭)、杨振骧、王清夫四人。议长报告新股股份现由各属报告已招二百三十余万股,实收一百七十余万元。总协理又布说帖云,上年十月浙人乡府担任二千三百万,一鼓作气,五年靡不集,以全浙之路不敷者仅矣。支柱至二月间合同发布,如火热诚一落千丈。自三月十五日邮传部章程奉旨依议,人心始稍稍回复,然岂易家喻而户晓也。原议四月终为截股第一期止,匝月耳,遥远之所,甫见合同,未见章程,正嗒焉若丧之时,无论附股,即汇寄杭沪亦来不及,且磅价涨,欧美恐慌,中国大牵动,潜、藻谓此即截股必无成数可言矣。连日各经理处仓卒汇集其已缴到者一百五十万有奇,已函报而未缴到者八十万有奇,居然达二百三十三万以上,照章五年匀缴,勉及二千三百万之半数,以竟杭甬之役有余。夫时间之近促如此,重以市面之疲滞,不意父老好义,犹能得此成数,续寄续认不难,次第而足原认之额,人民爱国亦至矣哉,并不敢张疑帜以自欺而欺外人。兹特报告大数,即请补举董事、查账,并乞别举总副理以善其后。潜、藻本不肯冒承此乏,潜、藻去年十一月谬奉电召,理宜进京一行,非今日因难始退,即因难而退,其不欲以全浙孤注之苦心,当可共鉴也。

---

① 次帅,指赵尔巽,号次珊,时复任东三省总督。——编者

② 抑之,疑即蒋抑卮;省三,不详。——编者

然则潜、藻虽负耻一日不死，父老作焉已死观可也。……芜广路由杭州经安吉通广德州，至芜湖期间客货甚多，上下江受其益。应先筑何线？有股东问。……又有人言，两线中以通江西者为利厚而费简。叶葵初君陈说浙江全省形势并杭甬与上两线之关系：必三线并举，浙路始完全无复危险。蒋抑卮君言，日本人现颇有规划，自福建贯通浙江、直抵江苏之线路，故我浙必急起直追方免危险，且浙芜线路短，费省约一千七百万，全路可成。叶揆初君又言，此事须会商苏路公司，方两省通力合作，可免危险，可收速效。……至此遂牵及存款问题，辩论甚久。……张菊生君起言，今日因筑路牵涉存款，固不必争存款之用不用，但问二千三百万股本之主权足不足耳！又言，甲乙两线利益虽相等，然杭州至长玉山为本省正干，利益较溥，主权在我；芜广线利益较狭，且其权大半在安徽，故不如先筑干线。乃分布议决票。主甲说者居多数，遂决议推广路线先筑浙赣干路。议长又言，有多数人致函公司，有求截股展期，查第一期原定本年四月底截止，现应如何办法？经众议：第一期股银展至本年八月底为止，与第二期股带收。议长又宣告预留前任董事孙问清得九千零八十七权，苏葆笙得八千六百八十一权，沈新三得五千五百零一权，胡穆卿得五千三百权，均当选；俞宗国君起言，邮传部有收回电报股份之举，于铁路股票颇受影响，应请公司开会公议，拟以五十年为期。议长言前日甬属集股处亦曾议及此事，四明公所开会公议，拟以五十年为期，呈请邮部可也。严子均五千三百十四权，吴雷川二千零三十四权，张弁群四千一百零四权，叶又新三千八百五十权，蒋孟苹四千二百十四权，蒋海筹三千四百四十二权，徐冠南三千零三十六权（以上为董事）；谢纶辉四千四百二十七权，杨信之一千五百九十五权，姚慕莲二千五百零五权，周湘舲一千二百八十九权，王一亭八百三十五权（以上为查账员）。"（1908 年 6 月 15 日《时报》）

6 月 29 日（六月初一日） 晚，樊时勋在商学会宴客，王采臣、张謇、熊希龄、郑孝胥与先生等在座。（《郑孝胥日记》，第 1148 页）

7 月 28 日（七月初一日） 在杭州国会请愿运动①代表聚会上，二弟叶景莱与邵羲、蔡汝霖等②被推为赴京请愿代表。（1908 年 7 月 29 日《申报》）"浙江的运动

---

① 当时上海为国会请愿运动中心之一。1908 年 6 月 16 日，江苏寓沪士绅于法政讲习所集议国会问题。21 日又举行会议，孟昭常宣读请愿书稿，与会者一致同意。6 月 30 日，预备立宪公会郑孝胥、张謇、汤寿潜等联名致电清宪政编查馆，要求"一鼓作气，决开国会，以二年为限"。7 月 3 日政闻社亦致电清宪政编查馆，请限两三年召开国会。7 月 11 日，郑孝胥、张謇、汤寿潜等再一次致电清宪政编查馆，要求于两年内召开国会。7 月 17 日，江苏请愿代表雷奋、安徽请愿代表许承尧、方皋等由沪赴京。（参见《上海近代大事记》，第 654—655 页）——编著者
② 邵勇《汤寿潜与清末预备立宪》一文，载《浙江辛亥革命史集粹》（第 35 页）将叶景莱、邵羲误植叶景葵、邵义。——编著者

是在汤寿潜的促进下开展起来的。6 月,汤寿潜在上海电促本省各团体行动,浙江旅沪学会亦派叶景莱回省发动。吴雷川、胡焕诸人屡次邀集各界人士研究,以为现值暑假,各团体大半散归乡里,招集不便,决定将传单和签名册分发 11 府,签名后即派代表来省,8 月 10 日召开大会,公举代表入京。旋接北京同乡电催,便将大会提前于 7 月 28 日召开。会上通过了由汤寿潜主稿的请愿书,选出了代表。请愿书由前礼部侍郎朱祖谋领衔,签名 8 000 余人,……8 月 20 日,代表叶景莱、邵羲、蔡汝霖前赴都察院呈递请愿书,要求'国会迅速成立'。"(侯宜杰《二十世纪初中国政治改革风潮——清末立宪运动史》,第 197—198 页)

8 月 16 日(七月二十日)　浙江兴业银行上海分行(申行)开业。行址设于大马路(南京路)春申楼隔壁(后冠生园旧址)。民国四年(1915)杭州浙兴总行迁往上海,设浙兴总行于此。1918 年 1 月,北京路浙兴新厦落成,浙兴总行始迁入新楼办公。(徐寄庼《从南京路到北京路》,《兴业邮乘》,第 13 期)先生因与樊时勋等相熟,过从甚密,经常以"局外人参加讨论"浙兴行务。(《我与浙江兴业银行关系之发生》,《杂著》,第 253 页)

8 月 17 日(七月二十日)　浙江兴业银行总行在杭州成立。(《兴业邮乘》,第 13 期)

8 月(七月)　浙江兴业银行与商务印书馆订立承印钞票"立保单"。商务承印上海拾圆票 9 982 张,上海伍圆票 3 万张,汉口伍圆票 3 万张,汉口拾圆票 1 万张。署名夏粹方、木本①。(原件,上档 Q268-1-596)

9 月 1 日(八月初六日)　致盛宣怀函,报告代招汉冶萍股份之事。云:"日前幸聆榘训,莫名佩仰。闻驺从明日启程东渡,本应趋辕叩送,因日来腹泻甚愈,不克出门。瞻望行旌下怀,弥增歉仄。俟宪驾回国,谨当赴埠欢迎也。前命代招汉冶萍股分,兹先得湘绅龙绂瑞等愿附股分三万余元,已嘱就近兑交一琴兄处,即由该处付给收条。余俟续招有得,再行禀陈。"②(原件,盛档第 012727 号)

10 月间(九月)　受浙兴委托,以浙兴汉行总理名义赴汉口,处理浙兴汉行行基纠纷事。先生后记述此事经过云:"汉口行基,旧为后城外水淌,自筑城垣马路后(现名中山路),又展筑歆生一路(现名江汉路)。此地适居转角,形势绝佳。本行于赵次珊尚书任鄂督时,向官地局领到,将转角处斜让三丈,于是华界交通畅达,不受

① 夏粹芳,名瑞芳,商务印书馆总经理。木本,名胜太郎,日本人,时任商务印书馆印刷所负责人。——编著者

② 原函仅署"八月初六日",无年份。查盛宣怀 1908 年 9 月 2 日赴日本就医,并考察钢铁厂矿及银行各业,故考定此函年份。——编著者

英租界之拘束。讵料官地局因赵去任,别有目的,私在沿江汉路界内,擅立界石,声言将辟为停车场。本行争辩无效,赖旅汉同乡汪炳生、卢鸿沧、宋渭润、史晋生、盛竹书诸君,力持正论,率领众商,公开抨击官地局之无理。主持者知众怒难犯,乃由江汉关道齐耀珊出面转圜,当众丈量,拔去私立界石。是为下江旅汉商人发动民权之初步,本行至今感佩。"(《及之录(八)》:《汉口价领行基案》,《兴业邮乘》,复第11 期)

10 月 20 日(九月二十八日)　浙兴汉行就行基案结案呈文。全文如下:

谨将浙江兴业银行价领汉口堡垣官地,业经公同丈明,一再展让,并无胶葛,拟恳官地局查照补拨,以偿亏损各情形,开折恭呈钧鉴。窃查银行于去年五月呈请前督宪,拨给汉口一码头歆生街堡垣官地三百方,当蒙批准,并先后核减地价。六月缴呈地价银四万五千两,当由官钱局官地委员王令祖钱,送来拨交丈尺略图,声明南面退进官尺一丈,东面尺寸与新马路余庆、长源二里一律取直,并亲率丈手,带同工人,到地丈拨,指立界石。十一月内,警局会办瞿守世玖,以马路转角为中外交界之区,虑将来多生纠葛,特至汉口分行商议展让。以事属公益,函请浙路公司及众股东公同议决,允于转角内每边斜让三丈,绘具地图,呈请前督宪批准备案。复由官地委员于十一月二十六日到地,协同丈让,改立转角界石,又于西首补给所让亩分,移立界石各在案。是银行以三百方价,领三百方之地,界由官指,地由官拨,领地有案,让地又有案。该处地居洼下,按图拨交尽系水淌,一载以来,雇工填土,所费不赀。本年七月间填土将竣,议即庀材鸠工,忽于东首价购界内,被官钱局私立官地界石二方,当即控请饬查。复据官钱局声称,前拨亩分,计多三十余方等语。银行以前后所丈,同出局委,何至相矛盾? 万一外人不察,谓兴业有浮冒多领情弊,攸关行誉,不可不辩。呈请复丈,复荷扎饬江海关道、巡警道委员会同复丈。即于九月二十二日,由江汉关道派委李令益恭,巡警道委派王令允成、瞿令明缙,暨官钱局官地委员王令奎照、绘图员汪稍宾、丈手王子云,偕同商会总协理齐道贤、汪道显述、交通银行总办卢道洪昶、水电公司经理宋道炜臣、商会议董史绅致容、盛绅炳纪,协同到地,按照去年官地局拨交原图,逐段复丈,公同证明,的系三百方,毫无错误。当由官钱局官地委员王令奎照将前次私栽之石,即时当众移去。丈尺既已证明,是非亦即解决。惟让宽马路一节,事系公益,自应再行勉遵,以副督宪之意。查此地东南转角,本离英租界官尺一丈,益以城根二尺有余,又加银行领地内,去年每边斜让三丈,两数合计,东首离英工部局界石已隔四丈有余。由城垣马路至新马路,往来车马行人,均可通行无阻,于英界交通尤无窒碍。现在银行愿在东南两边,每边再斜让五尺,以壮观瞻。计东面自转角起,斜至余庆公司东首屋边为止;南面自转角起,斜至官地局原图第三十四号西首线为止。当于九月二十六日,由汉口分行总理叶道景葵与江汉关道齐道耀珊商妥,并呈地图,指明续让尺寸。业荷关道承诺,惟该处地价既昂,填土尤巨,所让尺寸,拟仍请官地局,于北面直线凹进之处,照原界取直补拨,以偿让地亏损。设使此彼此相抵,尺寸有余,银行情愿照章缴价。现在停工已久,需费浩烦,拟请饬令从速照办,俾便工筑而恤商艰,实为公便。附呈地图一纸。 浙江兴业银行谨呈 光绪三十四年九月廿八日[①](同上引刊)

11 月 2 日(十月初九日) 与金仍珠同赴日晖呢厂参观[②]。(《郑孝胥日记》,第1163 页)

是年某日 致甲午杭州乡试房师薛裴铭函,叙述近况。云:"受业由晋而湘而京师,皆佐赵次帅幕府。乙巳之岁,次帅奉命渡辽,延调人才,百无一应。受业激于义愤,襆被相从。到奉之时,锋镝未已,委办文案,兼理粮饷。""今春,次帅入蜀,本邀受业相助,受业以蜀道险阻,亲老难行,据实陈情,得蒙曲宥,已委办在沪运输事宜。现在卜居马霍路,爽垲清幽,远于城市,决计暂作寓公矣。"(薛佩苍《敬悼揆公》,《兴业邮乘》,复第 54 期)

是年至翌年 商务印书馆为浙江兴业银行代印五元、十元兑换券(钞票)两种。此为浙兴所发行之第一版纸币。(夏瑞芳等立保单、商务印书馆送货单,原件,上档Q268-1-596)"浙江兴业银行是最早取得货币发行权的商业银行之一,其发行的纸币因信誉良好、保证金雄厚而为商民所喜用。宣统元年(1909 年),浙江兴业银行发行了以列代名贤绘像为主图的'通用银圆券',面额由壹元、伍元、拾元组成。此套纸币因发行时间短,收兑彻底,目前存世罕见。"(褚纳新《浙江兴业银行纸币》,《收藏》,2007 年第 7 期)

---

① 此呈文极可能出于先生之手笔。——编著者
② 先生此后即入股该厂。——编著者

1909 年(清宣统元年　己酉)　*36 岁*

　　4 月　　共进会在汉口、武昌设立机关。

　　8 月　　沪杭铁路全线通车。

　　10 月　　同盟会在香港设立南方支部,在广州设立分机关。

　　12 月　　江苏咨议局长张謇在上海召集十六省咨议局代表商议,成立国会请愿同志会。

　　1 月(庚戌十二月)　　浙江兴业银行汉口分行总理汤梯云辞职。经浙江兴业银行总司理胡藻青推荐,先生在沪"遥领"浙兴汉行总理之职。先生后回忆云:"(光绪)三十四年,胡藻青君以杭行总理兼任汉行总理,苦于不能兼顾,屡向董会请求另派。董会嘱其自觅替人,胡君商之于我。我颇愿一试,但以川运局事不获辞,乃商得遥领办法,行事一委之项君,遇有要事,每年数次往返而已。于是我又于极不规则中,靦然为汉行总理,前后几及三年。"①(《我与浙江兴业银行关系之发生》,《杂著》,第 253 页)

　　4 月 10 日(闰二月二十日)　　商务印书馆为浙江兴业银行续印钞票"立保单"。计拾元票 2 万张,五元票 4 万张。署名夏粹芳、木本。(原件,上档 Q268-1-596)

　　4 月 18 日(闰二月二十八日)　　福建同乡会借上海愚园为高啸桐②逝世开追悼会,"至者百余人"。先生送挽联云:"可为诤友,可为辩臣,当此主少国疑,独惜斯人憔悴死;吾见其人,吾闻其语,太息风潇雨晦,更无便坐雅谭时。"(《郑孝胥日记》,第 1186 页;《杂著》,第 405 页)

　　4 月(闰二月)　　商务印书馆代印浙江兴业银行汉口壹元票 10 万张,背面开始使用"叶总理、项经理"签名章。此前各票使用"汤总理、项经理""胡总理、项经理"签名章。(1915 年 10 月 21 日《汉行钞票号数字号签名章区别表》抄件,上档 Q268-1-596)

---

① 据 1909 年 9 月 18 日先生复项兰生函,先生虽则早已参与浙兴工作,但因家事等原因,直至同年 9 月才正式接管汉行事务,并领取浙兴薪金 200 元。——编著者

② 高啸桐(?—1909),名凤岐,福建闽侯人。举人出身,曾应林启邀请入杭州求是书院,协助林从事改革。后与其弟高凤谦(梦旦)进任上海商务印书馆编译所。该年 3 月 4 日在沪去世。——编著者

4月(闰二月) 四川总督赵尔巽奏准开复奉天财政局参案被革各员。奏云："光绪三十二年七月,前奉天财政局案内被参各员,当经奴才将此案情形面奏,奉旨恩准调往湖北差委,毋庸赴奉。于次年二月,因叶景葵等九员在鄂办事始终勤奋,奏请开复。奉硃批,'叶景葵等九员先行开复原衔,准其调往四川差遣,俟该员等办事著有成效,再行奏请加恩。'遵即饬各员分别赴川,听候差委,并分办省外要件。……将前二品衔军机处存记奉天候补道叶景葵委留办后路转运。周肇祥、任毓麟、全禄、田征葵、叶景葵、金还六员,开复原官原衔,免交指复银两,留川补用。"三月十五日奉硃批:"着照所请。"(1909 年 3 月 11 日《申报》)

5 月 4 日(三月十五日) 访盛宣怀。盛交下译稿二件。(1909 年 5 月 5 日先生致盛宣怀函,盛档第 018693 号)

5 月 5 日(三月十六日) 致盛宣怀函,交还译稿。云:"昨聆训言,并蒙发缴译稿二件,兹仍粘封交还,敬乞詧收。"(同上引档)

5 月 16 日(三月二十七日) 汉冶萍公司第一届股东会在上海召开[1]。会上盛宣怀宣布历年办事始末及以后续拟推广情形;李维格报告接办汉阳铁厂以来历年成效;林志熙报告萍乡煤矿目前出货、销货及炼焦各项发达情形;冶矿总办王锡绶报告冶矿情形;沪宁铁路前总办沈敦和谈说。会议公布一百股以上股东名单(均可被选为查账董事)、五百股以上股东名单(均可被举为权理董事)和五百股以上合格股东到会名单。先生名列五百股以上名单[2]。会议选举查账董事和权理董事,先生当选候选人,但未选上。(《汉冶萍公司(三)》,第 77—78 页)

5 月 25 日(四月初七日) 二弟景莱病倒于杭州。(《鸽痛记》稿本,上海图书馆藏)

5 月(四月) 撰《题高啸桐遗像》七律一首。诗云:"展禽见黜不须三,说士情怀晚愈甘。病榻从容论往事,诤臣诤友两无惭。主少国疑公竟逝,西林威望亦差池。欲裁狂简终无用,更有心香爇与谁?"诗注云:"光绪丁未,余自盛京铩羽南归,媿室先生扶病下交,延誉备至。载瞻遗像,怆然有感。"(《杂著》,第 365—366 页)

5 月(四月) 新任东三省总督锡良对外宣称,金还、叶景葵等前任东省财政官

---

[1] 汉冶萍公司,包括汉阳铁厂、大冶铁矿和萍乡煤矿三部分。1890 年,湖广总督张之洞首创汉阳铁厂。1893 年基本建成,共有六个大厂、四个小厂,炼炉两座。1894 年投产。开始均为官办。从筹办到 1895 年,共耗银 580 余万两。1896 年改为"官督商办",由盛宣怀招股 100 万两接办。1898 年为解决汉阳铁厂燃料,又招股 100 万两,设立萍乡煤矿局。同年,盛奏准三部合并、扩充为汉冶萍煤铁厂矿有限公司,开始了汉冶萍"商办"时代。然而厂矿经营腐败,不几年负债倍于股本,企业陷入重重危机之中。——编著者

[2] 先生是汉冶萍公司投资股东,拥有议决权 410 权。依照公司《推广加股详细章程》规定,50 股为一议决权。——编著者

"均拟调东,襄助一切"。(1909 年 5 月 12 日《申报》)

6 月 2 日(四月十五日)　闻二弟病,由沪抵杭探视。(《鸧痛记》稿本)

6 月 8 日(四月二十一日)　在杭与关维震商二弟病况。(同上引书)

同日　日辉呢厂 6 月 6 日选举董事会,周仁璋辞董事职,董事会议定"拟添举叶揆初"为董事①。(《郑孝胥日记》,第 1195 页)

6 月 11 日(四月二十四日)　时赵尔巽致先生电,催"赴宁领运炮弹"。是日,自杭返沪,留景莱在杭养病。(《鸧痛记》稿本)

6 月 21 日(五月初四日)　二弟景莱由杭到沪。先生"专辟静室一间,令其养病"。(同上引书)

6 月 23 日(五月初六日)　为景莱诊脉。其胡言乱语,然先生"尚不疑其疯病也"。(同上引书)

6 月(五月)　浙兴与通运公司签订合同,"为通运代兴业在法京巴黎选择有名之厂定印钞票"事。署名通运公司代表俞寰澄,兴业银行总理胡藻青、沪行总理樊时勋、董事孙问清等。(原件,上档 Q268-1-596)

7 月 2 日(五月十五日)　赴南京。次日谒见端方两次。7 月 4 日晚由宁返沪。离沪前,嘱托朱夫人请日本医生小崎为二弟景莱诊治。(《鸧痛记》稿本)

7 月 5 日(五月十八日)　亲赴日医小崎诊所为二弟取药。(同上引书)

7 月 6 日(五月十九日)　梁有庚来访。(同上引书)

7 月 7 日(五月二十日)　上午约梁有庚陪同二弟赴日医小崎诊所就医。午后,又请某德国医生来寓所为二弟诊治。德医嘱咐住院静养。(同上引书)

7 月 8 日(五月二十一日)　送二弟景莱进广慈医院。(同上引书)

7 月 10 日(五月二十三日)　表弟徐少畲(敦弟)来沪。同往广慈探望景莱。归来与敦弟查阅二弟皮包内信件,求证其得病缘由。发现线索,当晚书一字条,请表弟徐少畲、严泷送至医院给二弟阅看。(同上引书)

7 月 11 日(五月二十四日)　晨,赴广慈医院探望二弟。(同上引书)

7 月 13 日(五月二十六日)　二弟坚执要出院,乃接至归家。于右任来探视景莱。晚,又送二弟进广慈医院。(同上引书)

7 月 14 日(五月二十七日)　因二弟不配合治疗,先生只得重新接其出院。(同上引书)

同日　浙江兴业银行第 3 次股东常会在杭州召开。先生未出席。董事孙问

---

① 先生似未就职。——编著者

清、沈新三、苏保笙、郑岱生、蒋海筹等签署本行第二届营业报告,公布戊申年存该对照表及盈余情况如下:

资本洋 100 万元(未缴资本洋 513 050 元);长期放款洋 1 243 358.05 元;各项存款洋 1 737 512 元;分派股息总行洋 17 343.22 元,汉行 10 315.11 元,申行 3 111.11 元;本届净余洋 25 484.32 元(其中总行洋 21 325.83 元,汉行 3 278.54 元,申行 879.95 元)。"照章提存公积,分派红利。"

会议正式选举先生为汉口分行总理。会议还议决杭、汉、沪三处分设董事和查账人。选举沈新三、蒋抑卮和张澹如(杭董)、宋渭润(汉董)、徐冠南(沪董);选举周湘舲(杭)、汤梯云(汉)、苏保笙(沪)为查账人。

(《兴业邮乘》,第 4、13 期)

7 月 15 日(五月二十八日) 决定送二弟回郑州父母亲处。沈飓民、金仍珠来访。傍晚,与朱夫人、敦弟等陪二弟外出散心。景莱"又发疯狂"。(《鸰痛记》稿本)

7 月 16 日(五月二十九日) 作回郑准备。又为二弟开方服药。(同上引书)

7 月 17 日(六月初一日) 日前得浙江兴业银行总经理胡藻青来电,商请先生兼任浙兴汉口分行总理。电云:"新马路永年里叶揆初鉴:股东公举君总理汉行,昨恳时老转陈一切。务祈勿却,汉行幸甚。余函达。焕。"是日,复胡电,谢辞。电云:"电悉。股东委任,极应效劳,但葵于银行毫无经验,现办川运,尤难分身赴汉,务恳收回成命。本日偕舍弟回郑省亲匆促,不及另函,乞向各股东道歉。葵。朔。"(1909 年 7 月 18 日《申报》)

同日 晚,偕表弟等陪伴二弟景莱上船赴汉口,拟转至郑州父亲公署。随行仆人鸿仁、小六与郑晋三位。(《鸰痛记》稿本)

7 月 19 日(六月初三日) 凌晨,景莱乘人不备投江而亡。先生闻讯,强压悲痛,当即派遣郑晋、鸿仁上岸赶赴泰兴一带水面雇人寻找与打捞。自己折回上海,准备料理后事。(同上引书)

先生为此悔恨莫及。景莱自前年摆脱上海《神州日报》事务后,回杭州主持《全浙公报》,又兼安定学堂监督等职,因诸事不顺,受到刺激,旧疾复发。经医治痊愈,来上海,拟赴豫继续休养。先生云:"余所悔者,当《神州》盘顶之后,叔衡在英留学,曾有函劝余资送仲裕出洋留学,变其环境。逮叔衡书到,已受安定之聘。余初未想到,继又因循,未采叔衡之议,以致铸此大错。余兄弟中以仲裕为敦厚,平时讷讷,而任事血诚,侍人和蔼,起居饮食,艰苦节俭,而遇贫交后进,则挥斥施与,毫无吝色。惜乎生不逢时,环境逼迫,竟未能发挥光大,为家之光,徒令赍志殒身,与屈平为伍,是一家之不幸,而亦家督之罪也。"(《〈鸰痛记〉跋》,《杂著》,第 290—291 页)

7月20日至21日（六月初四至初五日）　撰致父母亲长函①，报告二弟病况及投水自沉之经过。函云：

父母亲大人：膝下男作此书时，心绪如沸，握管不能下，然又不忍不实陈于父母之前。谨将莱弟在杭病愈后逐日所历情形，至于最后永诀之日详细事实，分日禀陈，乞省览焉。

莱弟起病系四月初七，病系血热冲脑，四肢中风麻木。经朱毅臣诊治，奏效甚速，及男于四月十五到杭，莱弟病势已转，惟体气甚弱。男恐家中记念，故家禀中诡言湿温，其实为脑病无疑也。男探悉起病之原，先将《公报》、学堂未了之事作为了结，前已禀陈（不记何日）。病则仍请朱毅臣治，无如莱弟坚执不服朱毅臣之药水，乃由男自行开方，无非化痰化热之品，服后甚效。前后约五六剂，仍请朱毅臣看，据云手足已灵，脑筋已活，决无他变，惟体气甚虚，必须补剂，遂留药水数剂，而莱弟仍不服。其时正值初选举开票之际，与莱弟反对之祝凤楼、潘凤洲均占多数，而莱弟独不得，甚为郁郁，口中言之不绝。男乃与来卿②叔等谋，运动莱弟为议员，或可解其郁病。此四月廿二一日也。其时次帅来电，催男赴宁领运炮弹。男本拟挈莱弟同行，恐其体弱，遂于廿四返沪，而留鸿仁侍病，令其节前专雇拖轮护将来沪。其所服药饵（所留药水并未能日日服之，因渠坚持不愿服也），毅臣一手经理。至五月初四莱弟遂回沪，步履已能如常，惟觉吃力，遂专辟静室一间，令其养病。此回沪以前之情形也。

初五系过节。初六午男诊其脉，尚平和，惟甚沉滞，舌苔白腐，胃不开，小便赤，大便不利。乃制利气除湿之香砂枳求丸，服之五六剂后，胃口渐开。食五六顿糜粥，大便日日通，小便亦清利，以为大有转机。其时正值浙路股东议举男为协理，男与莱弟谈，渠力劝不可就，力言汤之狭诈。言之不足，又长言之，日日言之，刻刻言之。男尚不疑其疯也，以为莱弟爱兄之意出于至诚，许其不就。渠始默之，至十四日早，渠忽言《全浙公报》中之景韫伯③日前来沪，恐来暗算。男问其暗算何事？渠言："从前《民呼日报》之于右任曾托我任杭州访事，我允之而未写过一字，今见《民呼报》载杭州之事甚多，恐系景韫伯假名谋害。"男言笔迹不对，何足道哉！渠又言："我在病中，恐家人偷我图章，送给景韫伯，作成圈套弄我。"男言此何足道！一则可以写信与于，言访事并未担任，

---

① 1921 年 3 月，先生检出此信并附以相关史料，装订成册，题名《鸰痛记》。又先后两次为《鸰痛记》撰写题跋。参见本谱 1923 年 3 月、1941 年 3 月 12 日条。——编著者
② 先生原注："关来卿，名维震，杭州人，为余祖姑母之长子，曾任慈溪训导多年。"——编著者
③ 先生原注："景本白，杭州人，《全浙公报》同事，现为久大精盐公司董事长。"——编著者

请另聘人;二则可以登报声明,我前用之图章何式何字现已遗失,概不为凭,便可杜绝后患矣。渠又言姑且等等再说。男亦不疑其疯也。此五月十四以前事也。

五月十五,男因午帅①催领炮,又须贺北海之喜,遂赴宁。十六连谒两次,说明莱弟病,须急归。十七返沪。临行之时,男以其体气久虚,断非草木之药所能为力,且男远出不甚放心,令媳妇请东医小崎为之诊治。小崎诊后即言,此等病现在虽不甚重,日久恐成疯病,须预防之。此十五之言。所留药水药粉,莱弟又因其难吃不肯服。经媳妇苦劝,仅服药粉,而药水则所存甚多。至十七晚,男归来,莱弟即言:"大哥兴业银行之钱都被楼下说四川话的骗走了!"(楼下有一杨师即系四川人。)男以其言太突兀,遂告以兴业所存并无自己的钱,皆系公款,公款无总办图章万不能取,断无其事。莱弟又摇手言曰:"催眠术术之,不可说!不可说!"男始觉其神经昏乱。十八日早,男亲至小崎处取药,并力劝其服药水,早晚两次,均男督率服下。是日颇平静。晚间李仲端②来,将回苏邑,男问其有何事体可以交代仲端带信,渠不答。仲端亦妙,极(给)完莱弟洋廿元,无言而去。十九西仲③来,男即告以莱弟神经受伤,公见面必推崇其在杭之名誉。西仲留谈竟日,莱弟虽未答言,而男与西仲所言,皆旁敲侧击劝他看开之话。傍晚,男邀西仲至九华楼小饮。去后莱弟即问媳妇曰:"大哥呢?"媳妇答:"到九华楼去了。"莱即言:"该应同去的。"媳妇言:"因你病后不能劳动,所以不去。"渠即自抓胸口自打头。媳妇急言:"我送你去!"莱连言:"来不及了!来不及了!"将所坐皮榻力撕粉碎。又言"人与禽兽不分矣!"又言"统统错了!"又言"来不及了!"男闻信赶回,拉其至床,用好言抚慰,亦即平静。男以为小崎之言大验。廿日早,乃约西仲与莱弟及男同坐马车至小崎处看病。看后,莱弟言此等医院靠不住的。男亦恐靠不住,下午又请德国医生到家诊治。此医看得甚细,据云此系脑病之一种,断无药可以医治,不过在极好空气地方静养三个月,或可痊愈,之后能否不发,则未敢必。男叩其故。渠言,此等人至医院,不过吃不了时给他开胃,眠不着时给他安眠,断无药力可以治脑之理,所以不能包治,予心甚为抱歉云云。男以其言有理,遂访问何处医院最好?渠言,法教会所开广慈医院最为上等,乃托作介绍书。于是廿一日上午入医院矣。

---

① 指两江总督端方(午桥)。——编著者
② 先生原注:"李仲端是仲裕内弟,苏州人,极朴讷。"——编著者
③ 先生原注:"梁西仲,名有庚,杭州人,在家君署中专司教育之司,后任河南知县,颇有循声。"——编著者

医院为法人所开,其中有一法医与德医最好。据法医言,莱弟脑甚亏,非服药水及补药之牛奶、牛汁等四五天后不能看。自入医院,上午神气较清,下午则攒眉蹙额,作欲哭不哭状,而尤不能离男与媳妇。故媳妇晨趋往医院,饭后则男更替之,少予亦常往之。医生与之服药,不肯服,惟媳妇与之药则饮,与之食则食,甚为听话。男往稍迟,则口呼大哥不绝。男一到,则觉有欢欣之;至移时,则又欲哭矣。其所谈之话则曰:对不住大哥;或曰:可怕!可怕!问其心中想起何事?则曰:头绪太多,如今来不及了!种种情形,每日上午必有三四时如此。男等无法,祇得静候医生之消息而已。

廿三,敦弟来沪,至医院往视,渠尚认识,并未说话,至下午哭态复作,又言统统错了、头绪太多等语。劝其勿想从前之事,渠可不理会者。又言"要死得啰",连言三四句。男与敦弟遍猜其心事无明,复思以后种种之事,就男所知者逐渐解释,渠不理会。归来后,忽思得起皮包中信件,或有行迹可寻,或有男所未知之事。(渠回沪后衣服丢弃零星,媳妇为逐一整理,将其行李详细点过,惟皮包不愿人开视。)乃令敦弟逐封细阅。内中有张躔五讨债信三封。一四月初七发,即莱病之日;一十三发,一廿二发。信中言:前代经手江西铁路公司之款,共银七百两、洋一千元,去年屡次索讨,君许四月初六以前必有消息,何以至今不复?君之待弟,万不如弟当年之待兄云云。此第一信所言。又言,陈伯严[1]舍弟托弟代索,请即示复。此第二封所言。末段写陈伯严近作一首,系《送友人》,诗中有句云"欲濯西江水";又末句云"男儿须自定,然诺在人寰"。[2]此三句均加密圈(系张所圈)。男将此信算计时日,正渠病后所接。男在杭州所有邮局之信,均托祖姑父收存。此系安定学堂转送者,其收到在男回沪之后。必系此信作难刺激无疑!当晚书字条一纸,言张躔五所经手江西铁路之款(此款实于本月初一日付清,并致书陈伯严,言莱弟已与张躔五绝交),兄已代弟一律了清,收条存在兄处,请弟勿念云云。此条交少畲弟[3]送至医院,看其神气如何。畲弟交去后,渠阅之不语。畲弟逐一念给莱听,听之后亦不言。此廿三日事也。

廿四早,男先往医院(因下午有事),偕少畲、龙隐同去。男见其神气稍清,问曰:"我昨日送来之条弟看清否?"答曰:"已看清楚。"少畲接口曰:"此条在抽屉内,请再看之。"渠急应曰:"已看过的了!"少畲亦不敢再取。午间男归,媳妇

---

① 即陈三立(1852—1937),字伯严,江西修水人,著名诗人。——编著者

② 先生原注:"此诗系张某伪托,非散原先生所做。"——编著者

③ 先生原注:"徐少畲,原名礽,改名乃经,杭州人,为余母舅徐善伯先生之次子。"——编著者

去,见其似觉稍好,医生亦言仿佛有好点的意思。媳妇即与间问曰:"二弟之病好后,想回郑否?"答曰:"是,想回去的。"(端午节媳妇即劝过,郑州此次病后万不可不去一次。莱弟答曰:"我是真想去。"其语极恳切,极郑重。)又谈问天。媳妇又问曰:"此间医院风景好玩,我们接娘娘来如何?"答曰:"好。"媳妇又问曰:"接二妹同来好否?"渠即曰:"我就要回去的,不必!不必!"媳妇即不敢再言。渠亦无言,与之言亦不应。是日神气较清。至晚又觅大哥,而医院已关门,男亦不知矣。(向来八钟关门,外人不能住宿。日派鸿仁往住,夜小六往住,交贴住费,其中鸿仁住院之日最多。)

廿五日神气亦稍好,惟不肯服药。男恐其嫌药贵(因小崎初看之方连医费药费须洋六元余,渠嫌贵不肯服),诡言此院我有捐款,决不费钱,仍不肯服,灌之亦不肯服。(以前神气不清,灌之即服,不知何物,现在则须详细察看,一看则不肯服。)至下午则哭态复作,又吵要回去。鸿仁告以家中不清静,恐抱眠难安。男告以你的床已被敦弟占去。渠言:"随便困困好的啰。"男不留而去。是夜未眠,"回去回去"之声不绝。

廿六早,鸿仁用电话告知二少爷非回来不可,于是遣马车往接。归来甚好,吃鸡粥三次,牛汤一次,均媳妇所喂,到口即服,神气亦清,说话颇有条理。男等说话渠亦听。见《民呼报》(即《神州》之前身)之总理于右任来访,男不令见,自往见之,并与少余(畲?)、龙隐谈天。送于行后,渠言:"我该应见见他的。"下午又蹙额。问其何所苦?渠即曰:"头绪太多,说不来的。"逾时即愈。男俟五点钟,令仆唤马车。渠问:"至何处去?"男言:"回医院去!"渠言:"我不去!"男告以在家长病好得慢,再回医院去养一礼拜,我们即可回郑州,我亦同去。渠即无言。迨马车到门,男起着衣,渠亦自起着衣,并问曰:"大嫂!我的套裤带去否?"挽扶下楼,行步甚快。入马车后,男与并坐,握男之手,四处看视,神气甚好。及到医院门口,渠言:"又来了么!"一上楼即曰:"回去回去!"男再三劝慰,言养好即回郑州,明早再来接你。渠不答。隔数分钟即曰:"回去!"男见情形不妙,避至旁室,渠即四处寻觅,连呼"大哥",连呼"回去"。相持至天黑。男实在无法,问医生能否回去。医生言不可去,如去不必再来。男踌躇再四即下楼而逃。渠即凭三层楼之窗盼望之良久,而疯状又作矣!以手打头,以手自咬,即曰"回去",又连呼"死、死"不绝。鸿仁大惊,是晚连用电话通报消息。男告以明日一早即来接。至三四钟,稍假寐,未黎明,又彷徨绕室连呼"回去"不绝。此廿六事也。是日晚不肯服药亦不食。医院楼窗极多,甚为危险,医生又不准关窗。故鸿仁亦一晚无眠。

廿七黎明,即接来。是日神气甚佳,男劝其晚间仍回医院,渠不肯。又告再住一礼拜,我们回郑州。渠亦不理。是日,湖南办学堂的胡子靖①来,男令与谈话。子靖见其神气甚清,又无疯话,不信其病。下午又作欲哭状,连呼:"我要同去的!"男告以是叫你同去,等你病好再行。渠问:"要几天?"告以大约一礼拜。渠无言。傍晚又喊马车,渠即坚执不行。男鉴于廿六之往事,深恐三层楼窗万一失足,且听其连呼"大哥大哥""回去回去"之声,实在不忍,乃允其回家住宿,却将医生之药带来。并自炖牛汤、鸡汁饮之。此廿七事也。是日并令梳辫,垂势令剃头。渠不肯,男即执其手,立而俟薙匠与之剃头,若不觉者,然神气甚清。

　　廿八黎明即起,日呼出去,为媳妇所劝而止。又问媳妇:"何不叫我同去?"答以一定同去。其时男已决定回郑主意。预算初七系快车,必须初一或初二动身方能赶上。乃发电,先托汉友购车票。方男与敦弟商酌之际,渠即问曰:"是否到郑州去?"答以是的。渠即连呼"我要同去""回去"云云。再三慰藉之,告以必是同你回去。是日神气甚好。旅沪学会之友沈佽民偕金仍珠来。渠下楼往谈。沈、金皆言此系神智短,不算疯,回家养息,可以好的。下午又复旧态,连呼要出。男问其到何处去?渠亦无主意。乃令媳妇与渠同坐东洋车(自己有两车夫),男与敦弟步行随之。行之将近张园处,回头盼望,乃令停车,以待移时,男与敦始至。男即令车夫回转,拉至大马路一带,缓步看看,不必下车,男与敦弟坐电车,至愚园乘凉。渠见男等不走,回顾张望,神情甚急。媳妇恐其发急,乃令回家。回家后又发疯状,言:"该应同去的! 统统都错了! 来不及了!"及男归来,渠又平静如常矣。此廿八事也。

　　廿九,探得初二系江孚船,机器向有毛病,恐初六不能到汉。初一系立丰船,买办为刘歆生之兄刘长印。乃托定官舱四间,令莱弟占两间,男与敦各一间,带仆人三名,一鸿仁,二小六,三郑晋(系男荐于金家者,人极精细)。男即部署各事。恐莱痰热未清,途间作患,乃开一方与之服。(黄莲一钱,枳实一分,瓜菱一钱,陈皮一钱,半夏一钱,淡竹叶一钱,百通草一钱。)煎好后,男自持药碗与之,渠一饮而尽,毫无犹豫之态。是日神气甚好,惟下午又呼出去出去。媳妇恐其与昨日一样,谓我同你坐马车去乘凉,何如? 莱弟即曰:"不要! 不出去罢。"是日睡得甚早,临睡服安眠药一丸。此廿九事也。

　　初一日,男甚忙,无暇顾及。莱弟黎明即独自下楼,为媳妇所知,赶呼鸿仁速往。鸿仁掖其上楼,渠言动身罢,何以不上船? 告以晚间一二点钟方开,我

---

① 先生原注:"胡元倓,字子靖,湘潭人,创办明德大学,始终其事。"——编著者

们十点钟上船即可。渠无言。移时则又曰："何以尚不走?"自早至晚只此一句。勉强捱至九点钟,乃送上船。尤奇者,是日神气甚清,时时步之楼梯边掖回,则往媳妇瞪眼相对,自早至晚无片刻离。此初一在家时事也。上船后布置房间,其图如下:(图略①)

甲,男房间;乙,莱弟卧处;丙、敦弟房间;丁,鸿仁卧处;戊,小六、郑晋轮流卧处;己,藤椅为男坐处;庚,房间之门,有暗锁;辛,后房之门,门上有暗锁。此两门上均有百页窗洞。

是日送行四五人,媳妇亦送上船。莱弟言:"是否大嫂亦同去?"告以家中有事走不开。"此船不是到汉口的?"告以是到汉的。人静后即与服安眠药。是晚无事。此初一夜间上船以后事也。

初二日,船开行。天甚热,自煮粥与之食,并与敦弟引莱至藤椅处(如图己)同坐。男与敦左右夹辅之,浏览风景。时时问:"何以不到?"又问:"此是何处?"是日神气极清,毫无不豫之色。惟下午自言:"我的事不懂不懂,两三转而已。"男与间谈,亦能听懂。至晚九点钟,与服荷兰水一瓶。至十点钟,与服安眠药一丸。渠持药再三看,再三问。告以此系安眠,吃了好的。欲待不吃,男持水在手,强纳渠口中,亦即服之。男即坐在藤椅乘凉。此初二晚间事也。

不料伤心之祸作矣!是夜无风,男睡在藤椅,将莱之前门锁住(即图庚字处),令鸿仁、小六在丁、戊处睡。又将辛字之门闩住,但留百页窗通风。因房中有三人,空气太坏,故须通气。且辛字处靠弄堂,莱弟未出过此门(庚字之百页窗不开),可以放心。男睡至夜间三点钟,始归甲字卧房,意中欲将庚字百页窗开之,令其出气,又虑不谨慎,此念一瞥即过,(真正鬼摸头,当时如开窗看看,或者可以见其变象。后悔何及!)已朦胧睡矣。鸿仁于三点时起来看莱弟,见其坐起,即劝再睡之,天还早。莱即卧下,鸿仁亦睡之。乃至四点半钟,鸿仁又起视,则人已不见,大惊,觅前后门之闩则未动。至床下大索不得,乃呼小六起,开门大索。四觅无有,遍问人。有人言,四点钟左近,北面画栏干仿佛有人下水,因恐系铣手,故未惊喊。鸿仁乃驰至男处,言二少爷不见了!男闻此信,如青天霹雳一般!书至此,难以下笔矣!此初四晚书,实在疲惫,祇能明日再写了。痛极!痛极!

闻此信后惊骇欲绝,鸿仁亦如疯狂,敦弟亦噤不能言。船上人闻男哭声大作,四面筹集,七嘴八舌,拥挤不堪。逾数十分钟,男忽思及此事徒哭无益,即

---

① 原函此处画有一船形图,中间位置标有舱位编号,下列甲、乙、丙……,即释文。——编著者

问现在离镇江若干里? 据云相距只数十里(时至五钟)。乃约计四钟左近,船正至泰兴上游五六里地方。乃派郑晋乘小船至该处,多雇渔船打捞,男与敦弟到镇搭火车折回,连夜托招商局发电至泰兴洋棚子,令其遍发传单。又派鸿仁由江阴上溯至泰兴一带寻觅,并请沈继先[①]同往。至今早九点钟,始接郑晋电,在泰兴下游数里地方将遗骸捞起。昨已托人先至泰兴购好上等棺木,将里子挂好,一面赶装衣衾。现仍电令用船将遗骸载至泰兴地方成殓。男今日尚须赶去,一切后事自当格外加意,皆男之责。此事愈急愈要。如果层层思虑,节之后悔,则男之脑筋亦可流入疯狂一路! 以五六年不肯回家之人,忽然如此急法,已属奇极。男兄弟虽素和睦,但平日皆系冷淡一路,欲别即别,从无恋恋。此次莱弟病后与兄嫂之情意真挚,迥非寻常。又皆每每走过,均捉手。即少畬、龙隐亦甚亲热,于他人则淡漠之至。当时以为受社会刺激,除亲人外皆不可靠。满想从此回家,必重家族主义,孰知竟是永诀,之非伤哉! 又男忽然住在上海,回想亦是奇绝。如果不来,《神州》必不肯离,或者尚不至此。种种想起,令人发痴! 且窗棂仅容一人进出,却极高,如何钻出? 真正倏忽之间酿成奇祸! 此皆男之不德,不能庇护其弟所致! 思之尤觉痛心。死者已矣,我父母闻此消息,不知若如惊痛,但祝慈怀能自解自譬。此莱弟如昙花,死生之数前定,则可以少息悲伤。且莱弟自复旦以后所办之事,虽多被挤,而名誉则日隆一日。现在遭此惨变,凡至亲好友及男友人,无论见与不见,皆万分痛悼。即素与莱弟反对、平日骗他欺他之人,见此情景,在广座中亦必曰:"叶仲裕可怜! 叶仲裕是好人!"则其至诚恻怛,热心办事,虽死而生不减,亦可慰老亲痛子之怀。男将后事办理妥贴,即行盘回上海(秋凉再回杭州),已租定绍兴会馆之楼屋可以暂屇。学界同人必有举动,在沪须择期念经。署中一时未便宣布,无从供奠。男即于家中辟一静室,供其小照,即以初八头六日成服。此系死者身外之事,自当格外加意。稍为部署,即可回署。次帅处已电禀此数句:内除要事外一切公事只得暂阁,谅可俯允。明日先令敦弟回署带上此禀,请其斟酌禀闻。恐父母亲骤闻此耗异常悲痛,天甚炎热,务求保重福体。男虽不能立刻驰到,亦可稍释孺念。尚有一事可惊奇者。昨日莱弟友人沈脁民言,去年即有旅沪学会之员王清夫密告沈,闻明年须告仲裕小心,其人锋芒亦太露。沈闻之为谰言也。由今思之,实有奇验。如此说来,前定之说亦不可谓必无矣! 男虽自四月上旬以来各处奔驰,并无片暇,但身体甚好,毫无毛病,可纾慈廑。俟各事

---

① 先生原注:"沈继先,绍兴人,曾任开封派报处同事。派报处亦仲裕所发起,在未进震旦之前。"——编著者

稍停,即行回郑面禀一切未尽之事。自廿二日以后一切情形,皆所目睹,自能详言之也。但有一事,须候父母之命,莱弟无后,应以申官①为嗣可无异义,请父母决定后电谕遵行,以便立主。余事一时昏乱,想不起来,容再续禀。总求少抑悲痛,保重福体。至叩!至叩!

男葵叩禀　六月初五午刻书竣交敦弟带呈

二弟妇即以此函慰之,不另写矣。

(手迹,《鸽痛记》稿本,上海图书馆藏)

△景莱去世后,《神州日报》刊登《叶仲裕君投江记》。文曰:

叶君仲裕为震旦学院高材生,嗣因震旦冲突,学生解散,乃发起复旦公学。叶君奔走劝募,坚毅不挠,辛苦数年,复旦得以成立。又创办《神州日报》,声誉卓然。后为浙民公举国会请愿团入都,乃离《神州》,而就桑梓之事。先与同人组织旅沪学会,又在杭州创办《全浙公报》,又监督安定学堂。后充杭府初选举参议。曾只身周历余杭各属,演说宪政之关系、选举权之紧要。一时杭属人士翕然从之。

叶君素性激烈,无嗜好。其担任各事,均视为身家性命,一钱不受。在《全浙公报》与冒充法政毕业举人之某君②冲突,又因办事积劳,忽患脑病,学界中人电请乃兄回杭医治。经梅滕更之弟子朱毅臣君用西法医治,稍就愈痊可,乃兄伴之回沪,医入广慈医院。叶君天性甚厚,笃于孝友,自牺牲国事后,乃专意社会,不问家族事。其封翁任郑州牧,夫人亦在郑署,叶君竟七八年不肯回家,公尔忘私,尤可钦敬。此次入医院后,乃兄百计劝解,叶君谈及社会事,愤懑慷慨,意终不释,忽思出医院回郑州,急不可待。乃兄护送同归,行之泰兴地方,时方黎明四点钟,叶君竟从窗棂逸出,又攀铁栏入水,迨家人惊觉,已属无救。闻尸身已在江阴捞获,面色如生云。叶君在船时,谈及旅沪学会及浙江路事,辄攒眉蹙额,作极力筹划态。其心事之纯白,迥非浊世所有矣!

(抄件,同上引书)

△《神州日报》又刊《志士叶仲裕君事略》,以资纪念。全文如下:

本报创始于乙巳,而成立于丁未,出版不及三月,燬于火。同人以《神州》大业,不能随劫灰以去,于是叶君仲裕及某君继续组织,分任经理。叶君对于本报之筹划,竭尽心力而坚忍不拔,置一身一家于度外。叶君之于本社肇造之功,斯亦勤矣。丁未之季年,各省志士纷纷发起请愿开国会,叶君为浙之仁和

---

① 申官,叶维,先生三弟叶景莘长子。后又奉父母命,嗣为先生长子,兼祧二房。——编著者
② 原抄件有注云:"某君,谓景韫白。"似为先生笔迹。——编著者

人，乃慨然倡导以浙之全省上书阙门，冀国会早日成立，以建设吾国民公共之机关。遂离本社，而致力于浙。次年浙人为请愿国会开大会，而叶君被举为代表入都。既返浙，适谘议局筹办处成立，各府皆举参议，叶君则受杭州府属之公推，任参议，并监督安定学堂，总理《全浙公报》，均尽义务，薪金夫马之费，概行谢绝，而任务则日进有功。呜呼！可谓难矣。今年杭府卓太守称其能，以浚湖局会办见属，适叶君以积劳故，遘神经病，忌者复媒蘖蜚语以中伤之。叶君愤极，乃屏弃一切，来沪养疴于医院，抑郁特甚，急欲出院，返郑州乃翁任所。知者咸以为异。叶君自郑州来沪就学，其夫人即居于郑，叶君不归郑者八年矣。某君尝询其故，叶君曰：“仆极欲成就一大事业，否则与世无裨补，与录录草木同腐耳，宁死不能返郑州也。”呜呼！由今思之，已成谶语矣。叶君在郑时，夫人产一子，四岁而殇，叶君正在沪任复旦学校办事员，颇著声誉，闻耗心伤之，以热心社会，故薄于家族之观念。由沪而浙，其趋向一也。五月杪，叶君既定议返郑，其兄相与偕行，以赶赴汉口快车，遂附东方公司之立丰轮船，溯江西上，脑病仍未已。是月初三日方晓，舟驶至泰兴之上游，叶君披衣起，攀槛以自沉于江流，家人不觉也。叶君前一日尝对其友人某君道及杭事，忿然曰：“余初意为社会尽义务，故不惜效奔走之劳，自备资斧，不染公家一尘，而对于报务尤为注意，欲求推广，为前途发达之计。无如人情浇薄，阴受种种牵掣，未能达我之目的，而反受其害。欲与之较，徒为外人嘲笑；欲长此隐忍以自委屈，则既损失我名誉，又阻遏我之愿望。如此阴险世界，恶毒人心，生此世间，毫无乐境。”为唏嘘太息者不已。叶君近由积极的而归于消极的，盖亦有不得已者在也。叶君既自沉，其兄及友人惊悉，商请船主暂停轮捞尸，不可得。呜呼！以清流之叶君，有志而未遂，竟投长江之浊流以去，闻者能不悲其志而哀其遇耶？闻耗仓卒，爰志其颠概于此。

（《杂著》，第 428—430 页）

7 月 21 日（六月初五日）　离沪赴江阴，料理景莱后事。后赴郑州。（参见《鸽痛记》）约 8 月返沪。

9 月上旬（七月末）　正式就任浙江兴业银行汉口分行总经理。己酉八月起受领薪金 200 元。（同年 9 月 18 日复项兰生函，《汉行信稿》稿本，上海图书馆藏）《项兰生自订年谱》记，是年“汤梯云辞汉总经理，初由胡藻青兼代，六月，胡又辞，并荐举叶揆初景葵接任，叶以主川运不克兼顾辞，以吾与揆初为总角交，即以各事交吾代理。”（《上海档案史料研究》，第 10 辑，第 294 页）

9 月 18 日（八月初五日）　复项兰生第一号函，答复汉行与北京同源钱号代理业务等事，并修改汉行与同源所订合同。又就汉行购地建屋与官钱局纠葛事发表意见。函云:"同源合同大致妥善,惟第四条意思不甚显豁,弟恐删改有失原议意思,故未更动,请再妥酌,即日寄京订定。一面致总行一信,声明北京代理万不能不设之原因,请先试办一年,由总行知会董事知照可也。""武昌经理既无人无地,暂缓亦可。""官钱局私立地界,行中万不承认。(官钱局不要脸,私立地界,须防其别样举动。致我们地脚工程急应早办。此事不必胆怯,必胜无疑也。宋、卢诸公必须联络,官钱局亦不敢违众论耳!)督批如何?请即抄示。万一督批含糊,可续上禀,言'当时出此重价购地,原为两面邻路,故南面准让一丈,东西须与余处作平行线。今于敝行界石之内,已购之地产已填之地,擅行私立界石,在敝行视之与瓦砾无异。不日即须鸠工应期,届时如官钱局不自行迁移,敝行即拔而去之。请先立案'等语。盖此事万不可让,亦无调停之法。如官钱局能讲面子,则或不至决裂,以顾交情,亦未始不可。否则由行中拔去私立之界,虽到商部打官司,行中亦不至输也。此事并望与鸿沧一商,渠最老练,或有妥当办法。总之,已领之地,断不能尺寸让人也。""弟不能常川驻汉,所有应用总理印章之处,请吾兄代表,不必客气。押放各款应盖章者,亦请照行。""从前丁事①之失,全由总理不到,内理无稽核外理之权。现在弟拟力矫此失。袁虽老成,但甚忠厚,吾兄须视之与自己所用之人无异。一切押款放款,吾兄必须干涉。弟以总理印章奉托吾兄,即以此事全权奉托之凭证。另致纪翁一函,请阅后转交。所有同行内部虚实衰旺,鸿沧当商总一年,甚为熟悉,吾兄可秘密与之一商,请其从实示之,较为妥当。至要至要!纪堂之表,阅后即请吾兄核定。""钞票图章必须洋文,以免疑众,其格式请吾兄代定照行。""二百元收到,惟七月薪水应归藻兄,当由弟径寄总行转交。"附录合同稿如下:

汉口浙江兴业银行、北京同源银号代理合同

北京代理,去年已往返磋议数次,如照此订立,尚无异议。惟情形不熟,来往银两、票情形,能否无碍?②

第一条　汉口浙江兴业银行今托北京同源银号代理往来汇款、兑换银元券事宜。

第二条　同源银号代理前项各事,往来款项簿据应须另立,免与本号相混。

第三条　同源银号汇汉之款,兴业银行亦照合同第四条办理。

第四条　彼此垫款银两、银元两项,各分立一户,议定以两万两为度,每日揭(结)算,随时拨还。至多以三个月为限,但遇有银根交接,仍得随时函知

---

① 指前任汉行外经理丁子山私人挪用洋例银事。——编著者

② 此二行为先生在题目下用小字所书说明。——编著者

拨还。

第五条 彼此代解电汇之款,须有暗码押脚,并取切实收据。其无的住址者,须取殷实庄号保证,方得照付。设有从中错误,应负其责。

第六条 有将兴业银元券换洋,或将现洋换兴业银元券,同源号立即兑准不达(耽)误。

第七条 北京通用银元以北洋龙元为准,有将兴业银元券向同源号掉(调)换北京通用现洋,准照汉汇向取款人酌收洋水,每元议以一分,至多或一分半。其洋水归同源自收,兴业拨还均以汉口龙洋为准,拨还之时或由汉缴京,或同源号在京收入汉汇,均检其便。

第八条 兴业银行兑换银元券,拨洋一千元不计息,存于同源银号,以备支应前项之用。如不专支应,由同源号暂垫,按照第四条照行。

第九条 兴业银行托同源银号代理北京汇兑等款项,同源银号托兴业银行代解汉口汇兑等款项,彼此划还垫款,信由京汉直接,款汇上海划拨。因北京汉用款项甚少,彼此来往均系上海规银,按市计算,如遇有大宗部库等汇兑银两,应即电询汇市,以免暗耗。

第十条 彼此汇出款项,以实在出日及收到日起息。北京向每日折其息,照市难揭(结)。兹经议定,银两、银元两户,一律每天,存款则揭(结)息一毫五,欠款揭(结)式毫五。倘遇期紧期松,再行随时函告另议。

第十一条 汉口汇票准以洋例平纹为准,其余平兑一概不凭。北京以公砝平足银为准。

第十二条 同源银号指定执事员一人石陵山名崇兴,以便信札往返,直接办理各事。其人如有失误,应归同源银号担保责任。

第十三条 汇票、银券式样及印章、电码暗号等件,互相存置备查。倘遇仿造银元伪票,兴业银行应即咨照,以防流弊,而杜损失。

第十四条 银元券掉(调)换,数多以每五日,数少以每十日作出入报告表,函告兴业银行。

第十五条 各款交易,即日出信知照,以便照信办理。各项行情逐日报告,清单每月开送一纸,三个月彼此结账一次,划清款项。

第十六条 兴业银行关于银元券进出各事及代理处所立账簿等件,同源银号允准兴业银行随时派员调查,以昭信用。

第十七条 银元券满至一千元,务择妥善之处寄汉,或在邮局防险妥寄,邮费应由兴业银行承认。(银元券满千,如存该号,必有流弊。邮局如办不到,此外无以递寄,呈结单裁示。)①

第十八条　兴业银行、同源银号共应确守以上各项章程。

第十九条　本合同以一年为满,到期彼此相商,仍可续订。

附:此合同订定后,如有未尽妥协及窒碍银行之处,得以随时增改,但必须彼此协定,方可实行。　　　　　　　　(《汉行信稿》稿本,上海图书馆藏)

9月28日(八月十五日)　就汉行房屋草图及余屋开设旅馆等事,复项兰生第二号函。云:"房屋草图已转交时翁收讫,惟因各董事、各股东意见均嫌太大,现由弟定一图样,行基共用卅一方半,亦可宽绰有余。定于本日下午邀集各董事在申行会议,一俟议定,再行奉复。""孙雪堂事,如四竿做到固好,倘不可,必得稍减,亦无不可。我以收回现金为主,祇有得寸则寸之一法。请酌定可耳。""旅馆章程阅悉。此事祇须有人来租,一切办法汉行可不干预。至每年租价三千四百元,弟意尚可做得,容与各董事商之。至抑之兄来书谓,将请吾兄为经理人,则万不可。旅馆与银行性质大异,一人兼办,诸多窒碍,想高明定以为然。抑兄②来函收到,另复。""官钱局私立界石事,近日交涉如何? 盼复。"(同上引书)

同日　下午,与浙兴董事蒋孟苹、苏葆笙、张澹如、徐冠南等在浙兴申行会商汉行建屋等事。(同上引书)

10月3日(八月二十日)　复项兰生第三号函,告以各位董事对建筑汉行行屋之意见,又告以与官钱局纠葛新情况,云:"汉行图样已与董事及时老议定,除行基外,共造三层临街洋式市房十二宅(每宅二丈四尺宽),里面造二层住宅七宅(即准备租建旅馆之地)。如此则行基照来样须缩小,然尚可敷用。为租金计,不得不尔。项由通和送来细图,云系汉号所绘,大致与此间所议相同,惟地基丈尺较来样稍宽,可多造临街洋式市房一宅,而行基亦较宽展。惟转角处所留每边不到三丈,其临城垣马路一边所留亦不到一丈,与定案不符,却须更改。现定礼拜二与通和商量,令其重制一图,拟即在上海定稿,不必再由汉口通和多一转折,俟告竣后再行奉商。闻抑兄日内可来,来时图已告成,尽可在沪与时老诸君逐细斟酌也。""八月半报告两纸收到。隆泰各铺放款,本皆收回,办法极妥。""木栅务须赶筑,官钱局私立界石,情却可愚,而我亦有胆虚处。弟阅通和来图,此项地基长三十四丈三尺三,宽十三丈八尺八,二者相乘是多出五十余方矣! 此事如起胶葛,极为讨厌。但地系官钱局所量,我亦尚有词可藉,故木栅者,即日本间岛之宪兵队也。我兄慧人,必能意会,务乞秘之为要。""伪票事,案已全破,另详沪行公函。"(同上引书)

---

① 括弧中文字系先生注于该条款旁,似提醒收信人注意,而非合同内正式文字。——编著者
② 当时蒋抑卮受浙兴董事会委托筹建汉行行屋,正在汉口。——编著者

10月6日（八月廿三日）　复项兰生第四号函,详告处置与汉口官钱局丈量纠葛之措施以及浙兴董事意见,并请转告蒋抑卮"携图速归"。云:"复官钱局信稿,甚为正大,不知近日情形如何? 弟所主张一面据理力争,尺寸不让,一面仍宜请晋生、鸿沧诸公出头调处,其中有数原因焉。一则督批甚为明切,官钱局自觉无理,难于禀复。若但与之面折到底,渠竟无转弯之法,势必恼羞变怒,无理取闹。现在官场凌躏,商界毫无法律,官钱局势力太大,兴业基础未固,断不犯着大伤感情。二则通和来图,核计不止三百方(所多不过十余方,第三号误以英尺为汉尺,应更正)。当时糊涂丈付,现必自知吃亏,故主张复丈。我不肯丈,未尝无理。但官钱局必又振振有词,不如请出中人秉公了结,两全体面。三则此事争执太久,彼固不能强占,我亦未便建筑。香帅未死,小帅疲软。如官钱局从中拨弄,夜长梦多,或生他变亦不敢知。好汉不吃眼前亏,究在内地官场权力之下,与租界情形不同,不可不十分慎重。弟于第一号信力主强硬,而第三号信忽生过虑者,正以现在情形,上下相暌,官商相轧,十分危险故也。我兄智珠在握,必能操纵自如,无待谆嘱,一切请斟酌办理,随时赐示为幸。""汉行图样,弟本主张请抑公与兄在汉定夺。后接到寄来草样,与孟苹、葆生、淡如、冠南诸公共同斟酌。渠等意见皆以市屋为主,而以行屋为宾,故先将市屋面积斟酌定妥,所留余地作为行基(行基约面积三十余方),弟亦附和赞成之。其中有二原因焉。一则建造行屋,董事本不允,洎及与算市屋利息约有一分以外,董事遂无异言。为和众计,不能不趁此定议,以图速成。二则照沪上所定行屋之样,连地基房屋,约须费二万金上下。董事诸君以一分利息计算,谓汉行房租项下,应摊二千余金。当时即有以太费为言者。今得抑兄来电,谓行屋已以二万金定议,是加入地价必在三万以外。将来以一分计算,是每年需三千余金矣! 董事责汉行节省经费,而此项忽骤增加,将来弟与我兄之为难,不言可喻。故抑兄所定之图,所估之价,弟虽深悉其允当,而未经董事通过,亦不敢遽然赞成。所以弟与诸董事商竟,在上海定样估工,以免周折。又连次电商抑兄,请其携图速归,与诸君决定者皆成是。故否则弟虽到汉,亦是枉然。若竟贸然主张,恐于他事或生阻力。弟亦不愿抑兄独排众议,反召无谓之讥弹也。至于地事吃紧,抑兄所以亟亟定议者,其目的全为公益,弟何尝不默喻焉! 但争界之事若能全胜,则建筑迟早无关得失;若竟不决,或商会从而偏袒之,木栅尚可迁移,建筑即难改变。既不能不张声势,亦不得不留退步。故再四思维,惟有请将地工先行动手,一面仍请抑兄携图速归,决定永久之策。区区函电,实在于此,不知高明以为何如? (地工先动一层,未与诸董事会商,以事急,先擅发电,容明日再行布告。)"又告近为驻沪四川转运局接验军火事奔忙,无法离沪。云:"弟之赴汉本不应迟,无如以省前定瑞生洋行枪三千支,弹二百万颗,现已全到,抽成试验,颇有参差,不得不详细查验,此事颇有考成,势不能骤

然远去。综以上情形而论,即去亦甚无效,并非推诿,尚乞原谅。此信请呈抑兄一阅。"(同上引书)

10月8日(八月二十五日) 复项兰生第五号函,通报浙兴董事对于汉行建屋意见,认为"细图定后尚有一番争论,一番研究"。全文如下:

> 兰兄惠鉴:前发第四号信后,昨晚接廿一手书,并续上小帅禀稿。措辞严紧,彼曲我直,又有卢、史诸公出场,而南皮适殁于京,高佑诸如丧考妣之不暇,决不能于丈尺问题再生别项纠葛。此事必胜无疑矣。一俟图样寄到,即当决定细图,预备动手。惟昨王海帆来,力言地脚不坚,不如再迟两年动工。苏葆笙甚以为是。弟谓初意亦系如此,现在所以决计先造者,一则多搁一年,吃亏利息太大;二则据工师言,再迟二年亦须打桩,迟打不如早打。葆笙又言,打桩无益,此地浮土在二丈四五尺以上,若打桩太浅,毫无用处;若亦深至二丈四五,用费太大,更不合算。弟又言,总以包工之人能否保固为主。俟细图定后必尚有一番争论,一番研究,故甚盼抑兄早归,多一人主持,免致举棋不定也。至沪定行基草图,面积亦有卅余方,大约与汉定不甚参差。除第一层布置参以己意外,其第二三层均请通和照式分间,再行公同决定。一则光线必须合法,二则行屋中间必有四柱,必须分配无迹,非臆想所能定稿故也。沪行假票轩然大波,幸时老手眼灵通,屹立无恙。且破案神速,连系甚多,可谓不幸中之大幸。然吃亏已不浅矣!专复。敬问
>
> 筹安。　　　　　弟期葵顿首　廿五日第五号　　　　（同上引书）

10月12日(八月二十九日) 复蒋抑卮、项兰生第六号函,就两种汉行草图优缺点比较,再次阐明"为和众计,不愿过违各董之议"。全文如下:

> 抑、兰兄同鉴:昨奉抑兄廿三日手书,敬悉一切。草图收到,规划极为详备。现在沪行草图业已定妥,顷交邮局寄呈尊处,乞即斟酌定局。至尊寄草图,与沪行大同小异。惟据鄙见论之,汉图稍有缺点,沪图均已补正,且为营业计,沪图亦有较优之处。事关久计,不厌求详,特为吾兄陈之。
>
> 一、汉图以行为主,以市屋为宾,沪则反是。故汉图行屋面前太宽,于临街十三幢市屋有碍。沪图稍狭,然亦宏敞矣。
>
> 一、汉图铁栅以内留地一丈,周围计之,所费甚钜。若为马车进行而设,各国银行马车皆由后门出入,故沪图省去铁栅,添一后弄,较合体裁,地基亦省。
>
> 一、汉图后门在弄里,不甚妥当。若再添一弄,尤与市屋有碍。沪图有两后门,且有两前门,于防险之道甚合。
>
> 一、汉图营业处虽较朗,然未将四个柱子地位留出。此等大屋,万不能无

柱子。沪图已销纳于内，不着痕迹。

一、汉图为地库，然工费太钜，可以不必。

一、饭厅、会客厅均应在二层楼上，否则太散漫，将来电灯、佣役之费必增，且亦不便。沪图已改正矣。

以上皆汉图缺点，沪图善之。至沪图是否合用，有何缺点，乞两公详细斟酌，与汉口通和商改。惟面积大小，务请俯从沪行之议。因市屋利息，少一幢即少许多进款。弟为和众计，不愿过违各董之议也。至抑兄谓行基六十方，杭董早已通过，弟聆葆生、孟苹之言，似尚犹豫，所以但能省却一分，亦是好事。至于建筑费，行屋不可省，市屋可省，此敝见也。此意幸两公鉴之。兹带上以丙、丁、戊、己为记号着色图四张（此系汉口通和从前所绘，因转角未留三丈，而临街亦未留一丈，行屋亦不合式，故令重定，带去以备参考），新绘蓝线图二张（一系全局，除行屋外，余皆与着色图一样，不过六面让进五尺，后弄缩小五尺耳。一系第二层图，客厅、食堂皆在焉。第三层同），请两公决定示复。如有不合用之处，亦可与通和商酌改正。

一、临歆生路建三层洋式市房三宅（英尺二丈四尺宽），可无□义。其临城垣马路一边，亦造洋式市房十宅，或二层，或三层，弟未能决，请裁示。

一、后面号房七宅，每宅作四幢算，每幢月租作十四元算，每年可得租金四千七百余元。若作旅馆，恐不能出至此数，亦请酌示，以便一并估工。

一、鸿沧来信言，地事候商会咨复后再定。弟意无甚风潮，只须商会说一句公道话可耳。余再布。即颂

台安。　　　　　　弟期○①顿首　廿九日第六号　　　　　（同上引书）

11 月 21 日（十月初九日）　复项兰生第七号函，对沪行发现伪票事及汉行行图发表看法。云："伪票事，尊论极是。申行虽有此议，现亦仍旧照付。汉行倘再遇此项伪票，仍照兑可也。""行图业已定局，惟城沿马路之市屋九幢，有谓宜改三层者，请与抑兄接洽。如预算租价合式，即可改动。想通和亦不费事，请就近商定。抑兄处兹不另函矣。"又告拟三日后赴杭，"约有十日勾留"。"再，汉欠申款，照折加三码一事，尚未与时翁谈及，因总行屡以为言，沪行迄未允许。此间上等同业往来欠款，亦系照加三码，则沪行更有词可藉矣。"（同上引书）

11 月 24 日（十月十二日）　离沪赴杭，与浙兴总行胡藻青等商定汉行筹款事。（同年 11 月 21 日、12 月 8 日复项兰生函）

---

① 信稿如此。下同。——编著者

12月4日(十月二十二日)　项兰生致先生函,告以汉口官钱局高佑诸等人为汉行购地丈量事挑起事端。(见同年12月10日先生复项兰生函)

12月8日(十月二十六日)　复项兰生第八号函,通报赴杭与胡藻青商定筹款办法。云:"前日奉到十九日赐函谨悉。弟到杭晤藻青,未晤毅庭。年底报告一层,已与藻青谈过。据藻青言,明年办法当再奉商云云,似乎弟等所商早已接洽默口。毅庭决不赞成,但并未直接反对,亦与通过无异矣。年内缴款七万元,即已答应,不能不筹,但应否先缴,抑俟总行承认后再缴(系指总行承认往来项下用款七万而言),请公酌定。弟在沪可代备两万元,下余之数汉行能否筹出,是否尚须与时老商酌,候示照行。川路公司倘能允许代理,妙极! 容致函探之。添用学生事,请照尊意办理。"(同上引书)

12月10日(十月二十八日)　复项兰生第九号函请项草拟提交鄂督说帖,说明此事始末。云:"顷奉廿二日手书敬悉。高佑诸如此可恶,一时恐未易了结。现在我们惟有坚持定见,请将此事始末情形缮一说帖,附图一张,即日寄来,当托人递与瑞莘帅。恐其初到时不悉情形,为高所朦也。名片即交稻坪带回。"又就钞票发行事云:"钞票既如此通行,准备万不能过少。可将此情通知总行,预留地步。尊意如何?"(同上引书)

12月17日(十一月初五日)　草拟浙兴汉行致总行函,商议代兑汉地钞票限额及汇兑贴水事。函云:

> 启者,汉行所发钞票,有持赴贵分行兑现者,向皆照付,原为利便客商起见。乃近来上下江洋厘不同,致有纷纷在汉运钞在申兑现之家,意存盘剥,不得不略加限制。嗣后凡持汉行洋券来贵分行兑现者,如果数在壹万元以上,除照龙元市价兑付外,仍照当日汇市照价贴水,庶汉行不致受亏。即请查照办理为荷。手此,即颂
>
> 台安。

汉口兴业银行谨启　十一月五日(同上引书)

12月21日(十一月初九日)　复项兰生函,告以汉行建筑投标及汉券在申兑现贴水等事。云:"昨奉初三日手书,领悉种切。附下十月分银洋收数对照各表及收放款清单,亦均核阅。""建筑投标事,弟已与时翁①接洽,一切请其主持。汉标寄来,暂存弟处,一俟沪标全到,再行定期开标,届时当专电奉告。""汉券至申兑现,前来信嘱申行贴水,而申行以未见大宗之数,拟暂缓再议。乃日来渐多,不能不加限

---

① 时翁,浙兴沪行总理樊时勋。——编著者

制,昨向弟相商,已经函知照办。兹将原函录呈,祈阅。"附录致申行函。(同上引书)

12 月 28 日(十一月十六日)　复项兰生第十一号函,通报汉行行屋建筑投标以及呈鄂督说帖事。全文如下:

兰兄鉴:初九上第十号函后,连奉初六、初九两次快信均悉。兹复于下:

一、应鋆孙十二晚到沪,图样十五始送来。因近日封关,渠带到后原图存洋行账房,不能开取,故迟三日,当即转交时勋。时勋拟自荐二家,请苏葆笙荐一家,令其看图估价。俟有投标确期,再行电达(拆标拟在兴业,因弟太外行也)。

二、节略已改就,照誉二分。一托时勋呈瑞,一托人寄交张望圯(新派鄂督总文案),不过有备无患而已。

三、前误付之钞票三百元如何出账,已与稻坪接洽。

四、此间有仁育堂存款洋钱一万五千两,请于十二月初一在汉立一周年七厘存单。其款现在沪行,如何拨用,如何折合规银,均候来信办理,并与稻坪接洽矣。余另布。即颂

台安。　　　弟　顿首　十一月十六日第十一号　　　　　(同上引书)

12 月 29 日(十一月十七日)　致项兰生第十二号函,通知汉行行屋建筑开标日期。云:"今日发十一号函,顷晤时翁,知已定于腊月朔日二点半钟在上海兴业开标。兹将原单送上,即乞詧收转告。惟黄根记投标信已来,其余如汉协盛、明锠裕两家之函尚未到。不知因何迟滞,想不致耽误也。又,说帖原稿一纸缴还。"(同上引书)

是年　参股投资郑州大昌树艺公司。先生后来回忆该公司创业缘由,云:"郑州城外东北乡,向系沃土。因光绪初年黄河决口(官书谓之郑工),为沙所压,变成不毛之地,每亩值价七八角。宣统初年,有北省友人,集股购地一千八百亩,距城十里。其计划,以种树为主。所定预算表,十年之后,每年可获利数万元。乃派某君为经理,并携带夥友,招佃开垦,建屋栽树。又收买熟田数十亩,以供看守人之食粮。"(《记郑州大昌树艺公司》,《杂著》,第 248 页)

1910年(清宣统二年　庚戌)　37岁

1月　国会请愿同志会上书都察院,发动第一次请愿。

2月　同盟会发动广州新军起义失败。

4月　长沙饥民暴动,焚毁教堂与大清银行湘行,清军弹压,造成流血惨案。

5月　英、德、法、美四国银行团成立。

6月　国会请愿团发动第二次请愿。

10月　清政府资政院行开院礼。第三次国会请愿团上书清政府。

是年　上海发生"橡皮股票风潮",导致大批钱庄倒闭、商号歇业、投资者倾家荡产。

1月2日(己酉十一月廿一日)　在沪复项兰生第十三号函,重申浙兴汉行钞票发行之内部准备事宜,以及银行与钱庄性质不同等问题。云:"行用钞票数目,日见发达,固是好气象,但准备一层,发行愈多,愈须注重四成之数。无论钞票增至若干,决不可再行减少,尤以多备现洋为完全办法。至结存银款,每届比期必须酌留二三万金,以备付用存款及购洋之用。外间传闻兴业不时须要借款,钞票一旺,忌者愈众,不可不未雨绸缪。年终一关,尤为吃紧,应留备活存银若干。请与纪翁先行商酌,并望将敝意转告纪翁,随时留意,至要至嘱。""本届放款清单收到,惟华胜公司本届转期半月。该公司虽系宋渭翁经手,然外间名誉平常,且有用款过多之说。此次到期必须收转,亦请商之纪翁,届时与华胜婉辞,谢绝为要。""兑换钞票,此次不幸偶一疏虞,致贻口舌。汉市来钞复杂,在在均需留意。此后收支科兑收钞票时,宜不问人数之多寡,循序掉(调)换,一手交付。设遇拥挤之时,他科职员协同相助,亦应各归各兑,并将来数逐起由代点人归开,注明数目,签字于上。收支科得暇,仍须逐户复点,务使丝毫无误,以专责成,而免疏忽。""银行性质与钱业不同,各友薪俸亦较钱业为异。除庶务处有未经结清之账另纸报告外,其余非经内理认可、暂准挂记之账,余均不得随便挂欠,以清眉目。弟因传闻总行颇有此弊,故谆谆及之。""浙路部款陆续颁到,汉行应要求照本分存,拟致浙路公司及兴业董事正式信各一封,说明可以要求之理由,及汉行现在之关系。请兄主稿,将稿寄下,由弟核定缮发,仍将原稿寄回存案可也。"(《汉行信稿》稿本)

1 月上旬(己酉十一月下旬)　　入股华商通义银行,旋被该行推为董事。(1910年 1 月 15 日致项兰生函,同上引书)

1 月 15 日(己酉十二月初五日)　　复项兰生第十四号函,通报浙路情形。云:"浙路股东仍举汤为总理,所添两副,如汤不去,万不能任事,任亦不久为。诛心之论者皆曰,汤将藉此再起风潮,庶朝廷可以较大之官界之。言虽近刻,然观于近日请邮部辞退工程师,则端倪已可见。照此情形,不特浙路万无办法,存款亦决不来,明春尚有风潮。此人真可杀也!致公司信及渭润来信,拟暂缓再说,此时投递必无效果。"接着,又通报通义银行事,征求项之意见,云:"近日沪上发见一新事业,南浔张静江、俞寰澄在巴黎创设一华商通义银行,其目的在吸外债,回华招股,居然集了三十万两(皆杭、嘉、湖、宁四府人),上海分行已开,举弟为董事。弟不以此举为谬,而嫌静江诸君程度太浅,初意决不入股,经抑之、时勋诸君力劝,弟又妄想外债如来,汉行亦有间接之影响,故附股二千一百两。孰知一附之后,即被举为董事,因法行来一查账员,与弟相稔,再辞不允,只好暂任。现有一事,即将三十万股款各处分存,大约一半做押款,一半做三个对期,利息在按月五厘以上。已公举时勋放款,而令翁沅青(申行外理)为代表。弟拟为汉行领存三万两,即照沪行所领之利率、期限办理(大约三个对月,月息五厘)。际此年关,多此三万两亦有好处(即吃亏,亦有限,市面稍周转而已),兄决不以为谬。如有窒碍之处,请信到与一密电(上海端'叶罢论'),否则弟即照办。大约十二可以定局,办成后即当电告,以便兄处作汇单寄申。此事成否,尚不可知,故先奉闻。沪行拟多领数万,因年底亦有缺乏也。"(同上引书)

1 月 28 日(己酉十二月十八日)　　在上海赴朱筱岚之约,晤郑孝胥,"言金仍珠、熊秉三皆已到。"次日,郑孝胥即访金仍珠,"谈久之"。金告以满洲铁路事:"锦爱借款草合同签字,度支部奏驳,锡帅乃令熊秉三、金仍珠入都,告泽公以救亡之策,仍珠语美国代表司泅戴德以中国政府恐美国不肯助力之意,于是满洲铁路中立之议起,而度支部亦允借款。十二月初十日入奏,十一日奉旨依议,此事东三省行政官皆持此议,邓季垂执之尤力;其后奔走陈说,以底于成,熊、金二子之力也",时清廷为抵制日本势力在东北的扩张,拟向英、美等国贷款修筑锦州至瑷珲间铁路,东北方面人士拟请郑孝胥出面交涉。先生为联系人之一。(《郑孝胥日记》,第 1226 页)

1 月 29 日(己酉十二月十九日)　　夜,与樊时勋、赵凤昌约于王可香家晤谈,郑孝胥至。(同上引书,第 1226 页)①

---

① 据《郑孝胥日记》1910 年 1 月 30 日、2 月 1 日、2 月 4 日记载,郑接连会见岑春煊、汤寿潜、金仍珠、熊希龄等人,显然为日后赴东北作准备。——编著者

2月5日(己酉十二月二十六日)　郑孝胥过访,辞行,"谈久之"。次日,郑离沪,由海路去奉天,应东三省总督锡良、盛京巡抚程德全等邀请,商议瑷珲铁路借款事。(同上引书,第1227、1229页)

3月下旬(二月中旬)　熊希龄来访,请先生为远东通讯社上海总社①"主持一切"。熊同年二月二十日(3月30日)致汪康年函云:"弟去冬因病请假,赴沪就医,二月初三日始返沈……远东通讯社事,王侃叔曾以相托。弟以其机关太少,难望敏活,乃函请四川、广东、湖北、吉林、黑龙江、浙江各省督抚资助,得复函,已允每年津贴。……上海业经派员承办,揆初主持一切。"(《汪康年师友书札》,第2851页)

4月2日(二月二十三日)　致项兰生、盛纪炳第十五号函,针对危机,开示应对办法。函云:"现在市面危险,人心叵测,本行押款、放款,弟与两兄同担重任,非特定限制,分列等第,酌定数目,不足以昭慎重。兹就现在情形而拟意见八条②,请酌察照行。如有应行损益之处,并祈赐教。但既行之后,必须公同遵守,不得逾越范围以外。关系之钜,当不责其觏缕也。"(《汉行信稿》稿本)

4月13日(三月初四日)　复汪康年书,谈远东通讯社事。云:"久未上书,想起居胜常为颂。昨奉手示,敬悉一切。远东事前得公信知颠末,并未悉其组织原委。秉三来沪,临行时来访,言将设总社于上海,已遴徐、朱为干事。惟徐等政治智识太浅,嘱葵于暇时代为照料。当告以此事作始虽简,将来甚繁杂,不愿与闻。又告以国民办事皆系空心大老官,异日必有财政困难之厄,尤不愿代为分担。秉三许葵不与闻财政及社中琐事,但言如有登录之稿,请为斟酌。此却不能不允。现在开社已一月,并无稿件看过,他事更不甚了了,承询敬闻。"(《汪康年师友书札》,第2444页)

4月22日(三月十三日)　致项兰生第十六号③函,谈龙章股票结算等事。云:"顷另由邮寄复丁姓保险单据并详述各节,计日可邀台览。子记龙章股票,已为换来新票。惟老股改一整一零,共元二百七十五两,照原数已打六折。记得前曾登报声明,该公司连年亏耗,恐亦不得已之办法也。取来股息计元廿二两,已交申行,收

---

① 1909年3、4月间,中国驻比利时公使馆随员王慕陶(侃叔)以私人名义创办远东通讯社,在比京布鲁塞尔设总社,北京、上海设分社。该社计划向欧美发送中国新闻稿件,又向国内报刊及出资者提供国外消息。1909年末,王慕陶回国筹措经费,与当时任东三省财政正监督官的熊希龄会晤。熊自愿相助,并向各省督抚募款。但熊自作主张,认为通讯社总社不该设在国外,要将总社设于上海。由此曾引起汪康年、王慕陶的不满。(参见廖梅《汪康年:从民权论到文化保守主义》上海古籍出版社2001年版,第368页)叶景葵后来似乎并未参加多少具体工作。——编著者

② 原信稿注有"八条照抄"字样,显然当时另纸所拟,现已不存。——编著者

③ 《汉行信稿》至此为止,共16封。——编著者

入汉册,接信后请嘱按期核转可也。股票、息单计四件附上,祈收示复。余再布。"
(《汉行信稿》稿本)

6 月 2 日(四月二十五日)　上午,与杨寿彤、柴琴堂同访郑孝胥。杨邀至汇中饭店用餐,座有廉泉(惠卿)等。郑于本年 2 月 6 日离沪,为锦瑷铁路借款事赴奉天。3 月 14 日在天津订约,5 月 13 日签订正式合同。郑于 5 月 30 日返回上海。(《郑孝胥日记》,第 1243、1258 页)

6 月 7 日(五月初一日)　郑孝胥来访。[①](同上引书,第 1259 页)

6 月 19 日(五月十三日)　应约与金仍珠同至郑孝胥寓所,为日辉呢厂招股事起草致四川总督赵尔巽电报。先生"改定电稿"。6 月 25 日,郑得赵尔巽复电云:"日辉厂事,已饬司道核议。请先告苏龛。"(同上引书,第 1261 页)

6 月 22 日(五月十六日)　至郑孝胥海藏楼晤谈。同座金仍珠、杨寿同、胡济生。疑为次日郑孝胥为东三省咨议局拟请代奏速开国会呈稿事。(同上引书,第 1261 页)

8 月 1 日(六月二十六日)　先生得赵尔巽电复:"日辉招股,官、商皆难附股。请转告苏戡诸公。"即请柯贞贤转送郑孝胥。(同上引书,第 1267 页)

9 月 4 日(八月初一日)　赴杭州参加浙江兴业银行第 4 次股东年会。会上项兰生报告汉行建筑情形。有股东诘问某宗借款担保之原委,先生遂"报告此案内容暨现购地实价七万余金"等事。(1909 年 8 月 6 日《申报》)董事沈新三、蒋抑卮、张澹如、宋渭润、徐冠南等签署本行第三届营业报告,公布己酉年存该对照表及盈亏报告书。其营业主要项目如下:

资本洋 100 万元(未缴洋 50 万元);长期放款洋 2 457 353.42 元;各项存款洋 2 736 146.17 元;分派股息总行洋 14 000 元,汉行洋 14 000 元,申行洋 7 000 元;净余洋 50 225.99 元(其中总行洋 17 778.74 元,汉行洋 14 540.11 元,申行洋 17 907.14 元);连同上届盈余总共结余洋 75 790.51 元。提存积盈洋 43 184.77 元,分派已、戊两年红利洋 2 万元,又花红洋 1.1 万元;净余洋 1 605.74 元,归入下届结算。会议议决取销分地选举董事和查账人办法。选举沈新三、张石铭、孙问清、郑岱生、蒋孟苹为新一届董事;周湘舲、徐冠南、苏保笙为查账人。(《兴业邮

---

① 疑与商务印书馆总经理夏瑞芳自营宝兴公司房地产业陷入危机之事有关。时上海橡皮股票风潮已显露端倪,夏经营的宝兴公司因借款关系,与正元等钱庄纠缠在一起。郑孝胥是商务董事,月初回沪后,即有几位商务董事找他商议此事。《郑孝胥日记》1910 年 6 月 5 日记:"夏瑞芳、沈耕莘、张少塘来,赴梦旦约于一枝香,商宝兴公司事。"次日又记:"商务印书馆伙友沈季芳来,示宝兴公司地亩清单。"6 月 7 日、8 日两天,郑都有到商务董事会及印锡璋家商议"宝兴事"的记载。先生也为商务股东,又兼任浙江兴业银行之职,可能参与解决宝兴公司欠款事宜。——编著者

乘》,第5期)

12月(十一月) 奉北京度支部派充币制局提调,辞不就。(《杂著》,第253页)

是年 继续兼任驻沪四川转运局总办。

是年 先生赴扬州弢园,访史念祖。后回忆云:"公不事生产,无积蓄。扬州住宅一所,即弢园,罢官后所经营。宣统二年,余登其堂,留连两夕。庭中老树三四株,清水一池,奇石数笏而已。去奉时,尚书赆以三万金,家居数年,费用垂尽。""公家居无聊,溺于醇酒,余往访时,精神已颓,腹有积痞为患,仍幼年奔豚之旧症。原约次年春间重到草堂,而公已先逝也。"(《〈弢园随笔〉跋》,《书跋》,第92页)

是年 史念祖逝世,先生撰《挽史绳之中丞(念祖)》联。云:

陆离长铗付醇醪,可怜百战余生,块垒未消人已瘁;

风浪同舟成坠梦,辜负一年旧约,平山无恙我重来。

(《杂著》,第407页)

是年 继续"遥领"浙江兴业银行汉口分行总理(经理)。(《我与浙江兴业银行关系之发生》,同上引书,第253页)

是年 应李煜瀛①邀请,任其创设于巴黎的通义银行驻沪董事。(1911年1月致盛宣怀函,盛档第023060号)

是年 商务印书馆代印浙江兴业银行汉口壹圆钞票1万张,背面继续使用"叶总理、项经理"签名章。(1915年10月21日《汉行钞票号数字号签名章区别表》,抄件,上档 Q268-1-596)

---

① 李煜瀛(1881—1973),字石曾,河北高阳人。1902年留学法国。1906年与吴稚晖发起组织世界社,出版《新世纪》周报,同年加入同盟会。1918年组织留法勤工俭学。后任北平临时政治分会主席、国立北平大学校长、北平师范大学校长等职。——编著者

1911年(清宣统三年　辛亥)　38岁

4月　黄兴等在广州举行起义失败。

5月　清政府成立皇族内阁,奕劻为总理大臣。清政府颁布"铁路国有"政策,并与四国银行团签订《粤汉川汉铁路借款合同》。

6月　川汉铁路股东在四川成立保路同志会。

9月　四川总督赵尔丰镇压保路运动。保路同志会举行武装起义,全省相应。

10月　武昌起义爆发。湖北军政府成立,颁布《中华民国军政府条例》。各省(市)相继举行武装起义,成立军政府。

11月　清政府皇族内阁辞职,袁世凯任内阁总理大臣。

12月　南北议和在上海举行。孙中山回国,到达上海。各省代表会议一致选举孙中山为中华民国临时大总统。

是年　江苏银行在苏州成立,1912年总行迁往上海。

是年初　被清政府任命为度支部天津造币厂监督。先生记云:"(宣统)三年春,奉旨署理造币厂监督,又辞不准。"(《我与浙江兴业银行关系之发生》,《杂著》,第253页)

1月中旬(十二月中旬)　复盛宣怀函①,允诺赴京就职。函云:"叩别以来,奔走杭沪之交,迄未暖席。以故久疏禀牍,下枕皇歉,莫可名言。前奉电谕,命即到京,听候驱策。当即肃电申谢,并陈下悃,亮邀慈鉴。昨晚捧诵赐示,又领钧札,行令到部当差。伏念职道一介庸愚,毫无阅历,仰蒙我宫保春风奖借,化雨涵濡,曲赐裁成,不遗葑菲,遂使声价增于十倍,姓名达乎九重。自顾何人,膺兹殊遇。今午复奉次帅来电,言已陈明大部,许其兼顾川差,体恤之周,有加无已,五中感戴,永矢勿谖。转瞬岁阑,应将经手报销赶紧清理,并将局事稍稍部署,即行束装就道,以仰副股股期望之意。""顷奉职父济自郑来电,述及宪意,务须年内到京。遵即将川局报销提前赶办,办毕即行就道,决不敢稍有耽延。惟职道前蒙浙江兴业银行股东举为汉口分行总理,任事已届两年。又直绅李煜瀛等创设巴黎华商通义银行,举职道为

---

① 原函无日期,但收信人在信封上批注云:"宣统二年十二月十六日到。"即1911年1月16日。——编著者

驻沪董事,甫经开办。现在职道既奉钧部调遣,业已分别函致该董事会,请其速举替人前来接办,以便将经手款项一一点交。恐未免稍需时日。然亦不敢过事稽迟,缕缕下忱,仍求开正速来。"(原件,盛档第 023060 号)

1月(十二月) 辞浙江兴业银行汉口分行总理职,举盛竹书(炳纪)以自代。自谓"于极不规则中腼然为汉行总理,前后几及三年"。(《我与浙江兴业银行关系之发生》,《杂著》,第 253 页)

2月7日(正月初九日) 致盛宣怀函[1],送呈账略。云:"贵恙已大痊,甚慰。咏诠[2]谈及第四届账略,兹检出抄本一册,送呈。乞詧核。余走谒面详。"(原件,盛档第 001348 号)

2月(正月) 因接替川运局职务之孟昭埙不能到职,先生稽留沪上,无法赴京。闻赵尔巽到汉口,随即离沪去汉,谒见赵尔巽。赵同意另派员接办,先生终于得以摆脱川运局事务。在汉口期间,与李维格等畅谈。(1911 年 3 月 4 日致盛宣怀函,盛档第 117427－5 号)

2月26日(正月二十八日) 盛宣怀复度支部尚书载泽函,郑重推荐先生出任天津造币厂监督。函云:"午前裕如来谈,署缺约须七八个月。拓造币厂正在重要,且有建厂屋、移机器工程,事难延误,却非全副精神驻厂料理不能妥当,诚如钧指,非兼办所能收效。近来属下以得人为难,大部新调叶景葵、沈邦宪,似可于此二人中择一试用。惟沈道向未见过,不知其详。如欲用叶道,原约正月梢来京,揣度赵次帅奉召,伊必赴汉迎见,赵已过宜昌,明日即可抵汉口,似须速电该道即日前来(须说明有要差方能从速),伊父在郑州,免其耽阁。仍乞批示。"(原件藏广州中山大学图书馆,引自杨观《叶景葵任天津造币厂监督前后相关函札三通释读》,《文献》2015 年第 2 期)

3月3日(二月初三日) 度支部奉上谕:"造币厂监督着叶景葵暂行署理。"(《光绪宣统两朝上谕档》,第 37 册)

3月4日(二月初四日) 自汉口浙江兴业银行再次就奉调进京之事致盛宣怀函。云:"春初奉到赐谕,是时已料理束装北上,遂未上禀。比想福躬康豫,部政修明,下怀曷胜颂祷。职道前经禀请川督宪,派委妥员接收川运局务。旋奉札委孟令昭埙来沪帮办。原定正月中间即行交代,讵孟令之母向在汉阳,忽患剧病,医治未痊,孟令势难即行,职道亦因此稽延。受国士之知而未能效一日之力,万分皇愧。

---

① 原函无年份,仅署"一月九日"。据考,1911 年初,盛、叶均在沪,盛推荐先生为天津造币厂总监督,二人接触颇为频繁,故考为是年。所呈"账略",不详。——编著者

② 顾咏诠,时汉冶萍公司查账董事。——编著者

现因次帅到汉,前来谒见,并顺便与孟令一谈,约定以本月为期,必伊母病痊,即行到差。如果病久不痊,惟有电禀川护帅,另派妥员前来接手,俾职道得以早卸仔肩,略图报称。一俟交代有人,即当赶紧北行,决不敢稍有延宕,尚求鉴警为敬。次帅拟赴宁垣与安帅面商要政,仍回汉入都。职道随至宁垣,即行回沪候舟,将来即由海程晋京。连日与李部郎、冯道等畅谈,汉埠商业凋零,非将川粤汉借款迅速定议开工,乃无振兴之望。我宫保综习部务,千载一时,尚求独总宏纲,略去小节,速将兹约定议为幸。"(原件,盛档第117427—5号)

3月上旬(二月上旬)　由沪抵京,向度支部报到。

3月12日(二月十二日)　上盛宣怀呈文,"并改铸铜元清单"。(1911年3月14日致盛宣怀函)

3月14日(二月十四日)　致盛宣怀函,报告天津造币厂铸币计划及购置锅炉、厂内存铜、主辅币祖模等事。云:

宫保钧鉴:前晚发奉一禀,并改铸铜元预算清单二扣,想登霁照。顷奉十二日手谕,敬悉一切,谨逐条禀陈于后:

一、总厂机力如由现在起,截至六月底止,专铸银元,约可出四百五十万元。如果锅炉渗漏,停工修理,则不足四百万元之数。查总厂锅炉四座,已毁其三,其一亦勉强配用。前拟调江厂锅炉,嗣查得尺寸太大,转运为难,又须拆厂另建,断非四五个月所能妥置。不得已即在津地海泰铁厂现购三十尺锅炉两座,约四个月可成一座,责成余树政经理业已签字付款。但七月以前尚在青黄不接时代,只得将旧者设法补苴配用,故预算铸数之中,不能不扣除修理停工日期,大约至少可出三百五十万元也。

一、总厂机力如由现在起,截至六月底止,专铸铜元,可出当十者七千万枚(合洋七十万之数)。总之,总厂机力如责成专铸银元四百万枚,即不能兼铸铜元;如责成专铸铜元七千万枚,即不能兼铸银元。

一、总厂现无旧铜元,所存电铜一千余担,专备铜珠之用。其余尚存东洋九九铜及洪铜共约一万一千担,约可铸当十铜元八千五百万枚(尚有宝泉局当十制钱二百四十余万斤,约可得铜一万担,须两年后方能炼竣)。

一、江厂拨调机器,稍缓再运,因新厂不成,无可位置。已与蔡道康接洽。

一、考试化验生定期本月二十日。俟考毕,即选二名迅送江厂。

一、主币祖模明日交副监督送呈鉴定。如果皆不合用,必须择其稍优者选用其一,否则七月初一之限必致误事。

一、辅币祖模一角二角者,俟主币模竣事,即行赶制,即照前次颁来石印

小样仿制。余另禀。敬叩

崇安！　　　　　职道景葵叩禀　十四午

（手迹，王尔敏、陈善伟编《近代名人手札真迹——盛宣怀珍藏书牍初编》）

3月18日（二月十八日）　晚得盛宣怀手谕。（1911年3月19日先生复盛宣怀函）

3月19日（二月十九日）　谒度支部尚书载泽等，约定赴津日期。（同上）

同日　监国摄政王载沣召见军机志锐与叶景葵等。（1911年3月20日《申报》）

同日　复盛宣怀函，报告赴津日期等事。函云："昨晚奉手谕，敬聆一是。正、左两堂均已谒过。拟定廿三日赴津到差，容再趋叩请示。钱副监督、王工务长昨已来京，带有未经完工之祖模式样，拟于明日十一点钟趋谒钧座，面求指示，乞赐慈见为叩。次帅来电，准于明晚到京，职道到站迎迓，当将宪意转陈。蔡帮办璋晤谈两次，人极精细，已约定与职道偕行。如何位置，俟到厂考察后再行禀商办理。"（手迹，王尔敏、陈善伟编《近代名人手札真迹——盛宣怀珍藏书牍初编》）

3月20日（二月二十日）　晚赴北京火车站迎接赵尔巽抵京。（同上引书）

3月23日（二月二十三日）　晨，谒见盛宣怀拜别。盛面谕委查各事。先生乘早车自北京抵达天津，正式就任度支部造币厂监督。到厂后即晤见各司员、化验师及监工等，了解情况。（1911年3月25日上盛宣怀呈文，盛档第003203号）

3月25日（二月二十五日）　上盛宣怀呈文，汇报抵津接掌造币厂监督两天来委查各节。全文如下：

官保钧鉴：叩别后，于二十三早车抵津，即刻到厂任事。伏念职道才识平常，并无阅历，仰蒙公邸及我宪台逾格登庸，俾权重任，自维薄植，深惧弗胜，惟有随事随时禀承教训，冀免陨越。到差后周历全厂，并与各员司晤谈，兹将委查各节，择其所知撮要附陈，以备采择。

总厂向领炼净滇铜。应缴部价每担京平足银三十七两一钱六分。现在日本住友铜，据武斋、三井两行报告，每担约计行平化宝三十两左右。以此例彼，贵贱悬殊。住友铜成色在九九二、三以上（据三井言可以在九九五以上，恐不尽实），滇铜则不过九八。惟将来铸改铜圆，无须精铜，滇产亦尽可合用。大条银价随先令为涨落，价值早晚不齐，无从预测，所可知者大条与白宝之比较而已。津市以白宝购大条，除以重换重外，照每千两计算，向须贴色二十两左右。如以行化宝购白宝，则须贴色十一两左右。是以行化兑大条，须贴色三十一两左右矣。大条成色九九六或九九九不等，而银行可包九九八，白宝成色不过在九八五与九八八之间，行化成色不过在九九七与九八之间。以成色论，购用大条并不喫亏，所喫亏者，外洋与中国之汇费而已（其数即包在贴色之内，细合便知)。然津市现银不过百万两,一收即贵,大条则源源不绝,将来鼓铸额大,决不能尽舍大条而专用白宝,断断无疑。

近畿一带铜圆流通之额究有若干,无从调查。现在津市每一元兑铜角一百二十八九枚。昨日洋价每一元合行化七钱一分二二五。如拟将旧铜币尽数收回,则铜元之价必大腾涨可以预决。故以学理论,非全数收回不可。而以事实论,其操纵缓急之间,有未可以轻心掉之者矣。前日面谕试铸十文铜币,重二钱一分五厘者,现已配合铸造,容即面呈。若旧铜币决计收回,则新铜币必须改轻,又无待聚讼也。

化验师薛振业已晤面,人极敦笃。与商考试学生办法,重在实验,不尚空谈。现在来厂报名之人不过六七,未必上驷,拟于三月中旬定期考试,如不足额,再行续招。好在实验化学学有定程,尽可分班试验,并无出入。

广厂一文铜币穿眼机,已电催赶运。前面谕试铸当二铜币,俟机到即办。

瑞监督前呈新厂图样,系奥工程师所绘草图,不便据以估工。盖估工之图必须明细,欲绘细图,必须先与绘图工程师订立契约,津埠通例如此。该工程师前拟有契约草底,以两有要求未经定稿。兹令工务长与之磋商,并以他处比较之说抵制之,大约一二日内可以定局。一面令工务长估算机器排列次序,俾厂房可以节省,俟合同订,好再行绘具细图。如此展转,至早亦须四月底方能开工。厂房以节省、坚固为主,不必糜费,约计五个月定可完工。即使不能,亦可将紧要工程先行赶齐,则冬令虽冻亦无碍矣。

建造厂房,监工最为紧要。工务长王兼善人极可靠,毫无习气,但现铸通行银币工作甚忙,势难兼顾。查有币制局筹备股帮办蔡璋,在鄂厂多年,精干耐劳,足胜监工之任。拟呈部请派为建造新厂委员,令会同工务长妥筹办理,并可兼查旧厂缺点,似属一举两善。

意国雕刻师所雕祖模,据称下月初八九可以告成。余树政所雕祖模,据称初一二可以告成。统俟告成后面呈鉴定。

江南厂机器,现拟先调锅炉两座,辗片机五座,电力机一座,余均缓调。盖总厂锅炉四座已有三座损坏,辗片机极旧,每片须辗至十八九道(新机祇辗六道),费工太甚,不能不迅速调用,以资整顿。

以上各节略陈大概,其余容再面禀。公邸及绍、陈两堂,已备公函呈报到差日期,应否将此函送阅?仰候酌裁。恭请勋安!伏乞霭鉴。

　　　　　　职道景葵谨禀　二月二十五日　　　　　(原件,同上引档)

3月26日(二月二十六日) 盛宣怀致载泽便函,转呈先生来函。云:"送呈叶道来函,系照宣怀面交各条属令查处,乞阅后发绍(英)、陈(邦瑞)二公一阅。""各厂电复,只有宁厂机力每日可专铸主币十五万枚,重十万八千两。此厂开办,足可济目前之用。即祈电致江督,速将财政局迁移,以便料理开工也。"(原件藏广州中山大学图书馆,引自杨观《叶景葵任天津造币厂监督前后相关函札三通释读》,《文献》2015年第2期)

3月底(三月初) 由天津抵达北京。(4月1日致盛宣怀函,盛档第003226号)

4月1日(三月初三日) 晨,返回天津前致函盛宣怀。云:"命铸减轻铜元式样,兹已铸就,即呈钧詧。职道今早回津,校阅化验生试卷,事毕,再日来京。"(原件,同上引档)约次日返京。

4月3日(三月初五日) 午前,访盛宣怀。晚车回津,当即检查试制铜元事。事毕,又致盛宣怀函。云:"午间饫聆训言,顿开智慧。晚车回津,查得试铸减轻五厘铜元,业已铸成。兹特专人送上。即乞鉴定为叩。意国技师所雕祖模,业已大致竣工,约须三四日即可印出,容再专呈。"(原件,盛档第003230号)

4月7日(三月初九日) 致杭州浙江兴业银行股东会电,"请改沪行为总行"。电云:

> 杭州兴业银行各股东鉴:本届年会不克躬莅,已托新三、兰生两君代表。查上届营业,大有进步,愿各股东同心协力,以后未可限量。鄙怀所欲陈者,一、请五年内不添分行;二、请改沪行为总行,杭为分行;三、请续收第三期股款,扩充营业。均候公决。葵奉职在津,交卸后仍须留京,汉总一席,实难兼顾,务求另选贤能。盼复。蛰老已否到杭?尤念。景葵叩。青。

(1911年4月12日《申报》)

4月9日(三月十一日) 浙江兴业银行假杭州胡氏安定学堂召开第五次股东定期大会。先生没有出席,向大会再次电辞汉口分行总理职,举盛竹书以自代。董事沈新三、张钧衡、孙问清、郑岱生、蒋孟苹等签署本行第四届营业报告,公布庚戌年存贷对照表。其主要项目如下:

资本洋100万元(未缴洋50万元);长期放款洋2 181 162.92元;各项存款洋2 506 615.7元;分派股息:总行洋14 000元,汉行洋14 000元,申行洋7 000元;净余:总行洋20 000元,汉行洋20 001.95元,申行洋32 000元。"照章提存公积,分派红利。"

股东会选举刘承干、周湘舲、郑岱生、蒋孟苹、沈新三为新一届董事会董事,张澹如、蒋抑卮、苏保笙为查账人。胡藻青连任总理。(《兴业邮乘》第6期)

同日 浙兴股东会复先生电,云:"天津造币厂叶鉴:青电经股东会议决。尊见第一条赞成,第二条事实上恐有窒碍,第三条明年再议。一面再请公遥领汉行总

理。股东会公叩。真。"(1911 年 4 月 12 日《申报》)

李子竞《揆公与本行关系始末纪略》一文记云,浙兴股东会前,先生"以任职造币厂常驻天津,势难兼顾"为由,致电辞职,并条陈三事作临别之赠言:(一)请五年内不添设分行;(二)请改沪行为总行,杭行为分行;(三)请催缴第三期股款。股东会议先生经办汉行,成效卓著,且任期未满,去电慰留。对所陈第一项,立即采纳,二、三两项事关本行大计,后以次第施行。举盛竹书[1]以自代一事,于是年六月十九日交卸。"时盛君无本行股份,任总理职与行章不合,股东会以先生取友必端,特予通过。"(《兴业邮乘》,第 54 期)

4 月 15 日(三月十七日)　清政府度支部尚书载泽与英、美、德、法四国银行团正式订立整顿币制及兴办实业借款二十一款。借款总额 1 000 万镑,以五厘利息递还。借款用途规定为清政府整顿币制用款和兴办、扩充东三省实业事务用款。(金冲及等《辛亥革命史稿》第 3 卷,第 13—14 页)

4 月 17 日(三月十九日)　在北京访李维格。座间遇郑孝胥,"谈久之"。时郑为东三省"借款筑路"之事在京与各方筹划联络。(《郑孝胥日记》,第 1316 页)

4 月 22 日(三月二十四日)　清政府度支部具禀奏请调任先生以三品京堂候补署理大清银行正监督。原监督张允言降职为帮办。禀文如下:

　　度支部谨奏:为拣员试署大清银行正监督各缺,恭折仰祈圣鉴事:"窃前准吏部咨遵议大清银行监督张允言降一级调用处分一折,奉旨不准抵销。钦此。"恭录移咨前来,查该银行为全国金融机关,责任綦重,所有监督一缺,自应遴员请简。查有署造币总厂正监督、四川补用道叶景葵,究心财政,于银行办法讲求有素,若之试署大清银行正监督,可期胜任。相应请旨准,将该员试署。其所署造币总厂正监督一缺,拟请以直隶财政正监理官沈邦宪兼署,以资分任,而专责成。所有拣员试署大清银行正监督各缺缘由,谨恭折具陈,伏乞皇上圣鉴。谨奏。宣统三年三月二十四日具奏,奉旨:依议。钦此。

　　　　　　　　　　　　　　　　　(《罪言之一鳞》稿本,上海图书馆藏)

是日,许宝蘅记云[2]:"度支部奏以叶揆初署(大清银行)正监督,伯讷(即张允

---

[1]　盛竹书任浙兴汉口分行经理五年,1916 年 3 月调沪任申行经理。1922 年 10 月由交通银行聘任而去。——编著者

[2]　《许宝蘅日记》1911 年 3 月 13 日记:"度支部奏参罗焕章营私舞弊,滥放款项,奉旨革职,交顺天府管押、勒追。张伯讷交部议处。"同年 3 月 21 日记:"一时到行,知张伯讷监督处分,部议降一级调用。"(该书第 336、337 页)——编著者

言)帮同办事,澜生①补副监督。"(《许宝蘅日记》,第 341 页)

1905 年,清政府设立户部银行,除经营库存接济、存放款项、汇兑划拨、代客收存财物等一般银行业务外,还赋予铸造货币、发行钞票、代理部库等特权。1908 年改称大清银行。厘定《大清银行则例》,进一步确定该行国家银行的性质。资本增加至一千万两,分为十万股,国家认股五万股,其余限定本国人承买,俗称商股。但是该行长期在监督张允言把持下,朋比为奸,内外勾结,贪污盗窃,达到肆无忌惮的程度。清政府为挽救危局,派叶景葵去整顿,又保留张允言帮办职务。先生面临之险恶可想而知。

汪康年对大清银行的奢糜腐败揭露云:"吾国有凡事业局面大者,则糜费以渐而大,而官场为甚,官场而有洋气者尤甚。闻大清银行每年开支王公大臣庆吊之礼达万金!夜间行中人咸归,而开支点灯费月至五百金,今始删除云。""银行之理事,使检察行中之弊病也。闻大清银行之理事,直自挪用,即以己名作保,真奇突哉!"(《汪穰卿笔记》,第 88—89 页)

4 月 25 日(三月二十七日) 在北京。应端方之约赴琉璃厂博物馆座谈。座中有赵尔巽、荣庆、志伯虞、李柳溪(端棻)、于晦若、袁芸台、陶拙存、金仍珠、许鼎霖、赵尔萃、郑孝胥等。先生告以郑孝胥云:"银行正监督已荐从邑旁者②而代"。(《郑孝胥日记》,第 1318 页)

4 月 28 日 内务府召见,任命先生署理大清银行正监督。《宫门抄》云:"内务府銮舆卫八旗两翼值日;叶景葵署大清银行正监督,谢恩召见。军机吏部引见单。"(《北洋官报》第 2764 号,第 2 页)

4 月(三月) 在天津造币厂监督任内,还应盛宣怀之邀草拟文稿。先生后回忆曰:"宣统之季,余在造币厂监督任内,公(按,指盛宣怀)适筹画币制借款,召余商榷。函电属草,每于病榻亲自为之。"(《〈愚斋存稿初刊〉跋》,《书跋》,第 161 页)

5 月初(四月初) 赴郑州省亲。拟辞大清银行监督职,未获批准,遂开始履职。《项兰生自订年谱》(二)记,"当时度支部泽公③以张伯讷④办理大清银行不善,欲揆初接任监督,揆初乃约吾为助,先以秘书官名义去京,俟大体整理就绪,出任汉行总办。浙兴方面举盛竹书继任汉总理。王稻坪接内经理事。议定后揆即北上,

---

① 指陈锦涛。陈锦涛(1870—1939),字澜生,广东南海人。1901 年官费留美,获经济学博士学位。历任大清银行副监督、度支部统计局局长等职。民国后几度出任财政总长。后从事经济学研究和教学。——编著者
② 可能指陈锦涛。——编著者
③ 指度支部尚书载泽。——编著者
④ 张允言,字伯讷,前任大清银行监督。——编著者

吾亦回汉。"项于 6 月辞浙兴事回杭。7 月,项赴京,"任大清银行秘书官,月薪达库银二百两。同时发表者,顾问官汤觉顿,总务科长吴达诠①,营业科长陈公孟。该行原有组织为票号、衙署两种性质,无章程,无统计,一切漫无稽考,以致百弊丛生。视事后,逐步爬梳,厘订章则,并定分科任事办法。另设清理旧账处,制表通饬填报,由吾总其事,邀王静甫师来京任钩稽,以周季纶②辅之。"(《上海档案史料研究》,第 10 辑,第 296 页)

5 月 7 日(四月初九日)　访赵尔巽,郑孝胥应邀亦至。郑记云:"饮毕,次帅邀余密谈东三省事。余谓'终患政府掣肘。宜与摄政约明,随时入觐,面陈办法,电奏即行,庶不受制'。赵极然之,请余为作密折。"(《郑孝胥日记》,第 1320 页)

5 月 8 日(四月初十日)　盛京大清银行吉林分行发生大火。(1911 年 6 月 23 日先生致度支部电文,盛档第 004391 号)

同日　清内阁改组,成立皇族内阁。盛宣怀被留任,简授邮传部大臣。5 月 20 日(四月二十二日),盛又遵旨接办粤汉、川汉铁路,接议英德法美各银行六百万镑借款。是日定议签订。干线国有与此借款引起川、粤、两湖保路运动。(夏东元《盛宣怀年谱长编》,第 924—925 页)

5 月 9 日(四月十一日)　度支部致先生札,嘱赴东三省调查币制事。云:

> 度支部为札饬事。通阜司案呈:查东三省各官银钱号所发纸币,已达数千万之多,而现金及各种证券之准备绝少计及。以致任意发行,漫无限制,价值日落,信用日微。外国纸币遂乘间流入,充溢市廛,实于币制前途大有窒碍,非亟筹整理之法,设有恐慌,愈难著手。该道于三省财政本所熟谙,现又经本部奏署银行监督,于此事责无旁贷。应于此次到奉之日,将三省纸币如何收回,外币如何抵制,妥筹良法,禀报本部,以凭核办。为此札饬该道,仰即遵照可也。须至劄者。
>
> 右札署大清银行正监督叶道景葵准此。
>
> 宣统三年肆月拾壹日　　　　　　　　　　　(《罪言之一鳞》稿本)

5 月 10 日(四月十二日)　应李维格之约赴六国饭店,座有高子益、许鼎霖、孟森、雷继兴、郑孝胥等。"议办大报馆事。"郑孝胥记云:"孟主就北京推广《宪报》。余谓如以报馆为政党之根据地,则宜在上海。雷主余说。众多主推广《宪报》者,遂定议。"(《郑孝胥日记》,第 1321 页)

5 月 12 日(四月十四日)　许宝蘅来访,"不遇"。(《许宝蘅日记》,第 344 页)

---

① 吴鼎昌,字达铨。——编著者
② 周锡经,字季纶。——编著者

约5月上中旬(四月) 先生在京倡议"拟准汉冶萍发行公司债票,由大清银行担保出售"。资本家们闻讯极以为然。其时盛宣怀新任邮传部大臣,正全力关注川粤汉铁路国有,与各国银行商议借款事宜,未采用先生建议。(叶景葵《汉冶萍国有策》;夏东元编著《盛宣怀年谱长编》,第925页)

5月21日(四月二十三日) 晚五时,随新任东三省总督赵尔巽由天津坐花车启程,次日午刻十二点钟抵达奉天。(1911年5月27日《申报》)

5月22日(四月二十四日) 抵达奉天。"保莲洲如。奉天协理宋文海来晤。"(《罪言之一鳞》稿本)

5月23日(四月二十五日) 致大清银行长春分行伍少垣电:"长春大清银行伍少垣兄:弟昨抵奉,有事面谈。请即来奉一行。盼复。"(同上引书)

5月24日(四月二十六日) 接伍少垣电:"准廿六来。"接总行陈锦涛等电:"吉林度支司问公何日赴吉?请电该司。涛、言。"复总行电:"北京大清总行:融密。揆有抵奉。已派员赴吉密查。一面与荣正监理商酌整顿官帖办法。并拟调奉天造币厂公务长刘守棣蔚随同赴吉,以资督助。俟启行有日,再行电闻。乞比禀堂宪为叩。葵。"又接伍少垣电:"河①昨夜感冒,明早车来。宥。"(同上引书)

同日 于奉天致盛宣怀电。云:"揆有(廿五日)抵奉。已派员赴吉密查,一面与荣正监理商配整理官帖办法,并拟调奉天造币厂公务长刘守棣蔚随同赴吉,以资臂助。俟启行有日,再行电闻。请代禀堂宪为叩。"(抄件,盛档第0841092号)

同日 记录人事数则:"接张菊人(大椿)信。保荐美国奥尔勃纳商务毕业生杨文濂(浙江归安人),虽学商业应用之学,银行簿记均经研究。韩紫老②言,吴君鼎昌现办本溪湖煤矿,堪胜银行之任。""县丞职衔王世泰(际平),钱业出身,办过商品陈列所。刘伯庚所保。"(《罪言之一鳞》稿本)

5月26日(四月二十八日) 致大清银行总行电,提议奉天造币厂继续铸造通用小元。电云:

> 北京大清总行:融密。本行小银元票流通吉省者甚少,实因准备为难之故。现拟整顿官帖,必先推广小银元票,尤以鼓铸通用小元为准备要着。闻奉厂因将派铸国币,拟于月底停工修机。来源一断,准备短少,新旧过度之际甚形危险。究竟奉厂派铸国币若干?能否暂时免派,仍制通用小元?俟准备充足后再铸国币。请即禀商币制局堂宪迅速核示遵办,并请核定后即日电知奉

---

① 大清银行长春分行经理伍少垣,名锡河。——编著者

② 指韩国钧。韩国钧(1857—1942),字紫石,江苏泰州人。1902年起,历任交涉局会办、奉天劝业道、署奉天交涉使等职。著有《永怀录》等。——编著者

厂。盼切。葵。勘。　　　　　　　　　　　　　　　　　（同上引书）

5月27日(四月二十九日)　大清银行长春分行经理伍少垣到奉天,总司账李铁珊同来。(同上引书)

5月28日(五月初一日)　媒体刊登《叶景葵保商谈》一文。谈话呼吁内阁制定保护商业政策,与铁道国有法同时发表。文云:

> 此亦持平之论。叶景葵在京时,有友人与谈铁道国有事。叶云:"我国幅员广博,非急从统一交通入手,行政断难敏捷。现在粤汉铁路,三省分为三橛,断非办法。各处市面紧急,招来股款亦非虚憍之气所能成事。故前日收回干路之谕旨,内阁政策未尝不善,所嫌者,商办之局原本商律,今则一概抹煞,使天下致疑于朝廷有破坏商律之意。关系亦非浅鲜。故内阁尚须另筹保商政策,同时发表,方足以安士庶之心。查比年以来,各处倒闭,纷纷叠见,如营口之东盛和汉口之三怡,上海之源丰、润义、善源初,皆初由各处官吏贪图重息,擅放公款,迫至倒闭,则以雷霆万钧之力,封闭号产,一概入官,其余存款、商欠,置之不问。于是各存户相率提现,争存外国银行。外国银行以轻息收入,经营别种事业,而现款则遏而不放,以致市面紧急,工厂停滞,著名大埠皆有江河日下之势。长此不已,必致亡国。其实官吏所封存者,不过产业而已,商务萧条,产业仍难变现。官吏虽免处分,亏损仍在国家。况各项厘税之折耗,于无形者更不可以数计,失策甚矣! 现在内阁成立,亟宜筹定政策,由度、农两部特派专员清理各案,将各处各号产业分别查明总数,实值若干,公举妥实商人,估价拍卖。一面代追人欠之款,限期将收回现款,按照各号欠人总日数,官商一律匀摊。其营私舞弊之同伙如陈逸卿等,皆应照律加等严办。如此,则商民悦服。各处存户皆晓然于国家保商之意,以后存款必舍外国而争就中国银行,金融机关可以灵活。倘内阁定此政策,与铁道国有政策同时发表,各省知朝廷非无保商之意,为国为民,两宜兼顾,或不致纷纷反对。

　　　　　　　　　　　　　　　　　（1911 年 5 月 28 日《申报》）

同日　接吉林巡抚陈昭常电:"吉省善后事宜,待公商办。昨由度支部电达傅守彊,恳公速来,务望迅赐惠临,俾诸事可以着手。盼切。艳。"(《罪言之一鳞》稿本)

同日　复陈昭常电,告以四五日内抵达长春。电云:

> 吉林陈抚宪钧鉴:艳电敬悉。○○①前奉部委,调查吉省圜法,禀辞时又

---

① 先生自称。下同。——编著者

奉面谕,吉林火灾以后,应由大清银行设法维持市面,令到吉后一并调查办法,禀部核示。查市面商务应遵部示,由大清银行量力维持,昨已饬长春分行迅速照章切实办理。○○稍迟四五日,即行趋辕面聆指示。至地方善后办法,闻钦宪已派专员前往禀商办理。知注敬复。○○叩。东。　　　　　　（同上引书）

同日　接度支部电:"监理官转叶监督景葵:闻此次吉省火灾,当未延及官银钱号,时该号所有各种钞票等项,均已运至东升当官盐店收存。是否属实,著详密速查,电复度支部。艳。印。"(同上引书)

5月29日(五月初二日)　致奉天造币厂总办熊希龄、帮办荣叔章函,通报度支部批准奉厂"仍铸通用小元"。云:

秉三、叔章仁兄大人阁下:敬启者,景葵前奉度支部札派,驰赴吉省调查整顿官帖办法。行装甫卸,尚未前往,将来如何办法,刻难遽定。惟连日语奉天、长春、营口等处大清分行详细协议,佥谓整顿官帖,必先推广小银元票,欲推广小银元票,必须多铸通用小元,庶准备不至空虚,钞币可期周转。适闻贵厂奉到部饬预备开铸国币,不日停工修机,小元无从掺铸。来源一断,准备为难,甚行焦急,不得已电恳币制局堂宪,请将贵厂派定新铸国币暂时改派他厂,仍铸通用小元。顷奉复电,已邀允准。特将来往各电抄呈冰案,即乞查照办理。至奉天等处大清分行应如何会商,贵厂分批掺铸通用小元,已嘱各该行总办、经理等径诣台端面商办法,并祈饬员接洽为祷。专肃。敬请勋安。　名正具。

外抄致大清总行转呈币制局堂宪电一通。又大清总行复电一通。又币制局堂宪复电一通。　　　　　　（同上引书）

同日　复度支部电:"北京度支部堂宪钧鉴:特密。艳电敬悉。葵到奉即派员赴吉密查官银钱号簿据是否实在被毁,尚未得复。奉电后又加派员密查,俟复到,即电闻。葵俟查有头绪,再行赴吉。并闻。景葵叩。冬。"(同上引书)

同日　接大清银行总行电:"大清银行转叶监督:勘电已回堂。奉厂应铸主币,可改派他厂。铸小元事,另由部电复。涛。"接盛宣怀电:"叶揆翁:洪密。奉厂原定分铸主币式百万,已如尊电改拨江、鄂两厂加铸。暂留奉厂赶造小元,以济市面。借款四十万镑,已饬大清沪行宋汉章,会同金仍珠,照市□银拨归。奉行钱琴西已请假,希达次帅。宣。东。"接项兰生函,荐王静甫,"现在江省官盐局当收支。此人勾稽颇精,操守极好"。接樊时勋函,介绍聂云台,"系三品衔分省试用道,名其杰"。"又王荃本,奉天陆军粮饷局总办。"(同上引书)

6月1日(五月初五日)　在奉致大清银行总行电,通报吉行借款事。云:"北京大清总行:融密。闻部已垂准吉省息借本行银五十万两。葵日内赴吉,有须询明者数端。一、奉、长两行无款可借,是否总行筹拨? 二、借款是否须有抵押? 三、问

奉须息若干? 四、是否由长行与吉省订立合同,抑须总行签字? 均祈酌定电复。葵。微。"(《罪言之一鳞》稿本)

6月3日(五月初七日)　致总行电:"北京大清总行:顷读度部原垂吉省借款系部担责任。微电所询各节均已解决,应即取消。葵。阳。"(同上引书)

6月4日(五月初八日)　接总行电:"大清银行转叶监督:五十万事系由部向总行借,汇交吉省应用。月息六厘,六个月期,无抵押。涛、言。阳。"接陈锦涛信,"长春总办事"。复陈锦涛、张允言信,为"长行、奉行总办事"。又接度支部币制局电:"监理官转叶揆初监督:洪。去年九月部电三省监理官,查三省官银钱号准备金。据报奉天合二百四十六万,黑省合四百十余万,吉林合四百四十余万。现存数目是否相符,已电监理官会同该监督复查。电复,即遵照度支部币制局。阳。"又复总行电:"北京大清总行:融密。初四函悉。请候弟函再定。吉省五十万请交东督分拨,勿径交吉抚。至要! 葵。庚。"(同上引书)

6月5日(五月初九日)　接总行电:"大清银行转叶监督:庚电悉。已电长行照办。惟如何交法请由奉行用行密径电长行。涛、言。"致长行电:"长春大清银行:部款暂存。候东督信拨用。"(同上引书)

6月6日(五月初十日)　致度支部币制局电,通报奉天官银钱号调查结果。云:

> 北京度支部币制局堂宪钧鉴:特阳电敬悉,遵即会同赴奉天官银号,查明现存准备金,计现款合银一百三十六万九千三百三十七两零,借贷票据合银二百三十一万五千六百六十七两零。二共合银三百六十八万五千四两零。比较上年九月所查之数,实多银一百二十一万七千三百八十二两零。此系截至本月初九日为止存如上数。惟此项准备金包括周转金在内,日有出入,未可据为确定。除分电吉、江两副监理查明各该省官银号存数,吉林俟景葵到省再行覆核。江省径由甘监理确查。统俟查覆到后另行电禀外,谨先电复。景葵厚叩。蒸。
>
> (同上引书)

同日　又记人事数则:"叶养吾,杨翼之荐;李祖恩,在邮部;李政,南京商业学堂专修银行毕业。"(同上引书)

6月7日(五月十一日)　奉度支部委派,"赴吉调查大清银行纸币等事"。是日先生乘南满火车先赴奉天,"携带大清银行钞票,应需用之必要,以资散布"。"叶氏此来第一着手,当先支给各官吏之月俸耳。"(1911 年 6 月 15 日《申报》)

6月8日(五月十二日)　郑孝胥于上海"为万宝成揽办奉天军衣"事,致先生与金仍珠函。(《郑孝胥日记》,第 1324 页)

6月9日(五月十三日) 致度支部电①,转呈大清银行哈尔滨分行副监理官甘鹏云清点库银报告电文。云:

度支部堂宪钧鉴:顷接江省甘副监官文电。其文曰:"江省广信公司各种准备现金现存总司者,计合银六十五万六千三百三十两;现存各分司者,计合银八十七万六千五百二十四两;借垫民政司去年报部列入准备金者,计银一百八十六万零二十三两。统计库平银三百三十九万二千八百六十两。出放借款有抵押者,计银四十九万五千五百六十八两,无抵押者计银二百二十一万一千八百一十一两。积存产业计值银二十万零六千一百九十四两。统计库平银二百九十一万三千五百七十三两。江省官银号现存准备各款,计合库平银七十四万一千六百九十七两。出放借款有抵押者,计银五十二万五千九百九十三两;无抵押者,计银五十三万八千八百八十八两。统计库平银一百零六万四千八百八十一两。以上各款与去年九月所查之数略有异同,然大致不甚相远。此覆。鹏云。文。"等语,因理合转呈。景葵厚叩。元。

(《罪言之一鳞》稿本)

同日 又致度支部电,报告调查吉林省官银钱局火灾损失情况。云:

度支部堂宪钧鉴:特吉林官银号准备金,经景葵到吉会同栾、荆两副监理官查明,计截至四月初十日被火之前止,库存现银一百四十三万零九百二十一两;现元合银七十七万一千二百四十九两;外币合银五万三千五百六十五两;大清银行票合银五千七百二十四两;铜元现钱合银二万五千四百七十四两。计库存各项共吉银二百二十八万六千九百三十三两。又存沪号规银七十六万两;津号规银六十四万三千五百两;长哈分号现银及现元合吉银四十万两;大清银行吉银三十万两;长号存铜觔二千石,值吉银六万两;航路股票值规银七万两。计分存各项,共合吉银二百一十二万零六百七十四两。又收回不动产,共值吉银一百二十九万七千七百五十一两。统共库存、外存、不动产三项,共吉银五百七十八万四千八百八十四两。火后焚毁外币及大清银行票,计损失吉银五万七千一百四十六两。现银、现元经火镕化,约亏耗吉银八、九千两。其抵债不动产被焚若干,尚未查明,容续陈。景葵厚叩。

(同上引书)

6月10日(五月十四日) 奉命由奉天抵达长春,调查吉林省官帖情形。"历访绅商,证以见闻,于吉省官帖情弊略知梗概。"(1911年6月29日先生上盛宣怀禀文)

---

① 上图盛档第004391号亦为先生此电文抄件,然所署日期为"五月二十七日",即1911年6月23日。现按《罪言之一鳞》所系日期为准。——编著者

6 月中旬（五月中旬）　致总行电①，报告增拨吉省赈款仍"不敷周转"事。云：

> 北京大清银行。浃。呈部堂钧鉴：吉省赈款尚余廿万，不敷周济。次帅电请发交吉省银号作为准备，另发官帖二百万吊，以维市面。如此办法，余款尚有收回之望。且吉省自官帖停发后，银行并无钞票周济，转瞬粮豆上市，不敷周转，商民呼吁，准驳两难。若照次帅所请，似亦先事预防之策。仍候钧裁。景葵准廿二三回京，并陈。景葵禀。

（电稿，录自《赵尚书奏议》附录件，上海图书馆藏）

6 月 20 日（五月二十四日）　晨，由哈尔滨回奉天得长春伍少垣、刘棣蔚来电，告以陈锦涛电请先生速回北京。云："大清行转叶监督鉴：顷接吉号电话，大意谓，陈监督来电，因四国借款事，须即往英京赴会代表。请监督陈明次帅，赶速回京，到行任事。河、保叩。敬。"（《罪言之一鳞》稿本）

同日　又接北京度支部币制局来电，告以陈锦涛赴英事。云："赵制台转叶揆初京卿：洪。四国银行函称'借款一事近得来电，会地及开会日期须俟贵国代表到伦敦后再行择定。惟极望贵代表西历七月初十日前到英，以便议商一切'等语。此次东三省及币制借款成否，迟速极有关系。所派代表必须熟悉此合同条款内容，方免隔膜。踌躇再四，只有陈锦涛堪以派往。惟大清银行副监督出差，实属无人可代，惟有即请阁下尅日回京到任，俾得即派陈锦涛出洋。计算日期甚促，由悉毕亚铁道②驰行，尚可赶到。次帅素顾大局，谅荷允行。除已电恳外，即希执事迅速禀明次帅，即便来京。千万勿误。度支部币制局。漾。"（同上引书）

同日　赵尔巽致载泽电，要求留先生在奉天一段时日，筹备屯垦局事。电云："叶监督今晨甫回。所查吉江钞币暨灾余善后办法，均极紧要，尚未规定。又屯垦局奏派该监督为总办，极待规划全局，妥定章程，早日开局。目前势难往京。钧部不乏通才，惟乞遴委他员往英，以免两误。如决非派陈副监督不可，则拟请先令陈行过奉时，并属与叶接洽。叶俟经手事件稍有端倪，即便往京坐镇。此次陈赴英伦会议，不久即可遣回。陈回，即祈令叶东来，俾竟未完之绪。巽为顾全大局起见，不敢执争，他时亦求钧部顾念边陲重要，俾叶来往于两间，不胜感激待命之至。"（抄件，《赵尔巽奏议》稿本）

6 月 21 日（五月二十五日）　自奉天复度支部币制局电，报告返京日期。云："度支部币制局堂宪钧鉴：洪。漾电敬悉。景葵昨早回奉，现正编制调查报告，并预

---

① 原电稿无日期。据"葵准廿二三回京"一语推断，当为五月间在奉天时所发。实际上先生于 1911 年 7 月 11 日（六月十六日）始返京，就任大清银行正监督。——编著者

② 指西伯利亚铁路。——编著者

备屯垦开局事宜。拟即遵谕禀商次帅,准于下月初十左右回京,十六到任。陈监督赴英,过奉当先约期迎晤,以便接洽一切。余禀详。景葵叩。有。"(《罪言之一鳞》稿本)

同日 致总行陈锦涛电:"大清银行陈监督鉴:昨自哈回,奉到赐电。公准何日出京?乞先电示,以便迎迓,面商一切。弟奉堂宪电后禀商次帅,拟于下月十六到任。并闻。葵。有。"(同上引书)

6月22日(五月廿六日) 接由吉林转来北京总行陈锦涛等电,告以赴英拟带人选及在英拟设分行事。电云:"大清行转叶监督:融密。近日条陈金本位与欲办外国银行者数起。堂意以为金本位未必即能办到,惟不可不办外国汇兑以为预备。正是我行责任,亦一大利权也。涛奉委到欧,拟带吉行伍少垣,事务处吴乃琛、徐荣光调查一切。且拟在英开分行,从试办以为练就人才。计伍等皆通英语,识银行办法,不易多得。惟伍若去,长春行无人坐镇,拟即令刘棣蔚(保如)赴任,且由总行再调一熟商情者到长春,暂署理协理。是否可行?请速电示,俾得早日回堂准备一切。涛、言。敬。"(同上引书)

同日 复陈锦涛电,阐述己见。云:"急。北京棉花头条。陈澜生监督鉴:敬电悉。伍少垣万不可调。英设分行,宜先调查,请勿急急。余面详。葵。宥。"(同上引书)

6月23日(五月二十七日) 接总行陈锦涛电。云:"大清行转叶监督:涛初九由京起程。请在奉稍候,面告一切。又欲带伍少垣往英、商设分行,如何?请电示。涛。宥。"(同上引书)

同日 复总行电,再次阐述对拟带人选及在英设分行一事之看法。云:"北京大清总行:融密。宥悉。昨电想达。英设分行,联络汇兑,办法极是。但我行信用极坏,宜先培养名誉,再图扩充。且国家银行可否在外国开设分行,系一未决问题,宜先调查研究,似亦不必急急。伍少垣经理长行正关紧要,万不能离职,祈勿调。弟准在奉候教。葵。感。"(同上引书)

6月24日(五月二十八日) 致陈锦涛电:"北京棉花头条,陈澜生兄鉴:融密。三省银行人才销乏,已成积弱之势,故伍少垣暂难远行,想蒙鉴谅。前电所云先令刘棣蔚(保如)赴任一节,极赞成。请即回堂核办。葵。勘。"(同上引书)

6月26日(六月初一日) 接总行陈锦涛电,再次坚持在英设分行事。云:"大清行叶监督:融密。感、勘悉。足见荩筹。西班牙等国家银行有分行在英京。英、法、德、日国家银行不分设外国,实因先有汇兑银行,又生意充足,无庸兼顾耳。且金本位之预备,必从汇兑入手。大借款亦稍藉为运用。责任权利所在,似不宜缓图,藉此亦可得名誉。若虑战时危险,则改名代理可免。敬电亦言调查。惟涛等皆到英,学理方面曝①稍能道之,只乏商情历练者参往筹画耳。伍难即去,敬电办法本是为此。可否速委人到长春,接署后仍令伍续后随去。抑能另举他人,或另有法,请电示。再,往俄火车初九无座,涛改十六起行。请早到京指示一切。涛。艳。"(同上引书)

6月27日(六月初二日)　复总行电:"北京大清总行:艳悉。容面商办理。行期定,再电告。葵。冬。"(同上引书)

6月29日(六月初四日)　上度支部盛宣怀禀文。"禀为遵饬查明吉省官帖情形并暂拟治标办法由。"禀文云:

　　吉省向以钱为本位,制钱五百名为一吊,是为中钱。其后制钱短缺,商家争用抹兑凭贴。抹兑者,甲铺买物,以一帖兑至乙铺开发。而乙铺仍无现钱,又转开一帖于丙铺,互相转致,凭空纸以买实物,银价、物价因而加增,间阎苦之。光绪九年,前将军铭奏请革除抹兑名目,通使凭帖现钱。凭帖十帖准取现钱二吊,俟钱法疏通,再行加什,取有各商切结,市面得以稍苏。未几而其弊复炽,各商争出,凭帖到处充斥。虽无抹兑名目,而二成现付之令成为具文,钱法大坏。光绪廿四年,前将军延创设官帖局,发行官帖,仍照凭帖之例,帖到换帖,二成付给本省银元。其时银元定价二吊二百文,商民以其准完租税,争乐用之,信用日著。于是官帖局营运兑换之利,年盛一年,分红定章极为优异,官场视为利薮,而巧黠之商又复藉词借贷。官商勾结,坐得扣利,有司执事均以增发官帖为理财不二法门。至三十二年,发行之额渐多,银价因之而涨,乃定每圆为二吊五百文。至三十三年,发行之额更多,前度支司陈玉麟实篆其事,于官帖局内附设官钱局,弛银元定价之例,准其自由合银。于是每圆涨至三吊六七百文,势将岌岌不可终日。其时发行官帖之额,增至五千七百余万吊,而官钱局之准备金不过六十余万两。始则改付银元为铜元,后乃改一吊为铜元四十枚,照二成兑现计算,每帖一吊,付以铜元八枚而已足,官帖之信用日堕。陈抚②莅任,怵然忧之,乃并官帖、官钱两局为官钱银号,调饶道昌龄总办其事。自前年八月以至于今,吸收准备现金三百余万两。现在官帖发行总额为六千七百余万吊,库存现金及可靠抵当品、津沪分号之资本金,合而计之,除火灾损失外,约有五百余万两,办理尚称得力。惟市面银价日涨,商民援二成兑现之例,纷纷提取现银,付不胜付。饶道创议一概不付,于是官帖遂成不换纸币。此吉省官帖沿革始末情形也。

---

① 此字恐电文有误。先生抄稿标有记号。——编著者
② 指吉林巡抚陈昭常。——编著者

　　吉省之铸银元,始于光绪二十二年。以后历年加铸,成色低劣,外埠滞销。然至今吉市银元所存甚少,必系奸商牟利私销之故。至于银两尤属短少,即有至者,悉为商民载运出境。故官银钱号续筹准备,甚为棘手,必须以官帖买卢布,然后运至他埠,兑以银两。若仍照二成兑现,则现存区区准备必又搬运一空,故不得已而有概不付现之令。现银如此缺乏,官帖如此充斥,银价日涨,帖价日落,百物腾贵,民不聊生,改弦更张,刻不容缓。职道与此邦官绅商民讨论此事,约分两派:主张收回者为一派,希望增发者为一派。主张收回者鉴于银价之暴腾,物值之昂贵,恶币之充斥,外资之灌输,稍有心知孰不有改良之望?然叩以改革为圆,化虚为实之法,则佥以筹款无术、旧亏无著为虑,空论虽多,实际终难解决。希望增发者一派之中,又分两派。现在行政经费入不敷出,各商营业产不抵债,惟此官帖一纸风行,倒悬立解。而复狃于借贷之通融,红利之优厚,人人艳美官银钱号,即人人护持官帖,所谓明知故犯者也。商家存欠皆以吊计,银价涨落,于旧账大有出入。万一官帖尽废,易吊为圆,必有少数商家受其亏损,顾虑之念多,则阻扰之说进,所谓畏难苟安者也。增发之说,万无理由,可以不论;收回之说,亦非空言所能办到,必须筹如何收回之法,方能著著进行。审度再三,而困难出矣。

　　一、弥补亏损之困难。

　　甲、现在官帖流通总额为六千七百余万吊,照现定官价每两五吊二百文,约合银一千三百万(两)。而官银钱号所存准备现金不过三百万两,其余各项财产之可以变现、分号资本之可以提回者,不过一百万两。两相比较,约短九百万两。

　　乙、吉省地面极广,各属所以官帖为易中,故现在流通总额六千七百余万吊,实不足以周转全市。若限期收回,则全省信用之易中,立见短缺,其价必涨。如每两涨至四吊文,则向亏九百万两者,骤进而为一千二百五十万两。如此钜款,断非吉省所能担任。

　　丙、若由国库垫付此款,而责成官银钱号收回欠款陆续归还,系必不可得之数。盖历年红利均已分散,行政借垫难望归结。其余官办营业、商民借贷、失败倒欠,不一而足。若有国家担任弥补,是不啻以全国财源代偿历年官吏任意销耗之款,其危险不可言喻!

　　丁、或谓将来改良税则,俟银价低落,易吊为元,则国库有增收之望。然以增收抵支出,其数相等,势非加税,不能实在增收,而其事又非旦夕所能办到。

　　二、改革习惯之困难。

　　甲、吉民日用出入习惯用吊,不知银元计算之法。其心理以为,如用官帖,则以吊易吊，不致折耗；如用银元，则今日三吊三者，明日改为三吊二，不免吃亏，皆疑忌而不敢用。故官帖之势力弥满全省，东西洋商之收买粮豆者，必以日币、卢布兑买官帖，方能与民间交易，足见人民知识之低。故欲销除吊之名称，宜渐进不宜急进。

乙、国家税项有收银者，有收小银元者，有收钱者。其收银及元者，皆照市价折合官帖行之数十年，今欲改吊为元，必先更定税则，非行政官吏切实筹办，而又合商会之力以助其成，不易收效，非目前所能猝致。

三、准备银元之困难。

甲、吉民重视官帖，其视银两、银元、银票如货物。然除长春外，几不见银元踪迹，即有至者，不久亦捆载出境。大清分行所出小银元票不过数万，而准备时有不足之弊。若以大清之票收回官帖，为数至钜，准备为难，银行易生危险。

乙、道路不便，胡匪纵横，运送银元极为艰难。而元票初行，信用极薄，上午所付，下午即来兑现。万一接办不及，尤为危险。

丙、俄国银辅币十枚重五钱八分，市价四吊四百文。我国小银元十角重七钱二分，市价三吊三百文。现在俄国以一卢布纸币可买官帖四吊四百文，再以所得官帖之数收小银元，可得一元三角三分，再以所得小银元改以银辅币。则出十卢布之纸币，可换成十五卢布至十六卢布之现金。而民间习惯又祗知俄国有银辅币，而不知其有金主币，故俄辅币充斥于东清一带。如此辗转盘剥，不数年而小银元悉销为辅币，将来国币成色又优于小银元，其流币 [弊] 尤难臆测。

丁、若抬高小银元之价值过于四吊四百文，则银价必涨为六七吊，物价因之而涨，市面非常激动。其时卢布之价亦必因之而涨，小银元仍有自在流出之趋势。

四、销除阻力之困难。

甲、吉省官场向以官帖为利薮，每年分红之数，监理官迄未得其真相。而从来币制之整理，虽有大部督率限制，仍视行政官执行之诚伪，以卜推行之良楉。若急于销灭官帖，全省之官阳奉行而阴反对，大清银行将有孤立之势。

乙、吉省绅商之狡黠者，向以官银钱号为利薮。其法可以保人名义借钱，即以此钱盖房，再以此房押钱，再盖再押，辗转无穷。其他各项营业，无不恃官帖为资本，经手人坐得扣利，所收之息作为红利。营业失败，则累累皆官产，永无收回之日。今若骤废官帖，则因此失业之绅商，必致横生阻力。

五、截清数目之困难。

甲、当监理官未曾封禁帖料以前，官帖局腐败情形不可殚述。至陈玉麟秉权时代，物议尤多。故现行之额六千七百余万吊，仅据该号报告而定，是否实数，难以逆料。

乙、火灾之后，谣言蜂起。有谓原存帖料并未烧毁者；有谓去年奉准发行新帖，换回旧帖，其数五百万吊，不免影射者；有谓监理官监毁旧帖并未实行者。虽系道路臆揣，毫无实据，但当群言淆乱之际，难保奸民不从此生心，急于收回，恐多蒙混。

纵观以上各节，官帖之弊已入膏肓，势将不治。今于艰危丛脞之中，勉筹治标、治本两策。治标之策其目十二：

一、乘火灾之后，另设吉林官银号于省城。

二、裁撤现在之官银钱号，改为清理官帖局。

三、新设官银号设总办一员，由东督遴委妥员办理；设总稽查一员，由东三省正监理官选派。此外所用夥友，另定详章办理。

四、清理官帖局设总办一员，即责成现办官银钱号之总办，专司其事，其余冗员一概裁撤。

五、新设官银号，准发行新式官帖七千万吊。

甲、此项新帖以铜版精印，严防赝造。

乙、此项新帖暂照旧章二成付现，俟准备充足，再行酌增。

丙、此项新帖不准移垫行政经费。

丁、此项新帖除照截清旧帖数目、陆续发交清理官帖局收回旧帖外，下余之数准其严定章程，借贷营业，以资周转。

戊、官银号不收现行旧官帖。

己、官银号不准发行小银元票，如需用时可向大清银行照章借贷。

庚、新帖以七千万吊为限，不准增发。

六、官银钱号裁改后，即将库存、外存现金，产业及各项抵当品，悉数移交官银号。

甲、津、沪两处分号即行裁撤，所有资本、产业及各项抵当品，由官银号接收管理。

乙、以后津、沪汇兑归东三省官银分号代办。

丙、现在流行官帖总额，于裁改之日截清数目，报部存案。

丁、官银钱号所有商欠、官欠，责成清理官帖局勒限催缴。其收回产业分期变卖，以所得现款缴回官银号。

七、清理官帖局成立后，准向官银号陆续领取新帖，收回旧帖。

甲、不准再作借贷兑换各项营业,并不准再有分红名目。

乙、旧帖收回后不准再出。

丙、旧帖收回满一百万吊,即报明监理官截角封存,以备抽查,不准焚毁。

丁、旧帖之赝者,认真剔除;如有以赝乱真者,清理官帖局担其责任。

戊、倘收回旧帖逾于报部截数之外,历任官银局、官帖局、官银钱号总办以下,均担其责任。

八、由监理官会同度支司,将岁入租税、厘捐等项向以钱为本位者,分年改为银元本位,其岁出之款亦比照分年改定。

九、由东三省审计处会同清理财政局,将吉省行政经费切实核减,即照宣统四年预算定额,以节省赢余之款留于吉省,充弥补帖亏专款。

十、由监理官会同度支司,筹画本省别项可靠财源,以备分年弥补帖亏之用。

十一、俟帖数截清,即查照准备现金及另筹弥补专款实数,酌定分年收回办法,并由大清银行临时酌定补助章程。

十二、俟新帖全数收回,即将官银号改为地方银行,或归并东三省地方银行办理。

以上各节如蒙采纳,即请密咨东督,酌定施行。但治标之策,不过因势利导,虽于各种困难大致可以解决,而日久不免弊生,势非别筹治本不可。治本之策,惟有速定虚金本位制而已。现在《国币则例》业经公布,亟待推行,而论者或谓各国皆用金,而中国独用银,将来全球生银萃于我国,金价日涨,银价日落,其害甚烈。而就此次考查所得,则日、俄皆用金,而东三省独用银,劳工低廉之价,则以银辅币付给;货物贸易之额,则以金本位核算。将来东三省市场不特为日俄金纸币之尾闾,而且为日俄银辅币之尾闾,其危险何堪设想!惟有仰恳大部于推行新定国币之日,即预筹进行金本位。如谓金本位暂难蹴致,或照虚金本位制定一适宜办法。兹事体大,必须博采众论,详考实情,再由大部折衷定断。职道如有一得之见,谨当另具说帖,呈候采择施行。除将江省官帖情形及筹拟奉天官银号、收回纸币办法,另禀陈明外,所有查明吉省官帖情形及暂拟治标办法各缘由,理合禀呈堂宪鉴核,批示祗遵。

(王尔敏、陈善伟编《近代名人手札真迹——盛宣怀珍藏书牍初编》)

6 月(五月)　项兰生辞浙兴汉行职。7 月,出任北京大清银行秘书官。8 月,兼任稽核科长。10 月,兼代汉口大清银行总办。11 月,辞大清银行各职。(《项兰生自订年谱》(一),《上海档案史料研究》,第 9 辑,第 179 页)

7 月 2 日(六月初七日)　发总行电:"北京大清总行:融密。奉行内容太糟。

经理一席已选沪商武维周接充。先令到京谒见,俟总办定局,再饬到行。请代陈。葵。阳。"(《罪言之一鳞》稿本)

7月10日(六月十五日) 由奉天返京,正式就任大清银行正监督。是日"到任"。(《许宝蘅日记》,第352页)先生返京到任后即向度支部报告东省金融情形。媒体报道云:"大清银行监督叶君景葵已于昨日①由奉到京,住六国饭店,并约兴业银行总理项兰生君为京行总理,闻亦于昨日到京。叶京卿即日密呈泽、盛两大臣报告书一件,略谓东省币制复杂甚于各省,且外币充斥。就市面流行数目调查,约四倍于我币,将来新币推行,办理颇非易云。"(1911年7月16日《申报》)周葆銮《中华银行史》云:

> 大清银行为股份有限公司。试办银行时代,定股本银四百万两,分为四万股,每股一百两。及大清银行则例公布,始于四百万两股本之外,复增六百万两,每股仍为银一百两。于是有旧股新股之别。通新旧股本而计之,共银一千万两。其股本支配之法,则无论新旧,而国股商股各居其半也。
>
> 一、国股
>
> 光绪三十一年秋,户部发银五十万两,为银行创立之资。是为国家交银之始。三十二年冬,交银五十万两。自是旧股未交之一百万及新股三百万,亦有度支部相继交足。而国库遂居新旧各股之半。银行具新旧股票各一纸,新旧息折各一扣,呈部存执。而银行营业未满以前,国家不得随时提用股本。此则试办章程二十七条所限制者也。
>
> 二、商股
>
> 旧股四万股,其中二万股应有商民认购者。至光绪三十二年冬,始克招齐。是时收股银一百万两。三十四年春,复收股银一百万两。而商股应交旧股股银,至是始竣。光绪三十四年,增招新股六百万两,宣布招股章程。即于是年四月至六月之间,收足二分之一。宣统二年五月通告股东,再收二分之一。以是年六月为收银截止之期。顾收竣之日,实在是年八月之间,以股东在边远省份,应展两月之限也。(该书第26—28页)

7月13日(六月十八日) 将许宝蘅"银行事开去"。次日,许"到行,清理交代各事"。(《许宝蘅日记》,第352页)

当时许宝蘅主职为法制馆主事,兼理大清银行差事,又常"入直"内阁,仅有半日到行办事。先生上任伊始,立刻实行整顿,裁减冗员,不因许氏为同乡熟人,照样

---

① 这里"昨日"似为新闻作者原稿所书,刊出时未改。叶氏抵京日当以《许宝蘅日记》所载为准。7月15、16日叶已赴上海,详见本谱下文。——编著者

裁减不误。

7月14日至17日(六月十九日至二十二日) 连续刊登《大清银行正监督叶揆初启事》,谢绝亲故一切请托。《启事》云:"启者,银行系商业性质,所有执事人等,必须熟悉商情,操守廉洁,方能胜任一切。夤缘推荐之人,决非景葵所敢信用。嗣后各行执事如有更换,必当虚心延访素有声望,或其才品学识为景葵所推重者,方能汲引,断不滥用私人。四方亲故万勿来京,请托屏斥勿怪。如有持荐函来者,一概谢绝。务希鉴谅。"(各日《时事新报》头版,原报)

7月15日(六月二十日) 日前抵沪,考察大清银行上海分行。时大清银行营口分行经理罗饴①贪污案发,先生加紧调查。本日就营口分行去年一笔涉及盛宣怀拨借江南财政局海州灾赈款事,致函时在苏州的盛了解事情经过。云:

> 官保钧鉴:敬肃者,据营口分行函称,罗饴案内借款项下,有上年五月初十日起期由官保经手商借江南财政局海州灾赈规元一万两,系江南财政局出名,言明一年为期,由江南财政局归还,以年息七厘计算等因。本年四月该款业已过期,当由该分行函致江南财政局催归。而该局复信语多推诿,并将抄件掷还。查该款既有上海道出具即收,并由罗饴备案字据,江南财政局自应届期清还。今该局复函嘱向官保接洽,其中有无别项情节,官保谅必洞悉。敬祈赐示,以便办理。肃此布悃。敬叩
>
> 钧安。
>
> 叶景葵谨肃 六月二十日
>
> (原件,盛档第004190号)

7月16日(六月二十一日) 在沪致盛宣怀函②,密报外媒对汉冶萍借款及皇族内阁的评论。全文云:

> 愚斋主人钧座:顷奉密电,谨悉一一。近仁虽不明,而省毅力能使入港,未尝不可为助。想公多与琢磨也。丁酉两电照录写呈。本日西报言,北京有信会,公借日本四百万两整顿汉厂。不知此说胡为乎来?昨留学生雷奋因暑假内渡,言《东京日报》极诋刘、庆③品行声誉之劣,恐辱国矣。手函。祇叩钧安。
>
> 存悔谨言。六月廿一日。
>
> (原件,盛档第038037号)

7月17日(六月二十二日) 媒体刊布先生相关新闻。云:"大清银行监督叶

---

① 疑即罗焕章。——编著者
② 信封写有"速寄苏州阊门内中市盛公馆 钦命督办铁路总公司大臣盛 钧启 酒例 上海寄六月廿一日"。——编著者
③ 刘,不详;庆,指庆亲王奕劻。——编著者

揆初京堂,商请度支大臣暂缓发行国币。"(同日《时事新报》)

7月中下旬(六月) 致盛宣怀函,通报铜官山借款及订制钞票情况。云：

颇查铜官山借款,前系二十万,现已归还十三万,余尚欠六万一千二百两。陈瀚波欠款已赴津清理。美钞债自另单奉上。即叩

宫保钧安。 景葵上言。

购运美国钞票价目列后：

一元票三十万张,每千张价二镑十二思令

五元票三十万张,每千张三镑二思令六便士

十元票二十万张,每千张三镑十二思令

五十元票十万张,每千张三镑十二思令

一百元票十万张,每千张四镑四思令。

以上之价,所有印刷、编号、装箱,运送至北京大清银行所需之佣力、材料,一概俱包在内。或即言当北京大清银行将以上所言之钞票验收妥当,除以上之价外,不用别付银钱。

(原件,盛档第004191号)

7月下旬(六月)某日 致盛宣怀函①,报告营口分行罗饴案处理结果。云："手谕敬悉,原件存查。罗饴名下已查出隐匿本行股票三十六万五千两,业经全数充公矣。致禀宫保钧鉴。葵叩。"(原件,盛档第004194号)

7月(六月) 先生就任后,宣布大清银行营业新方针。主张大清银行应向中央银行方向发展,凡普通银行能办之事,大清银行竭力缩小范围,中央银行应办的事则须逐步扩充,专以"维持币制,活动金融"为任务。按此方针,先生致力于统一国库,各地关税一律由大清银行有关分行经理。清政府向外国借款亦由大清银行上海分行经办。先生还调配有才干之重要职员。如命吴鼎昌为南昌分行总办,宋汉章为上海分行经理。(《上海金融志》,第738页)

周葆銮云："初,大清银行参酌外国银行及中国票号之法,厘定贸易章程十二条,而其营业范围亦不外试办章程第四条及则例第四条之规定。自是总分各行,大率准此章程而行。宣统三年六月,监督叶景葵将银行营业划为新旧两事,六月望日以前为旧事,望日以后为新事,且宣布营业新方针,冀巩固中央银行之基础。其大旨如下：

一、凡普通银行能办之事,本银行竭力缩小其范围;中央银行应办之事,本银

---

① 原函无日期。——编著者

行次第扩张其计画。

二、凡商业外之个人及小商业，本银行绝不与之作往来帐，亦绝不与之作定期及不定期借款交易。

三、本银行之借放款项，专以便于售卖及价值确实之动产或有价证券为凭。

四、本银行所发钞票，必审察市面之情形，贮相当之准备金，并拟规定各直省统一流通之法。"（《中华银行史》，第30页）

7月（六月） 规定大清银行总分行组织。"总行创立之初，户部奏设总办、副总办，以综其成。光绪三十二年冬，增设帮办，以襄助其事。三十三年夏，总办裁撤，改置正监督一员，副监督一员，为度支部实缺专官，且改副总办为会办。宣统三年夏复设帮办。"并设立大清银行总行职员会制度。"职员会为现行详细章程所规定。宣统三年六月以前亦随时举行，惟无一定之形式耳。分科总章厘定之时，职员会亦于总章中规定组织之人员，开会之日期，与夫会议之事项。自是职员会按期会议，乃为大清银行之一会议机关。其职员如下：（一）正副监督、帮办及各科科长、秘书官、顾问官；（二）监理官；（三）理事；（四）监事。"（同上引书，第19—20页）

7月（六月） 改革大清银行统一账目办法，以符合中央银行制度。周葆銮云："大清银行拟办统账二次，一在张允言监督时代，一在叶景葵监督时代。二次皆拟而未行。然统账之于营业，盖有至大之关系。宣统二年五月，张监督拟订统账章程八条，下其事于各行，以为集思广益之助。其大旨如下：一、统账之意义。统账者，统核总分各行之账目，以算盈虚；统筹总分各行之款项，以资挹注；调换总分各行之人员，以周知市情也。欲活动金融，以推行币制；贯通脉络，以增进公益，非此不可。二、统分花红办法。统账办法必从统分花红为入手。惟因获利多之行，不愿与获利少者均分花红。又合同未满，不愿改弦更张。所以用比率同分之法，复增以资格年分、功过等第，以损益之。法至平也。三、凡调任人员，本人及眷属所需川资与迁运等费，皆由银行给发，按道路远近，酌量核给。四、凡调任人员，必须照监督命令所指定之日期离任，不得迟延。五、各分行每五日将总收总支存欠市情等要件，电知总行，俾得统筹全局。复将每日出入重要款项，报知总行，以便查核。六、凡总行由各分行指拨汇往别分行之款，各分行须当克日照办，以顾大局。七、各行经费，即按前算花红办法，定一中数，每年结算查核。如有出中数之外，非由监督核准，不准报销。八、以上章程，先行试办一年，再为增改，以臻完善。""三年六月，叶景葵复定统一账目办法四条，大旨不外各分行净利，统归总行结定，以符中央银行制度。盖各行营业之地势市面，既各有不同，则获利之多寡，亦随其贸易之大小及办事人之能力大小如何，而有差异，故其分配之率亦有不同。如北京、天津、上海为一等行，汉口、营口、重庆为二等行，所得花红，随之而判。此亦奖励营业之一法也。至于银行股本所得之利息,亦分两种:(一)为官息。由股东交银之下月初一日起算,常年六厘,著以为例,是谓官息。(二)为红利。每年按营业盈余总数,除公积外,提出十成之七,按股分配,是谓红利。且为平均分配计,而以分配之尾数,作为第二公积,其有红利较少之年,即以第二公积归入红利分配。国股官息红利,由银行呈缴度支部,商股则由银行通告股东,持折至总行领取。领取之期,约在股东会议时日之先后也。"(《中华银行史》,第34—36页)

7月27日(闰六月初三日) 为推荐徐青甫①担任大清银行东三省密查事致盛宣怀函。云:"午间获聆教诲,感甚。徐令事仰蒙俯允栽培,尤为感谢。附呈衔条一纸,又另件一纸,均求詧收。"(陈善伟、王尔敏编《近代名人信札精选》)

8月1日(闰六月初七日) 访盛宣怀。(1911年8月2日致盛宣怀函,《盛宣怀档案名人手札选》,第242页)

8月2日(闰六月初八日) 致盛宣怀函,谈币制改革与纸币印制事。② 函云:

今日嗽病想可见愈。昨日回行,细思币制如此紧要,而印刷局所印之钞,印至宣统十年亦不敷用,真是难题。惟有加印一元、五元美钞,或可救急,容再禀商。前闻有照美钞式样在厂石印之说,未知已否办到? 此事想有流弊,似不如竟在美印为妥。请荩筹酌定,暂勿交币制局司员会议。近来之事一议便成画饼也。连日筹商整顿币制,非注意纸币不可。若专办实币,万来不及。又行中所购大条,拨交造币厂,未知有现银可得否? 若不可得,则行中尚难出卖。因兰生办大条时,原拟以借款金镑归还,今大条已来,而金镑不来,首期犹可,若至二三期,非卖去大条不可。虽系笑柄,实是实话。卓裁示遵为本。敬叩官保痊安。景葵上言。初八早。

若照岁入岁出总额三万万两计算,十成准备亦须发钞四万万五千万元,故印刷局永远供给不上。 (同上引书)

8月5日(闰六月十一日) 《申报》刊登《国家银行之改革谈》,评述先生对大清银行实行国家银行之改革。文曰:"大清银行已改中央银行,其经营事务既不同,则组织不能不异。凡事之改革,第一分清职务,闻各科已将旧日总办事处所办之事接受清楚,分配各科办理。非商人之存款,叶监督拟令营业科退回存主,以符所定

---

① 徐青甫(1879—1961),名鼎,浙江镇海人。曾任浙江武备学堂教习。1905年后任奉天巡警交涉股长、安东商务警务及奉天审计处等处任职。民国后任中国银行杭州分行经理。——编著者

② 1910年起,大清银行代理国家发行货币、经理国库券事务。度支部又厘定《纸币兑换则例》,定纸币种类为一元、五元、十元、百元四种。纸币发行与兑换统归大清银行管理,其他官商行号,一律不准发行。大清银行银元票的发行,曾在不长时间之内增加两三倍之多。但是因钞票供给不足,市场流通不敷使用,始终成为困扰大清银行的一大难题。——编著者

营业方针。储蓄银行与本行之界限已划清，其内面屋宇虽相通，而外面所营之科已划分为二。"(原报)先生后经熟考其效果，知"万不可能"，遂决定大清银行改革第一步方针为改为纯粹之商业银行。吴鼎昌《银行政策之研究》一文记云："前清末叶，我国金融界以号称中央银行之大清银行，为最新最大之机关。然一考其内容之组织及营业之状况，实遗传钱庄、票号及衙署之性质，而兼营投机的商业银行及不动产之抵押银行之事业。故基础危险，而势力不厚，不但不能执金融界之牛耳，且不足以侪于外国银行之列。去岁忽有改革之举，叶景葵氏欲整理经营之，以成我国完全之中央银行。乃入行后，熟考其事实，而知有万不可能之理由四。旧日之亏欠太巨，若不营商业银行之营利事业，以谋补救，则不能维持现状。一也。旧日债务太多，若不营商业银行之营利事业为之接济，则不能收回积欠。二也。币制未定，纸币无扩充之法。三也。现款无多，汇拨无集中之理。四也。有此四者，遂不能不改变方针，暂定第一步之计画，改为纯粹之商业银行，将旧日投机营业及不动产之抵押严行禁绝，俟币制实行后，再为第二步之计画。乃所谋未终，而武昌起事，大清银行总分行机关，非破坏即停滞矣。积病之身，复经巨创，奄奄一息，永与世辞，而其收束之办法，至今尚无完全之策。此我国所谓中央银行办理之情形也。"(1912 年 12 月 4 日《申报》)

8 月 6 日(闰六月十二日)　浙江兴业银行股东临时会假杭州安定学堂召开。会议通过先生于上届股东会辞去汉行总理、举盛竹书自代请求。会议又通过总理胡藻青辞职请求，沈新三暂代；刘承幹、张澹如先后辞职，补举董事王达夫、胡藻青；查账人董振之。(《浙江兴业银行第五届营业报告》，上档 Q268－1－37)

8 月 9 日(闰六月十五日)　签发刊登《大清银行告白》。云："本银行开办迄今六载，股本官商各半。共计收足库平银一千万两。总行设在北京，外埠分行分号设立共计四十余处。凡存款一年者，周息六厘；六个月者，周息三厘；三个月者，周息四厘。又逐日往来者，另行面议。至于汇票押汇，设有分行号之处，均可汇兑。上海分行现在新迁黄浦滩三马路口。倘蒙赐顾，请至本行面议可也。此布。"下略。(同日《时事新报》)

8 月上旬(闰六月中旬)　致度支部札，推举原大清银行京行经理陈文泉任芜湖大清分行代理总理。云："窃查芜湖分行总办刘体智，现奉邮部调办邮政，所遗总办一缺，自应遴员接办。拟照六月间景葵禀定整顿大纲办法，即委京行经理陈文泉前往代理，俟试办数月，如有成效，再行呈请大部札委署理。惟查四月二十九日奉到钧札，内开京行某账情欠各弊，经协理难辞其咎饬，即严行整顿。是京行经协理之功罪，尚难遽定，景葵到任，遵照禀定大纲，设立营业、出纳两科，即委该科长，会同盘查库储，监算账目，尚无别项私弊。前总办事务处与京行权限不清，易生弊窦，谓经协理不能力任嫌怨,实属有之,尚非营私舞弊可比。现总办事务处业经裁撤,前奉饬知各节,自当竭力整顿。京行自开办起至去年止,前后五年共获利一百八十万两零,该经协理实系出力。若因一事之故,而没其创始之劳,似不足以昭公允。现在芜行总办一缺,拟委陈文泉代理。如蒙俯准,即由总行传知,遵俾晓然于观过之中,仍寓惩前之意。所有芜行应办各事,当由总行示以方针,切实稽查。如果实在出力,再行呈请札委署理,以副堂宪惩劝兼施之意。"(1911 年 8 月 9 日《申报》)

8 月 19 日(闰六月二十五日) 盛宣怀就币制局定购日本铜块事致先生函。云:"币制局曾向日本定购铜块七万六千余担,为铸铜币之用。除已运到二万五千七百余担外,尚有未运者约五万一千担,分七、八、九、十等月运齐。该价共约日金一百七十万圆,将来分别在北京、天津、上海三处用银交付。此款前经商请度支部,即由尊处代度支部筹备应付。除俟该铜逐批运到,由敝处随时知照尊处划拨外,现七月朔左右,有应交三菱公司运汉铜价约日金三万三千五百圆。又初六后应交该公司约五万二百五十圆,均在北京交付。日内如汇价相宜,请酌量预行购定此数。一俟汉口收铜确数呈报前来,即当知照尊处拨付三菱。请即查照办理是荷。"(原件,盛档第 023198 号)

8 月 21 日(闰六月二十七日) 得盛宣怀手谕,即就币制局铜价垫款事复盛函。云:"顷奉手谕,敬悉一是。查币制局应用铜价日金壹百七拾万圆,饬由银行代办一节,未奉度支部来谕。银行现正清理旧案,严饬各行多筹准备;又新筹盐政处借款七百万、广东垫款二百万,余力无多,势难再垫。所有应付铜价,应请宪台速商度支部另行筹拨,以免贻误。惟七月朔及七月初六后,应交三菱公司日金捌万三千七百五拾元,为期已迫,既承示拨,自当勉力筹备,听候提用,归入币制局暂欠项下,照章计息。敬求詧核原谅为叩。"(原件,盛档第 004195 号)

8 月 22 日(闰六月二十八日) 清政府正式任命先生为大清银行正监督。"闰六月二十八日内阁奉上谕:大清银行正监督著叶景葵补授。钦此。"(1911 年 6 月 24 日《时事新报》)

8 月 24 日(七月初一日) 谢允大清银行正监督。《宫门抄》云:"理藩部正黄旗值日:……叶景葵谢允大清银行正监督恩。"(《内阁官报》分类合订本,1911 年)

8 月中下旬(闰六月下旬至七月初) 主持大清银行添设核算股,并决议不再收押不动产。《大清银行近闻二则》记云:"添设核算股 大清银行监督叶揆初以银行内无核算一股,以营业盈虚,平日似无把握,特于日前禀明度支大臣,添设核算股。所有各股员,业已分配就绪。其股长一席,叶监督因其责任綦重,必须精于此项学术及富有经验者,方足胜任,故现正在物色相当之人材。""不再收押不动产 大清银行及各省分行,原有土地房产可以抵押借款之章程。凡有不动产者,如有红契,即可持红契向银行借款。现在该银行调查账簿,借出之款以不动产为抵押者,其总数至四千二百万两,收回者非常之少,以致行中营业资本,受种种之损失。总监督叶景葵乃决议,先将此项借款停止,凡土地房产,行中一律不准抵押。闻已由总行发电至各行省分行矣。"(1911 年 8 月 26 日《时事新报》)

约 8 月(闰六月)　派遣德清蔡渭生为大清银行汉口分行核算主任。(《德清蔡渭生先生像赞》,《杂著》,第 270 页)

9 月初(七月)　汤觉(觉顿)被聘为大清银行顾问官。梁启超 1912 年 2 月 23日《致袁项城书》云:汤觉去年"旧政府曾聘为大清银行顾问官,仅一月而难作,然虽留亦不能行其志也。"(丁文江、赵丰田编《梁启超年谱长编》,第 616 页)

9 月 11 日(七月十九日)　度支部尚书载泽召集署员会议,商议改良各省银行事。"谓现在筹画币制改良,各省银行及官钱局亟宜留心整顿,以期一律。奉行所有整顿大清银行章制,前已责成陈宗妫会同叶景葵筹订。整顿银行,实与改良币制有密切关系,务于月内将草案厘订,完全呈堂阅核,以为本年实行改良国家银行之预备。又各省官钱局,时有滥发纸币情事,设有倒闭,不徒惹起全国市面之恐慌,日恐惹起国际之交涉。拟咨行各省,先调查资本,以便限制其发行,纸币不得逾资本之半数,以整圜法。"(1911 年 9 月 12 日《申报》)

9 月 13 日(七月二十一日)　主持向社会公布《大清银行各科人员履历表》。(本日《时事新报》)

9 月 24 日(八月初三日)　在京访李维格,遇郑孝胥,"谈财政独立及张恰铁路"。(《郑孝胥日记》,第 1346 页)

9 月 30 日(八月初九日)　电话招郑孝胥午后四点往法制馆。郑"既往,院已欲散,刘仲鲁改约十二日午后一点钟会晤"。(同上引书,第 1347 页)

9 月下旬(八月上旬)　向度支部建议,力主明春实行新币,"免致屡改屡易,淆乱政纲"。媒体报道云:"度支部所颁新币制,本拟于七月间实行。嗣以发行新币机关之大清银行,尚议改国家银行,编制尚未大定,不能握全国金融机关,以支配市面,长落银价,乃议九初实行。叶监督以各省分行均须明春改变内容,今年依旧照商业银行性质营业,尚无代国家发行纸币资格,力请泽公咨各省藩司,决于明春实行新币,免致屡改屡易,淆乱政纲。闻泽公已首肯,分电各藩司,并电知天津造币总厂及江宁、武昌、广州、云南、盛京五分厂,照部颁样式,分量成分大小铸造,不可为鄂省前造之银币,不合本部样式,空费手续,而无实益。现年内时尚多,不可过于求速前愆云。"(《新币制实行又议展缓》,1911 年 9 月 24 日《申报》)

9 月(七月、八月)　主持制定并向社会公布《大清银行规程》五章四十九条。全文如下:

第一章　总　则

第一条　本行行员(总行自科长起、分行自总办起皆称行员)应遵照《大清银行则例》《总行分科办事总章、细章》《分行分课办事总章、细章》已颁行各种行章,及本规程之规定,各行其职务。

第二条　总行各科各股,分行经协理以下之事务,如无专条明定,或虽有专条,尚待斟酌,及事关重大者,应陈明监督或科长、总办,指示办法。

第三条　本行行员不得兼差及兼营他业。但得监督特别许可者,不在此限。

第四条　本行营业时间:上午自九时起至十二时止,下午自一时起至四时止。但分行得酌量情形增加之。

第五条　行员除例定休业日外,每日办事时间,自上午九时起,下午至五时止(但本日应办之事尚未完毕时得延长之)。于此时间内非有正当之理由,得监督或科长、总办、经协理之许可,不得外出。

第六条　总分行各置考勤簿,自科长、总办、经协理以下到行,皆记名画到。若有疾病或别有事故,科长、总办、经协理须将事由记入簿内,以次行员须附具理由,预先请假,由科长、总办考察情形,酌量允可。

第七条　本行之休业日如左:一,星期日;二,万寿日;三,节假——五月初五日、八月十五日、冬至;四,年假自正月初一日起,初五日止。

第八条　本行行员不得向本行及本行往来商家挪借款项。

第九条　本行行员关于本银行之业务,应守秘密,不得泄漏,尤不得以文件、账簿、表册示人。

第十条　本行行员不得为人作保,向本行借放款项。

第十一条　本行行员不得以他人名义及别号、记名、堂名等向本行私作交易;尤不得对于本行作其他一切欺诈之行为,及伪造或私作账簿、票据等事。

第十二条　本行行员无论对内对外,凡文书之往来,证券之签押,皆用一定之名号,不得用别号、记名、堂名等署名。

第十三条　本行行员对于上级机关之命令,不得阳奉阴违;对于上级机关之陈述,不得隐匿事实。

第十四条　本行行员应尊重品行,不得作一切不道德之行为。

第十五条　本行行员应严戒浮华,慎重卫生,衣服饮食起居,皆宜朴实洁净。

第十六条　本行行员应明公私之界限,不得用银行名义办私事,尤不得以银行物品充私用。

第二章　行员进退及劝惩

第十七条　本行行员进退,凡总行各行员、分行经协理,及由监督派充之行员,均由监督定之。分行除经协理及由监督派充之行员外,其他行员及临时雇用人员之进退,得由总办或总办经协理定之。但须按照分行《暂行分课总章》第三条、第十三条办理。

第十八条　凡进用行员,除无左列各条之事实外,必经监督及总办经协理详加考察,以定去取:一、受刑律上之处分者;二、曾经破产或经商有重大之失败者;三、身体虚弱或有传染病源者;四、性情乖张或有不正之嗜好者;五、履历不明者。

第十九条　凡进用行员,必须有妥保二人,保人应负连带之责任。

第二十条　本行行员因事退职,应具辞职书。总行行员及分行总办经协理,或由监督派充之行员,必须经监督之许可。分行除经协理及监督派充之行员外,其他行员必须经总办之许可,即时呈报监督。

第廿一条　凡撤退或辞退行员,应将经手事件交代清楚,得接任者出具结切后,总行行员、分行总办、经协理,及由监督派充之行员,必须得监督之认可。分行经协理以下,除由监督派充之行员外,其他行员必须得总办之认可后始得出行。

第廿二条　本行行员自科长、总办、经协理以上,奖励分为二种:一、进级;二、分红。

第廿三条　除前条外其他行员奖励分为三种:一、奖励金;二、进级;三、分红。

第廿四条　本行行员惩罚分为五种:一、记过;二、罚薪;三、退级;四、撤退及赔偿;五、撤退后呈请参革,或送官厅惩办。

第廿五条　科长、总办之赏罚,由监督酌定。

第廿六条　自经协理以次之赏罚,由各科长或总办呈报监督酌定。

第廿七条　行员奖励以左列各项为标准:一、年中迟到、缺勤、请假等事极少或绝无者;二、办事勤慎毫无过失者;三、在行年限较久者;四、才具卓绝成绩可为表率者。

第廿八条　行员如有左列各项之行为,可处以第二十四条所列一、二、三、四各项惩罚:一、违反第二十七条所列第一、二、四项者;二、违反第三、四、五、十二、十三、十四、十五、十六各项者。

第廿九条　行员如违反第八、九、十、十一各条者,可处以第二十条内所列第四项或第五项惩罚。

第三十条　奖励金及分红由监督另定专章。

第三十一条　除上劝惩各条规定之外,遇有特别情形,监督可随时升调或撤退行员。

第三十二条　以上各条所列之各种赏罚,监督临时可以别种赏罚变更之、增加之。

第三章　薪金及旅费

第三十三条　本行行员薪金等级如左表:

月俸等级定数表:

第一等　一级五百两,二级四百五十两,三级四百两,四级三百六十两,五级三百二十两。

第二等　一级二百八十两,二级二百四十两,三级二百两,四级一百六十两,五级一百二十两。

第三等　一级一百两,二级八十两,三级六十两,四级四十两,五级二十两。

第四等　一级十六两,二级十二两,三级八两,四级六两,五级四两。

但总行可由监督、分行可由总办呈请监督,按右表等级银数增减之。

第三十四条　本行行员若命兼办行内他项之事务,概记勤劳,不另给薪金。

第三十五条　本行行员薪金于每月十五日发给,无论何人不得预支。

第三十六条　凡采用及撤退各行员之薪金,均按日计算。

第三十七条　本行行员因病或其他正当事由,经监督或总办许可请假者,照左记之限制发给薪金,由请假之当日起算:一,进行三年以上者,三个月内发给全薪;二,进行二年以上者,二个月内发给全薪;三,进行一年以上者一个月内发给全薪;四,虽进行不满一年,有特别勤劳或特别事项,经监督或总办特许者,一个月内发给全薪。逾以上规定日期之后,尚不能销假者,得由监督或总办特允续假,发给半薪。再逾限不能销假者,即行开除。

第三十八条　本行行员因公出差之时,旅费一切应照实费填表,总行由监督核定,分行由总办核定后发给。

第三十九条　进用行员到差,旅费亦照第三十八条发给。

第四十条　出差行员于起程时,经监督或总办之许可,可开具预算单,预支旅费若干,销差后限五日内开具决算单清算。

第四十一条　本行行员如因公必须酬应者,其费用若先得监督或总办之许可,可照实数发给。

第四章　保证及储蓄

第四十二条　凡经手营业出纳及证券各行员，必须缴纳规定之保证金。但得监督之许可免缴者，不在此限。

第四十三条　保证金应由监督另定专章，定期实行。

第四十四条　本行行员应按月薪提存百分之五作为行员储蓄金。

第四十五条　行员储蓄金总行由监督，分行由总办代为积存，按年六厘付息。非至出行时或有特别事故、经监督或总办认可时，本息概不得提取。储蓄金应另定专章，定期实行。

第五章　附　则

第四十六条　本规程之规定，总分行行员应一律遵守。但从前各种行规，习惯与本规程无抵触者，仍旧照行。

第四十七条　各分行所设之分号，本规程亦适用之。

第四十八条　本规程之实行如有窒碍或未尽之处，随时可有科长或总办呈请监督酌量增减。

第四十九条　本规程定于宣统三年八月十六日实行。

（1911 年 9 月 20—24 日《时事新报》）

约 9 月（八月）　主持草拟大清银行国币兑换所章程①，呈折报盛宣怀。全文如下：

大清银行正监督叶景葵等呈谨拟国币兑换所章程十一条，缮具清折，呈请饬议施行。谨拟国币兑换所章程开呈钧鉴：

一、凡国币发行地方，有愿代大清银行兑换国币及纸币者，应先通知就近大清分行，由该行切实调查，果系妥实可靠，准其刊给国币换所戳记，认为国币兑换所。

二、大清银行认定国币兑换所，如在同一市内有两家以上之时，应按认准次序，为第一、第二等名目，以示区别。

三、非经大清银行认定，不得挂立国币兑换所牌号。

四、国币兑换所之责任如下：

（一）有需用国币纸币者，国币兑换所须设法供给。

（二）有持国币纸币者不得拒绝。

（三）如遇所存国币纸币不敷兑换之时，可计算由就近大清银行运到之日

---

① 原抄稿无日期标注。据考当为先生担任大清银行正监督任内之事。——编著者

期,暂缓兑换。

（四）大清银行指定之事均应遵办。

五、国币兑换所可以妥实抵押在就近大清银行分行分号。押借现银以二千两或二千元为度,免收利息。

六、国币兑换所由就近大清银行分行分号领取国币。往其所在之地或以纸币送由就近行号兑现者,可由该行号核实给与川资,不得过于实在所费之数及应费之数。

七、大清银行借给国币兑换所现银,另有国家补给大清银行息七厘,其所付川资,亦核实由国家发还。

八、国币兑换所由就近大清银行分行随时督察管理,所有该所一切事务,应由原认之分行担负完全责任。

九、国币兑换所凡大清银行分行所设立之分号,均有就近稽查之责,随时报告分行总办。

十、国币兑换所应按币制则例、纸币则例及大清银行各项章程行用国币。如大清银行察出行为有不合之处,可随时缴销认定,收还借款。如其行为有违背国币纸币则例及各项章程之处,除缴销收还外,并控由该管官处以二百元以下罚金。

十一、国币兑换认定期限,从认定之日起,暂足三年为满期。大清银行可于满期时续行认定,期限另定。　　　　　　（抄件,盛档第 111955 号）

10月2日(八月十一日)　与杨廷栋(翼之)约郑孝胥午十一时到法制馆。午后"小谈"①。(《郑孝胥日记》,第 1348 页)

10月初(八月中旬)　奉度支部令再次由京赴长春、奉天,办理吉林官银钱局火灾案处置事宜。行前曾拜会盛宣怀,谈及本溪河铁矿"与官合办,不及与商合办"。10月6日(八月十五日)盛宣怀复奉天赵尔巽电云:"本溪河铁矿前任许彼开,实为心腹之患。叶监督面谈与官合办,不及与商合办,但汉冶萍心有余而力不足,尽在洞鉴之中。今又有安东铁矿发现,真防不胜防。仰承关顾,先发制人,尤深钦佩。容与李一琴等熟商,先派员往勘,再与我公妥筹办法。"(原电稿,盛档第000041 号)

10月初(八月中旬)　东督赵尔巽拟请回先生,任赴京师代表。时赵正拟裁黑龙江、吉林两巡抚,仍旧暂留民政司使办理一省之事。"嗣有幕客某主张谓周、陈二

---

① 当时一些在京立宪派人士常聚会于北京法制馆,议论官制事,为早开国会张目。郑孝胥为中心人物之一。——编著者

抚皆系徐宫保信任之人,恐外间误为报复,故不如更易办法,将其范围缩小,令其自行辞退。赵督然之。此议遂定。此折主稿者,闻系杨廷栋。嗣因派赴京师代表,提议恐杨之资格太浅,不能与当道力争,故又加入叶景葵一人。"(1911 年 10 月 12 日《申报》)

10 月 12 日(八月二十二日)　先生由奉天返京途中闻武昌起义消息,星夜赶回北京。先生后回忆云:"由吉林行至奉天,忽闻武昌革命,星夜回京。京师震动,大清银行宣告停兑。"(《我与浙江兴业银行关系之发生》,《杂著》,第 253 页)郑孝胥1911 年 10 月 15 日日记云:"昨日,大清银行取银者数万人,市中不用大清钞票,金价每两五十余换,米价每石二十元,银圆每元值银八钱余。讹言廿八有变,居民出京者相继,火车不能容,天津船少,不能悉载。内外城戒严。"(《郑孝胥日记》,第1350 页)

10 月中旬(八月下旬)　紧急处置挤兑风潮。除大清银行总行外,沪行亦告急,"函电交驰,所差之数在百余万,势甚岌岌",先生命人设法拆银汇沪,数日不得要领,而"沪行告急之电,声泪俱下"。乃亲派秘书官魏易、核算科长杨德森赴法商东方汇理银行北京分行商借,得其负责人喀斯那支持,"信用借款,不索抵押",先后汇出二十余万银,缓解了大清银行上海分行挤兑潮。汇理拆票由先生与副监督陈锦涛签字核准。(《叶揆初复孙仲英请股东会查账书》,1912 年 2 月 25 日天津《大公报》)

10 月 15 日(八月二十四日)　晨,与北京商会以及民政部人员会商大清银行挤兑问题,拟定办法五条。(同日致盛宣怀函,盛档第 023462 号)

同日　与大清银行副监督陈锦涛,司员奎濂、王璟芳联名致盛宣怀函。云:"今晨商会会同民政部部员厅员来商,会议拟定五条办法,另单开列。除电禀外谨禀。"(原件,同上引档)

10 月 17 日(八月二十六日)　晚访度支部大臣载泽,报告"奉天、营口两处市面均起恐慌,营市并有南省钞票拦入兑现。东三省银号亦因小洋缺乏,纷纷告急。亟宜由奉天造币厂搭铸小洋,陆续接济,以救市面而免危险。"载泽"允许照办"。(1911 年 10 月 18 日致盛宣怀函,盛档第 023952 号)

10 月 18 日(八月二十七日)　致盛宣怀函,报告谒见载泽事。又云:"因为时已晚,不及面陈钧座,即电知奉厂查照。事机紧急,不得不便宜办理。想荩筹必以为然。"(原件,同上引档)

10 月 21 日(八月三十日)　致盛宣怀函,谈币制局存款调用等事。云:"顷间叩谒,闻甫由公署回,恐劳清神,故嘱门者无庸通报。陈监督锦涛临行时,谈及前代币制局购伦敦大条十五万镑,内有六万镑闻月初七在伦敦装船,即须付款。原议在币制借款内拨用,现在借款未到,而付债需款,未知币制局有无他种存款可以拨用?特禀商钧座,尚乞核夺示遵。此次六万镑须在华买镑,电汇伦敦,时已迫促,不能不早为筹备并求拨,火速示知。""再,今日派国币科长周宏业前赴币制局,有关于前日国币各种问题。银行须款先请示者,已开单先示研究,大约该局提调必来请示也。"(原件,盛档第 089554 号)

10 月 22 日(九月初一日) 在北京致金仍珠①函,通报武昌起义后各地军事及经济情况数则。云:"顷探得运至信阳之第一军不听命令,不下火车。京奉,京汉、京张可用以运兵之车,不过八百四十辆,现有七百七十余辆停在信阳,并将司机、大夫诸人打跑,该车无火无水,不能行动,犯兵家大忌。如果有心如此,尤为可危。萨提督舰队需用萍煤,匪党已禁止出售,如果确实,不久即成死舰。信阳以南无信。匪已占据孝感车站。黄州系防营,兵变。第二军无车,拟由海道前往。度支部向四国银行借款五百万未允,库存只二百余万。此等消息极确实。水军与党打仗,系在武昌下游,我军误炮毙德水手一人。黎元洪有人谓确系革党。(北京发)(《清代档案史料丛编》第 8 辑,第 327 页)①

10 月 25 日(九月初四日) 晚十时十分自北京致东三省总督赵尔巽电,通报荫昌、端方兵败。电云:"端、荫帅大败,后路断,往东退五十里。入川兵变,端仅以身免。葵。"(同上,333 页)

10 月 26 日(九月初五日) 清政府为平息众怒,将盛宣怀革职,"永不叙用"。10 月 28 日,盛离京赴天津,随后抵达青岛。12 月 14 日,抵大连。12 月 31 日,由大连去日本避难,居神户盐屋山。(夏东元《盛宣怀年谱长编》,第 939—940 页))

10 月下旬(九月上旬) 先生三次提出辞大清银行正监督职,未获批准。(《叶揆初复孙仲英请股东会查账书》,1912 年 2 月 25 日天津《大公报》)

10 月下旬(九月上旬) 由京抵沪。"京师大清银行以上海银根紧迫,恐经理者措置不善,有误大局。日内正监督叶揆初亲来上海,调度一切,并维持沪市各庄,交通银行亦以上海总办屡经请假,未能到行,深恐经理调度或有所误,现派副监督巢季先到沪,住行督同经理调度一切。至通商银行,自盛尚书革职后,恐有谣传,闻盛临行时即电饬王子展总董,常川住行,照料各事。"(《银行预防金融紧迫》,1911 年 11 月 2 日《申报》)

10 月(八至九月) 浙江兴业银行在政治风潮引发的金融动荡中,应付自如。徐寄庼后回忆云:"(浙兴)开办时即有发行钞票之权。辛亥之秋,武昌起义,沪汉风

---

① 金仍珠时任东三省总督文案总办兼东三省官银号。——编著者

声鹤唳，一夕数惊，兑现提存均能应付裕如，以至信用日益昭著。"（《最近上海金融史》上册，第 80 页）

11 月初（九月中旬）　大清银行挤兑风潮愈来愈急。法商东方汇理银行总行来电诘问喀斯那，责怪其不应该擅自信用放款给大清政府。喀来银行协商抵押。先生遂决定以长芦盐业债票三张作抵押。时该票已存天津，特派证券科长侯延爽取回。（《叶揆初复孙仲英请股东会查账书》，1912 年 2 月 25 日天津《大公报》）

11 月 5 日（九月十五日）　先生以"维护无力，咎无可辞"（《我与浙江兴业银行关系之发生》，《杂著》，第 253 页）为由，宣告辞去大清银行正监督职，回上海。自本年 7 月 11 日正式就任以来，共计在任 118 天。

同日　以原大清银行秘书长项兰生为主，联络部分浙江籍股东与高级负责人，为保全大清银行商本，于社会集议发起成立大清银行股东联合会。（《中国银行史（1912—1949）》，第 12 页）

同日　下午五时二十四分自北京致赵尔巽电，通报汉口、上海战事。云：

盛京督宪：晶。汉口官军焚杀无辜，甚惨。顺直谘议局乘东南各团体不肯承认君主立宪，痛诋资政院。上海华界兵警倡独立。项城辞职。癸。

（《清代档案史料丛编》第 8 辑，第 338 页）

11 月 6 日（九月十六日）　大清银行上海分行办事员为安全起见，转移银两。"大清银行办事员因民军以该行系官营事业，欲派人收管，于前日下午秘密会议。议决以现银五百万存储汇丰银行，以免为民军所有。闻该款均系预备解付庚子赔款者。"（1911 年 11 月 8 日《申报》）

11 月 7 日（九月十七日）　大清银行上海分行召集股东会议。公告云："大清银行股东同启：现有要事，亟须共同集议。兹择于月之十七日（按指当日）下午二钟，假四川路腾凤里面粉公会开会。事关股东权利，务乞到会，至祷至祷。"（同日《申报》）

11 月 14 日（九月二十四日）　大清银行股东联合会在报上刊登公启，称接各处分行报告，军政府有误认大清银行全系官款，取去现洋、庄折等要件，甚至将行员拘留。账款紊乱，事机万急，要求股东于 11 月 18 日到上海汉口路大清银行上海分行开会议事。（《中国银行史（1912—1949）》，第 12 页）

11 月 29 日（十月初八日）　武昌军政府代表胡仰等组织共和中国联合会，联络苏州都督程德全与刚从日本回国的章炳麟发起中华民国联合会。章炳麟为核心人物。（李新、李宗一主编《中华民国史》第 2 编第 1 卷，第 32 页）章炳麟后致函梁启超云："迩者民国成立，寰宇镜清，而君濡滞海隅，明夷用晦，微窥时势，犹非故人飞跃之时。盖党见纷争，混淆黑白，虽稍与立异者犹不可保，况素非其类耶？自金陵光复以来,弟与雪楼、季直、秉三、竹君诸公,即尝隐忧及此,与诸君子相合,为中华民国联合会,近改署统一党,无故无新,唯善是与,声气相连,遂多应和。"(《梁启超年谱长编》,第 640 页)

12 月 4 日(十月十四日) 大清银行股东联合会改称"商股联合会"。陈锦涛正是利用这一商股联合会的力量,顺利进行了将大清银行改为中国银行的积极活动。(《中国银行史(1912—1949)》,第 12 页)

约 12 月中下旬(十月下旬至十一月上旬) 先生参加中华民国联合会。"章炳麟等人以'创办员'名义发布中华民国联合会章程,开始公开罗致会员,不到半月,即获二百余人。"(李新、李宗一主编《中华民国史》第 2 编第 1 卷,第 32 页)

是年 法国印钞公司代印浙江兴业银行第一、二批汉口壹圆钞票 20 万张,其背面继续使用"叶总理、项经理"签名章。第三批壹圆票及五元、十元票未盖签字章。(1915 年 10 月 21 日《汉行钞票号数字号签名章区别表》,上档 Q268 - 1 - 596)

是年秋 先生返沪后,仍居马霍路(今黄陂北路)德福里。(《〈文选〉跋》,《书跋》,第 175 页)

1912 年(民国元年　壬子)　39 岁

1 月　中华民国临时政府在南京成立。孙中山就任临时大总统。

2 月　清帝宣布退位。袁世凯通电赞成共和。孙中山辞职并举袁世凯以自代。大清银行上海分行改为中国银行,吴达铨、薛幼舟为正副监督。

3 月　袁世凯在北京就任中华民国临时大总统。

8 月　孙中山、宋教仁等以同盟会为基础,合并其他党派成立国民党。

是年　比、法两国商人合资所办义品放款银行在上海设立分行。

1 月 2 日(辛亥十一月十四日)　致赵尔巽函,婉言规劝赵"趁此时机,力请引避",又揭露列强"意欲乱事延长,从中取利"。全文如下:

大帅钧鉴:

前托蛻老转呈一缄,计达严照。闻钧座请假十日,当是政躬过劳之故,未知近已如常否?倚畀之隆,必不容遽尔乞退,但默观时局,为吾帅计,非退不可。一则民党主张共和,初犹散漫,今则已具雏形。袁内阁内实赞成,外犹坚执,双方激宕,必有合尖之日。我帅传家忠孝,始终纯白,可以质鬼神而无愧,故宜趁此时机,力请引避。二则奉局之保存已煞费苦筹支柱,事定以后,骄将悍卒,与夫地方民党之潮流,一弛一张,难艰百出,另易生手,不能转圜。我帅乘此恰好时光,退让贤路,项城夹袋必有可以瓜代之人。保全令名,时不可再。综此二者,皆宜早日决定。葵历受栽培,愧无报称,用敢本其诚意,为刍荛之献。我帅两袖清风,家累太重,但诸郎皆明白事理,以后生计好自为之,帅竹杖芒鞋,所需有限,门生故吏,如葵之不肖者,尚足以薄力所得供游山之资。当断即断,务请早决,不可犹豫。

我帅尝谓葵去官太轻,诚然是言。惟乱世去官,非有封金挂印之举,如小说所云云者恐亦未易办到。家严宰郑,亦已力请乞病,当蒙采纳。以后杖履优游,入林偕隐,岂不乐耶?

日来和议情形,蛻老处时有报告,想已转陈。葵足疾已愈,因两军言和,关系太重,不愿遽离。俟和局有成,即可自由行动矣。敬叩

崇安

景葵叩上,十四

再,日本政府于我邦革命事业,宗旨数变。始则以为此次必蹈庚子后辙,外人干涉,日为盟主,可以乘机商割。继则革军不扰外人,欧美态度甚静,乃竭力鼓吹承认中立,意欲乱事延长,从中取利。执意鼓吹太过,国中民党从而生心,将有幸德秋水之祸,故明治及诸元老非常忧虑,乃有劝和之举。又孰知和议将合,项城有总统希望,日政府最忌项城,不得不设法运动,欲其和议中变其民党,亦竭力赞成革军,利其久战,与其政府虽相背而驰,而畏项城外交诡谲之心,则如出一辙。无如列强知之,革军尤知之,其谋或不得逞。未知变态如何,容再布闻。(上海发)

（《清代档案史料丛编》第 8 辑,第 111—112 页）

1月3日　赴江苏省教育总会出席中华民国联合会成立大会。会议举章炳麟和程德全为正、副会长。唐文治、张謇、熊希龄、黄云鹏、陈荣昌、邓实等 19 人由各省会员互选为参议员。大会还议决于驻会干事之外,由参议会公推"名望最著者"为"特务干事",以"咨访"国家"大疑"。次日,由章炳麟亲任社长的机关报《大共和日报》在上海正式出版。7 日,章指定唐演、黄理中、符鼎升、廖希贤、林长民、景耀月、江谦等 15 人为驻会干事。接着,参议会推定赵凤昌、张謇、叶景葵、庄蕴宽等为特务干事。"中华民国联合会于 1 月 22 日召开参议会,在张謇等人所拟政纲的基础上,议定以下十条'假定政纲':1. 确定共和国体,建设责任内阁;2. 统一全国,厘正行政区域;3. 厘正财政,平均人民负担;4. 整顿金融机关,发达国民经济;5. 振兴海陆军备,巩固国防;6. 建设铁路干线,力谋全国交通;7. 维持国际平和,保全国家权利;8. 励行移民开垦,促进边荒同化;9. 普及国民教育,振起专门学术;10. 注重国民生计,采用稳健社会政策。"(李新、李宗一编《中华民国史》第 2 编第 1 卷,第 32—34 页)

同日　大清银行商股联合会致南京临时政府大总统孙中山呈文,要求将大清银行改造为中国银行。云:"大清银行截至旧历十二月三十日为止,各行一律停止营业,实行清理,所有清理办法大纲如左:一、另设清理机关,附属于中国银行内,所有簿据均应另置,划分界限。二、各处民军所取之现款账款暨生财等项,应请新政府照数发给公债票,以恤商艰。其取去簿据,由新政府电饬各省都督一律发还,俾资清理。三、收取旧欠,新政府应担任保护,以重商本。四、清理后如有损失,应以满清政府官股五百万两消灭备抵。五、本银行商股五百万两一律改为中国银行股本,定期另换股票。六、本银行行产、生财等项,由中国银行接收应用。"(1912 年 1 月 28 日《申报》)

1月24日　南京临时政府财政部总长陈锦涛批复大清银行商股联合会呈大总统文。曰:"奉大总统谕:'新政府既已成立,凡商民已得旧政府正当之权利,自宜分别准予继续。所请将大清银行改为中国银行,添招商股五百万两,认为新政府之中央银行,由部筹拨巨款以雄财力,并请派正副监督先行开办,尅期成立,凡新旧营业账款,请分电各省都督力加保护,并将该行原有房屋、器具、簿据等项先行发还各节,大致尚属妥协,著即准行。'至中央银行约法及办事招股等项细章,应由监督会同该股东会代表商订,呈请本部核准,分别送交参议院议决,由大总统批准后再行饬知遵照。"(同上引报)

1 月　先生在青岛结识浙江温州人黄群(溯初)。据黄氏《叶揆初七十寿》诗首联云:"股东倾盖慰他乡,回首沧桑廿年强。"夹注称:"辛亥冬,余始识先生于青岛。"(《黄群集》,第 232 页)武昌起义后。黄群作为代表之一,先后参加在武昌和南京举行的各省代表联合会活动,选举孙中山为中华民国临时大总统。1912 年 1 月 14 日光复会陶成章被刺以后,黄群与陈叔通在上海发起组建民国公会。随后,黄奔走各省,联络各政团,组建统一政党,到过天津、青岛。(《黄群年谱》,《黄群集》,第 412页)先生结识黄群,似与同年 5 月加入共和党有关。

2 月初　发表致大清银行商股联合会公开信。曰:"大清银行商股联合会鉴:景葵滥竽监督,自辛亥六月十六日起至九月十五辞职止,凡四阅月。才轻事棘,深惧弗胜。武汉事起,总分行胥受恐慌,景葵为保全商股起见,会商理监事决议辞职。乃出都后谣诼繁兴,或谓拐逃五六百万,或谓接济革军四十万,或谓侵匿十余万。伏思景葵受任以后,清厘积弊,怨尤丛集,悠悠之口,本可不辩。惟大清银行久成弊薮,欠宕账纷如乱丝,军兴以来,益加残破。现闻新政府饬改中国银行,将旧账另案清理,世风险诈,难保挟嫌造谣之人,非即乘机舞弊之人,诚恐并为一谈,是非杂糅,不可不虑。应请贵会先将景葵任内四个月账册切实查核,如有丝毫弊混,听候究办。至步虽改,法律具在,无徇无纵,是所望于股东,统希鉴察。"(引自《中国十大银行家》①,第 123 页)

2 月 3 日　《申报》刊登大清银行商股联合会《告白》《大清银行清理广告》与《中国银行开办广告》。全文如下:

告白

大清银行往来各埠商界均鉴:本银行现由股东呈准新政府实行清理,一面组织中国银行,由新政府认为国家中央银行,分别派人次第开办。所有本分行号以前存欠款项,亦即派人前往切实清厘。未到以前,本行放出各款,无论何人有无凭据,各商号概不得兑付。倘有私自兑付情形,本行决不承认。并由财政部及新派中国银行监督,通告各省军政府及分府外,特此登报声明。希与本

---

① 该书称先生此公开信发表于 1912 年 2 月 2 日《申报》。查该日《申报》,并无此文。——编著者

分行号有往来及存欠各户诸君,特别注意为盼。   大清银行商股联合会谨白
(原报)

大清银行清理广告

本银行自军务发生,各处均受影响。凡一切款项账目,亟应整理清核。兹
经股东联合会公同议决,定本年十二月十五日宣布收账,停止营业,实行清理。
特此广告。

中国银行开办广告

本银行奉孙大总统谕组织成立,为民国中央银行。今择于元年二月五号,
即旧历三年十二月十八日,在上海汉口路三号大清银行旧址现行交易,择吉开
幕。现在民国发行军需公债票,由本行经理发售,如欲购者,请与本行接洽可
也。特此广告。(原报)

1月21日(辛亥十二月初三日)   自郑州致金仍珠、朱旭初函,告以昨日抵郑
及家庭情况,详述沿途调查南北各军情形,认定共和乃大势所趋;又担心赵尔巽利
用张作霖等"与民军斗,终恐不可收拾",希望金等转告"次帅可力主君主立宪,而不
必以东三省血肉为满洲保帝位"。全文如下:

仍哥、旭弟同鉴:

别后千山万水,至初二始抵郑州,一路与兵队同行,竟有五六个钟头不能
觅得座位之处。孔子云三十而立,吾今年三十八矣。今午接电,言两君均已到
津,极为神往。惟昨日甫到,疲乏之至。家严之退与不退,全眷之急行缓行,皆
未决定,势难骤行。

仍哥来津,必为大局。葵在青与旭弟谈,意见相同。沿路详细调查访问,
脑筋稍有变动,故在津与孙仲英大抬其杠。葵之意见,以为北军万不能战,项
城之主和极有见地。兹将所知所闻为两君陈之:山东第五镇军装粮饷俱不充
足,其下级官及兵队皆不愿战。前之独立,惧与革军开战也;后之取消,亦复如
此。在石家庄之第六镇尤不可靠,四镇、二镇兵队亦不愿再战。汉口、汉阳之
捷,因革命军出一告示,言将来杀至山东、直隶,鸡犬不留,故愤而决死斗,否则
军队之气亦不能振作也。(据二镇人告我,言革命军嗣后知告示不妥,已与官
军说开,故后来极为和睦。)津浦、京汉各绵长三千余里,如欲固守,应需若干兵
力。前敌军饷异常支绌,万一路断,则官军极易煽动。盖各镇下级官兵皆有新
知识而不甚完全者,入主出奴,毫无定见,即使镇统、协统个个得人,而各处零
星四扎,一有变动,牵及全局,危险孰甚。张勋,张怀芝、姜桂题之兵,却堪一战

（姜军新毅军与老毅军亦不和），但志在抢掠，一抢掠则又与人口实。张勋在宁，纪律尚好，惟因报章极言其焚杀之惨，故外人视听为之变更。沪宁铁路载民军而不载官军，津浦洋人皆愿中立，其明证也。革军之腐败，内部之分崩，葵已瞭然。若一战，则散者合，而冲突者和睦，人人与政府决死战。革军虽极扰乱秩序，然法国已事俱在，人不为奇怪。若政府所属之地有一扰乱之行为，则外人不可终日矣。且战局延长，决非外人所愿。兵家胜败不可料，万一军败挫，而外人又胁令议和，则损威更甚。若获胜，则革军四散，无和可议。一过长江，又非北军便利之地，况闽广乎？且尤有大可虑者，革党可击，而民党不可击。东南之士夫稍有学识者，无不主持共和。和局一决裂，则人人与袁内阁为难（西林已有人运动，且有日人在内），必难久任，试问满洲皇室尚有他人可委任否？然则既不能战，而革党又要求无已，可奈何？葵意仍以利用外人胁和为主，会议地点如改汉口，民军可以答应（只要避去上海便佳）。政体既为公决，大约宣统待遇必优。共和二字招牌，必须挂出，而美制共和，则老革党极不赞成。据余所闻，老革党之主张，较资政院十九条尚为统一专制。然则又何苦而必令决裂耶？选举法须简单，将来必须坚持者，照法制设内阁总理，各省督抚或行政长官皆系委任，然则又与君主立宪何异耶？所难决者，满、蒙、藏之问题耳。葵以为满、蒙、藏之羁縻，分实力、虚名两种。论实力，则满室久在，亦必送礼。论虚名，则只须皇室禅位时写一遗嘱，将此妆奁，易得最优最久之皇室经费而已。于法尚不难解决也。总之，我辈论事，总以国家为前提，欲保国家必以速了为要诀。葵先主和，继主战，今又主和，屡有变迁者，以观察之方愈久愈真也。两君以为何处？张勋等之决战不过地位问题，现在孙大总统招牌业已打碎，则袁大总统之顶上金龙必可露爪，黄袍必可加身。若辈恐已梦魂恬适，不思酣战矣。

　　次帅所处地位甚难，但利用张作霖、冯麟阁以与民军斗，终恐不可收拾。葵意次帅可力主君主立宪，而不必以东三省血肉为满洲保帝位。所谓君主立宪者，利用君主名义，以维持满、蒙、藏也，皇室优待问题也，照法制必须内阁总理也，各省长官必须任命也。凡此要义，如能力主，不特与袁内阁呼吸相通，即老革党亦必赞成。弟以为两边所争，实相去不远，何苦兵联祸结？至会议定后，各省扰乱恐难平复，则有节节进剿之法。如能决定共和，则老革党皆可罗致入都，然后任命各省行政长，予以兵权，命其分省平复，有外属不听令者，亦分各省剿办。山西业已大定，陕西、山东则决计以兵力先定之。山东如不扰，外人则认为民军暂主防，不主剿。即使会议延期，但使徐州、临淮、武胜关及津沽沿海保全完善，民军亦不能刻期北上，势必内溃。内溃则认为土匪，而仍与老革党和平商结，则袁内阁或袁总统可以成立，袁成立则中国暂可无事，且过目前，再作道理，否则亡国而已。阿王提倡君主，甚佩，但须活动空灵，两边皆有台级可下方好，万不可作孤注之掷，作背城之举。中国存则满洲、蒙古尚可存，中国亡则万无独立之理。吾愿贤王亦竭力以国家为前提而已。譬如子弟革家长之命，必留心其中有尚可付托者保存之，其尤不肖者则设法芟除之，若一律芟除，则后事无可付托，非做和尚不可矣。南方报章暗无天日，北方报章如《大公报》等鼓吹君主立宪，甚是。但北方人程度低者尽有，若误认主持君主为保全帝位，则南北永远不能合并，祸将不可胜言矣。葵以为次帅与阿王当倡一议，谓大清不私帝位见于明诏，如实行立宪，可以将皇帝名义让去，但美制共和万不可行，于今日必须优待皇室，仍留宣统（不名为帝亦可），参照法制，委任各省长官。如民军能从，则当牵东三省及内蒙古全部听令。如此，又与民军初旨何所异耶？事机危迫，惟两君相机进言为幸。

汴境尚安。西安已得王天纵，老巢已破，以理论汴应无事，但事机之变不可料，故葵须在此预备移眷等事。家严能退与否，亦须竭力设法。此为万难即行之大原因也。

此信无论何人接着，均请阅后转寄，并请带呈悦老一阅。即颂

祇安。　　　　　　　　　　　　　　　景葵顿首　初三下午　（郑州发）

《清代档案史料丛编》第 8 辑，369—372 页）

2 月初　汉冶萍公司致各股东公函，附呈公司与日本三井洋行中日"合办"草约以及决议案。① 公函如下：

敬启者：旧历八月武汉起义后，本公司汉阳铁厂正当炮火之冲，匠役星散，运道梗塞，停工已阅数月，何日再能开办，一时尚无把握。萍矿因铁厂停工无需焦煤，外销亦因兵事阻滞，不得不将窿工遣散，停出煤焦。

查本公司用款，已达三千二百余万两，除股本一千二百余万元，合银九百余万两外，结欠庄号及中外银行二千三百余万两。内有日款一千万余两。丁此时局，进款毫无，债主四逼，中国庄号、银行不能再有通融，自不待言。无可

---

① 中日合办之议肇始于 1911 年 4 月。盛宣怀曾派李维格与西泽、小田切会谈，商借款项。李本人并不赞成合办。辛亥革命后，10 月 16 日盛宣怀被清政府革去邮传部尚书职。次日，盛在英美使馆派兵护送下，经天津乘德国轮至青岛。12 月下旬移居大连。年末赴日本神户避难。期间与日本横滨正金银行缔结招股一千万两合同，表示其中一半借予民国政府。当时孙中山的南京临时政府刚成立，财政困难，急需资金充当军费，于是与盛宣怀秘密接触，批准盛提出汉冶萍公司中日"合办"的计划，并以汉阳铁厂、大冶铁厂财产作抵押，向日本借款二百万元。李维格受盛委托，又得知南京政府意向，遂于"合办"草约上签字。消息传出，舆论哗然。——编著者

奈何,拟仍向日银行商借,以济燃眉。日行以从前所借巨款,均有日本制铁所购用生铁、矿石借款作抵。现在厂矿既已停工,无货可交,前欠尚无着落,断不能再行续借。此情形势必破产,债主即可行其债权,据产变卖抵偿。正在彷徨无策之际,又奉民政府命令,需款紧急,向公司筹借巨款,更加束手。日商见此情形,代筹维持之法,因向民政府提议,如将公司改为华日合办,日商即可设法筹款。民政府当授日商三井洋行全权,令其从速与公司定议。公司体察局势,为大局计,为公司计,非此无以两全。万不获已,只得就日商之意,议订合办草约。

查中外合办本为矿律所准,尤为中西各国所通行。惟事关改换公司办法,例应请各股东公决。但民政府需款急不可缓,各股东又散在各省,道路艰难,开会恐难齐集。兹特将草约条款抄成公鉴,并附议可议否印票,请各股东即日如式填寄公司,以便汇集核计可否。股数多少,查照公司章程第三十九节办理。如逾新历二月□日,议决票尚未寄到公司,即作认可之股核计。特此奉布,伏祈公鉴。汉冶萍煤铁厂矿有限公司谨启。新历二月□日。

议决票寄至上海静安寺路斜桥一百十号本公司收。

[附]汉冶萍公司中日"合办"草约(神户)1912 年 1 月 29 日

汉冶萍煤铁厂矿有限公司、日商代表会订华日合办煤铁厂矿有限公司草合同所订大纲条款开列于左:

一、改汉冶萍煤铁厂矿有限公司之组织为华日合办有限公司。

二、新公司应在中国农工商部注册,一切须遵守中国商律、矿律,总公司设在中国之上海。

三、新公司股本定为三千万元。华股五成,计华币一千五百万元。日股五成,计日币一千五百万元(此股本及将来分余利均以日币算),华股只能售与中国之人,日股只能售与日本国之人。以后公司股东盈亏共认,不定官利,总照各国通行有限公司章程办理。

四、新公司按照矿律以三十年为期满。期满后由股东会公议,如欲展限,应照矿律再展二十年。

五、新公司股东公举董事共十一名,内华人六名,日人五名。再由董事在此十一人内公举总理华人一名,协理日人一名,办事董事华日各一名。股东另举查账员四名,华、日各二名。

六、总会计用日人一名,由董事局选派,归办事董事节制。以后添用华总会计一名,彼此平权。

七、汉冶萍煤铁厂矿有限公司之所有一切欠款及一切责任备有确据者，均由新公司接认。

八、除照矿律外国矿商不得执其土地作为己有外，汉冶萍煤铁厂矿有限公司之所有一切产业物料暨权利并照案所享特别利益，均由新公司接收。

九、新公司未经注册以前，由华、日发起人先行办事。所有新公司一切章程由发起人另行商订。①

十、以上所开新公司华日合办，俟②由中华民国政府电准汉冶萍煤铁厂矿有限公司，立将此办法通知股东。倘有过半数股东赞成，即告知日商。日商亦将情愿照办之意告知公司，签定正合同，立行照办。告知期限不得逾一个月。

此草合同在神户会订，照缮二分，各执一份。

明治四十五年一月二十九日

汉冶萍公司现有股本一千三百零八万元。公司代表之意，须垫足股本一千五百万元。其添填之股票作为公司公用，其如何③用法，由新公司董事会公议。日商须入股款日金一千五百万元。日商代表之意，除原有华股一千三百零八万元外，另填华股票七十五万元，日商出股款一千三百八十叁万元。此条须到东京，方能定议。其余各条，彼此允洽，别无异议。

以上草合同十条俟民国政府核准后，敝总理再行加签盖印，特此声明

正月二十九日，盛宣怀注[盖章]

汉冶萍煤铁厂矿有限公司协理李维格[盖章]

（《汉档》，第 132 页）

2 月 15 日　自青岛致赵尔巽电，再次婉言规劝赵氏排除阻扰，"早日退休"。电云："盛京赵次帅鉴：共和诏下，并美唐虞，千载美谈，中国幸福。乃闻安人阻挠我帅，力劝拥戴亲贵，借助外人。是动天下之兵，以三省为孤注，生为戎首，殁受恶名，破国亡家，岂徒杀身而已！我帅仁明，决不出此。惟盼早日退休。万千翘企。葵、巧。勘。（十五日青岛发，下午九点到）"（《清代档案史料丛编》第 8 辑，第 188 页）

同日　赵尔巽复先生等电，称"退则必退，但有其时耳""诸公勿躁扰"。电云："青岛安和，大变岂无能救？蛻、羁电张皆蛇足，欢尤过听，无若是昧乎？羁沁电直是撒赖，即十羁来，能强无行乎？一举足而乱作，一坐镇而境安，宜何择焉！退则必

---

① 原件边注："添所有云云十七字。"盖有小田切及李维格图章。原档注。——编著者
② 原件边注："改'已'为'俟'。"盖有小田切及李维格图章。原档注。——编著者
③ 原件边注："添何一字。"盖有小田切及李维格图章。原档注。——编著者

退,但有其时耳。诸公勿躁扰,把唔不远也。""基仍在津,游街三日,款竟交孙,致声
闻于外,恨极。且多一转,多一亏,青亦能用洋票,何为就远不就近?信疏不信亲?
彼违我,属归亦何益?不知全交孙,抑尚带青若干,速告我。奉甚安。羁若来,是促
我之死也。俭。(奉天发)"(同上,第 189 页)

2 月 19 日 致汉冶萍公司董事聂云台、何范之公开电,坚决反对汉冶萍中日
"合办"。电云:

> 上海兴业转聂云台、何范之兄鉴:汉冶萍合办之弊,一谱君论著极中肯綮。
> 世但知萍煤、冶铁为惟一宝藏,不知自李一琴任汉厂总办后,凡鄂赣等省铁类
> 矿山,调查甚详,圈购甚多。今以汉冶萍引日资合办,是不啻举全国钢铁业拱
> 手授诸外人,危险何堪设想!且汉冶萍矿债台高筑,今更残破,非大借外债不
> 能续命。日人以千余万金之款攘臂合办,转瞬款尽,仍须间接引授欧美钜资。
> 有此美产,不能自保,授权东邻,于民国借债前途大有妨碍,应请尊处联合股
> 东,切实研究,以资匡救。弟日内赴津,并陈,景葵。冬。[1]

> (1912 年 2 月 27 日《时事新报》;2 月 28 日《申报》)

2 月 25 日 天津《大公报》"来件"栏刊登《叶揆初复孙仲英请股东会查账书》。
先生答复大清银行原股东询问,详述上年向法商东方汇理银行借款、平息大清银行
挤兑风潮一事始末,澄清事实,并公开驳斥行中守旧势力对自己及相关同事的造谣
污蔑。全文如下:

> 仲英仁兄大人阁下:昨奉惠书,备承指教。承询汇理京行汇款一事,词严
> 义正,极深感佩。而函末复多歉抑之词。弟尝谓大清银行之败坏,实由股东荒
> 其职务。行内毫厘之款,皆系股东血本,理应鉴察稽查,不得已交谊在先,稍有
> 回护,请毋顾忌。谨将此事颠末,为我兄缕明陈之。武汉事起,总行受挤,而同
> 时危险最甚者,莫如沪行,函电交驰,所差之数在百余万,势甚岌岌(其时上海
> 尚未独立,故政府拨款最多),乃命营业科副长周钦儒设法拆[2]银汇沪敉济,输
> 日不得要领。周言汇理有款,可以拆用(以前曾拆过,系总行用),乃迟至两日,
> 忽来回绝。而沪行告急之电,声泪俱下。先是颇有谣诼,谓周钦儒与沪行经理
> 宋汉章有芥蒂,故沪行各事挑剔最甚。弟思事至危急,乃特派秘书官魏易、核
> 算科长杨德森(二人皆精法语,与汇理京行大山喀斯那友善),至汇理相商。汇
> 理慨允,拆银百万,期半年,信用借贷,不索抵押,惟只能在京津用银,不能在沪
> 用银。因上海风潮已急,各行皆不肯承汇,即承汇,亦不能必上海之能交与否。

---

[1] 冬,代日韵目指二日。此处当为壬子年正月初二日,即 1912 年 2 月 19 日。——编著者
[2] 原报印"析"字,当为排误。下同。——编著者

乃与喀斯那切商，授以全权，设法汇沪，汇费不先言定，汇多少算多少，下余之银，归京行用。喀斯那□[①]友谊之故，连日奔走，仅仅汇去二十余万（是否二十七万之数，不甚记忆）。其余之数，总行有先用者，有暂存者，账册俱在，不难复按。此弟未辞职以前，在汇理拆款之大概情形也。当时拆票系弟与副监督陈锦涛签字。杨、魏二人其始尚虑营业科妒忌，不愿与闻。弟谓此系监督特派之件，如有闲话，我担责任。迨九月中旬，风潮愈急，汇理总行来电诘问喀斯那，谓不应放信用借款于大清政府。喀甚窘（其时四国会议不准借款于大清政府），来行切商，欲索抵押。其时弟已辞职三次，亦不愿多此葛藤，乃订明以盐票三张作为抵押，期仍半年（即长芦盐票二十八张之三张，其时该票已存天津，弟特派证券科长侯延爽取回）。临行时并嘱魏、杨，介绍喀斯那与理监事一晤。因总行由理监事暂管，系弟之主旨，故与外人钱债往来之件，必须令本人接洽故也。今承示及颇有致疑于此事者，极易解决，应请贵股东会派员查账。第一，须查汇理所拆百万，汇沪若干，总行提用若干，汇理余存若干，总数是否相符合。第二，须查汇理汇沪之数，与上海行收到之数是否相符合。第三，须查上海收到之后，何人提用，作何交付。第四，须查汇理所汇京足之数，与沪行所收规元之数，与时价相较有无弊混，与汇理收付之账是否相符合（因汇价未谓全权交与喀斯那也）。由此四者，不辨自明。弟至愚极陋，受股东委托，受事以来，竞竞恐惧，因思总分各行弊窦，如谓不易爬梳，非从根本革新不可尔。同时，部司各员艳弟之骤掌财权，言外之干求，分内之牵掣，以至戚友之荐牍贷书，报馆之怖灯匿剑，八面俱至，有挟而来。弟决计摒绝外缘，一以包揽把持。壁立千仞为入手。预计三个月后可以实行共和政体，此意屡与理监事言之。故弟对于前监督张伯讷京卿开诚布公，言无不尽，独至淘汰冗员、布置人材各事，并不与商。茍一商酌，则谤议固可分，责任亦可分。故不如以杂霸为治。五都之市，目为怪物，而部司及被裁之行员尤甚。铄金之口，恬然受之。弟自问所知所行，亦不能十分妥恰，困难自知，得失亦自知，毫无讳饰，毫无虚矫。独至财帛取与之际，则不能受人诬馋，不特为款至二十余万，即丝毫之微，亦当以颈血作保证。如查有些微情弊，刀锯鼎镬所不敢辞。大日此心，诸希鉴察。魏易，字冲叔，现住天津奥界东天仙对门。杨德森，字荫孙，现住上海老垃圾桥南洪德里。如须质问，可函致之，用资由弟备付，并希查照。敬请台安。　弟叶景葵顿首

---

① 印刷不清，字难辨认。——编著者

再，弟抵沪，不与外事，未阅北方报章。闻人言，各报及本行人谣诼，谓弟拐逃五六百万，又有谓接济革军四十万者，又有谓十八万数千者。应请贵股东会将弟任内前后账目彻查（六月十六起，九月十五①止），共四个月。如有弊混，听候处治。至弟在京做了四个月京官，目睹人心之委靡，政界之腐败，实不敢腹诽革命。至为接济革党，则不敢掠美。又沪行款目，丝毫未被民军取用，此皆经理宋汉章、协理胡荳苎处置之善，及股东联合会维持之力。弟也不敢掠此美名也。

再，来书责备弟用人太滥一节，开创之始，不能不搜罗才俊，弟断不敢谓引用之人皆能称职，亦不敢谓排斥之人悉能当罪。股东责备，决不置辩。所自信者，整顿出自公心，左右实非随进。此关于公德，兼涉私德问题，硁硁之性，始终不渝，亦不敢求共谅也。

同栏刊登原大清银行秘书官魏易告白："启者：自正监督叶景葵君辞职后，易系掌秘书，视监督为进退，遂亦辞职，举家避乱天津。乃近日外间，颇有谓易及杨德森君与监督通同作弊，吞没行款，相率逃避者，闻之不胜诧异。窃思银钱之事，最易稽查，行中账目俱在，不难一一核算。初拟任其所之，不加辩护，以为是非自有公论，不难水落石出。继有友人相劝，谓外间既有闲话，不可即安缄默，以增人疑。易极然之。于是时适得叶监督答股东孙仲英书，缘将原书付印，俾阅者知八月十九以后行中始末情形，即可将前种谣言从根本上取销。现在大清银行尚未倒闭，股东开会筹商善后办法。若易等果有侵吞情事，岂有股东不加追究、而任易等逍遥事外乎？即此一端，人言之真伪已可不辨而明。但吾国普通人民，于事理不甚明白，人云亦云，几视谣言为铁案。近来倾轧之风愈甚，竟有明知为谣言而利用之，以为陷人之妙用者。易等自后尚须做人，岂可受此重诬！尚祈阅者重思而慎辨也。　　魏易谨白。"（原报）

3 月 1 日　中华民国联合会发表改党通告："中华民国联合会照章本应改娩，特开参议会，询谋佥同，兹署新名曰统一党"。（李新、李宗一编《中华民国史》第 2 编第 1 卷，第 33 页））

3 月 2 日　统一党在上海举行大会，宣告正式成立。会议选举章炳麟、张謇、程德全、熊希龄、宋教仁五人为理事，唐文治等十七人（十省）为评议员。（同上引书）

3 月 5 日　统一党全体职员举定汤寿潜、赵凤昌，唐文治、陈荣昌、邓实、应德

---

① 指公历 1911 年 7 月 11 日至 11 月 5 日。——编著着

闳、汪清穆、叶景葵、庄蕴宽、蒋尊簋、唐绍仪、汤化龙、温宗尧等13人为参事。"统一党以'统一全国建设,强固中央政府,促进完美共和政治为宗旨'。共和政纲与联合会提出的'假定政纲'相差无几,仅根据变化了的形势,删去了'确定共和国体',增加了'提倡征兵制度'等个别内容"。"统一党则实行集体领导,由'理事主持一切党务,以合议体行其职权'。""它公开宣言:'本党本集革命、宪政、中立诸党而成,无故无新,惟善是与。只求主义,不涉危险,立论不近偏枯,行事不趋狂暴,在官不闻贪佞者,皆愿相互提携,研求至当'。稍后,它又宣称:'本党招集党员,凡有公民资格者,无论在朝在野,皆得入党。惟曾任北廷、南京两政府人,有与他国勾串作奸者,或著名贪秽者,或借吏职以遂其暴乱欺诈之术者,皆应严行甄别,摈不入党。'"(同上引书,第34页)

3月8日至9日 于上海《民立报》发表《汉冶萍国有策》长文①。文章重申反对汉冶萍中日"合办"的立场,回顾汉冶萍历史和现状,充分肯定盛宣怀建设之功,纵论汉冶萍必须国有的种种理由,并具体提出发行债票为核心的国有办法四条。全文如下:

南京临时政府初建,即定汉冶萍中日合办之约,忧时之士,窃窃私虑。一谔君著论,极言合办流弊,效以忠告。鄙人对于一谔君之意,甚表同情,而雅不欲持过高之论,不谅局中之苦,近乎极端偏宕者所为。兹特竭其刍荛,略陈补救之策。知我罪我,均勿河汉。

合办之弊,见于一谔君所著者,不再赘谭。查该公司所有矿山,其始不过大冶一隅,迨后扩充经营,不特大冶左近圈购殆尽,凡赣、鄂两省精美铁矿,亦均入其网罗。今与日人合资,是不啻举全国钢铁前途咸为垄断。萍煤在汉,费十余年之心力抵制日煤,已无余地,乃一举而破坏之,此非国之利也。汉厂仅有初基,如照现在情形,以应川汉、粤汉、张绥及日美生铁之求,已虞不足。时势所迫,不能不扩充,扩充即须用钜资,又须偿债,非四五千万金大款不能苏甦。试问日本何从得此款? 不过乞邻而与耳。曩在北京曾倡议,拟准汉冶萍发行公司债券,由大清银行担保出售,资本家极以为然。其时盛氏方以全力注于川粤汉条约,未见采用,甚为可惜。今乃以此美产为他人做标本,一似中国吸收外债资格不足,必假手于东邻,恐于民国借债前途不无妨碍,此更非国之利也。

日人注意汉冶萍,已非旦夕。以前历史不可知,第闻李氏②任铁厂总办

---

① 1912年3月9日、10日上海《时事新报》转载此文。——编著者
② 指李维格(一琴)。——编著者

后，盛氏并未助以一文，皆李氏设法罗掘。且李氏赴英订购新机，一钱不名。盛方大病且死，不得已乃与大仓订三百万元矿石之约，李氏则得以显其能力者。三百万元实为功臣。其后与三井又时有通融。微闻去岁又与小田切①暂借款项之约，未知确否？其所以至此者，一则欧美借款因情形不熟，类多挑剔，日人种种便利，易着先鞭；二则欧美借款必索抵押，大冶已有大仓成约，不能再抵。汉厂若无冶矿等诸石田，萍矿之利甚微，不过值二三百万之担保。故李氏屡与欧美人借债，迄无成说，而日本乘机起矣。

凡论一国之事，必知其国有不得已之内情。日本制铁所若无冶矿，万难成立。故日人对于冶矿售铁之约，必以全力护持。我为友谊，故当照约供给，令无匮乏。汉厂昌则日本之铁业亦稳。故中华民国对于中日铁业交际问题，必视白人更为优厚。今若定为中日合办，故无论他种弊害，更仆难数。即鄙人所提两说，已非国人所能承认。中日唇齿，而中国天产极富，日人何项工业不赖中国原料？铁固然矣。试问日本内地纺织业，倘无中国棉花尚能获利否耶？日本与英国钜厂合资建一铁厂于宝兰，厂成而铁不能用，颇闻我国实有与彼厂相宜之铁料。故即以铁业论，仅一冶矿亦不足以供其所求。此次革命军兴，日本之有识者无不竭力赞助。今若乘势要我订一国民极不满意之约，一举而伤感情，此亦非日本之利也。此次合办之举，以理想测之，恐为军政府所激成。盛氏因铁道政策得罪国民，生此奇变。失职以后，其故里家产，闻悉为军政府没收。人当惶急之际，有一妪姬和平者，为之保资产、全性命，且许以将来之希望，有不入其玄中者乎？去冬在沪曾与友人谈及，盛氏觅得冶、萍两矿，功不可没，其经手汉冶萍账目，未知有无簿籍？为新政府计，宜明告盛氏，劝其回沪，将各项款目凭证，明白交付股东，新政府许以保护安全，并承认其所入汉冶萍实股，作为有效，不再没收。如此则盛氏不失为富人，而公司亦著为恒业。乃新政府忽远图、鹜近利，盛氏虽保目前之险，而长得罪于国民，十洲三岛间将永为侨民以没世乎？是反不如铁道国有政策是非功过付诸后来，较为光明磊落也。吾敢断言曰：合办之约决非盛氏之利也。

汉厂倡自张氏②，而冶矿系盛氏所赠，萍矿则厂成而发见。盛氏之得冶矿，在有意无意间。其初不过一小部分耳，自归汉厂后，乃以官力圈购左右诸山，又旁及鄂赣沿岸。萍矿之辟及萍醴路工之敷设，亦非官力不办。故汉冶萍之历史，与纯由商办者不同。此可以国有之理由一。

---

① 日本正金银行驻北京董事小田切万寿之助。——编著者
② 指张之洞。——编著者

汉厂第一次负债,皆系官款。至今农工商部之股分,每吨一两之铁税,名为报效,实为债权。此可以国有之理由二。

民国虽建,而省界难融。鄂人艳汉厂收支之钜,跃跃欲试。去年因兴国锰矿事,大起讼端,至今尚以强力占之。一萍矿也,湘都督保护,赣都督电争,其腾诸报纸者,真伪不可知,恐非毫无影响。倘非以国家名义收归统一,必至四分五裂,顿归失败。此必须国有之理由三。

以后振起睡狮之法,舍铁道末由,而铁道实蕴利于大宗,幸有汉厂自制钢轨为外人所信用。若价值涨落不能操诸国家,将大为交通之梗。此必须国有之理由四。

他省铁矿如利国驿、铜官山,皆货弃于地,商民无力采掘。若由国家兴办,则汉厂商力难以竞争,不如一气呵成,以收子母相生之效。此必须国有之理由五。

各处兵工厂所用钢料,全仰给于外洋,交战时极为危险。若以冶矿隶于国家势力之下,以后整顿军实,不假外求。此必须国有之理由六。

然则国有之办法如何?

一、截清旧账

甲、国家垫款,如农工商部所执之股票,每年拨还之铁税,萍醴铁路之官款,皆另立一宗,作为国家已出之本,若干年内暂免拨还本利。

乙、商民股本,如招商、电报两局所入之股,公司成立之后新招之股,与夫盛氏实附之股及老股所得之红股,应由国家派员查明账目。凡公司实收者,皆准作为股分,仍照票面每年付息,即公司并无余利,亦由国家保息。

丙、各商号欠债概由国家承认,仍照原票原期付还本利。至盛氏自垫之款,如果账目明白,收付清楚,亦准发还。

丁、美日两国钻石及生铁价值,及历次洋商零款,仍照原订合同由国家担认、交货、还款,以保信用。

二、发行债票

甲、由国家发行公债票八千万元,名曰"中国国家振兴钢铁业五厘债票"。

乙、此债票分两期发行。第一期先发四千万元,承购者准以九五实付。

丙、此债票十年期内付利不还本,以后分年用抽签法偿还。

丁、此债票由国家保息还本,列入预算案,须经国会通过。

戊、此债票认票不认人,无论何国籍皆准认购。日本有同文之谊,且于汉厂交谊甚厚,应准认购一半,以示特别优待。

三、组织机关

甲、由国家特派总裁一员,专理此事,受监督于度支部、农工商部。

乙、由股东组织一查账机关,以后公司所有账目,均归查账员查核。

丙、将汉厂作为钢轨及附属钢轨零件专厂,另于大冶建新化铁炉,以后日美两国生铁需要,概由大冶新厂供给。

丁、同时开采利国驿之铁,兼用峄县焦炭,在长江下游北岸邻近津浦铁路之处,建一新厂,专造钢板零件,以供东亚船坞以及各制造厂之求。

四、预筹进步

甲、此八千万元公债票,专为开创之用,俟基础大定,获利可券,仍可作为一大公司发行新股票。此项新股票,无论何国籍皆准购买。现在开创之始,所有旧股票,概不准售与非中国人。

乙、现在执有旧股票者,如愿售与公家,每股五十元,准给一百元公债票。

丙、俟新股票发行后,国家可以收到股款作为偿还公债之用。

丁、俟新股票发行收足后,即作为完全公司,由股东公举总理,专理其事,国家派员监督之。

戊、俟新股票发行、公司成立后,国家即可酌收铁税。

难者谓:既归国有,又准附股,将来仍发行新股票,未免自相矛盾。不知国有主旨系因商力疲敝,工程艰钜,非一二年所能获利,必须国家任其开创。迨规模大定,然后公诸全国,且普及于世界市场,更足表新政府大公无我之心,与专制政府藉端罔利者不同。

难者又谓:国家经此钜创,财政告竭,焉能担商民损失之业?重借外债恐将来本利无着。不知民国初建,止须从远大着手,方能驯致富强,若再束缚拘牵,目光如豆,中国必为埃及。且专制既倒,国家岁入但能经理得宜,未必遽忧贫乏。即以每年所省宫廷经费而论,已足偿此债利息而有余。何况汉厂之优,驰名欧美,将来岂不能获利耶?

余创此议,无成见,无私心,但以国利民福为归而已。忧时达变之君子其教正之。   (原报)

3 月 13 日 盛宣怀致汉冶萍公司上海坐办林志熙函,询问赵凤昌等人对先生"国有说"的看法。函云:"闻叶揆初力请归国有,竹君诸人有无此议?速示为幸。"(《汉冶萍公司(三)》,第 230 页)

3 月 14 日至 16 日 天津《大公报》"来件"栏转载先生《汉冶萍国有策》一文。(原报)

3 月 15 日 盛宣怀得吴作镆函,附去 3 月 8 日、9 日《民立报》先生长文。(《汉冶萍公司(三)》,第 231 页)

3 月 16 日 就萍乡煤矿井税补解事,先生与李维格合署致盛宣怀函。云:"顷奉函开接傅君春官函,称去年七八两月萍乡矿税迄未解到,嘱为查明补解等因。查萍煤井税向解江西劝业道署者,均系三箇月一结,由萍局照解。去年九月结账之期,已在革命之后。故七八两月井税当时未曾报解。惟以后萍矿预算已将此款列入,想必早已补解清楚。尚乞转达为荷。"(抄件,盛档第 065287 号)

3月22日 参加汉冶萍公司临时股东会。到会者440人。湖南代表熊希龄、黄云鹏等演说,竭力反对公司中日"合办"。到会股东投票,一致反对"合办说"。会议通过致盛宣怀公电:"今日开股东会,到会者四百四十票,计二十万零八千八百三十八股。投票开筒,公同验示,全场一律反对合办,已逾公司全股拾分之八,照章有议决之权。草合同自无效,请速取消。全体到会股东公电。"又致北京袁大总统、南京孙大总统及湖北、湖南、江西都督电:"今日汉冶萍开股东会,全场一致反对合办。"录呈致盛宣怀公电。(《旧中国汉冶萍公司与日本关系史料选辑》,第337—342页)

3月24日 盛宣怀致李维格函,了解汉冶萍"国有说",云:"叶揆翁在沪否?其所拟条款,唐少翁、杨杏翁必已见过,有无议论?赵竹君以国有为然否? 第二会如何选举? 如何会议? 望速详示,以便妥酌。幸勿惜墨如金,致有分歧也。"(《汉冶萍公司(三)》,第235页)

4月1日 盛宣怀致李维格函,评论先生"国有策"一文。云:"叶揆初所言,李氏屡与欧美借债,迄无成说,而日本乘机起矣,可见欧美公债不可无,此一说也。倘能做到,岂非大幸。""叶氏国有策,理由六端。其第三曰:'非以国家名义收归统一,必致四分五裂,顿归失败。'第五曰:'他省铁矿皆货弃于地,若由国家兴办,则汉厂商力难以竞争,不如一气呵成,易收子母相生之效。'第六曰:'若以冶矿隶于国家势力之下,整顿军实不假外求。'语甚扼要,现在华商力量如此之薄弱,复鉴于鄙人之脞[挫]失,稍有财力者莫不知几而退。其余滔滔高论,两手空空,将何以济其穷而善其后? 揆时度势,吾亦恐非归国有,断不能尽力恢张以与欧美钢铁家相颉颃也。"(同上引书,第239页)

4月上旬 李维格在沪与先生磋商汉冶萍人事。4月11日李致盛宣怀函云:"总经理一席,格力劝揆初担任,大约可以办到。总收支,揆荐项兰生(杭州人),此人向在汉口兴业银行,后至北京大清,现在上海中国银行,有公心,能办事,精于簿计,人亦入情入理。格前本有意用之,日前揆初已嘱其摆脱现有之事矣。格约一星期内可以东行,了此一重公案。半生涉世,不愧屋漏,此可以对公而对于世人者也。"(同上引书,第242页)

4月13日 参加汉冶萍公司股东大会。到会者380人。会议报告辛亥年营业远不如庚戌年情形,通过重新组织办事机关,不用总、协理名目,另举董事等事。会议选举赵凤昌、盛宣怀、杨学沂、聂其杰、王存善、沈敦和、何声灏、朱葆三、袁思亮等

九人为董事，朱志尧、杨廷栋为查账董事。（《汉冶萍公司股东会记录》，同上引书，第 245—246 页）

4 月 16 日 参与议定汉冶萍办事章程及人事安排，并被公推为汉冶萍公司经理。次日，李维格致盛宣怀函，报告会议情形。云："昨日赵、熊、叶、聂、何诸公会议办事章程，格亦在座。兹将其拟定甲、乙两件抄呈鉴察。其董事不到会，公请代理一层，系仿照香港注册公司条例，此层于公颇有关系，故先寄呈。大约明后日可举行新董事会，此项拟章如新董事会通过，即须照行，公宜即电知董会即行回沪，以免董会另请他人代理。现风潮已过，公回沪深居不出，必无他虞，但宜杜门谢客，除料理自己事及资助一二善举外，一切外事概不预闻。避世数年后，必有念及公者。愚直之言，不知有当尊意否。总经理一席，秉三意须借用张季直君名望，与政府说话方能有济。张季翁已允赵竹翁担任数月，惟说明不办事，亦不负责任。副经理二人，诸公议拟揆初与格。揆意如格担任，渠亦无辞；格无法，如新董事会全体一致再要格帮忙几时，亦只得勉从。以沪厂成立为期，一面预备替人，以便届时接手。格意卢鸿沧之子其选也。收支所长，揆初荐项兰生，此君实在不错。此外三长，其商务、矿务，格荐阁臣、虎侯（公似疑之，其实误会）；厂务，诸公欲格兼之。汉厂坐办，格荐吴任之，均俟新董会议决。萍矿坐办，颇难其选，虎侯意属张汇甄，格亦深然之。惟汇甄在皖，虽屡次请去，而皖人坚不肯放，如董会亦以为然，决议用之，必须设法约之也。汇甄外，须抉择一矿师专管工程，此人尚须审慎出之。格拟二十一德邮船来，余俟面详。即请旅安。"（《汉冶萍公司（三）》，第 247 页）

4 月 19 日 下午，汉冶萍公司召开新董事会会议。公推赵凤昌为会长。通过《董事会办事细则》《董事会对于公司所负责任之大纲五条》。经全体决议，推定张謇为总经理，李维格、叶景葵为经理。议定李维格兼任厂务所长，林志熙为矿务所长，王勋为商务所长，项兰生为收支所长。李维格报告云："汉阳砖厂系公司产业，现拟租与朱月亭、冯晓卿等承办。"当经议决，由经理人先订草合同，再交董事会通过。（同上引书，第 248 页）

《项兰生自订年谱》（二）记，"汉冶萍公司自一九〇八年改组后，向由盛宣怀包办。一切行政财政事务，用人、购地、招股等，悉盛只手秘密主持，外人不得插足。此时决定由赵竹君总理其事，赵聘李一琴、叶揆初为驻沪总公司经理，并聘吾任会计所长（先称收支所，后改称会计所），而以杨介眉静祺副之。"[①]5 月，项辞中国银行

---

① 民国成立后，陈锦涛出任财政总长，改大清银行为中国银行，设总管理处与沪行二楼。孙中山任命吴鼎昌为临时监督，薛颂瀛为副监督。吴坚邀项兰生留任秘书官。项后一度出任中国银行宁行行长，旋由金润泉接任。——编著者

职,就汉冶萍任。杭州安定学堂学生朱益能、黄筱彤、沈棉庭、吴君肇四人随项入汉冶萍公司。(《上海档案史料研究》,第10辑,第300页)

4月20日 汉冶萍公司致先生函。[①]云:"今日汉冶萍公司董事会议,公推先生为汉冶萍公司办事经理,厂矿急应进行,董事会既经成立,全体公意,必须借重大才,尤盼先赐贲临公司办事,合同俟再面订。专此函订,敬请筹祺,鹄候玉趾不尽。"(《汉冶萍公司》(三),第1011页)

4月21日 复汉冶萍公司董事会函。云:"昨奉公函,辱承委充公司经理,并嘱先到公司办事等因,展诵再三,莫名惭悚。景葵于煤铁实业,素鲜学问,又乏经验,骤闻雅命,不敢矫情以负厚期,尤不宜躁进而误全局。现与李峄琴先生商酌,拟先至公司调查学习,俟峄翁东渡回航以后,再行定期协同接办。或者数旬以后,愚瞀渐开,且候相有人,冥行得烛,冀可稍免愆戾,至峄翁东渡后,公司重大事件未便延阁,景葵当以调查所得随时报告贵会,请求裁示。愚晒之见是否有当,尚祈教正为幸,肃复。"(《汉档》,第421页)

4月23日 参加汉冶萍公司董事会议。先生报告"朱月亭承租直方砖厂草合同一件"。公议:将年限、租价、土方等由揆初先生与承租人磋议定妥之后,由下次常会公决。另外公议维持萍矿生产、月须经费等事。(《汉冶萍公司董事会临时会议记录》,《汉冶萍公司(三)》,第253页)

4月24日 与汉冶萍公司总经理张謇等联名致电江西都督李烈钧,吁请"转饬地方,保护维持"汉冶萍公司。电云:"南昌都督李鉴:顷在《时报》得读沿电,查萍乡矿工,本由湘鄂赣各处招集,上年十月间,由林虎侯带现款二十万,赴萍遣散工人,各回乡里,留萍者至今依然工作。当金融极窘之际,仍设法罗掘巨款,原不欲矿工失业,贻累地方,萍地士绅无不共知。现萍电所云,饥民盗贼似与萍矿无干。敝公司现已组织新董事会,不日筹集款项,运往接济,加开窿工。仍望贵都督转饬地方,保护维持,是所深盼。汉冶萍公司总经理张謇、经理李维格、叶景葵,董事会赵凤昌等。敬。"(1912年4月25日《申报》)

4月27日 下午四时,参加汉冶萍公司董事常会。董事会本日得张謇复函,承允担任本公司总经理。会议推定先生代拟上大总统、国务总理、各总长函稿,"同人至为满意,会议缮发"。函云:"北京袁大总统,内阁唐总理,参议院,理财、交通、工商总长,武昌黎副总统,长沙谭都督,南昌李都督均[钧]鉴:汉冶萍公司前因合办草约,开股东大会,全场一律反对,取消合办在案,迭载报章,谅邀电鉴。嗣因总协

---

① 《汉冶萍公司(三)》误记为1916年4月20日。——编著者

理函电辞职，上届董事亦已期满，四月十四日重开股东选举大会，以赵凤昌、杨士琦、聂其杰、王存善、沈敦和、何声灏、朱佩珍、袁思亮、陈廷绪等九人票举多数，举任董事。窃维完全商办公司，既经股东公举，不能不勉任其难。一再集议，煤铁实业关系军国、路械、工商、财富至巨，非声誉卓绝、商界信重者不足任主持而孚物望，敦请张謇先生为总经理，李维格、叶景葵二君为经理，分科治事，筹划进行，尊重国权，保护商产。务求大总统暨国务总理、各总长、都督俯念汉冶萍费本三千万，造端宏大，商力艰危，民国富强，此为基础，通饬所属，凡属本公司厂矿轮路、机料、地产，准予一体护持。一面已由经理委任坐办，分投开工，以速进行。临电无任感祷之至。汉冶萍公司董事会赵凤昌等叩。"会议还公议：朱月亭承租合同以限制取土为要键。由叶经理去汉后，约同汉厂坐办吴慎之同赴砖厂亲勘，再行是议。同日，先生赴汉阳。（《汉冶萍公司（三）》，第 255—256 页）

4 月 30 日　由汉阳赴开封省亲①。临行致在日本神户的李维格电报。云："顷回郑省亲，必先公到沪，信稿已妥。"（同上引书，第 1283 页）

4 月　民国公会、国民协进会、民社、共和建设讨论会及国民党等政团代表在上海商学公会集会，讨论合并事宜。4 月 24 日，五政团《合并议决书》签字通过，决定成立共和党。《议决书》提出该党党义为：①保持全国统一，取国家主义。②以国家权力扶持国民进步。③应世界大势以平和实利立国。此后续议干事分配问题，决定以团体为通过，每团五人，共二十五人为基本分配数，另以各团本部党员人数为比例而分配。（《共和党资料选》，引自《黄群年谱》）

5 月 9 日　共和党成立大会在上海张园举行，千余人出席，先生被选为总干事之一。共和党由统一党、民社、国民协进会、民国公会与国民党同志会等五政团合并而成。大会推张謇为临时主席，一致通过共和党规约及支部分部条例。选举黎元洪为理事长，张謇、章炳麟、伍廷芳、那彦图为理事，并宣布林长民、刘成禺、籍忠寅、沈彭年、张一鹏、黄群、林长民、项骧、孙发绪、蹇念益、周大烈、林志钧、陈叔通与叶景葵等 54 人当选为总干事，暂以上海为临时本部。"共和党宣布的党义是：1. 保持全国统一，取国家主义；2. 以国家权力扶持国民进步；3. 应世界大势，以平和实利立国。其核心是第一条。""所谓国家统一主义，据其本部所撰《共和党党义浅说》一文解释，'就是一切改事都从全国统一着想的意思'，即凡办一事，除应属地方各省办理者外，应'绝对由中央政府办理，不准各省各自为政'。因此，它主张'取国家主义，从前所有统一的形式，保持它不使分割，从前即有不统一的地方，从此更加统

---

① 是日赴开封，出发地应为汉阳。致李维格电署"上海发"，似离沪时安排由沪代发。——编著者

一,事事趋向国家一方面,即事事由国家有统系的办来'。关于'以国家权利扶持国民进步'一项,《浅说》指出:所谓'进步',就是'国民一日一日的兴盛起来,日新又新,蒸蒸日上,有动作往前进的意思'。随后,共和党本部成立事务所租设于北京石桥别业。"(李新、李宗一编《中华民国史》第 2 编第 1 卷,第 45—46 页;《黄群年谱》)

5 月 16 日 李维格与先生合署致汉冶萍公司董事会函,报告已至汉厂驻沪批发处到职。云:"格等辱承委充汉冶萍公司经理,并奉即日任事之命,格因公赴日,葵请假回沪,均不免稍稽时日。兹已先后来沪,于五月十六日同至公司实行任事,暂以汉厂驻沪批发处为经理及所长办事机关,应如何筹画进行改良组织,容再悉心拟议,陈请贵会核示施行,合将任事日期先行报告。"(《汉档》,第 422 页)

5 月 18 日 下午,参加汉冶萍公司董事会常会。先生代表李维格报告正金银行三百万元借款事①,内政府径向三井拨用二百万元,应向政府声明立案,归政府如约归结。其余一百万元,汉冶萍已用五十万元,下余五十万元,公议亦归汉冶萍拨用。先生交阅朱月亭承租直方砖厂草合同。合同已规定多留厂地,限制取土,已得本会之同意,即可照订正合同。(《汉冶萍公司(三)》,第 261—262 页)

5 月 25 日 参加汉冶萍公司董事会常会。公议直方砖厂事公电黎副总统,请饬现在该处造砖人交付朱月亭接收。本日接盛前总理函,并移交厂矿卷宗四箱,计二百二十九件。应请陈理卿君复查。(同上引书,第 266 页)

5 月 29 日 李维格与先生联名致电盛宣怀。云:"致制铁所、银行函内各节已由董会通过,列入议案,请即签字。"(引自 1912 年 6 月 3 日盛宣怀致李维格等函,同上引书,第 277 页)

5 月 31 日 先生与汉冶萍经理人李维格、收支所长项兰生合署以六合公司借票转让形式,致东方公司借据一件。文云:"东方公司台鉴:兹借到贵公司现银拾万两,息长年八厘。该款准于西一九一二年十一月卅号归还无误。西一九一二年五月卅一号立。"(抄件,盛档第 016389 号)

同日 参加汉冶萍公司董事会常会。总经理张謇到沪莅会。公议:由政府向四国银行预支轨价借给本公司,不如由本公司向四国银行借银,以川粤汉轨价作抵,政府担保,较易就范。又前清宣统三年四月李经理与日商代表小田切订一预支铁价日金一千二百万元之草合约,经董事会逐条审查,并无流弊。且本年股东会湖

---

① 李维格于 1912 年 4 月 28 日赴东京,与日本制铁公司会商,向正金银行借款三百万元。日方虽同意,但要中方"惟须声明,既不便押于日本,自亦不便押于他国。又公司如借外款,若条款一样,须先尽日款"云云。(1912 年 5 月 4 日李维格致盛宣怀函,《汉冶萍公司(三)》,第 258 页)李于 5 月 16 日返沪。——编著者

南代表在场演说,谓"合办则断不可,若再加借款抵售生铁,与公司并无窒碍"。可见此事已得股东之同意。本日到会董事于以上两项变通办法,均全体赞成。即请经理将上两项事件往商,随时报告董事会。(《汉冶萍公司(三)》,第 268 页)

5 月　大清银行商股联合会再两上北京政府财政部呈文。5 月 18 日、27 日,财政总长熊希龄两次批复。(《中国银行史料汇编》,第 15—19 页)

6 月 1 日　就借用外债筑川粤汉铁路事,先生发表《外债问题》一文,向新政府进言,强调"借款贵自由"之原则。全文如下:

> 民国建设,必借外债。现在各国投资竞争,其已成团体者,一为美法英德银行团,一为俄英比银行团。美法英德银行团,亦称四国银行团,其已得利益,有前四国借款,发端不同,有两线而聚于一点。

> 后四国借款,发端于粤汉铁路。粤汉初借美款,张之洞借英款赎美款。于是粤汉与英有关系。嗣又议借英款筑粤汉,兼筑川汉。而川汉先于法有关系。英款要索太奢,改借德款,英不允,法乘之,改为三国借款。议将定,美总统要求加入,乃改为四国借款。是约也,磋议最先而签字在币制借款之后,故名后四国借款。

> 前四国借款,发端于新法铁路。唐绍仪为奉抚,准英国宝林公司承修新民府至法库门铁路,因日本反对而辍。锡良为东督,不准美国资本家借款修筑锦瑷铁路,仍准宝林包工。俄日协同反对,未定正约。美资本家乃引法德美成一团体,暂置锦瑷不同,而与前清度支部订币制借款一千万镑,以二百五十万镑,充东三省实业经营。是约也,发起在后而订约在川粤汉正约之前,故曰前四国借款。

> 俄英比银行团,由俄比两国资本家及伦敦某银行组织而成,亦称三国银行团。成立年余,迄无所获。陈锦涛与道胜所订草约,是为第一次贸易。因要求优先权,未得通过。然改九五扣为九七扣,四国银行大忌之。嗣唐绍仪与四国银行商借善后钜款,议已定而又要索权利,不得已另与华比银行订借一百万镑。华比银行者,即三国银行团之代表也。四国银行团又大忌之,百计阻扰,运动公使,出面抗议,其意无他,垄断而已。

> 自道胜借约作废,四国银行引俄国加入团体,日本继之,而六国银行团之名出现。现在比款业已交付,其竞争之结果,安知不再引比国加入团体,而成七国银行团? 斯时也,全国债权为一团体所把持,事事受其牵制。将来中国如欲吸低利以偿重利,自募公债于世界市场,必为债权者所破坏。长此不已,中国即埃及也! 故新政府对此问题,有不可不知者四义。

> 第一,当知四国银行团,系代表四国银行,而非代表四国。报纸之蜚语,公

使之抗议,皆与政治无涉。我当认定宗旨,不可自生葛藤。

第二,当知四国银行并不能代表团体以外之四国银行。票价之涨落,扣佣之赢余,皆有汇丰、汇理、德华及美资本家代表一手包揽,易招嫉妒。此次与俄比联合之英国银行,即反对派之显著者也。安知不再有他银行起而代之?

第三,当知六国银行团系为将来借款地位,其已定之川粤汉及币制借款,不在范围之内。盖增一国即增一冲突,增一冲突即增一要求。彼四国团因币制债票,会议多次,旷时费日,若已成之约,再行更改,必致胶葛迁延,生新政进行之阻力。

第四,当知七国银行团如果成立,则中国必须派员赴欧,自募公债。各国银行愿承售中国债票者,实繁有徒。一因政治不良,二因经手人障碍,故终成虚愿。今内阁业已统一,大款尚未借成,川粤汉债票早已售罄。币制债票,不过一千万镑,伦敦、巴黎之渴需中国债票,自在意中。悬鹄以招,必有应者,毋过虑也。

总之,借款要自由,倘不自由,其害甚于无债可借。愿当局者三复斯言。

(《东方杂志》,第 8 卷第 12 号)

6月15日 下午,参加汉冶萍公司董事会。讨论萍矿煤焦分运、预支川汉轨价等事务。"经理报告,现向正金押借日金五十万元,以萍矿轮驳作抵,已定议。""东方银行押款展期合同计二纸,共银五十万两,经理签字处,公议仍请会长签名。"(《汉冶萍公司(三)》,第 276 页)

同日 与李维格、项兰生合署致东方公司借据。文云:"兹借到贵公司规元八万两。息每千两按月九厘不定期。西七月一号还过规元叁千两。西一九一二年六月十五号立。"(抄件,盛档第 016389 号)

同日 李维格致盛宣怀函,称赞先生"亦意甚殷殷,无须多虑也"。函云:"日前闻咏诠道及公足疾又发,至以为念,不知日来已霍然否?公司大借款前已由董事会通过,当即驰电告慰。东款已详致高木,预支轨价亦已密询前途,如何情形,容在[再]续布。正金五十万元系以多余轮驳作抵,昨已订定,惟须除去本月底应付该行利息八万余元,剩下四十一万余元,暂应目前之急。通商款董事通过,先还六合银十万两,今日拨付。但望大款如愿,六合即有指望。汉冶萍患难,格身在其中,六合款无有不尽心力。揆初亦意甚殷殷,无须多虑也。""公垂暮之年,一切宜付达观,人生真乐境,在身心舒泰,不在外物。古希腊哲人为仇人囚禁,笑语人曰:吾身可拘,吾心亦可拘乎?日本维新伟杰人物,大半牺牲。公宜处处退一步想,案头多置贤哲名言,一弃持筹握算之旧习,而每日浏览好书数小时,即身俱泰而不可胜乐矣。至于子孙,宜以道德为本,艺术为用,货利外物,断不足恃。英国今主童入海军,与水兵同一习劳;日本、德国亲王无有不入海军者。观于此，我中国世家大族之子弟亦可以与矣。况沧桑之变正未有艾耶！此为爱公而发，尚祈鉴而谅之。世兄辈读书，阁臣、虎侯意以青岛为宜。青岛德校规模甚善，沪上德人将设工学校，先在青校学习普通后，再至沪补习专门，似甚相宜也。""景葵附笔请安。"（《汉冶萍公司（三）》，第 278 页）

6 月 19 日　盛宣怀致李维格函，归还通商银行借款。函云："通商银行索还二十万元，阅公复子展翁函，具征关切。弟电嘱咏铨，尽二月过期借券十八万两归还最为省事。闻揆翁于此事甚为难，盖不知从前底里也。"（同上引书，第 281 页）

6 月 22 日　参加汉冶萍公司董事会常会。"经理[①]报告：正金三百万元借款所余五十万元，已拨付他处，汉冶萍并未拨付。公议：照此报告。经理报告：黎副总统派员清查汉厂官款、商款、盛款，议定请员来沪调查。"（同上引书，第 283 页）

6 月 26 日　与汉冶萍经理人李维格、收支所长项兰生合署致东方公司借据两件：（一）"兹收到贵公司规元拾叁万元，息长年八厘不定期。　西一九一二年六月廿六号立。"（二）"兹借到贵公司规元拾万两，息长年八厘不定期。西一九一二年六月廿六号立。"（译件，盛档第 016389 号）

6 月 29 日　下午，参加汉冶萍公司董事会议。针对鄂省议会要求没收汉冶萍事[②]。"公议：应援据事实，剖析公理，详呈黎副总统秉公维持，并呈大总统、参议院、国务院、工商部及湘赣两都督。"（《汉冶萍公司（三）》，第 286 页）

6 月 30 日　汉冶萍公司呈黎元洪副总统文，详述公司历史、民元三月中日"合办"事件经过，据理驳斥公司为盛氏一人私产之说。文曰："查汉阳铁厂、大冶铁矿

---

① 原文如此。时先生在沪，当指先生，下同。——编著者

② 是年 6 月下旬，汉口报载《鄂省临时议会咨军政府文》内开："据本会议员介绍鄂绅张大昕等陈称：'汉冶萍三厂经前清盛[宣怀]承办十数年。武昌起义，宣布盛氏之罪，将汉冶萍没收作为公产，鄂军政府派员充汉冶两厂监督。至元年正月，南京政府与日本人拟订合同，改作中日合办。参议院鄂议员张伯烈等据理力争，鄂军政府电争不下十数次。现闻盛[宣怀]贿通赵凤昌等组织汉冶萍司公股东会，不胜诧异之至。查前清时代，汉冶萍三厂全系盛氏承办，不闻有股东之说。武昌起义即行宣布盛氏之罪，将该工作为公有，不闻有股东呈明所有股份之文。南京政府拟与日人合办，只有孙文、黄兴、盛[宣怀]订立章约，不闻有股东从而干涉之。鄂省议会与鄂军政府据理愤争，又不闻有股东向参议院陈情，向鄂军政府道谢之文。综观各项情形，股东会之发生纯系盛[宣怀]之诡计。乃闻赵凤昌等电请取销监督，都督发实业司查复。据实业司呈云：查汉冶厂确系该公司之业，纯粹商办。该司员等不察取销合办之电争系鄂省都督与议会全体及各都处职员之公议，擅自呈复认为商办，欺蒙都督，应请贵议会公决，咨请都督取销认汉冶萍为商办之电文及取销汉冶萍厂监督之谕饬，加派委员驰赴两厂切实办理。'等情到会。据此，查该三厂完全为盛氏承办，乃盛氏诡计百出，竟串捏股东多人，伪造股票，倒填年月，朋分伙骗。汉冶既收作公产，为鄂人所有财权，鄂人应共享之。如果三厂诚系公司所有，该公司何德于鄂人？当南京抵借之日，愤争废约，何至挟鄂人之全力作公司之替人？实业司不察原委，朦称为纯粹商办，不知何所据而云然？为此咨请收回成命，加派委员切实办理。"（引自 1912 年 6 月 30 日汉冶萍公司呈黎元洪文《汉冶萍公司（三）》，第 287—288 页）——编著者

于前清光绪十六年经张之洞奏准开办,先后由户部拨款五百六十余万两。至光绪二十二年款项告罄,官力不继,又由张之洞奏准招商承办。其时盛[宣怀]集股一百万两,代表股东承办此厂,张之洞订明官督商办,奏定章程十六条,声明以前用款及各项欠款均归官局清理报销。自改官督商办后,每出生铁一吨提捐银一两,抵还官局用本,还清以后,永远提捐一两以伸报效,地税均纳在内,并无另外捐款。是为汉冶厂矿由官办而改为官督商办之大概情形也。”“盛[宣怀]承办以后,创办萍乡煤矿,改良汉厂,弃旧更新,添买机炉,用款更巨,股款之外负债累累,以致所招商股力又不支。光绪三十四年旧股东议决合并汉冶萍为一公司,仍举盛[宣怀]为总理,重订章程,加招华股,于是年二月二十四日赴前清农工商部缴费注册,定名曰汉冶萍煤铁厂矿股份有限公司。其时老股三百万元,又老商加认二百万元,共合五百万元,由农工商部查明给照。此后又招得新股八百余万元,结至宣统三年止,前后共招股份一千三百余万元。是为汉冶萍厂矿由官督商办改为完全商办股份有限公司之大概情形也。”“民国元年三月,中日合办之议起,股东纷纷反对。查《中日合办草约》第十条订明‘此合办须经全体股东决议,倘有过半数股东赞成,方能签定正合同照办’等语。当于三月二十二日在沪开股东大会,到会股东四百四十人,计二十万另八千八百三十余股。临时政府实业部因前清农工商部附有公司股份一百七十四万元,即派赵凤昌及熊希龄代表是日到会。股东全体反对合办,电致日本取销草合同,并电鄂、湘、赣三省都督报告取销合办在案。又议将总协理名称一律取销,重选董事,另委经理,重新组织。所有股东会议详情登载各报,并有湖南代表演说,一一可稽。是反对中日合办而取销之者系股东,盖必股东方有决议公司事务之权,非股东以外之人所能干预。此取销中日合办并取销总协理名称,重新整顿之大概情形也。”“伏思汉冶萍三大事业自前清光绪三十一年改良整顿以后,各股东代表不辞艰巨,务期远大,股本不敷,加以债项类皆重息称贷而来,而历次招股,唇焦笔秃,仅得一千三百余万元,不抵所欠债项之半数。盖因满清政府于商业不知维持保护,故挟资者视为畏途,欲前且却。今幸民国缔造方新,希望正大,乃以堂堂省议会为一二无理取闹之人所愚,首先破坏商办,心实痛之。敝公司历年经营困难已达极点,每逢汉埠比期,百计张罗,前后坚忍者十余年,仅免破产,汉埠商界知之最悉。自民军起义以后,骤然停工,炮火四逼,材料荡尽,机炉朽坏,已定之货不能照交,逾期之债无可延宕,困难情形未遑缕述。徒以钢铁为国家命脉,实业根本,中国仅有此厂,又关系股东血本,若竟听其失败,以后不必再谈实业,用是日夜焦劳,勉强支拄,聊效移山之愚。”“抑敝公司更有进者,敝公司每年所出钢铁煤焦售价已达六七百万两,股东所得官利不及百万,其余除债项利息外,大半用于地方,养活穷民何可胜计。而抵制洋货使外来钢铁煤焦不能充斥于长江流域,尤为大局挽回间接之利权。敝公司对于鄂省,对于中国,自问尚有微劳。自去年顿挫以来,外货固无可抵制,而订售日本之生铁亦因停炉止运,以致日本市面向用汉厂生铁者已改向印度购用。若不急起直追,恐敝公司本有之销路悉为他人所占,倘再阋墙启衅,自相残斗,则如久病之躯于元气大伤之后复来外感,必将死而后已。鄂省议会诸君热心爱国,想必不忍出此。为此沥情披露于副总统之前,伏乞主持,敝公司幸甚,民国商业前途幸甚。"①(同上引书,第 287—290 页)

　　同日　与李维格、项兰生合署致东方公司借据两件。①"兹借到贵公司规元叁拾五万七千两,息长年八厘不定期。西一九一二年六月卅号立。"②"兹借到贵公司规元八万四千两,息长年八厘不定期。西一九一二年六月卅号立。"(译件,盛档第016389 号)

　　7 月 3 日　再与李维格、项兰生合署致东方公司借据一件:"兹借到贵公司规元贰万五千两,息长年八厘不定期。西一九一二年七月三日。"(同上引档)

　　7 月 6 日　再与李维格、项兰生合署致东方公司借据一件:"兹借到贵公司规元拾叁万两,息长年八厘不定期。西一九一二年七月六日。"(同上引档)

　　同日　参加汉冶萍董事会常会。接赣都督来文,有"委任周君泽南赴萍乡实地调查,拟推设分银行,筹备公股投入汉冶萍公司,为扩张地步"等语。公议:"汉冶萍公司,工商部与湘省俱有公股,本年股东会决议续招新股,筹备进行。赣都督此文于维持商业之中,兼有众擎共举之意,良用感佩。应电致萍局,俟周君抵萍,妥为招待。一面咨复赣督,并钞粘咨稿请黎副总统、湘都督、国务总理、参议院、工商部查照备案。"(《汉冶萍公司(三)》,第 293 页)

　　7 月 11 日　参加汉冶萍公司董事会临时会议。经理报告:接大冶矿坐办刘维庆电:"纪监督关照,奉都督特别命令实行监督,鄂议会即日有人来冶没收。"公议:此事应招集全体股东开特别大会,公筹对付。先通电大总统、副总统、国务总理、参议院、工商部、湘赣两都督。定 7 月 26 日召开特别股东会。②(同上引书,第 296 页)

　　7 月 20 日　参加汉冶萍公司董事会常会。经理③报告:萍矿坐办来函称当地政府伊派兵实行没收。又送阅汉口《共和报》登载《黎副总统咨复鄂议会审查员文》,"逐段签注,以待公议"。

------

① 1912 年 7 月 5 日汉冶萍公司又呈北京政府工商部文,详示汉冶萍历史。——编著者

② 当时汉冶萍各厂矿已全面停产。湘赣两省革命派相继占领萍乡煤矿,主张作为本省事业进行;武昌革命派已派员进驻汉阳铁厂和大冶矿山。同年 8 月,湖北议会又宣布没收汉阳铁厂和大冶矿山。日本方面也积极活动,开展"强硬外交",向北洋政府和公司高层施加压力,企图保持其在汉冶萍的利益,组织"国有"申请。公司所面临的形势错综复杂。——编著者

③ 原记录如此。当时汉冶萍经理为李维格与先生两人。——编著者

经理报告,公司营业性质,系合各种机关组织而成。自去年八月军兴后,机关破坏,营业即无从着手。同人为中国铁政、股东血本、内外债项起见,一息尚存,不容惹置。奔走呼号者十月于兹,今欲照常营业,必须将原有各机关一一规复,始能措手。否则,一轮不动,全机失用。所谓各机关者,兹特开列于后。

一、煤焦　汉厂全恃萍矿煤焦,而煤焦全恃运道,一经开炉,即须源源接济。自军兴以来,轮驳时为军界截用;公司运单又失效力,转运一层,实无把握。萍矿外销之煤,由民船运汉者,偷盗搀杂,好煤变为劣煤,主顾不肯收用,一律退还。萍矿失此销路,亦难再支持。近日又有集成公司段鑫等在该矿附近穿凿小窿,破坏矿禁,叠次备文争折,赣督来文尚以不碍安源,未便勒令停闭为复。是全矿处于危险之地,益难措手。

一、铁矿石　大冶有人骚扰,鄂省正议没收,安望保护。即使鄂都督有意维持,而号令法律不行,设若汉厂开炉后,矿石不来,仍须停炼,损失更巨矣。

一、锰矿石　汉厂所用锰矿石,向恃鄂之兴国,湘之常、耒两处。而湘锰运费太重,故大宗锰石均仰给于兴国。而兴锰非有法律保护,势难采运,照目前情形,断难办到。

一、金融　公司大宗款项向恃外债,目前更非外款不办,而外人以中国大局未定,欲公司照常出货尚遥遥无期,不肯再借。

以上四端如无法解决,经理等智尽能索,其势不能承办,请会主持。

公议:《黎副总统复鄂议会文》,俟觅到全文后,按照签注各节备文争折。惟冶矿已有纪、徐二人强权逼勒,难保汉厂不有人续往扰害工筑,事机万紧,非迅开股东会公筹对付不可。即决议于八月十二号,即旧历六月三十日,在青年会召集股东临时会议,先登各报周知。

经理提议"董事对于公司负完全责任,常会、特会议事日多,公司例应致送夫马,以尽微意。拟每位每月致送夫马银五十两,务请认可"等语。到会董事均赞成,作为通过。(同上引书,第303—304页)

7月27日　下午,参加汉冶萍公司董事会常会。传阅工商部批文、程德全来文、赣督复文等件。大总统批:"据呈已悉。汉冶萍煤铁厂矿系股份公司,成案具在。既属股东财产,自应按法保护。该董事等所呈:鄂省议会请收作鄂产各节,究竟是何情形,饬工商部迅速咨行湖北都督、民政长查明办理。此批。""经理报告,哈华托①来信:六合公司借款单据现均售于东方公司执业,此后该单据到期应得之本

———————————————
① 汉冶萍所聘外籍律师。——编著者

息，统归东方公司承受。""公议：此事照法律应否承认，应由经理先与律师详细研究，报告本会定议。"（同上引书，第 305—306 页）

7 月 28 日　与李维格、项兰生合署致东方公司借据一件："兹借到贵公司规元五万两，息长年八厘不定期。　西一九一二年七月廿八号立。"（译件，盛档第 016389 号）

7 月 29 日　再与李维格、项兰生合署致东方公司借据一件："兹借到贵公司佛朗四十四万九千圆，息长年八厘不定期。西一九一二年七月廿九号立。"（同上引档）

7 月末　李维格与先生合署致六合公司函。云："六合公司大鉴：贵公司借票，债权转售东方公司一事，敝经理等承董事会委托，与律师详细研究，兹将担文意见书照抄奉闻。叩请贵公司查明校后为盼。附担文意见书等洋文各一件。汉冶萍煤铁矿有限公司经理李维格、叶景葵。"（抄件，盛档第 016374 号）

7 月　中国银行总办事处迁回北京，吴鼎昌邀请项兰生同去，项征求先生意见，"揆初未同意，遂作罢"。（《项兰生自订年谱》（二），《上海档案史料研究》，第 10辑，第 300 页）

8 月 1 日　参加汉冶萍公司董事会常会。会议议定：

八月十二号特别股东会公决事件。本会对于公司有两大问题：一、收归国有；一、继续维持。作为甲、乙两说，临场请股东投票公决。此两说排印单张，于领入场券时先期分送。

甲说

公司因军兴以后所受亏损如此之巨。各处秩序未复，法律无效，以后进行如此之难。商力已竭，万难支柱。因思国家统一后，必须广开铁路，需用钢轨必须仰给本厂。现在商力既然不支，惟有要求政府收为国有，以国家权力指挥开工，一切扞格自可化除。本公司自改为商办以来，觅得萍矿，经营成就，每年已有余利。而各处添置之产业，汉厂扩充之工程，较之张之洞移交时，规模增大何止倍蓰。今由股东让与，仍举而还之国家，庶未竟之功不至付之流水。如多数赞成，应请股东公举代表，入都要求政府，磋商如何归还股本，如何担任债款；拟定办法，再行宣布。请股东决议。

乙说

公司困难情形以金融为第一义，若不能减轻利息，切实维持，即使开工有期，交涉得手，公司已立于危险地位。据董事等愚见，钢铁实业关系国本，必须于万分困难之中，上下协力，勉图补救。因拟维持办法，分列于下：

一、股款照各国公司通例，停止官利，俟营业获利，照数摊分。

二、外国银行借款延长还期。

三、庄号欠款设法减轻利息,分别清还。

四、要求政府停止铁捐,进口机器材料免税,出口钢铁煤焦免税。

五、要求政府将前清邮传部及大清、交通两银行之借款停止利息,延长还本期限,俟商家欠款还清再行分年摊还。

六、要求政府切实保护开工开运。

七、要求政府特别补助。

八、要求政府以后国家所办铁路须用各项材料,必须先尽公司承办。

以上八条,如果有股诸公以此说为然,我全体股东必须固结团体,积极进行,务求达到目的,以维持中国第一实业。(《汉冶萍公司(三)》,第306—307页)

8月3日 盛宣怀自东京致李维格函,对股东会后赴京交涉人选属意于先生。函云:"鄙见开会之后,必须公请一二器识宏通、关怀大局之巨公,前赴京都谒商政府,甲乙两说必须择一而行。甲说揆公所见者大,尤能痛切发挥,将来大借款办成,必达到此目的。今日如欲由政府出面,再向日本抵押巨款,恐非袁、黎所愿,参议院亦难通过。除股份及庄号各欠款可由政府填发分年国债票外,所有外债已借及未借皆当由公司出面先行组织归并整齐,政府只须调节承认。似此办法,大借款未成,亦不难收归国有。如政府仍欲仰赖诸公,以资熟手,亦不可推诿,要知代表政府办事较公司难易不可同日而语。闻揆公先已慨允就道,如以为然,务希密示陆子兴、刘揆一,皆可托人转达一切也。"(同上引书,第309页)

同日 盛宣怀再致李维格函,将公司希望寄托于李、叶身上。云:"汉冶萍足以扰我心胸,如焚如捣,深悔半生心血如陆沉海,此后起落在公与揆初二人而已。""鄙人与我公相处十余年,本欲始终共患难,同安乐,今暂置身事外,非得已也。一息尚存,此志不懈,公宜谅之。""揆翁均此请安。"(同上引书,第310页)

8月12日 汉冶萍公司特别股东会假上海青年会举行。收入场券572张。共计163 093权。临时议长王存善主持。投票公决有关公司前途之甲、乙二说。结果甲说获86 985权,乙说获5 179权。议定请董事袁思亮、查账员杨廷栋、经理叶景葵三先生赴京进呈办理。(同上引书,第315页)

同日 高木陆郎自上海致盛宣怀电,报告股东临时会议决议。(同上引书,第1284页)

8 月 17 日　下午,参加汉冶萍公司董事会常会。经理报告①,要求收归国有代表于下星期三启程赴京,拟具呈大总统、国务院、工商部呈稿一件。众赞成,照此缮正。经理还报告萍矿焦煤销售等事。会议通过之《汉冶萍公司呈大总统国务院文》如下:

> 为呈请事。窃查汉阳铁厂、大冶铁矿自前清光绪二十二年收归商办后,于三十四年呈请前清农工商部注册,并萍乡煤矿合而为一,曰汉冶萍煤铁厂矿有限公司,当于是年二月二十四日领到部照在案。历年以来,供应各省铁路轨料,运售煤铁出洋,为中国杜塞漏卮,向外洋扩销商货,似于挽回利权,不为无补。惟公司营业系合厂矿船埠各种机关组织而成,如机器然,一轮不动,即全机失用。自去年八月军兴后,各种机关破坏,营业即无从着手。凤昌等为中国铁政、股东血本、内外债项起见,一息尚存,不容恝置,奔走呼号者十月于兹。正在收拾残烬,作亡羊补牢之计,而鄂省议会忽有没收厂矿之议。虽呈蒙大总统批示,详明力予保护,黎督亦委曲求全,维持甚至,无如为时势所限,各方面不能顾全大局,仍有种种阻难,致碍进行。

> 近日赣省复有派员总理监督萍乡煤矿之举,置公司于不问。风声所播,众议哗然,股东、债主以及定货主顾相逼而来,公司有岌岌不可终日之势。凤昌等负股东之托付,念铁政之关系,又虑外债之交涉,定货之纠葛,断无束手之理,当会同董事讨论研究,拟有甲乙两种办法。甲说拟陈请政府将公司产业收归国有,以免鄂赣纷争;乙说拟仍由公司继续维持。于八月十二日开特别股东大会,请股东公决。是日到会股东五百七十二人,计十六万三千九百零七股,合九万二千一百六十四权,会场投票开验,计主张甲说收归国有者八万六千九百八十五权,主张乙说继续维持者五千一百七十九权,以收归国有为决议。当即公举董事袁思亮、查账员杨廷栋、经理叶景葵代表进京陈请办理。

> 凤昌等代表股东谨合词上陈,除将公司困难情形及甲乙两种办法,另缮清折付呈外,仰祈大总统、贵部垂念煤铁于路械制造均关紧要,前后费二十二年之经营,数千万之巨款,仅乃有此基础。现商人财力两竭,颠覆在即,俯赐鉴核,准照所请办理,以保中国之铁政,救公司之破产,免外债之干涉。而股东等值兹金融恐慌,计穷力竭,但望收回股本,亦不得已之苦衷也。所有详细情形,当由公举进京之代表晋谒面陈,为此备文呈请大总统、贵部核查施行。

（同上引书,第 318—319 页）

---

① 原记录如此。应该即叶景葵先生。同日呈文亦应由先生主持草拟而成。——编者者

8月21日　先生与袁思亮乘德国邮船大臣号离沪,经青岛赴京。行前,日本人高木陆郎来访,转告日本方面对于汉冶萍国有问题之意见。据同日高木致小田切万寿之助函云:"昨接由日本来电以'实际上,国有或官督商办之组织变更,日本方面须加以充分考虑,不能轻易同意,应即了解其今后之演变,仰不断报告'。此项内容亦已通知本日乘德国邮船大臣号经青岛赴贵地之公司代表叶景葵经理,彼等亦知国有实际难行,但在股东会议上,一如上次报告,股东以为停止其官利(即乙案),则使其本身既得之权利蒙受损害,遂勉强议决请求国有(即甲案)。所以彼等不得已只想在形式上履行其手续,政府之打算亦以国有实行困难,拟援招商局例,大约以年八厘之官利补救调和。此事现由北京政府工商部向次长①密函此次作为公司代表之叶经理与到京之公司董事袁伯揆。特将所知奉告,尚祈了解。""袁伯揆系阁下所熟知之原上海道台、两广总督袁树勋(海观)之子,同工商部向次长有交情,且在原工商部工作过,通晓北京政府部内情况,尤其此次被推举为代表,即可想而知。本日启程者,有以上叶、袁二人。另有查账员杨翼之一人,稍迟出发。彼等到达北京后,当住北京饭店,明知阁下迟早会去访问,但为慎重起见,仍先奉闻。"(《汉档》,第298页)

8月26日　浙江兴业银行第六次股东常会在杭州举行②。董事王达夫、周湘舲、胡藻青、郑岱生、蒋孟苹等签署本行第五届营业报告,公布辛亥年存该对照表。其主要项目如下:

资本洋100万元(未缴洋50万元);长期放款洋915 418.98元;短期放款洋584 322.56元;押款861 107.69元;各项存款洋1 828 858.86元;各种票券洋197 318.71元;分派股息总行洋14 000元,汉行洋14 000元,申行洋7 000元;净余洋9 396.11元(其中总行盈余485.73元,汉行亏3 089.62元③,申行盈余12 000元。

会议议定修改章程,先将现行章程抄送各股东,征集意见。会议选举周扶九、胡藻青、蒋抑卮、郑岱生、叶揆初为新一届董事;周湘舲、蒋孟苹、徐冠南为查账人。(《兴业邮乘》,第7、13期)是为先生首次进入浙兴董事会。先生自此始担任浙江兴业银行董事至1949年4月去世,达36年之久。

8月31日　先生等抵京。住二条胡同蒙古事业公所。(1912年9月18日盛宣怀致孙宝琦函,《汉冶萍公司(三)》,第346页)

---

① 指向瑞琨,字淑予,盛宣怀幕僚向瑞节之兄。——编著者
② 本次浙兴股东会先生似未曾到会。——编著者
③ 本年浙兴汉口分行首次出现亏损。——编著者

9月1日　《东方杂志》第 9 卷第 3 号转载先生《述汉冶萍产生之历史》①一文。全文如下：

前清光绪初，奕䜣柄国，创自修芦汉铁路之议。时张之洞为两广总督，谓修铁路必先造钢轨，造钢轨必先办炼钢厂；乃先后电驻英公使刘瑞芬、薛福成定购炼钢厂机炉。公使茫然；委之使馆洋员马参赞，亦茫然；委之英国机器厂名梯赛特者令其承办。梯厂答之曰："欲办钢厂，必先将所有之铁、石、煤焦寄厂化验，然后知煤铁之质地若何，可以炼何种之钢，即可以配何样之炉，差之毫厘，谬以千里，未可冒昧从事。"薛福成据以复张。张大言曰："以中国之大，何所不有，岂必先觅煤铁而后购机炉？但照英国所用者购办一分可耳。"薛福成以告梯厂，厂主唯唯而已。盖其时张虽有创办钢厂之伟画，而煤在何处，铁在何处，固未遑计及也。张在两广总督任内创议设厂炼钢，意欲位置于粤东。迨机炉已定，而调任两湖总督。继两广之任者为李瀚章，不以办厂之议为然，而所购机炉瞬将运华，乃议移厂于湖北。会盛宣怀以事谒张，谈及现议炼钢尚无铁矿，盛乃贡献大冶铁矿于张，而移厂湖北之议遂定。大冶铁矿者，于光绪元年发明于盛雇之英矿师某，盛以廉价得之，并不知其可宝，故举而赠之不惜也。

张既得冶矿，乃择建厂之地。有议设炉于大冶者，张嫌其照料不便。久之，乃得地于龟山之麓，襟江带河，形势虽便，而地址狭小，一带水田，不得不以钜资经营之。又各处寻觅煤矿，四出钻掘，如大冶之王三石、道士洑、康中等处，最后乃得马鞍山煤矿，所费又不资。既得煤矣，不知炼焦。又悬赏征求炼焦之法，掘地为坎，终日营营，而不知马鞍山等处之煤，灰矿并重，万不合炼焦之用。不得已，购德国焦炭数千吨与马煤所炼土焦掺合。钜舶载来，宝若琳琅，自始至终，实未曾炼得合用生铁一吨，而钢轨更茫无畔岸矣！

当张请款设厂时，谓得银二百万即可周转不竭。户部允之，乃款尽而铁未出。部吏责言日至，拨款为难，左支右吾，百计罗掘。自光绪十六年至二十二年止，共耗母财五百六十余万两，其中马鞍山及各处煤矿耗数十万，厂基填土耗百余万，厂中共用洋员四十余人，华员数倍之，无煤可用，无铁可炼，终日酣嬉，所糜费者，又不知凡几！官力断断不支，于是有招商承办之议。

盛方以某案事交张查办，张为之洗刷，而以承办铁厂属之。盛诺，集股一百万两，冒昧从事。初以外国焦价太昂，改用开平焦，然每吨尚须银十四两，成本太巨，知非得廉焦不能办。又四出搜觅煤矿。据矿师报告，萍乡之煤，足合

---

① 原载于上海《时事新报》。未查得日期。——编著者

炼焦之用,验之而信。遂又集股一百万两,开掘萍矿。既得煤矣,居然炼成钢轨,而各处铁路洋员化验,谓汉厂钢轨万不能用,盖因含磷太多,易脆裂也。

费千回百折之力,而所制之钢不能合用。其时盛所招商股二百万,业已罄尽,负债倍于股本。焦急无策,乃礼聘李维格到厂筹画补救之法。李谓非出洋考求,不得实际。盛允之,遂携大冶矿石,萍乡焦炭,及铁厂所制钢轨零件,偕洋员彭脱同赴美欧。由英伦钢铁会介绍会员中钢铁化学名家将冶矿萍煤化验,谓二者均系无上佳品,可以炼成极好之钢,而汉厂所炼之轨,前含磷太多,实为劣品。惟所带零件,又系极佳之钢。再四考求,始知张之洞原定机炉系用酸法,不能去磷,而冶矿含磷太多,适与相反。惟所有零件,则系碱法所炼,可以去磷,故又成佳品。盖梯厂初定机炉时,以不得中国煤铁之质性,故照英国所用酸法配置大炉,另以碱法制一小炉滕之,其意不过为敷衍主顾而已,而我则糜去十余年之光阴,耗尽千余万之成本,方若夜行得烛。回首思之,真笑谈也。

李维格回华,建议非购置新机,改造新炉,不能挽救。盛诺之,而忧无款。乃与日本订预支矿石价金三百万元之约,即以此款为改良旧厂之用。着手甫竟,而全球驰名之马丁钢出现,西报腾布,诧为黄祸,预定之券,纷至沓来,其时预支矿石三百万元,早已用罄。后以重息借债,年年积累,又不能支,乃定改为完全商办公司,赴部注册,加招新股,于是"汉""冶""萍"三字合并为一名词。正如千里来龙,结为一穴,始愿固不及此。

综计官办时代用去五百六十余万两,除厂地机炉可作成本二百余万两外,其余皆系浮费之款,于公司毫无利益,而每吨一两之抽捐,则永远无已时。盛承办以迄于今,前后凡十余年,总计银行庄号利息及股东所得官息,已不下一千三百余万两,故公司前后股款债项三千三百余万两,其用于实际者,不过十一分之七。假使张之洞创办之时,先遣人出洋详细考察,或者成功可以较速,糜费可以较省。然当时风气锢蔽,昏庸在朝,苟无张之洞卤莽为之,恐冶铁、萍煤至今尚蕴诸岩壑,亦未可知。甚矣,功罪之难言也!

(原刊;《杂著》,第 240—243 页)

同日 《东方杂志》第 9 卷第 3 号刊登署名"调查员周泽南之报告"《汉冶萍公司之内容》。[①] 文曰:

(一)股本

甲、国有财产。约 600 余万两,分为两项:一、开办费约 500 余万两,此项

---

① 此文颇具史料价值,可作为先生《述汉冶萍产生之历史》的补充来研究。原文数字系汉字,现为阅读方便改用阿拉伯数字。——编著者

· 234 ·

系前清湖广总督张之洞经手。自开铁厂起,至归商办止。共用官本银五百数十万两。谨定此后每出铁一吨,抽银一两,归还官本。还清之后,永远抽收,报效国家。二、前清农工商部公股 116 万余两。此项共分二款:1.索还比法赔款存款银 91.65 余万两。2.萍乡铁路公司附股银 15 万两。合计 116 万余两,均属官款。前清时禀准拨充公股,股票与息银,均归农工商部管理。

乙、商股。约 1 000 万两(农工商部股在内)。据该公司董事报告,股份银 1 316 万元,以两计算银 930 余万两。盛宣怀股本约有 400 万元。彼防没收,早已抵押在日本银行云。

(二)债票

甲、汉冶厂项下。一、外债:1.预收日本正金、兴业两银行购买矿石和生铁定银 681.65 万余两。如不交货,即交还原银。2.欠日本各银行借款 457.33 万余两。3.欠义品银行法金 9 000 佛(郎),扣银 14.46 余万两。4.欠道胜银行 10 万两。二、国内债:1.预收邮传部及四川浙江广东湖南购铁轨价银 325 万两。2.共欠上海汉口各钱庄及存款银 275.5 万(两)。内外债合计共欠银 1 763.86 万两。

乙、萍矿项下。一、外债:欠礼和洋行银 17.26 万两。二、国内债:共欠上海汉口各钱庄及存款银 659.64 余万两。内外债合计共欠银 676.9 万余两。三厂合计共欠内外债银 2 440.76 万余两。(原刊)

9 月 2 日　自北京致上海汉冶萍董事会电:"北京政府有补偿汉冶萍公司损失之意,所有公司有形无形之损失,请明细寄知。"(引自同日高木陆郎致盛宣怀电,《汉冶萍公司(三)》,第 1287 页)

同日　盛宣怀自东京致先生函,与商发行债券集资及偿还日债事。云:"钢铁价目日腾,若银价一落,获利尤厚。东人定购吾料,已大取赢。去夏弟在京续订预支铁价合同,彼厂甚愿进行。在股会诚恐保护有名无实,勉从甲说;政府乘机收回,宜无不乐。惟借款未成,何来巨款? 如欲其成,必须分晰代筹。上海有股东寄东一单,颇中肯綮。据云已函寄朱桂翁。其策只须将萍矿另做押款数百万两(曾与梅尔思议过),便可了断,然则政府不费现资,坐得全产。且如尊议,可以统一全国铁政。具大远识,必欣从焉。股份若给公债票,虽加倍恐亦不甚洽舆情。有人谓不如请发近期证券,限三年内偿清,年给息八厘,将来大获利,听政府酌量酬报。为激励提倡实业者劝,当无待股商之请求。质诸明哲,以为然否?""我公司已借日金一千七百二十万七千余元,又银一百四十万两,尚有未列者,今若再预借九百万元以造新厂,实已过厂本之半,如果一旦破产,危乎不危! 沪上股东议以九百万元抵还日本旧欠五百八十二万六千五百元,银一百四十万两,藉可消去许多抵押合同,除却预付铁价,一概偿清(尚有找四百万左右),免致叠床架屋。鄙见无论国有不国有,均该如此。公试筹之,再与伯揆、翼之二公密商。倘一朝偾事,弟为祸首,故不禁惴惴也。"(同上引书,第329—330页)

9月3日 李维格、林志熙自上海致袁思亮与先生电,告萍矿紧急,请转呈董事会致黄兴电文。云:"顷萍坐办薛①电:欧阳昨到,尚未来矿。闻赣电饬实力进行,拟日内接收。到矿后通布各机关,择要加派员司。一面联合湘、鄂,渐揽运销。此种举动,全系自由,承示机宜,恐难对待,激成变端,未可逆料。又萍局公电:赣员欧阳已到,势即进行。根本既未解决,全矿谨遵林公迭次函电,坚不承认。仰乞大力维持。即电复示遵。萍矿全体同人公电已由会长恳克强电赣云'顷闻尊处员接办萍矿,中央因该公司完全商办,成案具在,迭经电请取消。惟闻该员仍自由进行。查民国成立已久,而各国借口政令尚未统一,未便承认。全仗我辈同志以身作则,挽回危局。萍矿虽系一隅之事,而汉冶萍为外人所指目,设或因此阋墙,尤足授人以柄。事虽一隅,实关大局。我公民国伟人,与兴等均以巩固邦基为前提,用敢直陈所见,务祈电饬该员静候和平解决,以平舆论。祷切,盼切'等语。如中山能本此加电,尤有效力。鄙意中央不必再电,以免意见。惟电文请呈阅,公司已电萍,切勿暴动。"(同上引书,第1287—1288页)

同日 先生等向北京政府提交关于汉冶萍公司国有案请愿书。(同上引书,第393页)

9月6日 先生等代表拜见国务总理陆征祥(子兴)。陆答复称,汉冶萍国有"一时难定方针"。(1912年9月18日盛宣怀致孙宝琦函,同上引书,第346页)

9月初 先生在京与上海日本正金银行高木陆郎电报联系。据正金上海分行经理儿玉谦次1912年9月4日致总行副经理井上准之助电云:"正如高木前数日电报所云,北京方面似有意补偿该公司自事变以来所受之直接间接损失,因此电嘱多估计损失,并将详细说明书送交叶经理。翌日叶亦来电。小田切董事已向北京政府声明反对该公司国有。因此国有问题,自告中断……"(《旧中国汉冶萍公司与日本关系史料选辑》,第392页)

9月10日 盛宣怀于东京致先生函,提出向政府借款本息要求。函云:"钢铁价目日腾,若银价一落,收利尤厚。枝光定购吾料,已大取赢,故去夏弟在京续订预支铁价合同,闻彼厂甚愿进行。查汉冶萍已借日金一千七百二十万七千余元,又银一百四十万两,尚有未列者。今若另建新厂,不能招华股,全用日本资本,闻彼以日

---

① 指薛戤琳。下文欧阳,指江西省政府所派接收萍乡煤矿代表欧阳彦谟。——编著者

款倍于主金,将欲监督公司财政,此亦人情之常也。如谓汉厂不能开工,必待两年后之新厂以供日铁,则将以七百万两草创不完全化铁两炉所得之利益,弥补三千三百万两完全汉厂、萍矿之损失,就令新厂发达,亦恐喧宾夺主,利权外溢。如谓汉厂仍能开工,似不如仍照一琴原计划并力一厂。俟汉厂四五炉告成,足可获利,再赴下游设分厂,就用利国驿、铜官山之铁,逐步推广,即我公计画统一铁政亦必须分别次第也。股东意见分厂非不可设,惟汉冶萍机器运道一切布置,均已预备化铁炉四五座之用。譬如若干筵席分两庖厨,不及并一庖厨,其费自省。况一庖厨锅灶均备,原料均足,无待外求乎。各国实业预算、决算必须集思广益,谋定后动。今日若因鄂赣难于理喻,不得已屏弃数千万之成业而不与力争,再借外债别谋新厂以供日料,此亦任事之苦衷。而股东愿以归还玫府,免为外人垂涎,尤为苦中之苦。如果政府愿收,只须并力经营,汉厂将已定第四炉材料赶速砌造,一年完工,每年出铁二十一万五千吨,足供华轨、日铁之所需。将来兵工厂势必归并,黑山则可添做两大炉,事半功倍,本轻利重,每年余利五百万可操而得也。”“顷闻六国公债先成二千万镑将可定议,如能拨出二百万镑以五厘息之长款,还八九厘之短款(厂债通扯八厘,按三个月一付则合九厘),将来分年照还本息,轻而易举。如或不能,只请以国家名义另借一百万镑,其余一百万镑再卖生铁一批,预支日本铁价,以偿日本借款。将来以铁偿金,一便也;取销抵保合同,二便也;八厘息减为六厘息,三便也。如或并一百万镑而亦不能拨,则请将萍乡煤铁矿另抵一二百万镑,押公司之产业以偿公司之债欠,宜无不可。惟此事头绪甚繁。倘由政府收回后自办,恐嫌费事,亦不妨先由公司与资本家筹议,再由政府核准调印。但如何办法,必须公司代表先与政府商定而后行。或由某部与公司代表拟订数条,交代表带回,开会商定,次第办理,较为稳妥。如若政府尚无意于建设,则必吁恳大总统命令鄂赣都督,实心保护,视此钢铁业为国家所关系商民,决不视为私有而保全之计,务使萍矿鄂厂照旧开工,方能就乙说会议以图恢复也。”(《汉冶萍公司(三)》,第 337—338 页)

9 月 11 日　先生与李维格合署致盛宣怀函,内开列收支所长项兰生函告萍矿经理钦钰如宕欠账单。(1913 年 2 月 7 日盛宣怀致李维格、叶景葵信稿)

9 月 14 日　在京访日本横滨正金银行总裁小田切万寿之助,商公债票押款事。谈话记录如下:

　　[叶]江西都督之所以欲没收萍乡煤矿,系因以前湖南省株萍铁路之煤炭欠款五十余万元与公司对湖南之大清、交通两银行借款三十余万元,合计八十余万元,作为湖南省之借款,经换成汉冶萍公司股票,因而引起江西都督炉嫉,以至出于最近之暴举。如上项股票为中央政府所有,或由江西、湖南两省分配,情况则难以预料。

[小田切]收归国有并非我等所敢赞成,但因各地官宪对公司财产处置粗暴,以致股东们为保护本身利益宁愿收归国有。但如收归国有。则公司经营所必不可缺之人物如李维格等,就必须辞职。如此,则公司事业之成功殆成绝望。从此见地而言,我等亦不喜收归国有。但因此乃股东决议,姑且向政府提出国有请愿书。关于归还股款及负担公司债务等问题,已向政府交涉,但尚未得到任何正式训示。目前政府情况实不堪如此重负,政府方面并无收归国有之意,大致可以肯定。因此,不日将提出第二次请愿书:(一)请政府予以充分保障,将来不再发生如没收一类事件;(二)自去年革命动乱以来,公司营业上及借款利息之支付等,几每日均遭受七千两之损失,请政府予以赔偿;(三)请求减轻现行产铁课税之税额,并免除厘金及材料输入税。凡此目前均正在上海董事会议讨论中。当然,其中第二项,目前无论如何不能达到目的,但只要政府许可存案,便也满足。

[叶]所谓比利时借款云云一事,曾经作为个人间私交之谈话过,熊希龄提议,为满足公司急需,是否可以承受政府公债以资通融。我等说,就现在情况而言,以无信用之政府公债通融实不可靠,无论如何务必取得现款。所谓比利时贷款之传说,或许即此事之讹传。

[小田切]但政府迟早当必偿还政府对公司之负债,或者予以补助,惟该款来源则非公司所能预知。

[叶]总之,我等希望:第一为公司事业之确立;第二为股东利益之保护;第三为与如正金、兴业等在与公司之不可分密切关系方面融洽无间。(《汉档》,第298页)

9月17日 北洋政府农工商部下达对于汉冶萍公司呈文的批复,国有、商办二说不予明确。批文云:"呈及清折阅悉,振兴实业,煤铁为先,该公司造端宏大,国计攸关,功败垂成,至为可惜。无论国有、商办,本部力予维持。现已派员分途调查,仰候查明后再行核办可也。此批。"(同上引书,第298页)

同日 先生等代表致上海汉冶萍董事会密电,告"小田切甚为阻扰"。(1912年9月18日盛宣怀致孙宝琦函,《汉冶萍公司(三)》,第344页)

同日 盛宣怀在神户致李维格与先生函,嘱核查萍矿钦钰如所经手之批发账略。(信稿,盛档第012182号)

9月18日 袁思亮与先生自北京致汉冶萍董事会电报:"部派张轶欧、张景光、余焕东查萍矿,王季点、王治昌、李善察查汉、冶,十六分途出发。不仅此次解纷,亦即将来国有或辅助张本。"(《汉冶萍公司(三)》,第1292页)

同日 盛宣怀致孙宝琦函。告以日方"力劝中止"汉冶萍请归国有案,"余详附件,请密酌"。盛表示已感受到日方压力,离开"国有说"主张。附信请孙到京见访先生,面商谈判事。云:"公宜亲往毛遂自荐,先言公事如何沉重,再言无智识人不可托。叶揆初与公同乡,到京可往一见(住二条胡同蒙古实业公所)。叶主持国有者,骨子与我关切,面子亦相睽隔。袁伯揆是海观之长子,向无交情,而与项城有渊源。叶虽未谒总统府,而与秉三甚通气也。季直已到京,此事秉三、季直皆郑重视之。公能否得此一行? 速电示。本拟月内微服暗渡吴淞,当可与公密谈,眷属均不动,一概瞒杀。如不能久顿,仍须回东。来电只须'能行、不能行'数字便可决断。另附抄件,请一览之,即可知其事之可为矣。"(同上引书,第 346 页)

9 月 20 日　盛宣怀自神户致李维格与先生函,转寄汉冶萍广东股东林竹麟折单。函云:"应若何复之,处即席查明,酌书径复可也。"(信稿,盛档第 06898 号)

同日　盛宣怀致先生函,告以日方对"国有说"的反映。云:"十日寄函,度登签掌。荷庵述与台从同寓,曾谈厂事,尊意不离从前宗旨,无任钦佩。萍矿尚赖湘督就近维护,然不至于停灌[滞],决裂亦几希矣。乙说如不能切实办到,不得已而就甲议,倘再不决则必破产,破产不了则必到不忍言之地位。""弟因天气渐凉将离江户,日来与东人握别,彼等知股东请求国有,甚为怏怏,并言新计划另设新广则愿借新款。其中情形已略告荷庵嘱为面达,不便形诸楮墨也。政府意见如何? 公若不便函示,请密告荷老转示为幸。手颂台祺。近况请询荷老可知一二。"(《汉冶萍公司(三)》,第 347 页)

9 月 21 日　向瑞节自东京致盛宣怀函,寄呈先生《汉冶萍国有策》一文,并告以国内传到"对于此事北京议论激烈"等情。函云:"昨接工商部家兄琨来缄云:'由汪伯唐先生转寄来《汉冶萍国有议》一书业已收到,惟对于此事北京议论激烈,鄂赣两省反对尤力。'先生经历既久,关系特深,其中情形,自必筹之有素。家兄碍于内地风潮,不便直接请教,特嘱瑞节就近晋谒,借聆高见,以便着手。"(同上引书,第 348 页)

同日　汉冶萍公司董事会常会在沪召开,赵凤昌主持。会议传阅 9 月 18 日袁、叶二代表来电,赣督催代表赴赣皓电。公复一电,文曰:"南昌李都督鉴:皓电极承关注,感篆同深。敝处代表正在延请,适接京电,工商部派张轶欧、张景光、余焕东三员,十六出发赴萍调查,敝处似未便再派代表。顷接萍矿来电,此事幸蒙公电饬委员力主和平,人心大定,具征挚意维持,商情感服,特电鸣谢。汉冶萍公司董事会。箇。"李维格又报告收支长交到十月份预算等事。(同上引书,第 348 页)

9 月 26 日　汉冶萍公司董事会临时会议在沪召开,赵凤昌主持。萍矿局代表俞彤甫等报告萍矿对于赣员干涉造成困难之情形与应付办法。董事会对所拟办法除一条以外均表同意,(同上引书,第 349 页)

10 月 1 日　汉冶萍董事会呈北洋政府大总统、国务院、工商总长电,催促早日解决国有、商办问题。电云："前以公司机关破坏，复有种种阻难，营业无从着手，商人财力两竭，颠覆在即，由股东会公请收归国有，公举代表进京陈请在案。查汉厂日本制铁所订货最多，公司不能按照合同交货，早已啧有烦言。近以汉厂铁炉已收(修)复一座，屡催先行开炼，函电纷驰，不容再缓。粤汉干线鄂湘铁路亦嘱公司预备路轨。若不照办，恐去年订定之川粤汉路轨件合同千余万金之轨价，仍将流入外洋。事机紧迫，万不能停待。现拟辗转筹借，先开一炉，以顾目前。然以国有、商办问题尚未解决，地方官绅又于矿务横加干涉，人怀疑虑，筹借万分困难。纵使勉强先开一炉，只能暂支一时。总之，公司根本问题若不早日解决，颠覆仍在转瞬，其时势必内外债项及定货面面挤迫，恐难收拾，不得不据实先行陈恳早日解决，免致贻误。仰祈钧察，不胜待命之至！"（《汉档》，第 299 页）

10 月初　于北京致上海汉冶萍董事会电①。大意为："公司向政府请求借用南京公债一千万元。如国有问题得到通过，该公债即由政府偿清；如国有问题被否决，则由公司分五年偿还。但工商部认为公司之请求与部中之计划有矛盾，故有反对意见。"（引自 1912 年 10 月 8 日日本正金银行驻北京董事小田切万寿之助致总行副总经理井上准之助函，《旧中国汉冶萍公司与日本关系史料选辑》，第 395 页）

10 月 7 日　汉冶萍董事会呈北洋政府大总统、国务院、工商部电，再次请求"拨济巨款"。电云："工商部电奉悉。汉冶萍问题既经大部派员赴厂矿调查，理应静候旋京再议。唯公司自上年八月以后，全仗日本制铁所、银行陆续借款，勉强支持，迄今已垫有二百数十万元之巨。其所以若此竭力辅助，无非冀得生铁之供给。现以停炉将近一年，仍无办法，开炉无期，不肯再借。经公司再三协商，彼云'非公司办法妥定，可以克期供给生铁，不能再借'等语。现公司因问题既未解决，除日本银行外，又一无挪移之处，现已断饮。厂矿经费汇票即日到沪，如无应付，立即哗溃。尤可危者，公司机关破坏，根本动摇，国有问题至今未决，以致人更疑虑；若发款再一愆期，汉冶固属可虑，而萍乡煤窿尤极危险，势必前功尽弃，并非危词耸听。内外交迫，有一日不能再候之势，不得不冒昧渎请迅赐解决，若竟败坏，即国有亦已迟矣。支电所陈，事在眉急，拨济巨款，实无一字虚假。不胜急迫待命之至！"（《汉档》，第 299 页）

10 月 10 日　北洋政府国务院复汉冶萍董事会电，同意拟拨发公债票 500 万元，以救公司之急。此为先生等公司代表一个多月在京奔波交涉的实际成果。电云："奉大总统令：'虞电悉。已由国务会议决定，由政府拨发公债票五百万元，以资

---

① 原电未见。据小田切函云，1912 年 10 月 7 日《上海报》"载有与最近叶［景葵］经理致上海董事之电报完全同一意义之记事。"——编著者

补助。惟此款限定作为该公司开炉之用，不准挪移填补亏损，并由工商部派员监督开支。至该公司将来应否作为商办，抑或收归官营，应由政府视察情形酌定'等因。特达。"（同上引书，第 299 页）

10 月 20 日　先生在京补撰《述汉冶萍产生之历史》末节，并将全文印成小册子，分送各界人士，引起当局和社会舆论的普遍关注。补文云："去年汉厂停工，颇有人倡议，谓李君维格办厂不善，可取而代之者。余与李君交久，历见其困心衡虑，知大功不可以卤莽成，言之匪艰，行之维艰，故述为此篇，登诸上海《时事新报》，浮议始息。顷因代表来京，京师士大夫颇知注意此事，而十余年历史，语焉不详，闻者盖眇，复检旧稿，贡诸社会，幸留意焉。公司股款债项总额三千三百余万两，内除历年债息官利一千三百余万两，其实在列作成本者，不过二千万两。第四号新化铁炉未成以前，每年已出生铁十三四万吨，而更有萍、冶两矿可供数百年采掘。日本制铁所前后共费日币六千余万元，皆系政府之款，毫无利息。其每年所炼生铁，亦不过十七八万吨，而并无铁矿可供原料。以彼例此，未可妄自菲薄。至钢质之良，全球惊叹；销路之广，供不敷求。厂中所送西洋学生如吴健、卢成章诸君皆学成艺精，各勤职务，后望正无涯矣。过去若干年所以办无成效者，其所经历，不啻学堂授课之光阴，其所费用，譬诸学生学艺之本钱，此亦一定之阶级，东西各国无能免者。德国政府奖励钢料出口，每吨津贴十六马克，故全国人民争开利源，不畏艰险。我国今日已渐知注重实业，虽中央财政目前支绌，自无余力及此，但愿嗣后上有提倡之意，下无欺饰之情，桑榆之收，正未为晚。锲而不舍，匪仅李君一人之责也。元年十月二十日，景葵又记。"[1]（《杂著》，第 243—244 页）

10 月中旬末　盛宣怀由日本回到上海。（夏东元《盛宣怀年谱长编》，第 962 页）

10 月 24 日　自京致上海汉冶萍董事会电，告以政府"拨款"各部门扯皮情形。云："财政部以工商部咨未将还款付息及监督方法说明，不允发票。工商部云，部既负责，不愿财政部干涉。双方争执，恐成意见。请由季老单衔电大总统催发，并请仲仁加电。"（《汉冶萍公司（三）》，第 1297 页）

11 月初　就工商部同意拨付南京公债票五百万元事，先生等与部方约定办法四款："一、只准抵押，不准出售；二、利息由公司担任；三、还本期限照票面分年成

---

① 叶景葵《述汉冶萍产生之历史》是关于我国近代工业史的一篇重要历史文献，曾被收入数种资料集。计有：《中国实业杂志》（日本东京出版，1915 年，题《汉冶萍之历史》）、《洋务运动》第八册（中国史学会主编《中国近代史资料丛刊》，上海人民出版社 1961 年版）、《中国近代工业史资料》第二辑上册（汪敬虞编，科学出版社 1957 年版，题《叶景葵记汉冶萍》）、《中国近代工业史资料》第三辑（陈真编，三联书店 1961 年版，根据《中国实业杂志》叶文摘编，小标题《设计方面的错误和办理的腐败》，未标明原作者。参见张实《关于叶景葵及其〈述汉冶萍产生之历史〉的考证》《黄石理工学院学报》2008 年第 2 期。）——编著者

数,按期归还;四、债票出纳归部派监督经管。"(1912 年 11 月 9 日北洋政府工商部致本部部员王治昌函,《汉档》,第 299 页)

11 月 9 日　工商部致汉冶萍公司董事会电:"贵公司请拨债票一事,所定办法,本部已据情咨由财政部核准,电知上海中国银行接洽。又,经本部派定委员王季点监督投放事宜,所有债票出纳及抵押所得,开支用途,均归经管,为此函告,即希贵公司董事会与王君接洽可也。"(同上引书,第 300 页)

11 月 13 日　自京致汉冶萍董事会电:"办法四条:一、公司认债票息;二、只押不售;三、还本照票面分期;四、商部派员监察,此系财部与商部之交涉,代表并不直接,总统亦未命令。葵十九由京汉归。"(《汉冶萍公司(三)》,第 1300 页)

11 月 17 日　汉冶萍董事长赵凤昌致北洋政府大总统、国务院、工商部电,要求拨付债票"蠲免利息"等事。电云:"部函开有办法四条:一、准押不准售;二、利息由公司担任;三、还本期限照票面分年成数,按期归还;四、债票出纳归部派监督经管等语,似于(与)公司解释蒸电补助之意有歧。且闻财政部拨发汉口商会公债票一千万元,凡因兵燹损失者,得向商会借贷债票转售,十年后由商会索还票本,蠲免利息云云,敝公司同一损失,且铁政关系军国,尤与寻常商业有别。拟恳垂鉴公司损失过巨,俯允援照拨给汉口商会债票办法,或售或押,蠲免利息,十年后归还票本,庶符蒸电补助之意。务恳俯准,电示遵办。"(《汉档》,第 300 页)

11 月 19 日　先生离京返沪。(1912 年 11 月 13 日电,《汉冶萍公司(三)》,第 1300 页)

11 月 29 日　张謇、李维格与先生联名致北京政府交通部次长朱启钤(桂辛)函,要求政府承认公债票在日本正金银行押款。[1] 全文如下[2]:

> 桂辛次长先生钧鉴:敬启者,窃敝公司蒙拨发公债票五百万圆,补助公司为开炉冶炼之需,仰见重视铁政,济困扶倾,莫名钦感。

> 惟是公债票行使市面,信用未孚,售价固亏耗过巨,亦与部订条款相背,至以之押借巨赀,多方求觅,迄无应者。惟日本正金沪行,与之磋商,以公债票五百万圆押借日币三百五十万圆,自明年七月起,期限三年,指前政府与公司所订川粤汉两路轨价归还。该行以日本制铁所岁需生铁矿砂,仰给于公司者不少,有此通工易事之关系,已允照所议电商总行,但须要求二事,如能实行,方允照办。一、敝公司以债票押借,除由公司与该行订立合同外,须由政府致函

---

[1] 同日,赵凤昌也有类似内容信函致唐绍仪,请其从中斡旋,"玉成其事"。——编著者

[2] 《汉档》第 300 页载有同年 11 月 23 日张謇署名汉冶萍公司呈北洋政府函,内容与此函基本相同,似为此函初稿,于 11 月 29 日正式签发。——编著者

该行,承认此事;一、川粤汉两路轨价,指为还款之用,嗣后该两路应交轨价,由交通部代收,按期付还该行,以借款还清为止。该行颂交通部将此层办法致函该行存执,以坚信用。

　　伏念敝公司自经挫折一载有余,困苦艰难,屡濒危殆,目下专恃此项借款有成,便可大举开工,力图规复。否则,矢尽援绝,直成坐毙之势,是成败利钝,悉在此举。而呼吸绝续之交,尤属刻不容缓。查该银行要求,承认抵押一层,政府既准抵押,自无不承认之理;至所指轨价,本系交轨后大部应交公司之款,与部毫无出入,并无责任。且公债票到期付息,亦可在轨价内划扣,尤属简易。现正候该总行复电,特将其中情形先行函陈,以便复电一到,即当电请。除具函呈恳大总统核准转饬外,用特函恳大部俯念公司危迫情形,俟公司电到后,准照该行要求之事,赐函存照,俾危局转安,厂矿得以渐次恢复,庶足仰副补助进行之至意。兹将川粤汉两路轨价表录呈察照。肃泐。祗颂台绥。

　　　　张謇、李维格、叶景葵谨启　　　　　　　　（《汉档》,第 301 页）

12 月 4 日　郑孝胥至汉冶萍公司[①]访先生与李维格。(《郑孝胥日记》,第 1444 页)

　　同日　赵凤昌等呈大总统、国务院电,再次陈述公司处境艰难,要求"即日拨济二百万两,以救燃眉"。电云:"东电陈明外人催逼铁厂定货,拟辗转筹借款项,先开一炉,以顾目前在案。日来商措,仍以国有商办未决,善后尚无办法,难望就绪,而定货则不能再延,经费已一筹莫展,若无救济之法,只有宣告破产。查自去年八月以来,维持公司,全恃借贷,已达二百七十七万一千余两,方能勉强支持至今。南京政府用公司名义所借日本三百万元,政府用去二百五十万元,公司只得五十万元之用。现在借贷俱穷,以至一筹莫展。若终至破坏(产),尤可痛惜!无论国有商办,窃恐挽救已迟。明知国家财政困难,惟铁政关系大局,与寻常商业不同;际此绝续之交,万分危急,不得已只有仰恳钧察,迅赐维持,无论何款,即日拨济二百万两,以救燃眉。国有商办,在铁路终须用轨,仍可在轨价内陆续扣还;或即将南京政府拨用公司之二百五十万元提前发还。"(《汉档》,第 302 页)

　　同日　张謇代表汉冶萍公司分别致函大总统、工商部、交通部,报告与日本正金银行押借规银二百五十万两,转告日方要求"须国务院电致公司,声明此次拨发汉冶萍公司五百万圆公债票,虽系南京发行之债票,实与中央政府发行者无异,该公司可以告知承押之人"等语。(同上引书,第 302 页)

---

① 当时汉冶萍公司事务所设于上海静安寺路(今南京西路)斜桥 110 号。——编著者

12 月 7 日 李维格与先生合署致横滨正金银行二函。一、"顷接贵银行昨日来函,内开'贵公司如照向来办事章程,有营业情形及出入款项之报告,请照送敝行一份'等语。敝公司照章所开营业情形及出入款项之报告,敝公司可照送也。"二、"顷接贵银行昨日来函,内开'贵公司如须于本借款规银二百五十万两外,续将公司产业抵押借款,须先向敝银行商办'等语。贵银行所示敝公司续借款项须先向贵银行商办之事,敝公司可以照办。"(《汉冶萍公司(三)》,第 378—379 页)

同日 《汉冶萍公司、正金银行上海规银二百五十万两借款契约书》在沪签订。李、叶代表中方签字。契约如下:

汉冶萍煤铁厂矿有限公司(此后称公司)向横滨正金银行(此后称银行)借上海规元银二百五十万两订定条款于后。

一、公司向银行借上海规元银二百五十万两,自明年阳历七月起,分三年摊还,每年还三分之一,利息周年八厘(第一年八厘,第二年起照市面情形酌量,最低以六厘为率)。

二、本借款以公司归还外国借款赎还之担保品(附清单)作为本借款之担保品,又以中国政府拨发公司之南京公债五百万元之债票为担保品。

三、由公司呈请中国政府饬知公司声明,此次拨发公司五百元公债票,虽系南京发行之债票,实与中央政府发行者无异。

四、以公司与川粤汉铁路督办订定之该两路轨价抵还借款,由北京政府承认将轨价付与银行至还清为止。其轨价数目另附清单。

五、此借款言明系归公司收用,不得移作别项用款。

六、此合同一式二份,彼此各执一份存照。

汉冶萍煤铁厂矿有限公司经理:李维格、叶景葵
横滨正金银行上海支店支配人:儿玉谦次
中华民国元年十二月七日
大正元年十二月七日

该契约附件:一、《上海浦东码头栈房估价》;二、《本公司煤焦栈单价值》;三、《川汉铁路轨价表》;四、《汉阳地产价值》;五、六、《儿玉谦次致汉冶萍公司函》两通;七、八、《李维格、叶景葵致横滨正金银行函》两通。(同上引书,第 379—386 页)

12 月 25 日 李维格与先生致日本制铁所长官函,商生铁改在上海交货等事。附合同。函云:"明治四十四年三月三十一日,敝公司与贵所订定生铁合同,本无上海交货之条,现情形变迁。此后冬令水浅、汉阳不及装船者,改在上海交货。前嘱敝公司驻日代表高木陆郎与阁下面商加价,承允每吨加日金八十钱,至纫交谊。兹缮就合同附件,如尊意别无更改,请即签定寄下一份为荷。""再,敝公司尚有奉商

者:该合同第三条开'汉阳每年装船七万吨',现情形既变,拟尽力在汉阳装船可在七万吨之外至十万吨,但须彼此预先商定,以便贵所雇定船只。如蒙许可,即祈示复是幸。"附《日本若松制铁所与汉冶萍公司续订生铁合同》。(同上引书,第 393—394 页)

12 月 28 日 列席汉冶萍董事会常会。经理报告萍矿稽查处账簿查核、预收川汉铁路轨价等事。会议报告接工商部电:"国有问题已呈大总统,不日解决,目前自应维持现状。鄂督电举孙武,未经中央认可,自不能轻易交其接办。""本部现派参事陈其殷、技正张景光、佥事王治昌、王季点到沪调查公司账目财产,以备设法维护,希即遵照。"(同上引书,第 394 页)

12 月 31 日 列席汉冶萍董事会临时会议。会议通报:据一股东举报,萍矿坐办林志熙(虎侯)"矿账浮报,有确据者至三十万两有奇"。议定公推董事陈理卿(廷绪)前往彻查。(同上引书,第 396 页)

约是年秋冬 偕浙江兴业银行董事蒋抑卮赴汉口,计划复兴因战乱而停止的浙兴汉行。两人"各出私产,押款营运",浙兴在汉信誉乃得重振。"经此一番波折,一番试验,总分三机关鼎足卓立"。(李子竞《揆公与本行关系始末纪略》,《兴业邮乘》,复第 54 期)

是年 先生与周钧被中兴煤矿公司股东会选为查账员。(《中兴煤矿公司史钞》钞本)

1913 年(民国二年　癸丑)　40 岁

3 月　国民党代理理事长宋教仁被暗杀于上海。

4 月　袁世凯与英、法、德、日、俄五国银行团签订 2 500 万英镑"善后大借款"。

7 月　"二次革命"爆发。

9 月　进步党熊希龄"名流内阁"组成。"二次革命"失败。

10 月　新华储蓄银行在北京成立,上海设有分行(1926 年改称新华商业储蓄银行)。1931 年总行迁至上海,改称新华信托储蓄银行。

11 月　袁世凯另组"政治会议",取代议会职权。

是年　北洋政府颁布商业银行纸币发行条例,规定发行总额不得超过总资本十分之六。

1 月 8 日　参加汉冶萍董事会常会。会议"公议:十二月二十八号接工商部电'国有问题已呈大总统,不日解决'等因,迄又多日未见宣布,应电请即日发表政策,以定一是。文曰:'北京大总统、国务院、工商部钧鉴:前奉工商部电,国有问题已呈大总统,不日解决等因,迄又多日,未蒙宣布。湖北省有风潮,虽遵电未与交接,而专员催询,终因政策未定,无从答复。董会公议,大部既主持国有,务恳大总统早日发布命令,以定一是,而息群咻,全体股东感祷万状。汉冶萍公司董事会。'"(《汉冶萍公司(三)》,第 400 页)

1 月 18 日　参加汉冶萍董事会常会。"经理报告,国有问题一日不解决,厂矿营业一日不能进行。即如兴国锰矿为炼铁所必需,武昌铁矿为预备第四号铁炉之必要,现均不能开采;造砖厂至今未还汉厂,洋房预备洋匠所住者,现仍为军界占住。上次董事会以青电呈请政府早日发布命令,迄未奉复,应否再行电催。公议:再电催。文曰:'北京大总统、国务院、工商部钧鉴:汉冶萍问题前于青电呈请迅速解决,迄未蒙复。一日不决,即人心一日不定,进退维谷,损失日益加巨,实甚焦虑。务祈迅赐决断,即日宣布,盼切,祷切。汉冶萍公司董事会。效。'"(同上引书,第 401 页)

2 月 7 日　盛宣怀致李维格与先生函,对萍矿批发账略内数页不妥账目嘱加调整。函云:"前在日本接展八月一日函,又并钦钰如宕欠账单一纸,尝经函令声复立案。兹将复函另抄奉上,即希核夺。惟查账单,内开暂记工程一项,从前曾据列入报册,迭次批饬,应尚收处账房核夺,不得列入批发账内。又厨房两款,□系该厨房还炊焦煤价。又升记三款,亏短炊焦一款,均系不应列入之款。余内□交账房分别调查另办好。应请贵公司将以上各款应付数目,查照底账,计规元三千五百七十二两、九百七十一元,即在敝账内如数拨转。先清公司款项,其余钦钰如经手亏欠各账户内,秘纸核明办理可也。"(信稿,盛档第 01285、012281 号)

2 月 15 日 托汪颂年(仲谷)推荐浙兴同事黄松丞进商务印书馆。张元济"复询渠欲得若干","且索取所拟信稿一阅"。(《张元济日记》,第 16 页)

2 月 17 日 与李维格探赵凤昌病。赵以病请辞汉冶萍董事会会长职,并请李、叶带回请辞函。云:"连日春寒,贱恙益剧,几不能起坐。据医家云:药剂难求速效,必须长年静养方可渐愈。窃思董会事重,岂可久于阙席。兹特奉恳转达董会诸公,应将弟名取销,照章另补,实为公便。"(《汉冶萍公司(三)》,第 407—408 页)

2 月 18 日 参加汉冶萍董事会临时会议。报告会长赵凤昌因病来函请辞。公议,复函慰问。代会长沈敦和报告林志熙舞弊案调查进展情况。"公议:林案犯罪地点关系鄂、湘、赣、苏四省,既不能指明究在何处,自未便移归江西审问。应致函律师,请其函告公堂,移归北京中央法庭审判较合法理。当即具函译发。函稿录左:'德雷斯大律师鉴:林案,今日堂上审讯,商定办法,由公堂移问江西,再行审判等语。查林案犯罪地点,关系湖北、湖南、江西、江苏四省,既不能指明究在何处,未便移归江西审问。应请函告公堂移归北京中央法庭审判,用特声明,即请查照。"(《汉冶萍公司(三)》,第 408 页)

2 月中旬 李维格与先生合署致汉冶萍公司董事会函,报告公司国有申请以来"种种艰难危情"。全文云:

董事会公鉴:敬启者,公司善后问题,自上年八月十二日股东会决议,请归国有,公举代表进京陈请,倏已五月,迄未解决。上月二十七日奉工商部指令,内开"公司呈请国有,关系既巨,决策自难,仰仍静候"等因,是公司根本问题,一时实无解决之望。而进行各事,因亦阻力横生,瞻念前途,环生险象,不得不将种种艰危情形,为贵会缕晰陈之,以便讨论,而图补救。

一、款项。政府应还公司日金二百五十万圆,原望政府大借款早日告成,拨还此款。又盼汉粤川外款等铁路及时开筑,轨价抵注。现政府借款迄未告成,即有成议,因巴尔干和议决裂,一时欧洲市面不能发售中国债券。即使六国团暂先垫款若干,政府种种急需,恐尚穷于应付。若竟置公司此款而不及兼顾,则公司所指望之款到期不能应用。至于汉粤川铁路等迄未兴工,借款之银行是否允即付款,路经之各省能否进行无阻,殊无把握。若竟再事迁延,一时不能开筑,则公司所指望之轨价抴注亦将成为虚愿。窃思得此两宗款项,应付目前或可勉强敷衍,徐待时机。今并此而不足恃,是公司经济又将无以支持。第四号化铁炉已经订定接续照造,一俟起运,即须付价。因第四炉连类而及之厂矿工程亦不容缓。前借正金银行之规银二百五十万两,将次告罄,开呈收付账略,即祈公鉴。此款项之情形也。

一、汉厂。汉阳砖厂被占,虽都督三令五申,迄未交还。近厂洋房原为洋工师洋匠而建,亦为军人占据,屡索不理。现洋工师等回厂,居处不便,啧有烦言。冬令尚可将就,一至炎夏,日夜工作于洪炉烈火之间有十时之久,回寓不能安适其身,将责言纷至,难以应付。且因此而不能得其实心实力,亦殊失借材异地之意。此外,第四炉应早预备之事,均以地方情意未洽,不克施行。如蓄水池需地,兵工厂不允通融。倾倒炉渣,通车月湖,恐亦难邀核准。此汉厂之情形也。

一、铁矿。大冶铁矿,公司所开采者曰狮子山、野鸡坪、大石门、纱帽翅、铁山、龙洞,此中以狮子山为巨擘。而足与狮子山匹敌者,厥惟官有之象鼻山。此山公司屡与鄂省磋议,拟请让归公司,而终未如愿,今日更非其时。然第四炉开炼,深恐矿石供应不上,故有武昌县银山头、马婆山两处之预备。此两山系前清时维格承领于鄂省,领有农工商部开矿执照,于宣统二年开工,三年因武汉起义停办,去年仍派经办之员前往继续开采。而忽有危静斋其人者,声称组织汉昌公司,继起承办,意在攘夺。纷扰至今,我局迄未开办。而第四炉既经订定,自须赶速建造,以期早日出货。若无武矿接济,终恐冶矿有间断之时,于炉座关系实非浅鲜。此铁矿之情形也。

一、锰矿。炼铁所需之锰矿,向恃官局移交之兴国银山头供给。前年武汉事起后,局员四散,铁路为兴人拆毁,倡言该山系兴国人民公产,非公司所能有。风潮激烈,至今不克前往接续开办。维格往年派员批采之湘省衡州府属常宁、耒阳两县之锰矿,亦为湘人所据,现虽赎回,而冬令水涸,不能运汉。且水旱艰阻,运费甚重,只能济兴国之不足,不能专恃湘产。目前汉厂所用,系前年积存之矿[石],一经用罄,常、耒恐难接济。且第四炉成后,需用更多,必须兴国争端早日解决,湘鄂两处兼筹并采,方能不误要工。此锰矿之情形也。

一、萍矿。赣省争矿问题迄未解决。赣省购地划界仍继续进行。土井亦纷纷开挖。函电交驰,彷徨无策。至于管理人员,有人报告,谓各树党派,纷立同乡会名目,按期开会公议,实行共和。夫公司议事机关只应有董事会一处,遇有特别重大事件,代表股东决议。若经理以次,皆为雇佣人员,只有执行之职分，并无公议之权力，中外营业莫不如是。此端一开，已失服从之义，恐寝假而至不可收拾地步。在公举之临时矿长，自有不得已之苦衷，而与公司前途实有莫大之危险。此萍矿之情形也。

一、煤焦运销。运则地跨三省，销则军民华洋杂沓，非有中坚主持之人全局在握，不能聚散为整。在平时秩序不乱之时，尚觉散漫难稽。自武汉起义，机关破坏之后，满盘散沙，更无抟结之术，方来怨望之嗟，人心已去，来日大难。此煤焦运销之情形也。

以上所开，均系实在情形。经理等丁此世变，力疾补牢。幸汉厂机炉早经修复，照常出货。铁路材料、日本生铁，尚未十分耽误。然年余以来，忍辱负重，殆已心力交瘁。时至今日，四面楚歌，千疮百孔，经理等对此危笃，实无回天之方。惟有胪列情形，陈请公议办法，迅速决定。若再迁延时日，则经理等棉薄已尽，实不能再担此人力难施之重任，特此预先声明。

再，俄法银行轮驳押款洋例银壹百万两，本年四五月到期，原拟转入正金，前派高木回东商办此事。现接来函，日本因政局未定，市面甚紧，不能开议，并以附闻。特此布达，并颂公安。

　　　　　　　　　　　　　　经理李维格、叶景葵谨启

（同上引书，第 408—411 页）

2 月 20 日　汉冶萍公司董事会就萍乡矿务总局总办林志熙贪污巨额公款事，上工商部呈文。文云："查汉局垫款四万八千余两一项，系由上海总公司付出，汇兑汉口，由林志熙收取。诘问萍乡矿局收支员，答称此款并未到矿，是林志熙侵吞此款，或在汉口，或在长沙，均不可知，犯罪地点虽未明了，然起点实在上海，而终点决不在江西。事关江苏、湖北、湖南、江西四省，上海公堂既无权判决，则他省益不相宜，惟有提归中央法庭审判，庶合法理。合无仰恳大部设法维持，移会司法部迅速派员来沪，提案澈审追究，以保股本而维商业。除公举董事驰赴北京法庭提起诉讼外，谨此呈请伏祈察夺施行。"（《汉档》，第 463 页）

2 月 21 日　参加汉冶萍公司董事会临时会议。经理报告，会长赵凤昌坚辞之意甚决，应请公决会长，以维会事。沈仲礼报告林案公堂发生地点问题。"公议：陈理卿先生为此案查账及原告代表人，自应仍请理卿先生赴京起诉，以期衔接，而免隔阂。"又议矿业联合会来函事："本年三月二号开成立大会，请举代表三人、筹议员一人来津莅会。公议：请袁伯揆、叶揆初、陈理卿三先生为代表，请金仍珠先生为筹议员，即分函请其与会。"（《汉冶萍公司（三）》，第 413 页）

同日　日本制铁所长官中村雄次郎复李维格与先生函，拟商生铁装运事。云："前接中华民国元年十二月二十五日来函并合同附件一纸，均已阅悉。至于拟订如在上海交货者加价合同附件,增改一二字句,签字盖章,兹特附送,希即鉴察。已将此节由日本代表高木君函达尊处,谅已洞鉴。""又,来函内称'该合同第三款所订每年应装运七万吨以外,因嗣后本厂情形稍多改变,在汉阳极力多能采运十万吨以内之谱,应先商定'云云一节。当初本制铁所订立合同时所以限定数目者,实系本制铁所所需生铁数目即须权其缓急。且在码头起货设备关系,是以此次来函所示,在汉阳多装生铁,本制铁所实有不便之处,恐难照办,致负执事期望之雅意……"(同上引书,第 413—414 页)

2 月 25 日　与李维格合署致汉冶萍公司董事会函,报告萍乡煤矿总办林志熙贪污案调查情况。云:"林案调处人周、俞两君,已照昨日公司核定之函稿,正式具函,并将赔款四万八千两抵押品,一并送来,即拟交存中国通商银行,请列公明日公同验估,兹将开来抵押品原单送请查阅。并据俞君面称,明日验估时,如嫌未能足数,仍可补足。又保单稿一纸,附送候核。其保单尾具名人,据俞君云'系文明书局、大经丝厂、永泰丝厂、周舜卿,其书局、丝厂下各出代表人署名画押'等语。如属可行,均祈于台篆下书阅交还。再,顷闻赣省已有电到廨提案,并派有时姓守提,此案既商有和平了结办法,彼造已愿遵办,将抵押品如命筹足,似未可别生枝节。经理等拟俟此件公核书阅后,即将昨日核定电部请示电稿译发,并以奉闻。"(《汉档》,第 463 页)

2 月末至 3 月初　先生等一行离沪赴天津出席矿业联合会成立大会。会上先生被选为副理事长。(1913 年 3 月 8 日汉冶萍公司董事会常会记录,《汉冶萍公司(三)》,第 421 页)

3 月 4 日　在上海参加汉冶萍公司董事会临时会议。会议记录云:

工商部员王槐清先生由京来沪,并由董会公请公司创始人盛杏荪先生,一同列席,讨论国有问题。

王槐清报告:上年奉部派调查公司帐目财产,业经查明报部,并陈意见三条:第一为国有,其次为变相国有,再次为商办。变相国有者,以工商、交通两部,鄂、湘、赣三省,各派一员为董事。工商部本系股东,交通部、鄂省官钱局均有公司欠款改为股份,湘本有股,赣股或由工商部酌拨,盖以此调停国有、商办之间。嗣本部部长以商办既财力两绌,变相国有亦有不赞成者,故主张国有一法,呈请大总统核示,尚未解决。此次来申,张司长轶欧有函致董会诸君谓:由公司再将艰危情形呈催,即可将公司国有问题解决宣布,再由董会公推代表赴部就商交收办法。函请公阅。

盛杏荪先生云,汉冶萍公司为中国唯一之实业,鄙人自承办以来,屡经挫折,始终不渝,幸而成立。虽被重谤,亦所不辞,良以铁矿为利最薄,关系甚巨,无论如何总宜中国人自办,决不可以此种权利让与外人。今因商力不继,徇股东之请，呈请国有，承工商部及张翼侯君并槐清先生极意维持，同深感荷。但既主张国有，则如何接收，必须筹有办法，预先开示，公同讨论。

经理云：别项营业，如国家收办或招商顶盘，尽可歇业待交，厂矿情形迥异，一日不能停工。国有接收办法若不先为筹备妥洽，即将命令宣布，再行举董赴京就商，则此青黄不接之间，不惟外界已易其听视，即内部亦人心涣散，呼应不灵，此中危险，实属可虑。

公议：公司现在艰危情形已达极点，亟盼国有，但此事不难于公司具呈之续催，而难于政府接收之预备。杏荪先生以及经理所言情形极是，共表赞同，必须政府将接收办法筹定，能令股东满意，一经宣布，即此交彼接，一气呵成，方为有益。公拟函复张翼侯君，请将国有办法密示，再由槐清先生将会议情形函商张君，俟得复后再议呈催。拟函缮发。（《汉冶萍公司（三）》，第 419—420 页）

3 月 8 日　参加汉冶萍公司董事会常会，报告赴津莅会及晤商工商部次长等情形。董事会记录云："叶经理报告：此次矿业联合会开成立大会赴津与议，此会系合六公司组成，公举理事八人，再由八人中选举正副理事各一。袁君克定举正理事长，葵被举为副理事长，因不能留津，已面辞，嗣因主席无人，暂时担任，俟袁君到后，再行辞职。袁伯揆先生已被选备补第一。此次议案，已嘱该会印出，邮寄公司，请会公核。""叶经理揆初报告：此次在津，晤工商部次长向淑予先生，谈及本公司国有问题，一时尚难解决。因条陈变通办法，即王槐清先生上期报告第二策也。其办法：工商部本有公股，湘省亦系股东，今拟将公司前欠交通部款商作股份，湖北、江西亦设法令其作为股东，有选董事之权，财政部前辅助之公债票，如能由部商改作股份，尤为有益。如是内而三部，外而三省，均为公司之股东，各派一人为董事，合原有之董事，筹画进行。地方问题大致解决，方能借一大宗外债，从根本上实地整顿云云。向次长颇以为然。用特报告，请会公决。""公议：所陈变通国有办法，是于无可设法之中，而为千虑一得之计，工商部具调护之苦心，经理竭措画之能力，董会实所赞成。惟兹事体大，董会未能决议，必须先召集股东大会，将以上办法报告，是否可行，俟股东公决。盖自上年发生国有问题，久未解决，亦应报告股东也。即拟定三月二十九号借青年会会场开股东大会，由董会具启登报广告。一面请揆初先生将变相国有办法须股东会取决未决以前，可否由部提议，先密商鄂、赣等语，电复向次长。拟电核发。"盛宣怀在此董事会记录上批语曰："既云俟股东公决，又令电部提议密商鄂、赣，矛盾极矣。此等议案，可笑可恨！"[①]（同上引书，第 421 页）

[①] 盛氏批语从以前出于表面应付、勉强赞成"国有说"，直截了当对叶景葵先生所提"变相国有说"嗤之以鼻，与先生的分歧跃然纸上，二人的分手已经不可避免。——编著者

　　同日　吕景端致盛宣怀函,无端指责"李、叶奸险已到极处"。函云:"汉冶萍事,部员先到,部电继至,皆叶所运动,所谓不合法定手续者必以前呈无全体名义,而董事又无公电故也。为今之计,宜退藏于密,一概不关为上策;其次,则先将作祟之人公布驱除,还我股东全权,于情势似觉危险,然外不能作奸,内不能响应,股东方可背城借一,所谓置之死地而后生也;其次,即以国有名义,嗾使外人立索债款,运动股东邀求还本,使国有不能徒托空言,然后可望俯如股东所请,此围魏救赵之计也。若今日发一电,明日寄一信,大敌当前,徒有间谍,而无战兵,虽操胜算,而不能致(制)胜矣。李、叶奸险已到极处,杨反复多次,防不胜防,发指眦裂,不中肯要,不得已惟有以上策为请。伏乞垂听是祷。"(同上引书,第 422 页)

　　3 月 15 日　参加汉冶萍公司董事会会议。会议记录云:"经理报告,本公司沪栈码头营业颇有利益,惟地势狭隘,每于轮驳到多时不敷停泊,寄碇浦中,起卸不便,管栈西人屡以展拓为请。兹觅有郁屏翰出浦地二亩二分有零,每亩净价一千五百两,合计需银三千三百七十余两,该地亩甚合建筑码头之用,价亦不昂。至建筑码头用款,约须银九千余两等语。公议:照办。""又报告:辛亥年账略,早经收支所分项汇编,亟应审查付梓。报告股东前由经理名义,函请朱志尧、杨翼之及顾晴川三君到公司审查。因顾为辛亥之查账董事也。嗣朱、杨两君以辛亥之账应由是年之查账董事查核。顾君复函则谓'辛亥查账董事本系邵子榆、顾咏铨两君,因咏铨事繁,代承其乏,刻下足疾不能出行'等语。公议:即用本会名义,函请邵、顾两君订期到公司审查。拟函核发。"(同上引书,第 426 页)

　　3 月 20 日　李维格与先生联署呈汉冶萍公司股东大会报告。全文如下:

　　自辛亥年八月武汉军兴后,此一年半中汉冶萍厂矿之岌岌,股东诸君当能想见大概。然其欲罢不能,欲进无策之困苦,非身在局中、适当其冲者不能领会。要之不外经济窘迫、地方阻难两层,此中情节当于开会时为诸君扼要面述。窃谓汉冶萍地跨鄂赣运道,又出湘中,在平常秩序不乱之时尚觉操之不易。丁此世变,更如满盘散沙,搏结无术。维格等心力已竭,对此危笃实无回天之方,惟有据实报告,请股东公决办法。

　　夫收归国有,发还股本,自是第一上策。惟国有问题迄未解决,万一政府财政困难不能兼顾,则不得已只有仍归商办。而继续商办,则有要著三端:曰发行债票,曰国家保息,曰疏通地方情意。办法均俟开会时面详。其疏通地方之情意,意在合中央、地方、公司三者之力,众擎共举。特是疏通情意,必使地方与公司有利害相共之关系,空言无补。而利害相共之办法,必如何而后于地方有益,于公司无损,是开会所应研究决议者。议决后,应由董事会请求工商部召集地方与公司代表会同妥议。工商部居该管之地位,有大股东之资格,办理此事,最为适当。虽地方秩序尚未全复,一县一乡各自为治,欲一一而疏通之,固属甚难。然苟能地方贤长官、乡先达与公司推诚相与,各释猜疑,得其维持保护,劝谕开导,以视彼此参商,背道而驰,固已获进一筹。若地方再不能体念苦衷,是我心已尽,国运使然,外人谓我无办大事业团力,不幸谈言微中矣。所有痛惜者,坚苦十年,规模粗具,重洋之销路已通,铁道之发轫在即,正可再接再厉,以冀为中国钢铁世界之基础。若竟一蹶不振,则重洋之销路固拱手让人,而铁路材料均须仰给予外,漏卮何堪设想。维格追念已往,徒使精力尽耗,于此惟有付之长太息而已。

查税关册,一千九百十年进口货共值关平银四百六十四兆九十八万四千八百九十四两,出口货共值关平银三百八十兆八十三万三千三百二十八两,进口货溢于出口货银八十四兆十三万一千五百六十六两。一千九百十一年进口货共值关平银四百七十一兆五十万三千九百四十三两,出口货共值关平银三百七十七兆三十三万八千一百六十六两,进口货溢于出口货银九十四兆十六万五千七百七十七两。

如上表所开,每年漏卮如此之巨,其故何欤? 即实业不兴也。长此漏卮年增一年,中国何以自存? 然欲振兴实业,舍铁无由。

又,查一千九百十年出铁各要国所出铁矿石以及钢铁吨数列表如左[①]:

国名	铁矿石吨数	生铁吨数	钢吨数
美	56 889 734 吨	27 333 567 吨	26 094 919 吨
德	28 709 700 吨	14 793 604 吨	13 698 638 吨
英	15 228 577 吨	10 012 098 吨	6 541 000 吨
法	14 605 542 吨	4 038 297 吨	3 481 572 吨
比	123 560 吨	1 852 090 吨	1 944 820 吨
奥	2 760 304 吨	1 558 719 吨	1 552 231 吨
俄	5 637 635 吨	3 040 102 吨	3 592 024 吨
瑞典	5 552 678 吨	603 939 吨	472 461 吨
西班牙	8 666 795 吨	373 323 吨	316 301 吨

以上各国如法兰西、瑞典、西班牙等国出矿多而炼铁少,均售矿石出口。

---

① 原表数字用汉字,现为阅读方便改为阿拉伯数字。——编著者

　　夫各国之所以能臻此盛轨者，要在政府之提倡、地方之保护、资本之充足。中国遍地煤铁，若能群策群力以图之，即此已足立国。今者汉冶萍硕果仅存，此而不保，尚何铁政实业之可言？我愿政府地方以及股东诸君深长思也。辛亥年账略查账员审查始毕，不及刊布，俟常会再行分送，并以附及。

　　　　　　　李维格　　叶景葵　　中华民国二年三月二十日

　　　　　　　　　　　　　　　　　　（同上引书，第 427—429 页）

　　3月中旬　　汉冶萍公司部分股东上大总统、副总统、国务院、工商部呈文，称公司危境"推原祸始，皆协理叶景葵一人所酿成"。① 全文如下：

　　窃汉冶萍公司自民国元年四月赵凤昌等重新组织以来，迄今未及一载，情形岌岌，危险环生。推原祸始，皆协理叶景葵一人所酿成。叶本一刻薄小人，阴狡为心，贪婪成性，在满清时办理大清银行，劣迹昭著。当民国光复之初，乘盛宣怀在东洋之隙，遂思染指于汉冶萍，竭力运动，重组董事会，阳推赵凤昌为总董、李维格为经理，而己则为协理，独揽大权。在赵凤昌居然如虎傅翼，在李维格不啻引狼自卫。查叶景葵接办以来，并不向鄂、赣、湘三省开诚布公，恢复旧业，一味逍遥沪上，罔利营私。综其罪状约略可言：托名整顿，偏置私人，引类呼朋，布满矿局，以致萍矿有另举矿长之事。名为经理，身不驻厂，地方情意全然隔阂，以致铁矿不能收复，锰矿不能开办；挥金如土，任意糜费，数月用途已数百万，上海一事务所每月开支三万余金，尤为骇人听闻，以致腐败更甚于前，而危险不可终日。叶自知不见容于股东，且拨款易罄，势难为继，遂倡为国有谬说，思欲移祸大部。伏念汉冶萍亏欠外债极多，其性质本商借商还，倘归国有，则所欠外债均可以与政府直接，动牵国际交涉，办理益觉为难。是以汉冶萍断无国有之理。幸大部明察，副总统坚持，未为所惑。叶技术既穷，又知股东反对，无可把持，遂设计百端破坏，并一面佯为辞职，近日各报所登汉冶萍新闻，与叶所上董事会书如出一手，显系叶为主动。所言公司危险已极、旦夕破产情形，其意盖欲传播于外，使筹款者款无可筹，招股者股无可招，己之不得，遂不恤设谋破坏。居心阴险，令人发指。

　　至其痛诋盛宣怀，叶本盛所卵翼之人，一旦忘恩反噬，小人故态，尤不足责。惟叶经理公司未及一载，浮费竟达数百万之巨。从前盛宣怀办理时，每年用费不过一百余万。叶经理未及一年，而用款数百万。叶固诋盛为浪费者，而浪费乃较盛倍之，其中难保无舞弊侵吞情事。股东等血本所关，理难坐视，除

───────────────

① 据《汉冶萍公司（三）》编者注："此文原件系盛宣怀所草拟。"至此，盛宣怀与一批守旧派股东已结成"同盟"，叶景葵先生只能选择辞职一条路。——编著者

函请董事会立将叶景葵斥退,并彻查账目,向法庭起诉外,理合呈乞×××维持实业,严惩奸宄,股东等幸甚,中国实业前途幸甚。除呈×××外。

汉冶萍股东×××、×××、×××等谨呈。

(同上引书,第 431—432 页)

3 月 22 日 汉冶萍董事会常会,先生未出席,向会议提交辞职书。云:"全公司精神命脉,实以总事务所为枢纽。为经理者,必须学具专门,且在各分机关办事有年,由下级递推而上者,方能称职。本公司原设经理二人,亦是互相辅助之意。惟景葵不谙工程,不通西文,假使一琴先生有事他往,便若冥行无烛,诸事停废。而公司对于外交、对于工程,一琴先生责任綦重,必须常川巡行,未可终日伏案。为公司计算,如准景葵辞职,而擢汉广坐办吴任之君为经理,对于全部工程应与欧洲接洽者,吴君皆可直接办理。吴君坐办一席,当以卢君志学接充,以后一琴先生即可腾出工夫巡行厂矿,以求精选。"此前,先生还面告董事诸人云:"此举实为公司根本计画,匪为一人之私。至交替后,对于公司,凡心力所能尽者,仍可竭诚赞助,决不推诿"。公议:"俟此次股东大会将根本问题解决后,再提议此事。"(同上引书,第437 页)

3 月 29 日 汉冶萍公司特别股东大会于青年会举行①。大会通过取消上年"国有"申请。股东汪幼安登台发言,大肆抨击"国有"说,云:去年股东会多数主张国有,举定代表进京请愿,如何情形,未据只字报告? 今忽有变相国有之议,股东不能承认,仍应按去年所定办法,国有不成,即主张完全商办。"全场一致赞成。"最后主席王存善宣告:股东孙、汪、章三君所陈意见,取消国有,主张完全商办及另选总理,诸位赞成者请起立表决。"股东全体起立。"会上盛宣怀又被选为公司总经理。会后又被推为董事会会长。②(同上引书,第 438 页)

3 月 30 日 汉冶萍股东朱士林致盛宣怀函,诬称李、叶二经理为"推原祸始"。函云:"此次李、叶如仍腆然盘踞,是无心肝矣。推原祸始,李首、叶从,李愚、叶诈,厥罪惟均,如其自退,似可不必再事宽大;且众情不服,于主人用人前途大有关系,忠义之士更寒心矣。"极力推荐陶湘(兰泉)、顾咏铨继任经理。(同上引书,第

---

① 先生是否参加,不详。——编著者

② 1913 年 3 月 29 日汉冶萍股东会之前,盛宣怀亲信们已做了充分准备,确保盛氏当选。据盛档中一份题为《秘密总纲》的档案云:"一、国有必须发还商本,现在国有问题既不能解决,只得完全商办,断不能丝毫变化。经理报告:'合中央、地方、公司三者之力,众擎共举'等语,名为联络,实则变相国有,夺我股东原有之权,万不能承认,必须当场驳斥。如其投票公决,亦当缮注反对字样。一、会场如有人举盛氏为总理,凡我股东应当鼓掌辅助,投票公决应即缮注赞成字样。一、会场如有人攻诘盛氏,凡我股东应合力辩驳。一、会场如有人攻诘叶经理,凡我股东应即附和鼓掌。"(《汉冶萍公司(三)》,第 444 页)——编著者

440页）

4月1日　盛宣怀就先生去留致王存善"密谕"，"有留叶之说"。（1913年4月2日王存善复盛宣怀函，同上引书，第445页）

同日　项兰生"因病"辞汉冶萍公司收支所长职，"已离公司"。（1913年4月2日盛宣怀致王存善函，同上引书，第444页）

4月2日　王存善复盛宣怀函，报告李维格与先生意见，拟出董事会"三种办法"。函云：

一、明日到会，拟公议言：叶经理函告，调吴、卢来沪之说，未便照行，厂矿正在储备中国人才，岂可将此二人调开；惟叶经理以此事之准否为去就，既未照办，想叶经理必不肯再就此席，未便相强，殊为可惜，应否另举协理，俟正式会长到会再行议定。照此办法，渠自不能再留，特其怨毒，全由董事当之，盖宫保已留之而不留，全出于各董也。

一、或竟不议，待宫保到会，由宫保发布欲留，而各董反对，不留。照此办法，各董之怨毒尤深，似尚不如此时作为不知宫保之留，而议定不留也。于此两者之中，想出一夹缝文字办法。

一、明日到会议时，由某发布，言昨有许多股东未言，前日先生在会场布告三部三省办法时，有股东起而诘问先生，此法系出自何人之意，先生始终掩护，转为工商部王槐清先生辨（辩）白，先生须知此人欲将我公司卖去，即为我等股东之公敌，我等必欲当场诘问，而先生终不肯说出其人，以致孙铁舟得罪先生，指为糊涂。我等今已访得其人，故来请先生定期速开常会，我等可以当面诘问。如先生再为容隐，仍用此等卖公司之人，则先生亦难免为股东之公敌。某当时答以诸君仅问其事，似不必追论其人，今日在此系个人谈论，亦未能为正式，诸人言既如此，则我等公函，董事决不能就此了结等语而去。究竟有无公函投到，一琴自不能吃没此信。董事系秉众股东之意而不留，似稍圆到，惟须与咏铨说，知照投函各股东接洽此说为妥。（同上引书，第445—446页）

4月3日　汉冶萍董事会临时会议，议定先生辞职请求。同时批准盛宣怀推荐于焌年接替项兰生任收支所长。（同上引书，第449页）《项兰生自订年谱》（二）记云："公司内容腐败不堪，公私不分，接收将及一年，无财产目录，无职员名册、股东名册及股本数目账目，机关林立，人类不齐，负债累累，到期但见转期，漫无稽考，百弊丛生，商业等于衙署，无所不为，无所不至，一切事宜均由盛氏掌握，股册亦存盛处，股份由盛任意填发，甚至盛家用煤，亦由公司承付，函查亦不答复，且闻盛与日人有勾结，前途茫茫，可危孰甚。因决定辞去，商之揆初，亦得同意，且揆初与一琴、竹君同时引退，甚为爽快，交卸各事均由副会计杨介眉接洽，即此分手，遂觉无

事一身轻矣。"(《上海档案史料研究》，第 10 辑，第 301 页)

同日　蒋抑卮自汉口致蒋孟苹、沈新三、樊时勋与先生函[①]。(1913 年 4 月 3 日浙兴汉行致申行函，上档 Q268-1-559)

4 月 4 日　张謇致李维格、叶景葵暨汉冶萍公司诸董事函，辞总经理职[②]。云："走承众议，承乏总理，倏忽经年。初意以为公司值兵革之后，内患外交，危变莫测，苟可挽救百一，虽集怨丛谤，亦不敢惜，是以勉允暂任。而远不能亲临各厂有所视察，近不能常驻公司有所规画，徒拥虚名，内疚久矣。今幸公司得诸君子理结解纷，渐可由险而夷矣，恧窃奚为；且走于通海实业，终岁奔走，渐益衰老，精力目力亦实苦不给。特具书辞职，幸赐鉴许。"(《汉档》，第 422 页)

4 月 14 日　张謇再次致函李维格、叶景葵及汉冶萍诸董事，坚辞总理职。云："承惠教以公司事属仍勉任，局蹐不安者累日。鄙人前之承乏总理，岂谓能胜斯任，特棉铁为年来主张之政见，不忍使汉厂堕于旋涡，故妄随诸君子掇拾百一，等于伐木之邪许，当时即认短期。而一年以来，毫无进行之成绩，鄙人之无益于公司明矣。有所利而恧窃之，仁者不为，无所利而恧窃之，智者不为。况盛君经营此事有年，此次复被股东大会之公推，为尊重公司公例计，犹当责之盛君。何况鄙人亦股东之一，尤应服从多数者乎。鄙人近更衰老，通海实业奔走不暇，又益以导淮之命，万不敢再以他事自贼[赎]。谨再奉辞，无论董事诸君能谅与否，鄙人则必践暂任短期之约也。"(同上引书，第 423 页)

4 月中旬　与李维格就佛宁门煤矿恢复生产之事，呈报汉冶萍董事会《意见书》。云："佛宁门煤矿现据温务滋君面称，偿款已交支宝公司签收，矿产机件一并收回。论其事理，此矿既经争执，又复偿款，自应筹款继续进行。惟目下查核情形，开办殊不合算。缘探勘该矿之初，因萍煤煤气不足，不能炼钢，仍须取给日煤。久欲觅得佳矿，可以勿事外求，探得佛宁煤质化炼，煤气足于萍产，故派温务滋君携机小试，所以仅领勘照，原拟探试后再定行止也。计已用过一万五千余两，现时矿虽收回，而窿内已被水淹，抽吸不易，照温君开采预算表计算，欲是矿每日出煤一百吨，尚需银十余万元，时间亦在两年以后，且煤脉不厚，亦不足供久远之求。现查得怀远县属之舜耕山煤矿，据开来化炼单，煤质尤优于佛宁，矿脉之厚闻亦远过之。当此财源枯竭，与其以十数万元经营于煤质较弱之矿，毋宁购用怀远之煤，有此比较，不能不易其手续，鄙意佛宁煤矿似可置为缓图，谨陈意见，仍候公决。"(同上引

---

① 内容不详。当时蒋为浙江兴业银行行务赴汉口分行，其余三位收信人均为浙兴同人，可以推测此时先生已经接手浙兴行务。——编著者

② 1913 年 4 月 7 日，盛宣怀致函李维格，告欲以"名誉"衔举张謇，征求李的意见。——编著者

书,第 511 页)

4 月 19 日　赴宝山路商务印书馆编译所,出席商务股东年会①。董事会主席郑孝胥报告壬子年营业,提议公司扩充案。会议改选新一届董事和监察人。先生首次当选商务印书馆董事会董事。同时当选者为:郑孝胥、鲍咸昌、印锡璋、张元济、伍廷芳与夏瑞芳。(《商务印书馆股东会记录簿》)自同年 3 月辞去汉冶萍经理职务后,先生已把精力转向于浙江兴业银行与商务印书馆。

4 月 21 日　晚赴宁波路柯尔顿饭店,商务印书馆董事会聚餐。(《郑孝胥日记》,第 1461 页)

5 月 6 日　赴商务董事会。推定伍廷芳为主席。(同上引书,第 1462 页)

5 月 20 日　汉冶萍公司假上海中国青年会召开股东常会②。到会股东 917人,盛宣怀任主席,"董事报告厂矿进行办法,须在大冶另设铁炉,圆活金融机关"。会议通过"筹借轻息大宗款项"提案。7 月 18 日,董事会又联名授权盛宣怀承办借款合同;任命日本人高木陆郎赴日接洽借款事宜。从而启动 1 500 万日元大借款。(《旧中国汉冶萍公司与日本关系史料选辑》,第 397—398 页)

5 月 26 日　应朱晓岚之约赴上海宁商总会,座有郑孝胥、余寿屏、朱葆三等。(《郑孝胥日记》,第 1464 页)

5 月　撰《徐宝山③挽联》。云:

> 居今日而有夷齐禹稷之思,即已是造物所弃;
> 奋一身以与魑魅罔两相搏,吾且为未死者危。

(吴恭亨《对联话》卷七"哀挽二")

5 月　统一、共和、民主三党合并,组成进步党,黎元洪任理事长,梁启超、张謇为理事。此前,先生早已不参与统一党活动,因而合并为进步党后亦无党务方面联系,只与部分成员继续存有私人交往。

7 月 13 日　《申报》刊登"北京电:叶景葵已接任财政次长,兼路政司长"。(原报)

7 月 15 日　《申报》刊登"更正:前日本报专电叶景葵,系恭绰之误"。(原报)

---

① 现存《商务印书馆股东会记录簿》自清光绪三十一年(1905 年)始,至是年第一次出现叶景葵先生名字。先生何时投资商务印书馆,待考。——编著者
② 先生是否参加,不详。——编著者
③ 徐宝山(1866—1913),江苏丹徒人,江湖盐枭出身。人称"徐老虎"。1911 年参加辛亥革命,率军参与光复扬州、泰州战役,孙中山任命为北伐第二军上将军长。后拥戴袁世凯。1913 年 5 月 14 日被革命党设计炸弹炸死。——编著者

同日　参加商务印书馆董事会议①。议及时局,先生谓"九江乱事,乃袁世凯派兵南下之好机会也"。当日报载:李烈钧据湖口,林虎应之,急攻北军,李纯败退。(《郑孝胥日记》,第 1474 页)

7 月 18 日　浙江兴业银行第 7 次股东常会在杭州举行,先生莅会。董事周伏九、胡藻青、蒋抑卮、郑岱生、叶景葵等签署本行第六届营业报告,公布民国元年存该对照表。其主要项目如下:

资本洋 100 万元(未缴洋 50 万元);长期放款洋 1 050 394.77 元;短期放款洋 739 372.44 元;押款洋 771 770.01 元;各项存款洋 2 721 119 元;分派股息总行洋 14 000 元,汉行洋 14 000 元,申行洋 7 000 元;净余洋 27 013.36 元(其中总行洋 1 116.52 元,汉行洋 10 896.84 元,申行洋 15 000 元)。

会议议决:第 6 次股东会提议修改章程事从缓。大会选举胡藻青、章振之、郑岱生、蒋孟苹与先生为新一届董事;蒋抑卮、张澹如、周湘舲为查账人。民国三年(1914)未改选。(《兴业邮乘》,第 8、13 期)

7 月 25 日　参加商务印书馆董事会特别会议,讨论上海近日时局。郑孝胥记:"叶揆初、夏瑞芳皆言,孙、黄、岑、陈②驱出租界,已决议;印锡璋云,未决。"是夜,枪炮又作,十二点极烈。③(《郑孝胥日记》,第 1476 页)

9 月 2 日　参加商务印书馆董事会议。伍廷芳主持。讨论收回日股事宜。商务 1903 年与日本出版商金港堂合资,金港堂方面派遣有经验的编辑人员参加商务编译所,编译教科书等,商务由此得到很大发展,日方亦得到许多实际利益。民国以后,国人民族意识高涨,商务有日资成为同业攻击的口实。为此,董事会议决收回金

---

① 据《郑孝胥日记》记载,同年 6 月 3 日、6 月 13 日、7 月 1 日郑均出席商务董事会,没有提及叶景葵名字。但据本日所记推断,前数次商务董事会先生极有可能都参加。——编著者

② 约指孙中山、黄兴、岑春煊、陈其美。——编著者

③ 当时二次革命爆发,江西、广东宣告独立,上海袁军据点江南制造局也遭党人攻击。地处闸北的商务印书馆无形中被迫卷入了这场政治争纷。据《郑孝胥日记》记载:1913 年 7 月 21 日"萨镇冰来,欲劝岑春煊勿助孙、黄。"7 月 24 日,谣传"南军司令部有移至北市宝山路某会馆之说"。7 月 28 日,"至印书馆,见闸北请万国商团协同保卫章程三条:一、不干预警察权,二、不干涉商团机关,三、事平后退出。后,又加一条,谓外国商团因此事所有费用由闸北业主担任,均照办。万国商团于廿七号整队至南海会馆、湖州会馆,查出大炮、莱福枪、子弹无数,即由万国商团封锁看管。""九点,枪炮声大震,望军舰巨炮横飞,视前日之战加数倍,疑浦东有炮队与之交战。有顷,炮止,枪声及陆炮竟夜不绝,天明乃止。"7 月 29 日,"租界工部局欲驱闸北警察,警兵谓印书馆引致外兵,声言欲攻印刷所。租界巡往查,警兵以枪逐之,总巡入俄国教堂以免。于是工部局派西捕携炮往据宝山路警局。众恐警兵激变,余谓,宜告警兵之头目,赂使暂让,勿使工部借口废昨约。以德律风告鲍咸昌,鲍言,警长、排长令已不行,警兵无头目,不能得要领。俄闻西捕已来,警兵皆散。"7 月 30 日,"闻西捕皆撤回,由各国海军团派兵保护闸北。"此后,张元济遭"书包炸弹"威胁,夏瑞芳 1914 年 1 月 10 日被刺身亡,其根源均与此有关。——编著者

港堂股份,决定由总经理夏瑞芳亲赴东京与金港堂谈判。(同上引书,第1482页)

9月8日 晚,应李维格之约至卡德路84号,座中有钱绍桢(铭伯)、李叔云、郑孝胥等。(同上引书,第1482页)时李维格仍任汉冶萍公司经理职,并参与了1 500万日元大借款的签订事宜。李与先生私交极好。这次宴请虽则事由不详,但两个月后先生复出,代表汉冶萍赴京交涉,或与李维格此次宴请有关。

9月16日 参加商务董事会议。(《郑孝胥日记》,第1483页)

10月5日 因沪宁战事,百姓大遭浩劫,上海公教进行会发起创办沪宁救济会,号召各界捐款捐物。先生捐洋100元。(1913年10月16日《申报》)

10月12日 郑孝胥来访。同日李维格访郑。(《郑孝胥日记》,第1486页)显然郑接受李之委托,当"说客",请先生赴京交涉。

10月31日 张謇、熊希龄致樊时勋电,嘱转张元济、聂其杰与先生。电云:"民国幼弱,外交困难,日俄尤甚。现在救急之策,非曲意联络,难戢野心。日本实业家涩泽男等前与孙文创立合办中日兴业公司,孙文既败,日人甚为失望。前日日本公使以此相商,拟与政府继续合办,政府允任助款,但须请中国实业家出场担任。熟商资望最隆、经验最富者,厥惟二公。拟请为国担负,并乞来京一商。无任切盼,并乞速复。"同日,先生致张元济函,转送张、熊电文。云:"送上京电一函,计二纸,乞阅后转送云台。如何作答,并乞商定示后,以便转达。"(《张元济全集》第1卷,第311页)

11月1日 张元济送回张謇、熊希龄电,批注云:"弟于商业情形隔膜太甚,且并无自营之实业,不足取信外人,祈代婉辞。"(同上引书)

11月6日 熊希龄致樊时勋电,转张元济、聂其杰与先生,称"请张、聂两公担任中日合办兴业公司事……此举关系中国外交最属紧逼,……务望两公慨允,并乞迅速北上"。(同上引书,第311页)

11月7日 张元济致熊希龄电:"资历均不称,谨辞。早复揆兄,想函达。"(同上引书)

11月上旬 北洋政府对汉冶萍公司与日本大借款谈判实行干预,委派原汉冶萍查账员、现任国会众议院议员的杨廷栋来沪,直接与盛宣怀交涉。11月10日杨、盛谈话后,高木陆郎次日即向日本正金银行总经理井上馨密报,其中提到先生名字。文曰:

> 北京政府在派工商部部员之外,最近又派来众议院议员杨廷栋(字翼之)调查公司内情。此人由去年反对公司合办之结果,在赵凤昌任董事长、张謇任总经理时,为熊希龄所推荐,担任公司监察。他原系赵尔巽幕僚,熊希龄亲密助手。去年公司股东大会决议"国有"请愿时,他与当时之经理叶景葵及董事

袁思亮一起充当代表晋京，并一直留京未回。近传他将在工商部内攫得一重要地位。由于他了解公司内情，所以此次衔有熊［希龄］总理、张［謇］工商总长和梁士诒之密令，直接来与盛宣怀交涉。他要求与盛晤面，昨日在与盛会谈后，其中情况大可备为参考，且有不少有趣地方，特报告其要领如下：

杨最初对盛说：我此次来是受熊总理、张工商总长及梁士诒密令，直接与足下会商。尽管表面上为政府之命令，似在压服老前辈，但实际上仍诸事协议，听取足下意见后报告政府。此乃先要向足下说明者。在政府方面是有把公司收为"国有"之议，但先要考虑到与足下有关系之六合公司对汉冶萍公司所贷与债务及其他短期高利债务如何全部偿还，政府欲准备一千万两，当然对于六合公司债务想先偿还。足下关于"国有"之议，有何高见？

盛说：关于"国有"之议，当然没有异议。但公司目前实情，因财政困难，已处于燃眉之急状况。政府之一千万两，何时可以送来？而此笔数字出路，又从何而来？对于"国有"没有异议一节，想来该听说过我关于"国有"之议的印刷物分送各方有志人士。……

杨（略看印刷物后）说：此诚卓论！当速为誊写后，送熊、张、梁诸公一阅。在公司收归"国有"后，政府之打算，认为缺乏适当人才，还是要偏劳足下，担任督办。届时请勿推辞！

盛说：此印刷物早已送给熊、张、梁诸人，现在实无再誊写送去之必要。然而他们是否还能记起，则不得而知，只把要领送给他们看一下也好。至于以后担任督办之言，我已是衰老之人，此公司之事，并不是非我盛某不可，我看还是另找适当人选为好。

杨说：听说公司又向日本新举一千五、六百万元巨债。北京政府不喜欢公司再向日本起借如此巨债，因公司至今对日本所负债务已多，今后务希向日本以外之欧美资本家借入，如何？此种意见，在袁大总统与政府一些当局者间均有同感。此次向日本起债，系李维格之倡议欤？李之为人正直有余，惟过信日本，实非得策，特别不了解日本真正意图。如从南京事件，昌黎、汉口等事件来看，便可明了一切。此非我一己之见，即熊、张、梁诸公也都很想对足下尽数忠言。

盛说：此次向日借款交涉，全由我自身担当。李并未与闻其事，其中只有日人高木在场。此次交涉借款中九百万元，乃前年北京交涉之一千二百万中借款，当时满清政府已有存案，日本亦曾以此事通过内阁会议及议会来完成此一合同签字手续。在日本并已将此数全部准备妥当，去年二月取用过其中三百万元，为足下所知，现在正想取用其余九百万元，此实在为不得已之事。且从欧美借款，到底不如向日本借款有较多有利条件，即向欧美借款时，完全系一种借贷关系,贷主每多注意于更多利益,利息也高,借款实收九八或九五,最近甚至还只有八九和八五左右,且尚有技师会计之监督以及机械和其它材料之买入与制品代售等均非经贷主之手不可之苛刻条件。然日本不同,只要矿石及生铁供给条件相宜就可,事实上日本若得不到此等物品,它也就非由外国输入高价而且多额之钢不可。然就矿石和生铁贩卖一点而论,乃公司利益,此只不过黑铁同黄金交换而已。日本对公司借款,无一次有九五扣或九十扣之事,借款额全部得到。日本为了得到此等供给,甚至从短绌财政中输入外资,但并不想在利息上得些利益,而是以低利借与公司,因此向日本借款,就成为自然之势。决勿须害怕,确信此对公司和国家均为有利。

杨说:足下所说情况,我已了解。从日本借入之款何时交款? 其九百万借款已签字否?

盛说:还未签字。

杨说:预定在何时?

盛说:全然未定。公司财政太困难,深怕此项大借款交涉拖得太久,欲将北京政府应归还公司之二百五十万元作为抵押,向日本交涉借入同额之款,未能得到结果。因此转请高木回日本去交涉,也未得到许可。总之公司穷到极点,只有在有利条件下,新举一笔债,此外就毫无办法。

杨说:所谓有利条件,是些什么?

盛说:除了用多额矿石生铁订立合同外,还有若何办法? 唯对公司来说,此仍为有利者。我想此事有充分协商余地。总之,什么都还未定,因此希望足下从速将政府所准备一千万两之出路及何时能交付公司一事弄清楚。公司只要得到此一千万两,不仅可整理旧债,且对"国有"之事也更容易办理。然公司虽穷得如此,足下所知,常常指望政府补助金也是不行。如与日本借款协议成功,就会由日本供给资金,此亦为没办法中之办法。

(《旧中国汉冶萍公司与日本关系史料选辑》,第 479—481 页)

11 月 12 日 赴商务董事会。"商收回日本股四十万,分四期付款。"(《郑孝胥日记》,第 1490 页)会议"议定以全权委托夏粹芳君赴东与日本股东商妥,以一百四十五元为度,如有必须增之处,由夏君酌定。待议定后即立草约。议定决意收回(日股),照高桥君来信所开每股一百四十五元至一百五十元之数与议,分期归还亦由夏君相机定夺"。(《商务印书馆董事会记录簿》)

11 月 22 日 赴南阳路赵凤昌宅午饭。同座有樊时勋、桑铁珊、朱如山、郑孝胥等。(《郑孝胥日记》,第 1491 页)

约 11 月 26 日左右 应盛宣怀之招访盛。盛当面委托先生赴北京向当局陈述

汉冶萍"官商合办"计划。（1913 年 12 月 17 日先生致盛宣怀函,《汉档》,第 305 页）

11 月 28 日　离沪赴京。30 日,抵京。高木陆郎 11 月 29 日致正金银行总行电,敦促日方早日与汉冶萍签订借款合同。内云:"奉中国政府之招,叶景葵昨已动身,如合同签字再迟延时,恐政府又提出异议,使签字更为困难……"（同上引书,第 348 页）

11 月 30 日　日本正金银行总行致北京该行董事小田切万寿之助电,就叶景葵进京对北洋政府干预汉冶萍借款事,提出反干预计划。电云:"交涉之初,梁士诒代理人杨廷栋滞留上海,常欲对此加以妨害。现在北京政府所召唤之叶景葵,已于二十八日前往北京,公司担忧,此为北京政府拟命令中止合同之计划。对此,贵地如认为有必要,希同公使协议后采取相当手段。"同日,小田切拜会工商部长张謇,对杨廷栋赴沪"阻扰"汉冶萍借款提出质疑。张謇当日致函杨廷栋,云:"非有人通风报信,正金何由得知? 此等情形令人有无穷之感触。"（《旧中国汉冶萍公司与日本关系史料选辑》,第 482—483 页）

12 月初　先生在京与熊希龄、张謇等会商汉冶萍"官商合办"。（1913 年 12 月 17 日先生致盛宣怀函,《汉档》,第 305 页）

"官商合办"之议,起于汉冶萍与日本正金银行 1 500 万日金大借款谈判时。以熊希龄为总理的北洋政府不希望汉冶萍多借日款,欲承诺借给汉冶萍一千万两,换取公司不举日债,杨廷栋来沪会见盛宣怀为其中一个重要环节。盛宣怀约见先生并委派他赴京商谈"官商合办"事宜,实际上为"缓兵之策"。盛已决定大借日债,他也知道政府一时根本无法筹得一千万两巨款,只能把希望寄托于日本借款上。

12 月 2 日　汉冶萍公司与日本制铁所、横滨正金银行订立预借生铁矿石价甲、乙两合同以及别合同在上海日本总领事馆签字①。日方赓续前议,将余下日金九百万元刻期履行,仍以公司售于制铁所矿石、生铁价值作抵。盛宣怀代表汉冶萍公司在全部合同上签字。"别合同"全文如下:

关于中华民国汉冶萍煤铁厂矿有限公司（下文简称为公司）、日本制铁所（下文简称为制铁所）、日本横滨正金银行（下文简称为银行）会同订立民国、大正二年十二月二日日金九百万元借款合同（下文简称为甲合同）,暨民国、大正二年十二月二日日金六百万元借款合同（下文简称为乙合同）,均各同意订立别合同如左。

第一款,自甲乙两合同并此合同生效力之日起四十年内,公司允除已订合同外,售与制铁所下开数目以内之矿石及生铁:

---

① 当时签字仪式尚属秘密,先生又不在上海,当然无从知晓。直到 1914 年 1 月初,此消息才透露于社会,引起极大的反响。——编著者

头等铁矿石(品质与大冶铁矿相同者)一千五百万吨;生铁八百万吨。惟交货期限,如系矿石,预先于二年前;如系生铁,预先于三年前。由制铁所知照公司,互相协定,分年相当数目,如数交货。其售价,以制铁所通告时制铁所购入价值为标准,制铁所与公司商酌议定。公司虽按照前列两合同第四款,于未到期以前还清债款,然本款所订效力毫不致有妨碍。

第二款,公司开采铁矿石年额出在一百万吨以上时,公司与银行协商,可得增加每年摊还借款本银之数目。

第三款,公司应聘日本工程师一名为最高顾问工程师,惟公司愿托制铁所代为选择前项顾问工程师。

第四款,公司于一切营作、改良、修理工程及购办机器等事,应允与前款所载最高顾问工程师协议而实行。至于日行工程事宜,顾问工程师可随时发表意见,关照一切。

第五款,公司应聘日本人一名为会计顾问,惟公司愿托银行代为选择前项会计顾问。

第六款,公司一切出入款项,应允与会计顾问协议而实行。

第七款,上列甲、乙两合同暨此合同,须俟下开条件实行时方生效力:一、订立聘请顾问工程师合同。二、订立聘请会计顾问合同及银行与公司协定其职务规程。

第八款,彼此解释本合同或附件词义,如有意见不合之处,可照通行之公正人评断例,彼此各请公正人评断。

第九款,本合同及附件缮写中文、日文各六份,制铁所、公司、银行各执各文二份以为凭据。

中华民国二年十二月二日

日本大正二年十二月二日

汉冶萍煤铁厂矿有限公司董事会会长盛宣怀

制铁所长官男爵中村雄次郎代理藤濑政次郎

横滨正金银行头取井上准之助代理

横滨正金银行上海支店副支配人水津弥吉

立会人在上海日本帝国总领事馆西田畊一

(《汉冶萍公司(三)》第 693—694 页)①

---

① 1913 年 12 月 15 日,汉冶萍公司又与日本正金银行签订顾问合同,聘请大岛道太郎为汉冶萍工程顾问,池田茂幸为会计顾问。——编著者

12 月 15 日 晚,在北京应约赴张謇寓所与熊希龄、张謇、杨廷栋、施省之等会商汉冶萍事。(1913 年 12 月 17 日致盛宣怀函,《汉档》,第 305 页)

12 月 16 日 离京赴郑州省亲。(同上引书)

12 月 17 日 在郑州致盛宣怀函,报告在京时与熊、张等会商等事。函云:"别后抵京,晤熊总理及张季老,均谈及汉冶萍事,当将现在困难情形及政府万不能漠视之理由,详细陈述。熊、张均允力为维持,约定前晚在季老处会商办法,翼之、省之亦在座,谈判结果虽未能十分解决,然隔阂之处渐少,翼之本星期可以南旋,当能面陈一切。揆昨日旋郑,因家严奉调豫南,约须数日能南归,归来再趋诣面达种种。"(同上引书)

约 12 月底 由郑州返回上海。

12 月 汉冶萍公司因李维格、盛宣怀病,领导层陷入"惶恐之至"状态。1914 年 4 月 1 日高木陆郎致正金银行总行密函云:"公司当局李维格于去年十二月初因病呈请辞去经理职务,闭门不出,而董事会会长盛宣怀亦因病不能视事,其他董事及代理经理等,均由于业务不熟练,不按程序办事,致生误解和差错,惶恐之至。"(《旧中国汉冶萍公司与日本关系史料选辑》,第 533 页)

1914 年(民国三年　甲寅)　41 岁

2 月　熊希龄辞职,孙宝琦代理国务总理。同月,北洋政府颁布《国币条例》及其施行细则,规定采用银本位制,以库平纯银六钱四分八厘为一圆,总重七钱二分,银九铜一;规定"国币之铸发权,专属于政府"。

5 月　袁世凯颁布《中华民国约法》。

7 月　孙中山在东京成立中华革命党。第一次世界大战爆发。

8 月　袁世凯政府宣布对欧战"中立"。

9 月　日本对德宣战,派兵在中国山东半岛龙口登陆;11 月,侵占青岛。

12 月　殖边银行上海分行成立。1916 年,该行因滥发纸币而倒闭。

1 月 2 日　晚,赴宝山路商务印书馆参加商务董事会议。"议收回日本股票事,总价五十四万余元,先付一半,余以六个月为限。"(《郑孝胥日记》,第 1496 页)

1 月 7 日　参加商务董事会。"收回日股已于昨日签字,付二十七万余两。议以正月三十一号开临时股东会。"(同上引书,第 1497 页)

1 月 10 日　盛宣怀寄示《汉冶萍公司简明节略》,记述公司生产与资金情况,附官款清单,嘱先生与杨廷栋转交张謇等。《节略》全文如下:

一、经理李维格等预算,大冶添造生铁炉二座,每日出生铁五百吨,专售生铁;汉阳生铁炉四座,每日出生铁七百五十吨,专造钢料;萍乡每日出煤二千五百吨,专造焦炭,尽供六炉之用。

二、经理及商务长、会计长会同计划,目下预算资本已达六千万元之数,将来非推广出货不能兴旺,即非加筹资本不能扩充,此以后事今日暂不能议。

三、钢铁关系自强,非他矿可比;中华情势,铁路、造船、制械,皆非商力所能办;则制铁一事,非国有不能一线贯串。惟汉冶萍先由官办无效,改归商办,而辛亥以后损失极多,今若归国有,在政府或尚无暇及此,在公司亦不敢以蚀耗未完之产贻累政府,自应坚忍办到目的,再申前说。

四、目下公司勉力为之,股份太少,日债太多,未免喧宾夺主,现拟按照上年总经理及董事等核定,准出新股票三千万元,约计旧股可凑一千五百万元,须添新股一千五百万元,商力一时断不能及,拟请将中央借款尽数作抵,不足之款俟中央续借外款再行补足。似此公司即可作为官商合办之局。得官力可以杜省界之凭陵，得商力可以平外人之争竞。

五、实在股份如得敷足三千万元，中气稍充，外债数目相去无多，体裁亦较好看。

六、现在公司预算，外债之内日款新旧约三千万元，皆订定以生铁、矿石相抵，十五年本利可以还清。至其时股份三千万元可值六千万元，与昔年轮船、电报两局情形相埒。

七、现欠官债如政府不允入股，拟请求财政、交通两部与公司订定，按照日债多分年限、减轻利息列表分缴，免将轨价扣除，亦足维持此项实业。

八、湖北派代表到沪，议将前督张文襄奏定官办时所用之公款五百余万两，除已缴过现银一百万两，其余原定出铁一吨捐银一两，注销前案改作股份，十年免利。公司要求必须中央政府特准，十年之内照原案将所有应缴各捐各税一概免除，不得免交一两吨捐另起他项捐税名目，方能填发股票。此案湖北前请工商部议过，尚无定议，现请部示可否仍照旧案，每吨捐纳现银一两，毋庸预填股票，抑准填发股票，十年之内一概免纳捐税。

九、江西李烈钧前派乱党赴萍开挖土矿，以害机矿，以致土棍引诱外来棍徒，在于机矿左右开挖数十处，将来倒塌，人命可虑。公司现派代表赴赣恳请示禁，闻江西亦欲援照填送股票若干万，方肯实行禁止，公司拟即呈请大部主持，仍照旧案禁止土矿，未便填送股票。

十、现今公司实因厂矿丝毫不能接济，所出生铁、钢料，皆为债主扣还，而中外各债环向逼勒，数月之内竟无另行借款之法，不得已赓续前约议借日币九百万元，为添造五六两炉、接济厂矿工程之用，并将短借重息之款归并六百万本利，皆以生铁、矿石抵还，仍订明政府如有真实官款非他国之款借与公司，可以归还此次借款。

【附件】官款清单

财政部（公债票）洋五百万

前邮传部（预收轨价）洋例银二百万两

四川铁路公司（预收轨价）洋例银一百万两

又　前款之息壬子三月底止　洋例银一万六千四百八十五两一钱一分三厘

汉口交通银行（汉厂借）洋例银十万两

又　（汉厂借）洋例银十万两

又　（汉厂借）洋例银十万两

又　　（汉厂借）洋例银五万两

又　　（汉厂往来）洋例银二千二百三十两

又　　（萍矿借）洋例银五万两

又　　（萍矿借）　洋例银五万两

汉口交通银行（萍矿借）　洋例银十万两

又　　（萍矿借）洋例银十万两

南京交通银行（汉厂借）　洋例银二万两

又　　（萍矿借）洋例银二万两

以上交通银行十二款共计洋例银六十九万三千一百五十六两

大清银行（萍矿借）洋例银三万两

又　　（萍矿往来）洋例银二万两

以上大清银行二款共计洋例银五万两

湖南官钱局（汉厂借）洋例银四万零八百十六两

又　　（汉厂借）洋例银五万一千零二十两

又　　（汉厂借）洋例银二万两

又　　（汉厂借）洋例银三万两

又　　（汉厂借）洋例银五万一千零二十两

又　　（汉厂往来）洋例银一万二千二百五十五两

又　　（萍矿借）洋例银七万两

又　　（萍矿借）洋例银三万两

又　　（萍矿借）洋例银四万两

又　　（萍矿借）洋例银二万两

又　　（萍矿往来）洋例银十万零一千二百七十五两

以上湖南官钱局十一款共计洋例银四十六万六千三百八十六两

湖北官钱局（汉厂借）洋例银五万两

又　　（汉厂借）洋例银十万两

又　　（萍矿借）洋例银十万两

又　　（萍矿往来）洋例银十万两

以上湖北官钱局四款共计洋例银三十五万两

湘钱局(萍矿往来)洋例银五万一千零二十两

裕宁官钱局(汉厂借)洋例银三万两

又　　(汉厂往采)洋例银八千五百九十两

以上裕宁官钱局二款共计洋例银三万八千五百九十两

总计洋例银四百六十六万五千六百三十七两一钱一分三厘,七三合洋六百三十九万一千二百八十三元,连同财政部公债票洋五百万元,共计洋一千一百三十九万一千二百八十三元。(《汉档》,第 305—306 页)

同日　北洋政府农商部①致汉冶萍公司电,查问与日方签订借款事。电云:"闻该公司近向日本订立借款合同。此项借款无论是否预付铁砂或生铁价目,抑系单纯借款,必须先呈本部核准方准签字,否则无效。希查照,并先复电切要。"(《旧中国汉冶萍公司与日本关系史料选辑》,第 485 页)②

同日　商务印书馆总经理夏瑞芳被刺身亡。郑孝胥记云:是日"梦旦约晚饭。……至宝山路梦旦新宅,甫坐进食,有走报者曰:'夏瑞芳于发行所登车时,被人暗击,中二枪,已入仁济医院。'梦旦、拔可先行,余亦继至,知夏已殁,获凶手一人。此即党人复闸北搜扣军火之仇也。众议:夏卒,公司镇定如常,菊生宜避之。余与菊生同出,附电车送至长吉里乃返。"(《郑孝胥日记》,第 1497 页)

1 月 11 日　参加商务印书馆董事会紧急会议。因总经理夏瑞芳昨日被刺身亡,会议"举定印锡璋为总经理",并商定"夏氏丧仪"。(同上引书,第 1497 页;《商务印书馆董事会记录簿》)

1 月 12 日　往视夏瑞芳入殓。遇见郑孝胥,"言一琴事,约数日后同过菊生商之"。同日李维格本人访郑,"云已辞脱汉冶萍事,须觅馆",托郑代荐于商务印书馆。(《郑孝胥日记》,第 1498 页)

1 月 13 日　商务印书馆董事伍廷芳、郑孝胥、叶景葵、张元济、鲍咸昌联名在《申报》刊登《商务印书馆广告》,文曰:"本公司总经理夏粹芳君不幸于民国三年一月十日午后六时遇害。经董事会举定印锡璋君为总经理。其经理一职仍由高翰卿君担任。本公司一切事务、账目由印、高二君主持。特此声明。"(原报)

---

① 1914 年起工商部改称农商部。——编著者

② 1914 年 1 月 24 日,盛宣怀签署汉冶萍董事会复农商部文,承认借款合同、顾问合同已经签字,但托词违抗。如云:"因汉冶萍奏明纯属商办性质,历来合同借票,皆系公司签字,商借商还。故所订合同,部未过问,公司亦未报部。""去夏'国有'不成,股东会议决借款,因磋磨条件,数月于兹。""诚如熊(希龄)总理所云:售铁还债,于公司并无窒碍,不仅本利皆以铁抵,并且抵债之外,收回现银不少。故此项合同不特为公司大利,并且为民国上下永远之大利。磋商条件,已至极处……"(《汉冶萍公司(三)》,第 769—771 页)——编著者

1月18日 访郑孝胥。(《郑孝胥日记》,第1499页)

1月19日 郑孝胥过访,遂二人同赴极司非尔路(今万航渡路)40号张元济新居访张。张时"甫移入屋","谈李维格事"①。(同上引书,第1499页)

1月20日 参加商务印书馆董事会议。(同上引书,第1499页)

1月21日 致盛宣怀函,提议当前汉冶萍董事会"须用单刀直入法""与政府定议",建议盛与在沪的梁士诒(燕孙)接洽。函云:"归来闻贵体违和,是以未敢晋谒,恐劳清神也。日来已否稍痊,殊系下怀。翼之出示手教,知尊意拟令景葵偕翼之入都,商汉冶萍事,理应效力。惟鄙意此事须用单刀直入法,由董事会与翼之在沪商一大纲,然后即由翼之到京与政府定议,藉便托其疏通一切,较无痕迹。此时若派人入都,反难骤得要领,且恐有隔阂之处。翼之新简矿务局长,责任所在,自不能辞,渠向以官商合办为然,与燕孙亦能说话,趁渠在沪商酌妥当,机不可失。辱承下问,特贡愚见。至极峰云云,亦以燕孙一方面前往疏通最为有力也。"(《汉档》,第307页)

1月24日 盛宣怀复先生函,称赞"官商合办"由先生"首创其议",再次拟请先生"借题入都",与政府商谈。函云:"前奉郑州所发惠书,因闻驾旋在即,故未奉复。昨读手教,敬领一切。汉冶萍实为中华商务一线留贻,有此美产,有此根基,有此历练,虽有巨款,亦非咄嗟可成。弟一息尚存,终想布置头绪,以待来者。所拟官商合办,我公首创其议,翼之实赞其成,阁下所拟单刀直入办法,昨邀翼之面商,亦有同情。据云旧历正月初十日即须回京,如旬日内贱恙稍愈,当特别开董事会,先叙一议案托其带京呈阅,能否合拍,亦须迅速定议,始可放手进行。惟翼之既长矿局,便难兼顾,寰顾天下才而有心此道者微公其谁?以弟看来,时局虽已大定,而共和世界官不可为,阁下如肯专心于此,美国钢铁大王何能多让。鄙见拟请阁下借题入都,成就此局,将来官一面阁下当之,商一面一琴当之,吾心安矣。开会以前拟请公与翼之、一琴相聚一谈,但恐精神短少,不能畅所欲言耳。"(同上引书,第307页)

1月26日 浙江兴业银行北京分行开办。行址北京公安街新大路。(浙江兴业银行机构记录卡,原件,上档Q268-1-24)

1月27日 本日正月初二,应邀赴张元济寓所贺年。同座高而谦(子益)、高梦旦、李拔可、夏敬观、郑孝胥。(《郑孝胥日记》,第1504页)

1月28日 参加商务印书馆董事会议。(同上引书,第1504页)

1月29日 盛宣怀致汉冶萍董事会函,嘱议官商合办计划。函云:"汉冶萍合

---

① 时李维格刚辞去汉冶萍经理职务,拟入商务当编辑。——编著者

办,弟先与刘厚生次长详细谈过。待施省翁、杨翼翁以国家借款来言,弟又告以实在办法。杨翼翁回京当即畅所欲言,带去节略一本,请其据理疏通。翼之回沪述及季泽[直]总长极力赞成;熊总理、叶揆初先生以钢铁关系大局,非官力维持不能扩张。惟官商股份各入一千五百万恐做不到,因工商部已有一百七十万在旧股之内。翼之先生到沪后,曾见三次,顷接来函,定于二月回京,因请公司开一特别会议,并可请翼之先生到会,即请诸公面与商酌大概办法,作一底本,俟有回信,再开股东大会。决议后具呈到部,彼此定议。弟旬日以来,病势甚重,一筹莫展,务请诸公主持办理,所有各函件抄呈台览。"附盛宣怀《汉冶萍公司官商合办六条》:

一、官商资本各一千三百万元。农商部一百七十万元作为官股,湖南六七十万元作为商股。彼此可以无须出现资。会计所拟有预算清单,可以钞备察核。

一、大冶新炉两座,限两年半必须成功。日本借款九百万元已可勉强敷用。所少活本一千万两,拟请政府设法暂为借用,将来仿照日本在轨价内分作四十年扣还。

一、公司现定官商合办,董事会、股东会章程本应修改。此次即当令商修改完善,再由农商部核定施行。

一、董事会拟定若干人,官商各半,应由股东选举。会长二人,应由董事内推举。

一、经理拟定两人,应由董事会公举。大约官一商一,总期彼此融洽,各无意见。

一、湖北、江西两省应请中央政府保护维持,以免损害。

以上各条应请矿务局局长代呈部长迅赐核定,以便公司定期特开股东大会,逐条议定。如果赞成过半,即当正式具呈大部批准实行。所有账目尚可以民国三年为官商合办之界限,账目较可清楚。[①]

（《汉冶萍公司（三）》,第 772—773 页）

1 月 30 日　午后,赴商务印书馆股东会。郑孝胥代表董事会报告收回日股和修改公司章程等事。（《郑孝胥日记》,第 1504 页）

1 月 31 日　汉冶萍董事会于上海四川路 36 号公司事务处召开临时会议。会议邀请李维格、杨廷栋莅会[②]。杨报告上年在京情形,谓公司宜先呈部请愿合办,

---

① 这份《官商合办六条》,又称《汉冶萍公司与矿务局商议条件》。据杨廷栋 1914 年 1 月 29 日致盛宣怀函,他告诉盛已定 2 月 2 日返京,官商合办事"须备正式公文呈部"。此份《商议条件》当为公司方面紧急磋商而成。虽未见草拟经过如何,但必定与先生"首创其议"有关,盛至少吸取了先生的不少意见。——编著者
② 这次会议先生似未参加。——编著者

至将来如何组织,如何分权治事,俟批准后,再由官商两方派人协定。公议:先电致国务院农商部,陈请官商合办。(《汉冶萍公司(三)》,第773页)

同日 下午,赴爱尔近路纱业公会参加商务印书馆特别股东会。郑孝胥为议长,介绍新总经理印有模。张元济代表董事会报告收回日股情形。从此商务结束1903年开始与日本金港堂(书局)合资经营的历史,成为完全国人资本的出版机构。(《商务印书馆股东会记录簿》)

1至2月间 汉冶萍向日大借款消息披露后,引起舆论极大反响。2月24日日本驻华公使山座圆次郎致外务大臣牧野伸显机密函报告有关情况。云:"关于汉冶萍公司与横滨正金银行签订新借款合同真相,已有某种程度泄漏。同时,中国报纸上反对意见,甚嚣尘上。或攻击盛宣怀之专横,或对农商部矿务局长杨廷栋进行人身攻击。不仅如此,湖北出身之汤化龙及孙武等,尚向大总统提出请愿书,要求取消该项合同。鉴于中国国情,此时,政府方面未必敢于贸然取消合同,但一旦果真命令取消,即使我方对此举采取果然措施,亦不免有极大麻烦,莫如预先设法防止之为得计。正当此时,正金银行董事小田切也提出了同样意见。为应付计,暂先以书面对外交总长兼代国务总理孙宝琦,提出相当警告。"(《旧中国汉冶萍公司与日本关系史料选辑》,第492页)

2月初 浙江铁路公司代表虞和德、黄恩绪、蒋汝藻等赴北京与交通部谈判浙路收归国有事。(虞和德等《代表报告交涉始末情形》,引自叶景葵《浙路股款清算始末》附件,《杂著》,第340页)

2月2日 汉冶萍公司董事会盛宣怀等呈北洋政府国务院农商部冬电,申请"官商合办"。云:"汉冶萍铁业,关系军国要需,自非官商合办维持,不足以图扩充而蒸发达。屡经董事会协议,请将公司官商合办,意见相同,特先具电请愿,余俟杨君[廷栋]到京,面陈一切。如蒙俯允,即行登报召开股东大会,如果多数赞称,即当正式具呈,恭候批准办理。"在公司本电发出前,北洋政府矿务局局长杨廷栋在上海与盛宣怀等接谈三次。公司提出一份《汉冶萍公司简明节略》,交杨转呈农商部。同时双方大致议定:(一)官商资本各一千三百万元;(二)大冶新炉建设,除由日借款外,所少活本拟请政府设法暂为借用;(三)公司董事会拟定若干人,官商各半;(四)经理拟定两人,官一商一;(五)湖北、江西两省公司厂矿,应请中央政府保护维持。(《旧中国汉冶萍公司与日本关系史料选辑》,第499—500页)

2月5日 北洋政府国务院复汉冶萍董事会盛宣怀等"歌电",云:"汉冶萍公司为吾国绝大事业,所关至重。该公司既无力扩充,政府为维持实业起见,自难漠视。唯官商合办一节,于全体股东均有密切关系,随由该公司即开股东大会议决,

用正式公文呈请,再行接办。"（同上引书,第 500 页）①

2 月 10 日 先生参加商务董事会议。（《郑孝胥日记》,第 1505 页）

2 月 17 日 参加商务董事会议。（同上引书,第 1506 页）

3 月 1 日 上午于杭州模范剧院出席浙路公司股东临时大会。到会 412 人。会议经过激烈辩论,表决通过浙路让归国有提案。午后,就浙路国有期限、推举代表②与交通部谈判等事讨论踊跃。先生发言主张"三成三年不必拘束","代表不必有股东选举,应由理事会推举"云云。讨论公决,照此办理。（1914 年 3 月 3 日《申报》）

3 月 3 日 郑孝胥来访。同日郑去浙江兴业银行上海分行,拟访樊时勋,"催日辉[呢厂]还债事",未遇,遂与先生谈。（《郑孝胥日记》,第 1508 页）

3 月 7 日 汉冶萍公司假上海中国青年会开股东大会③,到会 1 253 人,计 214 099 股。王存善代表盛宣怀主持会议。投票表决通过公司"官商合办"提案④。王又即席为公司 1 500 万日金借款事辩护,云:"鄙人尚有一事报告,外界为本公司借款一节,颇为怀疑,盖不悉公司之困难,致多局外之责备。公司自国有不成后,内则厂矿经费无着,外则各债环逼,向日往来银行、钱号丝毫不肯通融,并且追索旧欠,不允付息转期,势将破产,危险万分。董事会不得已,始秉承上年股东常会通过之案,赓续辛亥四月借款合同,借日金九百万元为扩充厂矿、增益出货之需,实系履行旧约,并非另借新债。其六百万元一款,系借轻息还重息,长期还短期,于公司债额并无出入也。本公司系属商办,今以商产商押,商借商还,并无不合,且系以生铁矿石抵还,无须付现。而售价则系按照时价双方协商,并非预定价格,致受亏损,纯系营业行为,与别项借款性质不同。至订用工程会计顾问一节,俾债主详知此一千五百万元用途,不致涉于滥费,其职务权限均另订规程。总之,不借债即破产,与其坐待破产,不如借款整顿,请问股东:借款乎,破产乎? 为维持实业计,借款固胜于破产也!"（《汉冶萍公司（三）》,第 795 页）

3 月 26 日 由沪抵京。次日媒体刊登"北京电:叶景葵以浙路事昨来京。"（1914 年 3 月 27 日《申报》）

---

① 1914 年 3 月 7 日汉冶萍股东大会后,盛宣怀等继续不断致电致函北京农商部,要求加快"官商合办"计划进展。无奈北洋政府当局受到日本方面牵制,又拿不出巨款"合办",此事一拖再拖。——编著者

② 浙路理事会后推定虞和德、蒋汝藻、黄恩绪三人为浙路公司代表,赴京与交通部谈判浙路收归国有事宜,决定成立浙路路款清算处,订定规约十一条,于 1914 年 4 月 11 日起施行。见 1914 年 5 月 11 日《申报》。——编著者

③ 这次股东会先生是否参加,没有记载,但既然在上海,又为通过他倡议的"官商合办"计划,因此很可能参加了这次股东会。——编著者

④ 汉冶萍"官商合办"议案,后因日本方面的反对与"二十一条"案的发生,无形终止。——编著者

同日 浙路公司理事会致在京代表虞和德等,"嘱勿决裂"。农商总长张謇等亦主张和平解决。先生闻讯,与浙江在京同乡王幼山等"力任调停,照理事会来电,不动名义,变更事实办法,主张改为四年,仍不废三年字样,以四个月为一期。返往磋商,双方允洽,爰照理事会三年分期不背议案之复电,定期签字。"(同上)

3月末或4月初 由北京赴天津。(《卞白眉日记》卷一,第14页)

4月3日 离津返京。时任中国银行天津分行经理卞白眉记云:"(严)鸥客因赴东城为叶揆初送行,嘱余至发行局坐镇二小时。"(同上引书)

4月11日 在京致赵凤昌电,为赵尔巽请赵凤昌来京协办清史馆事说项[1]。电文云:"次帅此举为公义,兼为东事。葵极钦佩,岂可劝阻? 公难离沪,帅亦深知,但能蒲轮往来,□容借箸,于愿亦足。请弗辞。葵。"(《赵凤昌藏札》,第116页)

同日 北京政府交通部与浙江铁路公司签订《交通部接收商办浙江铁路合约》,以及《甬嘉铁路查察员规约》《前商办浙江铁路公司设立股款清算处规约》《浙路股款清算处组织法》等文件。先生后来在《浙路股款清算始末》一文中记其缘由:"苏浙两省商办铁路收归国有,发起于民国二年,其时交通次长为叶誉虎恭绰主持最力。是年六月,苏路之约先成,而浙路则因理事与股东有赞成反对两派,争持不决。民国三年,朱桂辛启钤[2]为交通总长,叶仍为次长,经朝野人士多方疏通,理事会始允派代表虞洽卿和德等入都,于四月十一日订定草约,于六月五日股东临时会议正式通过。议长为朱嘉霖迈基。"四个文件全文如下:

交通部接收商办浙江铁路合约

商办浙江全省铁路公司(以下称公司)代表虞和德等,今依股东大会议决,受公司现任理事监事及历届董事查帐员之委托,全权代表该路与交通部(以下称部)商订该路收归国有议定还股条件合约如下:

一、公司经全体股东议决,允将建筑已竣完全营业之杭州至枫泾线,江干至拱宸桥线,宁波至曹娥线,及建筑未竣之杭州至曹娥线及拟筑宁波至三北支线,并其附属一切财产及所有权利,悉数让归国有,由部直辖自由处理一切。其以前给与该公司之权利,概行取消。

---

[1] 1914年3月19日,大总统袁世凯批准成立清史馆,并聘任赵尔巽为总裁,于式枚、刘廷琛为副总裁。赵尔巽自青岛隐居所来到北京,主持清史馆,先后礼聘前清遗老一百多人,编撰时间长达14年,最后完成《清史稿》536卷、2 400万字。1928年刊印出版。——编著者

[2] 朱启钤(1872—1964),字桂辛,贵州紫江人。清末举人。历任京师大学堂监督、东三省蒙务局督办等职。民国后先后任交通总长、内务总长、代理国务总理等职。其后于津、沪经办中兴煤矿、中兴轮船公司等实业,任中兴煤矿公司董事长多届。与先生交往颇多。新中国成立后,朱任中央文史馆馆员与全国政协委员。——编著者

二、公司所有股本，部允如数归还现款，以将来清算核定之数为准（其数目另表定之）。计分三年还清，每四个月为一期，先期凭股票由部换给定期证券为据，但部如有不得已时，得再延长一年，仍以四个月为一期。以上还款期限起算办法，自接收之日后第四个月底为第一期，如财政充裕时，部得提前归还，惟须先一个月通告公司。

三、自接收日起，未经付还之股本，由部仍照公司原定股息数目按阳历算给年息，于每年付还股本时，一并汇计算清。

四、公司账项截至民国三年四月底止，自民国三年五月一日起至接收之日止，所有公司建筑营业管理之经常开支及以前未经结束继续应支之款，暨其一切应收款项，应由公司另立簿据，由部核明，继承担任。

五、公司存欠各款，凡在民国三年四月底以前确属于公司者，由部继承担任，但以历届报告及清算后核定之数为准。

六、公司所订购地料雇工转运租地各有期契约，凡在民国三年二月以前者，除有特别原因外，得有部继续承认。

七、自接收起公司即行取消，另由该公司自设一浙路股款清算处，其详细办法另定之。

八、前清光绪三十四年三月十五日邮传部所订存款章程十四条，自接收日起悉行作废。

九、本约签定以后，部未接收以前，公司一切财产及各项出入由公司担任严重保管监督，负完全责任。

十、本约签定后由部派员前往公司详细清算，公司应将财产目录连同所有底簿及一切契据供其查对，签字为据。

十一、该路俟本约签字后即日由部派员接收及接管行车事宜，至多不得逾两个月，其结清账目期限另定之。

十二、凡未经本约规定之款，部不任归还之责。

十三、此约自签字之日起，即日实行，所有应续订各项详细手续，由部与代表人另定之。

交通总长朱启钤　印

浙江铁路公司代表虞和德　印

蒋汝藻　印

黄恩绪　印

中华民国三年四月十一日

甬嘉铁路查察员规约

第一条　甬嘉铁路设置查察员六人,经商办浙江铁路公司股东之公举,由交通部令行甬嘉铁路局长延充。

第二条　查察员设置之期限,以该公司原股款还清之日为止,其公费由该路局另定之。

第三条　查察员商准该路局长,得随时察阅路局各项账目,该路局长应予以事实上之便利。

第四条　查察员得受该路局长之委托,办理临时发生事件。

第五条　查察员对于该路事务得建议于该路局长。

第六条　查察员非经该路局长之许可,不得于职员有所指挥。

第七条　查察员如有更换,由交通部与清算处商同行之。

交通部长　朱启钤

浙江铁路公司代表虞和德　蒋汝藻　黄恩绪

中华民国三年四月十一日

前商办浙江铁路公司设立股款清算处规约

一、依据《交通部接收商办浙江铁路合约》第七条,由前公司股东自行设立浙路股款清算处,成立后由公司将办事主任员名及设立处所正式呈明交通部,其原立商办公司,应同时取消。

二、清算处受全体股东之委托,按照签字合约附表于每次收还股本及利息日期,代表股东出具盖章签字总收据,向交通部指定交付之银行支取到期应收之款项。

三、每年按期如数偿还股本及分配利息,均由清算处经理对于股东负完全责任。

四、关于从前公司所发之股票息单及交通部发出之有期证券,执持人如有胶葛争执情事,均由清算处负责理处。

五、关于从前公司服务一部分各种册据均归清算处保存,俟股款还清,清算处裁撤时缴送交通部。但部因清算得随时派员查阅上样各种册据。

六、交通部所发有期证券由清算处向部领取,担任向股东照数换回从前公司所发股票。此项已废股票,清算处应于第一期付还股东之日起,三个月以内全数呈缴交通部注销,如有特别情形时,得照第九条办理。

七、每届付还本息,所有该期已废证券,应由清算处三个月以内陆续呈缴交通部注销。

八、清算处成立后,如股东有遗失股票及息单等事,仍得适用前公司关于股票之章程,照章登报取保,准其挂失,俟所定期满,一无胶葛,得由清算处一律换给证券。

九、股东应缴销之作废股票及每次作废之有期证券,清算处缴还交通部,如有欠缺,应由清算处向交通部声明理由,一面并登报广告。

十、交通部发还到期之本息,每期以收到清算处之总收据为凭,此外对于股东不负责任。

十一、此规约经交通部与公司代表双方议定签字,于民国三年四月十一日起施行。

交通总部　朱启钤

浙江铁路公司代表　虞和德　蒋汝藻　黄恩绪

中华民国三年四月十一日

浙路股款清算处组织法

第一条　遵照合约,定名浙路股款清算处。

第二条　本处设主任一人,监理四人。

第三条　主任、监理均有股东会开会投票公举,以多数为当选。各股东应各举主任一人,监理四人,用记名单记法分五次投票。

第四条　本处举定主任,监理即为成立之期,以后对内对外均以本处之名义行之。

第五条　主任对于交通部负催款之责任,对于股东负付款之责任,监理均负联带之责任。

第六条　每期向交通部领款由主任签名具领,领到后登报公布。

第七条　本处办事规则由主任规定,得监理之同意。

第八条　本处应用职员由主任选任,但须得监理二人之同意。

第九条　本处一切开支款项,由主任协商监理处置,仍由主任鉴字支付。

第十条　主任、监理薪水由股东公定之,其余职员薪水由主任协商监理定之。

第十一条　各股东应领股款,如届期有不来领取者,每期应俟十二期满,顺延四个月为止(如第一期应领之款候至第十二期后四个月为止,第二期应领之款候至第十二期后八个月为止,余可类推),逾限作废。

第十二条　凡作废之股款,应将该款移办本省公益事业,仍用本人名义捐充,刊名昭信。

第十三条　本处俟十二期股款发讫,即行撤销。如有不来领取之股款,由主任、监理择定殷实稳固之机关代为经理,其期限应照第十一条办理。

第十四条　如主任缺员或监理缺员至二人以上,应由历届董事理事查账员监事联合会公推之。

第十五条　清算处主任及监理员如不按清算处规约办理,由历届董事理事查账员监事集合半数以上,得随时另行组织之。

第十六条　所有未尽事宜,由主任、监理协商行之。

(《浙路股款清算始末》,《杂著》,第291—299页)

4月12日　交通部致浙路代表函,允以三年、每四个月为一期归还股东股本,"如有不得已时,得再延长一年"。函云:"按照本年四月十一日交通部与浙江铁路公司订定收归国有合约第二条:'公司所有股本,部允如数归还现款,以将来清算核定之数为准(其数目另表定之)。计分三年还清,每四个月为一期,先期凭股票由部换给定期证券为据,但部如有不得已时,得再延长一年,仍以四个月为一期。以上还款期限起算办法,自接收之日后第四个月底为第一期,如财政充裕时,部得提前归还,惟须先一个月通告公司'等因。现因交通部实有不得已情形,彼此特再行订明,所有浙路股本即改为分四年还清,仍以四个月为一期,计自接收后第四个月底起分十二期还清,至每月归还若干,按照清算处核定之数办理,其余一切办法均照合约办理,并无更改,以上各节,应请见复承认定案为盼。"(同上引书,第294页)

同日　先生回上海。晚,应刘厚生之约赴小有天(餐馆)。同座蒋抑卮、孟森、江知源、郑孝胥等。刘告郑,张謇请其廿四日"至通州一会"。(《郑孝胥日记》,第1512页)

4月13日　浙路公司代表蒋汝藻、黄恩绪复交通部长函。云:"顷奉四月十二日函开:(按,见前文,从略)兹本代表代表浙江铁路公司承认。特此奉复,为凭。即请察照备案。"(《杂著》,第294—295页)

4月15日　应樊时勋之约赴小有天。同座有刘厚生、蒋抑卮、章梫(一山)、袁仲龙、郑孝胥等。"商垦牧公司①办法,争论久之。"郑孝胥记云:"余乃曰:此次股东会不可不分田以保股票之价值,即会场改定公司办事章程,分为二部,其一部专办卖田、加顶、收租各事,其一部专办招佃、垦荒各事,裁减公司用费,每年由股东公举查账人结账,分款为股东实收之利。众意乃解。"(《郑孝胥日记》,第1512—1513页)

_____

① 指张謇当时在南通海边所办吕四场垦牧公司。先生为入股者之一。——编著者

4 月 18 日　郑孝胥来访，告"已托吴寄尘代留"船票，"定于廿六日（按，公历 4 月 22 日）赴通州"。（同上引书，第 1513 页）

4 月 22 日　夜，登大德轮，与郑孝胥、俞寿臣、余寿平同赴通州。（同上引书，第 1513 页）

4 月 23 日　午后，先生等一行抵达南通天生港，遂至大生纱厂，晤张謇、徐申如等。（同上引书，第 1513 页）

4 月 24 日　晚，先生等乘舟抵达吕四场垦牧公司公所。（同上引书，第 1513 页）

4 月 25 日　上午，抵垦牧公司参观。"午后。坐小车行二、三、四、五诸堤望海。"晚，出席谈话会。（同上引书，第 1513 页）

同日　于上海《民权素》杂志①"名著"栏刊登《蔽庐丛志序》，署名"卷盦"。序文概述我国古代文学渊源及其流派，盛赞《丛志》作者蒋箸超"宿学彬蔚，栖志坟典，艾繁芜于众鸣，析华实于四集"之劳作。文曰：

> 文学权舆，导源于六经，滥觞于诸子。《诗》《书》《左》《国》，文采烂然；《荀》《列》《老》《庄》，颐志玄览，义主醇雅，称极轨焉。汉魏以迄六朝，贾、董、曹、刘，张其帜；鲍、谢、颜、庾，蜚其声。长门天台，振采云路；小园枯树，腾茂林府。虽有文体之微殊，要本雅驯之正诣。唐宋而后，情貌日沦，沿波逐靡，取经殊途，柳州散文，崭然独超，而群声聒耳，岨峿不宁。故王、骆讨原于齐梁，而昌黎则自鸣矫异。苏、欧标采于北宋，而曾、王亦缘枝附叶。自兹以降，代有作人，程才效伎，称夕秀焉。比来尘网荆榛，偏弦奏响，国学陵迟，不绝如带。而一二瘁音之夫，自矜杼轴，揄扬骤作，徒贻子阳之讥，无当步兵之目，识者于此，有微慨焉。词人箸超先生，宿学彬蔚，栖志坟典，艾繁芜于众鸣，析华实于四集。金声掷地，诵左赋而俗耳顿聪；彩笔自天，入江室而明星有烂。文则沈博乔丽；诗则俊逸清新。其为说也，若游龙之翻空易奇；其杂纂也，若鱼澜之涓涓不测。发音者一室，肆响者万里。播之金石，传之其人，探源导古，有由来矣！维时商声初谢，霜叶洒窗，丛菊成峦，堕欢在目。吟魂有泪，覆锦幔而不温。插架古香，

---

①《民权素》，民初著名文艺期刊。1914 年 4 月至 1916 年在上海出版，共出 16 集，主编刘铁冷、蒋箸超。该刊由《民权报》停刊后创办。《民权报》反映资产阶级革命党激进派的观点，以反袁坚决、言论激烈而闻名于世。《民权素》虽则自称是"美术的、滑稽的、空前之杂志"，但很明显寓政治于文艺，运用文艺形式表现其反袁的政治倾向。内容分"名著""艺林""游记""诗话""说海""谈丛""逸闻""剧趣""碎玉"等栏目。作品多文言体，多创作。作者多为名人以及原《民权报》的编辑和撰稿人，如康有为、唐才常、章太炎、邹容、戴天仇、于右任、柳亚子、杨了公、刘申叔、王壬秋、林琴南、孙仲容、钱基博、苏曼殊、周瘦鹃等。"名著"栏曾发表孙中山的文章。蒋箸超，字子旃，别署蔽庐，室名听雨楼，浙江绍兴人。曾任《民权报》编辑，后主编《民权素》。其主要著作有《蔽庐非诗话》《听雨楼日记》《蔽庐日月》《箸超丛刊》《古今小说坪林》，以及小说《琵琶泪》《绿凤钗》等。——编著者

拾文蠹而盈寸。于是嗜书之士,劬学弗舍,矻矻中夜,衰然成帙。固当削邓林之简,光照汗青;访香山之诗,鸡林增直也已。惟是玄黄晦冥,淟涊成风。语萧《选》《文心》之编,则违戾庸众;吟杜曲、樊南之句,则匿笑僮仆。太羹玄酒,沃唇不旨。刘冠卫布,入市则哗。将使部娄之草,可增峻于松柏。燕雀处堂,足媲美于鸿鹄。此一误也。大事有事,考《春秋》而聚讼礼文;驹牙驹吾,绎《传》《笺》而各标新解。刺六经作《王制》,诬博士为无稽;以《考工》补冬官,疑《周礼》为伪托。此一误也。又或屏弁师承,乐新恶旧。惑安石之经义,讥孔、郑为穿凿。悦西昆之雕饰,谓王、孟为空寂。向壁虚造,而群颂为神明。摭拾成词,而共推为作者。此又一误也。又或食古如鲠,刻鹄成鹜。崎锜训诂,恒迟回于秃伏禾之文;墨守六书,复牵就于马头人之义。升公干之堂,不免举莛扣钟。拟郊、岛之诗,或至寒瘦成槁。淆良窳为一贯,因内嗛而成蛊。此又一误也。若夫捐彼众误,度兹四集,则当知缘情体物,举辞透宗,颂杨柳波水之句,必非胶柱可求;览陈宫茂苑之篇,味在咸酸以外。文章两字,始于礼经之训;《释乐》一篇,可补《乐》亡之阙。朔皋不根,固已比于髡衍。《论语》逸文,不妨分为鲁齐。此则文诗杂说,四部搜辑,力除歧误,一主雅纯之正例也。况以庙堂军旅,既相如少孺之殊材,小智大愚;复孔融、王䜌之异趣,阎百诗之百回读,不能强倚马同科。陈思王之《七步吟》,岂得俟十年成赋?事有万殊,弗宜强合。分别部居,不亦可乎?今者新丰客去,长铗人歌,景《丛志》而仰止。羌寄意于微波,溯湘绮之衣钵,小子归欤!承蒙山之学派,吾道南矣!钦迟大雅,爰页芜词,笙磬同音,足征正调。比诸《七略》前事,未可轩轾。即此十步芳香,谨撼弁论。

(原刊)

4 月 26 日 上午,江知源等邀请郑孝胥及先生等一行至海复镇。午后正式举行垦牧公司股东会。会议选举郑孝胥、张叔俨、刘聚卿为董事,徐申如、袁仲龙为监察员。(《郑孝胥日记》,第 1514 页)

4 月 28 日 夜,先生等一行登轮返沪。(同上引书,第 1514 页)

5 月 5 日 赴宝山路商务印书馆参加董事会议。(同上引书,第 1514 页)

5 月 8 日 与伍光健、郑孝胥、张元济等 104 人联名发表《夏瑞芳先生追悼会公启》:"启者,商务印书馆总经理夏瑞芳先生不幸于民国三年一月十日遇害。思夏君生前所创事业于我国工商及教育前途影响绝巨,骤遭惨变,哀痛实深。兹择于本年五月九日(阴历四月十五日)午后二时在上海静安寺路味莼园开追悼会,凡我政学商界同人与夏君有雅故者,届期敬请莅临。再夏君夫人深明大义,拟将一切赙仪集合成数,建设学校,永留纪念。同人如赞成斯举致送赙仪者,并请送交上海棋盘街商务印书馆总发行所张廷桂君代收是荷。"(1914 年 5 月 8 日《申报》)

5 月 11 日　参加商务印书馆股东常会。会议议定增加股本为二百万,先招三十万。选举新一届董事七人:伍廷芳、郑孝胥、印锡璋、张元济、鲍咸昌、周金箴与高梦旦;监察人三人:叶景葵、张国杰(廷桂)与丁榕。(《商务印书馆股东会记录簿》,《郑孝胥日记》,第 1515 页)

5 月 15 日　访郑孝胥,"求书寿联"。(《郑孝胥日记》,第 1516 页)

5 月 18 日　郑孝胥来访。同日,赴商务印书馆参加董事会议。(《郑孝胥日记》,第 1516 页)

5 月 28 日　就浙路股东推举股款清算处主任人选事(时有举先生或虞和德二说)与蒋抑卮、汤寿潜联袂由沪乘特别快车赴杭州,拟与杭州方面股东会商一切,并筹备 6 月 5 日临时股东大会。(1914 年 5 月 30 日《申报》)

6 月 2 日　参加商务印书馆董事会议。(《郑孝胥日记》,第 1518 页)

6 月 4 日　晚,蒋抑卮抱病在他人扶持下来先生寓所拜访,坚请先生出任浙路清算处主任职。先生后回忆云,民国以来,政府拟收铁路为国有,浙路创办人及历届董事皆主予以结束,蒋奔走筹划最力。但亦有反对声音,蒋为之苦心接洽,稍稍定议,设立浙路清算处。蒋因奔走太劳,身体不支,想到清算处主任人选重要,亲自登门请先生就任此职。"景葵固辞,而先生坚嘱勉为担任,景葵不得已许之。"(1940 年 12 月 29 日先生在蒋抑卮先生追悼会上演辞,《兴业邮乘》,第 108 期)

6 月 5 日　赴杭州参加浙路公司临时股东大会。大会之前,浙路代表虞和德、黄恩绪、蒋汝藻书面提交《代表报告交涉始末情形》,云:"先是国务院交通部函致公司商请让归国有,其时长交通者为周自齐君,提出与苏路一律,代表不能承认。随提出加价三成、期限二年、红股照给三条。交通部坚以苏路比例。遂由熊总理、张总长调停,以消灭前存部款六十万两为加成之代价,期限则三年九期,红股一律承认。当特将此情报告理事会,得电许可。此三年九期之原议也。未几,熊总理辞职,周总长调任财政。继任交通者为朱启钤君,以三年九期,财政实力有所未逮,深恐临期失信,转无以对浙人,坚持五年,与苏路一律。局外怂恿者多不顾浙优于苏,至是停议者两星期,几至决裂。此中变之情形也。三月廿六日接理事会复电,嘱勿决裂。张总长亦力主和平解决,而浙江同乡如王幼山、钱念劬、叶揆初、张绍濂诸君均力任调停,照理事会来电,不动名义,变更事实办法,主张改为四年,仍不废三年字样,以四个月为一期。返往磋商,双方允洽,爰照理事会三年分期不背议案之复电,定期签字。至公函部有不得已时,得以延长一年云云,此即调停办法。故次日即彼此调换公函为凭,以符事实。此最后交涉情形也。代表南归,已详告理事会,今当股东大会,合再报告。"股东临时会会场议事录记录情形如下:

中华民国三年六月五日即阴历五月十二日,浙路股东假杭州城站第一舞台开临时大会,股东到者人数一千零零八人,股数二万七千零八十七股,权数一万六千八百零八权,委托户数三千六百七十八户;续到者二十六人,六百八十五股,二百四十五权,委托九户。两共得人数一千零三十有四,股数二万七千七百七十有二,权数一万七千零五十有三,委托户数三千六百八十有七。(中略)

下午一时三十分复人场,主席提议六十万两之支配。蒋抑卮登台将支配意见书宣读一过(载后附件),主席言此款由浙路成绩而来,故其支配除清算处约须开支洋十万元外,其余由股东与员役剖半均分,不复适用公司章程第六十四节之成例。因浙路开支撙节,员役薪微,办事勤劳,线长费少,厥为各路之冠,今始有成绩,虽赖汤先生之主持,亦赖各职员之赞助而得,请股东慨诺,宁缺股东之微毫,而满员役之支配。高子白起而问曰:六十万之外,股东有无红利? 蒋答以无红利可分。高又问:清算处何以需开支十万元? 主席答以无标准,故约其数耳。高复问:倘无此六十万两者,清算处于何开支? 蒋答以交通部不肯津贴,当然由股东负担之。高又言:股东既无红利,则此六十万两当然为股东所有。讨论良久,主席乃请股东对于意见书以可与否两字投票表决,开票后,计赞成者一万四千五百五十三权,否认者只一百十九权,六十万两之支配法,完全通过。

支配六十万两之意见书

浙路国有定议,凡诸问题,均待商榷,其最萦扰纠纷者,无过于此六十万两之支配。鄙人殚思及此,窃有所主张,愿竭千虑之愚,以待公决。

六十万两之来历

国有谈判之始,代表坚持加成。部执不许,格于例也。几经磋商,几经波折,复以前总理熊、农商总长张及浙乡老之在京者从旁主持公道,交通部始以比较诸路成绩浙为独优之说,允消灭前存部六十万两,以示优异,此其来历也。铁道国有不自浙始,若川,若鄂,若湘,若苏,若皖,若闽,上焉者本息无亏,其次得本而无息,又其次估价,若本利而外,特别优待如此六十万两者,唯我浙路而已。浙路国有之结果良好如此,代表蹉议之劳不可没矣。然试问代表之争执以何者为理由,旁观之调护以何者为说词,交通部之优待以何者为标准,此无他,以成绩独优故也。

六十万两之性质

此六十万两者,一部债务之消灭,于股份本息无所附着也。非营业之所得,不能以赢余论也。非公司所积累,不能以公积论也。凡普通商业赢利所得诸项目,无一相类者,无所比附。唯有援据事实,溯其原因,究其结果,而名之曰成绩之代价，庶几确当不易乎。

成绩之说明

浙路成绩之优点，一言以蔽之，不外里程较商办诸路为独长，用费较商办诸路为独省而已。请更分别言之：成路所以独长者，股款逐年增加，使工程得以进行，则股东之资本为之也；用费所以独省者，综核浮滥，撙节薪支，缔造艰难，则员役之劳力为之也。资本劳力，两者交济，适得其平，此经济学之通例，亦我浙路之事实也。此义既明，则六十万两之支配问题，不难迎刃而解矣。

章程之变通

章程六十四节规定赢余之分配。六十万两非赢余也，性质不同，当变通之理由一。六十万两既认为成绩之代价，成绩者，九年积累所致，非一年间所可取办者也。章程之规定，系为每一年间之分配，而设时间不同，当变通之理由二。愿股东诸君勿以妄改定章见讥，请毕吾说。

支配之理由

一、对于股东拟有特别请求也。定章分配赢利，股东所得者为二十分之十五，在事人所得者不过二十分之三耳。历届员役无虑数千人，即并入公积报效二成，犹虑不敷分配，其困难一。浙路员役十年劳苦。开支俸给，均从节省，今当公司变更报酬，宜加优厚，照章分配，所得甚微，其困难二。以此二难，鄙意所为请求，惟愿诸股东放弃一部分之权利，举此余利双方平剖，使员役得享平均分配之利益，在大股一方面此区区者本不足计较，小股所赢无几，尤为可有可无（例如有十万元股本者，假定每股多派一元，合计不过千元耳；有五元股本者照整股多派一元计算，所得不过大洋五分；吾知股东决不以此细数有所吝惜也）。而在公司则积少成多，俾员役人人得若干之补助，是股东之所费甚少，而员役之所裨实多，既可息无谓之纷争，又以资他年之纪念。十年相处，一旦酬庸，凡我股东对于积年勤慎之员役，似宜有此特别优厚之待遇。鄙人亦股东耳，此请非有他意，特欲使资本劳力两得其平，想我股东明达，必表同情也。

一、对于历届代表拟一律优待也。浙路创始迄今，父老扶助之力为多，不可忘也，特无资格为之标准，无从施以适当之报酬。代表为股东公举，有确定之资格，可指之事迹，虽历届代表性质不同，其被举任务，劳勋一辙，前因后果，殊途同归，无庸强生分别也。

一、对于新旧员役拟一概普及也。六十万两既因历年成绩而来，不有作始，谁与图成？不有权舆，安睹夏屋？在事员役既得适当之报酬，而昔年任事之人，前劳足念，尤未便听其向隅。新旧去留，一体待遇，揆之情理，方可为平。

支配之方法(下略)

股东郑岱生、冯畅亭、王秋蘅、蒋抑卮同启

会议遵照决议案当场投票选举叶景葵为清算处主任,孙棠臣、胡藻青、汤拙存、刘翰怡(承幹)四人为监理,杨振骥等六人为路局查察员。(《浙路股款清算始末》,《杂著》,第341—345页)

6月11日 午后在杭州与浙路庶务局长濮芷生等赴火车站,迎接交通部专员钟文耀等11人抵达杭州。"预备藤舆,在站招待。先入城站会客房,立谈片刻,即坐舆入羊市街清泰第二旅馆。""至晚间八句钟,假金衙庄运楼大开宴",商定交接事宜。议决"交接间之期限,杭枫、甬曹两线行车事宜,预备本月十六日归交通部管理,自六月二十一日起,所有客货收入银洋,均解沪枫铁路局。其十六至二十此五日中,客货收入银洋,仍解浙路公司会计局存储。并定六月二十一起至六月三十止,为清理帐目期限。"(1914年6月13日《申报》)

6月16日 以浙路清算处主任身份与浙路代表蒋孟苹,将浙路商办关防一颗并各种目录十一册,面交交通部接受专员钟文耀等收讫。(1914年6月19日《申报》)

6月22日 与李提摩太、盛宣怀、伍廷芳等以"赞成人"名义签署并发表《驻沪筹办陕西急赈募捐公启》①。云:

天祸三秦,重遭兵革。西垂休战,甫逾两载,锋镝余生,犹未苏息。狼匪肆虐,入自丹浙,武关不守,商于继失。遂出南山,乱流度渭,西凤干邠,遍被蹂躏。贼踪所及,几二十县。焚掠奸杀,所过赤地,老弱妇女,咸罹此酷。村落荡为邱墟,田畴鞠为茂草。五十年来,无此浩劫,较之皖豫,惨痛倍蓗。虽复大兵云集,包剿追奔,凶渠丑类,望尘逃窜,而死者尸骸枕藉,遗骨谁收? 生者异县流亡,回旋无日。荒村鬼哭,千里无人。其逆氛未到之区,则又有风雹之变。西起嵝山,东讫冯翊,南北广念余里,东西延四百里,麦苗尽枯,夏熟绝望。耕牛悉丧,秋禾畴蓻。人祸未已,重以天灾,疮痍满目。既疫疠之堪虞,饥馑荐臻,惧沙虫之同尽,复次兵戈扰乱。商旅不行,内货既阻于输出,外货更无由输入。东南商业困滞,原因半絷于此。事关全国,夫岂一隅! 政府恫瘝在抱,业经申命赈赡,无如灾区过多,发棠难继。同人等侨寓海滨,轸怀桑梓,非无缨冠被发之诚。唯以乏米为炊,是若拊膺蒿目,寝馈难安,欲沉灾之早澹,赖众擎之易举。窃思利人济物,象教真如,救灾恤邻,麟经大谊。冀指囷之分惠,爰托钵以告哀。顷已转请沈仲礼先生,在红十字会代为募捐外,谨修寸启,详述灾情。

---

① 据《公启》,该会发起人为武蓉亭等35人。——编著者

凡我国民，孰非同体？所望甘露遍洒，廉泉分润。解清献之金带，拯彼嗷鸿；浚功德之灵源，苏兹涸鲋。竭诚藿藿，愿抒风人鼠思之悲；僾福贞贞，仁上明月蚌胎之颂。傥邀垂鉴，靡馨主臣。（发起人、赞成人及捐款地址从略）

(1914 年 6 月 22 日《申报》)

6 月 27 日　在上海，为李维格进商务事访郑孝胥。①《郑孝胥日记》，第 1520 页）

6 至 7 月　先生主要在杭州主持浙路清算处工作。《浙路股款清算处始末》一文记云：“闭会后由议长领衔电告交通部，即派接收委员方灌青等到杭，于六月十六日接收公司财产，点交清楚。”“清算处设于杭州城内柴木巷，同日开始办公，主任、监理就任后，会商决定，请监理汤拙存常川驻处监理一切。”“在公司职员内选留账总科长朱寿门及所属五人，聘任本处综司收支会计。又股务科长鲁雏生及所属六人，聘任本处清理股票及收发证券。又购地科长濮芷生，聘任开付股款时常川照料。如人手不敷，临时雇佣，按日给酬，此外不添派一人。”与交通部代表订定照约分期应还本息细数及其日期表。共发给证券票面 10 624 325 元。与交通部代表还议定以下事宜：

关于六十万元存款：“前清光绪三十四年三月十五日，邮传部以规元六十万两存入商办浙路公司，订有章程，合约中声明作废，即以此款作为浙路加成之代价，股东会决议将该款分为三部，由前公司移交清算处：（一）以十万元为清算处经费；（二）除十万元外以二十分之十分作员役酬金；（三）以二十分之十分作股东酬金。主任与监理商定：俟收到该款后遵照决议案，即将员役酬金尽先分配；其股东酬金之一部先以该款偿还十元以下之零股，十二期一次收回，以后每期扣还。将历年存息并计，于开付第十二期时，按股平均分配。如事实可能时，拟将二十五元以下之零股一次收回，尤为妥善。”

关于公司负债：“公司负债部分，经部代表核定，允由部归还者，部代表要求本处代为经付，主任与监理商定可以照允，惟以一次清还为限。其分期清还之公司债，则请部方委托杭州交通银行经理，以便与股款划分清楚。”

由于政局不稳，应退股本并未按照既定日程表进行，交通部方面一再延宕，经清算处不断交涉努力，至 1921 年 1 月股东们才领得第十一期本息，而且还是以金融公债票抵付。现为阐述清算处工作进展，集中列表如下②：

---

① 同年 7 月 15 日《郑孝胥日记》记云：“张菊生来。托延一琴来馆。过一琴。遂至印书馆……”据此，李维格应该于此时进商务，但查《商务印书馆编译所同人名录》，其中并无李维格记载。李似乎未正式进商务。——编著者

② 原文金额系中文数字，年份系民国纪年，现为阅读方便改为阿拉伯数字与公元纪年。“实际开付日期”栏以说明文字简化。——编著者

[单位:元]

照约合期	应还本息	照约应付日期	实际开付日期
第一期	908 303.860	1914.10.10	1914.11.6
第二期	929 014.370	1915.2.10	1915.2.27;3.18;4.9。分三次
第三期	1 508 909.700	1915.6.10	1915.6.18
第四期	901 089.517	1915.10.10	1915.9.30
第五期	921 635.480	1916.2.10	1916.7.15;10.7;10.24。分三次
第六期	1 312 009.690	1916.6.10	1917.1.17—10.4。分八批开付
第七期	901 089.517	1916.10.10	1918.1.9—3.13。分二次
第八期	921 635.481	1917.2.10	1918.4.22—7.5。分三批
第九期	1 127 095.590	1917.6.10	1918.9.24—12.2。分二批
第十期	901 089.520	1917.10.10	1919.4.1—1920.8.23。分八批
第十一期	921 635.481	1918.2.10	1921.1.13。以公债相抵
第十二期	942 180.315	1918.6.10	石沉大海①
共计	12 195 687.521		

(《杂著》,第300—302页)

7月15日　于《民权素》第二集"谈丛"栏刊登《蘉园随笔》23则,未完②,署名"卷盦"。有古文字变迁考证,有汉魏歌谣小论,有唐宋诗文解读,等等,对杜甫、白居易等若干"于当日时势,极有关系"名篇的品评,尤为精到。兹录其中13则如下:

古人居室,无贵贱皆称宫。《内则》云:"由命士以上,父子皆异宫。"《礼·儒行》:"儒有一亩之宫。"自天子达于士庶,无殊称也。秦汉以后,专为王者居处之称矣。

古文俭省,后世则加偏旁以别之。古无"榭"字,通作"谢"。《左》宣十六年"成周宣谢火",《释文》云:"榭,正作谢"。《礼运释文》亦云:"本作谢。"可知"谢""榭"为古今字也。

汉魏之诗,酝酿深厚。一以雅驯为主。至六朝而体格一变,至唐之天宝而又一变。元和体老妪都解,则日趋卑弱矣。昌谷出而救之,以古茂出入骚雅,

---

① 参见本谱1921年以后相关条目。浙路末期股款直至1936年7月6日才由南京政府铁道部拨付。延期竟达十八年之久! 然而,此末期股款及公司债尽以折半了结,逾期利息更无从追索。先生《浙路股款清算处始末》一文详记其曲折经过。——编著者
② 1915年1月20日《民权素》第四集(19则)、3月22日第五集(12则)续完,全文共54则。——编著者

自是健才,如"黑云压城城欲摧""欲剪湘中一尺天""杨花扑帐春云热"等句,才思横逸,不可一世。极意经营,好作不经人道语,少陵所谓"语不惊人死不休"也。古人琢句之不轻易如此。

凡诗文以陈言务去为佳。然须读书多,积理富,出以蕴藉深厚之笔,则去纯茂不远矣。宋元诗非无佳者,但比拟三唐,则浅露自见。

少陵七古,奇拔沈雄,自是绝唱,然终不若近体之多。故后世谈近体者,以杜律为宗。王世贞曰:"太白笔力变化,极于歌行;少陵笔力变化,极于近体。"自是确论。

少陵诗无美不备,亦瘦亦腴,亦浓亦淡,合诸家之长而兼之。五言云:"花娇迎杂树,龙喜出平池。"已开义山诗派。义山固善学杜者也。近世作者专以摹拟瘦硬为工,非杜之至者也。然如"沙上草阁柳新暗,城边野池莲欲红",自是佳句。

初唐诗往往极写当日繁盛,而唏嘘咸阳之意,自在言外。少陵亦然。如五言诗云"仙人张内乐,王母献宫桃。舞阶衔寿酒,走索背秋毫"等句,铺写当日穷奢极欲之状。惟结句云:"桂江流向北,满眼送波涛。"略示伤悼意。以含蓄之辞,寓悲慨之旨,是唐人诗境高处。

古时歌谣并称,《说文》"从言从肉",与《释名》"人声"之义合。《诗》"园有桃"章"我歌且谣",《传》曰:"曲合乐曰歌,徒歌曰谣。"歌有章曲,谣无章曲。歌可以合诸乐章,谣则随意独歌之。故《正义》引孙炎"消摇"之义。汉时立乐府,而歌谣之名大著。唐以后,诗人恒以名篇,然能合乐者实鲜,则名存而实非矣!然《论语》"子与人歌而善,必使反之,而后和之",则古亦有徒歌者,引伸而为童谣、怪谣之义。后世遂有谣诼之称,则去古益远矣!

东坡文如行云流水,才气奔放,自是健才。尝谓唐无文章,惟退之《送李愿归盘谷序》而已。眼力之超,目无千古。然谓唐无文章,则似乎过当。柳州文岂在韩下耶?熟精《国语》,当喷斯言。

作诗贵审题。古人得一绝好题目,不肯轻易放过。如工部之《北征》,退之之《南山》,乐天之《长恨歌》,梅村之《永和宫词》《圆圆曲》等篇,于当日时势,极有关系。不惜匠心独运以成之,故后世有诗史之称。当其下笔时,已知其必传矣。

古诗尤贵章法,开合提顿,排摹摇曳,缺一不可,叙事之作尤要。香山之《长恨歌》,脍炙人口,千古传诵,其实不及《琵琶行》之结构有法。最妙在"同是天涯沦落人,相逢何必曾相识"二句,束上启下,掷笔空中,是全诗之筋脉,通篇之关键。《长恨歌》平铺直叙,从选妃起至寄钗止,无提振关束之笔,似嫌平衍。惟其遣词秀丽,情韵双绝,为一时传诵。所谓入时之眉样,非诗律之极轨也。此诗阅者往往滑口读过,特表而出之,敢以质诸博雅君子之论定焉。

唐人诗以自然浑成为上。如"杨柳青青渡水人""晴川历历汉阳树"等句，所谓"不著一字，尽得风流"，味在咸酸以外也。然自然之旨，须从读书得来。若滑调浮声，藉口羚羊挂角之论调，以文其浅俗，则慎矣。王西庄先生水中咸味之讥，可不深长思乎？

欧阳公见东坡文曰："老夫当避此人出一头地。"欧公之谦冲，足征其度。吾谓苏之才，欧之学，均有宋一代作人也。唐代多奇人剑侠，稗史恒纪之。如黎干为京兆尹时，因事杖一老人，如击皮革，掉臂竟去。干大惊，知为异人，亲诣老人谢过，具酒食谈养生术。既而舞长剑，风驰电掣，时及黎之须，不觉股栗伏拜。老人掷剑植地曰："聊试君胆气耳。"黎归临镜，须落寸余，再往则室已空矣。又开元中，有司以百戏竞胜，有一囚言能为绳技，官允之。于是出绳百余丈，随手抛掷，直立空中，不见端绪，缘绳而上，身足离地，势如飞鸟，瞬息不见。此事颇涉怪诞。余谓时当晚近，奇才异能，往往托于方伎，为逃名计，亦时势迫之使然欤！（原刊）

7月底　汉冶萍董事会公举先生为代表，再次赴京与农商部等部商议旧欠展缓年限与商议官商合办事。盛宣怀同年8月4日在一封信中谈汉冶萍当前形势与公推先生赴京请命原因曰："海上股东至有条陈消极政策，谓此后汉厂专售生铁及商家钢料，不再供应路轨。宣怀峻词驳拒，谓此厂创办宗旨专在杜塞洋轨漏卮，奏案具在，可以复按。中国路政繁兴需轨之殷，较宣怀选路时代何止十倍。目前奥塞交哄，战云四起，钢铁价值势必飞涨。设因部扣七十万汉厂之陇海轨价，遂使钢厂停工，中国统计顿吃巨亏，天良尚在，断难允行。且部拟扣抵系按照借约应有之文，乱后境地，实为预支部款时所不料，收回国有或官商合办正候政府解决。但能披沥诚悃，将目前不能不请求展缓；如若合办则部欠须填官股，即使商办到底，日后供轨愈多，扣款较易，所欠断不致无着，一一婉曲上陈，必能邀霈甘霖，苏此涸辙，此公推叶揆初君代表赴京请命之原因也。宣怀老矣，于世复何所求？但冀披肝沥血，度此三数年之难关，俟六炉齐全，安然贡诸政府，使后之谈中国铁业者，不以宣怀为戒，则叨赐多矣。"（《盛宣怀致杨士琦函》，《汉冶萍公司（三）》，第857页）①

① 盛宣怀经过一年来的风雨，对于先生以前在汉冶萍的贡献似乎有了新的认识。特别是年初因与日本正金银行签订1 500万日金大借款引发公众抗议，他对于汉冶萍国有或官商合办也少了几分抵触。因而他在许多场合对于叶景葵给与好评。如1914年3月22日致孙宝琦函中说："叶景葵等赤手空拳，无法支持，乃议国有……"还对当时李维格病倒，言"环顾吾曹，人才难得"，深表遗憾。言语中不自觉地流露出对人才的渴望。他多次请先生出马赴京联络，显然有意将叶请回汉冶萍。当然先生一次又一次接受盛氏委派，并非仅仅为盛办事，因为他清楚知道汉冶萍在中国的重要性，为了中国的钢铁实业，他在尽着自己一份努力。——编著者

7月 与浙兴总经理沈新三商议改定《浙路股份换券收款简草》。共十二条如下:"(一)委托人如欲将浙路股票或收据委托本行代换证券,或将证券交本行保存,以后按期代为收款,本行均可代办,收到股票或收据后,即给收条为凭。(一)委托人如仅须换取证券者,须纳手续费百分之一,证券换到后在本地者,即凭收条领取;在外埠者,并须付足寄券邮资,方能照寄。(一)每期现款领到后,委托人如欲按期取回者,由本行函寄领款收据,交委托人签字盖章,交回本行,以凭支付。除邮资、汇水外,并须纳手续费百分之二。(一)委托人每期领款收据应用印章及签字式样,须先交存本行,以便查对。委托人如愿将代领之款,即存本行者,除照存款章程给息外,并免收前项手续费。(一)此项委托事件,上海、汉口两处分行一律代办。唯由杭至申、汉两处往还邮资及汇水,概由委托人认出。(一)委托人在他埠,无论杭州本行或上海、汉口分行,均可用信委托,唯付还邮资及汇水由委托人认出。(一)此项股票及收条证券等,概由邮局双保险递寄,以昭郑重。(一)外埠汇款,悉照市价最优待例计算。(一)交来股票或收据,如经挂失或有别故不能换取证券时,应由委托人自理。(一)凡在外埠用信委托者,须将住址号数详细开明,遇有迁移,亦须函告,以免投件舛错。(一)简章如有增改,随时通知委托人。"(1914年7月29日《申报》)

8月1日 盛宣怀召见,面托先生赴京与农商部会商有关事宜。(1914年8月2日盛宣怀致先生函,盛档第076512-9号)

8月2日 盛宣怀致先生函。云:"昨聆大教,莫名感佩。王槐翁来电,政府仍议合办。能使公司得三千万之实股,十五年后照数偿清日债,则中华铁业大有希望矣。目下但求部中旧欠四百八十万两亦如日债,展缓年限,则为山九仞,不致功亏一篑。然断非手续所能挽回,全仗我公切实运筹,痛陈利害。路政譬若全用洋轨,自必全付现银,何从扣抵,况公司所欠皆系前清支出之款,譬若从前未曾预借,亦何从扣抵。曾霁翁①在沪面诘,公司如有为难,自应先请政府维持,逮政府不能如所请,再借外款,方是正理。弟追思去年未借日款之前,拟向部借一千万两,虽有间接之议,未及正式陈请,致滋重谤。现在外洋第四炉料价汇票及厂矿三处经常之费,原指陇海等处轨价抵付,乃施省翁②来电,部中欲全扣还旧欠,因此公司大受挤逼。除函电外,敝会公议,请台驾赴部代为陈请,援照日债展限五年,再行分作若干年归还,俾得稍舒急喘。阁下全局在胸,必能达到目的,不胜感祷之至。附上详部公文三件,又欠款清单一纸,密电一本,即乞察收。"(《汉冶萍公司(三)》,第856页)"再

---

① 指曾述棨,时任肃政史。其人主张汉冶萍国有说。——编著者
② 指施肇曾。——编著者

闻台驾于明晚登程,弟病驱不能走送,甚抱歉疚。政府既准官商合办,阁下此行,似可筹商大略。明日如蒙惠顾两钟,必当迓设一切。"(信稿,盛档第 076512 - 9 号)①

同日 盛宣怀再致先生函。云:"敝公司前以股东会公决,呈请官商合办,蒙政府特派曾肃政史莅沪调查遵将指询三事:关于国有及合办之筹备方法、商办之辅助条件详晰答复,并附具表册陈请转呈。曾使回京已逾半月,政府如何定策,尚未奉有明文。敝公司负债过重,一面自应照常进行,以待解决。惟所恃收入之大宗轨价,为营运周转之资。交通部若将各路轨价,即以扣偿旧欠,则厂矿生机顿绝,莫展一筹,岌岌情形不可终日。现在应还旧欠日本到期生铁矿石预支价款,业已商定,一暨展限分还。在日商只有贸易交情尚肯通融办理,想政府维持危局,惟力是视。故敝公司未敢遽求再借现款,但求展缓归还旧欠,谅蒙特允宽期,藉纾残喘,庶足以昭示外人。朝廷保持实业之深心,有加无已。除正式详陈外,敝会筹商再四,必应公推熟悉人员赴部陈请,方免隔阂。金以台端热心公益,对于汉冶萍之历史、近情,曾抒伟划,用特敦请先生代表公司赴部陈请,或国有,或合办,商恳早定政策,免致旷时糜费。如因手续尚待研求,暂以商办为过渡,则请按照公司答复曾使说帖,将旧欠公款商陈酌予展限,暂免扣还,以支危局而待后命。此公司存亡绝续之交,济困扶倾,翳公是赖、谨具证书,敬以奉托。临颖翘致,不书所怀。"(信稿,盛档第 076512 - 11 号)

同日 复盛宣怀函。允诺代表汉冶萍公司赴京请命,"三日启程赴京"。(1914 年 8 月 13 日盛宣怀致先生函,盛档第 076512 - 13 号)

8 月 3 日 夜车离沪赴京。(同上引档)

8 月 13 日 盛宣怀致先生函,告以近接曾述棨、王槐青来函来电,并询问先生在京交涉情形。云:"近日接到曾霁翁来函及王槐翁翁来电,农商部呈请为国有过度,时隔多日,未见批示,谅因欧乱更无暇顾及。惟查汉冶萍本年预算,尚有应付伦敦汇票四万镑,约需银三十五万两;汉厂经费每月十万两、萍矿每月十五万两,计六十[万两]。冬腊四个月,共银一百万两。又汇丰短期押款二十万两。原来预算陇海已交轨价可收七十万两,粤汉年内可造轨一万吨,约可收轨价七十万两,勉强敷用。讵料陇海停工,施省之来电,此款不能汇划,现在不克照付,则厂矿经费无着,炼钢炉恐须停工。现在姑由汉厂与粤汉总办函商,如不停工,洋轨亦不能来,莫如先付一半现价三十五万两,以便汉厂赶期赶造。俟交货一半,再将半价付清,方免停炉之憾。""执事到京,三部详文递否? 公司为难情形曾与当道开谈否? 张总长梁

---

① 此信稿上半部分与《汉冶萍公司(三)》同,"再闻"以下前书未收。——编著者

总长如何意见？中锋对于官商合办，能否俯照所请将三十万股份凑足？此外有无新意？即乞详示大略。大约公司转弱为强，总要待大冶新厂两大炉成就方有把握。一琴请速派吴任之出洋，购定机料。一刻千金，毋庸等候。因明年深水时候，头批料物即可运到，便省得多搁一年。其议甚是。鄙见无论如何，办法总不能脱离此者。执事如晤啬老①，即祈密告。翼之到沪，未曾见面。"（信稿，同上引档）

8 月 17 日 复盛宣怀函，告以在京与杨学沂、张謇等晤面情形。函云："别已旬余，想起居胜常为祝。详文三件，均已投递。最初见杨杏老，谈及总统之意，不以曾肃政史所查复之件为然。一则谤及南通，疑系受人指使，二则办法尚欠切实，故将曾查原件掷还。杏老又言，此案已交交通部核办，总统之意，官款故无款清偿，商股非至获利以后不能给息，发还股本断办不到，云云。此杨杏老所谈，嘱以暂守秘密者也。晤张南通两次，皆谈及汉冶萍事。农部已以官商合办之策呈诸总统，未得及答，今日又拟续呈。景葵当以公司迫不及待情形再三陈述，南通似甚关切。嵩生总长会晤甚难，尚未提及此事。交通实迫各路之债纷集，无暇顾及此事，但总统则交交通部核办，而于农商部呈文即批示，未知意旨若何。续有所闻，当再详达。十三赐示，谨已诵悉。带来十五年预算表，为南通索去，槐青并未交阅也。"（原件，盛档第 078512 - 14 号）

8 月 21 日 盛宣怀致先生电，云："北京。北京旅馆叶揆翁：合办奉谕先由部确定预算，再批示。是否商部主持预算？至少现款千万元可作官股。前清旧欠，准照日债展限分还。如不喜作股，可听便。仲赓到京，预算可供研究。两会常来探问，望勤通函电，勿惜电资。宣。箇。"（电稿，盛档第 076512 - 15 号）

8 月 23 日 在京复盛宣怀电，报告农商部对"官商合办"新反映。云："盛宫保鉴：揆秘。农部拟定续呈，仍主旧欠作股。惟交通能否赞成，尚无把握。至旧欠展限办法，交通亦有阻力。细情函详。葵。漾。"（抄件，盛档第 055818 - 3 号）

8 月下旬 在京晤交通部次长叶恭绰，商粤汉路购汉冶萍产铁轨事。据同年11 月 17 日叶恭绰致于焌年函提及此事云："昨荷惠临，并交到汉冶萍公司董事会盛会长函，藉谂一是。查前案揆初先生来部述及此事，当以扣付轨价一事，系按照合同成案办理，部中未便收回成命，以致自相矛盾。惟各路倘自度情形能以允许变通以前已议有办法者，部或可不再追询，以期兼顾等语。托叶君代为转致，此外并无何等言词。嗣准函询前因，故电复已托揆翁面达。同时詹督办来部谈及此事，弟亦只告以前言，是鄙人始终并无允予不扣之语。盖不但事涉部务，非弟一人所能专

---

① 指张謇——编著者

主,且部款如此奇绌,弟亦讵能漫为此言?前此对揆初云云,尚是弟以个人资格特别相关,非敢谓交通部意遂如此也。今披来函,未知因何竟未接洽,不得不特再申明,以免误会。至弟之答复亦仅能如答揆初之言而止,此外实难为力;务乞前途鉴原。即祈转达为荷,此复。"(《汉冶萍公司(三)》,第890页)

8月29日 离京返沪。(1914年9月2日盛宣怀致于焌年函,同上引书,第868页)

8月 在京期间,邀项兰生南旋,协助浙江兴业银行改组事宜。时项刚解脱中国银行副总裁之职。《项兰生自订年谱》(二)记云:"揆初北来,劝吾南旋,勿再入政界。时浙路收归国有,与交通部订立合同,推揆初为浙路清算处主任,兴业银行组织须根本改变,约吾设计改组办法,暂以顾问名义由董事会函聘,其地位与他行总理相等。当即约定秋后南下。"(《上海档案史料研究》,第10辑,第304—305页)10月,项全家南旋抵沪,赁居马霍路(今黄陂北路)德福里,与先生同里为邻。

9月2日 访盛宣怀,报告赴京交涉情形。同日盛致于焌年函云:"顷叶揆翁面述情形,国有则商股难以筹还,合办则官股无能凑足。极峰注重交通,而交通正值万窘,即使能筹数十万之接济,杯水车薪,仍无结果。泗州①似以水泥厂相待,不名一钱,拔旗易帜。汉冶萍并非破产,将来开股东会议未必心悦诚服。闻泗州看汉冶萍必办不好,意在救我,意实可感。弟于此事三折肱,自问中国经验铁业,鄙人尚在李一琴之先,部目下尚无此种人材,将来办不好,转诿咎于前车,实太冤屈,似不如仍由商办,候大局稍定,政府稍有闲暇再议合办、国有。惟望泗州暗中扶持,不费之惠,以维目下。有如招商局,一切均由执事从中通信,但求内外上下不隔膜,真不必要求现款也。""揆初又言,见过叶誉虎次长,所云粤汉轨价并无扣还之必要,惟前经通饬,扣价未便撤销,只要公司与路局总办自行商定,部中不致挑剔。"(《汉冶萍公司(三)》,第868页)

同日 浙江银行监理官张颁呈报浙江银行、浙江兴业银行两家银行经营与钞票发行流通等情况致北洋政府财政部详。内关于浙兴营业如下:"兴业银行创于前清光绪三十四年,设总行于杭州,设分行于上海、汉口,由商人集股创办。原定资本一百万元,已收一、二届五十万元。印行钞票一百万元,内派定杭总行五十八万六千五百元,沪分行十五万元,汉分行二十六万三千五百元。其流行市面者,总分行合计不过三十余万元,除已封存总行票六万元外,现在总分行实在发行额共计九十四万元,颇著信用,准备尚能充裕,为将来统一纸币之计,亦只有力持收缩主义,责

---

① 指杨士琦,安徽泗州人。——编著者

令将钞票逐渐收回之一法。惟该行为完全商业银行，股东生命财产之所寄，平时董事会之纠察尚严，自经皖赣乱事之后，营业已力求缩小，渐趋于稳健地位，官厅方面之监督转难实行其职权。盖该行所存之观念，以为与国家尚无直接之利害也。"（《中华民国史档案资料汇编》第 3 辑《金融》（二），第 828 页）

9 月 10 日　于《民权素》第三集"艺林"栏刊登古诗《神虎行》，署名"卷盦"。借峨眉神虎传说，抨击"豺狼当道"、狐鼠横行的现实，发出对受苦大众的感叹："可怜离乱人，不如鸿与鹄。"全诗如下：

　　白草黏天岚光枯，五云常驻仙人都。神虎星枢峨眉顶，巫咸不上招魂符。相传神虎善食人，曾持此言问山僧。僧言我佛仁众生，颠倒涅槃皆天刑。碧翁熙枢廛柔气，不遣白额入朝市。豺狼当道无按行，都亭埋轮张纲去。虎兮虎兮！请看大陆走龙蛇，梁益伏莽梦如麻。播州道上断行子，人命何异虫与沙。黄巾目作弩，项籍刀上俎。犬羊鼓腹歌，崔符尽地主。安得大峨封使君，食尽城狐并社鼠。侧闻今年秋，有客趣巴蜀，裹粮掠无余，从者就骈戮。可怜离乱人，不如鸿与鹄。鸿鹄一飞冲上天，行人饮刃不得脱。君不见子敬青毡弗去身，肤饥不取怜其贫，彼何义兮今何横，可以人而不如禽！（原刊）

同日　于《民权素》第三集"名著"栏刊登《华烈妇诔》，署名"卷盦"。对于粤地少妇蕙香以身殉夫，深表怜惜。在称其节、孝、慈"三德"的同时，又委婉地提出质疑："鲛人玉筋，续命之丝莫及，精卫冤禽，填海之恨何补？是以黔娄布被，覆手足而不完。范姬操刃，削耳鼻以见志，无忝冰清之守……"（原刊）

9 月 15 日　参加商务董事会议。（《郑孝胥日记》，第 1531 页）

9 月 21 日　约 9 月中旬离沪赴京。是日，在京访缪荃孙。缪荃孙记云："叶葵初来，示次珊电报。随又送千元来，嘱转致晦若、聘三、子琴、在廷。"（《艺风老人日记》，第 2751 页）

9 月 22 日　缪荃孙托浙江兴业银行京行将张让三信转交先生。（同上引书，第 2752 页）

10 月 3 日　缪荃孙来访。（同上引书，第 2755 页）

10 月 19 日　缪荃孙来访，"还四百元"。（同上引书，第 2759 页）

10 月中旬　赴天津，晤杨介眉、卞白眉等。10 月 14 日卞白眉记云："晚，应孟沧、介眉在福居约值叶揆初。"（《卞白眉日记》卷一，第 23 页）

11 月 3 日　参加商务董事会议。（《郑孝胥日记》，第 1537 页）

11 月 17 日　参加商务董事会议。（同上引书，第 1539 页）

12 月 1 日　致交通部电，通报备核浙路股款清算处自同年 11 月 1 日起开付各期本息，至 30 日止，已换给有价证券票面 25 元、50 元、100 元、250 元、500 元五种，

"共计发还股款七十八万四千二百五十元。"(1914年12月3日《申报》)

12月6日 与柯贞贤、蒋孟苹、樊时勋、赵凤昌同访郑孝胥,"议日辉(呢厂)还债事"。"议定将董事经手垫借之款先行付清,此外余款俟办理未结诸务清楚后,再行按股分派。记于董事会议案簿内。"(《郑孝胥日记》,第1542页)

12月8日 参加商务董事会议。(同上引书,第1542页)

12月26日 浙江兴业银行北京汇兑处成立,隶属浙兴北京分行。地址在北京前门外施家胡同。负责人汪卜桑。(1914年12月18日浙兴北京汇兑处上北京警察总厅禀,抄件,上档Q268-1-625)

是年冬 先生与蒋抑卮等筹划浙江兴业银行改革事宜。首先决定停发本行钞票,改向中国银行取用。先生记云:清末浙兴经度支部、农工商部核准发行钞票,"遂向商务印书馆订定一元、五元两种,总额共计一百万元。一元票系直式,色为淡绿;五元为横式,色为茄紫。截至辛亥革命止,杭、沪、汉三行共计发行七十万元。至中华民国二年又有来远公司经手向法国钞票公司订印新钞票,分一元、五元、十元三种,其纸系定制有'兴业'二字楷书暗纹,式样与商务版无异,总额为三百万元。至三年冬运抵上海。"法国版浙兴钞票开始使用。(叶景葵、潘用和《本行发行史(一)》,《兴业邮乘》,复第23期)

1915 年(民国四年　乙卯)　42 岁

1 月　日本向袁世凯政府提出灭亡中国的"二十一条"。其中第三条规定:"汉冶萍公司中日合办,附近矿山未经公司同意不准他人开采。"同月,浙江银行改组,易名为浙江地方实业银行。

3 月　上海市民组织国民对日同志会,发起抵制日货运动。

5 月　袁世凯正式承认"二十一条"。上海发生中、交两银行挤兑风潮。

6 月　陈光甫、庄得之等创办上海商业储蓄银行。资本 10 万元。

8 月　"筹安会"成立,公开鼓吹帝制。

9 月　陈独秀主编《青年杂志》在上海创刊。

12 月　袁世凯登基称帝,改国号为"中华帝国",以明年为"洪宪元年"。蔡锷组织护国军讨袁。

是年　盐业银行在天津开业,上海设有分行。

1 月 5 日　参加商务印书馆董事会议。会议传阅"与中华(书局)所立教科书限价条约二十一条"。(《郑孝胥日记》,第 1545 页)

1 月 19 日　参加商务董事会议。(同上引书,第 1547 页)

1 月 20 日　于《民权素》第四集"艺林"栏发表《弹铗吟》七律二首,署名"卷盦"。弹剑作歌,以诗言志,表示先生报效国家、治理社会的远大抱负。诗云:

长铗苍凉鸟夜啼,唾壶击碎暮云低。祗余壮志酬车剑,忍委春心付雪泥。薛国笙歌空狡兔,秦关风月尚闻鸡。天涯倘有归来客,谁访田文学事齐?

先生一剑足从容,弹到无鱼却自封。肥泌尘高嘶战马,延平人去失真龙。光腾赤堇山头石,梦绕木兰饭后钟。最是多才任寥落,流星百里有霜锋。

(原刊)

同日　于《民权素》第四集"名著"栏发表《〈频罗诗集〉序》[1],署名"卷盦"。

频罗即世之八年,哲嗣哀其遗稿,将梓而寿诸世。维时涧林陨风,晚苍弥望,芝兰不存,阒芳靡绝。余以盍簪,谊无过诿。敷陈厥指,可得而言。夫文府

---

[1]《频罗诗集》,作者当为叶景葵友人,姓名不详。该诗集似也未正式印行。——编著者

元始,壮声囊册。汉雅骚音,各程令规。六代三唐,瑰辞代起。承流递嬗,作者聿兴。足以翊翼春华,扬厉污简。吉光是珍,文化斯懋。别集之录,由来尚矣。频罗英挺奇质,负志青云。尚羊儒林,振采词苑。落花依草,邱中郎之才华;初日芙蓉,鲍明远所心许。皇甫当前,无事远求白傅;子云承明,岂独文似相如。乃以屡厄清时,勉成吏隐。东坡游鄂,遂传黄州之诗;子山忧国,厥有江南之作。破涕一掬,入握不温。吟魂三尺,归来何暮?呜呼!正平适魏,仅识孔生。嗣宗登山,但聆孙啸。长沙鹏鸟之赋,宣室不闻;佺期射鹏之才,结眉空叹。然而显晦不齐,遭逢非偶;释萝袭充,岂必熹经之彦?握瑜怀瑾,弗屑门戟之荣。侏儒醉饱,士甘枵腹。簧舌翻澜,人咸充耳。贤者闻而兴喟,高人望而避舍矣。况夫流风亡沫,善操终弃。淮南拔宅,人颂刘安;河间遗书,录存子政。南山种豆,无杨恽而损欢;东篱采鞠,待元亮而载酒。杜少陵号称诗史,刘孝标岂无故人?以彼例此,讵不其然。当此国华凋谢,坟籍废弛,戎衣屡警,礼教中息,眷怀绝学,僭焉若痗。不有大雅,畴为扶轮,则斯集之传也。将使白云在天,广乐振地,崇勋光采,如瞻景星之华。爱护波潮,足障黑水之沸,激浊扬清,其在斯乎?今者羽陵飞蠹,未食神仙;枫林大招,每怀太白。彦升出郡,哭仆射而讴思;牧之爱才,传长吉而作叙。虽劳百声于绣虎,无补陈思;而蔽一言于游龙,眷怀李耳。爱撮崖略,用弁鸿著,仰此之咏,庶无闷焉。(原刊)

同日 于《民权素》第四集"谈丛"栏发表《蘐园随笔》(续)19 则,署名"卷盦"。涉及古代井田制、同姓通婚、秦汉政治与教育等,感慨"三代以前,士农并重";家天下者"居天下为一家之私物";认定"有天下者"国祚之修短,"视其得天下之难易与其重学术与否"。兹录其中 10 则如下:

汉高祖能忍于太公,不能忍于吕后,岂薄于父子而厚于夫妇欤?项羽置其父于俎上,竟以分我杯羹对。及为天子,明知吕后必乱,乃不除之,临终告吕氏以"安刘必勃"之语。回忆当日与楚军对垒时,其英锐坚忍之概,视今日奚若?儿女情长,英雄气短。富贵逼人,大足损人锐气。老境颓唐,致成厉阶,良可惜也!

韩信谓高祖能将将,吾于文帝亦云,且德量尤觉过人。周亚夫之将才,苟非文帝,恐未必见用。观其细柳劳军时,都尉对以不闻天子之诏,入壁门,不得驰驱,按辔徐行。亚夫长揖不拜,文帝乃有真将军之叹。其度量过人远矣!汲长孺之傲大将军,当时以为难,而亚夫竟以抗天子,无怪群臣皆惊也。览史至此,令人一读一击节。

历朝经术休明,以汉为极盛。如《尚书》之有欧阳、大小夏侯,《诗》之有韩生、毛公,《礼》之有后苍、大小戴,均著于学官,设校书之职,以刘任诸人任之。

又宣帝微时，依许广汉兄弟及史氏授《春秋》。自天子之士庶，无不通经者。可谓盛矣！盖法制有损革，国学终不能尽废。此世界之公理也。始皇以变法自任，焚书籍以愚黔首，偶语者弃市，卒至二世而亡，遗臭千古，谓非乱法失众之报欤？

或谓古时教育，立于学官者，初无普通、专门之名。然如契之司徒，夔之教胄，以及庠序、学校之设，《周官》所载已可得其崖略。吾谓汉之石渠阁，诏集诸经师，讲五经同异，即普通之说也。如施雠治《易》，董仲舒治《公羊春秋》，尹更始治《谷梁》，夏侯胜、黄霸之治《尚书》，私家著述，专攻一经，墨守师承而无越。此即专门之学也。孔子之博文约礼，则由普通而入于专门，其义益较然矣。

古井田之制，含有均产之义。当时众建诸侯，八家皆私百亩，而同养公田，无多少不均之弊，自封建废而井田之制不行，亦时势使然也。三代主人和而得其平，秦主专制而定于一尊，则公私之界判然矣。夫井田之制，其至公如此。而贫富之名称，尚迭见于经传，何耶？吾谓井田者，国民一定之所入，人人所同，专为农之耕而食者言。若工商之奇赢，士夫之采邑，则又农之外而自食其力者，不在百亩所食之内，故所入较增于农。于是贫富之名著焉。

有天下者，其国祚之修短，大抵视其得天下之难易，与其重学术与否为断。得之易而轻儒者，其祚恒短；得之难而重学者，其祀恒长。秦得天下，可谓暴矣。蚕食六国，存如硕果，始皇起而统一之。不谓之易不得也。汉家开国，较秦为倍难，沛公知之，入关除秦苛法。继世而后，次第改革。如秦燔灭文章，汉则大收篇籍，建藏书之策，置写书之官。秦皇坑儒，汉则尊崇儒术，秀才异等，罗而致之。于是公卿大夫士吏，彬彬多文学之士矣。然则创业之难易，与国学之兴废，其关系于国家之存亡，岂浅鲜哉！

自家天下之局成，据天下为一家之私物，而阶级分焉。秦汉以前，无是习也。尝考《周礼》，设官极详，即最琐屑之事，无不有官以主之。如春人主共米，膳人主炊，掌畜主育鸟，染人主染丝帛，以及冢人墓大夫之类。若以今日社会习惯视之，不将目为贱役乎？古人则不然。设官以为民，非专以奉一人也。贵贱尊卑，无畸轻畸重之别。人品之高下，以贤愚判，不以尊卑杀也。故以孔子之圣，摄行相事可也，委吏乘田亦可也。得志则行其道，不得志则栖皇车马，亦一布衣耳。自后世阶级日严，官制日敝，治官之官多，治民之官少；伴食之官多，任事之官少。且一二小吏，为世所鄙夷，贤者每不乐就，此政之所以日坏也。

五律有不拘拘于对仗者，如辋川诗"秋风正萧索，客散孟尝门"；律而近于古矣,太白诗"水春云母锥,风散石榴花",又如"清秋将落帽,子夏更离群",以夏对秋,古人偶一为之,终非大方家数,不可学也。

三代以前,士农并重。田制属于国家,制为井田,与民共之。设学校以教民,至少至长,无不入学。自秦开阡陌,任民自占田,国家不问,富者万顷,贫无立锥。又燔弃典籍,于是私家自为讲授,而门户学派之说起。吾谓田制废而后天下有盗贼,以其贫者众也。学校废而后诸子百家之学起,以其非国有也。后世国与民日处于分离之势。言田税则有过割飞洒之弊,言学术则有朋党之祸。于是人才不必由学校出,征辟之令行,聚敛之章作矣。

专官兼职之说,亦不能尽拘。管仲官事不摄,孔子非之。此以兼摄为善也。汉何武为宰相,才不及古,而兼三公之事,所以不治,宜建三公官。此以专官为是也。成帝卒从武议,以王根为大司马,增俸如丞相,以备三公。后王莽亦领是职。至桓温则又以大司马而乱晋。然则专官兼职之说,各有得失,亦视任人何如耳。(原刊)

1月26日 缪荃孙致先生信,"附赵修函"。同日,先生送缪五百元。(《艺凤老人日记》,第 2786、2787 页)

1月 结识中国银行上海分行副经理张嘉璈(公权)[①]。张自述云:"上海金融界每年新正例有春宴。参加人物多为外商银行之华经理,通称'买办',钱庄经理俗称'档首',及新设银行之经副理。我系新进,对于与宴各人,非所素稔,周旋其间,颇感孤寂。嗣见同席有一青年,询知系浙江地方实业银行之副经理李君馥孙。……嗣有李君而结识浙江兴业银行之常务董事蒋君抑卮与该行之董事长叶君揆初[②]。蒋君,浙江杭县人,家资富饶,生性通敏,虽未尝领受新式银行教育,对于银行经营,善能迎接潮流。叶君亦浙江杭县人,进士出身,虽未留学国外,固尝博览译著,富有欧洲日本财经知识。曾参东三省总督赵尔巽幕府,历任奉天财政清理处总办等要职,洵属通融新旧、富有学识之人物。"(姚崧龄编著《张公权先生年谱初编》上册,第 23 页)

2月21日 访郑孝胥,"谈浙路押款事"。郑记云:"交通部有电,准以公债票归还,惟须算息。叶询余意如何,余允稍给息,其数托叶酌复。"(《郑孝胥日记》,第 1551 页)

---

① 张嘉璈(1889—1979),字公权,江苏宝山人。1905 年留学日本东京庆应大学。1909 年回国,任邮传部《交通官报》总编辑。民国后出任中国银行上海分行副经理。1917 年调北京总行任副总裁。1928 年 10 月起任中国银行总经理。1935 年后又先后出任国民政府铁道部长、交通部长、中央银行总裁兼中央信托局理事长等要职。——编著者
② 当时先生尚未任董事长。——编著者

2月25日 日前抵京。是日缪荃孙来访。(《艺风老人日记》,第2811页)

3月2日 参加商务董事会议。(《郑孝胥日记》,第1552页)

3月3日 上午赴蒋孟苹宅,"谈日辉(呢厂)事"。同座赵竹君、郑孝胥。(同上引书,第1552页)

3月4日 于浙江兴业银行上海分行晤见赵竹君、孟森、蒋孟苹、郑孝胥等,"出示交通部叶君①来信"。(同上引书,第1552页)

同日 致浙兴汉行电报。次日得复电。(1915年3月5日浙兴汉行致申行函,上档Q268-1-560)

3月7日 缪荃孙托先生代寄书箱四只。缪记云:"吴石潜②来,送史馆书箱四只两包,与叶葵初转寄。"(《艺风老人日记》,第2815页)

3月8日 访郑孝胥,"示叶小松堂庆寿文,易实甫所作骈文,熊秉三具名",请郑书之。郑阅后,"删去秉三伪衔③"。3月10日,先生又送去北京叶宅寿屏,请郑孝胥书之。(《郑孝胥日记》,第1553页)

3月12日 约郑孝胥、赵竹君、蒋孟苹至东远公司,"商日辉(呢厂)事"。(同上引书,第1553页)

3月16日 赴商务印书馆董事会议。"新接北京政府订印公债票及平市铜元票,计价四十万,提议印刷所后院添购余地五亩半,以便推广。"(同上引书,第1554页)

3月22日 偕蒋抑卮由沪抵达汉口。随身携带浙江兴业银行钞票若干,交汉行点收。(1915年3月22日浙兴汉行致申行函,上档Q268-1-560)

同日 于《民权素》第五集"谈丛"发表《蘐园随笔》(续完)12则,署名"卷盦"。就历法、建设国都、方言习俗、度量衡及币制古今比较,以史喻今。有关币制一则,尤见先生银行家之风范。兹录其中8则如下:

> 吾国由专制而跻于共和,有步武汤武之意。此语已为今日习惯之口头禅。惟有一事,为不期然而然者,则改用阳历是也。商正建丑,阳历之正朔,恰值丑月,诚有不谋而合者,亦可见天时人事之所归矣。

> 古人惟重正朔,月数仍不改。此宋蔡氏说也。蔡谓汉仍秦正,亦书曰元年冬十月,则正朔改而月数不改。《史记》始皇三十一年,更名腊日嘉平。秦用亥正,则腊当为三月,而仍曰十月者,则仍以寅月起数,秦未尝改也。吾谓蔡氏说

---

① 指次长叶恭绰。——编著者
② 疑为西泠印社吴石潜。——编著者
③ 指熊希龄民国后任职。——编著者

尚未尽也。古人虽改正朔，亦有不得不勉随民俗之处。如《诗》"四月维夏""六月徂暑"，仍主夏正之四六月言之。若以周正建子推之，周四五月，夏正二月也，安得谓之"维夏""徂暑"乎？又如周公《七月》诗"七月食瓜""八月剥枣""九月叔苴"等语，皆述夏正之气候。虽改易正朔，仍不得不从民间农时之便，亦《论语》"吾从众"之意云尔。

虞曰载，夏曰岁，商曰祀，周曰年。史家编年，本于成周。春秋之义，权舆于是。故夏后相被逐，而传记家以少康所生之年为元岁。武后临朝，而帝在均州房州之文，史不绝书，所以存正统而警僭窃也。至于夏后迁商丘，依斟灌，或谓商丘今河南地，斟灌今山东地，两地相距悬绝，何能相依？致疑古史之不实，不知所谓依者，非必入其国而居之也。盖以商丘密迩斟灌，故徙都于此，以成犄角之势，藉作声援以敌羿耳。

建设国都，关系时局者至钜，总须因利乘便，有互相维系之势，不得拘一时之成见也。成周都镐，至平王东迁，国势日以不振，东坡深斥其非。然周之亡亦未必亡于东迁，盖积弱使然也。或谓由此而上，为文武，为成康；由此而下，为春秋，为战国。此宋吕氏说。吾谓由平王而上，为共和之时期；由平王而下，为专制之时期。何也？平王时非复周召共和之盛，渐至诸侯用兵，日事攘夺。五伯自专征伐，已开先例。故秦得兼并六国，擅立苛法，遂成破坏人和之嚆矢。所谓"春秋无义战"，已开专制之渐，不行专咎祖龙也。厉王窜彘，周召行共和之政，布在方策，垂五十余年。平王忽举国而东，秦襄公以兵送王，僭进为伯，祀上帝于西畤。太史公曰："秦始封为诸侯，遂作西畤，用祀上帝，僭端见矣，君子惧焉。"吾谓司马诚知言哉！

尧曰："多男多惧，富则多事。"以尧之圣而戒慎恐惧如此，此所以为圣也。封人曰："天生蒸民，必授之职。多男而授之职，何惧之有？富而使人分之，何事之有？"夫授之云者，即野无遗贤，国无弃民，无一夫不得其所之谓也。分之云者，即民饥己饥，民溺己溺，不患寡而患不均之谓也。暴秦而后，朝廷与民，日益疏逖，堂廉远隔，君门万里，小臣不能与朝廷相接，平民不能与君主、官长相接，穷通得失，听齐民之自为。国家不过问，民亦不知国家为何物。同一圆顶方趾之种族，而有尊卑苦乐之阶级，遂成一离德离心之现状，于是天下不复可言治矣！

古今书札，常用"再拜"二字，已成一习惯之名词。近日因除去跪拜礼，于是通常尺素弗用之。此盖误解拜字之义也。《说文》"拜"从两手下也。拜以两手为礼，非如稽首、顿首之头至地。《周官》九拜，分别最详。或谓古人日用起居，均席地而坐，此语为稍读书者类能言之，不足为异。其坐时屈两足向后，以股著足踵，与今之跪相似。故古礼有跪与坐之别，以示敬恭之意。《曲礼》"授立不跪，授坐不立"是也。至稽首、顿首，则头已至地，视拜为更隆。顿有停顿之义，稽有稽留之义，拜则仅下其手为礼，与稽首、顿首迥别。虽同一鞠躬，而亦有微示区别者。如"吉拜"注云："雍容而下其手。""肃拜"注云："直身肃客而微下手。"既曰直身，则不必鞠躬可知。盖鞠躬以躬为礼，拜以手为礼。躬从身，拜从手，观其造字之义，固已显然。谓拜与鞠躬同则可，谓与稽首同则不可。或又谓与空首同，则更误矣。《周官》"空首"注云："下手，首不至地。"玩一空字自见。又《尚书》"拜手""稽首"，连文及之，言既拜手又稽首也，明是两事，不容牵混。《礼·郊特牲》云："拜，服也。稽首，服之甚也。"分析最为明确。或又谓古时稽首、顿首之礼，亲之于子亦行之。此说更误。《仪礼·士冠礼》所谓"母拜受"者，盖下其手以示亲爱之意，亦第鞠躬而已，并无稽首之文，亦断无亲拜其子而叩首至地之礼。盖误认拜与顿首为一事，遂与古礼微有未合。此不可不辨也。

古今之度，历代不同。大约古短而今长。班史谓万事起于黄钟，六律起于秬黍，一黍为一分，九十黍为黄钟之长。尝以一黍为分推之，积至十黍（十黍为一寸），所容之寸亦无几。盖短于今尺远甚。《史记》谓以身为度，《说文》："人手却十分动脉为寸，十寸为尺。周制寸尺寻常诸度，均以人体为法。"《家语》亦有"步指知尺，舒肱知寻"之文。许叔重引周制与《史记》合，共言人手动脉，则本于医学家言。医家谓关上为寸口，关下为尺泽。尺泽推而下之，则及肱矣，此与《家语》"舒肱知寻"义合。至于步指而知尺寸，吾尝考诸方书，屈中指而取之，由中指接缝两端量之而得一寸，访诸精于医者，试之良验。又针灸之术必布指而求尺寸，不得以世俗通用之尺为准。盖自古尺沦亡，载籍阙略，仅可考者，岐黄之书而已。

币制之轻重，应如其所铸之轻重为准。此钱法之通制也。秦之半两，汉之五铢，皆重如其文，若今币之七钱二分，亦云重如其文矣。然币价之涨落不常，卒未能适如其七钱二分之数，则亦徒有名称而已。先儒谓唐开元钱，十钱重一两，然亦仅就唐言之。若以古币较之，其钱三枚，足当古之一两。宋则以开元钱十枚为一两。吾以开元钱三枚一两推之，则宋之十钱，当古三两有奇。足见后世币制日益重矣。（原刊）

3 月 23 日　自汉口托浙兴汉行送沪"家书一件"。（同日汉行致申行函，上档 Q268-1-560）

3 月下旬　由汉口赴郑州省亲。（1915 年 4 月 3 日汉行致申行函，同上引档）

4 月 3 日　自郑州致汉行函，告以"准廿三日（4 月 7 日）可以抵汉，即日坐江新

轮回沪"。（同上引档）

4月7日 自汉口返沪、随身携带汉行托带渭记户及上海记户汉昌公司股单息折各四套。（同日汉行致申行函，同上引档）

是年春 先生与张嘉璈、宋汉章①等发起组织上海银行公会。徐寄庼《希望民国十年之银行公会》一文记云："本公会始于民国四年。系张公权、宋汉章、叶揆初、蒋抑卮、陈光甫、李馥荪、钱新之、孙景西诸君所发起。当其时尚无基址，假上海商业储蓄银行为会所，每日中午集各银行要人聚餐一次，藉以讨论一切。会长会董均未推举，会章亦未厘订，全系精神上之结合。迨民国七年，香港路七号会址落成。"（《上海银行公会年报1921年》，第59页）徐寄庼又云："上海银行公会始于民国四年春。系中国、交通、浙江兴业、浙江实业、上海商业储蓄、盐业、中孚等七行所发起。当其时尚无基址，假上海商业储蓄银行为会所，每日中午集各银行要人聚餐一次，藉以讨论一切。会长、会董均未推举，会章亦未订定，全系精神上之结合。"（《最近上海金融史》下册，第112页）

5月4日 参加商务董事会议。（《郑孝胥日记》，第1560页）

5月16日 浙江地方实业银行、浙江兴业银行接受海丰面粉公司、赣丰饼油公司财产订立合约，先生与胡藻青代表浙兴在合约上签字。合约全文如下：

立合约：浙江地方实业银行、浙江兴业银行今因海丰面粉公司、赣丰饼油公司（下称两公司）积欠浙江地方实业银行、浙江兴业银行（下称两银行）本息银三十四万余两，该公司延不归还。经两银行向公司施行债权，双方订立合同，将全厂机器、地皮、房产及一切物件并交由两银行完全管理。兹特公同聘请孙江东先生总理两公司事务，一切权利、义务订明于后：

一、自接收公司之日起，所有全公司一切事务，总理有完全管理及处分之权。

二、总理薪水每月订送银圆二百圆，凡因公旅费及交际各费，均在正账开支，其余各员薪水悉由总理酌量规定。

三、公司营运资本由两银行随时酌量市面情形，与总理商妥后协同筹垫。

四、每月终将收支各款连同预算决算，报告两银行。其营业情形与销货、存货各件，每星期列表报告一次。

五、全公司所有各种用具、机器，应编造财产目录交两银行存查。

---

① 宋汉章（1872—1968），浙江余姚人，上海中西书院肄业。先后任上海电报局、北京大清银行附设储蓄银行经理。1912年2月出任中国银行上海分行经理。1925年后任上海总商会会长。1935年中国银行改组，出任常务董事兼总经理。——编著者

六、两银行管理该公司权限，除各项开支及应解两行之各种息款外，以清了甲寅年底止所结欠之本息银三十四万余两为限。

七、每年营业所入除去各项开支，其纯益金作十四成分摊。以三成为总理及全公司人员花红，其余十一成全数归还两银行欠款（以三成作十分，总理得十分之三，余由总理核定分给全公司人员）。

八、前项所欠本息银三十四万余两，如于二年内银行全数收回，即于所收之债款内，致送总理酬报金三十分之一，倘收回在二年以上，则以二十分之一为酬报金。

九、两银行对于总理，总理对于两银行，倘非意外变更，彼此均不得于中途解约。如因不得已事故必须解约，彼此必于三个月以前预先知照。

十、右订合约一式三纸，两银行暨总理各分执一纸。

民国四年五月十六日　海丰面粉公司、赣丰饼油公司总理孙江东

浙江地方实业银行代表朱晓岚、楼映斋、胡济生

浙江地方实业银行经理李馥荪

浙江兴业银行董事会代表胡藻青、叶揆初

（原件，上档 Q268 - 1 - 82—12）

5 月 18 日　与樊时勋赴上海三马路中国银行，商议各银行组织堆栈事宜。（李铭致樊时勋函，上档 Q268 - 1 - 507）

同日　应郑孝胥之约赴小有天，郑宴请金仍珠、宗舜年等。（《郑孝胥日记》，第 1562 页）

5 月 19 日　李维格、沈耕莘邀饭于卡尔登，同座金仍珠、孟森、郑孝胥等。（同上引书，第 1562 页）

5 月 21 日、27 日、28 日起　浙江兴业银行董事会分别于《上海日报》（日文）、《时事新报》、杭州《之江日报》《全浙公报》刊登启事："杭州大有利电灯公司因借用敝行款项，已由大有利公司董事会与敝行订立合同，将全公司所有产业单据一并交与敝行，作为完全抵押品，并由公司与敝行双方在官厅注册存案。特此通告。"①（原报剪报，上档 Q268 - 1 - 499）

5 月 25 日　参加商务董事会议。（《郑孝胥日记》，第 1563 页）

5 月 26 日　签署浙兴董事会致浙江银行监理官张颀函："敝行财产目录及出入对照表，历经遵例造报在案。兹将民国三年全年份杭州、汉口、上海、北京各行出

---

① 各报广告内容一致，文字略有异同。——编著者

入之数暨财产现款,由敝董事会汇集,造对照表及目录,每种三份,备函送呈,敬希詧核。转报需时,又经检查人查核,造表稽迟职是之故,嗣后此项目录及对照表由各行汇集而成者,拟请年造一次,俾与结账年度相符,合并陈明。"(信稿,上档 Q268-1-70)

5月29日 赴爱尔近路纱业公所,参加商务印书馆民国四年股东常会。张元济报告营业以及上年盈余情况。会议举伍廷芳、郑孝胥、印有模、高凤池、张元济、张謇、叶景葵、鲍咸昌、黄远庸、曹雪赓、张桂华为新一届董事。(《商务印书馆股东会记录簿》)

5月31日 签署浙兴董事会致浙江银行监理官公函。云:"据敝杭行函称:上年全年份本行出入对照表及财产目录,业经送呈监理处。旋准朱委员来行,面云'各表均四处并报,上年设立北京汇兑处,未经报明本处,应请公函陈明,以便将表录送部'等语,函知到会。查敝行于民国三年十二月二十六日,在北京前门外施家胡同添设本行汇兑处,专营汇兑等事。业遵公司条例第一百二十二条,在浙江财政厅、北京警察总厅注册,奉准有案。兹准前因,合就函达。"(信稿,上档 Q268-1-70)

4、5月间 浙兴同中国、交通、浙江地方、商业储蓄、盐业六家银行就合组上海公栈事进行磋商。是年,大清银行清理处将上海苏州河畔之各栈房出售。上六银行同鉴于上海无适当堆栈用来寄存商贾抵押之货物。为推广货物抵押起见,各银行竭力主张由中行购买下这些栈房,再由各银行租用,合组上海公栈。1917年上海银行公会成立,各银行纷纷加入,遂将公栈事业并入公会。1919年5月改组为有限公司,仍用旧名,规模有所扩充。至1920年底盈利14 514两。1921年3月11日,上海公栈受北苏州路大火殃及而从此结束。(徐沧水编《上海银行公会事业史》,第39页)

6月1日 浙兴与中国、交通、浙江、盐业、商业储蓄六银行合组货栈,经过协商,是日签署《上海公栈事合同》。全文如下:

立合同:上海中国银行、交通银行、浙江银行、浙江兴业银行、盐业银行、商业储蓄银行今因意见相合,公议合组货栈一所,现已向上海大清银行清理处,租定苏州河北西藏路第元号栈房一座,定名曰上海公栈,西文名曰 The Shanghai Yodown Company Limiter。公推中国银行为总经理,延用孔金声君为公栈买办。一切办法悉照洋栈规则办理。栈中盈余归六银行匀派。设有亏损及意外不测之事,亦归六银行公同担负。如遇有押款叙做时,六银行应先互相知照。其有不愿合做者听便。为特订立合同一式六份,各执一份存照。

民国四年六月一日

> 上海中国银行经理
> 上海交通银行经理
> 上海浙江银行驻行董事
> 上海兴业银行总理 （签字）
> 上海盐业银行经理
> 上海商业储蓄银行总经理
>
> （抄件，上档 Q268－1－70）

6月3日 晚，六银行为上海公栈事宜聚会，蒋抑卮代表浙兴出席会议。蒋抑卮所记"议事录"如下：

六月三日下午六点钟，为上海公栈事开会于上海商业储蓄银行。与议者中国行宋汉章、张公权，交通行张绍廉，盐业行杨韵秋，浙江行胡济生，商业储蓄行陈光甫、庄得之，兴业银行蒋抑卮。及散会已八点钟。议决事件如下：

一、每行划资本五百两，由中国行转存商业储蓄行，支票签字由宋汉章担任。

一、前所租定栈房大半为面粉业所包租，余屋无多，拟再租一宅，以广招徕。

一、宋汉章经理所盖图章计用二方，一中文为"上海公栈总经理中国银行"十一字，其式如下（略）；一西文（空白）。

一、栈单上所标明之货色，不论何货，概以货物二字包含之，惟做押款时押据上仍将货物种类、量数分别注明。

一、无论何行承做押款，仍将栈单托由中国行保管（此专指做公栈货色之押款定下仿此）。

一、无论何行承做押款，应先通告各行，约同分做，数目多寡，各行可自由伸缩。如不合意亦可径不分做；如合意者，其所分做之数会归承做之行，由承做之行付以收条，至赎取时如有分批取赎者，则有承做之行，将分批归还之数按各行分做之数给还，并于收条上注明已取赎若干。

一、无论何行承做押款，如有亏损时，各行所分做者按分做之数承认亏损。

一、无论何行承做押款，对于主顾及对于所分派之各行，概不取用钱。

一、押款主顾无论外人招徕或公栈买办招徕，承做之行亦概不给与用钱，惟各行年终结账时，对于公栈买办所招徕之生意，酌提若干，以作奖励。

一、自下星期一起（即七号）中午十二点半，各行重役可会食于商业储蓄银行,每行以二人为度,以资接洽。下午六点至七点,亦为各行重役公会之时,惟不设晚餐。

一、承做押款所有货色保险,如非公栈代理者,须将保险单过归承做之行,该保险单亦托由中国行保管。

一、以上所议事件,由商业储蓄银行拟订章程通告各行。

(抄件,上档 Q268-1-70)

6月4日 浙兴董事会致中华书局陆费逵函。云:"贵局余映堂、金少梅两君,为敝行效劳日久,兹特送上酬金及夫马费洋一百元。敬请查收转送为荷。"(信稿,同上引档)

6月20日 偕许午楼同访缪荃孙。(《艺风老人日记》,第2843页)

6月23日 缪荃孙来访。(同上引书,第2844页)

7月21日 致浙江地方实业银行胡济生、李馥孙函,寄送两银行与海丰、赣丰①合同草案。云:"海、赣丰合同,兹将尊处一份专函送上,祈詧收是荷。"(信稿,上档 Q268-1-70)

7月30日 致浙江银行胡济生、李馥荪函,建议修改与孙江东所定合同。云:"孙江东先生合同稿,前曾送请核夺,奉复照缮。惟总理花红一条,原议照公司原奉办理。续接江东君来函,请改原奉总理得十分之二为十分之三。此事与银行利益无甚关系,敝会拟即照允,想尊意亦必赞同。合同内即于七条'其余十一成全数归还两银行欠款'句下夹注'此三成作十分,总理得十分之三,余由总理核定分给全公司人员'云云。此外无变动也。江东君今明日当到,到即奉闻。又海、赣丰合同,敝会拟送律师处保管,并拟将前次议据及各种紧要文牍原件,一并汇交律师,取回收据,以资信守。兹特开单奉阅,倘其件有向存尊处者,并希检出,由两行会同送交律师存储。尊见以为何如?"附文件清单(略)。(信稿,同上引档)

8月4日 在斜桥路10号寓所召集浙兴董事、查账人会议,讨论修改本行章程,以备提付股东会议决施行。(通知抄件,同上引档)

8月8日 致汤觉顿函,探询向中行领取钞票事。全文如下:

觉顿先生道鉴:前日奉手书并续汇贰百元,均已照收。兹将股票息单一分寄上,即祈查收为感,余详另纸。兴业得公为股东万千荣幸,另纸所陈,即求公助力之第一要事也。手颂公安! 弟葵顿首 八月八日

再启者,兴业奉前清度支部批准,享有发行纸币权五十年。以往成绩尚属

---

① 海丰面粉公司、赣丰饼油公司,原为江苏官绅许鼎霖(久香)等创办的实业,时因欠款于两银行,两银行已接管其财产。前文已详述,不必再注。——编著者

良好,以后进步尤有希望。惟币制统一政策终必实行,不过时间久暂问题。政策所关,兴业未便独异。前者浙江地方银行与中国银行订立合同,以中行新钞收回浙行旧钞,业已签字实行。浙前财政厅长张咏霓来作说客,谓兴业何不援案办理? 兴业董事再三研究,谓此议未便拒绝。不过取消发行特权,用何法补偿损失,须先问明张厅长,方有所筹策。未几,张去而蒋来,其时浙行监理官小松之侄张恩甫君亦以此言来劝。兴业仍以前说合之,张亦无辞可难。弟个人之见,第一须辩明纸币应统一与否,则金日统一便。第二须辩明浙行所订合同是否可行,兴业董事曾屡研究,以为大致可行,而亦有窒碍难行之处。已就原合同分别诠释,以备本行研究之用。弟意极简单,以为补偿损失之方法,祇须于合同内变通之,不必另寻题目。伯芝为总裁,尽可开诚布公直接相商。惟兴业为商办公司,发行钞权为营业大宗,未经股东允许,不便擅作主张。而此时又不便先问股东意见。又不知中国银行对此事宗旨如何? 必须先得途径,乃可循序进行。特将诠释浙行合同底稿照录一分,请公教正,并祈致意伯芝,询其于此事意见如何。若照敝处宗旨,尚无强人所难之处,而其事又为中行所始终主张,则请明示方针,再由敝处正式派人至京商议。即不必经过地方官厅,反多延阁。伯芝眼光远而魄力足,非詹詹小言者可比,当能谅兴业之言出至诚也。此事并请公守秘密为幸。手颂台安! 弟又顿首　八月八日

　　外清折一件

　　再密启者①,弟意补偿损失之方法,祇须加增钞额。兴业意在五百万元。能再加固好,否则此数万不可少。弟意钞额加多,似与中行无损,兴业能备足三百万元准备,再加有价证券,则实力雄厚。虽发行额多于五百万,中行亦何虑之有! 故钞额增加,为兴业最注意之件。又地域不能预先区分(浙行合同未言地域,然实约定杭州七十万、上海三十万。此浙行失败之着),亦为兴业所主张。谈次请公注意。至于检察监督越严越好,不过不欲以官场恒态前来捣乱,可无他问题也。又及。八月八日晚

(信稿,上档 Q268-1-616)

8 月 16 日　浙江地方实业银行、浙江兴业银行就海丰面粉公司、赣丰饼油公司财产事宜订立合同。樊时勋与先生代表浙兴在合同上签字。合同为:

　　立合同:浙江地方实业银行(下称浙江银行)、浙江兴业银行(下称兴业银行)今因海丰面粉公司、赣丰饼油公司于前清时欠用浙江银行本息规元银十七

---

① 此节信稿上端有谱主注文:"此密启临时抽出未写。葵注。"似未与前信同时发出。——编著者

万四千六百余两正,兴业银行本息规元银十七万一千八百余两正,现在交涉结果,将两公司产业、机器全数收回管理,公请孙江东君总理两厂事务。其所欠款项由两银行先就海丰厂垫款营业,以每年盈余之款陆续归还。兹将关于垫款及对于公司各种应办事务,双方议定各条如左:

一、两银行对于海丰营业,当据孙总理报告,察看市面情形,随时协议垫款数目,平均筹拨。

二、海丰每年结账后,除垫款本息及各项开支、办事人红利照议定之数支销外,即按其盈余平均摊还两银行借款。

三、海丰营业情形及进货、存货各种报告,应由两银行会函孙总理,除协商事件祗用公信外,其余表单均须缮交两份,由两银行分执存查。

四、海丰驻沪账房应行报告事件,同第三条办理,其账目当由两银行各举一人,每月初一、十六均会同查察一次。

五、烟台销售面粉应行报告事件,亦同第三条办理,其应派驻烟稽查一人,由两银行公同选用。

六、凡公共之重要单据、函件,议定由浙江银行保管,惟浙江银行收到后当函告兴业银行为证。

七、两银行与孙总理函牍,无论何处缮发,必经双方加盖图章,以便接洽。

八、两银行垫付海丰款项,设有多少不能按平均之数即日筹还时,此多垫之数即自解出之日起,出立本票,以半个月为期,按七两半计息。若在半月以上,则自逾期之日起,照银行与孙总理议定海丰往来办法,仍立本票,以八两半结息,但所转日期总计仍不逾一个月。

九、此项合同业经双方议定,一式两纸,各执一纸为据。

民国四年八月十八日

浙江地方实业银行经理李馥荪　董事会代表胡济生
浙江兴业银行申行总理樊时勋　董事会代表叶揆初
（原件,上档 Q268-1-80—12）

8月22日　浙江兴业银行第8次股东定期会在杭州举行。董事胡藻青、章振之、郑岱生、蒋孟苹、叶揆初等签署本行第七、第八届营业报告①,公布民国二年、三年存该对照表。民二主要项目如下:

资本洋 100 万元(未缴洋 50 万元);长期放款洋 804 861.62 元;短期放款洋

---

① 民国三年(1914 年)浙兴股东会未曾召开。——编著者

1 249 177.33 元;押款洋 686 672.69 元;各项存款洋 2 630 747.05 元;各种票据洋 1 183 400 元;分派股息总行洋 14 000 元,汉行洋 14 000 元,申行洋 7 000 元;净余洋 55 800 元(其中总行洋 3 800 元,汉行洋 23 500 元,申行洋 28 500 元)。民三主要项目如下:

资本洋 100 万元(未缴洋 50 万元);放款洋 2 560 944.54 元;押款洋 1 020 697.33 元;房产洋 256 037.22 元①;各项存款洋 3 977 722.99 元;各种票据洋 1 372 040.4 元;分派股息杭行洋 14 000 元,汉行洋 14 000 元,申行洋 7 000 元,北京汇兑处洋 338.16 元;净余洋 66 386.71 元(其中杭行洋 3 199.11 元,汉行洋 40 000 元,申行洋 23 504.48 元,京处洋 316.88 元)。

会议议决修改本行章程:规定设本行于上海;于本行内设总办事处;董事七人内选举办事董事三人,复于三人内选举一人为董事长,常驻总办事处,执行本行各种事务。会议选出新一届董事会,由叶揆初、樊时勋②、蒋抑卮、胡藻青、周湘舲、张澹如、王湘泉七人组成;选举蒋孟苹、郑岱生为监察人。(《兴业邮乘》,第 9、10、13 期,1915 年 8 月 30 日浙兴总办致申行函)

8 月 23 日　浙兴董事会在杭州举定樊时勋、叶揆初、蒋抑卮三人为办事董事,叶揆初被推为董事长。(同上引刊)"公司之有董事长,自该行始;办事董事驻行办事,亦自该行始也。"(徐寄庼《最近上海金融史》上册,第 80 页)先生自述云:"民国四年,乃与蒋抑卮、沈新三、项兰生诸君,商改革之策。订定新章,以上海为总行,成立总办事处,选举我为董事长,三年一任,连举连任,以迄于今。"(《我与浙江兴业银行关系之发生》,《杂著》,第 254 页)

董事会后,浙兴总行由杭州迁沪,在沪设立总办事处,实行董事长负责制,这在中国金融界为首创。"先生就任董事长后,精心擘画,统一事权,变更规章制度和营业方针。第一,改革了会计制度,把单式的旧式簿记改变成为新式的复式簿记,使会计记录更能表现银行经营的实际情况,以促进银行的现代化管理。第二,改革了汇划制度。当时上海银行业使用的票据清单制度,分划头与汇划两种。由外商银行开出的票据称为划头,可以当日兑现。由中国银钱业开出的票据称为汇划,须隔日才能兑现。先生首倡将两种票据统一使用的办法,即客户交来的票据,不论划头和汇划,都可以在浙兴立即兑付,既便利了客户,也促进了浙兴业务的发展。第三,扩大业务经营范围。除存放款业务外,增加外汇、信托、有价证券、仓库等业务,营业额迅速增长。以各项存款为例,1915 年仅为 4 500 余千元,1921 年就上升到

---

① 浙兴营业报告首次列入房产专项。——编著者
② 樊时勋 1916 年 4 月病逝,增补沈新三为常务董事。——编著者

16 300 余千元。第四，添设分支行，扩大业务。新增设北京、天津两分行，沈阳、哈尔滨两分庄，大连、郑州、石家庄三分理处；并在上海、哈尔滨、杭州、汉口、天津等地增设仓库，办理货物储存和抵押业务。通过以上这些措施，浙兴业务有了很大发展。（参见陈正卿《叶景葵、徐新六与浙江兴业银行》，《近代中国工商人物志》，第 2 册，第 126 页）

8 月 26 日　先生等浙兴全体董事会成员署名致项兰生函，聘请其为书记长。函云："本行章程业经股会修改，总办事处自应照章成立，葵等谬承众举，董理无方。幸借长才，用资贞画。兹敬屈为书记长，月薪月奉贰百元。伏祈俯就，欣荷曷胜，谨专函奉订。"（信稿，上档 Q268-1-70）

《项兰生自订年谱》（二）记云："吾就任即着手一切制度之厘订、章则之建立，并规定全行最高薪水额不得超过二百元，揆初与吾均按此薪支给，此后虽屡议增薪，均为吾根据此项规定拒绝，终吾之任未变。而吾家则因陈夫人持家节俭，每月尚能有所积贮，吾亦搭乘三等电车进出，始终未尝乘坐包车，汽车更无论矣。"（《上海档案史料研究》，第 10 辑，第 206 页）

8 月 30 日　浙江兴业银行总办事处（以后简称浙兴总办）为设本行于上海、本行内设总办事处及举先生为董事长等事致申行（即浙兴上海分行）函，云："本处业已照章成立，所由尊处一切事宜，前与董事会接洽者嗣后可即径商敝处办理。"（原件，上档 Q268-1-326）

8 月　与蒋抑卮等商议领用中国银行兑换券事。浙兴早于 1907 年 7 月 18 日取得钞票发行权，辛亥革命时遭到严重的挤兑风潮，几濒倒闭。叶景葵、潘用和编《本行发行史》记云："适蒋董事抑卮与浙江财政厅长张咏霓（寿镛）晤谈金融大势。张谓国家发行政策必归统一，商行发钞，害多利少，为贵行计，不如自行取销发行权，向中国银行领用，较为合算。蒋董事与各董事详商，深以为然，遂由张厅长呈明财政部，甚奖本行之公而忘私，堪为模范。于是法制新票停止使用。"（《兴业邮乘》，复第 23 期）

约 8 月末　蒋抑卮赴北京与中国银行商议领用兑换券事宜。拟定自 9 月 4 日起以兴业银行通记名义向中国银行立往来存款折。（1916 年 9 月 7 日浙兴总办致中行函，上档 Q268-1-70）

9 月 6 日　主持浙兴董事会议，决定设立天津支行，聘请潘履园为津行经理。同日，致潘履园函[①]。云："敝行已于本日会议决定在天津分设支行。我公硕望宏

---

① 信稿标明"由揆初先生带京"。——编著者

才,凤所钦仰。前由敝行董事公同委任景葵面恳台端筹办津行事务,幸蒙慨允,曷胜欢忭。兹经正式议决,敬屈先生为天津浙江兴业银行总经理,月奉薪金洋一百五十元,其余交际川资等费,另行开支。所有天津支行筹备一切事务,悉请主持酌定示知,以便择期开办。伏希俯允,惠然贲临。"(信稿,上档 Q268-1-70)

9 月 7 日 浙兴总办致中国银行函,确定设立往来存款折事。云:"兹由敝行董事蒋抑之君与贵行议定,自九月四号起,以兴业银行通记户名向贵行立往来存款折,其银数以存至二十万两为度,长年二厘半计息。其长存不动者,以三万两为限额。上项办法业承贵行允议照行,兹特呈函证明,尚希正式示复,以便彼此有所凭证。"(信稿,同上引档)

9 月 9 日 复无锡胡佑之函。云:"接诵手教。敬谂脱离锡事惠明有期,懂幸无量。承介行员,至所欣荷,惟现在人浮于事,一时尚难安插,当储之夹袋,俟将来需用人员时量为设法。急遽无以报命,尚乞谅之。"(信稿,同上引档)

9 月 10 日左右 偕浙兴总办书记长项兰生离沪赴京。在京期间,会同蒋抑卮继续与中国银行会商领用兑换券事宜。又访潘履园等。(1915 年 9 月 13 日项兰生在京致孙江东函,同上引档)

9 月 14 日 经过半个多月商议,浙兴与中行正式签订领用兑换券合同十一条,本日在京签字[1]。合同全文如下:

立合同:中国银行(下称中行)浙江兴业银行(下称兴行)今将双方议定各条开列于左:

一、兴行领用中行十元、五元、一元兑换券,共三百万元,应由中行会同兴行在两行所在各地方,分批点明封存中行保管,归兴行随时陆续领用。

二、兴行于陆续领用前项兑换券时应备现金五成、中央公债券二成半,交付中行,以充保证。中行对于前项现金保证,应给年息二厘半,但前项保证金兴行不得随时动用。

三、兴行除缴前项保证七成半外,其余二成半空额应由兴行自备保证,中行得随时派员点验。对于前项自备保证,无论现金或中央公债券或他项有价债权,遇必要时中行得有优先权处理之。

四、两行应于前项兑换券上各加暗记,以便区别。

---

[1] 鉴于浙兴开办以来信誉卓著,加上先生过去在大清银行的地位,所以浙兴领用兑换券条件比较有利。合同规定所交现金保证五成,由中行按年利 2.5‰给息。保证准备按票面金额交中央公债二成半。此后浙兴向中国银行领用的中行钞票共达 365 万元。1920 年,先生又到北京币制局请求恢复浙兴银行钞票发行权,1921 年起,一面自己发钞票,一面仍向中行领券。——编著者

五、兴行所发暗记兑换券及中行自发兑换券到各行兑现时,各行应互相兑收,每日彼此交换抵冲,如有尾数,各行应备现金补足。如兴行有尾欠时,不得请于保证金内扣除,但遇市面银根紧急时得协商特别办法。

六、兴行既领用中行兑换券,嗣后不得自发钞票,其原发钞票应自第一批中行兑换券领到发行之日起,限六个月内收回。其处置旧票之手续如下:(一)兴行于实行领用中行兑换券前应将原发兴行钞票流通额、库存额开具清单,送交中行查核点验。(二)前项库存票额查核点验相符后,即由中行派员会同兴行定期销毁。(三)前项流通票收回后,应即盖作废印,随时由兴行报告中行会同销毁。(四)兴行应登报公告收回原发钞票,收毕销毁后应会同中行详报财政部备案。

七、兴行应将所发暗记兑换券之流通额,随时报告中行。

八、兴行领用三百万元足额后,得再照本合同条款加领兑换券,以二百万元为额。

九、本合同有效时期以四十二年为限。

十、本合同共缮两份,双方签字盖印各执一纸,互相遵守,不得变更,并各详报财政部备案。

十一、本合同期满时,兴行应将所有暗记券交还中行,否则中行得于兴行缴存保证七成半内照数抵销,如仍不齐,得于期满次日于兴行如数收现及中央公债券。

中华民国四年九月十四日

　　　　　　　　　中　国　银　行　总　裁　　　李士伟(印)
　　　立合同
　　　　　　　　　浙江兴业银行董事长　　　　叶景葵(印)

(《中国银行行史资料汇编》,第 1033 页)

9月16日　在京致中行函。云:"敝行与贵行新订合同第十条,内开合同签字盖印后应各详报财政部备案等语。兹敝行已遵公文程式于本月十五日禀报财政部备案,理合抄稿送请查核。至贵行何日详部,即希示知,并望抄稿见复,以凭备案。"(信稿,上档 Q268-1-616)

同日　致浙江银行监理官张顾函。云:"敝杭行函称,奉三十四号饬开以'奉财政部批,库存报告表说明书内载铜元每百枚合银元八角,每元应换铜元一百二十五枚。查纸币兑换市价报告表,兑换铜元数栏内为一百三十枚,较说明书所载相差五枚。一日之间,折合彼此不同,实情如何,转饬声复'等因,饬将所以假定前项数目原由声复以凭转详等因,到行具函前来。查本行向无铜元进出,其库存铜元,百枚合银元八角计算者,系本行假定标准,取便自行记数,与市价无涉。历届库存表报告照此填注,始与本行记账相符。惟未于说明书内声明假定缘由,以致与兑换表不符之处端委莫名。兹准饬知,相应函达,祈希查照,转详是荷。"(信稿,上档 Q268 - 1 - 70)

9 月 17 日　就领用中行兑换券事签署呈财政部文。云:

禀为领用中国银行兑换券,收回自发钞票,订立合同,抄送备案事。本银行于前清光绪三十四年在农工商部注册,并奉前清度支部核准给与发行钞票特权,以五十年为限,历年总分各行发行总额准备成数均经遵章填报在案。兹与中国银行议定,就本银行总分行所在各地方,领用中国银行兑换券,限期收回自发钞票,所有详细办法均经彼此议定,订立合同十一条,于本月十四日双方签字盖印,各执一纸为凭。理合查照合同第十条,照抄合同条文,禀请大部备案,伏乞鉴核批示祗遵。谨禀

财政部　计抄合同一件①

浙江兴业银行董事长　叶景葵(章)

浙江杭县人,年四十二岁,住上海英租界大马路

中华民国四年九月十七日

(《中国银行行史资料汇编》,第 1032 页)

同日　在京致中行函。云:"敝行与贵行新订合同第一条,内开兴行领用兑换券,'应由中行会同兴行在两行所在各地方,分批点明,封存中行保管,归兴行随时陆续领用'等语。兹将敝行拟领兑换券第一批数目共二百万元,分别地方,另单开送。即希贵行照数预备分发杭、沪、津、汉各分行,按照合同办理,以便敝行分头接洽,陆续领用。"(信稿,上档 Q268 - 1 - 616)

9 月 18 日　致浙江银行监理官张顾函。云:"据敝杭行函称,迭奉二十七号、二十八号大饬,属造三年下半年损益表,并发表式一纸等因,到行具函前来。兹将民国三年全年份杭州、汉口、上海、北京各行损益之数,汇造总标目式三份,敬希詧核。转送审计院、财政部备案。至敝行账目向在阴历年终结算一次,此项损益表,嗣后当于每年总结后年报一次,合并陈明。"(信稿,上档 Q268 - 1 - 70)

9 月 21 日　财政部批复浙江兴业银行董事长禀领用中国银行兑换券,收回自发钞票订立合同抄送备案由。批:"禀悉。查该银行自前清度支部核准开办,并给与发行钞票特权,数年以来,信用卓著,乃该董事长为统一币制起见,按照浙江地方实业银行成案,向中国银行领用兑换券,额订三百万元,另订合同,经双方签字盖印

① 合同内容见"9 月 14 日"条,此略。——编著者

为凭,并据中国银行呈报到部,具徵该董事等力顾大局,殊堪嘉许,应准备案,合同存。此批。"(《中国银行行史资料汇编》,第 1034 页)

9 月 22 日　浙兴总办致中国银行函。云:"奉九月二十日大函,交到敝行订立领用贵行兑换券三百万元之正式合同一件,属盖用图章等因。兹已与敝行所执一份拼合盖章,特将原件送上,希转寄贵总行备案,代黏印花税一元五角,一并附上,统祈查收,见复是荷。"(信稿,上档 Q268-1-70)

同日　在京复中行函。云:"敝行现照本年股东会议案,设本行于上海。除原有杭、汉两支行外,拟添设支行于天津。以后北京汇兑处暂归津行统辖。故前函请领第一批兑换券二百万,亦暂以杭、沪、津、汉四处为发行区域。应请仍照原送清单分别筹备,无任切感。"(信稿,上档 Q268-1-616)

约同日　偕蒋抑卮、项兰生由京返沪。在京期间,先生曾致杨介眉函,拟聘请其为浙兴总办顾问。函云:"敝行现照本年股东会决议,于上海设本行,并于本行设总办事处,改定统账,实行稽核。而于营业方针亦稍有规划,非得人而理,将无以策进行。先生硕望鸿才,景行已久,不揣冒昧,拟恳屈就总办事处顾问,专任筹划统账稽核报告,并兼办上海本行对于外国银行商人往来贸易各种事宜。月奉薪金一百五十元,交际各费另行开支。务祈俯如所请,早日惠临任事,不胜企涛之至。"(信稿,上档 Q268-1-70)

9 月 27 日　致中国银行公函。云:"敝行领用兑换券第一批二百万元,业承如数预备。此项领券拟分拨杭、沪、津、汉各行应用,业经函达在案。惟查合同第四条,此项领券应各加暗记,以便区别。自宜由上海敝行汇总加印暗记,再行转发各行,以昭郑重。请将此项首批领券二百万元统寄贵沪行与敝行接洽办理。是所至荷。附上一元、五元、十元分配细单一纸,敬祈詧阅,照单发领。"(信稿,同上引档)

同日　项兰生代表浙兴总办致函北京中行范季美,接洽领用兑换券二百万元事宜。云:"敝行领用贵行兑换券,已由敝董事长叶揆初君在京订立合同,并开各行分配数目清单,函致贵总裁。……兹复开具一元、五元、十元分配细数清单寄请詧阅。所有单开二百万元之券,敬希即为预备,于阳历十月二十日前,合申、杭、汉、津应用全数,统寄至贵沪行拨交。""贵行分设恐多,钞票运输向多困难,不知现已得利便方法否? 风便尚希示以近闻为幸。"附分配清单。(信稿,同上引档)

9 月 30 日　致张公权函。云:"敝友黄筱彤君系贵总行行员,现因携眷入都,拟请护照,俾免检查行李,属恳尊处向关请发一纸。行李单附上,以便照填。黄君乘安平船行,后日或许开驶,敬请拨冗即为一办。能于明日掷交敝总办事处,尤所感荷。须费若干? 乞示,送交。费神。"(信稿,上档 Q268-1-70)

9 月　朱昶夫人离沪赴京。洽项兰生之子项仲雍、项叔翔考取清华学校,时叔

翔年尚幼,项兰生托朱夫人同车照料。(《项兰生自订年谱》(二),《上海档案史料研究》,第 19 辑,第 307 页)

10 月 4 日 致北京王彦成函,就旧债展期、欠款本息等事提出处置建议四条。云:

足下在京荷两次枉顾,而弟竟未克造府倾谈,歉罪歉罪! 司直兄欠款一事,已向上海敝行商酌。据云如以现款一气了清,则利息或可通融酌减。今系旧债展期,又须加借,以清他处之债,而所借之款又倍于旧欠,则利息万无减让之理。兹为商定办法如下:

一、湖北官款洋例二千七百两,由兴业代赎,所有原押大生老厂股票三千两,应过户与兴业,作为新旧欠款之担保品(应申填新股以前一千五百两亦在内)。

一、大生老股应得利息三百九十余两,由兴业代收,转还兴业旧欠款利息。

一、兴业旧欠款一千〇五十余两,连代赎湖北官款洋例二千七百两约合规元三千八百两,由尊处另立新据,作为一次欠款现存兴业。崇明新厂股份息单三百两及白沙洲地契均加入担保(崇明股票未来须一并交来过户)。因大生股票须加入新填之股,方能凑足四千五百两,而新填之股价格不高,故须另加担保品也。

一、如湖北赎款无须二千七百两,则所省之款即收入尊账,在新据注明息照除。惟湖北免息一层,应请日洽。

以上各节,如尊意为然,请即与上海敝行接洽办理可也。(信稿,上档 Q268－1－70)

10 月 5 日 参加商务印书馆董事会议。(《郑孝胥日记》,第 1580 页)

同日 签署浙兴总办复濮莛生函,谈大有利公司还款事宜。云:"奉大函。以'大有利公司拟购机建屋,推广营业,及于江墅经费议息借官款十万,八厘计息,不用抵押。并据丹屏先生声言,借款如有成议,无论多少,必尽数拨入兴业,提前收还第一期款,余数入大有利储备户'等语,敬悉一一。具见丹屏先生履行契约,金石不逾,曷胜钦佩,请即转达。先将息借详细办法及官厅准借往来文件,并提前归还第一期款事由,以公司名义正式致函我行,以便由董会议决奉闻。"(信稿,上档 Q268－1－70)

10 月 9 日 请宴工商界友人。(《郑孝胥日记》,第 1581 页)

10 月 11 日 郑孝胥宴请于广福楼,先生应约赴宴,同座汤寿潜、樊时勋、蒋抑卮、蒋孟苹、赵竹君等。(同上引书)

10月12日 郑孝胥至浙兴来访，"以公债券四万四千六百元付叶揆初、沈次青。"（同上引书）

10月13日 午，蒋汝藻、张石铭于一品香宴客，先生与张元济、傅增湘、缪荃孙、陶湘、朱祖谋、刘承幹等在座。（刘承幹《求恕斋日记》稿本）

10月14日 浙兴总办致浙江地方实业银行函，商与孙江东合同事。云："前由贵行交来海赣丰合同契照等件，嘱送律师处保管。顷闻丁榕律师早已回沪，用将前件连同敝行所有文件，一并开单具函送交正式保管。致丁律师一缄附上詧核。尊意如何，敢希示知。倘无甚异同，并祈钤章，即日掷下，当托孟苹先生连件交去也。"（信稿，上档 Q268-1-70）

10月15日 浙江、浙兴两银行联名致丁榕律师函。云："敝行等前与海赣丰公司议订管业还款合同，已于本年七月间成立。此项合同并前订议据、一切往来紧要文牍，以及由公司交管契照等件，均应存尊处管守，以昭慎重。兹特编号开单送上，请照点收，代为保管，并祈给与正副收条各一纸，以便两行分执。至此项收条应请载明，将来提取文件，必须正副收条一并交到，始得照付，庶收条虽分，而效力惟一。"（信稿，同上引档）

同日 致广东中国银行冯晓青函，托代购中央公债。云："闻粤省及湘州各处，以三、四年中央公债求售者为数颇多，价亦低落。不知近日情形如何？顷有友人需购此项债票约一二十万数目，可否奉商执事代为收购？如省城现数不多，并请转托各号分购。此事倘蒙许可，乞即以现在市况详晰见示，自当商订确数，飞函奉托。应解款项，将来可请电示敝处，转交贵申行收账。冒昧奉干恃爱知，弗罪其渎也。如复惠复，祈寄上海英大马路浙江兴业银行总办事处转交，至为妥善。"（信稿，同上引档）

10月16日 致中行上海分行宋汉章、张公权函。云："敝处有致汉行电一通，因用密码，恐局阻发。拟乞尊处盖印代发。倘蒙允许，感荷无量。附上洋二元八角八分，备付电费。尚祈查入是荷。"（信稿，同上引档）

10月19日 浙兴总办致浙江地方实业银行函。云："丁榕律师处保管海赣丰文件，业已送交，取回同式收据二纸。顷将尊处一份送上，祈查收。据丁律师关照，将来取件时所凭图章，即以此次贵行与敝行致丁律师函内拼印清单上者为凭。敝处已自留印鉴，请尊处亦留印鉴自存，以备遗忘。保管费每年合银五十两，本年业已照付，尊处应付二十五两当由敝申行向贵行接洽。又海赣丰交来生财清册各二份，共四本，兹分上一份，统祈詧入，见复是荷。"（信稿，同上引档）

10月24日 浙兴天津分行开业，总经理潘履园，行址天津宫北大街路西。

（浙兴机构成立记录卡，上档 Q268-1-24）津行开幕之际，在一份向总行报送之《天津市面情形及通用银洋平兑大略报告单》云："查天津为中外通商巨埠。外商多住租界,华商铺户两界均有,然租界究不如华界之多。华界宫北及锅店二街尤为各钱铺、银号荟萃之点。土人名宫北曰东街,名锅店曰西街。东街银号钱铺多做现市,西街则多做放款。凡业银号钱铺者,均以本津人为多,西帮虽有一二家,实力较为薄弱。市面通用货币,以化宝及北洋银圆为大宗,余如站人洋、英洋,以及江南、湖北、东三省通用之小洋,虽有行市,均不视为重要货币。本埠商人以银为本位者十之八,以洋为本位者十之二。各商家彼此往来,均用津公砝化宝。与中外银行往来,则均用行平化宝。此项化宝系属一种虚货,与上海规元、营口炉银无异,并无实在。现银往来均系划账。然商人每乐用之,因北洋银圆市价涨落不均,即有洋厘上之亏耗,不若用银之为稳固也。市面有此习惯,故银行以银放款者利息大,以洋放款者利息小。且有利息极轻而不愿用洋者,银行吸收存款时亦然。中国(银行)津行活期存款银两给月息二厘,银圆给月息一厘。以银放款可得月息八厘,以银圆放款受者甚少,利息至多不过七厘。他行类是。申汇、京汇行市,每日一开,其余有交易则开,无交易则止。目前时局不定,市面日趋萧索,每日京沪两汇收交之数,至多每处不过五六万,再多即须受汇水上之损失。至天津行平每千两,比京公砝大二两,比津公砝大五两,比申公砝小十三两二钱。敝行开幕以后一切往来,均照就地各银行成例,进出均以行平为准。津埠各钱铺、银号亦有做卢布买卖者。从前卢布可由道胜按行市做,上海规元近因欧洲战事,道胜停止汇兑,但能买卖北洋银圆,视每日行市之涨落,为买卖之盈亏而已,津京标金尚多,收买较为容易。此系大略情形,余俟调查详确,再行报告。"(原件,上档 Q268-1-565)

10 月 25 日 与樊时勋、蒋抑卮联署呈北京农商部、财政部文,正式申请浙江兴业银行注册事宜。27 日又呈上海县注册所申报注册事宜。(文稿,上档 Q268-1-625)

10 月 26 日 浙江、浙兴两银行联名致函丁榕律师。云:"敝行等前存尊处保管之件内,有第十三号海丰地契(连官契)、十四号地产合同(连官契),以及十二号海赣丰公司执照,因未录底,兹特专函请为检出,交付来友,俟录出送还保管,复祈将此函掷还,以清手续。"(信稿,上档 Q268—1—70)

同日 浙兴申行向总办事处报告钞票流通、钞票库存情况。时申行钞票流通数目[①]为:

壹元　6 200 张　　计洋 6 200 元
五元　46 234 张　　计洋 231 180 元

---

① 原件为中文数字,现改成阿拉伯数字。下同。——编著者

拾元　13 262 张　　计洋 132 620 元

合计　洋 370 000 元

申行钞票库存数目为：

壹元　43 800 张　　计洋 43 800 元

五元　23 763 张　　计洋 118 815 元

拾元　6 719 张　　计洋 67 190 元

合计　洋 229 805 元

（原件，上档 Q268－1－98）

10 月 30 日　浙兴总办复中行函。云："奉台函，以敝行领用之兑换券二百万元，此次点清之后签封存库，日后领用即凭原封原箱发交。其箱包内细数既经敝行点明在前，即归敝行完全负责，并属开点明细数号码及箱数清单送查等语，祗聆壹是。查此次运到兑换券由敝行照数点明，逐包逐箱均盖章封记，日后加盖暗记时如果箱上包上各种封记丝毫不动，其中细数自当由敝行负责。一俟将来暗记印竣，仍当全数点还贵行，再行分别领用。券数号码清单遵示奉上，祈詧收是荷。"（信稿，同上引档）

11 月 2 日　参加商务董事会议。（《郑孝胥日记》，第 1584 页）

11 月 3 日　上海县知事公署批复浙兴呈文。曰："一件兴业银行董事叶景葵禀修正章程请注册转详由禀及附件均悉。章程仅送一份，不敷详转；来禀未经遵用官纸，亦不合式。仰再补缮章程三份，另禀合办。此批。注册费存。"（原件，上档 Q268－1－625）

11 月 4 日　农商部批复先生等呈文，核准浙兴总行迁至上海注册等情。（原件，同上引档）

11 月 13 日　浙江、浙兴两银行联名致孙江东函。云："准海赣丰公司董事会函开，'海赣丰公司驻海查账，早经推定曹君鲁瞻。据称业经晋谒台端。适因执事公出未晤，已属其到厂任事。除由驻沪查账陈君仲芸专函孙总理接洽外，合亟函致伏希查照'等语，用特函达，敬希台洽是荷。"（信稿，上档 Q268－1－70）

11 月 15 日　浙兴总办致中行宋汉章、张公权函，送交加盖暗记的兑换券一箱。函云："加盖印记之兑换券，兹已印就二十五万元，逐包点明封记，计装一箱，外贴封条，送请尊处詧存。清单俟印齐汇送。前交上之本票，请先掷还初十期二十五万元一纸，俾便销账。兹再送呈本票四纸，计共四十五万元，并拟续提兑换券之箱号单一纸，统祈查入，并照单给付是荷。"（信稿，同上引档）

11 月 16 日　参加商务董事会议。（《郑孝胥日记》，第 1585 页）

11 月 18 日　参加商务特别董事会议，"印锡璋没于神户，议以高翰卿暂兼总

理。"（同上引书，第 1586 页）

同日 浙兴总办致中行宋汉章、张公权函，送呈印就印记之兑换券三箱及本票。（信稿，上档 Q268-1-70）

11 月 19 日 浙江、浙兴两银行联名致海赣丰公司董事诸君函，转录孙江东来函。云："顷接海赣丰公司孙总理函开'径启者，江东于本年七月一日接收海丰面粉公司、赣丰饼油公司两厂房屋机器生财等，当时公司经理陈伯芳君并未将机器有曾经损坏之处开诚见告，匠师康儒生亦以碍于陈经理未敢切实指明。兹经调查，据该匠师云，海丰厂之单汽缸于前清宣统三年机匠师柳士宏管理时代曾经破裂一部分，受极大之损伤；赣丰饼油厂锅炉亦于宣统元年时损坏一次，均经设法修补。兹虽勉强能用，但气缸尤须格外谨慎，昼夜留神，欲免危险，碍难十足完全担保等语。复询在厂多年之公司执事人许璞斋、李云浦等，各无异词。当饬该匠师将气缸修补之处拆卸查验。补缀之铁横阔有英尺十寸、直长一寸，痕迹显然，无可讳饰。譬诸盛水沙缸破坏之后，加以修补，虽属可用，终不耐久，此理极为明晓。况缸为机器上最重要之物，全部汽力悉于是作枢纽。既经修补，应减少二十四之马力，万一修补之处再有破坏，添置一具，价在万元以外。且向外洋定购运送来华，到厂装置，势非停机七八月不可。江东诚不能不鳃鳃过虑。当七月间接收之时，未曾在簿据上附章载明，深以疏忽为歉。兹特函请贵行查照，应否转致海赣丰公司董事会，将以上所陈气缸、锅炉损坏修补各情形请为备案见复，以昭核实，而免将来口实之处。至祈酌夺施行'等语。用特函达，敬希查照，并请诸公阅后各署阅字掷还，以凭备案，并将专复孙君，是所至荷。"（信稿，同上引档）

同日 两银行合署致孙江东函。函云："前准许久香君函开'海赣丰公司驻沪查账员，业经推定陈君仲芸，前曾与公提议，当蒙承认。嘱其晋谒台端，望与接洽，并指示一切'等语。查陈查账员莅事已久，兹特补函奉达。"（信稿，同上引档）

同日 商务印书馆董事会伍廷芳、郑孝胥、叶景葵、张謇、张桂华、黄远庸、鲍咸昌、曹雪赓、张元济联名刊登《商务印书馆有限公司股东公鉴》："本公司总经理印锡璋先生自本年夏间得病，告假调治，久未见效，旋赴日本就医，于本月十六日在神户病故，同人实深惋惜。所有本公司事务自印君告假后即由经理高翰卿先生兼办。现经董事会议决，本公司总经理一席公推高君翰卿暂行兼代，特此布告。"（1915 年 11 月 19 日《时报》）

11 月 22 日 为浙江大有利电灯公司①借款事致沈新三函。云："前金润泉君

---

① 原名大有电灯公司，创办于清光绪三十四年七月，宣统三年更名为大有利。——编著者

来商大有利加订合同通融往来事,今日由董事、监察人会商办法,复经查核账目。均以为该公司营业尚称发达,且得俞丹屏君暨执事主持,其间信用尤称卓著。现欲推广营业,自可以前日金润翁所谈办法量力维持。惟推广江墅之计画如何,机器何日订定,何时可到,开灯日期约在何时,添机后比较从前营业计画如何。新增之商股、官股共数六万元,已收到者若干? 存于何处? 未收者极迟何日确可收到? 此项收入后之用途,拟专此奉布。"(信稿,上档 Q268-1-499)

11 月 23 日 致金润泉函。云:"前承枉顾,以大有利加订合同通融往来事见商,昨已将此事在董会提议。经董事、监察人公同商酌,复查核账目。均以为该公司营业尚称发达,俞丹屏君主持一切,信用甚著。现欲推广营业,自可以前日执事所谈办法量力维持。惟推广江墅之计画如何,机器何日订定,何时可到,开灯日期约在何时,添机后比较从前营业计画如何。新增之商股、官股共数六万元,已收到者若干? 存于何处? 未收者极迟何日确可收到? 此项收入后之用途,拟如何支配,均请由大有利分类详晰见示,以便再行会议办法。专此奉布。诸希转达,示复为荷。"(信稿,同上引档)

同日 致浙江银行胡济生、李馥孙函。云:"江东兄顷来两缄,奉上詧览。弟处已复一信,谓'十六万两之外加筹若干,须与浙行商量,并与时老斟酌。惟弟可断定十六万两既经定议,必可尽筹尽用'云云。尊处对于江东来函意见若何? 伫望裁示。商定之后当再正式复渠一信也。海赣丰账房招牌,弟意拟改为'海丰面粉赣丰饼油新公司驻沪账房',尊意以为何如?"(信稿,上档 Q268-1-70)

11 月 24 日 浙江、浙兴两银行联名致孙江东函。云:"海赣丰查账依照合同第三条,应规定细则。兹由敝行专与公司董事诸君协定十条,送由尊处转达驻海驻沪查账员曹、陈两君查照施行,至以为荷。又所示海赣丰厂汽缸锅炉损伤一节,以准来函,转致公司余寿平、朱晓南、朱葆三、窦价人、樊时勋诸先生詧阅,并于原函各署阅字备案。合并奉闻。"(信稿,同上引档)

11 月 29 日 在寓所约见郑孝胥、樊时勋、蒋孟苹、沈耕莘,"谈日辉事"。(《郑孝胥日记》,第 1587 页)

11 月 30 日 领衔签署浙兴复农商部禀文,呈报浙兴董事、监察人姓名。曰:"查本行股分银分四届收取,每届收银二十五[万]元。前清丁未、戊申年间收足两届,本年遵禀由董事会议决,定于阴历十月初五日开收第三届股银。截至现在缴者业已过半。至董事七人、监察人二人均以选举足额。本行章程第三十六节,董事于七人内选举办事董事三人,复于三人内选举一人为董事长。故前禀由董事长、办事董事列名,并非所报脱漏。兹将各董事、监察人姓名、住址遵批另折开呈照,并遵缴前清农工商部第二百二十六号执照一纸,恳请鉴督,填换新照给领,实为公便。再,银行本

行现设江苏省上海县英租界南京路地方,合并陈明。"(文稿,上档 Q268-1-625)

12 月 3 日　浙江、浙兴两银行联名致孙江东函,议定八五钱票试行办法。
函云:

八五钱票一事,敝行以为公司出票,信用固佳,获利亦尚不薄,均议拟竟发行。特酌定办法数条,请公斟酌情形,即日见复,再行决议。

一、八五钱票由公司名义发行,计壹千文、五百文两种。

二、此项钱票发行总额,两种合计至多不逾二十万串。

三、此项钱票发行后随时视流通之数目准备铜元,至少以五成为限。

四、此项钱票拟用中国坚厚皮纸,专雇一人缮写,如内地当票写法,不用印刷,专作为公司发工价之凭条,一可免政府干涉,二可杜伪造。其手续如下:

甲、书手人在总理办公室缮写此项票据,每日限以若干张,拟发行之全额缮齐,即行取销。

乙、此项票纸两银行拣定皮纸装订成本,中缝在机上打眼,并盖印记号。书手写好后按簿点明页数,归总理收藏。

丙、每次拟用若干,由总理核定数目,须将缮成之票于每票数目及骑缝处,由会计加盖图章,又于每票尾由总理加盖一种印章及公司图章(此项图章不由会计保管,印用时不由会计经盖,可由总理指定一人,在总理办公室盖印),不待发行者则无须盖印。

五、已盖印章之票子交与会计后,即于簿内另立八五钱票户收账。

六、票纸发行后,簿记上当照第三条办法另立钱票准备金名目照定数另存,不与流水结存混合。

七、缮成及行用库存数目,于报告营业时同时列表,附报与银行备查。

以上拟订各办法,请公再行酌夺,并乞搜罗各种旧票式样,见示是荷。

先生在信末附言云:"再,沪账房加一新字,系因有旧债户及股东时来啰唝,而账房名目新旧,又无甚区别,应付殊为困难,故不得不加一新字。此亦不得已之办法。昨见致时老书提及此事,故附及。"(信稿,上档 Q268-1-70)

同日　浙江、浙兴两银行联名致孙江东函。云:"县知事来函注册事,顷询农商部陈蔗青司长云,此事若正式注册,须会同公司董事具禀,周折甚多,不如将前请保护之案,钞卷函复,将来再将营业合同呈由浙省官厅咨部注册,即算完案。兹本其意,先拟复函一通,寄稿请核,如尊意相同,即由尊处缮发。麸栈倾圮事已准来函转函各董事,仍有各董阅后在原函签字备案。函录稿奉台阅。日来并无复信,当然由银行垫款修复矣。"(信稿,同上引档)

同日　浙兴总办致上海县知事函,送呈上半年本行财产目录及出入对照表。

（信稿，同上引档）

12月4日　先生签署杭州大有利电灯公司与浙江兴业银行续订借款合同。全文如下：

立合同　浙江大有利电灯公司、浙江兴业银行今因大有利电灯公司新添机器厂屋，扩充江墅营业，特请金润泉君向浙江兴业银行（以下省称公司、银行）于本年四月八日所订合同外，续订往来合同，双方议定订立条件于左：

一、公司自四年阳历十二月四日起，议定向银行续借往来洋肆万元正。

二、议定往来数目，除照本年四月八日所订合同第四条，提前偿还元一万二千两、洋一万二千元外，余数自签字之日起得……①

三、利息按月八厘，按阳历六月、十二月结算。

四、此项往来数目四万元，银行为维持公司扩充营业起见，准定特别办法。由公司自订立合同之月起，按月于营业收入项下，提还银行一千一百元，其归还期日计自签字之日起，至多不逾三年。若公司欲提前偿还，亦可与银行随时商量办理。

五、前项用款即以公司新添之机器厂屋及订此合同后新添设之样线保险单、财产目录，交由银行作为抵押品，担保上项负欠数目。

六、公司营业上之收入，全数存于银行往来。除新旧两合同订定提还之款外，即为公司营运之需。倘遇提还不足或有延误时，即以此项收入之款担保之。

七、公司将新旧产业悉数抵与银行，若此外遇有借款、还款事项，确系不妨碍银行债权者，银行得随时酌夺情形，商量办理。

八、此项合同除上列各条外，若遇公司届期不能履行债务时，得由银行查照四月八日所订合同第四条办法，派人完全管理。

九、此项合同效力，以所欠本息还清为止。

十、此项合同签字人，当俟债务清了为卸责之日。

十一、此项合同缮写二份，一存公司，一存银行，仍双方钞呈财政厅、杭县注册备案。

中华民国四年十二月四日

立合同浙江大有利电灯公司（盖章）

浙江兴业银行（盖章）

大有利电灯公司董事长俞丹屏（印）　总理沈新三（印）

————————

① 原件如此，似有缺字。——编著者

　　　　　浙江兴业银行董事长叶揆初（印）监察人蒋孟苹（印）

　　　　　　　　　　　　　　　　　保证人金润泉

　　　　　　　　　　　　　　　（抄件，上档 Q268-1-499）

　　先生后在《追思沈新三先生》一文记云：沈"民国四年，举为办事董事，清介公正，视行事如己事。兼任杭州大有利电灯公司总经理，兴利除弊，任事一年，转亏为盈，洁身而去，不受酬报。"（《杂著》，第 271 页）

　　12 月 6 日　先生复浙江银行监理官函，说明民国三年份财产目录及出入对照表因与部颁表式不同，一一回答监理官无理质疑。最后又反诘云："至部批库存一项，核与前款较多一百五十一万八千七百五十七元七角五分一节，此项库存之数不知指何表所列？所云前款亦[不]知与何项报告比较？应请指明批示，俾便答复。至前请各项报告于每年总结后年造一次，尊情仰荷，通融照准，容即遵批办理。"（信稿，上档 Q268-1-499）

　　12 月初　电催交通部从速汇解应退浙路股款及利息。媒体报道云："浙路股款清算处自第五期股息接续开付后，各股东询问第六期股息及第四期股款开付日期者，络绎不绝。兹闻处长叶揆初曾向交通部一再电催，以苏路六期股款业于本月一日起，照章发给，浙路末期股息及四期股款延期多日，应请从速汇解，以便并发。闻交通部已允于本月十五日汇解前项款息矣。"（1915 年 12 月 7 日《申报》）

　　12 月 14 日　致中国银行总行函，通报原发行钞票流通及库存数。云："前订领用贵行兑换券，业承运沪二百万元，由敝行查照合同第四条加印暗记，已经竣事。兹定于本月十六日起，先于上海、杭州、汉口等处按照合同向贵行陆续领用。其天津一处约迟十日发行。惟查合同第六条第一、二、三项内载，于实行领用前应将原发行钞票流通库存额，开具清单送交贵行查核及盖作废印定期会同销毁各款，兹照条文先行开具流通库存表一纸，送请查核。计至本月十五日止，沪、杭、汉三处已经收回存库者，共计十六万元，流通者共计八十四万元。其库存之十六万元已先期函嘱敝申、杭、汉各行加盖作废印章，一律送至敝总办事处封存。拟俟收回数目达五十万元，先由敝处函请贵沪行派员定期会同销毁，以符原案。专此奉达。"（信稿，上档 Q268-1-70）

　　12 月 15 日　于《民权素》第十三集"名著"栏发表《艺圃图序》，署名"卷盦"。艺圃，苏州著名园林，《艺圃图》系清初大画家王石谷所作。序云：

　　　　虬云若幕，繁霜响晨，箸冰在檐，梧阴洒窗。风刀剪波，画尺成丈，覆衾不温，瑟缩作茧。堂堂白日，欲挥戈以无从；沈沈小阁，每响明而瞻眺。则有溺江佳士，栖志幽旷，铅椠之余，系情泉石，倚树结篱，就园种蔬。小山承盖，纵越半寻，地可二亩，税无十千。应门宜童，灌园非吏，酌觥醉客，瓶罄不虞。颜非玉而鸦惊,琴作拂而鱼出。于是编篾成笠,挈壶近水。白牙雕栏,不扶自直;抱瓮沮洒,万花欲然。半亩之内,遍植山蔬,紫茎屏风,五光七白。河东之葱,越路之菌,繁荠邻沼,长蕈卷澍。篱篱莫莫,环列左右,黄白千本,花树百株。铃语枝喧,声不得歇。迤逦而北,达以石径。提汲安步,宜晴宜雨,败叶虫飞,时触人面。招雀逐酒,宿鸟知香,亢薤雉篝,腻如钗股。朝沃暮灌,葳蕤欲活。三商以后,闻呼刻烛,余兴未阑,时发清讴。孩孺倾耳,嗫口而笑。团团零露,霑须如沐。清光夜明,揽之作镜。人讶狂简,朋推旷逸。买春赏雨,称韵事焉。呜呼!碧翁已醉,天魔漫空,岁月不居,朱颜如故。丁兹幽趣,毋负盛年。董江东目所未窥,庚子山园不妨小,爱含毫而绘事,纪胜境之容与。将使灌园逸史,留妙景于人间。寒菜成畦,假桃李而作记。谢鲲一邱入画,品胜元规;蒋诩三径蓬蒿,人来羊仲。载展图帧,怀此芳度。弁言初就,胜以长歌。(原刊)

12月20日 致宋汉章函。云:"敬有托者,海丰总理孙江东眷属因赴海州,拟乘宁沪车抵镇江,换轮由清江至海。随带行李铺盖、箱笼、网篮等约六十余件,拟请尊处办便照一纸。附上照费等一元五角,请詧收。该眷属定于廿三号(十七日)首途,办就,乞早掷下是荷。费神复谢不尽。"(信稿,上档Q268-1-70)

12月24日 浙兴总办致濮萐生函。云:"查四月间订立合同附件内载'公司如续招股分,在合同所订债务未了之前应照第四条之规定提前偿还'等语。此次续订加增借款合同时,曾由俞君丹屏商请以第一次合同内载欠款照第四条可以提前归还。拟自阳历明年一月为始,先将明年应还之款,提前按月归还洋二千三百元。此项办法业由敝处会议准予照办。惟查财政厅详文内载,该公司现付机器及厂屋、烟囱定洋共计二万余元。即系股款居多,徒以手续及日期尚未明定,故未转账等语。是此项股款收入未入正账,即未经照附件四条由监督查核,不惟于公司办法有所不宜,且与本行前次所订合同条文亦有未能泯合之处。应请转告公司,凡此项股款收入及关于推广营业、扩充范围事件,况经先后合同载明及敝处已经承认之事,无论款项钜细,一收一付,悉数仍由执事照附件第六条签字入账,方为正办。在公司恐归实在,在我行于合同办法亦将无所违背。此因为互相提携之法,实于两方信用关系甚巨也。一切请烦接洽办理,无任企荷。"(信稿,同上引档)

12月29日 致宋汉章函。云:"敝津行领用兑换券三十万元,日前曾具敝行本票,将该项津钞提取。原拟即日运津,故并函执事恳为代办便照,想核照詧。日来闻津浦路货车停运,此项兑换券一时不能付运,拟仍在贵行库内暂为寄存。兹将该券三箱送上,请验原封收入。其前存本票三十万元,并乞掷还。俟付运有期,再行接洽办理护照,如尚未办,亦请暂止。"(信稿,同上引档)

12月 因袁世凯称帝,全国政局动荡,影响金融界,中国、交通两银行出现挤

兑风潮。浙兴借款中行,全力支持中行渡过难关。《项兰生自订年谱》记云:

"沪中行宋汉章、张公权、胡莩芗等每晚来吾家密商应付,每夜宾客不断,吾与
揆初、抑卮全力支持,决定沪行不奉命,继续兑现。并由浙兴借款中行为后盾。时袁
间谍密布,溯初由吾弄迁法租界避危,宋亦栗栗危惧。是役也沪中行钞誉得以保持,
人民损失减少,宋之声誉鹊起。"(《上海档案史料研究》,第 10 辑,第 306—307 页)

是年 日本东京出版的《中国实业杂志》第 6 卷第 6 期转载先生《述汉冶萍产
生之历史》一文,题目改为《汉冶萍之历史》。[①]

约是年初 先生寓所由马霍路德福里迁至白克路(今凤阳路)永年里。是为先
在沪第二个寓所。夏,又迁居斜桥路(今吴江路)10 号。是为先生在沪第三个
寓所。

---

① 此文收入陈真编《中国近代工业史资料》第 3 辑"汉阳铁厂部分"第 3 小节(该书第 421—423 页),标题为
《设计方面的错误和管理的腐败》。——编著者

1916 年(民国五年 丙辰) 43 岁

3月 袁世凯被迫取消帝制,仍称大总统。

5月 孙中山发表第二次讨袁宣言。上海金融界成功抵制袁世凯政府停兑中国、交通银行纸币的命令。

6月 袁世凯卒。黎元洪任代理大总统。

9月 《青年杂志》改名《新青年》。

1月4日 参加商务印书馆董事会议。(《郑孝胥日记》,第1592页)

同日 浙江地方实业银行与浙兴两银行致孙江东函,要求查询厂中存麦真实情形。云:"前闻厂中现有许久香存麦一千余石,又白宝山统领存麦二千五百余石。嗣又访闻所谓许久香存麦,并非许久香所有,实系陈伯芳诸人用公司之款暗中购存,希图获利者。又白统领存麦实只五百余石,其余亦系陈伯芳等所购存。以上各节虽出传闻,然关系两行债权,不能不切实彻查。除白统领存麦请我公直接询明分别办理外,其余所存之麦,请由我公责成厂友保管,俟查询明确,再行处置。现在无论何人不得擅动,仍请裁酌,示复为荷。"(副本,上档Q268-1-70)

同日 电催交通部从速汇解第四期、第五期应付浙路股款。电云:"前项两期股款共计洋一百八十九万余元,请一并饬交通银行总管理处,迅于阳历一月内划拨本处,以便分偿各股东。事关国信,幸勿稍延。"(1916年1月5日《申报》)

1月10日 致中国银行总行函,通报回收浙兴旧钞进展。云:"敝行前于上年十二月十四日,按照领用贵行兑换券合同第六条,函送敝行原发钞票流通库存额清单一纸,计荷照誉。查合同六条,并载兴行钞票收回后,应即盖作废印,随时报告中行会同销毁等语。兹将敝行沪、汉、杭各处收回已盖废印之旧钞二十四万元;又前浙江胡监理官封存杭行钞票六万元,合计三十万元,并铜版六块,先行送请贵沪行查验,封条存储。一俟收足五十万元,即当一并按照合同请贵沪行会同销毁。""至领用贵行所发之暗记兑换券之流通额,以本年一月为始,按月由敝处列表汇报一次,并以奉达。"(副本,上档Q268-1-70)

1月18日 参加商务董事会议。(《郑孝胥日记》,第1593页)

1月20日 再致电交通部,催索浙路股款。媒体报道云:"浙路股款清算处处长叶揆初君，以第四期股款业于本月十七日起接续开付，所有第五期股款原定本年二月十日为偿还之期，现在为日无多。前项股款有否筹备，完全事关国信。昨又电致交通部铁路会计司，迅饬交通银行总管理处，从速指拨的款，务于二月十日以前汇解到处，以便如期开付。部中现尚未有复电。"（1916 年 1 月 21 日《申报》）

1 月下旬　得交通部回电，略谓"阴历年关银根缺乏，所有该路五期股款，一俟开年筹足即当划付"等语。媒体报道云："浙路股款清算处第五期股款九十五万余元，原定本年二月十日为开付之期，迭经主任叶揆初电请交通部迅饬交通银行总管理处汇解。兹闻该处年内接得交通部覆音……故本期应还股本，惟有稍缓限期，至第四期以前未领本息，则自旧历正月初六日起仍派定员司照常发给。"（1916 年 2 月 9 日《申报》）

1 月 24 日　先生托浙兴津行买公债一批成交。津行潘履园签署致总行函云："承解叶揆翁代买四年公债票式千元，价洋壹仟三百五十元，以 2 338.87 元①计，元付敝册。尊托。"（原件，上档 Q268－1－565）

1 月 28 日　致中国银行总行函，呈报领用中行兑换券清单和申请续领。云："案查领用贵行兑换券合同，第一条载明领用共三百万元。敝行曾于上年九月领第一批二百万元，分发申、杭、汉、津各行，推行在案。兹再请领申用券八十万元，汉用券二十万元，计共一百万元。另开一元、五元、十元分配清单，敬祈查照分别配发。先由尊处印就暗记，仍照前次办法，总运至沪，以便敝行在申加记，再行分领。"附领券清单（略）。（副本，上档 Q268－1－70）

同日　致范磊（季美）函，商请续领中行兑换券改易暗记事。云："敝行前订合同，领用兑换券三百万元，上年首批领用计二百万元，业经分发敝申、杭、汉、津各行行用在案。兹查申汉两处，推行颇广，应再续领一百万元，分交两处行用。附呈分配清单，敬祈台詧，如单配发。一俟检印齐备，仍请总运至申，俾敝行得在申加印暗记，再行分别领用。惟何日可以运沪，尚祈先示，至以为荷。除正式具函贵行外，专此奉函。""再，前领兑换券尊处编号系加印'兴'字。近在各处推行，咸以票面形式与市上行用者微觉有异，双方均感不便。此次续发之券，拟请另易暗记，勿用'兴'字，俾利推行，曷胜盼祷。"（信稿，同上引档）

1 月 29 日　与樊时勋、蒋抑卮合署复农商部禀文，呈报浙兴资本等情。文曰："查银行股银总额一百万元，分四期收取。前清收足两期，计共五十万元，本届收取

---

① 原为码子字，现译为阿拉伯数字。——编著者

第三期二十五万元。以上年十一月十二日,即阴历乙卯年十月初六日为开始收取之期。至本年一月二十日,即阴历乙卯年十二月十六日如数收足。连前两期共实收股银七十五万元。再银行股银总额一百万元,计分一万股,故每股已缴银数,应照票额一百万元实收七十五万元计算。奉批前因合就禀复。敬祈鉴詧,准予填照发给,实为公便。"(副本,上档 Q268-1-625)

同日 签署浙兴董事会复浙江银行监理官函,送呈上年度财产目录与出入对照表。(副本,上档 Q268-1-68)

2月1日 致袁振生①函,告以代收债票事。云:"奉示敬悉。前代收债票,请遇便陆续带敝津行交潘履园君收。该行在天津宫北大街路西三五四号。前者已购之五千元,票数若干,尚祈结数开单示下。以后仍恳费神随时收集。尊垫之款及以后续购之数,当由敝津行直接汇奉,票亦请交津为便。"(信稿,同上引档)

同日 范磊复先生函。云:"接奉惠函并清单一纸,敬悉种切。贵行续领兑换券壹百万元,现敝行适有印券未竣,复值阴历年关,印局亦须停工。祇能俟至春节,再行付印。何时可以运沪,须付印后方可约计,届时奉告可也。再查来单,支配上海需用一元券十五万元。惟敝行一元券已无多存,拟请移以五元券或十元。"(原件,上档 Q268-1-616)

2月5日 致席颂平函,聘其为浙兴顾问。云:"耳名久矣,未遂瞻韩。闻执事已与中国银行订立契约,不日有所展布。才猷所被,遐迩向风,甚盛,甚盛!昨介冯仲卿兄奉恳执事于未履行中国银行契约以前,暂就敝行顾问,并筹办国外汇兑事务。业荷允诺,欣幸莫名。兹请自丙辰正月为始,每日莅行惠教,不特行务多所裨益,即同人亦可增进智识。曷胜企盼。奉至薪金二百元,区区之数,弥惭不腆。"(副本,同上引档)

2月上旬 离沪赴京,与中国银行继续协商领用兑换券事宜。期间,复浙兴总办项兰生函。云:"函悉。所谓兴字已印好之二十万元,并非一元票,乃伸吾笔误。另换暗记,可以照行。全数约阳历三月中旬可以由京寄沪。孟兄函已悉。弟约阴历廿一二出京。"(原件,上档 Q268-1-616)

2月14日 农商部照会批准浙江兴业银行注册。(副本,上档 Q268-1-625)

3月7日 参加商务董事会议。(《郑孝胥日记》,第 1600 页)

4月1日 中国银行商股股东集会,"以血本攸关"决定成立中国银行商股联

---

① 先生此信抬头称"振生舅岳大人"。——编著者

合会。先生为发起人之一。①（1916 年 6 月 15 日《中国银行陈报商股联合会在沪成立情形并附抄章程草案致财政部函》,《中华民国史档案资料汇编》第 3 辑,第 331 页）

4 月 4 日　浙兴申行致总办函,报告数笔欠款情形,函云:"高子白君于辛亥革命时任浙江财政厅长,杭行颇赖维护之力。此项欠款洋一千元,若论感情作用,似未便向索。""宇记户即吴余森君,其因何积欠情形,去腊曾由渠函达总经理,请付董会决议。未知已否议及?"先生批示云:"宇记户即吴君,当时未曾报告,且与去年函告进记欠积不同。""此信可俟押款履历办法,查复后议定办法一并函复。"（原件,上档 Q268-1-98）

4 月 7 日　致中行总行函。云:"敝行第二批领用兑换券一百万元,业承运送到沪,当照前次办法,在沪印记事竣,即行分别领用。查合同第八条,有兴行领用三百万足额后,得再照本合同条款加领二百万元等语。敝行两次所领兑换券,已足三百万元之额,但推行之量迄未充分,需要之处甚为殷迫。且此项兑换券,尊处加印地名,敝行加印暗记,南北转运,稽迟时日。动辄兼旬。当市面需用紧要之时,往往有不能供给之病。是以不得不早日筹备。应请查照合同第八条之规定,将加领之二百万元,即为分别配齐,用特函达,并附兑换券种类分配清单,敬祈台誉。即予照单配印,以便接续领用。是所至荷。再,敝汉行领用之券,券面地名请用湖北字样,合并奉陈。"（副本,上档 Q268-1-616）

4 月 12 日　出具信函介绍张元济赴上海证券交易所访梁望秋,了解民四公债行情。（《张元济日记》,第 56 页）

同日　浙江兴业银行上海分行总理樊时勋去世。《讣告》云:"镇海樊时勋先生阴历三月初十日巳时寿终沪寓,享年七十有三岁。择于十二日②巳时举行合殓,特此奉闻。老闸桥北唐家弄账房启。"（1916 年 5 月 13 日《申报》）

4 月 17 日　主持浙兴董事会,议决:"樊时勋先生病故,申行总理请盛竹书先生接任。其汉行经理请史晋生先生接。"（1916 年 4 月 19 日浙兴总办通函,上档 Q268-1-56）浙兴总办又补选沈新三为办事董事。（《兴业邮乘》,第 12 期）

---

① 据孙曜东说:"1916 年袁世凯北洋政府因国库空虚,由中交两行借垫钞票过多,两行库存亦被挪用,挤兑风已在京津刮起来。5 月 12 日,袁政府下令中交两行停止兑现。中国银行上海分行宋汉章、张嘉璈在江浙财团的支持下,决定不受乱命,常照兑现。浙兴是向中行领券的大户,一旦中行停兑,势必损及浙兴利益。叶揆初为了支持中行上海分行继续兑现,就代表浙兴作为中行的商股股东,出面组织中国银行商股股东会,推张謇为会长,自任副会长,委托律师接管上海中行,责令其照常兑现;同时浙兴拿出自己的财产(不用中行财产)向外资银行抵押借得现款,秘密支持上海中行以作兑现之用。如此终于平抑挤兑风,维持中行票,浙兴声望亦因而提高。"（《民国银行家:叶景葵、蒋抑卮与兴业银行》,孙曜东口述、宋路霞整理《十里洋场里的民国旧事》）——编著者

② 指农历三月十二日,即公历 4 月 14 日。下同。——编著者

4月18日　参加商务董事会议。商议民国四年结账事宜。"高翰卿辞代总经理之职。公议留高君为总经理,举张菊生先生为经理。"(《商务印书馆董事会记录簿》)

同日　亲笔修改浙兴营业规程。批条云:"放款　通一四七号函应查照加入总括内增加至章程46第四项押款续转,一年以上放款及逾于章程46节四项,须经董会通过。押款　拟另定一种点验证,交付押户,将押款物品开列后放押款。规条刊列后幅,使押户注意。凡抵押品如经押户包好,并于封口处载有记号者,须在备考栏内注明。"(手稿,上档 Q268-1-30)

4月24日　主持浙江兴业银行第9次股东定期会在上海召开。报告现刊章程与上年议决章程各异点、原因及修改等事。董事长叶揆初、办事董事樊时勋等签署本行第九届营业报告,公布民国四年《财产目录》《贷借对照表》与《损益计算书》。其主要项目如下:

资本 100 万元(未收 25 万元);有价证券 401 728.54 元;同业(往来)1 715 697.74 元;信用放款 1 197 380.22 元;押款 666 834.26 元;往来透支 669 510.63 元;房地产及器具 454 875.10 元;准备金 1 250 000 元;特别公积 108 725 元;定期存款 1 495 971.56 元;各种活期存款 2 888 723.12 元;各种票据 633 821.17 元;兑换券 1 250 000 元;本届纯利 97 832.12 元。

《营业报告》摘要:"一、第八届股东会议决本行新定章程,由本办事处禀报财政部、农商部,业已奉批核准,完全实行。二、依据章程第四条,以上海为本行,改杭州为支行。三、依据章程第四条,添设天津支行,于九月十六日开幕。四、依据章程第八条,收取第三期股银二十五万元,自十月初五日起收取,至十二月十六日截止,如数收足。五、京行于去年十二月廿六日开幕,本届为开始营业之第二年终,统计成绩颇好。六、津行自开幕以至年底,不过十旬之久,无商务盈利可言。"会议选举郑岱生①、蒋赋荪为监察人。(《兴业邮乘》,第 11、13 期)

4月25日　樊时勋葬礼开吊。先生往吊。遇郑孝胥、蒋抑卮、蒋孟苹等。先生对郑言:"金仍珠求书其父《秋蟫吟馆诗钞》封面。"(《郑孝胥日记》,第 1606 页)《樊时勋先生灵柩回籍敬告》启示云:"樊时勋先生于阴历三月初十日寿终沪寓,十二日成殓,业经驰告各亲友。兹于本月二十四日扶柩,由新宁绍轮船回籍,先期于二十三日家奠。一俟卜葬有期,再行卜告,特此奉闻。凡在沪戚友,欲尽执绋之谊者,幸垂詧焉。老闸桥唐家弄樊公馆账房谨启。"(1916 年 4 月 17 日《申报》)

---

① 郑岱生于同年 7 月病故。——编著者

同日 为收回旧钞作废销毁事致中行总行函。云:"敝行领用兑换券合同第六条,有'敝行旧钞陆续收回,盖作废印,随时报告中行,会同销毁'等语。曾于本年一月,函送是项废钞三十万元,交贵沪行存储,并陈明俟收足五十万元,一并会同销毁等情在案。兹又收回敝行前发钞票三十二万五千元,送交贵沪行收存。附呈细表,敬希存照。此项废钞送存之数,已过五十万元,自当查照前函,由敝处与贵沪行订期先行会同销毁。余俟全数收回,再行送销,以符原案,相应函达,请烦照詧施行。"(副本,上档 Q268-1-612)

4 月 27 日 盛宣怀在沪病逝,享年 73 岁。(夏东元编著《盛宣怀年谱长编》第974 页)

4 月 袁世凯被迫取消帝制。为继续筹措军饷,梁士诒献策将中国、交通两银行合并,集中资金,金融界某些人则主张发行不兑换券,因内情外泄,引起京津地区中交两行挤兑风潮,很快波及全国。(江绍桢《张嘉璈》,《民国人物传》第 3 卷)

5 月 2 日 参加商务董事会议。(《郑孝胥日记》,第 1608 页)

5 月 5 日 张元济来访①。(《张元济日记》,第 74 页)

5 月 6 日 下午三时赴总商会出席商务印书馆股东会。伍廷芳为临时议长,张元济代表董事会报告营业情形并各项账略。郑孝胥报告推举总经理情形。会议推举伍廷芳、高凤池、鲍咸昌、郑孝胥、张謇、梁启超、张桂华、聂其杰、李宣龚、张廷桂、曹锡赓十一人为新一届董事,王亨统、张葆初、叶景葵三人为监察人。(《商务印书馆股东会记录簿》)

5 月 10 日 浙兴申行致总办函,抄送无锡堆栈合同稿,"请台詧"。并云:"再无锡押款合同系正月间前总理樊公与锡商钱琳叔君协议订定,并经揆初先生认可,业于二月初双方签字各执。樊公以锡邑商务繁盛,中国、交通各银行均在此竞争,申行亦谋将来拓展地步,故有此举。谢君颐堂熟悉此中情形,当时由樊公聘来,先以海丰查账事相嘱,迨三月间到锡始行开支薪水。此事各方面均已接洽定妥,请尊处交会追认。是所至企。"先生批示云:"无锡合同须留待董事会议再复。"(原件,上档 Q268-1-98)

5 月 11 日 下午,张公权来浙江兴业银行拜访先生与蒋抑卮,紧急磋商北京政府停兑令问题。先生竭力支持中行抵制停兑令。

当时中国银行作为中央银行,承担了为北洋政府财政赤字融资之职。由于政府财政极度困难,其财政赤字几乎完全靠中国银行与交通银行垫款解决,截止

---

① 据《郑孝胥日记》次日记载:"商务印书馆股东年会在商务总会,提议兼办保险事,新举董事聂云台、梁卓如、李拔可。"张元济提前一日拜访叶景葵,显然为董事会选举征求意见。——编著者

1915 年,中行垫款 1 204 万元,交行垫款数额更巨,达 4 750 万元。这些财政垫款多转化为增发纸币,于是两行的银行券发行直线上升。1916 年初,社会对银行券信心动摇,加上谣言四起,人心浮动。4 月底又盛传政府将发行不兑现纸币的消息。北京、天津的中行、交行出现挤兑。当时中行存有现银 350 万两、银币 488 万圆;交行存有现银 600 万两、银币 540 万圆。是日,中行上海分行收到总处转来袁世凯政府停兑令,张公权在"自述"中说:"我与宋经理汉章接读电令后,惊惶万分。详细计议后,认为如遵照命令执行,则中国之银行将从此信用扫地,永无恢复之望。而中国整个金融组织亦将无由脱离外商银行之桎梏。"他与宋汉章进行了紧急磋商,最后下定决心拒绝接受北京政府停兑令。但抗拒停兑,无疑宣布公然与政府作对。不能只逞匹夫之勇,反毁了自己的长城。

首先,必须对自己的实力要有一个清醒的估计,能不能应对挤兑。张公权、宋汉章经过核算,认为当时上海分行库存现银准备,约占中国银行上海分行所发银行券与活期存款数额的 60% 以上,足敷数日兑现付存之需。即使不敷兑现与提存,尚有其他资产可以抵押变现,提供兑现付存准备。但为以防万一,由宋汉章往访汇丰、德华两外资银行经理,拟以分行行址和苏州河岸堆栈,以及受押的地产道契等作为担保,商借透支。同日下午,各外资银行开会一致赞成协助上海中行,并经电北京公使团同意,共允透支 200 万元。不过因兑现风潮不久平息,此款并未动用。

其次,必须设法制止北京政府以违抗命令为由,将他们二人免职,从而使拒绝停兑令的行动中途而废。于是由宋汉章往访上海会审公堂法官,征询如何能够保证现任经、副理有数日时间留行继续工作的办法。法官认为,如中行的利害关系人,即股东、存户、持券人等,向公堂控诉经、副理有损害彼等权益的行为,要求法庭阻止,即可成立诉讼,在诉讼未判决期间,北京当局不能逮捕现任经理、副经理。当天下午,张公权分别拜访浙江兴业银行董事长叶揆初、常务董事蒋抑卮、浙江地方实业银行总经理李铭和上海商业储蓄银行总经理陈光甫,商得他们的同意,由李铭、蒋抑卮、陈光甫三人分别代表中国银行股东、存户及持券人,各请律师向法庭起诉。

张公权"自述"又云:"是晚,行内准备翌晨照常兑现付存。同时我与宋经理以为挤兑提存风潮平息之后,袁政府怀恨在心,势必设计摧残反对停兑之行,不得不藉股东作后盾,以相抵制。因偕股东刘厚生(垣)往访张季直(謇),说明组织股东联合会维持中国银行之用意。股东联合会随即成立,公举张氏为会长,叶葵初为副会长,钱新之为秘书长。"(《张公权先生年谱长编》,第 27—28 页)

同日 浙兴申行致总办函抄奉豫成丝厂收茧借款合同稿。函云:"查此合同曾经与兰生先生接洽订定,业于阴历三月初五日签字,应请尊处交董会追认。"先生批示云："留待董事会议。"合同全文如下：

立借款合同，据浙江兴业银行、豫成丝厂，今由翁君青臣介绍，豫成丝厂在浙江兴业银行借到上海规元拾五万两。订明此款专为在浙江之枫泾、嘉兴等处收买春茧之用。息按月八两，二个月期。合同签字之日，当由豫成丝厂付出押议银，计垫头银十分之一，计元四千五百两。至阴历四月十二日，再由豫成丝厂解足垫头银四万零五百两，连前共解垫头银四万五千两。于阴历四月十五日由兴业银行付出借款元十五万两，连前垫头元元四万五千两，共计元拾九万五千两。当出立豫成丝厂往来折一扣，随时凭折支付。装运收茧之时，其货身之高低及各路银钱支配，均归豫成丝厂主持，并担负完全责任。俟茧收齐烘成干茧，由火车运申，堆存兴业银行指定洋栈。其栈单、保险单均交兴业银行执存。所有关于借款应订条约开列于后：

一、所订借款系上海规元拾五万两，豫成丝厂应解垫头元四万五千两，共计元拾玖万五千两。以付出之日起息，按月捌两计算。

一、此项借款订明两个月为期。期内归还其息，亦以两个月计算。如逾期不能归还，由保证人负责。

一、火险保足拾五万两，盗险保存陆万两。保险费由豫成丝厂承认。倘遇不测，其不足之处，归豫成丝厂及保证人担负责任。

一、堆茧处兴业银行须预为通知，上栈后火险照成本保足。栈租及保险费均归豫成丝厂照付。其栈单、保险单均交兴业银行执存。

一、兑换银洋均归兴业银行代买。其洋厘每圆照市加二毫半。

一、兴业银行荐夥友一人、栈司一人，其酬劳由豫成丝厂从优付给。

一、至四月十二日豫成丝厂如解不出垫头银两，即以前次付出之押议银四千五百两，作为罚款。如至四月十五日兴行银行不将所借之银付出，致豫成丝厂受有损失，则兴业银行当照押议银四千五百两加倍赔偿。彼此不得异言。

一、此项合同一式三纸，兴业银行、豫成丝厂及保证人各执一纸为证。

中华民国五年丙辰三月初五日立合同议据

浙江兴业银行经理人　樊时勋（代理盛竹书）

豫成丝厂经理人　钱立凡

保　　证　　人　徐冠南

介　　绍　　人　翁青臣

（副本，上档 Q268-1-98）

同日　北洋政府国务院颁布中国、交通两银行暂停兑付现金令，从而引发全国"停兑风潮"。国务院令云："溯自欧战发生，金融停滞，商业凋敝，近因国内多故，民生日蹙，言念及此，实切隐忧。查各国当金融紧迫之时，国家银行纸币有暂行停止兑现及禁止提取银行现款之法，以资维持，俾现款可以保存，各业咸资周转，法良利溥，亟宜仿照办理。应由财政、交通两部转饬中国、交通两银行，自奉令之日起，所有该两行已发行之纸币及应付款项，暂时一律不准兑现、付现，一俟大局定后，即行颁布院令，定期兑付，所存之准备现款，应责成两行一律封存。至各省地方，应由各将军、都统、巡按使，凡有该两行分设机关地方官，务即酌派军警监视该两行，不准私自违令兑现、付现，并严行弹压，禁止滋扰。如有官商军民人等不收该两行纸币，或授受者自行抵减折扣等情，应随时严行究办，依照国币条例[施行细则]第九条办理。一面与商会及该两行接洽，务期同心协力，一致进行，并饬该两行将所有已发行兑换券种类、额数，克日详晰列表呈报财政部，以防滥发。仰各切实遵行。此令。国务院段祺瑞。"（《中华民国史档案资料汇编》第 3 辑金融[一]，第 467—468 页）

5 月 12 日　北洋政府国务院令财政部、交通部转饬中国、交通两行停兑令正式公布。于是挤兑狂潮冲向中行上海分行。（《近代上海大事记》，第 826 页）据张公权描述：早晨 8 时，他从寓所赴行办公，在离开行址有三条马路时，就看见挤满了人，勉强挤到银行门口，挤兑者不下 2 000 余人，"争先恐后，撞门攀窗，几乎不顾生死"。而手中所持者不过几张一元、五元钞票，或一张二三百元的存折。（参见《张公权先生年谱长编》）

同日　中国银行商股股东联合会召集全体股东开会集议，认为中国银行全国分行之"最重要者，莫如上海一埠，保全中国银行必先自上海分行始。"故决议"先求保全上海中国银行"，决定办法五条，规定上海中行"全行事务悉归股东联合会主持，以后政府不得提用款项"，并致函南北商会，请通知各业。（《近代上海大事记》，第 826 页）先生为积极支持上海中行抵制停兑令的中坚人物之一。"他一面与张謇发起成立中国银行商股股东会，自任副会长，委任律师接管上海中行，责令其照常兑现；一面又用浙兴财产向外国银行抵押头寸，以实力相助。"5 月 14 日将浙兴 47 万公债券借与中行押款，又与李馥荪一起向日商银行押款 20 万元，转借与中行，帮助中行度过挤兑风潮难关。（陈正卿《叶景葵、徐新六与浙江兴业银行》，《近代中国工商人物志》，第 2 册，第 129 页）

5 月 13 日　上海中行挤兑者仍然人潮如涌。张公权"自述"云："今晨赴行时所见挤兑之人数，并未较昨日者减少。"（《张公权先生年谱初编》，第 28 页）

同日　中国银行股东联合会发表通告："顷中国银行奉到总管理处转来国务院令，'拟照各国先例当金融窘迫之时，国家银行有暂行停止兑现及禁止提取银行现款之法，应由财政、交通二部转饬中交二行，自奉令之日起，所有该二行已发行之纸币及应付款项，暂时停止兑现。一俟大局定后，再行颁布院令，定期兑付'等语。本会为维持上海金融市面,保全沪行信用起见,已联合全体公请律师代表主持沪行事务,督饬该行备足准备,所有钞票仍一律照常兑现。惟其他分行钞票,以非沪行份内之事,且在政府令饬停止之内,沪行自应停付。再其他政府应付之款,亦自明日起一律停付。沪行所有存款,均一律届期照付。要之沪行营业,仍悉照旧章办理,望勿误会,以明界限。"(同日《申报》)

本日《申报》刊登《上海中国银行之特色》报道,介绍中行股东大会决议,强调"推举监察员二人到行管理全行事务。一面请古柏律师及村上律师代表股东接收全行财产,全权管理。所有准备金亦移交律师管理,以维钞票信用。至存户,如浙江兴业、浙江、上海等各银行,亦公请律师葛福来会同股东律师共同管理,保护存款。全行营业仍归旧经理宋汉章、张公权主持。如此则执有中国银行钞票及持中国银行存单者,可以安然无虑。"同时刊登上海中国银行股东会致南北商会函,重申不执行停兑令之决心。(原报)

同日　上海总商会召开特别会议,讨论行用中交两行纸币问题。决定:(一)撰拟通告,劝谕商界行用中交两行纸币;(二)分函上海县税务所、江海关、邮局、电报、铁路各局,"协力维护,照常收用";(三)致电北京国务院,请明白宣布,"交通(银行)暂止兑付,将来商民损失,应有交通部担负完全责任"。(《近代上海大事记》,第826 页)

5 月 14 日　上海各家报纸首版用毛笔大字书写《中国银行广告》:"今日礼拜,特别开门。自上午九时至十二时收兑本行上海钞票。特此布告。"(同日《申报》)本日为周六,按惯例只营业半天,但张公权等有股东联合会以及上海总商会的支持,还决定下午继续营业,向公众明确传递一个重要信息,中国银行上海分行现银充足,不怕挤兑。于是人心渐趋安定,当日兑换者减至 400 余人。

同日　中国银行股东联合会通电北京国务院、财政部及各省,告以"沪上中国银行由股东决议,通知经理照旧兑钞付存,不能遵照院令办理",并"千望合力主持,饬中行遵办"。(《近代上海大事记》,第827 页)

5 月 15 日　周日,中国银行又于各报刊登广告,继续特别营业半天。兑换者再减至百余人。至 5 月 19 日,一场挤兑风波始告完全平息。(同上引书)

同日　汇丰、麦加利、道胜、正金、台湾、荷兰、有利、德华、东方等外资银行经理集会于麦加利银行。汇丰经理提出,中国银行关系上海市面,必须设法"协济巨款,以资周转"。各行经理均表赞成。会议决定:"先筹银二百万元借给中国银行以为兑换钞票、支付存款之准备",并电禀各国驻京公使向北京外交部接洽设法维持。"(同上引书)

5 月 16 日　上海总商会分别致电北京国务院、外交、财政、交通、农商各部及中、交两行总管理处告以已经会商设法"先将交通(银行)钞票定期兑付",并请速"会商公使团转恳上海麦加利等添借七十万元","以救危局"。国务院电复上海总商会,希即"照电进行"。① (同上引书)

5月 浙江兴业银行在先生调度之下,帮助中国银行度过挤兑风潮。浙兴不仅充当中行大存户和持券人代表,还由董事会作出决议,以本行财产公债票40万元借与中行上海分行,以备向外国银行借款时作为抵押品之用。反对停兑事件获得成功,不仅使中国银行沪行声誉大增,浙兴的信誉和社会地位也进一步提高。(《上海金融志》,第738页)

6月6日 参加商务印书馆董事会议。(《郑孝胥日记》,第1613页)

6月15日 中国银行商股股东联合会在上海北市总商会开成立大会,选举张謇为会长,叶景葵、林寿松为副会长。《中国银行陈报商股联合会在沪成立情形并附抄章程草案致财政部函》云:

> 据上海分行六月十六日函称:昨日本行商股联合会假北市上海总商会议事厅开正式成立大会,筹议一切事宜。于午后二时半开会,到会股东各省均有代表,共二百余人② 。会务之秩序如下:(一)公推临时主席;(二)报告;(三)通过章程;(四)选举职员;(五)提议事件;(六)选举揭晓;(七)散会。临时主席推定林绎秋君。林为五百股之大股东,台湾人,为商股联合会之发起份子。当由林君登台宣布开会宗旨,略谓吾股东联合会成立于本年四月一日,其时股东以血本攸关,故发起斯会。未几停兑令下,股东以不但信用丧失,且必牵动市面大局,请沪行毅然照兑。其时风潮颇烈,兑现者拥挤异常,三日之后,即平定如常。可见凡事须有实力,而信用尤为重要,至各处分行号共约二百余处,当时多有未遵院令者,并接踵发起旅津、旅汉等商股联合会分会。现在各处来函报告,简略言之,均已逐渐照常恢复。惟今日吾商股股东有最须特别注意者二事:(一)联合会章程草案第一章总纲第一条所载各节;(二)现在闻有人主张中交合并之事,曾于本月九日由联合会电询段总理、财政部、北京中国银行(至此即将往来电文朗诵一过),未谓复电语颇含混,吾股东当特别注意自保地位云云。续由钱新之君报告各行号情形,卞白眉君报告总行全体情形,汉口、天津分会代表报告各该地会务情形。次乃讨论章程,略有修改,一律通过。又次,

---

① 鉴于来自各方面的压力,袁世凯政府为挽回人心,借此实际上收回前发"乱命"。不过延至6月1日才正式发表了一个措词含糊、无补实际的通告,停兑事件至此才告一段落。——编著者

② 1916年6月16日《申报》"本埠新闻"栏有《中国银行商股联合会开会纪》一篇,报道称到会者"三百余人",其他内容基本相同。——编著者

记名投票,选举职员揭晓,计张季直先生得八千八百八十九权,当选为正会长。叶揆初先生得七千八百十五权,林绎秋先生得六千九百一权,均当选为副会长。又举定干事八人,李馥荪、刘厚生、孙景西、钱新之、马隽卿、李伯芝、陈锦涛、周湘舲。后乃提议事宜四项:(一)电请政府实行民国二年参、众两院通过之中国银行则例,承认中国银行为永远国家银行,有代理金库发行纸币之唯一特权。(二)电请政府速将筹得的款(如盐税余款及美国借款)拨还中行垫款,俾京、津二行恢复营业。(三)议决添招商股,扩充商权。(四)重电政府要求不得再发生中交合并问题。当场各股东对于扩充商股之议颇为热心,林绎秋君首先担任筹募壹百万元,并有无锡史君当场交现购买二十五股。该会成立之后,各处分会即一概并入,以便一致进行云。议毕后,遂宣告散会。今闻已由该会照议分别电陈政府等情前来。相应将上海本行商股联合会成立情形,并抄附简章,一并函报大部察核为荷。"

附抄件一件《中国银行商股联合会章程草案》:

第一章　总　纲

第一条　本会由中国银行商股股东联合成立,以保全商本,巩固本行为宗旨。

第二条　本会会所设在上海中国银行内,大会地点临时择定布告。

第三条　本会为欲贯彻第一条之目的,得由大会议决办法向法院、政府请愿。

第四条　本会非达到第一条之目的,并由大会决议后,不得解散。

第二章　职　员

第五条　本会设会长一人,副会长二人,干事八人,于股东中公举之。

第六条　会长代表本会执行对内对外一切事务。

第七条　副会长辅佐会长主持一切职务。

第八条　干事秉承会长、副会长综理本会一切事务。

第九条　本会职员均为名誉职,不支薪水、夫马等费,因公费用实报实支。

第十条　本会得酌用办事员及夫役。

第三章　会　议

第十一条　股东会议由会长召集全体商股股东举行之。

第十二条　股东会议之议决权,一百股或以下,每一股有一议决权;一百零一股至五百股,每十股有一议决权;五百零一股以上,每五十股有一议决权。

第十三条　股东会议时,不能亲自到会,须派人代表者,应出具委托书,存留本会为证。

第十四条　股东会议事项,如与该股东有利害关系者,不得加入会议。

第十五条　有商股总数十分之一以上之股东,得将提议事项及其理由,请求会长召集股东会议。

第十六条　股东会议之决议,以到会各股东议决权过半数行之。

第十七条　职员会议由会长、副会长与干事举行之。

第十八条　职员会议每月至少举行一次。

第十九条　职员会议之决议,以到会人数之过半数决之。

第四章　经　费

第二十条　本会经费由上海中国银行另立户名暂垫,于每届决算时,由股利项下拨还。

第二十一条　本会经费由庶务干事编置预算,提出于职员会议通过后实行。

第五章　附　则

第二十二条　本会成立后,旅沪中国银行商股联合会及别埠股东会一律裁撤。

第二十三条　本章程自股东会议议决后实行。

（《中华民国史档案资料汇编》,第3辑,第331—334页）

同日　中国银行副总裁陈澜生致张謇、叶景葵、林寿松电,祝贺三位当选中行商股联合会正副会长。电云:"上海中国银行转张会长,叶、林副会长:刻接沪电,知三公被举为本行股东正副会长,曷胜欣忭。三公为金融硕望,不特我行之幸,实为全国金融前途之福。本行正在风雨飘摇之日,尚希竭力设法维持,不胜感盼,并恳随时赐教为幸。咸。"（1916年6月21日《申报》）

6月17日　中国银行北京总行致张謇、叶景葵与林松寿电,祝贺当选商股联合会正副会长。电云"得沪电,知三公被选为本行股东会正副会长,曷胜欣忭。本行为国家银行,握全国金融之枢纽,行基不巩,则国本动摇。三公为金融界硕望所归,际此本行风雨飘摇之日,尚希竭力维持,俾日臻巩固,本行幸甚。谨电驰贺。"（同上）

6月19日　与张謇、林松寿联名致段祺瑞电。云:"北京国务院段总理钧鉴:窃惟国家百度更新,金融最为急务,中国银行成立以来五载,于兹信用渐著,前次停兑风潮,幸内外勉力维持,未致破坏。所惜京、津二行,以部欠过巨,无力支持,竟致停兑。小民嗟怨,国信扫地,万分危险。吾公出支危局,举国仰望,务恳速筹的款,拨济京、津两行,从速开兑,以新天下耳目。不胜叩祷,竚盼电复。中国银行商股股东联合会会长张謇,副会长叶景葵、林松寿。皓。"（同上）

6 月 20 日　参加商务董事会议。（《郑孝胥日记》，第 1615 页）

6 月 22 日　晚，应张元济约请赴一家春宴席，同座谢霖甫、卞白眉、吴莲伯、胡石青、蔡谷鿍等。（《张元济日记》，第 107 页）

6 月 30 日　北洋政府任命陈锦涛为财政总长，徐恩元为中国银行总裁。次日，中国银行股东联合会致电徐恩元，讽其辞职："见命令公为本行总裁。公于民国三年在财政部向美商订印纸币，价值二百余万圆，罄本行股本金以购一千余箱之废纸。此项钜款，至今虚悬。本会今特声明，万万不能承认。"（《张公权先生年谱初编》，第 30 页）

同日　中国银行商股联合会致陈锦涛电，要求追究徐恩元失职之罪。函云："公长财政，全体忻贺。顷见任命徐恩元为本行总裁，无任诧异。徐在三年曾用财政部币制局名义，向美商订印兑换券一万二千张，价值二百余万元。罄本行全数股本以购纸币，且不得银行总裁之同意。至今该钜款悬宕无着。此等举动，骇人听闻！本会正在熟筹办法，今公复荐为总裁，舆论哗然。股东闻之，能无寒心？公与本行，于公于私均有休戚相关之谊，用敢直言。敬祈俯采众意，设法挽回，不胜盼涛。"（1916 年 7 月 7 日《申报》）

6 月　父亲叶济自河南来沪。郑孝胥 6 月 10 日记云：在赵竹君寓所"晤叶揆初之父叶济"。（《郑孝胥日记》，第 1613 页）

7 月 4 日　参加商务董事会议。（同上引书，第 1617 页）

7 月 5 日　中国银行商股联合会再致陈锦涛电，要求追究徐恩元罪责。函云："敝会于美钞始末恐有未尽，因即派人往谒任公，示以尊电，询以详情。任公即语曰：'美钞一事，事后始知，其时合同已订，币制局何从挽回？且当时□以此举侵越中行权限，责问徐氏。启超对于此事，始终非之。'电中所谓徘徊不知所解云云，是其中情形与吾公所闻尚有未尽吻合之处。似此虚掷国币、破坏银行之举，徐君职守所关，义当力争，不能则去，万无依违之理。徐氏独不抗，且闻汤公语人，谓当时美钞公司应理先至中行，许汤君以重利，为汤君力斥而去。乃一至币制局，顷刻即定合同，数至万万。当时京中哄传此事，蜚语纷纷，敝会实不忍言之。再如，尊示徐只承命服务，闻之尤为寒心。银行道德首在公正不阿，若不问事之是非，一以承命为是，此后政局设在变迁，抑或政治稍施压力，徐即奉命维护，前途何堪设想！且善承命者，今日能承甲命，明日则能承乙命。此时幸赖吾公督事，于上或能取信一时，顾政治变迁靡常，非廉洁自重之人何以树百年之计？且徐氏署任之命一下，舆论一致攻击于进行，前途实多窒碍。吾行再造伊始，绝续存亡在此一举。用敢不避冒昧，直言以道，非敢于政府用人行政有所干预也。以公明达，必能鉴宥。"（1916 年 7 月 7 日《申报》）

7月6日　为浙路路款清算事抵达天津。次日,浙兴津行致申行函云:"昨由叶揆翁告知,交通部叶玉虎……(以下字不清)"(原件,上档 Q268-1-567)约是月中下旬返沪。

7月19日　浙兴津行致申行函,通报中钞兑换事。云:"天津中国银行现已开兑该本行所发钞票,一律换付现洋,惟外埠中钞仍不收兑。闻该行从前收下兴字钞票甚多,不日来行交换。内中如有尊处兴钞,自当循章办理,另函奉闻。本日收解无事。"(原件,同上引档)

7月21日　《中国银行商股股东联合会招集商股宣言书》发表。全文如下:

本会于六月十五日开正式大会于上海,议决添招商股。兹将添招之理由及其办法陈述如左,幸垂察焉。

国家银行与国家财政之关系,人人能言之。国家银行与吾人民有生命财产之关系,虽知之,而实验之机少。自有此次中交两行停兑之令,人人始知国家银行一举一动与吾民生活息息相关,如水火之不可一日离。一旦用之不善,其为害之烈甚于洪水猛兽也者。自两行停兑之后,人民固有财产顷刻化为乌有者达数千万。以物价腾贵而财产受无形剥削者,又无虑数千万!若以汇兑不通、金融阻滞,其影响于工商业者更何可以数计。呜呼!吾国民痛定思痛,当知国家一日不亡,生命一日不死,不可视国家银行为等闲。且必合全国之力,以求国家银行之日臻于良善而后已。良善之方维何?则由人民监督而指挥之而已。证之近事,此次中行若无商股联合会为各行之后盾,中行不为分行之继者几希夫!同人等入股之初,所属望者分红分利而已,孰意时会之来竟以维持银行之责任加诸吾身。吾辈乃恃此二百数十万之股本,得使中行出水火而登衽席。虽曰天幸,不以益证民治之胜于官治乎?故于是而得二大教训焉。(一)中国银行非成一独立机关,而由政府、股东共同监督,莫由臻稳固。(二)吾国民对于中国银行不可视为身外之事,必争占股本,以得监督指挥之权。溯自中国银行继大清之后,于民国元年成立,嗣于二年四月十五日国会通过中国银行则例,认定中国银行为国家银行。定额资本六千万元,官商各半。当时以大局初定,民力未充,未招商股,先由政府拨股一千万元。迨四年底始开招商股,先招五百万元。募股之初,认股者颇形踊跃。不意帝制风潮迭起,集数仅得其半(查共缴足二百三十一万二千五百元)。窃以一国家最重要之金融机关,而商股所占仅此区区,较之英兰银行之完全商股,日本银行、德意志银行等之商股达数千万者相视,奚啻霄壤!况以此区区小股,而欲要求监督指挥之权,遑论不能而能矣!其权利义务又安得云相称?故同人再三筹议,以欲扩张商股之权,则自速添招商股始。此则此次决议由来也。商股权利一事,本会

虽尚未具体讨论,举其最切要之点不外三事:

一、保持银行之独立。此后中国银行当如各国国家银行行使离财政部而独立,不得视为财政部之外府,不得为财政部之隶属机关。

二、总裁若由政府任命,必得商股股东之同意,或有商股举出数人,备政府之选任。二者必行其一。

三、改订则例,推广商股其对于资本全额所占之成数,必三之二、四之三或十之六七,不得少于官股,并不得等于官股。

以上三事仅举其大纲,若详细办法当由本会切实研究。俟国会成立,恳切要求。噫! 值此商业凋敝之秋,欲募集钜数,夫岂易言愿! 窃以为投资于与国家同休戚共生死之国家银行,其债权之稳确莫过于是。即如辛亥革命大清商股未少分文,其明证也。此后政治革新,银行统一,中行有代理国库发行钞票之唯一特权,其营业之优又何待言哉! 所有议决办法数则条述于后,以供参阅。海内绅商各界不乏关心财政、热诚爱国之士,当必有闻而兴起者乎!

一、商股先续招二百六十八万七千五百元,凑起五百万元。

二、所收股本俟政府及国会对本会之建议要求有满足之办法,方将股款拨交中国银行。

三、所缴股本由各地中国银行报告商股联合会,由本会指定地点专款存储。仍照从前办法,自缴股之日起以七厘计息。

四、挂号办法及缴股日期以及一切手续另订之。

（1916 年 7 月 21 日《申报》）

8 月 1 日　参加商务印书馆董事会议。（《郑孝胥日记》,第 1630 页）

同日　浙兴申行致总办函,报告法印钞票寄存事。函云:"查得昔年向法国订印之钞票式百五十万元,除汉行五十万元早经运汉外,其申杭两行各一百万元,因无妥善庋藏之处,一并商允寄存赵竹君先生公馆内。此项钞票虽未盖印,然久置别处,似亦非计。竹君先生屡来催迁,苦无相当办法。为此开具清单,专函奉达,即希尊裁办理为幸。"（原件,上档 Q168 - 1 - 98）

8 月 3 日　浙兴申行盛竹书致总办函,报告营业科长冯味琴保证书事宜。函云:"营业科长冯味琴君业于阴历七月初一日到行担任职务,月薪暂定六十元。顷由冯君交到保证书一份,特行附奉,即希收詧。"先生批示云:"保证书内'任事以后'上空格,请申行转告原保人,加填'味琴'二字,年岁亦请一并填明。"（原件,同上引档）

8 月 11 日　晚应上海县知事沈蕴石之约赴宴,为众议院议员姚文枏赴京饯别。陪座者还有莫锡纶、穆湘瑶、黄庆澜等。当晚姚即乘沪宁火车北上。（1916 年

8月13日《申报》)

8月15日 参加商务印书馆董事会议。(《郑孝胥日记》,第1623页)

8月22日 浙兴申行盛竹书致总办函报告几笔欠款情况。函云:"一、押款钱仲瑜户,六月底到期已转期三月,有贻成公司股本一千两作抵。容到期准嘱理清可也。二、信用放款周熊甫户元五千两,本月廿六到期。曾与该户接洽前途,拟续转三个月。有天声室户本行存折八千两作抵。敝处以其确实可靠,已允照转矣。"先生于第一条处批示云:"手续完全否? 应查。"第二条处批示云:"应嘱存款科在天声室户内注明:'此项存款八千两,全数抵押款作担保品,须俟放款归还方得支用'为转期手续。契约仍请照章办理为幸。"(原件,上档Q268-1-98)

8月 主持修订、汇编浙兴各种章程、规则。包括:《各行内规》《会计规程》《会计科目说明》《营业规程说明》《暂定营业准备金规程》《暂定检查规程》《告假规程》《支给薪水规程》《劝惩规程》《旅费规程》《酬劳金分配规程》《收录学生规程》等。(《浙江兴业银行各种规程》第1册,上档Q268-1-30)

9月5日 参加商务印书馆董事会议。(《郑孝胥日记》,第1625页)

9月19日 亲笔修改《浙江兴业银行营业准备金续订章程》。批条云:"营业准备金续订章程 向最有信用之同业往来款。其总数不得超过准总数十分之一。"(手稿,上档Q268-1-30)

10月2日 致中国银行总行函,再次检送作废旧钞清单。云:"敝行遵照领用兑换券合同第六条,将旧钞陆续收回,盖作废印,随时报告贵行会同销毁。业于本年一、四两月内,先后检集废钞共计六十二万五千元……兹再检送盖印废钞十七万五千元,合前两次共计八十万元。仍交贵沪行收存,并即与订期照约会同销毁。""再敝行自发钞票计共一百万元,除送毁八十万元外,尚有二十万未获收回。盖由贵行兑换券自停兑令下,颇阻流通。而敝行前发钞票因市面需要,来兑甚少,以致不能按限收齐。现拟察看市面情形,倘无意外波动,即行查报,定期截收。合并陈明。"(抄件,上档Q268-1-612)

10月3日 参加商务印书馆董事会议。(《郑孝胥日记》,第1628页)

10月7日 浙兴申行盛竹书为双十节放假事致总办函。云:"奉通六八号惠书祇悉。承示'阳历十月十号为双十节国庆纪念日,各银行一律停业,本行应即休业半天,俾伸纪念',并嘱'于放假规程内第三节下加注阳历十月十日国庆纪念日'等语。敝处自应遵照办理。惟查是日银行、钱庄均停业一天,钱行无市。敝处对于是日半天进出款项以及现款作价,应如何办理之处,还祈示知为荷。"先生批示云:"各处现一律停业一天,尊处亦停业一天可也。"(原件,上档Q268-1-98)

10月8日 浙兴津行在奉天(今沈阳)设立分庄。本日开业。行址奉天小北

门里科学仪器馆内。负责人樊仰庭。（同日奉天分庄致申行函，上档 Q268－1－570—51）

10 月 9 日　签署浙兴董事会致江苏省银行监理官沈尔昌函，送呈浙兴上半年度财产目录及出入对照表。（副本，上档 Q268－1－68）

10 月 18 日　浙兴申行盛竹书致总办函。云："贻成公司拟以本牌面粉二万包向本行押款五万两。照章逾四万两限度须得尊处许可。为此专函奉达，即希裁复。"先生批示云："准予暂押。仍将手续办理完全。保险单、栈单均过兴业户。"（原件，上档 Q268－1－98）

10 月中旬　离沪赴京，处理京行现金收支员舞弊事件。期间，致函上海浙兴总办，通报处置情况。函云："京行查库少现洋一千八百四十五元，多中、交钞票一千八百四十五元。当向收支竺玉成再三盘诘，查出证据，实系竺玉成与竺景贤私向友人通融交换。节经严切责备，责令赔补，曾经掉转洋一千五百元。以竺玉成系帮助开办之人，此次舞弊系受其弟竺景贤愚弄，从宽。先将竺景贤开除，竺玉成暂准留行，以观后效。乃竺玉成不知悔过，口出挟制之言，并向谦盛祥绸庄擅造谣诼，颠倒是非，并欲以死相胁。似此糊涂谬妄，万难姑容，即将竺玉成、竺景贤二人一并开除。至库存现洋尚少三百四十五元，多钞票三百四十五元，仍令原保人责成弥补清楚。"10 月 20 日总办通函申、杭、汉、津各分行，抄示先生函件，并云："告诫收支人员，遇有通融交换或暂欠等事，凡非总经理所特许者，一概不得通融。是碍定章，是所切嘱。"（浙兴总办通函副本，上档 Q268－1－56）

10 月 29 日　浙兴申行盛竹书致总办函。云："承示无锡瑞成押栈放款合同，前经会议从缓履行。现拟此项办法窒碍甚多，嘱将合同取销，自当遵办。惟查此项合同，原由前总理嘱文牍主任沈次青君与前途接洽订定。今沈君丁外艰，俟到沪后接洽照办可也。至所聘账友谢君颐堂在瑞成合同停顿之际，适存款科孙人镜君调任会计助员，存款事繁，须有接替。谢君人颇老练，熟谙账务，所有遗缺已令其接充。今嘱照支给薪水规程，支送薪水两月等云，可毋庸置议，即请查照为荷。"先生批示云："谢君已令在行办账，未据尊处查照一览表第四条报告，故敝处未经接洽。支给薪水两月一节，即如来函所云暂勿置议，先令暂行试充可也。"（原件，上档 Q268－1－98）

10 月　在京期间参加汤觉顿[①]追悼会，并送挽联：

[①] 汤觉顿（1878—1916），名叡，浙江诸暨人，康有为学生。1900 年参加唐才常自治军起义活动。辛亥革命后由日本返国，曾任中国银行总裁。袁世凯称帝之际，他与梁启超、蔡锷等共谋讨袁，在策动龙济光广东独立时，为其部属不满，1916 年 4 月 13 日在海珠与王广龄、谭学夔三人遭狙击而牺牲。1916 年 10 月 22 日，海珠三烈士追悼会在北京举行。——编著者

居今日而有夷齐禹稷之思,即已是造物所弃;

奋一身以与魑魅网两相搏,吾且为未死者危。(《杂著》,第405页)

11月初 由京赴天津。约11月中旬返沪。(1916年11月12日津行致申行函,上档Q268-1-567)

在天津期间,为紧急调款事致电申行。云:"通密。京除现存万余元,再调四万。津可调四万。均一二日内汇交。请转告总处。葵。"(引自同年11月25日津行致申行函,同上引档)同年12月10日津行致申行函又云:"前揆公在津,正值沪市银根奇紧,嘱敝处调款协助尊处,以厚势力。此事关系沪市大局,我行名誉,自应力为筹拨,以尽同舟之义。承示现已将此款代为存储正金银行,以备紧急之需。息按西利三厘半计算,另立代存正金银行户。该元肆万两已付敝往来户。谨洽遵记。"(原函,同上引档)

11月12日 津行代先生汇寄卞白眉、范季美各洋200元,账转申行先生账户。(同上引档)

11月16日 浙兴申行盛竹书致总办函,答复询问汉行寄存钞票事宜。函云:"示汉行函称,'寄存申行元号皮箱一只,计法印十元钞十万元、五元钞二十万元均未签字'云云。查本行库内确有汉行寄存元号皮箱一只,惟当时系封固交来,并未经汉行将内藏钞数详细监交。现欲查核此项数目,仍须由汉行派员来库会同点验。又所称有一元票十三万元,于辛亥进口时被沪关扣留,经申行设法取回,寄存赵宅云云。查法印钞票确由申行寄存赵宅,而汉行之十三万元,是否于沪关取出后一并寄存在内,目下记忆不清,须经赵宅详细检点方能瞭然。承查询法钞总数何以不符一节,已关照会计等科详加根查。一俟查明,再行奉告。""汉行寄存申库之钞少去六千元一款,查此项钞票于辛亥八月运申始,则寄存樊宅,后复寄存申库。当时汉行并未面点细数,申行不过代为保管而已,后经王稻翁来申检取,始知少去六千之数,如果箱皮不坏,封固依然,在申行本可无关。今申行之不能脱然无累者,徒以箱锁缺坏适在申行库内也。收支科韩子梅兄,多年旧友,诚实可靠,可保其无他。此事延宕至今,终须结束。在汉行寄存时未经详细点交,手续究欠完备。申行代为保管而行迹所在,虽问心无愧,究难避瓜李之嫌。炳纪前总理汉行,今复承乏申行,两无偏倚,拟为持平之解决,所少六千元之数,即归申汉两行分认损失。是否可行,仍候尊处酌夺见示为幸。"先生批示三条。就前一问题批示云:"照尊处前次来单细数,并无汉钞寄存赵宅。请先行派人一查见示为幸。"就第二个问题批示云:"尊语极是。惟箱锁缺坏,行迹显著是保管者,实属难辞其咎。现议以极和平之惩处,由尊处认赔三分之二,汉行认损三分之一,款恐由行担任,则韩君不能不加以警诫,请令其以后遇事务宜格外谨慎,不可以代为保管即能不负责任也。""此事另致汉行一

函,告以此项办法作为和平了结,即与申行接洽转账。"(原件,上档 Q268-1-98)

11 月 23 日　浙兴申行盛竹书致总办函,报告汉冶萍借款事。函云:"示汉冶萍往来透支,董会议决年内以二万两为度,谨洽。至所论钞票洋厘照市不加并迟十天付账一节,此乃汉口情形。因汉厂用钞甚多,可藉此推广钞票也。若上海与该公司往来,纯系汇票银款进出,与汉口不同。即上海各银行推行钞票,亦均无此办法。今若以此向该公司说项,不识于钞票信用上有无关系。尊处提议及此,是否别有用意? 仍候示遵。"又告"缺少汉钞事,已有盛总理另函答复。所认之数亦已于昨日转账矣。"先生批示云:"壬子、癸丑年该公司与尊处往来确系如此办理。惟现在该公司在汉用钞如何情形却所未悉,故前函附告昔日交往情节。目前究应如何办理,自应由尊处酌量现况定夺。至于予以□□①一节,不过希望其凡用洋元可以全用兴券。此外别无用意。即公司一方面,事实上能否办到,亦不敢必。仍请尊处自行裁酌可也。"(原件,同上引档)

11 月 27 日　申行盛竹书致总办函,报告定期检查事。函云:"本行定期检查前定于每月初一、十六两次。嗣因于营业时间诸多不便,现改为每月第一星期、第三星期实行。昨日为本月第一星期,已按照规程第六条甲、丙、丁、戊、辛各项,逐一检查完毕,均相符合,即照第七条办理,其临时检查并请尊处择星期施行。即可利用时间,且可免去营业之阻碍,想尊处亦以为然也。"先生批示云:"定期检查尊处已开始履行,极善! 惟一三两星期为规定日期,与第四条规程稍有未洽,可请届期随意更易。至临时检查何时开始,须有董事或监察人临时执行,其时间却难规定。若虑妨碍营业时间,届时当可商酌办理也。"(原件,同上引档)

同日　申行就杭行寄存钞票事再致总办函。云:"查杭行寄存敝处钞票四箱,除已取去两箱,尚存两箱,已遵嘱检交吴君。原箱锁钥均属完全。至内储数目,因寄存时敝处未经检点,故无从知悉。再原箱并无甲乙丙丁字样。合并声明。"先生批示云:"顷检收尊交钞票两大箱,查即系汉行寄存尊处之一元法印券拾叁万元,并非杭行寄存之件。大数已有杭行吴君点明。除一面函告汉行先行接洽外,特此奉闻。"(原件,同上引档)

12 月 8 日　申行盛竹书致总办函,报告各分行调沪紧急备款事。函云:"前为沪市奇紧,承尊处通函各分行筹款协助,俾敝处得与商业、实业两行组合团体,以济市急。旋蒙各分行来函担任之数,得以十三万之钜,并自本月初二日为始先后汇到共计元十一万两,足见各分行力顾大局,实深感佩。业经由敝处具函伸谢,藉表感

———————————

① 字不清,难以辨认。——编著者

忧。惟查各分行调款来申之时,尊处尚未议定办法,且各分行随即陆续动用。是以将此款收入往来户,未曾专立户名存储。兹奉尊示声明,此款备将来设遇市面非常恐慌时,商经尊处专做活期至短之抵押借款,此外不可动用。并嘱将各分行所担任之十三万,全数提存正金或台湾银行。其银行存息及押款时所得之息,亦须全数分归各行平均摊算,未可稍事增减,敝处自当遵办。前昨二天已将元十三万两全数存入正金银行,其存息以西利三两五钱计算。除各分行汇存协助之款,及各分行通记户应用之款照数拨存外,其有不足之数由敝处代垫。业已分函各分行知照。惟存入正金之款,设遇各分行有汇解款项可否动用?如有敝处垫存之款,各分行尚未汇还补足,敝处如遇急需,能否先行提用?应请酌定办法,俾便遵循。至敝处内部准备,自当格外注意,切实履行。"先生批注云:"此函与兰兄商量后再复。"又批注云:"各行此次调款,系在营业准备金内移拨。所有与尊处原订通记及往来欠款,均应悉照前约办理,不与此项调款相干。至此次拨存之数有不足者,查祗京行一处。尊处垫存之数准即暂时通融,在正金存项内划还,并请将数目函告敝处,以便知照京行接洽。其余存款仍请查照申一二二号函办理可也。"(原件,同上引档)

12月20日 申行盛竹书致总办函,报告商务印书馆印制钞票有缺数。函云:"敝处前经报告之商务书馆所印钞票,计壹元票一千八百元,五元票十四万一千九百十五元,十元票八万六千〇九十元,共计二十二万九千八百〇五元。现在已经凿眼之钞票,计壹元票一千七百九十元,五元票十四万一千九百十五元,十元票八万五千元,共计二十二万九千零五元。两数相较,应存壹元票十元,拾元票五百七十元,共计五百八十元。除在外流行之壹元票十元、拾元票四百六十元外,尚少一百十元。不知如何舛错。现顾正在根查,容后一并补奉可也。"先生批示云:"前报告内流行之数为三万〇七百元。此项数目既经确定,祗有逐渐收回,断无仍复发行之理。是所谓流行之四百六十元已与报告及办法不合。至所谓缺数之一百十元,须待根查云云,与上文已经凿眼事实极端不符,实不可解。应将所短之数五百八十元如数检交,原报告内之流通数不能有所增减。"(原件,同上引档)

12月21日 午后,赴上海总商会出席各官厅为中行商股股东退股风波调解会。中行问题和平解决。"松沪护军使杨树棠,沪海道尹徐鹤仙,上海县知事沈韫石,上海地方审判厅长袁麟伯,为中国银行事,邀同中行商股联合会会长叶景葵及商会正副会长朱葆三、沈联芳,于午后一时至总商会集商调停办法。先由官厅方面,劝告股东会,谓金融关系重要,股东与银行关系密切,虽总行有不惬人意之处,仍望和平解决。次由股东会答,称此次股东会所以要求退股,实由徐恩元来电不承认股东之故。岂有商人出资,而不得权利者?止须总行承认股东,从速续招商股,将来招足,从速成立正式股东会,自可和平了结。惟期限不可不定,至多六个月,官股一面亦须补足,方为平允。官厅方面以为,此乃股东应争之事,毫无过当,允由护军使、道尹、县知事,会同商会共同具名,担任致电财政部,要求应允。一面由股东会向地方厅撤销申请书,允将扣留京行存沪之款归还京行,准其支用,双方和平了结。且副经理张公权、徐恩元亦已应允,不再更动。各界心已释然,风潮平息,金融界可安然无事矣。"(1916 年 12 月 22 日《申报》)

同日　申行盛竹书致总办函,抄送陆冕侪信。函云:"抄上陆冕侪君致兰翁函一份,希台阅。敝处商务印之旧钞壹元、五元、十元计三种,每种曾以检起二十张送尊处,谅荷台收矣。"先生批示云:"旧钞三种各二十张均照收。履和保信存。"(原件,上档 Q268 - 1 - 98)

12 月 22 日　申行盛竹书致总办函,答复有关借款各户情况。共 20 条,其中 6 条先生加以批注如下:

1. "六、光华公司、礼和花厂、郑祥泰、王旭记户,履历早已送上。礼和、王旭记住址单另附。吴登记即安利洋行。洋行向由买办出名,又系个人与章程抵触。此等往来本可不做,惟吴登记股实可靠,且常年存时多而欠时少,沾利较厚,是以稍予通融。"先生批注云:"礼和花厂、郑祥泰契约未曾交下,仍请补送,以完手续。吴登记既属股实可靠,存多欠少,自不得不酌予通融。惟应有契约,可否仍令照办,祈卓才妥为办理。"

2. "九、同易怡户即王雪臣,先去函催,复又派友往催,概置不理。可否由律师去信? 请酌行。"先生批注云:"可由尊处嘱律师去信,限日归清。"

3. "十、透支报告逾额之户,自当随时注意。"先生批注云:"前函询逾额手续是否完全,仍希查明见复。"

4. "十二、贻成公司透支经董会议有办法,当经通知该公司。该公司因全厂作押,须开股东会议决。且查历年十一二月存粉当可陆续售脱归款,拟俟明正股东大会后,再与敝处商定办法。惟现因粉销疲滞,欠数尚钜,昨已嘱该公司经理来沪面询。据云年内当有半数可归,余欠之数或计或抵,届期再当请示办理。"先生批注云:"董会所议办法,该公司既须明年开会商定,是抵押手续今年已不能履行。尊处可予用款额数照营业章程,祇能限于二万元或一万四千两,此外万无透支之理。现在逾额如此之钜,须请转告该公司,无论如何应即归还,以符本行定章。至年内有半数可归之说,应无庸议。"

5. "十七、查敝处并无振华公司户押款。想系'振业'之误。此户早已赎清。"先生批注云:"须查是否字有误。"

6. "十九、往来存款报告由尊处印发,欠额一栏与表单说明所规定之式样大异,请尊处修正,敝处自当遵办。"先生批注云:"式样早已订定,无所用其修正。此系尊处所印,来函有误。"

函前先生又批示云:"此信须逐户复查。"(原件,同上引档)

12月28日 申行盛竹书致总办函,云:"一二二号尊函称,各分行协助敝处之款,嘱专立户名,全数提存正金或台湾两银行,设遇市面恐慌时,此项存款须商经尊处专做活期至短之抵押借款。此外不可动用。其正金存息及押款时所得之息,亦须全数分归各行平均摊算,不可稍事增减云云。遵即将该款全数已于前月十一、十三日两天划入正金银行,另立贷存正金银行户。其利息以西利三厘半计算。今有泰庆金号以日本金洋二十万元,向本行押元十一万两,息按月八两算,十天为期。此款系将正金所存之十三万内划付,其利息俟押款到期收归后,遵均分各行润沾可也。特此奉闻。"先生批示云:"此项办法极妥,已由敝处分函各行接洽。"(原件,同上引档)

同日 申行盛竹书致总办函,报告与江南造船所借款情况。函云:"江南造船所(正所长刘冠南、副所长邝冠庭)与敝处往来已有七年。其欠数原定三万两,每年底结欠万数。上年阳历正月间,该所因限支额数三万两难以周转,托张余三兄代商加用额二万两。本年九月间因沪上银根奇紧,经敝处函去相催,并限以三万两为额。旋得该所复函,仍要求额定五万。敝处因年内为日无几,经暂予通融。兹特抄呈该所九月间来函并逐日往来便查账各一份,希詧阅。惟该所与敝处往来甚为闹热,欠数亦不甚呆滞,兹因阳历年关将届,该所营业以阳历为表[标]准。该户之欠数明年是否仍以五万为额,请酌定示复,以便于阳历年内关照该户也。是为至要。"先生批示云:"请先与商量妥善之手续,一面俟董事会议决后再奉闻。"(原件,同上引档)

12月29日 申行盛竹书致总办函,报告礼和花厂、昭成公司等各户借款情况。先生批示云:"八(条)各事均接洽。昭成款如年内在二万元以下无可归还,即令其以面粉按照定章作抵押借款,俾以通融可也。"(原件,同上引档)

12月30日 申行盛竹书致总办函,报告废钞处理事。云:"承示敝处废钞于十一月底前已交尊处者,连寄存赵竹君处之法钞一并在内,其总数是否一百六十六万八千五百念五元,嘱即查复等语。查敝处废钞于十一月底送上者,总数是六十六万八千五百念五元;又法印钞票壹百万元,系寄存赵公馆尚有留存未发行之法印百元及五十元两种钞票,各计十万元。今已点交尊处。即请示复为叩。"先生批示云:"五十、一百元票已照收,寄存赵处之票,容于销毁时点数接洽可也。"(原件,同上引档)

同日 访张元济。询"孙问清《四史》早日结账事"。张"告以结清与本馆无利,惟为兴业计。预约不能再售若干,则目前约有万数千元可收。再迟,恐孙贴本,计

利息愈重,所得益少。"先生表示听从商务办法。(《张元济日记》,第 197 页)

　　是年　先生于郑州创办大昌树艺公司,聘请白辅唐为经理。《记郑州大昌树艺公司》一文记其出资经营之始,云:"郑州城外东北乡,向系沃土。因光绪初年黄河决口(官书谓之郑工),为沙所压,变成不毛之地,每亩值价七八角。宣统初年,有北省友人,集股购地一千八百亩,距城十里。其计划,以种树为主。所定预算表,十年之后,每年可获利数万元。乃派某君为经理,并携带伙友,招佃开垦,建屋栽树。又收买熟田数十亩,以供看守人之食粮。前后五年,所费地价约二千元,其他经费五千元。不料夏令暴风雨,将所建之屋,所栽之树,悉数连根拔起,荡然无存。某君不知所之,股东讳之不问。""方某君经始时,先君正任郑县知事。县署账房,又被公司欠往来款七百元,无人负责归还。民国五年,余至郑省亲,以为地价如此之廉,开深尺余,即见沃土,岂有不可经营之理? 前此所以失败,乃经理不得其人。若得一好经理,必可有为。乃思到故友白辅唐君,以为若白君肯为经理,此事便有办法。""白君,名元恺,辽宁绥中县人,家住奉天前卫,年三十余。曾任某营书记,驻扎嘉峪关外。有同乡殁于营次,白君单身护柩,经蒙古草地回辽,闻者义之。余前在奉天,即识其人,父母健在,娶妻生子,有田数十亩。幼习种地,喜阅报,思想颇新。接余函,知将任以公司经理,欣然应命而来。余乃出资为经始之费。"(《杂著》,第 248—249 页)

1917 年(民国六年 丁巳) 44 岁

3 月　北洋政府宣布与德国绝交。华孚商业银行在杭州成立(1923 年 3 月倒闭)。上海钱业公会成立,朱五楼为会长,魏静庵、秦润卿为副会长。

4 月　中孚银行上海分行开业。

7 月　张勋等拥溥仪复辟。段祺瑞军进驻北京。孙中山在广州组织护法政府。

8 月　北京政府对德、奥宣战。

是年　金城银行在天津成立,上海设有分行。

1 月 2 日　签署浙兴总办致各分支行函:"申行吴余寿副经理因病辞职,已由董会议决聘定徐寄庼①先生为申行副经理。"(信稿,上档 Q268‑1‑56)

同日　参加商务印书馆董事会议,"议大马路租地"。②(《郑孝胥日记》,第 1640 页)

1 月 5 日　浙兴申行副经理徐寄庼到行接事。(同日申行致总办函,上档 Q268‑1‑98)

1 月 8 日　申行盛竹书、徐寄庼致总办函,报呈与恒丰纱厂订立借款契约。函云:"兹抄奉恒丰纺织新局与本行所订往来存款透支契约,并附抄来票(即栈单)式样,即希詧核。""按恒丰纺织新局为上海有名之织布厂,规模颇大,信用昭著,向与本埠某外国银行往来。申行得某公之介绍开始往来。于往来存款外,允其透支元五万两,提出喂马牌布一千件为担保品。惟该局终嫌本行所定契约太严,利率太高。经磋商再四,将契约内不能履行之条文删去二则,利率暂定八厘。将来如遇金融缓急时,双方仍可会同改订,始行定局。除履历报告另行送奉外,其特许变通办理之处是否有当,仍候核示。"附《浙江兴业银行往来透支契约》如下:

一、今与贵行约定,往来存款之外得透支元五万两。

---

① 徐寄庼(1881—1956),名陈冕,浙江永嘉人。杭州高等师范学堂毕业,留学日本。1905 年回国。后任浙兴总行协理、经理、董事长,以及上海银行公会理事、中央银行副总裁等职。著有《最近上海金融史》《近代泉币拓本》等。——编著者

② 指当时商务印书馆拟购地建馆事,后未成。——编著者

　　二、对于透支之款，提出本厂喂马牌粗布壹千件为担保品。按该项粗布现市每件值元捌拾六两五钱。

　　三、支票发用之款，以担保透支制限之额为限。

　　四、透支款之利率按月捌厘，每年以年终归还。但利率之高低，得依金融之缓急，由双方会同改定之。

　　五、透支款项以六年十二月三十一日为限，必须将本利一并还清。

　　六、如到期不还或不能还清，无论透支手续如何，当由保证人负完全责任，即时归还清楚。

　　七、未到期之票，须俟到期收到后作数，不能先抵用额。

　　八、以上契约彼此均须遵守。

民国六年阳历元月八日

　　　　　　　　订约人　恒丰纺织新局　住址江西路三和里一百十四号

　　　　　　　　保证人　蒋孟苹　住址来远公司

　　先生批示云："恒丰信用素好，契约稍予通融，极臻妥协。至佩！"（原件，上档Q268-1-98）

　　尚其亮《浙江兴业银行兴衰史》记浙兴对恒丰的扶持，云："湖南聂璐生的上海恒丰纱厂（前身为 1891 年官督商办的华新纺织新局，后归聂缉椝所有。改名恒丰纱厂，璐生系聂缉椝之子），是中国近代纺织工业最早创办的工厂之一。它也是'浙兴'重点放款户。这家在第一次世界大战期间颇为兴旺的大厂，大战之后，日趋困境。开始时向钱庄借款。钱庄无力承担；后又向沙逊洋行抵押借款。这家帝国主义的洋行见它毫无起色，便逼迫收回借款；它最后求助于'浙兴'。1929 年'浙兴'对它放款 240 万两，给它打了一针强心剂，1930 年恒丰纱厂转亏为盈。但好景不常，由于纺织品价格连年下跌，至 1935 年终于亏蚀达 200 万元以上，不得不宣告停业，而当时积欠'浙兴'已达 400 万元之巨。'浙兴'商得聂璐生的同意，只得把恒丰出租给官僚资本的中棉公司经营。到了 1938 年，在日军的铁蹄下，恒丰被日方接管，指定为军管工厂，遭受了破坏和掠夺，而这时恒丰欠'浙兴'的借款达 559 万元，成为呆账。到 1943 年，日军发还恒丰，由聂家与日商'合办'，聂家才拿到日方少得可怜的钱，偿还'浙兴'债务。'浙兴'原值 4 万两黄金的巨额借款，这时所得的只值 1 000 两黄金的清偿！对'浙兴'来说，这样赔钱的事，不是仅此一桩。"（《浙江文史资料选辑》第 46 辑）

　　1 月 11 日　申行盛竹书、徐寄顾致总办函，报告废钞处理事。函云："废钞除流通数外，共计少交五百八十元。应补交十元券四百六十元，一元券十元。其缺少之一百十元，已责令经手人照数赔偿。余悉遵示办理。"先生批示云："十元券四百六十元、一元券十元,照数收到。前请再在流通数内提交一元券一百十元,请即日检交,并再收留库及未曾收回之数,列表见示。"(原件,上档 Q268-1-98)

1月13日 申行会计部曹钟祥致总办函,报告多项借款情况,并报呈与中华书局所定契约。先生有批示四条如下:

1. 函云"备抵呆账户下,嗣后遇有支付款项时,当先请总副经理商准尊处后,再行付账。惟昨日有高子白等户,付入备抵呆账户,业已由本行函陈,并以附闻。"先生批示云:"高子白、陈仲恕两户,于十月廿九日曾函嘱于备抵呆账项下付账,即希照办可也。"

2. 函云"本行各种账簿,至本届方改用新式。事属草创,手续生疏,关于记账上未甚完备之处在所难免。鄙意拟自明年起,按照会计规程切实遵行。承嘱将各员关于记账上之成绩分别优劣,详晰列表报告一节,亦拟至下届年终再行遵办。是否可行?即希钧裁为荷。"先生批示云:"报告记账成绩,本年既难实行,故准通融,展至明年。但请陈明经理转饬各员,明年务须认真办理为要。"

3. 函云"中华书局向敝行息借英洋贰万元。其情形手续与明华借款相同。兹抄附借据,亦希核示。附抄借据式:

凭票借到兴业银行英洋二万元整。言明按月八厘起息。期订两个月归还。

此据。

民国六年一月十四日,即丙辰十二月二十一日立 中华书局局长陆费逵

先生批示云:"中华情形虽与明华同,惟无保人,于手续上似仍不足。可否令其加觅相当保人,请才酌行之。"

4. 函末先生又加批示云:"各户均洽。履历报告仍请正式填报。纪要栏内注明借据或已在某号信内声明可也。其票据事请与大同事一律酌办。"

(原件,同上引档)

1月14日 申行盛竹书、徐寄庼致总办函。云:"大同总号息借敝行九八规元壹万两,按月九厘计息,订期四个月。计息元三百五十四两。该借款元壹万两业经划付。查大同为盐务营业,信用尚佳,已商准尊处照办,兹抄附借据式,请台核。"附借据式:

凭票付兴业银行九八规元壹万零三百五十四两正。此照

中华民国六年五月二十日,旧历丁巳三月三十日期 驻沪大同总号票

先生批示云:"此样格式为大同本票而非借票。既为信用借款,于票据、保人二者似应格外慎重,方较妥善。以后遇有此种户头,应各次订定办法,使臻完善之处,

请贵总副经理就现况酌拟办法,以便敝处再就各地情形酌定,或请就前发之借款证书式样酌改,以归一律可也。"(原件,同上引档)

1 月 16 日　参加商务印书馆董事会议。(《郑孝胥日记》,第 1642 页)

1 月 17 日　徐寄顾致浙兴总办函,提议学习中国银行保单规则,简化本行收支手续。先生批示即行照办。徐函云:"查我行收解款项,向循各钱庄习惯,均用号信。敝副经理自到行视事以来,察阅收解款项手续甚为不便。每日文牍科接到各分行号信,凡关于收解款项者先行逐笔登簿,送交营业科,营业科再行逐笔收解。凡托解及托收之款由营业科将汇位票根、期票等逐项送交文牍科,文牍科再行分别各行,逐笔列入。文牍科与营业科本各有专职,今乃以无论钜细之款由文牍逐笔登记,其中有无错误,文牍不知也。文牍即不能任咎。而营业科以素所经手之收解款项,经过文牍科之手,苟有错误,营业科即可卸责。彼此责任不专,颇觉不便。且号信归文牍科存档,查核账目尤为困难。""我行各巨埠既有分行,将来尤须推广收解款项,势必日渐加多。拟请仿照中国银行办法,除各庄往来外,凡各行各种收解款项,均用报单,则收款解款、记账查账各种手续,较为便利。庶几营业科责任攸专,俾便稽核。兹检得报单规则一本,呈请尊处采择施行。倘其中有手续过于繁重及关于三级制者,均可暂行删去,以便易于实行。……如荷俯允采择,乞先将拟订草案寄交各分行征求同意,定于明年阴历正月开市日实行。"先生批示云:"示及中行报单规则均收悉。收解手续向来毫不经意,却甚不便。来书所陈各节,极关重要,所有报单手续即日当订定,奉商后再示各行接洽可也。"(原件,上档 Q268 - 1 - 98 - 146)

2 月 3 日　离沪赴京[①]。行前访张元济,商陈叔通回商务印书馆事。2 月 5 日张元济致高凤池书,云:"弟既不能照常在馆办事,则李拔翁所任事务必更加繁,并不能不盼叔翁早日回馆。前日叶揆翁所言各节业已转达拔翁,本年薪水拟请酌加,叔翁回馆以后亦须酌量增益。此层公已认可。前日揆翁来言,即日晋京,亦已向叔翁致意矣。"(《张元济全集》,第 3 卷,第 102 页)

2 月 12 日　浙路清算处鲁昌寿复浙兴公函,转呈致先生私函。云:"系为次儿请托,能入银行实习更好,否则洋行写字间练习亦可。"(原件,上档 Q268 - 1 - 354)

2 月 18 日　鲁昌寿致先生函,再次转请为其儿子谋职。[②](同上引档)

2 月 24 日　赵凤昌邀请午饭。同座熊希龄、唐绍仪、潘季孺、蒋抑卮、郑孝胥等。(《郑孝胥日记》,第 1648 页)

---

① 先生本次赴京,可能与聘请杨介眉有关,在京逗留时日似不长。——编著者

② 未见先生回函,似未理睬。——编著者

2月28日　商务印书馆董事会宴客,全体董事、监察人皆到。客中有日本正金银行副经理岛芳藏、华章纸厂厂长高桥镰逸。（同上引书）

3月2日　经浙兴董事会决议,聘任杨静祺(介眉)为申行副经理。本日到任就职。（上档 Q268-1-56）

3月5日　浙兴津行致先生函,"内附本行股据十一张,息抵十一扣,委托书二份,印章一颗,金仍翁原信一件"。（同日津行致申行函,上档 Q268-1-568）

3月6日　参加商务印书馆董事会议。（《郑孝胥日记》,第 1649 页）

3月11日　午,约张元济晤谈。（《张元济日记》,第 241 页）

3月19日　请三弟叶景莘①转送《应用算术简捷法》一书与商务印书馆编译所。（同上引书,第 249 页）

3月20日　参加商务印书馆董事会议,"定三月廿九日股东会"。（《郑孝胥日记》,第 1652 页）

3月22日　下午,赴英租界中旺弄钱江会馆,参加浙江兴业银行股东会。先生任主席并报告大略如下:

上年三月二十三日开第九届股东会后,未逾两星期,即奉院令,中交钞票停止兑现,各地方金融风潮因此大起。兹将四月十一日各行领用中行钞卷数目与各项准备金数目,分别比较述告如左:

申行领用中行券七十万元;杭行领用中行券七十万元;汉行领用行券中五十万元;津行领用中行券三十万元,合计一百八十万元。②缴存中行现金准备九十万元;缴存中行保证准备四十五万元;自备现金准备四十五万元。此项现金准备在营业准备之外,合计一百八十万元。

更将四月十一日各行定期、活期等存款,与存放他银行、钱庄之款及自备现金分别比较说明如下:

定期存款一百三十九万三千元;各种活期存款二百六十万零二千元;各种暂存款六十二万五千元;各种票据三十三万九千元,合计四百九十五万九千元。存放外国银行及钱庄之款三十八万八千元;存放中国银行之款六十八万二千元;自备现款七十六万八千元,合计一百八十三万八千元。以上营业准备数目,合计为百分之三十七分。除定期存款未经到期无用准备外,实计为百分之五十一分五。上海为东南金融枢纽,停兑令下,全市恐慌,交行首受其累,董事会会同申行,联合各商办银行,急筹协助中行之策。中行自力亦甚坚定,故

① 时叶景莘在商务任职。——编著者
② 原报如此,似误。据上文四次项目计应为 220 万元。——编著者

影响较浅。杭行猝受震惊,幸准备素充力,能兼顾。曾应典业之请,会同各银行放款,维持市面。汉行亦与中行商股联合会互为声援,武汉军民长官暨中、交两行布置亦极妥协,故不旋踵而大定。津行因中、交均遵令停兑,叠与金融维持会力筹救济,时隔数月,中行始得陆续开兑,市面影响匪细。而本行因准备充足,幸未波及。北京停兑最先,迄无办法,全市一蹶不振。京行有备无患,故信用日增,存款汇兑亦日见发达。是以本届下半年与上半年比较,实有显著之进步。兹将十二月底各行领用中券数目与各项准备金数目分别比较如下:

申行领用中券八十万元;杭行领用中券三十万元;汉行领用中券五十万元;津行领用中券三十万元,合计一百九十万元。

缴存中行现金准备九十五万元;缴存中国银行保证准备四十七万五千元;自备现金准备四十七万五千元。此项现金准备在营业准备之外,合计一百九十万元。

更将十二月底各行定期、活期等存款,与存放他银行、钱庄之款及自备现款分别比较如下:

定期存款一百五十万零二千元;各种活期存款三百五十二万二千元;各种暂存款八十五万元;各种票据十万元,合计洋五百九十七万四千元。存放中外各银行及钱庄之一百八十六万元;自备现款一百四十四万四千元,合计三百三十万零四千元。

以上营业准备数目,合计为百分之五十五分三。除定期存款未经到期无庸准备外,实计为百分之七十三分八。由是观之,平日之准备足,全行之基础稳,而营业方针乃可得而言焉。申行营业之最进步者,为押款及同行拆票。汉行拆票亦较上届为多。申汉合计□年拆票之数,约三百五十万两,杭、汉两行存款最为进步。杭行办理贴现,并于东街筹设货栈,专做丝绸押款;汉行向无押汇,本届甫行试办,颇有希望。津、京两行汇兑最为进步,津行创设奉行分庄,于九月十二日开市,十旬以来,舆论颇为称许,汇兑之额亦月有增加。京行汇兑居各行之第二位,进步极为迅速,存款亦甚发达。此外,尚有货币买卖一项,为本行营业范围所许可。然所获余利或拨入特别公积,或削除财产并未全数计入净赢之内。查本届结帐,与上届比较足为进步之证者分别如下:

比较计,特别公积上年底止十万零八千七百二十五元,本年底止十七万六千二百三十四元,应增六万七千五百零九元。公积,上年底止无,本年底止二万四千四百五十八元零五分,增上数。准备抵呆帐,上年底止无,本年底止数目九万零九百三十九元六角七分,增上数。现款,上年底止七十一万一千二百三十九元八角四分,本年底止一百四十四万四千零七十五元四角一分,增七十三万二千八百三十五元五角七分。存放他银行及钱庄:上年底止一百七十一万五千六百九十七元七角四分,本年底止一百八十六万零二百零七元九角,增十四万四千五百十元一角六分。定期存款及各种活期存款:上年底止四百三十八万四千六百九十四元六角八分,本年底止五百零二万五千二百零八元九角四分,增六十四万零五百十四元二角六分。押款:上年底止六十六万六千八百三十四元零六分,本年底止一百零一万三千八百十九元零九分,增三十四万六千九百八十五元零三分。信用放款:上年底止一百十九万七千三百八十元零二角二分,本年底止一百十六万六千八百五十八元三角一分,减三万零五百二十一元九角一分。往来透支:上年底止六十六万九千五百十元零六角三分,本年底止五十五万三千五百三十五元八角,减十一万五千九百七十四元八角三分。过期放款:上年底止十四万一千三百八十六元六角八分,本年底止九万八千八百零二元一角六分,减四万二千五百八十四元五角二分。

本届结账除将历年银户余水拨入备抵呆帐外,尚有本年银户余水。兹又比较如下:

申行:约存余水银三万三千两;汉行:一万一千八百两;津行:一千五百两;京行:三百两。所有银户余水二万六千六百两,仍照各行定价折合洋数,约计洋三万六千九百元,为本届未经提出之余利。

再本届尚有一大事应报告:股东者遵照领券合同,逐日收回旧钞票,共计九十四万九千五百元,内八十万元业经会同中国银行陆续销毁,其未经收回之旧钞票尚有五万零五百元,拟于丁巳年(即本年)闰二月内,登报声明,定期截止。惟本届尚有不幸之事,亦须声明,即一为监察人郑岱生病故,二为办事董事兼申行总经理樊时勋病故,三为申行副经理吴余森因病辞职。樊病故后,第九届股东会已举沈新三为董事,并经董事会照章复选为办事董事,所遗申行总经理一席已请汉行总经理盛竹书接任。递遗汉行总经理一席,已请史晋生接任。沈接任办事董事后,所遗杭行总经理一席,已请蔡谷清接任。吴辞职后,已请徐寄庼接任。诸君皆一时之彦,对于行务极抱热忱,故本支各行均能协力进行,和衷共济,尤为无形之进步。斯足为股东庆慰。

(1917 年 3 月 23、24 日《申报》)

由董事长叶揆初、办事董事蒋抑卮、沈新三等签署本行民国五年营业报告,公布《财产目录》《贷借对照表》及《损益计算书》。主要项目如下:

股本总额 100 万元(未收 25 万元);现款 1 444 075.41 元;存放他银行及钱庄 1 860 207.90 元;准备金 190 万元;信用放款 1 166 858.31 元;有价证券 421 389.91 元;外国货币 137 675.25 元;房地产及器具 421 166.01 元;定期存款 1 502 723.12

元;各种活期存款 3 522 485.82 元;兑换券 190 万元;本届纯利 122 197.86 元。

会议提议修改行章内关于副经理人数条目。通过。又选举陈叔通、蒋赋苏为监察人。(《兴业邮乘》,第 12、13 期)

3 月 24 日 与盛竹书、蒋孟苹、沈次青、赵凤昌同访郑孝胥,"商日辉(呢厂)余款分还股东办法"。(《郑孝胥日记》,第 1653 页)

3 月 根据徐寄庼提出改进本行收解款项手续办法,先生主持总办事处制定《浙兴分行往来收付报单说明》。(印件,上档 Q268-1-32)

4 月 3 日 参加商务印书馆董事会议。(《郑孝胥日记》,第 1655 页)

4 月 13 日 午,应张元济邀请赴卡尔登饭店。同座俞夔丞、黄旭初。(《张元济日记》,第 274 页)

同日 签署浙兴董事会复江苏省银行监理官张声焕(秉文)函。云:"敝银行奉部核准章程每半年一小结,年终总结,造具财产目录、贷借对照表,呈由地方官厅详送财政部查核。上年阴历六月小结曾于送部录表外,另造一分送呈前监督官督阅在案。前阴历丙辰年年终总结财产目录及贷借对照表,业已造具完竣,除照奉由地方官厅详送财政部查核外,仍另具一分送请贵监理官督阅备案。"(副本,上档 Q268-1-68)

4 月 17 日 参加商务印书馆董事会议。(《郑孝胥日记》,第 1657 页)

4 月 主持重订汇编浙兴各种章程、规则。包括《暂定营业准备金规程》《传票账簿目录之用法》《保证人条例》《各项表单、簿记、析表说明》《收四期股款办法》《代收押汇行所用押汇簿记说明》《酬应及年节开支规程》等。(《浙兴各种章程》第 2 册,上档 Q268-1-30)

5 月 1 日 参加商务印书馆董事会议。(《郑孝胥日记》,第 1660 页)

5 月 14 日 参加商务印书馆董事会议。(同上引书,第 1662 页)

同日 浙江兴业银行与中华书局订立往来透支押款合同。"透支额度除往来存款外,定为英洋四万元,不得逾额。"合同期为四个月,"对于透支之款及利息,由书局提出铜模、铅料、铅板、铜字等共计七万五千元零为担保品"。"此项担保品系书局核实估价暂存书局,由书局完全负责,银行不另派人监督及盘估数目。"签字人:浙兴方为总经理盛竹书,中华书局方为局长陆费伯鸿;保证人为廉惠卿、蒋孟苹;律师为丁榕。(原件,上档 Q268-1-507)

5 月 19 日 赴沪北总商会出席商务股东年会。股东到者 600 余户,计 14 000 余股,郑孝胥为议长。张元济报告公司民国五年营业情形及账略。经股东会通过本届分派红利一分五厘。继即选举高凤池、鲍咸昌、聂其杰、张謇、张元济、叶景葵、梁启超、高凤谦、章士钊、郑孝胥、金邦平等十一人为新一届董事;王亨统、谭海秋、

吴馨为监察人。(1917 年 5 月 20 日《申报》,《商务印书馆股东会记录》)

6 月 5 日　参加商务印书馆董事会议。(《郑孝胥日记》,第 1666 页)

6 月上旬　赴杭州,与浙省商会副会长王湘泉等筹备汤寿潜追悼事宜,"拟假省城白衣寺,特开追悼大会,并请徐班侯主祭,以志哀悼。所有挽联祭章,均已纷纷预备矣"。(1917 年 6 月 11 日《申报》)

7 月 2 日　津行潘履园致总办函,报告张勋复辟情形。云:"清宣统帝昨日颁布上谕,复就君位,授张勋为内阁议政大臣,并分别补授各部尚书、各省巡抚。当时以事出秘密,故津埠虽接近都门,仍至本日上午始经各方面证实,由警厅传知各商号,悬挂龙旗。目前京津秩序如常。知关锦注,特此专函奉布。"(原件,上档 Q268-1-568)

7 月 12 日　张元济请陈叔通约刘厚生与先生在卡尔登午饭,"与谈中华书局事"。时中华书局因资金周转不灵,出现危机,部分股东提出愿意将企业租与商务印书馆。总经理陆费逵 7 月 10 日亦亲自找商务高梦旦,询问商务"有无愿接中华之意"。商务当局决定先听取本公司股东、董事意见后再定。[1](《张元济日记》,第 331—332 页)

7 月 17 日　参加商务印书馆董事会议。(《郑孝胥日记》,第 1674 页)

7 月 20 日　张元济约李拔可招宴于一支香餐馆。同座还有吴寄尘、沈涛园、徐乃昌、徐寄顾等。(《张元济日记》,第 338 页)

7 月下旬　离沪赴京,与交通银行总行协商领钞事宜。(同年 7 月 31 日致项兰生、蒋抑卮函,上档 Q268-1-612)

7 月 31 日　在京致项兰生、蒋抑卮函。云:"与交行订立合同领钞,须先与董事会商明是否可行。如可行,请与弟全权代表,弟则要求于抑卮、澹如二人中选一人,来京做参谋(能偕来更好,说定后发电弟,即来),因弟于营业计划不甚精明也。"(原件,同上引档)

8 月 4 日　在京致总办电:"请抑卮、澹如即来。"(原电,同上引档)

同日　浙兴总办致先生函。云:"领用交通钞票议订合同一事,昨日董事会议通过。兹将议案另纸录呈誉览。"(副本,同上引档)

8 月上旬　在京致浙兴总办密信[2]。云:"交行合同已开议数次。大约五成现金,年息三厘五,二成半债券,二成半空额。其余关于防害之点,均已订明,较中国(银行)合同尤妥当。附上我处所订之初稿一本。现在争点在第十条,我处已让至

---

[1] 此事因后来各方意见不统一,中华方面危机已度过而终止。——编著者
[2] 原件无日期。——编著者

照中国（银行）原文矣。兰生兄处请代告，不另。此事乞仍密。"（手稿，上档 Q268 - 1 - 617）

8月中旬 在京与交通银行反复商议领用钞票事宜。先生记云：民国四年与中国银行"合同订立后，双方分函各行履行，而中国各分行陆续发生争执之点。如认二厘半存息之吃亏，兑换暗记之不易分别；保证公债券我行以为应照额面缴存，中行以为应照市价折扣；领用之数，我行以为在合同限度以内，应随时供给，中行以为自己需要往往羁而不与；而最大症结则在我行观点，以为商行既肯牺牲发行权协助中央统一，尔系国家银行应如何奖励扶植，而中国银行之地位有时为国家银行，有时为商业银行，故不受我行之责备。行之年余，龃龉益甚。而本行困难之尤则以营业日增，钞票不敷供应。至六年八月，景葵入都又与交通银行订定领券合同十二条。"（叶景葵、潘用和编《本行发行史（二）》，《兴业邮乘》，复第 24 期）

8月17日 代表浙兴签订《领用交通银行钞票合同》。全文如下：

立合同：浙江兴业银行（下称兴行）、交通银行（下称交行），今因兴行领用交行兑换券，特将双方议定条件开列于左：

第一条 兴行领用交行百元、五十元、十元、五元、一元兑换券，共五百万元，应由交行会同兴行在两行现设本分支行及将来添设分支行所各地方，分批点明，封存交行保管，归兴行随时陆续领用。其地点、数目由兴行总办事处与交行总管理处随时协商，分别饬遵办理。

前项兑换券五百万元用毕时，兴行得增领五百万元，其条件与本合同同。

第二条 兴行于陆续领用兑换券时，应备现金五成、中央公债券二成半，交付交行，以充保证。但此项保证金兴行不得随时动用。

第三条 前项保证现金五成，交行应给年息三厘五毫（如保证现金万元，每年给息三百五十元）。每三个月结算一次。其中央公债券二成半之息，亦由交行按期付给兴行。

第四条 兴行除缴前项保证七成半外，其余二成半空额，应由兴行自备，交行得随时派人点验。对于此项自备保证金，无论现金或中央公债券或他项有价债权，遇兴行有不得已之事故时，交行将有优先权处理之。

第五条 两行应于前项兑换券上各加暗记，以示区别。

第六条 各处兴行所发暗记兑换券及交行自发兑换券，到该地两行兑现时，两行应互相兑收，每日彼此交换抵冲，如有余数，各行应备现金补足。如兴行库存及寄存暗记兑换券，已积至自备空额二成半之数，嗣后交行所收兴行暗记兑换券，应在保证金内扣除，交行应付保证金之利息，亦按扣除之日期照减。

如两行所存兴行暗记兑换券已积至领用数七成半之数，嗣后交行所收暗记兑换券,应由兴行按日期数目补贴交行利息,其息率以兴行所得中央公债券二成半之息为标准,得由交行于每半年付给时扣除之。

第七条　兴行所发暗记兑换券之流通额,每日报告交行。

第八条　本合同有效时期以二十七年为限,限满后两行如愿继续办理,而交行营业年限增加时,得照本合同各条件于三个月前互相知照,再展期三十年。

第九条　本合同有效时期内,如交行全体组织或有变更,无论至若何名义及若何性质,本合同仍为有效。至兴行组织变更时亦同。但交行发行兑换券之权被政府以权力停止时,为交行所不能抗者,不在此限。

第十条　本合同期满时,兴行应将所有暗记兑换券缴还交行,否则交行得于兴行缴存保证金七成半内照数抵销。如仍不齐,得于期满次日,于兴行如数收现及中央债券,但中央公债券数目不得超过十分之五。

第十一条　交行如有不得已之事故,或停止发行兑换券时,兴行自备保证二成半之空额,得照第十条办理,照兴行库存交行兑换券超过于自备保证二成半之空额,有超过之数,得有优先权向交行收取之。

第十二条　本合同共缮两份,双方签字盖印,各执一纸,互相遵守,不得变更,并分呈财政、交通部备案。

中华民国六年八月十七日

> 浙江兴业银行董事长叶景葵(印)
>
> 交通银行协理任凤苞(印)
>
> (同上引文,《兴业邮乘》,复第 24、25 期)

同日　浙兴总办通知各分支行,通报杭行总经理蔡谷青辞职,聘请张笃生继任。张未到任前,暂由申行总经理盛竹书兼任。(副本,上档 Q268-1-56)

同日　浙兴天津分行创设哈尔滨分庄开市。(《兴业邮乘》,第 13 期)

8 月 22 日　为领用交通银行兑换券订立合同备案事,签署浙兴呈财政部、交通部文。曰:"查本银行前因收回自发钞票、领用中国银行兑换券,曾经订立合同,禀请大部立案。领用以来,推行甚利。兹因营业范围日广,而市面需要情形于中、交两行兑换券各有彼此利用之处。因与交通银行协商,订立合同领用交行兑换券,其办法与中行合同大致相符,仍可并行不悖。理合抄录合同全文,禀请大部备案。"(原稿,上档 Q268-1-617)

8 月 23 日　在京致总办电:"交[行]遂允换新券。葵。"(原电,上档 Q268-1-617)约是日返沪。

8 月 24 日　抵沪。访张元济,"言财政部仍愿以汉口造纸厂租与本馆,问有无

承租之意"。此事后"因管理人不易得"而作罢。（《张元济日记》，第 357 页）

同日　致交通银行总管理处函。云："敝行与贵行新订合同第一条内开：'应由交行会同兴行在两行现设本分支行及将来添设分支行所各地方，分批点明，封存交行保管，归兴行随时陆续领用。其地点、数目有兴行总办事处与交行总管理处随时协商，分别饬遵办理。'查敝行首批需领之数共计二百万元。特将各行分领之数暨兑换券种类支配数目分别开明，另单附奉。即希贵行照数预备印就地名及暗记等，全行运交贵沪行，以便敝行在沪加印暗记后再行分配各行陆续领用。至该项领券，贵行加印地方暗记，约计何日可以办竣，何日可以到沪，并祈先行见示。"（副本，上档 Q268－1－617）

9 月 4 日　参加商务印书馆董事会议。（《郑孝胥日记》，第 1682 页）

9 月 8 日　是日，发放浙路股债第六期本息。周孝怀、郑孝胥到浙兴来访先生。（同上引书。第 1683 页）

9 月 10 日　午，应张元济之邀赴卡尔登便饭。同座张云搏、徐寄庼、陈光甫。晚，先生与徐寄庼、项兰生合约张元济等在一品香聚餐。（《张元济日记》，第 370 页）

9 月 18 日　参加商务印书馆董事会议。（《商务印书馆董事会议簿》）

10 月 2 日　参加商务印书馆董事会议。郑孝胥记云："章行严自日本归，谈日本转译西书极多，有新著梗概，若提要之体，中国宜设法继之。余谓，可劝报纸特作一栏，译登新著梗概，《东方杂志》可将原书每期择译一段，以引学者求观新书之兴，数年以后，必大行矣。"（《郑孝胥日记》，第 1686 页）

10 月上旬至中旬　赴天津。① 约是月下旬返沪。

11 月 6 日　参加商务印书馆董事会议。（《郑孝胥日记》，第 1691 页）

11 月 12 日　复交行协理谢霖（霖甫）函，要求迅速决定领用兑换券事。云："前奉贵行公函一件，并附兑换券式样五张，已于昨日肃函奉复。兹读来示，谓尚有研究之处，遵将原函并券样一并奉还，敬希詧收示复。惟查兑换券加印暗记，颇费时日，若延迟过久，于推广流通之策易失时机，应请贵行迅速决定。仍查照敝行八月二十四日及昨日所发专函内叠陈办法，赶加暗记，从早寄沪。是所股盼。"（副本，上档 Q268－1－617）

11 月 14 日　谢霖致先生与蒋抑卮函。云："此次尊处领用敝行兑换券，原拟改发国币新券，以利推行。嗣因此项新券尚有别种问题，一时未能发行。故十一月六日弟曾以私人名义致函揆公，请将敝行正式复函及兑换券样本五种退回。想荷

---

① 张元济 10 月 11 日有致先生函，寄往浙兴天津分行转。可见当时先生在天津。——编著者

台洽,有复在途。兹将尊处公函一件计四纸附还,即祈詧入。所有领用兑换券应行商榷各事,容俟前函及票样收到后,另具公函接洽。"(原件,同上引档)

11月15日　为浙江兴业银行使用密电事呈北京交通部文。全文如下:

呈为恳予援照成案特准发用密电事案。查钧部本年八月四日检查电报通告,本国商民发寄密电有特准之文。天津中孚银行援照请予准发密电,奉钧部指令,据呈称"纯为交易事件,并不涉及商业范围以外,应准照发"等因在案。敝银行开办以来,先后呈经度支部、财政部核准,系属正当营业,平时电报往来均为交易之事,从无涉及商业范围以外。合无仰恳钧部准援中孚银行之案,特准发用密电。所发电报均当盖用本行图章及经理名印,以明责任。兹谨将申、杭、汉、京、津各本支行暨奉天、哈尔滨各分庄发电图章式样七纸呈请备案,伏乞鉴核,俯赐批准,分别令行各该电局,一体查照。再由各行将图章式样径送各局存查,以凭发报,实为德便。谨呈交通部。

计呈图章式样七纸。

浙江兴业银行董事长叶景葵(印)

浙江杭县人,年四十四岁,住上海英租界斜桥路

(副本,上档Q268-1-67)

11月19日　谢霖致先生与项兰生函。云:"兹奉十二号撲公手示,祇聆一切。寄还原函及券样一并照收,另有公函寄上,即希詧及。所有贵行应领各券,现正赶速加印,一俟印就,即当运沪。再上次撲公及抑之先生在京述及,贵行自备之二成半现金准备,亦拟以营业存款性质存在各地敝行一层,闻之实深感荷。当时敝协理曾以对于此事彼此交换公函以凭,彼此转告各行相恳,业邀概诺。此事似由贵行先行寄函来京,再由敝行答复,较为合宜。如何之处,尚乞示知为盼。"(原件,上档Q268-1-617)

11月23日　复谢霖函。云:"敝处总、支行与尊处各分行洋数往来一事,前经面商,杭照往来存款办法。凡尊处各分行所在地,属于银两码头者,其息请长年三厘半计算,三个月一结;属于洋元码头者,其息长年五厘计算(敝处与中国杭行及南京行往来均按月息四厘计算,加以长年五厘相恳),亦三个月一结。至每处所存总额,约以敝行应行自备之二成半准备金为度。如能不加限止,得以涓流汇归尊处,尤所盼祷。统希接洽,转告各贵分行为幸。"(副本,同上引档)

11月26日　致交行总管理处函。云:"敝行与贵行订立领用兑换券合同后,曾经面商依照敝行与中国银行前订办法,与尊处各分行开立洋数往来一事,业承台洽。此项往来系照往来存款办法,凡尊处各分行所在地,属于银两码头者,其息请长年三厘半计算,三个月一结;属于洋元码头者,其息请长年五厘计算,亦三个月一结。至每处所存总额,约以敝行应行自备之二成半准备金为度。如能不加限制,得

以涓流汇归尊处,尤觉两便。相应函达。敬祈查照示复,并转知各贵分行,一体照办为荷。"(副本,同上引档)

12 月 6 日 谢霖复先生函。云:"承示贵行与敝行洋数往来利率各节,现正从长筹议,应俟发券之时再行商定。至贵行嘱印之票二百万圆,日内即可印齐运沪。惟时局日非,敝行之意总以缓发为宜。因此昨有公函奉达。此意是于两行均有裨益,想公亦必赞同也。"(原件,同上引档)

12 月 13 日 就领用兑换券各事,先生签署浙兴总办再复交行总管理处函。云:

兹对于尊示各节,有应交换意见之处,条陈于后:

一、尊示以时局不定,前项兑换券拟从缓发行一节,敝处意亦赞同。惟该项兑换券运沪之后,加印暗记颇费时日。若非先时印就,遇有可以发行机会,必至无从应付。故仍请早日运沪,以为敝处加印暗记之预备。至发行时期,从缓而定可也。

二、交到券样系一元、五元、十元、一百元五种。查一元券外间不甚适用,五十元、一百元者现可无须领用。是以八月二十四日敝行专函附奉清单所开兑换券种类,仅有五元、十元两种。系为便利流通,不致搁废起见,贵行加印暗记时,务请查照前单所开种类数目支配付印,万勿有误为祷。

三、敝行加印暗记情形,俟印就后再行奉闻。

四、运费分任当如尊示办理。惟敝行暗记印成后分运各处,应备护照及贵行向与铁路、轮船订有特别廉价之处,届时仍烦贵行代为办妥,其费可由敝行照认。

五、敝行自备之二成半准备金存入各贵分行一节,此系于合同条件之外,因两行友好起见,故有此项约定,其存数最好不加限制。万一尊处不愿多存,敝行拟即以应行自备之二成半为活期往来存数之限度。但存否多少,均属自由。尊函有悉数拨交一语,未免误会,自应仍请查照敝处十一月二十六日公函所陈各节办理,以符原约。上列各事统烦照詧施行,并希见复是荷。(信稿,同上引档)

12 月 14 日 赴商务印书馆参加特别董事会议。又议收买中华书局事[1]。"高

---

[1] 1917 年初,中华书局因扩充过速,与商务竞争又十分激烈,加以副经理沈知方挪用公款投机失败,以致资金周转失灵,至同年 6 月几近停业,遂有陆费逵等与商务谈判租、盘事宜。对于盘收中华,当时商务董事会内部出现不同意见,耽搁了许久。11 月,常州吴镜渊投资中华,挽回局面,12 月 16 日中华股东会议决改组董事会,选举吴镜渊为驻局办事董事,俞仲还、于右任、周扶九、范源濂、沈恩孚、康心如、徐可亭、孔祥熙、戴懋哉、施子英、廉惠卿等十一人为董事。陆费逵被撤销局长职。至此,与商务谈议租、盘事亦告结束。——编著者

翰卿暨张菊生报告,中华书局旧公司代表并该局债主、股东迭次来馆,商劝本馆盘受该局。抄来之各种财产清单及上年营业报告。该馆所有财产约值一百万元有零。该局债主陈葆初要求一百三十二万元,内五十万抵还债款,五年付清,周息八厘;五十万抵还存款,三年付清,周息四厘;所余三十二万给予股东作为抵还二成股本,于八年后付。讨论后议决:可以表示可以承受之意,在陈君所议范围之内,由总、经、协理切实磋商,盘价则越少越妙。"(《商务印书馆董事会记录簿》)会上郑孝胥反对盘受,聂云台与先生等多数董事均表赞同,"决定由总经理相机应付,以陈抱(葆)初开来价格为范围"。(《张元济日记》第429页)

12月15日 致交通部次长叶恭绰函。云:"京华承教,欢若饮醇。别后怀思,倏更岁琯。""浙江兴业银行分设日多,电报往还皆交易之事,与政治无关。近日检查条例,非特准者不能发用密电,商业颇感不便。兹查天津中孚银行已呈奉大部,令准发用密电。敝银行援案呈请,谨具呈文,附请詧夺,伏望俯如所请,并恳饬司迅速批示寄下,不胜感呀之至。"(副本,上档Q268-1-67)

12月18日 参加商务印书馆董事会议。张元济报告"议盘中华书局未成情形"。(《商务印书馆董事会记录簿》)

同日 商务印书馆通过先生用京馆中行钞票,购入中国银行股票100股,计1万元。(《张元济日记》,第432页)

同日 晚,应张元济之邀赴一枝香用餐。同座有黄溯初、范季美、胡新之、张云雷、蒋叔南等。(同上引书,第433页)

12月21日 持弟叶景莘来信往访张元济。"言部局纸厂此时尚可谈。"张随即请高凤池、李拔可、高梦旦、陈叔通讨论良久,"皆以人才为最难,议定请张一行实地了解"。(同上引书,第434页)

12月27日 交通部令,批准浙兴发用密电。批令云:"呈悉。业经分别电令申、杭、汉、京、津、奉、哈七局,嗣后该行发寄密电,免于检查。此令。"(副本,上档Q268-1-67)

12月28日 叶恭绰致先生函,告以交通部批令已经发出。(同上引档)

12月31日 上海荷兰银行就吴文珪辞职事致浙江兴业银行证明书。云:"吴文珪君自一九一七年五月三号起,至一九一七年十二月三十一号止,为本行账务处之助员。所办各事均甚愿意,且使本行极为满意。吴君现已自行辞职。此证。"先生在译文抄件上批注,云:"此项证书原文即由办事处保存。葵。"(原件,上档Q268-1-326—13)

是年 浙江兴业银行实收资本增加至100万元,与资本总额相符。浙兴自成立以来,实收资本均未到达资本总额,至此年终,方才满额。见下表:(元)

年　份	资本总额	实收资本额
1907 年	1,000,000	263,825
1908 年	1,000,000	486,985
1909 年	1,000,000	500,000
1910 年	1,000,000	500,000
1911 年	1,000,000	500,000
1912 年	1,000,000	500,000
1913 年	1,000,000	500,000
1914 年	1,000,000	500,000
1915 年	1,000,000	750,000
1916 年	1,000,000	750,000
1917 年	1,000,000	1,000,000

（《上海研究资料续编》,第 248 页）

约是年　撰《寄怀济南李大(熙)》七律。诗云：

浩荡灵修未可诃,故人强饮近如何? 闻声便作波涛想,顾景方知罔两多。鹢首赐秦天已醉,龟山蔽鲁手无柯。春来肝肺应疏放,且向青郊策蹇羸。(《杂著》,第 366 页)

1918 年(民国七年　戊午)　45 岁

3 月　段祺瑞再任国务总理,主张"武力统一"。

5 月　非常国会选举孙中山等五人为军政府总裁,后推岑春煊为主席总裁。

8 月　金城银行上海分行开业,总行设于天津。

9 月　北京国会选举徐世昌为大总统。

11 月　第一次世界大战结束。

12 月　上海交易所开幕。李大钊、陈独秀、胡适等主编《每周评论》在北京创刊。

是年　1917 至 1918 年,段祺瑞政府向日本寺内内阁连续签订"西原借款",其中八次借款达 14 500 万日元。

是年初　购藏吴伯宛松邻善本藏书四十种。是为先生"搜罗善本之发轫"。后回忆云:"伯宛先生任陇海路局秘书时,屡于讌叙中接谈,而未得请益之机会。其时收入尚丰,因喜购故籍及金石精本,整理刊印,不惜重资。性又豪迈,用度仍苦不足。民国六七年间,将嫁女蕊圆,检出所藏明刊及旧抄善本四十种,定价京钞一千元出售,以充嫁资。余请张君庾楼为介,如值购之,是为余搜罗善本之发轫。其时京钞甫停兑,市价八折,实费现币八百元也。"(《吴伯宛先生遗墨跋》,《书跋》,第 165 页)

1 月 16 日　签署浙江兴业银行董事会致江苏省银行监理官齐耀瑗函,呈报浙兴上年度财产目录及贷借对照表。(信稿,上档 Q268 - 1 - 68)

1 月　主持制定浙江兴业银行《收录学生规程》。(《浙江兴业银行各种章程》第 2 册,上档 Q268 - 1 - 30)

2 月 2 日　致中国银行总行函。云:"敝行领用兑换券先后两批,计共三百万元。两载以来,推行尚无阻滞。惟前领之券内一元者,用途殊不甚广,五元、十元者,所领之数,流通尚虞不足。自应照约添领,以资因应。查合同第八条有兴行领用三百万元足额后,得再照本合同条款加领二百万元等语,兹特照数添领,并开具各地数目种类分配清单,呈请台詧。即希照单加印地名暗记,如数配发,至所盼切。至尊处正面暗记前印 S 字样,此次拟改印 N 字。其敝汉行领用之券,地名请用湖北字样,相应函达,统希查照,迅速施行。"(副本,上档 Q268 - 1 - 616)

2 月 3 日　偕蒋抑卮赴南京,与中国银行宁行经理许福畇(汉卿)、许体萃(仲衡)协商领用中行江苏券 30 万元。2 月 5 日返沪,携回中行宁行所拟《上海浙江兴业银行领用南京中国银行兑换券办法》草约。(草约原件,上档 Q268 - 1 - 614)

2 月 6 日　上海北京路 14 号浙江兴业银行新楼落成。总办随即迁入办公。(1918 年 2 月 4 日总办通函,上档 Q268 - 1 - 56)

2 月 8 日　中行宁行谈荔孙致先生函,商领用兑换券数额修正事。云:"承示贵申行领券办法,其修正各条均可照办,惟领券额数嫌其太少,将改为四拾万元。查敝行发行本券数目,尚力从缩减,盖因时局多故,不得不慎重将事。今重以谆嘱,当改为叁拾万元。如荷赞同,容再陈明敝总处,一并核复可也。"(原件,上档 Q268 - 1 - 614)

2 月 15 日　农历正月初五日。联名刊登《浙江兴业银行广告》。云:"敝行本日迁居新屋,承辱各界惠赐吉语,奖勉有加,曷胜感谢。董事长叶景葵,董事蒋鸿林、沈铭清、周庆云、胡焕、张鉴、王锡荣,总经理盛炳纪,副经理徐陈冕、杨静祺同启。地址:北京路十四号(江西路转角)。"(同日《申报》)

2 月 21 日　晚,应张元济之邀赴一枝香晚餐。同座盛竹书、徐寄顾、钱新之、杨敦甫等。(《张元济日记》,第 486 页)

2 月 26 日　交通银行谢霖复先生函,商兑换券领用事。云:"贵行之券确已印就,惟因领用之票,常有涂改情事,总拟改用国币券。又因上海地方通用鹰洋,办法遂未解决,兰泉兄来京曾商此事,大致已有头绪。霖拟明日来沪,一切容俟面谈可也。"(原件,上档 Q268 - 1 - 617)

2 月　主持制定《浙江兴业银行组织大纲》。全文如下:

浙江兴业银行组织大纲(戊午正月定)

第一条　本行组织之统系如下:

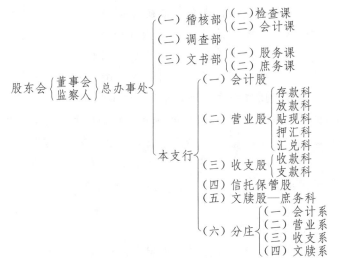

第二条　依据章程,设总办事处于本行。本支行均隶之;分庄隶于所管辖行。

第三条　于上海设本行,与杭州、汉口、天津、北京等处设支行。其他商业繁盛之处,应设支行或分庄者,均由董事议决之。

第四条　本支行定名均为某处浙江兴业银行。分庄定名均为浙江兴业银行某处分庄。

第五条　依据章程规定职名如下:

(《浙江兴业银行各种章程》第3册,上档 Q268-1-30)

2月　主持制定《浙江兴业银行总办事处暂行规程》。全文如下:

浙江兴业银行总办事处暂行规程(戊午正月定)

第一条　本处依据章程设书记长一人,督率本处各行员办理各种事务,对于董事负完全责任。

第二条　本处事务,分稽核、调查、文书三部分掌之。

第三条　各部之职掌如左:

(甲)稽核部:一、掌各行账册、单据及业务之稽核事项;二、掌各行各项库存及簿据放押款等类检查事项;三、掌各项款目之交查事项;四、掌各行预决算之审查事项;五、掌本处各项账目及稽核事项;六、掌各项表单之编造事项;七、掌全行之统计事项;八、掌本部文件之起草事项;九、掌各项账册、表单之保管及编档事项。

(乙)调查部:一、掌各地方金融及商业情形之调查事项;二、掌各行往来及放款各户之实况调查事项;三、掌各行所在地同业内容之调查事项;四、掌各项调查报告之编纂事项;五、掌本部文件之起草事项。

(丙)文书部:一、掌各项文电之收发、起草、缮写事项;二、掌各项规则之起草事项;三、掌全行行员之职名、履历及考核、缺勤事项;四、掌股务上一切应行处理事项;五、掌各项文件及编订成案事项;六、掌保管全行保证书事项;七、掌属于庶务之一切事项。

第四条　各部设部长一人,掌理各事,并设课员、助员、学生分掌各事。员数当以事务之繁简,商由书记长定之。

第五条　各员告假,须将经手事件交代理人代行职务。

第六条　遇有事务涉及两部者,应即协商办理。

第七条　本处各员不准兼营他项事业。

第八条　分部办事细则另订之。　　　　　　　　（副本,同上引档）

2 月　主持修改、增订、汇编浙兴各种章程规则,还有《受押浙江兴业银行股票注册细则》《浙兴受押本行股票注册规则》《浙兴食宿费规程》《浙兴行员存款规程》《浙兴行员告假规程》《浙兴领用中钞手续及记账细则》《浙兴经理照股细则》《浙兴薪水规程》《浙兴行员保险规程》《总办事处稽核部暂定办事细则》《浙兴学生练习期限细则》《浙兴各行报单据稽核手续》《浙兴保管箱细则》《茶役琐事须知》等。（副本,同上引档）

3 月 8 日　复中国银行函,再次要求及早发运应领兑换券。云:“本年二月二日敝行按照合同第八条,函请加领兑换券二百万元。旋准二月八日台函,以‘刻下时局未定,拟请暂行从缓’等因示复在案。查敝行自领用贵行兑换券以来,时局并未稍定,但敝行按照合同严密准备,并于合同之外,加重现金准备,悉以活存贵行。是以迭次风潮,不特贵行未曾因此稍受危险。其有赖于敝行壤流之助者,亦正匪尠。此非敝行斤斤论功也。账目具在,请复查贵行所辖津、沪、杭、汉各分行之往来科目,即可了然。所以来函所云‘时局未定’一语,不足以限制敝行合同应享之权利。且此项领用兑换券,由双方加印暗记,手续繁重,辗转需时。即贵行准照前函,尅日印记运沪,而敝处加印暗记亦非两三月不能竣事。彼时如大局仍前扰攘,敝行自当审度缓急,严加制限,以符贵行慎重之意。若必俟河之清始为发行之预备,深恐供求不能相应,必致坐失时机,敝行之损失甚大。用再函达。敬希查照前函,尅期印运。总之敝行既经领用,利害与贵行共之。若非审时熟虑,决不轻率发行。致贻纷扰,尚祈勿为过虑,迅准施行,不胜企祷之至。”（副本,上档 Q268-1-616）

3 月中旬　偕蒋抑卮赴京与中行交涉续领兑换券事宜。（1918 年 3 月 21 日复沈新三等函,同上引档）

3 月 21 日　与蒋抑卮联名复沈新三、项兰生函[①],通报在京与中国银行交涉情形。云:“昨奉电报,以中国沪行发行国币券,欲将江苏三十万改为上海地点。此事万难办到。因前次商领兑换券百万元时,公权执持不肯,推在分行。后因丹崖登台,向我借款,遂乘隙要求领取兑换券,以为交换条件。公权无奈,答应先领一百万元,仍推之总裁,须弟等与马二先生面洽。不料马二先生爽爽快快一口答应,江苏三十万,上海七十万。弟等遂正式去函订领。不料公权又以专领上海七十万,恐上

---

① 此函由蒋抑卮执笔。——编著者

海又有口舌,欲我行各处分领。弟等与之交涉再四,谓津汉两处已领之券,尚未用馨,我行订此合同系为利益,不能兼顾感情。领他行不急待用之券,置利益于不顾。后调停至江苏领四十万,上海六十万。公权坚持上海止能五十万。卒以杭州十万、上海五十万、江苏四十万定局。不料正式来信,江苏三十万、上海五十万、津、汉各十万。弟等又与公权面商,渠谓津、汉不领,沪中国必多口舌,以后再领百万元,上海地点势必为难。言之似亦有理。遂决定上海五十万,江苏三十万,杭州十万,津、汉各五万。昨日已正式去函订定矣。往来函件,附奉台阅。七年公债,四、五、六三个月利息,闻得虽在六月卅日去买公债,亦能得此三个月之息,落得从缓购买,多取一个月星期杯息也。公债票每千元一张,已与京行接洽矣。弟等俟中国正式覆函到后,即拟赴汉。此复。"(原件,上档 Q268-1-616)

约 3 月末 偕蒋抑卮经汉口返沪。(同上引档)

4 月 7 日 主持浙江兴业银行第 11 次股东常会。由董事长叶揆初,办事董事蒋抑卮、沈新三等签署本行第 11 届营业报告,公布民国六年《财产目录》《贷借对照表》及《损益计算书》。主要项目如下:

股本总额 100 万元(已收足);现款 1 656 737.45 元;存放他银行及钱庄 3 668 535.91 元;准备金 215 万元;信用放款 174 户、1 229 481.13 元;房地产及器具 568 749.12 元;定期存款 2 556 582.06 元;各种活期存款 5 656 696.14 元;兑换券 215 万元;本届纯利 139 980.82 元。(《兴业邮乘》,第 13 期)

会议选举叶景葵、蒋抑卮、沈新三(以上办事董事)、胡藻青、周湘舲、张澹如、顾逸农为新一届董事会董事;陈叔通、蒋赋荪为监察人。(同上引刊,第 12 期)

4 月上旬 向交通部提议,浙路路债本息限期偿还。媒体载:"前浙路公司债票本息,业经杭州交通银行代部发给北京交钞。闻清算处长叶景葵君,已与交通部提议,此项浙路债票未偿本息,概于七年年底止一律拨还,以了债务而维国信。"(1918 年 4 月 10 日《申报》)

4 月 13 日 下午赴商务总会参加商务印书馆股东年会。经理张元济报告上年营业情形。年会选举郑孝胥、高凤池、鲍咸昌、叶景葵、张元济、章士钊、高梦旦、郭秉文、张謇、俞寿臣、梁启超等 11 人为新一届董事;谭海秋、王仙华、李煜堂为监察人。(《商务印书馆股东会记录簿》)

4 月 16 日 参加商务印书馆新一届董事会议。张元济未出席此次董事会议,当日留下一封致总经理高凤池信函,赴杭州休息。信函表明两人"彼此宗旨不同,用人、行政所见动辄相左",提出辞职。会议选举郑孝胥为董事长。(《张元济年谱》,第 152 页;《郑孝胥日记》,第 1723 页)

同日 先生签署浙兴董事会致江苏省银行监理官齐耀瑗函,报呈浙兴上年《财

产目录》及《贷借对照表》等。(副本,上档Q268-1-60)

4月下旬 再次与蒋抑卮赴京,与中行总裁等面商领取兑换券事宜。(1918年4月30日项兰生致先生等电,上档Q268-1-616)

4月24日 复中国银行函。云:"敝行前请遵照领用兑换券合同,续领二百万元。项与贵总裁面商,承示'时局难以稍定,而推行拟分次第。准先领额一百万元'等因。查敝行前请续领二百万元,系属先事筹备,仍须分批领发,并于时局无关。惟贵行为格外审慎起见,既于合同无甚出入,敝行亦可勉遵办理。兹将备领一百万元应行分配地点及兑换券种类、张数,另单详细开奉。即祈查照,按数预备。地名暗记仍照前次领用手续,全数寄交上海贵分行转发敝行,以便加印暗记。至贵行所用暗记,以另用西文字母,与前两次所领明示分别,最为贴妥。并请答照示复。"(副本,上档Q268-1-614)

同日 项兰生致先生与蒋抑卮电。云:"沪中行发国币券,兑付龙洋,已发表。所定卅万江苏券,请改上海国币券,推行较便。寄亦同意。馨。"(电稿,上档Q268-1-616)

4月 杭州浙路股东推定维持路股代表,就浙路改付交通银行京钞事,致先生及沪商会坐办严渔三公开信。云:"浙路股款改付交通京钞,损耗无算,股东为维持计,要求沪杭甬路援例收用一案,曾荷贵处协助,转行交通部核办,具见体恤商艰,感激无已。兹部中以沪杭甬与沪宁合设一局,于收用京钞有无窒碍,令行路局核复。查沪杭甬虽与沪宁合设一局管理,但两路车款收入,仍各划分账目。此项交通京钞,既为苏浙路股,自应以沪、枫、甬、嘉各段为收用之区域,沪宁各站当然不在此例。至以钞价短绌,有碍养路经费为虑,别□疏通。方法或仍付给股款,或搭放华员薪水,均可通融商办。倘又恐奸商、票员贩运京钞为营业,可定限制办法。客款满一元者,准予收用京钞;货款仍概收现银。一面派得力员司,稽查各站售票有无舞弊情事,严订取缔规章。如是办理,庶于路款、商股兼筹并顾,自无窒碍可言。素仰执事热心公益,物望攸孚,允宜推为代表,与任筱山局长协商妥善办法,尅日实行。除分函外,相应抄录部函,请烦查照。时机迫促,盼切施行并希见复。"(1918年4月28日《申报》)

5月3日 致中国银行函。云:"贵总管理处核示,复以暂缓,是以延搁至今。现在敝行既与贵总管理处直接商准领用,应恳查照原案,函知贵宁行,以便敝行接洽办理。"(副本,上档Q268-1-616)

5月7日 中行复浙兴函。云:"接奉五月三日大函,备悉种切。查贵行领用江苏券三十万元,其从前所订详细手续,是否照原议办理,抑尚有修改之处?业已函询敝宁行,一面即请径与宁行接洽为盼。"(原件,同上引档)

5月21日　亲笔草拟致中行总行函,再次协商领用兑换券办法。云:"本月十九日接准贵宁行函开:'顷奉总行函,开查兴业银行领用苏券一事,前据来函并附到办法八条。经本处以时局未定,于二月内函复请从缓议在案。现据兴行来函,请印苏券三十万元备领,本处业已照准,俟将地名暗记加印完全后,当即运沪,再由兴行加印暗记后方可陆续给领。至查前与兴行所商办法,大致均尚妥协。惟第六条内,遇有金融恐慌等事,沪兴行应竭力协助宁中行办理'云云。'核与中孚及实业所订稍有不同,应请照中孚等行所定办法办理,以免歧异。请向兴行洽商,仍希见复'等因。查敝行与中孚行关于第六条所定之办法,其条文为'遇有金融风潮及时事不靖等情,宁中行当不得已时,可发通知书嘱中孚行补足十成现金。中孚行接到此项通知书,立即如数送交沪中行收宁中行之账'等语。用特函达。拟请将贵行与敝处所订办法之第六条,亦照中孚行与敝处所订办法办理。即祈见复,以便转报等因。查领用苏券详细手续,前已与贵宁行谈经理一再协议,均以民国四年九月十四日所订合同为根据。今准贵宁行函示,遵照尊处意见,欲将原议第六条改照中孚办法,敝处万难照办。因核阅条文,与民国四年九月十四日所订合同大相违背故也。兹特重拟办法五条,照抄送核。如尊处以为可行,即请示复,并转告贵宁行,与敝处接洽订定。如尊处以为不可行,则敝处为顾全民国四年九月十四日所订合同起见,可将此议作罢。所有订印之江苏字样兑换券三十万元请即改印上海国币券,交由敝行领用可也。"(函稿,同上引档)

同日　亲笔草拟致南京中国银行函,内容略同上函。(函稿,上档 Q268-1-632)

5月下旬　为领用中国银行宁行兑换券事再次赴京交涉。后离京经"梁苑、汉皋(汉口)小作句留",返沪。(1918年5月28日致中行总管理处程良楷函,上档 Q268-1-632)

5月28日　致中国银行总管理处总司券程良楷(子贞)函,商请续领兑换券事。云:"在京诸承关照,并饫盛筵,心感无既。别后于梁苑、汉皋小作句留,甫于日内抵沪。征尘小憩,殊愧草草。前次敝行商定续领兑换券一百万元,既承照准,未知暗记何日可以印齐?尚祈从速筹备,一俟印齐,并请将起运日期先行示知,尤所心感。至附领江苏券三十万元详细手续,前奉贵宁行转示贵总管理处来函,尚有办法未曾商妥。敝行已于本月二十一日函复在案。究竟贵总管理处如何决定,亦祈迅速赐复。枉费清神,心感无既。"(函稿,同上引档)

5月　浙兴为开展在香港的业务,与香港广东银行陆蓬仙联系,同意"每进洋万元,扣佣五元,存息以同年二厘计算"。(1918年5月18日浙兴复香港广东银行陆蓬仙函,上档 Q268-1-99)

6月4日　参加商务印书馆董事会议。(《郑孝胥日记》,第 1731 页)

6月10日　主持浙兴董事会议,议决关于放押款事项如下:"1. 一年以上之放押款,无论数目多少,曾经董会通过者,若再转期,必须再请董会通过。2. 往来透支或放押款数目,逾于章程第四十六节四项者,如到期续转,或年终结清、次年继续往来者,均须再经董会通过。"(1918 年 6 月 22 日浙兴总办通函,上档 Q268-1-57)

同日　中国银行南京分行副经理许福眴(汉卿)、许体萃(仲衡)致先生函,拟订兑换券领用变通办法。云:"贵行领券事,前因第六条条文内与中孚、实业所订微有参差,特商请修改者,无非欲事同一律起见,兹敝总处仍嘱敝处径与贵行接洽办理。鄙意以此条条文贵行既未能赞同,或则变通改为:'设遇兑券太涌,敝行已将贵行所交之五成现金付出,当即通知贵行随时即拨下二成五现金,以便兑换。如二成五现金又复付出,即再通知贵行,将其余二成五现金悉数交下,随时将二成五公债券取回'等语。似此办理,庶双方各得其平,俾敝处对于他方面亦稍免困难。况此事仅此一条稍请修改,其余一概照旧。我公热情慷爽,公私之际,夙荷维持。爰特肃函奉商,仍敬俟示复后再正信接洽。"(原件,上档 Q268-1-614)

6月12日　草拟复许福眴、许体萃函,提议修改领用中行钞票条款事。云:"昨奉本月十日手书,敬悉种切。承示敝行领用苏券事前商第六条条文,贵总管理处所拟修改各节,敝行未能赞同,已蒙鉴谅。兹由执事拟定变通办法改为:'设遇兑券太涌,敝行已将贵行所交之五成现金付出,当即通知贵行随时即拨下二成五现金,以便兑换。如二成五现金又复付出,即再通知贵行,将其余二成五现金悉数交下,随时将二成五公债券取回'等语。弟细加审度,在执事答以调停,极纫公谊。但欲将最后之二成半悉数交现,取回公债,敝行断办不到。因敝行必须保持民国四年九月十四日所订合同之权利,不能以领用三十万之苏券而破坏之也。弟意贵总管理处所以斤斤顾虑者,无非为兑现风潮,恐贵行因此吃亏。兹弟酌中拟一办法,大半遵依来示办理,而于敝行困难情形亦复顾及,其条文为:'设遇兑券太涌,宁中行已将兴行所交之五成现金兑出,当即通知兴行,再拨二成五现金,合足七成半备兑。如上项现金又复兑尽,其余二成五应由宁中行垫付。但兴行须按照垫付日期贴补宁中行利息。其息率当以兴行缴存宁中行各种公债票二成半之利息平均计算,由宁中行于每付利息时扣除之。'照此办理,似贵行已毫无危险,如荷执事赞同,请即示复,以便正式函达。至此项办法详细条文,除第六条未经商定外,敝行已于五月二十一日函送贵总管理处备照。兹特附抄一纸送上。如执事以弟说为可行,则请将上项改定条文加入,作为第六条可也。"(函稿,上档 Q268-1-632)

6月20日　复许福眴、许体萃函,再次商议有关条款修改事。云:

昨奉本月十七号赐函,敬悉种切。兹特分条答复如下:

一、承询贵行垫付二成半之现金,敝行应于何时及如何归款一节。譬如最后之二成半,由贵行如数垫兑后,斯时领用券三十万元之全额悉存于贵行。以后敝行需用,如缴现金七万五千元,领回存券七万五千元,贴补利息,即行全数停止。如敝行先缴现金三万五千元,只领回存券三万五千元,其余存券四万元,仍须贴补利息,统按垫兑日期截至领回日期结算利息。

一、承询公债票二成半之利息应如何平均一节。譬如现在各项公债祇八厘、六厘两种,则结算利息之标准,应按照所缴公债八厘若干、六厘若干平均摊算之。如将来政府再发行四厘、五厘之公债,亦应与八厘、六厘者平均摊算。

一、承示其他各条件仍请查照本年二月六日贵函所附办法一节。查敝行前请其他各条,照五月二十一日敝行函送办法,其主张与贵行不同者,因原拟苏券三十万元在民国四年九月十四日合同以外,故办法特别规定。嗣经贵总管理处核定,须包括于原订合同五百万元之内,则二月六日贵函所附办法之第五条,与原订合同显生枝节,将来发生困难,双方均感不便,故不得不将此条删去。敝行之宗旨无他,惟在保护民国四年九月十四日所订合同之权利而已。倘贵行以为删去此条,仍有不甚便利之处,弟意可将第四条"积至四千以上"一语,改为"积至二千以上",以资抵补。如荷赞同,即希示复,以便遵办。(函稿,上档 Q268-1-632)①

6月21日 草拟致中国银行总裁冯耿光、张公权函,催问领用钞票事。云:"敝行续领兑换券壹百万元,前奉五月二日复函内开'续领券支配地点,当照四月卅日来单付印,一俟印就,即行运沪'等因。迄今已隔多日,计可印齐。定于何日运沪? 尚祈示知,并盼从速交付。因敝行加印暗记,颇需时日,恐误应用故也。专泐奉商,即希至复。"(函稿,上档 Q268-1-632)

6月22日 签署浙兴总办致各分支行通函,重申放押款注意事项。除通告本月10日董事会决议外,又指出:"凡放押款或往来透支,每户数目历次加放,增至章程四十六节第四项者,虽一户数笔期头不同,或确系一人所用分立数户,均须经董会通过。尊处放户遇有此项情形,务须先函敝处,俟交会议决,再行照行。""数目未达章程四十六节四项者,仍照营业规程所定限制数目办理。但或一户数笔,或一人数户,合数已逾限制者,均应照该规程四条甲项十条办理。""放押款到期,倘该放押户另立契约,而其款项一部分或全部分,仍属续转性质者,若时期已逾一年以上,仍须照本函一节(2)项办理。"(副本,上档 Q268-1-57)

① 原信稿未署日期,现据上档 Q268-1-614 同样内容抄件所署日期著录。——编著者

　　同日　中行南京分行许福晌、许体莘致先生函。又商榷领券办法。云："此次所议办法，祇有最后之二成半问题，未能荷允照办。在尊处固自有未便之处，但敝处于此条办法如与尊处通融订定，他处亦必援以为例，敝处之困难实多，并非独与尊处斤斤计较。仍乞曲谅苦衷，屈从前请，是所切祷。月杪抽暇投前，晤聆教益，特先奉复。"（原件，上档 Q268－1－614）

　　6 月 24 日　先生亲拟复许福晌等函。云："尊拟最后二成半之办法，此条因与敝处原合同有根本抵触之处，故未便照尊议办理，甚为歉仄。台驾何日来沪？务望先期示知，以便欢迎，并可面商一切。"（上函批注，同上引档）

　　6 月 29 日　草拟复张公权函。云："复教诵悉。通融短期公债事，执事定之成理，恐无可商之余地，当如尊嘱作罢。至借款抵押事，贵杭行允交七年短期公债七十万元。敝行董会议决，必须请交八十万元。此为最通融之办法。因短期公债皆以京钞购买，照市价不过六折。如交七十万元，折头不敷，故须补足。在敝行，以格于定章，不能不有此手续；而在贵行，则款权仍在，并无何等损失。想执事必鉴而谅之也。交通系属官办银行，不可与商办银行比拟，商业实业为数无多，限期甚短，大不可同时而语。敝行对于本省公益有协助之义务，但股东利益必须保全，勿使弟等为难。庶为公为私，两无窒碍。祈此函到后，计贵杭行报告必已早到，务恳迅将七年短期公债八十万元，拨交敝京行点收，以清手续。"（函稿，上档 Q268－1－632）

　　7 月 1 日　主持浙兴董事会议，就汉行报告收支科助理员陈岳平私挪公款 160 余两事议决："准如汉行所议。陈岳平开除之后从宽免究。"但要求对于陈某其人"以后本支各行永远不得录用"。（1918 年 7 月 3 日总办通函，上档 Q268－1－57）

　　7 月 8 日　上海银行公会正式成立。选举中国银行上海分行经理宋汉章为会长，陈光甫为副会长。会址设于香港路 4 号。入会银行共 12 家，浙江兴业银行为首批会员行之一。（《近代上海大事记》，第 878 页）

　　7 月 11 日　致中行宁行许福晌等函。云："领券事，已将敝处对于最后二成半万难违背合同各节，与公权兄细谈。渠过南京时当再与两兄研究，尚祈鼎力玉成为幸。将来彼此往来日密，缓急时互相援助，无不可商。但愿订合同之权利必须保全，亦与公权剀切言之矣。"（副本，上档 Q268－1－614）

　　7 月 15 日　致范磊函，拟聘入浙兴调查部任职。函云："敝行营业逐渐发展，同人等智虑短浅，弥用竞竞，亟须求助他山，以匡不逮。夙仰先生学识深邃，经验宏富，敬奉屈为敝行总办事处特聘员关于调查部分应行办理各事。务请台驾随时莅行赐教，以利进行。顷经函恳，仰荷慨诺。无任欣幸，兹特专函奉订，即希詧照。"（手稿，上档 Q268－1－632）

　　7 月 22 日　为续领兑换券事致北京中国银行总裁冯耿光、张公权函。云："日前奉诵本月八日赐函,承示'续领兑换券,印局尚未印齐,当即催其速印'等因,极纫公谊。现计又逾半月,印局必已印齐,尚祈早日寄交沪行转发,以便敝行加印暗记。至续领额内附领江苏兑换券三十万元,送与贵宁行商酌办法,敝行已作最后之解决。未知贵宁行函报以后贵总管理处如何决定,是否仍照原议预备江苏券三十万元,抑或查照本年五月二十二日敝行函陈办法,改为上海国币券三十万元? 统希查核示复,无任感幸。公权兄何日返京? 酷暑遄征,不劳累否? 极念。"(函稿,上档Q268-1-632)

同日 致许福眪等函。云:"公权兄过宁,勾留一日,刻想安抵北京矣。敝行所商领券办法,曾与尊处研究及之否? 如何决定? 极盼示及草布。"(副本,上档Q268-1-614)

7月23日 许福眪、许体萃复先生函。云:"贵行领券事,日前公权先生过此,对于此事曾一再商酌。苦无良好办法,是以亦未能决定。公翁之意拟请吾公与李馥兄为敝处筹一完善办法,期与彼此均无窒碍。敬乞熟商见示,以期解决。是为至荷。"(原件,同上引档)

7月25日 亲笔起草复冯耿光、张公权函。云:"顷接本月二十一日公权先生赐函,承示敝行领用苏券办法。贵行对于敝行及浙江实业、上海商业两家,宜视同一律,拟将中孚所订办法,略事折衷作为三行共同办法,以昭公允,望再与贵宁行接洽等因。具见台端苦心调停之意。惟敝行所领苏券三十万元,业允勉遵贵行指示包括于原订五百万元总额之内,则除遵守合同外,别无折衷办法,又未便于合同以外再订三行共同办法。且此事延阁日久,贵宁行必请示于尊处,而尊处又嘱敝行就商于贵宁行,辗转延宕,永无解决之期,实与敝行合同权利有碍。景葵素主公平,既不愿自己受亏,亦不愿贵行为难,兹特提出意见,决将领用苏券三十万元原案撤销,另议甲乙两种办法,请贵行抉择。(甲)将续领一百万元内之苏券三十万元,照五月二十一日敝行函商办法,改发上海国币券三十万元。(乙)如改发上海国币券,目前尚有未便之处,则请将苏券三十万元改为湖北字样五元券三十万元。以上两种办法,敝行可谓迁就之至,和平之至,但要求台端即日商定电复(如采用甲种办法者,请赐电'照甲法办'四字;用乙种,则赐电'照乙法办'四字)。商定后即日关照印局赶印,印齐即日赐寄沪。到沪后请电贵沪行即赐拨交。庶几敝行迅速筹备,年内尚有发行之望。否则日复一日亲见正金、台湾各行之钞票①流通不绝,与敝行岂非憾事耶! 特爱率陈,乞恕其赣愚,迅赐示复,不胜感祷之至。"(手稿,Q268-1-632)

---

① 指当时日本商人所设正金银行、台湾银行所发行之纸币。——编著者

同日　致李直士①函。云："昨日函恳调查各件，兹特开单奉上，即祈费神代为咨询，便中示知，琐渎容谢。"（手稿，同上引档）

7月26日　致中行宁行许福眴、许体萃函，商请改领上海国币券之事。云："昨奉环章，敬悉种切。公权兄亦有函来，略谓拟将中孚办法略事折衷作为三行共同办法等语。弟等再三研究，势不能于原订合同以外再有折衷办法。若敝行联合三行与贵行商议，必多费若干笔墨、若干唇舌，实非敝行推诚相与之本意。故敝行万不获已，已函达贵总管理处，请将领用苏券之议暂行取销，改发上海国币券三十万元，或改为湖北券三十万元。敝行可谓迁就之至。目前当可暂作结束，一俟将来贵行与他行交涉停妥，再行旧事重提，当更易于惬洽。"（副本，上档 Q268-1-614）

7月27日　许福眴、许体萃致先生函。云："承示领用苏券事已函达敝总处，暂行取销，改发上海及湖北各券等因聆悉。备承体察，感歉无似。敝总处早晚当有函来知照，容再肃闻。"（原件，同上引档）

7月30日　冯耿光、张公权复先生函。云："顷接本月二十五日台函并另定办法两条，均经诵悉。查上海、湖北两处兑换券，按照尊处前单，支配实难再事推广。前接抑卮兄来函，已函饬宁行斟酌情形，如无妨碍，即照前议办理矣。专此布复。"（副本，同上引档）

7月　草拟浙兴与汉口扬子江机器厂借款草合同。全文如下：

　　（一）此项草合同因丁榕律师②避暑出门，未能正式订立英文合同，为便于两方先行交易起见，故先行订此中文草合同。

　　（二）此项草合同原拟在申，由黄阁臣先生签字，故月日均以缮好。现因阁臣尚未收到任为矿厂长之凭据，故未便先签。当俟到汉（明日动身赴汉）由该公司给以矿厂长凭据后，即在尊处签字。

　　（三）倘该公司月日以不符为病，只得将缮就之月日点去，旁注改正，并加印章，以昭郑重。

　　（四）此项草合同扬子一方，见证人系李一琴先生，俟阁臣先生签字后，仍将两份统寄敝处，以便转交一琴先生补签。至汉行一方以何人为见证，请尊处酌定可也。

　　（五）印花税谈定各人各认，扬子一方须出一元五角，已有申行代垫。请

---

① 李直士，福建闽侯人，上海华丰搪瓷厂董事，商务印书馆经理李拔可之弟。叶景葵所托"调查各件"，不详。——编著者

② 丁榕（1880—1957），字斐章，浙江山阴人。早年进上海中西书院学习英文，毕业于广学会，后留学英国，获法学士与文学硕士学位。回国后在上海行律师职。常年担任商务印书馆与浙江兴业银行法律顾问、——编著者

向收归,收申行之账。 （手稿,同上引档）

7月　草拟浙兴总办关于海丰饼油公司拨款事致申行函。云:"闻浙江行因沪用之钜,业请总行酌拨款项,以供海丰收麦之用。昨向李馥荪君问讯,据云尚未得复。请尊处再向该行探问确信,以便筹备。查海厂用款向由清江美孚或板浦交通拨用,现在用额届满,万一日内又有汇票到沪,其势不能不解。如果不解,不特损失海丰信用,亦于两行信用大有妨碍。因淮海一带,人人皆知海丰是两行产业故也。又海厂收麦分外庄、门庄两宗。外庄因口属匪乱,尚在观望,用款与否现难遽定。而门庄则七月十五以前,最为旺收之际,过此即日少一日。为两行收回债款计,必须趁此丰年竭力招徕门庄之麦,以免停机待料。故加增用款问题,厂中急待好音,不便延阁也。"(手稿,同上引档)

7月　草拟浙兴总办致京行函。云:"京中钞汇票,照业京城,仍旧照做。并闻尚无误期之事,如照市价,可高一元或半元,亦有一分至二分利息。请试做数日何如?"(手稿,同上引档)

7月　主持制定《浙江兴业银行保管箱事例》。（副本,上档 Q268-1-32）

7月　参与中日美信托公司之创设。"该公司为日本前财政总次长管原通敬氏所首创。即收该氏为委员长。得中日美三国财政界重要人物多数赞助,遂底于成。其资本总额定为日金二千万圆,计分四万股,早经各发起人及赞成人悉数担任,认股者异常踊跃。该公司七月四日在日本东京开发起人大会,妥议积极进行,并因社会之要求,特议决总股分四十万股,其中让出三万股,留为公家认募,俾免向隅。并定自七月十五日起,至二十日止,为承募期间,以每十股为应募之单位。其第一次交付股款期,拟定八月一日。北京经理应募事宜为西单楼后京几道张彬人。"[①](1918 年 7 月 20 日《申报》)

8月2日　致中行宁行许福昞、许体萃函。云:"顷接贵总行七月卅日函开领用苏券三十万元,已函知尊处,如无妨碍,即照前议办理等语。未知尊处已否接洽?即祈示复。鄙意前议实属双方兼顾,不无妨碍。倘荷迅赐解决,实所盼祷。"(副本,上档 Q268-1-614)

8月6日　亲拟复中行冯耿光、张公权函,催办领券事。云:"叠奉七月二十二日及三十日复函,承示领用江苏兑换券三十万元,已函饬贵宁行斟酌情形,如无妨碍,即照前议办理等因。当即函致贵宁行接洽办理。顷得贵宁行函开经理许汉卿

---

① 该公司发起人及赞成人为中国梁士诒、熊希龄、许世英、陆宗舆、王克敏、周学熙、曹汝霖、庄蕴宽、张謇、赵椿年、张嘉璈、林长民、李士伟、王海帆、朱葆三、宗炜臣、张竞立、刘成志、李春生、刘子山、李涵清、陈介、陶昌善、叶景葵、向瑞琨、钱宗瀚等。(1918 年 7 月 20 日《申报》)——编著者

先生请假回津,须俟归来方能作复,自应静候。惟敝行待用孔急,预备暗记又非两三月不办。辗转延宕,坐耗时机,应请先将续领之沪、杭、津、汉兑换券七十万元即日运沪,其江苏券三十万元俟敝行与贵宁行接洽妥协后再行续运。务祈鉴允照办,并盼示复。"(手稿,上档 Q268-1-632)

8月16日 致中行总行函,呈报旧钞作废清单。云:"敝行领用兑换券合同第六条'兴行原发钞票应登报公告收回,会同中行销毁毕后会报财政部备案'等语。查敝行原发钞票一百万元,五年十二月曾经商明,贵行在贵沪行会同销毁收回旧钞八十万元。所余二十万元,自六年四月登上海《申报》、杭州《全浙公报》、汉口《国民新报》公告。持券之人迅至各行兑现。截至现在计共收回十四万三千二百七十二元五角(零数五角系碎券半张)。自应仍照前订办法,如数送交贵沪行点明,约期会同销毁。兹附上该废券清单一纸,裁下公告收回报纸一角,敬希察存,并即函知贵沪行,订期会毁。是所至荷。至剩余之券五万六千七百二十七元五角,容俟陆续收回,再行汇齐,送请会同销毁可也。再五年一月送交贵沪行废券之内,附有印钞铜版六块,此次毁钞时拟即一并眼同毁去。并以奉闻。"(副本,上档 Q268-1-612)

同日 浙兴申行盛竹书致总办函,就助理员徐某挪用营业款及在外赌博被巡捕房拘捕一事,提出处理意见。先生批示云:"徐子羹挪移钞票,私自赌博,尊处已经开除,所欠之四十元并向其父兄追偿,故作从宽,免于深究。一面通告各支行、分庄,声明犯规情形。收支主任事前失于觉察。惟据来函,短少数目当时即经点明,故即从宽,免予处分。惟嗣后对于各员手续,务必注意认真办理,勿稍宽纵,是为至要。"(原件,上档 Q268-1-99)

8月17日 盛竹书致先生函,报告昨日在上海总商会各银行、钱庄会商同昌、油纱两厂借款事。护军使卢永祥要求沪埠各银行、钱庄向同昌、油纱两厂贷款三十万元。中、交两行允准借十五万元,余半有通商、四明、盐业、永亨、江苏和兴业六家及其钱庄分担。盛代表浙兴参加会商,提议"以此拾五万之数,银行、钱庄假定各认其半,俟实行时再行商酌"。会议以此结论由总商会答复卢永祥。(原件,同上引档)

同日 盛竹书致浙兴总办函,要求发还已被开除者徐某保证书与保险金。先生批注云:"徐子羹挪移款经缴还,所有保险金请即照规程第十一条办法可也。"(原件,同上引档)

8月19日 致中行冯耿光、张公权函,再次录呈领券清单。云:"查敝行前此请领贵行兑换券,除江苏券三十万元须待商妥办法再行请领外,其余各处合计为七十万元。今奉来示派员运沪,计共五十万元。合之原单尚缺二十万元。兹将原订清单再行录呈,乞查核,仍饬将所短之二十万元,查照清单迅即运沪。至已运之五十万元,请电贵沪行收到后,即日拨交敝行查收,以便加印暗记。"(副本,上档 Q268-

1-616)

8月22日 盛竹书致浙兴总办函,报告:"兹拟拆与三井银行元柒万两,明日起,期以二周为限。息按月八两计算。查营业规程第四条戊项第二节,查请核示。""接京行来电,做就中国银行汇票元拾万零壹千壹百两,嘱为贴现……"又送呈香港广东银行来往函稿。先生批示云:"香港通汇事,已洽;三井拆票请照做,即报董会追认;京行贴现请照做。"(原件,上档Q268-1-99)

8月23日 许福昞复先生函。云:"昨由津旋,展诵二日大札,敬聆一一。贵行领券事,敝处现与敝沪行因手续上问题(即沪行兑入此项暗记券办法),正值往返函商。一俟商妥,即与尊处洽定也。先此肃复。""再敝处押汇款项,此后拟将提单、栈单等件,寄请贵行代收。惟押汇人于上午九时前及下午四时后,并星期日,如持款向贵行换取提单、栈单,均请贵行通融代收。所收之款,即仍照向来办法,按存三欠五计算。如承允可,即乞见复,以便奉托。"先生批注云:"函送申行照办,并由申行与字中行接洽。"(原件,上档Q268-1-614)

8月26日 复许福昞函。云:"正盼朵云,接奉赐示。慰甚！领券事遵候来教。但祈早日决定。押汇事敝行必可效劳。已嘱申行详复矣。"(副本,同上引档)

9月2日 寄青岛中国银行吴蔚如转致宋汉章函。云:"新领沪钞三十万元,荷允拨交,当与种兄接洽办理。承示贵行因领钞者不止一家,发生困难,弟等早有所闻,故敝行先后领用之钞,无论本行支付均系零碎,发行从无大宗趸出、藉端取巧之事。诚以双方利益必须兼顾故也。贵行发行多寡,当视时局否泰以为伸缩,弟意极端赞同。但来示欲以后续领之钞概行分配于他处,沪上不再增发一张,则其中颇多困难,因合同并未规定某处若干,倘津、杭、汉三处亦提出同样问题,则敝行难以应付,且此次续领百万与贵总管理处商定者,沪行系领五十万。嗣因印刷未竣,故先寄三十万,其余廿万敝行仍援案续催。有此两因,故于来示有未能概行遵办之处,尚希原谅。弟对于吾兄平日气谊之感,及敝行对于贵行将来依赖之殷,可以勉遵雅意者约有二端:(一)原订领额五百万,除前领三百万、续领一百万,业经规定外,尚有余额乙百万,将来续领时沪行支配若干,可先与吾兄接洽;(二)万一时局不稳,贵行遇有为难时,敝行必竭尽能力为交谊上之援助。以上二端,以吾兄与种兄主持行务之任期为限。弟等必可终始不渝,若另易他人,则祇能抱定合同,说官话矣。吾兄通达,彼此情形当不以鄙言为妄。弟为浙路股款事,日内入都一行,归来当在中秋节后,尔时台驾必已言旋,容再续罄。"(手稿,上档Q268-1-632)

9月4日 签署浙江兴业银行董事会致江苏省银行监理官齐耀瑗函,呈报浙兴本年上半年度《财产目录》及《贷借对照表》。(副本,上档Q268-1-68)

9月5日 盛竹书致浙兴总办函。云:"兹拟拆与朝鲜银行元五万两,期为一星期,息按八厘半计算。查营业规程第四条戊项第二节,应候核示遵行。"先生批示曰:"闻七月底朝鲜银行愿以九厘向中行拆票,中行未允照做。此项请暂做,到期仍即收回。银根现难活动,此后对于外难拆票,应请逐渐收缩,多存现金,以厚准备。"（原件,上档 Q268－1－99）

同日 《申报》刊载《浙江兴业银行保管箱事例》（7 日、9 日续载）。（原报）

9 月 8 日 盛竹书致浙兴总办函,认为查填商号调查表"手续颇繁",希望"宽以时日"。先生批示云:"商号表范围太大,填具确是不易。惟目前只须先就已经交易及将来拟与交易各户先行填具,其余可陆续填报,即一二户一报,亦无不可。仍乞商以营业科,勉强行之为托。"（原件,上档 Q268－1－99）

9 月上旬 先生离沪赴京、汴一行。在京期间与中国银行总行接洽领券事,得到双方谅解。（1918 年 10 月 7 日致许福晒等函,上档 Q268－1－614）

9 月 10 日 中行谢霖致先生函。云:"前日畅领教益为快。兹送上敝行与各银行订立领用钞票合同四件,即祈察及是盼。"（原件。上档 Q268－1－617）

9 月 11 日 签发浙兴就代收振豫公司货款事致汉冶萍公司函。云:"贵公司向振豫公司订购山西平、孟、昔所产土炉铁,应付定银天津公砝银式万两。兹附上振豫公司收据一纸,即乞贵公司将此款如数拨交敝行,由敝行另立振豫公司户代为保存。自收到此项银两之日起,以三个月为限,当由敝行保证不许动用,其余振豫公司与贵公司交易事宜,敝行概勿过问,特此证明。"（副本,上档 Q268－1－99）

9 月 12 日 盛竹书致浙兴总办函,对总办拟定"保付支票办法""其中挂失及期后来取二层恐又为难",拟另具意见书报告。先生批示云:"此项办法现拟更订,由出票人请求保付……①尊见如何? 即乞见示,以便一并通函改订。"（原件,同上引档）

9 月 18 日 盛竹书致浙兴总办函,就中国银行钞票押款利息核算问题提出异议。函云:"敝处前请京行将申行名下应得之中钞押款星期利息,每星期收入敝册。去后本日接京行复函称'中行押款五拾万元之抵押品京中钞壹百万元,当时存入中行,作为星期存款。除敝处存入柒拾五万元外,余式拾五万元归津行存入。其时抑卮先生在京嘱,将此项存钞所得之利息,按每星期收入后合现,另收暂存,俟该押款完全清了时再行核给分配,敝处历来即照此办理'云云。查此项办法未经尊处及抑卮先生关照,敝处全不接洽。且此项中钞押款,京行应将敝处名下应派之中钞另行存储,不得由京津两行分存,敝处每星期所得之利息亦可利上生利。请尊处查复

---

① 字难辨。——编著者

后,以便向京行商办。"先生批复云:"顷抑卮先生言,当时在京曾有此说,但系说明暂存之款,每项本款到期清了日,须核结分配。京函'完全清了结算'一语,似有误会,已另函行接洽,一面仍请尊处函京接洽。至京津分存之法,因存在一处甚不好看,故不得不分两处储云。附致京行函稿,即请台洽。"(原件,同上引档)

9月20日 盛竹书致浙兴总办函,就台湾银行拆票事请求核示。函云:"本日拟代津行、杭行拆与台湾银行活期元各五万两,西利按七两五钱计算。查营业规程第四条戊项第二节,应候核示遵行。再此项拆票系津杭两行曾函来相托,随时代拆,合并奉闻。"先生批示云:"请照做。"(原件,上档 Q268-1-100)

9月24日 盛竹书致浙兴总办函,就朝鲜银行拆票事请求核示。函云:"本日拟拆与朝鲜银行活期元五万两,息按八两计算。查照营业规程第四条戊项第二节,应候核示遵行。"先生批复云:"请照做,一面即报告董会可也。"(原件,同上引档)

9月27日 签字审定浙江兴业银行(银行)与振豫公司(公司)所定抵押透支合同。合同规定:

(一)公司售与汉冶萍公司山西平、孟、昔所产土炉铁,照原合同订定货在津交,款由申汇,但未交汇之先,公司在津需用款项,拟向银行透支,每吨照售价八折以内,合津通用洋捌拾元。每次以千吨为限,计津通用洋捌万元正。

(二)公司每次将栈单交津兴业银行收执,作为沪银行之抵押品。其栈单签字手续均须完备,预由沪银行关照,津兴业银行接到此项栈单,验明无误后,即按照每吨津通用洋捌拾元之数,凭栈单所载吨数代沪银行付款,于公司惟每次捌万元为限。

(三)公司透支银行之款每次以一周为限,按月九厘计息。

(四)公司应向汉冶萍所收之代价,均托银行代表收到第一次价银后,即电津兴业银行,即将第一次抵押之栈单交与汉冶萍留津代表,第二次以后办法均同前。

(五)公司透支银行之银圆,俟汉冶萍代价收到,按上海当日英洋市价付还银行。其每次津支申还之款,均作汇款论,所有每次汇费均按天津支行之当日通用洋市价公道折算。

(六)银行付款后,设汉冶萍公司不愿购货,公司立即如数备款抵偿。倘至一周后,迟不归还,应由银行将抵押品拍卖,所有一切费用均归公司担任。

(七)此项合同以三个月为期,彼此各执一纸存照,如有未尽事宜,由双方商议,另定条件附入。

盛竹书代表浙兴签字。振豫公司代表为周圭璋。(副本,同上引档)

9月 本月浙兴除向社会公布《浙江兴业银行保管箱事例》外,还在各报连续刊登《上海浙江兴业银行开办保管库广告》:"本银行由美国赫令好马文厂定制最新式保管箱,大小共七百只,专备顾客储藏贵重物品。现在布置已竣,定于阴历八月初一日开始。此项库房系最新式之法建筑,四周上下工程甚为坚固,租费亦极克己。另有租用保管箱详细章程,请函示详细地址、姓名,即可寄奉。"(1918 年 9 月 8日等日《申报》)

10 月 2 日　浙兴申行盛竹书致总办函,就海丰厂要求增加垫款事请求核示。函云:"顷接浙江地方实业银行来函云,'海丰厂本年垫款原定柒拾万两,两行分派各垫叁拾五万两。嗣以限满后仍不敷用,续商垫元拾万两,两行应各派五万两。刻因银根奇紧,尚未备妥,须向本行暂借元五万两,以一星期为限,息照海丰欠款例,按八两五钱计算'。敝处拟允照办。适津行有款嘱为代拆,是以即代津行拆出。查照营业规程第四条戊项第二节,仍候示遵。""庶务用《辅币兑账簿》已将用罄,请尊处续行印发。其簿内'纪要'一栏,地位过狭,能否酌量放宽?仍候尊裁。"先生批示云:"浙江银行款,请照拆,开董会时即请求追认。《辅币兑账簿》,即照印样接洽。""即付印。'纪要'栏如何更改,由益能酌定。"(原件,上档 Q268-1-100)

10 月 4 日　浙兴申行盛竹书、徐寄庼、杨静祺联名致总办函,就调任曹吉如代朱益能为庶务部长事请求通融。函云:"朱益能君因公派往出门,部务嘱调曹吉如君代理,此间会计事务即由汪任三君代理,自当遵命。惟现在敝处事务日益繁重,汪君虽系熟手,遇有重要事宜仍有曹会计指示。汪代会计办理,俾免疏虞,而资接洽,并准嘱曹会计于九月初五、六日尊处代理部务可也。"先生批示云:"奉函悉。尊处事务日繁,如遇重要事宜发生,尽可随时与曹会计商洽。"(原件,同上引档)

同日　盛竹书致浙兴总办函,报告活期存款随时可以收回抵用。函云:"承示敝处营业准备表本月二十起廿六止,现存与准备相差三四十万元。查有活期押款二十余万两随时可以收回抵用。当此银市紧急,更无不格外注意也。"先生批示云:"承示活期押款随时可以收回抵用,已悉。此款请于报告纪要内加注,俾当瞭然。"(原件,同上引档)

10 月 7 日　致中行宁行许福昞、许体萃函。云:"弟赴京、汴一行,往返匝月。久疏笺候,驰念良深。""敝行领用江苏券三十万元,前荷函示,彼此所商办法,业已允洽,可以照办。惟贵行因宁沪内部交涉,尚有未尽接洽之处,俟商妥再行通知等因。嗣弟到京与贵总行谈及,始知贵沪行因检票手续未肯代劳,以致贵行为难。后经贵总行来函解释,已荷宋、胡二君复允照办。是此事可称完全解决。兹特将历次商定办法另备公函抄达冰案。即祈詧核赐复,并望报告贵总行,请将已印暗记之江苏券三十万元,早日运交贵沪行转交敝行,以便加印暗记。印就后仍寄存贵行,再行陆续领用。"(副本,上档 Q268-1-614)

10月9日 浙兴申行徐寄庼致总办函,就汉阳却月电灯公司汇款转账事请求核示。函云:"汉阳却月电灯公司向上海中日实业公司借款,实业公司以却月公司未成立之先不得付款。特商由我行借给实业公司洋拾万元,由敝汉行收却月公司往来存款户,另立送银簿一本,以备湖北官厅验资之用。此事仅一转账手续,与现金毫无出入,拟即允其照办,令其正式填具借款证书,另行抄报。此项送银簿由汉行保管,俟实业公司陈培生君到汉,仍凭敝处介绍函方能取出,送湖北官厅验明后仍交汉行保管。大约一月后此账即可冲转,欠息照八厘计算,存息照五厘计算,相抵外所余三厘,除一厘归浙江银行作手续费外,余二厘归敝处收入。并订明将来实业公司汇款,均由浙江银行转托敝处代汇,却月公司存款则指定汉行办理。是否可行?仍候签核示遵。"先生批示云:"可照订,但须函告汉行,声明此项存银该公司并不支用。"(原件,上档 Q268-1-100)

10月13日 盛竹书致浙兴总办函,请准三井洋行押款事。函云:"三井洋行以头号丝壹百五拾包,每包市价七百四拾两,共值规元拾壹万壹千两。又岩琦煤四千吨,每吨市价拾两,共值规元四万两。两共规元拾五万壹千两。向敝处订做押款元拾万两,六个月期,每月九厘半计息。栈单、保险单一切手续均称完备。按三井洋行信用颇佳,与敝处亦曾做过交易,拟即允其照做。查照营业规程第四条甲项第九、十节,应候核示遵行。"先生批示云:"三井信用既佳,押品亦好,请即订定,一面即报告董会可也。"(原件,同上引档)

10月14日 就中行宁行新设领券"保管证"事致许福旸、许体萃函。云:"本年二月六日尊拟办法,敝行原定此项苏券三十万元,在民国四年九月十四日五百万元合同以外,故办法可以特别规定。嗣得贵总管理处核定,仍包括于合同之内。是商订办法必须以原合同为根据。若如贵行所定办法之第五条,与原合同条文抵触极多,将来沪、汉、津、杭各处纷纷援例,均须填具保管证,双方具感不便,度亦非两公所乐闻。且弟于六月二十日曾将上项理由剀切声复,并谓贵行如以为删去此条不甚便利,可将第四条'积至四千以上'一语,改为积至'二千以上',以资抵补。并奉六月二十三日尊复,业荷接洽。此事敝行全为原合同所限,倘附订办法稍有枝节,即虞发生其他困难。踌躇审慎,别无理由,亦非对于两兄执持成见也。尊示第二条,改为'每批归领五万元'及'本办法自两方签字后即为有效,彼此遇有困难,得提出修改,但须双方同意方为有效'一节,均可遵命,分别增改。至于息率一层,鄙意实以原文内平均计算较为得当。譬如,所缴保证准备纯系八厘公债,则应照八厘计息;如纯系六厘公债,则应照六厘计息;如八厘、六厘各半,则应照七厘计息。至于交往既密,设遇急缓,彼此援助,并非绝无商量之机会。沪、汉其先例也。两公明达,尚乞鉴原一切。贵总处何日可将该券运到?甚盼。"(副本,上档 Q268-1-614)

10 月 15 日　赴宝山路商务印书馆事务所参加商务董事会议。"无议事,遂叙谈而散。"(《商务印书馆董事会记录簿》)

10 月 19 日　赴香港路 4 号新建银行公会会所,参加上海银行公会开幕礼,并任华宾招待之一。"中外来宾到者颇众。"中国、交通、四明、盐业、浙兴、浙江、中华、汇业、金城、聚兴诚、广东、中孚等十二家银行已入会,会长宋汉章。(1918 年 10 月 20 日《申报》)

10 月 21 日　盛竹书致浙兴总办函,云:"据京行函称'文牍员李仲芬于阴历五月间离行,六月下旬辞职,请发还保险金并利息算至六月底为止'等语。既据京行函请发还,谅与规程第十二条必无关系,查照保险金细则第十二条,拟应候核后遵行。"先生批示云:"李仲芬确已辞职,该款可请发还,并按收款日期以当年八厘算给利息可也。"(原件,上档 Q268 - 1 - 100)

10 月 22 日　致许福旸、许体萃函,再商领券办法修改事。云:"第五条条文尊论极是有理。敝行再四研究,实以沪、汉、津、杭援例为虞,对于合同颇觉困难。现拟将尊拟第五条不缮入正文以内,另由敝申行专致贵行一函,声明'浙江兴业银行在宁未设支行,以先宁中行所属各分号所,如收到此项兑换券,积至一千元以上,可随时付宁中行之账。宁中行可随时与沪兴行所存之准备金项下暂行如数付出。一面填具代兑领券保管证,径寄沪兴行。一俟接到此项保管证,即将现洋如数送交沪中行收宁中行之账。宁中行所属分号所,应将此项兑换券从速设法运寄宁中行,以便沪兴行持保管证派人赴宁中行提回应用。其交通便利之处,沪兴行亦可就近派员持保管证往取,但必须事前函洽,以昭慎重。'似此办法尊处既无困难问题,而敝行原合同条文亦可不生抵触也。务乞赞同示复,以便缮写。"(副本,上档 Q268 - 1 - 614)

10 月 23 日　盛竹书为樊幹庭进本行实习事,致浙兴总办函。云:"前总理樊时老之文孙,号幹庭,在沪江大学毕业,英文及各科学成绩颇佳。现拟专习银行学,曾由宋汉章先生介绍进和兰银行练习。渠以骤入外国银行,茫然无绪,商请先在我行练习三四个月,俾得略识端倪,再进和兰,较易入手。因念樊时老于本行关系甚深,今其文孙有此请求,且两月来客居敝处,又罍知其志气坚卓,性情和易,英文程度尤尚可观,洵属可造之材。拟即允其所请,特行专函奉达。可否仍候罍核见复为幸。再渠客居敝处时,就近在青年会学习打字科,刻已毕业,并以奉闻。"总办批示云:"闻樊君英文成绩极好,确为可造之材。练习一节,俟董事长回申①商定妥善办

---

① 时先生约正拟离沪赴杭。此条批注似项兰生笔迹,原件有先生签字。——编著者

法后,再行奉洽。"(原件,上档 Q268-1-100)

约10月下旬 赴杭州调查浙江钱业风潮,并与浙兴杭行蔡谷清等商议对策。(1918年10月某日致蔡谷清、金润泉函,上档 Q268-1-632)

10月下旬某日 致北京中国银行张公权密电①,为浙江钱业风潮事提出"最后忠告"。电云:"业,北京通密,公权兄鉴:电悉。办法已详蔡函。现绍汇又跌,物价渐平,趁此进行,必跌至极度,再由官厅明令禁止,即告成功。或虑巨款呆搁,不知现水既然平,钞票流通,金库集中贵行,且无单子危险,焉有不能周转之理? 或虑钱业风潮,不知钱业现已各自筹备,预防恐慌,迅速决行,吃亏者少;若迁延不定,投机者起,市面必大骚动,以后浙江金融不堪设想。贵行所难者现款,到现既有着而优柔不决,未免失计。弟为敝省金融计,与汉章、新之、睦芗诸君询谋佥同,故作最后忠告,务乞裁决。至敝行借款实为维持大局,惟行章必须抵品,并非贪图放款,故示赞同,请勿误会。葵。"(电稿,同上引档)

10月间 从杭州返沪后致蔡谷清、金润泉函。云:"在杭盛扰,并劳远送,至为感谢。承示到期押款拟商续展各节,归来与敝沪行商酌,须待台驾到沪,再行面谭。惟顷又接敝汉行来函,略谓现在汉市银根极紧,所有前放贵行押款,业已抵有头寸,届期拟即全数收回等语,用特专函奉闻,即祈预为筹备。台驾何日到沪? 甚为企盼。"(手稿,同上引档)

10月间 与蒋抑卮联名致北京中国银行张公权密电,告以浙江钱业风潮进展,希望对金融积弊"趁此根本革除"。电云:"业,北京通密。转公权兄:革现事,谷②与官厅接洽周妥,润亦竭诚进行。风声所树,甬水跌至廿八元,绍水四十四元,与在京面谈情形大异。趁此根本革除,事半功倍,倘失机会,未免可惜。弟等均以谷之主张极为稳健,刻正筹商款项,敝行亦全力助之。抑、葵。兴。"③(电稿,同上引档)

10月间 致郑州中国银行李佑丞、李子卫函。云:"前在汴,杂谈及敝行拟与贵行互订通汇办法一节,辱承允许,并开示大纲,莫名纫佩。现与敝总分行逐细研究,专就汴省情形并参酌他行已订办法拟具合同草稿,大致与尊处所开无甚抵牾。兹特寄上即请复。如有不妥之处,并求詧核,赐从实签示,以便商改。又弟意欠额可以缩小,而贴费以规定为便。又沪杭津京四地,货币参差,计算不便,故敝行拟以汉口为主体。凡各处有请收解之款,可以径函贵行照办,一面即通知敝汉行转账,

---

① 原件未署日期。下列数信亦未署日期,因与此稿接连装订于同一卷宗,约为同月所撰。——编著者

② 谷,指浙兴杭州分行经理蔡谷清;润,指金润泉。——编著者

③ 此电稿系蒋抑卮手迹。——编著者

似较便利。是否之处,尚望斟酌详示。"（手稿,同上引档）

10 月间　草拟浙兴总办致汉行函,就汉冶萍公司透支契约事关照"预备"。函云:"汉冶萍公司对于我行透支契约因有人挑拨,颇不满意,其副经理盛君有年底解除契约之意。我行因多年交往,于尊处汇兑生意尤有关系,不得不设法解释。现经杨介眉君与其新会计长凌潜先君商议妥协,趁其发股息须备款项之机会,与之解决。申行允另做日金押款十万,从前透支契约一律照旧,惟担保品内之扬子股票须有我行过户,与汉冶萍仍留我行作原契约之担保。惟透支契约规定欠额,申汉共十二万两,年内必须用足,且年底不能归清。因此等大公司往来频繁,不得不格外迁就。已一一允其照办。查尊处透支已用四万余两,尚未用者三万余两,应请预备。特此奉闻。"（手稿,同上引档）

10 月间　签署浙兴总办就误收改易地名之中钞事致各分行通函[1]。云:"库存内有误收改易地名之中钞。如以北京中钞改为上海、南京字样者,请如数寄申行,以便向沪宁各中国行调换。其有改为尊处(汉口、津、杭)地点字样者,请就近向中行商量调换。此事已与张副总裁接洽妥协,已有张副总裁知照各处中行矣。以后收支科对于收纳中钞时,务请格外注意。"（副本,同上引档）

10 月间　草拟就本行与汉口扬子机器公司合作开矿事致汉行函。云:"寄上丁榕所做扬子公司正式合同二分,又译文一件,即此次所定草合同之正合同。请尊处签字盖印并加贴印花,盖骑缝印。再将二分同送扬子公司,请其签字盖印,并在印花上盖章。然后一分留扬子,一分取回归尊处收执。印花税各半分认,律师费应归扬子承认。俟账单开来再行寄送。惟扬子内容因瑞昌矿量甚少,大办恐不合式,已决计不造铁路,仅用人工开挖。往来二十万已嫌其多。日前李一琴君议及有将此合同结清,另定少数透支与旧日一样办法之说,敝处意亦赞成。不审王显臣君意如何? 但合同现已做好,律师费万不能省。敝处之意,不如此时先将合同正式成立,俟明年扬子提出另定办法时再行商议,否则正式合同不定,万一扬子不肯出律师费,我行反觉为难。故请尊处先行签印后送至扬子,且看显臣意思如何,再行对付可也。"（手稿,同上引档）

10 月间　致盛竹书、徐寄庼、杨介眉函,调解申行与津行误会。函云:"昨日承示津行致尊处一三一号信,关于存欠抵冲事件,津行来书词太犀利,殊非同气和衷之道,已作书切诫。告以彼此虽有误会,均系为公,绝无私见,若再骋辞驳辩,转蹈意气。此事如弟兄争论,然事过情迁,公理大白,而为长兄者对于弟辈,惟有格外宽

---

① 信稿有先生亲笔修改数处。——编著者

宥之处,请捐除成见,照常进行,兄等海量渊涵,谅不以鄙意为河汉。原信留存敝处,不奉还矣。"(手稿,同上引档)

10月间　致津行潘履园等函,调解其与申行误会。函云:"前至申行,适见尊处一三一号信,关于存欠抵冲事件,因检阅申行致尊处一四一、一四四号信,觉得彼此均有误会处。申行原信措词诚有过当,但尊处复信词锋亦太犀利,若再往返驳辩,转涉意气,殊非同气和衷之道。好在彼此均系为行,绝无私意。已告申行勿再答辩。至于抵冲手续虽有时彼此主张不同,但欲对外谋扩张,有何不可商量之处?即或发生窒碍,转瞬过年再开重员会议,尽可从容讨论,以图改良。目前总以彼此和衷、照常进行为主。我兄素顾大局,谅不河汉斯言,特此布臆。"(手稿,同上引档)

11月4日　浙兴京行汪卜桑致总办函,报告参加北京银行公会事。函云:"顷由银行公会送来章程草案一份,细阅之下,对于第六章第三十九条'会费'一层颇觉发生困难。就实际论,银行公会之加入与否固无关轻重得失,但因彼此联络声气起见,似乎此举又不可少。前次因建筑新屋,每行各认八千元,敝处因为数太钜,当时亦未承认。因循至今,迄未解决。此次规定入会费式千之数,常年特别各费尚不在内,仍觉难于担任。惟前之八千元既不承认,此次如不入会则已,苟以加入,入会各费恐难与众独异。转辗思维,实无办法。因将该会章程草案附奉钧詧,如何之处,尚祈酌复,以便遵行。"先生批示云:"银行公会无非为交换智识、联络声气机关,铺张扬厉,未免无谓。上海银行公会当时我行均在发起之列,入会费祇认壹千元,经常费月祇三十元。今该会章程如是,我行似无入会之必要。请告以我行在上海入会,负担之费仅仅如是,北京立于支行地位,开支俱有额定,此项钜数支出,通过甚属不易。贵会既有定章,要亦不能因我更变,入会之说从缓议,故俟将来营业发展后再行酌办,云云。措辞稍从婉转,即此作为两便。尊见如何? 请再酌之。"(原件,上档Q268-1-749)

11月7日　赴新落成之徐家汇松社,参加蔡锷(松坡)被难二周年纪念祭祀活动。参与祭祀者除政军界要人外,还有宋汉章、项兰生、钱新三、李拔可、张元济等商界、出版界人士。(1918年11月8日《申报》)

11月11日　京行汪卜桑再致总办函,报告熊希龄来函募捐事[①]。函云:"顷由

[①] 熊希龄函云:"敬启者,美国基督教青年会等七大团体,奉美国大总统之委托,于本月十一日起一星期内,合力募集美金一百七十四兆元,为协济协商[约]国兵士及我国华工,以及敌国俘虏之用。并电请吾国协募美金十万元之数。兹有驻京美人会同中外各要人,组一欧战协济团,即日进行募捐。敝处现认募美金一万元。除希龄现捐美金一千元、中国银行允捐美金二千元外,事关国际友谊,又属有益华工,敬乞贵行解囊相助,俾臻亲善,无任感祷,并希赐复。附上印件三种,乞詧览。专此肃恳。敬请台安。　熊希龄十一月十一日"——编著者

熊希龄先生来函,募集欧战协济团捐款。查此事发起之初,曾由金仍翁函致揆公,具述一切。现在熊君意欲敝处捐助洋壹千元。事关公益,未便径拒,用将原函录呈钧詧。应否捐助之处,即乞酌复,以便祗遵。"总办批复云:"此事关系国际友谊,自应竭棉。但近来各处因欧战而募捐之团体不止一国,亦不止一团,日前上海团体来行募捐,董会开议决定,如总处在上海地方,以全行名义捐助一次,业已交付清讫,各处分行一概不再捐助,以免繁复而轻担负。秉三先生处,已有揆公函致仍翁婉达一切。请尊处即照上开情形婉谢可也。"先生又加批云:"此项办法须录告津、汉两行接洽。"(原件,上档 Q268-1-749)

11 月 14 日　致中行冯耿光、张公权函,商请迅速发运领用之苏券。云:"顷奉贵宁行来函,以敝行领用江苏兑换券三十万元拟订办法七条,已蒙贵处核准,业经双方签订。此事商榷经年,兹幸完全解决,仰赖玉成,曷胜纫感。惟此项苏券,待用孔殷,奉发之后,加印暗记,亦颇需时。用特函恳,务希迅赐运沪,俾便赶日印记,及时发行,无任盼祷。"(副本,上档 Q268-1-614)

同日　京行汪卜桑致总办函,请示一笔透支款处理事。函云:"蒯若木君顷因急于赴甘,对于陈彦通借款及透支逾额之款,已于昨日来行清结。其若记存单因须亲自带甘,故亦预为转期。所有借用之叁万两,约定到甘后即行汇还,并在原立字据上……加注(略)。按蒯君存敝处之款,先后共有四万两,存单系属两纸,今改为一纸,即以四万两之存款,暂作叁万两借款之担保品。特此报告,即祈台洽是荷。"先生批示云:"以四万两押三万两,自无不可。惟存单不交到尊处,仅于字据上加注存单号码,手续仍是不妥。"(原件,上档 Q268-1-749)

11 月 16 日　京行汪卜桑致总办函,汇报寄存他行之件已经取回。函云:"敝处前因改修房屋,添置库房,曾将库存一部分暂寄他行,顷已取回。以后库房落成,自当遵照尊定规程,按期检查不误。"先生批示云:"照检查规程第二条,每月不得少于二次。计算自五月份起即未检查。此后必须切实照行。至修改房屋,准于何时动工,何时竣事?并望将原有房屋及添购之屋,分别原有及现改格式各绘草图,寄我备查。"(原件。同上引档)

同日　浙兴申行徐寄庼、杨介眉致总办函,请准为本市钱庄押款事。函云:"日前沪市银根紧迫,由银行公会出为维持,第一次做与各钱庄押款元拾万两。敝行名下认五千两。第二次又做与各钱庄押款元叁拾万两。敝行名下认陆万两。业已商准尊处照办。惟查营业规程第四条甲项第九、十节仍候核示为幸。"先生批示云:"以团体名义维持市面,且属可靠押款,贵经理筹画周详,极为佩慰。此项情形当由敝处报董会可也。"(原件,上档 Q268-1-101)

11 月 20 日　为处理中国银行押款到期,以及京、申两行公务,是日由沪抵达

北京。（1918 年 11 月 21 日京行汪卜桑致总办函，上档 Q268－1－749）

11 月 26 日　浙兴申行徐寄庼、杨介眉致总办函，提议存户取款添备一种取款条。函云："我行往来随时储蓄，嘱托四种存款。顾客有凭折取款而兼用印章者，向来加盖印章于存折之上。惟恐有遗失、冒取等弊，殊不足以昭慎重。兹拟添备一种取款条，凡顾客凭折取款而兼用印章者，嘱其另盖印章于印鉴条上，交行存查。俟取款时填具取款条加盖印章方可取款，不得于折子上盖章，以免流弊。兹附奉取款条样式四种，是否有当，仍候核示遵行。"总办批示①云："敝处此次所印存折，已将存户图章删去。尊拟取款条甚合宜，当即一并□订可也。"（原件，上档 Q268－1－101）

同日　京行汪卜桑致总办函，代转先生有关指示。函云："阳历本月二十九号中行押款到期，共为弍拾万元。内拾万系在上海交付。已于今日向该行取到汇票寄交申行，届期往取。其京津合做之拾万元，顷与该行相商，即以押品之京钞扣算。共计敝处向该行购入京钞二十五万元，按四七八五②合现洋拾壹万玖千陆百二十五元（今日市价四八③，此系格外情商之价）。彼此钞洋不足之数，互相找算。所有购入之京钞弍拾伍万元，揆公面嘱代尊处购进，备抵五十二万七年公债之用。以上钞洋俟二十九号成交之后，再行收付尊册。至此项垫款敝处近日用途较大，难以久垫。尊处拟如何筹还，是否由敝处在京收做汇票，抑由申行划还？查申洋与京洋，近日相差甚钜，照市核算每百元约差壹元五角之谱，合计相差洋二千元左右。如果以申洋划还，应如何弥补之处。亦乞酌示，以便遵行。"总办批复云："总处无规元账。此项尊垫之款最好设法改做洋元汇票，在申行支付抵冲，免致吃亏。请台洽，并望转告津行。"（原件，上档 Q268－1－749）

11 月 27 日　徐寄庼致浙兴总办函，报告银行团合做押款事。函云："顺昌轮船公司营业发达，信用素佳，现该公司拟以轮船向中国银行团订做押款规元弍拾五万两。所议大略办法：（一）息按月九厘二五计算；（二）此项押款自八年一月起，每月归还押款本银弍万五千两，以十个月为限；（三）该轮系租与香港同兴公司，每月租金约有港洋五六万元可收。每月除应付银行团息金及归本弍万五千两外，余由顺昌公司收入；（四）此项租金由顺昌与同兴订立归银行团每月收取，银行团方面亦延律师向同兴订明，银团中公推交通银行香港分行为收取此项租金机关；（五）此弍

---

①　先生离沪期间总办事处批文皆有秘书长项兰生办理。因事关全局，故亦系于先生年谱。下同。——编著者

②　原为码子字。即指当时京钞与现洋比值率为 47.85%。——编著者

③　同上。即 48%。——编著者

拾五万分配之数为:四明陆万,交通五万,浙江、上海、中华及我行四家各叁万,中孚式万;(六)总合同由上海银行出面,请哈华托律师与顺昌订立,再由受押各银行延哈华托律师自行订立合同分执;(七)所有押件、契据因四明押数最多,议归四明保管。查此项押款本不在本行收做之例,惟念押品所收之租金,既甚可靠,且为银行团所合做,一切手续复经律师订定,更询明该公司订做此项押款,为年终归还各银行透支款项及押款之用,我行亦有押款透支关系,亦为一举两得。合行奉达,是否可行,即乞誉核见示,俾便遵行。"总办批注云:"银行团合做押款办法甚妥,请即订做。大合同及分合同订定后,均请录底存查。至押款透支,应如何设法使之缩小,悉请卓才酌办。"(原件,上档 Q268-1-101)

同日　徐寄庼致浙兴总办函,提议制定各分行间行员及顾客取款规制。函云:"本行分行既多,行员实繁,兼以往来多年之顾客亦各行均有。往往有甲地之行员或顾客,在乙地支用款项,而乙地贸然照付,即付甲地之账。究竟该行员或顾客于甲地是否有存款作抵,未遑计及,殊觉未便。且账目纠葛尤为困难,亟须规定办法,以便遵行。如有甲地之顾客、行员,赴乙地用款,非先得甲地之凭函,关照乙地不得照付。倘乙地对于该顾客或行员有可以支款之信用,即行付款。委托甲地代收者是乙地直负其责,甲地对于此种款项,并无负何等责任。如是则甲乙两地或不至发生困难。至如甲地行员、顾客向甲地支款,嘱付乙地行员、顾客之账者,是否已得乙地行员、顾客之允许,尚未可知。此种办法亦应先由乙地行关照者为妥。应请迅赐分别规定,通函各行,俾有遵循为幸。"总办批示云:"尊论极是。当由敝处拟订办法,通函各处可也。"(原件,同上引档)

11 月 28 日　浙兴总办致各分行通函,通报当前金融形势及其处置方案。函云:"沪市银底日形枯竭,现筹不敷应用。两星期前各钱庄周转停滞,银拆陡紧;外国银行亦以现金缺乏,无论何种押款一概止做。影响所及,颇觉不小。钱业中创钜痛深,受累尤甚,不得已乃由银行公会名义向入会各行协筹钜款,两次接济,始得勉强过渡。惟上海全市存底本枯,阳历十二月间投机家对于金镑、东汇,正值结账之期。据汇丰大班所述,需解现款至少约需千万金。是恐慌状况转旬已届,连日银行公会集议,拟合团体,多筹款项,专备维持市面之需。我行虽属商办,而以资格及平日交际关系,固不容稍事退缩。而后起之求助于我者,尤复沓来纷至。准备规程在市面平静之时尚属适宜,一遇紧急仍属无济于事。申埠为全国金融枢纽,我业支行既多,设遇意外,影响尤为可虑。欲筹最后预备之法,惟有设法多储现金。为先事绸缪之计用,故商请尊处审度情形,于准备金内酌提银○○①万存申行,专备拆放短期押款为救市面之需,务请通盘筹划,迅赐飞示。至尊处对于移申之款,可立申行特别准备户付账,并于营业准备表内,合洋注明备考栏'暂存总行,列入准备'。若尊处市面亦紧,此项准备必须调回,届时亦可函告情形,设法办理。凡此情形皆为对内对外统筹之计画,固不仅为名誉计也。事关兴业前途,伫盼赞许速复。"(副本,上档 Q268-1-57)

11 月 29 日　先生在京致电总办事处:"总。电悉,请将申九万合元收京册。葵。兴。"(原电,上档 Q268-1-749)

11 月 30 日　总办项兰生复先生电。云:"此款已告申行,暂收尊元册。惟照此办理,洋厘相差必钜。尊处如能设法觅做洋元汇票,仍希照冲账办法行之申行,一面亦可随时改转也。"(原电稿,同上引档)

同日　上海银行公会会员会议议决,订立公共准备金规则。又议决公共准备金暂定为 30 万两,由 12 家会员银行自行决定,但不得少于 1 万两,最后交由中国银行代管,不计利息,专为维持市面之用。次年 2 月,各行开始向中国银行缴存准备金,共得银 302 816.93 两。"由中国银行保管,经宋汉章君允于中国银行库内划出地位,另立铁栏,为公共准备金保管库。"此后随着入会银行增多,公共准备金亦增至 40 余万两。(徐沧水《上海银行公会事业史》,第 41 页)

在政府无力对金融企业和金融市场作有效管理与调节之时,上海银行公会会员行自发设立公共准备金并合理运作,对于稳定市场,巩固银行信誉,起到了重要作用。浙江兴业银行准备金比例属于较高的一家。据徐沧水《我国各银行资力之分析及其利益之比较》一文统计,1918 年华商银行存款准备金概况如下:

(单位:元)

行名	准备金额	存款总额	准备金%
交通银行	30 156 518	52 464 175	57.5
金城银行	5 271 737	10 667 941	49.4
浙江兴业银行	5 544 912	13 131 990	42.2
上海银行	1 248 728	3 414 574	36.6
盐业银行	4 366 601	13 569 896	32.2
浙江地方实业银行	924 328	3 070 556	30.1

---

① 原稿如此。函稿上端注:"(杭)三、四万;(汉)四、五万;(津)三、四万;(京)二、三万。"——编著者

(续表)

行名	准备金额	存款总额	准备金%
江苏银行	679 483	2 319 823	29.3
中华银行	307 426	1 083 059	28.5
新华银行	1 407 907	5 378 612	26.2
中孚银行	821 320	3 792 971	21.7
四明银行	357 834	2 962 755	12.1
广东银行	475 981	4 680 810	10.2

(《银行周报》,第 3 卷第 29 期,1919 年 8 月 12 日)

12 月 3 日 先生自京致电总办。云:"兰电悉。尚短卅。暂停购。葵。"(原电,上档 Q268-1-749)

同日 浙兴申行徐寄庼致总办函,报告分行准备金调申等事。函云:"分行准备金调申事,荷开示杭行来函,允以代拆之壹万两抵作协济,谨洽。""信用放款汪叔明户,旧欠洋式百拾式元九角七分,前由本人商允蒋抑卮先生以京中交钞如数归还,作为偿清其京中交钞折亏为捌拾五元壹角七分,拟即付入杂损益户。是否,乞核示为盼。"总办批复云:"汪叔明户以京钞归还,其折亏之数,请即付杂损益户可也。"(原件,上档 Q268-1-101)

12 月 4 日 先生自京返沪。(同日汪卜桑致总办函,上档 Q268-1-749)

同日 徐寄庼致浙兴总办函,报告汉行来电。函云:"承抄示致汉行函稿及杭行复函稿,均经接洽。顷接汉行来电为:'今日向麦加利收元式万,明日又向收元叁万,请告总处。'特行奉达,即乞台洽为荷。"总办批示云:"汉款先后共调十万两,均请分别接洽转账。一面已由敝处致函嘉慰矣。"(原件,同上引档)

12 月 7 日 浙兴申行盛竹书致总办函。云:"学生练习细则现已遵照实行……尊处学生来行实习者,亦希即行派定到行。以便支配为盼。"总办批注云:"敝处学生吴兴祖、翁广智二人因有日行需办事件,拟以两人分上下半天赴尊处轮流练习,庶事务不至旷废,并令下星期一到行。如何支配,即请酌定可也。"(原件,同上引档)

12 月 17 日 赴宝山路商务印书馆参加董事会议。会议讨论商务特别支单签字代表问题。(《商务印书馆董事会记录簿》;《郑孝胥日记》,第 1789 页)

12 月 21 日 中国银行总司券程良楷致先生与蒋抑卮函。云:"顷接汉口敝分行电,称贵汉口分行欲将前交二成五公债券保证金项下之三、四年公债,以七年长短期公债换抵,等因。查七年公债与三、四年公债虽同属中央发行,而因期限不同之故,市价互有高下。贵分行现拟调换,自属合算。惟此项公债券原为保证兑券信用而设,在平时似尚无甚关系,然遇金融发生变动时,兑券纷来,筹现不易,自不得不以市价较高之债券设法抵借。倘以七年公债,必至无可生发,届时再向贵处换取又多争执。且此端一开,他行如欲仿办,敝处无可拒却,尤属为难。因思敝属分行素蒙关垂,为特不辞冒昧,泐函奉商。尚祈推情,免予更换。除另复敝汉行外,特此奉达。"(原件,上档 Q268-1-616)

12月25日 复程良楷函。云:"敝行所交二成五公债准备,每逢取息剪付息票时,双方均以零星琐屑,屡感不便。适有长短期七年公债千元大票,故嘱敝汉行即照原数掉换,俾免将来取息繁琐。同是中央发行债券,敝行并无歧视之意。承示以贵汉行来电请示,似不以掉换为然,此说即可作罢。除另函知照敝汉行外,特此奉复。"(副本,上档 Q268-1-616)

12月26日 致京行电。云:"昨议决,总数五十万。杭十、汉念五、津十、京五,腊念交款。余函详。葵。兴。"同日,蒋抑卮到京,复先生电云:"汉卅、津廿、京、杭各十,均腊望交,绰有余力。正二系闲月,多搁耗息。请以七数为额。速复。抑。兴。"(同日京行汪卜桑致总办函,上档 Q268-1-749)

是年 撰《寿笙谱姑丈①八十》古诗。诗云:

　　昔我王父在汴州,妙选佳婿人所羡。我父相遇若弟昆,出入衙斋共笔砚。我姑婉嫕事夫子,躬亲浣濯服炊爨。闺中余艺常迈群,图写蝴蝶穷万变。我丈英挺擅年少,励志砥行若操缦。刻画金石超篆籀,模状烟云别素绚。以云从政学则优,大官荐剡初作掾。淮蔡群俗好巫禨,临以儒迂易瞑眩。春耕既劝民罢斗,夜龙无警盗不篡。忽感霜露思邱垄,三年报最意亦倦。归装那有郁林石,并无杜曲好东绢。老屋萧森故树瘦,粗粝已觉荷天眷。大儿悃款甘薄官,小儿读书勤且愿。摊经课孙孙复孙,个个精熟异童草。科头取凉曝背煖,缓步登岭脚不汗。养生妙理祇如此,熊经鸟伸诚梦幻。我姑即世终寂寞,迺与画图共昏旦。湖光是师山是友,脱略糟粕开生面。神闲气静意始到,日永春长力足赡。嗟我失怙苦行役,如蓬转风重到汴。我来丈去判南北,卅载蹉跎不相见。尺素稠叠招我隐,仿佛驽马受羁绊。黄沙扑人朔风卷,但有往雁无来燕。昨宵梦转复入梦,中堂双烛张盛宴。女儿酒陈肥羜烂,菊花为粻鱼作面。掀髯高坐丈意喜,以盏寿丈且自献。日高睡足看行箧,颇思投劾下江汉。丈兮丈兮伫我归,

---

① 笙谱姑丈,似即严蓉孙(曾铨),严鸥客昆仲之父。——编著者

白发虽多腰脚健。(《杂著》,第 366 页)

是年　上海崇文书局初版沃丘仲子(即费行简)著《现代名人小传》,卷下"实业家"部分收张謇、张元济与叶景葵三人。《叶景葵》篇全文如下:

叶景葵,字葵初,仁和人。父济,以乙科官河南郑州牧,有能名。入民国,仍官道尹于汴。景葵生而慧绝,幼有神童号,甫冠成进士。以与赵尔巽有旧,入其幕,历晋、湘、奉天,保官至道员,政无巨细,谘而后行。以朋分财政局款,为徐世昌劾罢。后复原官。嗣尔巽入蜀,嫌其远,留驻上海。宣统回,载泽用事,特擢为清银行正监督,盖三品京堂也。适尔巽已移东三省总督,仍延之兼任幕僚。武昌起义,仍之沪上。已而各省背叛,乃电促清帝退位。入民国,不复出,唯遥参清史馆。所营之兴业银行,贸迁腾茂,进步之速为中国各银行冠。商务书馆,股亦最多。活泼好谐谑,状貌颇佻达,而才思敏赡,其在赵党,并熊希龄、金还,号"三官大帝"。

仲子曰:自新学流行,中国岁增政客、民党、律师、教育家无数,独科学发明家与实业家,至不易觏。君子有以觇国之强弱,民之知愚矣! 设者以实业经验,久于工商者咸具之,以吾国之大,谓止三人,选诚太苛。不知买办之流,受豢于外人,不足言实业。半官之公司,仰鼻息于权要,亦不足言实业。似是而非之国货,假以垄断居奇,更不足言实业。凡吾所目击者,谓之豪商巨贾则可,谓之实业家则不可也。故欧战数年,坐弃大利,虽咎在政府,而豪杰之兴,奚必待文王哉? 其商于南洋诸埠者,不乏智士,以鲜闻见,故从阙如。(《现代名人小传》卷下,第 188 页)

1919 年(民国八年 己未) 46 岁

1 月 巴黎和会开幕。

2 月 南北和议代表唐绍仪与朱启钤在上海会议。

4 月 中国代表抗议巴黎和会三国会议解决山东问题的办法。

5 月 五四运动爆发。

6 月 上海工人罢工、商人罢市、学生罢课,声震全国。

10 月 中华革命党改称中国国民党。

是年 中国实业银行、大陆银行在天津成立,上海各设分行。

1月3日 浙兴京行经理汪卜桑致总办函,对总处紧缩信用放款提出异议。云:"查京津银行银号中卖空北钞之事,以前确有所闻,近数月来尚无所闻。将来钞价即使逐渐增涨,想来尚不至因亏累而遭意外风潮。尊论未雨绸缪一节,具征兑事审慎之意,至为钦佩,自当随时相机办理,请纾悬系。""透支各户按照营业规程,每届年终自当结清,藉符定章。惟各户透支有交入相当抵押品者,亦有全恃信用者。而信用之中又有确实与否之分。敝处为发展营业,而又不至得罪顾客起见,自不宜以一定不易之规程绳之于信用各别之主顾。此酌量通融之所由来也。总之,各户进出何者应按章办理,何者应予以通融,敝处早在审察之中,请勿悬念。至明年对于信用透支各户,须俟重员会议后再行决定一层,在尊处通盘筹画,意固美善,无如各地习惯不同,情形互异,在势竟有急迫不可待者。查京地商业习惯,新年开市后,对于透支各户即须送折,否则迟至一二星期补送者,虽送亦不来透支。习惯所致,无可改易。敝处现在正在积极进行,假使逆势而行,营业前途未有不受影响。不则有违尊命亦所不敢。处此地位,殊觉进退两难,应如何通融办理之处,还祈酌示,以便遵行。"先生批注云,要求将信用放款各主顾"确定信用等第,分列甲乙丙三等,迅即开单寄处。应如何酌量变通之处,再由敝处商定奉达"。(原件,上档 Q268 - 1 - 749)

1月6日 浙兴京行复总办函。云:"信放聚顺德洋壹千元,系十一月初一日到期。该号于到期日先还洋五百元,后于二十二日再归入洋五百元。请商将先还五百元之利息免于计算,故逾期之中祇算五百元之利息,因之少收三元三角三分,请核销。""中行押款担保品全数在沪交付一节,昨与张公权君谈及,据云顷正在凑集之中。一俟完备,或即全数在沪交付亦无不可,云云。特此奉闻。"先生批注云:"请即告张公权君:此项押款订定前交付,业已与各行接洽,杭款并改为申交申还,债票须于十五日全数交上海本行接办。此为手续上必办之事,请公权即电沪中行,务于是日交下,以便报告。尊处与公权君接洽后,并望电示可也。由敝处向沪中行交接。"(原件,同上引档)

1 月 7 日 复中行冯耿光、张公权函,商领中行兑换券事。云:"顷闻贵行印有新式兑换券,旧历新正即拟发行,并将旧发兑换券一律登报收回。未识此项办法如何订定? 查敝行领用之券,各地流通信用颇著,如果贵行办法确已订定,则应照敝行各地已领之数一律预备,先期交付,敝行赶印暗记庶可同时举行。若不先行筹备,临时仓卒不及布置,则匪特关系于敝行营业前途,且于贵行流通兑换券计划亦大有阻碍。用特先行奉询,乞即迅赐示复为感。"(副本,上档 Q268-1-616)

1 月 8 日 汪卜桑致浙兴总办函,报告与中行接洽情况。云:"顷晤张公权君,谈及此次押款担保品事,得悉拟于阳历本月十一号左右派人运沪,将来全数在沪交付。惟闻此项担保品,其间有一部分系新近购之于公债局者,已无第三号息票,故不得不与前途预先说明,请其商划一办法。此节已承张君允为查复。俟有确凿办法,再当奉闻。前定腊望交款一节,现拟请尊处俟前项担保品在沪如数交齐后,电告敝处,并请分电杭、汉、津三行接洽,以便同时就地交款。"先生批注云:"所陈办法极妥。俟收到押品后,即由申行用押脚字码电告,再行付款。津、汉、杭亦均分别函告矣。此信照录,转告津、汉、杭,并附告押件信,全数收到后即由申行电告,并用押电码,以昭慎重。"(原件,上档 Q268-1-749)

1 月 23 日 复冯耿光、张公权函。云:"昨奉十四日复示,藉悉贵行换用新券计画业已确定,并示天津新券正在加印。敝行应换之券,当俟贵行新券印就后陆续预备等因。查敝行领用新券,加印暗记颇需时日。贵行新券一经发行,必致旧券蜂拥而回,欲再发行,而市面同时有新旧两券,新者风行,旧者囤积。彼时敝行新券尚未发到,或既发而尚待加印暗记,先后参差,影响匪细。欲免此弊,须请贵行将敝行应领新券同时预备,务令在定期发行之前,敝行得将加印暗记、运送各地诸事,一律办妥,可与贵行同日发行,方为妥善。天津如此,申、杭、汉各地皆然。此事关系敝行营业,务请俯如所请,以免无形损失,并盼即日示复。兹将敝行应换新券数目,就现在已经领用额数酌定清单附送,即恳查照办理,曷胜感荷。"(副本,上档 Q268-1-616)

1 月 29 日 冯耿光、张公权复先生函。云:"接奉二十三日惠函并清单一纸,均经诵悉。查敝行天津新券现定二月六日发行,所有贵行需换之券,前经函饬敝津行照数预备,陆续送交贵津行。惟为期已近,同时发行,深恐不及。好在敝行旧券仍照常通用,尊处如须加印,尚不致十分局促也。"先生批注云:"请即日通知津行。"项兰生批注云:"已于初二日快函告潘经理矣。兰注。"(原件,同上引档)

1月30日 汪卜桑致浙兴总办函。云:"顷有数处顾客均以代收七年短期公债事见委。因查此次与中国银行所订押款合同内有'该行抵当品于借款期内,我行应代设法销售'之规定。如现拟销售若干,不知可否?并价格几何?均请示复为荷。"先生批注云:"合同内抵当品,该行已按照第七条来函止售矣。代购事须另商。"(原件,上档 Q268-1-749)

2月8日 致冯耿光、张公权函。云:"奉一月二十九日复函,并由敝津行抄到贵行所订他行领用新券办法六条,藉悉种切。此项领用新券,敝行仍须在沪地加印暗记。尊处既订由各贵分行换交,务请查照敝行一月二十三日函所附清单,转知津、沪、汉、杭各贵分行,如数迅为预备,以便敝本支行各就所在地承领,送沪汇印暗记,印就之后始得照尊订办法分批换用。转折甚多,万勿稽延,至所感祷。"(副本,上档 Q268-1-616)

2月18日 出席商务印书馆董事会议。张元济报告北福建路厂屋因无用处,拟即出售。议决照办。(《商务印书馆董事会记录簿》)

2月22日 上海银行公会大会议决公共准备金规则十六条,由入会各银行自行认定公共准备金共计规元 30 万两,其中浙江兴业银行 3 万两。《公共准备金规则》如下:

第一条 本规则依据本公会七年十一月三十日全体会员会议案订定之。

第二条 此项准备金由在会各银行认定之数公同交存现金与保管银行保管,故名曰公共准备金。

第三条 设立准备金之宗旨,系为在会各银行不虞之备,必以现银存储,故不生息。

第四条 准备金交存之总额,暂定规元三十万两为度。

第五条 各银行交存准备金之额,应由各银行自行认定,惟至少不得在规元一万两以下。

第六条 保管准备金之银行,应由会员会每年公推在会银行之一为代表公会担负保管之责任,以一年为期。如经继续公推,仍得有效。

第七条 除保管银行代表人以外,每半年由全体会员中公推稽核二员,前往保管行会同查库。但每月不得少于二次,如多数会员认为必要时,得临时前往稽查。

第八条 保管银行应设法在银库内用铁栏夹一特别藏银之处,设置关锁,其钥匙二个，保管行与稽核员各执其一。并在铁栏外标识银行公会公共准备金字样。

第九条　准备金收足后，由公会呈请财政部备案，同时报明总商会备案，以示此款为在会各银行公共之物。倘遇保管行发生意外之时，准备金可以随时移动。

第十条　设在会各银行中如有因市面牵动，或其他特别情形需人维持藉资周转时，得以相当之抵押品向公会抵押。其抵押数目，除该行交存之数外，应添抵押若干，三分之二表决之。

第十一条　如市面有风潮时，本公会亦可召集全体会员会议维持，惟仍由各庄号以相当之抵押品向公会抵押。其数目、时间、利息，均临时酌定之。

第十二条　保管银行一经收到各银行交存现金，应由银行公会出具正式存据与交存准备金之银行收执。但前项存据应由本公会会长及保管银行会同签字，方为有要［效］。

第十三条　前项存据准许在入会各银行间互相作为担保品之用，惟不能随时提现。

第十四条　准备金一经交存后，不能随意提回或减少。如遇不得已之时，亦须经全体会员通过。

第十五条　准备金存据如遇窃盗或遗失等情，应立即正式具函报告保管银行及本公会备案，一面登中西著名报纸两份以上，并须经过三十日后，如无纠葛，由遗失之银行具函补领新据。

第十六条　本规则自会员会议决后实行。如有更改之处，须经全体会员到会，方可实行会议修改。

兹将各银行认定公共准备金数目附后：

中国银行元六万两

交通银行元六万两

兴业银行元三万两

地方银行元二万两

上海银行元二万两

盐业银行元二万两

中孚银行元二万两

聚兴诚银行元二万两

四明银行元二万两

中华银行元一万两

广东银行元一万两

金城银行元二万两

（交通银行档案，《中华民国史档案资料汇编》第3辑"金融"［二］，第780—781页）

3月12日 推荐钱毓桢（荫岐）进商务印书馆。钱"能写信，工小楷"。（《张元济日记》，第730页）

4月6日 主持浙兴第12次股东会。由董事长叶揆初，办事董事蒋抑卮、沈新三等签署本行第十二届营业报告，公布民国七年《财产目录》《贷借对照表》与《损益计算书》。主要项目如下：

股本总额100万元；现款2 241 817元；存放他银行及钱庄3 303 095元；准备金3 030 000元；信用放款1 446 598元；房地产498 381元；各种定期存款4 252 747元；各种活期存款6 604 123元；本届纯利166 096元。

会议选举陈叔通、蒋赋荪为新一届董事会监察人。（《兴业邮乘》，第14期）

4月16日 致江苏省银行监理官齐耀瑗函。云："敝银行奉部核准章程每半年小结、年终总结，造具《财产目录》《贷借对照表》，呈由地方官厅呈送财政部查核。敝行每届造具录表时，曾于送部之外另造一份送呈贵处鉴阅。戊午六月小结曾经照送在案，兹将阴历戊午年年终总结《财产目录》及《贷借对照表》业已造具完竣，除照章有地方官厅呈送财政部外，仍另具一份，送请贵监理官鉴阅备案是荷。"（副本，上档Q268-1-68）

4月22日 参加商务印书馆董事会，"观红账草样及新造印刷所楼房"。（《郑孝胥日记》，第1780页）张元济提交议案云："本公司所有现款总计在一百万元以上。虽经存放各银行、钱庄，难保不无危险。拟在现存款项目拨付洋四十万元，陆续购买较有信用之政府公债及各种有价证券，既活动，又较稳妥。"经议决，"俟新董事会成立以后再议"。（《商务印书馆董事会记录簿》）

4月26日 下午，赴商务印书馆印刷厂新建第三印刷所出席民国八年股东常会。郑孝胥为临时议长，经理张元济报告民国七年营业情形并各项账略。会议选举郑孝胥、高凤池、鲍咸昌、张元济、张謇、王显华、高梦旦、郭秉文、李拔可、张桂华、王亨统为新一届董事；张葆初、叶景葵、金伯平为监察人。（《商务印书馆股东会记录簿》）会后先生约郑孝胥赴振华旅馆访金仍珠。（《郑孝胥日记》，第1780页）

4月28日 午应张元济之约赴一枝香便饭。同席金仍珠、罗振玉、叶新甫、孔希伯、俞明颐等。（《张元济日记》，第761页）

4 月 29 日　致马寅初①函,商请拟聘任其为浙兴总办特聘员。云:"频年结契,久借长才,中心服膺,愿攀高躅。敝行总办事处汇众流于一源,赖同舟之共济。先生学识深邃,经验宏富,出其就熟驾轻之余绪,庶几集思广益之有资,敬奉屈为敝行总办事处特聘员。昨恳兰生先生致其诚悃,渥承慨诺,无任欣幸,仅以奉订,伫盼莅临。"(副本,上档 Q268-1-80)

同日　马相伯门人假康脑脱路徐园聚会,为老师八十寿辰祝寿。先生致送寿联云:

言满天下,行满天下;八千为春,八千为秋。

(1919 年 4 月 30 日《申报》)

5 月 2 日　浙兴申行经理盛竹书致总办函,"送奉同昌纱油厂押款合同底一份"。先生批复云:"合同译一份,存文书部。"(原件,上档 Q268-1-102)

5 月 3 日　浙兴申行盛竹书致总办函。云:"源顺号顷又以家乡棉花来此订做押款。一计二百件,押元一万捌千两;一计二百十二件,押元壹万玖千两;一计二百件,押元壹万捌千两。共元五万五千两。月息皆九厘。到期则二百件者皆一个月活期,二百十二件者,为一个半月活期。栈单、保险单皆完备……"先生批注云:"活期押款前属便利,请先订定,一面即报告董会可也。""款至十万元以上应报告董会。"(原件,同上引档)

5 月 6 日　参加商务董事会议。会议推举郑孝胥为议长。(《郑孝胥日记》,第1781 页)

5 月 9 日　盛竹书致总办函,云:"今拆与台湾银行活期元五万两,月息按西利七两计算。"先生批注云:"请即订定,当由敝处报请董会追认可也。"(原件,上档 Q268-1-102)

5 月 17 日　就续领兑换券事致中国银行函。云:"敝行遵照合同续领兑换券二百万元一事,上年领到八十万元,勉从尊旨,未敢固请。日月不居,又忽忽一年矣。敝行业务关于兑换券之供求,早有不能相应之势。体察现状,相需尤殷。除上年商准百万额内短交之上海兑换券二十万元请迅即补交外,其余一百万元,谨照约添领。兹开具各地数目种类分配清单,送请台詧,即祈照章加印地名暗记,如数配发,至所盼切。至尊处正面暗记,仍拟印用 N 字。其敝汉行领用之券,地名请用湖北字样,相应函达,统希查照,迅速施行见复为盼。"(副本,上档 Q268-1-616)

5 月 18 日　晚赴一品香,金仍珠请宴。李维格、蒋抑卮、袁伯夔、郑孝胥等同

———————————————

① 原件右上角抬头处破损,名字难辨。然而次年有先生聘马寅初为浙兴总办顾问合同存世,可见此信正是最初联系的证据。——编著者

座。(《郑孝胥日记》,第 1783 页)

5月20日 参加商务董事会议。(同上引书,第 1783 页)

6月3日 参加商务董事会议。(同上引书,第 1784 页)

6月5日 签署浙兴总办致各分支行通函,通报沪市动荡情形与银行界"一体戒备"状况。云:"沪埠自初七日①下午喧传京津学生被捕消息,至晚华界一带遂发生谣言。今日早晨先闻有城内店铺罢市之说。至上午十二时,南至南市,北至闸北,以及英、法暨公共租界中国店铺亦相继闭门停市。各银行于下午在公会筹议,并邀钱业董事到会,决定明日先闭门一扇,实际上仍照常营业,看消息如何再商办法。中、交等十二银行及钱庄,均一致行动。值兹人心浮动之时,沪地先开其端,难保各埠不踵行于后,且问题重大,尤恐非一时所能解决。我分支行所应一体戒备者,第一注重准备,第二预防骚扰。尊处屡经世变,应付有方,当已顾虑及此现状若何。务望详晰见示,以慰悬系。此间明日情形,当再续告。"(副本,上档 Q268-1-57)

同日 复中国银行函,驳斥中行违约理由。云:"顷准本年五月廿四日复函内开'敝处交存各分行兴字券为数已多所需续领一节,拟请从缓,俟大局稍定,再行商议。至短交之上海券二十万元,请先向敝沪行商酌办理'等语。寻绎再三,窃所未喻。查敝行原有发行纸币特权,民国四年间,循浙江财政厅长、浙江银行监理官之请,并承贵行前任总副裁表示同意,乃由董事会议决,允照浙江地方实业银行办法,与贵行订立领券合同。在敝行放弃发行特权,仰体统一政策,原冀开诚相与,力践银行正轨。不料财政部批准合同以后,于享有发行权之他行并未一律收回,而于向无发行权之他行,反致陆续给与,更不料贵行与敝行订定合同以后,于向无发行权之他行援例要求,亦复陆续给与。如果贵行慎重发行,不应漫无区别。如谓贵行办法确有区别,并非违背敝行合同,并非蔑视敝行发行权。则何以贵行于浙江地方实业银行之领券合同业已全数发付,且于向无发行权之他行之领券合同亦以陆续发付?而独与敝行相需孔殷之际,竟至靳而不与? 一则曰为数已多,再则曰大局未定。夫多不多之界说,以合同为断。敝行请领之数并未在合同范围以外,不得谓之多,况贵行发行政策实不以为多,而以为不多。否则何以与向无发行权之他行纷纷订约? 此为数已多之说,敝行所不能承认者也。若以大局而论,民国成立忽忽八年,何尝有一日之宁静? 不知尊意所谓大局,谓国家大局乎? 抑贵行大局乎? 查领券合同所以注重准备者,原为防备大局起见。敝行向来领券除现金准备保证准备按照合同办理外,有时更以二成半现金准备活存贵行。当各贵分行据实报告之时,

---

① 指 1919 年 6 月 4 日。——编著者

贵总处早应查悉。即如前年停止兑现时代,敝行对于贵沪行拒绝院令极端赞成,不特敝行领用之券未曾失信,又略效壤流之助。故无论国家大局或贵行大局,定与未定,均可勿问,但问敝行准备虚实如何。准备虚,虽太平无事,而危若累棋;准备实,虽恐慌叠起,而安于磐石。此大局未定之说,敝行所不能承认者也。敝行以纯粹商业资格,兢兢自励,从未敢为逾越范围之事。至股东已得之权利办事人不能保守,实觉无以负责。发行兑换券,股东已得之权利也。取消发行权而代以领券合同,其数祇限以五百万,在股东已多损失。乃于合同规定之数又屡屡发生问题,非商业银行之所望于国家银行也! 敝行程度幼稚,仰赖于国家银行者至钜,如有违背银行原则之处,无论贵行如何监查、如何教正,皆所乐受。至于固有之权利、应守之合同,尚望贵行勿加摧抑,仍请查照五月十七日原函,将续领兑换券一百万元,按单支配,迅速加印暗记,与上次印成之上海券二十万元一并赶期运沪,以便敝行领印暗记,陆续发行。至上次规定未交之上海券二十万元,早由贵总处接洽妥协,有七年四月廿九日券字三十二号函及九月四日复函可以为证。且查原合同系敝行与贵总处直接订定,敝行实无先向贵沪行商酌办理之义务,合并声明,即候示复遵行,至纫公谊。"(副本,上档 Q268-1-616)

6 月 7 日 商务发行所长李拔可致先生函。云:"顷得汉口分馆来函,言晤及史晋生先生,藉悉汉馆原址,贵汉行尚无收回之必要。如能完全不动,自较省事,万一必须改造,则大观园退出房屋,必须留一地位较华美胜放宽四五尺之谱,以备敝馆之用。是为至要,如蒙执事函致史君,则乞将此函交由敝处转寄汉馆经理韦辅卿君,径向史君接洽,更为感荷。"(信稿照片)

6 月 11 日 复李拔可函。云:"前日奉示敬悉。汉馆地址目前尚无须与韦君介绍书。兹将弟与敝行书大意录下,请密存勿宣可也。商务来函送阅。现在大观园尚未退租,一俟退租以后,无论如何总请为商务留一地位(即尊处不急于收回之时,亦以趁早移动为是),因商务若不预留地位,将来尊处索回租屋时必甚窘迫,既无地位可占,又难移至他处。弟为该馆董事,商务又与本行交非恒泛,故特预先切托,请费神关照。""贵汉经理处似尚未明底蕴,请告以当然,不必告以所以然。"(原件照片)

6 月 15 日 盛竹书致总办函。云:"承嘱将有价证券项下,此次抽中之七年短期公债及三年公债之余数,如数收入杂损益户。其中行准备项下之抽中余款,照通一九〇号函办理。又准备公债项下应补抽中之公债,即将有价证券项下之七年短期公债抵补,均即照办。"总办批复云:"董事长调援十八号京中行到期款暂借申行事,兹申行函复。如中行到期款在京津划还,即收申行京津洋户;如在上海划还,即收入京津申洋户,以便随时抽还。除由申行另函接洽外,特此奉闻,即请台洽。"(原件,上档 Q268-1-102)

6月19日　致中国银行函,继续驳斥中行违约理由。云:"接准六月十四日台函,对于敝行遵照合同续领兑换券一事,一则曰自无推诿之理,再则曰安有摧抑可言?郑重声明,词意肫挚。仰见贵行尊重契约,维护商行,遂听之余,曷胜感佩。寻绎大函所示从缓之理由,敝行认为不成问题,不可不辨。准备之足与否,应付之穷与否,两者极端相反,无所用其怀疑。果使发行准备确系充足,无论如何风潮,决无穷于应付之理。此次罢市问题发生以后,敝行关于交换兑换券补足现金之事,未尝稍改常度。此敝行一方面自备之准备当可取信于贵行者也。至于贵行收缩发行之计画,鄙见以为宜慎于契约未定之先,不能行于契约订定之后。敝行订立领券合同,事在民国四年。自是至今,以言时局何日不在杌陧之中?而贵行方于他行陆续增订发行契约,贵行当时自有权衡,固不必俟诸今日始以收缩之说,突然加诸订约在先之敝行也。至谓敝行未领者仅百余万,较诸他行实不为少。查敝行合同,亦无领至若干可以商缓之明文。总之,敝行祇知遵守合同,不知其他合同以外不敢稍有逾越;合同以内更不敢丝毫放弃。既蒙贵行为此不推诿、不摧抑之声明,尚祈贵行力行不推诿、不摧抑之实践。所有敝行照约续领兑换券一百万元,仍请查照五月十七日原函原单,迅赐加印暗记,与上次印成之上海券二十万元,一并赳日运沪,以便敝行领用,并乞先行示复,至纫公谊。"(副本,上档 Q268-1-616)

6月23日　盛竹书致总办函,通报和兴公司借款展期事。云:"和兴公司信用放款元五千两,转期已在一年以上,应由董会通过,当时失报甚歉。此次到期,遵示商请清还或交纳押品,改为押款亦可。但查该公司系华商电气公司陆伯鸿君所创办,信用尚佳,内容亦甚整齐。附闻。"先生批注云:"和兴与电气公司内容不同,俟到期前仍由申行如期收回,不转。"(原件,上档 Q268-1-102)

6月25日　盛竹书致总办函。云:"敝处现于营口交通银行订有往来,抄奉往来办法一份,即希詧核。"(原件,同上引档)

6月30日　约张元济一枝香晚饭。同座李壁臣"交《越缦堂日记》八册"①。(《张元济日记》,第804页)

7月1日　参加商务印书馆董事会议。(《郑孝胥日记》,第1784页)

同日　盛竹书致总办函,商请添员。函云:"敝处账目日益繁多,核对员一人暨帮手一人,实觉不敷办事。加以五月底过后,往来等户皆须结算利息,核对更有不及,势非添派人员不可。敝处一时苦无相当之人,谅尊处精于核对、熟悉簿记者宜

---

① 据《张元济日记》1919年2月,商务印书馆北京分馆接受李慈铭后人委托影印《越缦堂日记》。总馆寄去估价单并纸样,蔡元培曾建议由商务京华印书局在北京就地承印。4月,商务已于各报刊刊登该书预约广告。叶景葵先生曾参与其事。——编著者

不乏人，即乞迅予酌定，添派一人为敝处会计股助员，以便相助。"先生批注云："敝处人员本已不敷分派。所需熟悉簿记人才助理核对，即由敝处设法商调，俟得之后再行奉告。"（原件，上档 Q268-1-102）

7 月 10 日　浙兴申行徐寄庼、杨静祺就聂云台招股事致总办函。云："恒丰纱厂聂云台君近又发起大中华纺织公司。顷送来招股章程等件，商请敝处代收股款。查中国、中孚、商业等家均在代收之列，业经说妥，敝处似可允为照办。兹附呈此项招股章程及认股证书各一件，请詧阅，查照通一六二号函，仍候核示遵行。"先生批注云："聂云台发起公司，委托收股，应属可靠。请查照招股细则与之接洽。如能按照我行办法订定，即允代为经理。惟事前并未来行商量，简章内即刊我行名义，并谓已承允许，不惟事实不合，且与招股细则第十条亦有窒碍。应如何声明之处，请酌夺办理可也。"（原件，同上引档）

7 月 12 日　盛竹书致总办函，商请代收南洋兄弟烟草公司股银事。云："顷由广东银行董事劳敬修君代交到南洋兄弟烟草公司商请代收股银函，并附章程。兹一并附阅。该公司现为扩充营业、重行组织起见，所有在会各银行均由劳君代为接洽收股。是否可允为办理之处，仍候詧核示遵。"先生批注云："大中华纺织公司委托收股事，请即许其照办。南洋兄弟烟草公司查最近内务部公文，尚未许其复籍。此时抵制日货风潮正紧，经理收股似应慎重从事，不可轻率承诺。好在其手续与我行细则不合，请即告以照我行经收股款，无先收证据书办法，且我行经收股份，一面即须向公司填发股票，照原来办法诸多不合。以此婉辞答复之。原件系奉还。"（原件，同上引档）

7 月 13 日　盛竹书致总办函。云："南洋兄弟烟草公司收股事，如在会各银行咸允代为收股，我行似未便独拒。且与营业上亦有窒碍。此事系劳君来行代为说项，其手续之不合处尽可与之磋商，就我范围。容詧阅情形，与劳君面商再定。"又报告其他几项押款事宜（略）。先生批注云："如果在会各银行均允代收，希允与再商。"（原件，同上引档）

7 月 15 日　参加商务印书馆董事会议。（《郑孝胥日记》，第 1789 页）

7 月 17 日　盛竹书为南洋兄弟烟草公司收股事再致总办函。云："南洋兄弟烟草公司收股事，日前将本行代收股款办法详细函告后，顷据复称：'贵行代收股款章程，精细完密，佩仰莫名。惟敝公司三联式收条业已编印完竣，似未便临时更章改用贵行名义发给，拟请格外通融，将该项收条加盖贵行图章，藉彰信用。至换给股票，顷俟注册完备方能填发，似未便预定日期。至为慎重提款起见，应由发起人议定办法，与收股各银行妥为接洽办理。如蒙俯允，请即日赐复，以便刊入册内'，云云。劳君敬修一再代为商恳，敝处拟复函允其照办，盖用该公司收条，而仍由我行盖章。原定章程为慎重提款起见，是以必须早日换到股票，方得支款。今该公司既允另行提议办法与各银行接洽，宜必得一致同意方能实行。我行似亦不妨从同。仍候赐夺，见示为幸。"先生批注云："用该公司收条由我行盖章办法，颇觉不妥。换给股票，该公司恐无确期，不如以换到该公司正式收条。我行对于经收股款手续，即另给之应用收条。请查照细则第二条，但将'股票字据'改印'公司正式收条图章'可也。"（原件，上档 Q268－1－102）

7月21日　盛竹书致总办函，商请胡藻青地契押款事。云："昨日胡藻青先生来行相商，谓阴历七月半有规元四万两之需用，拟以七年长短期公债票四万元左右，及坐落爱文义路之地契二十余亩连屋计值元九万两，订做押款。查照营业规程第四条甲项第九十节，应候核示。又查地契属于不动产，与营业规程第四条不无窒碍。能否特别通融之处，并乞核复遵行。"先生批注云："不动产通融抵押，须以地段适宜、连有房屋等为标准，曾由董会通过议案。藻青先生所有地段极称，且有房屋，似无何等窒碍。惟仍须于董会会议后再行奉闻。"（原件，同上引档）

7月　主持制定浙江兴业银行《收录试用员规程》《考选试用员细则》《股东在各行支取戊午年红利办法》《茶役值事须知》《新员保人调查表说明》《学生练习期限细则》等各种章程。（《浙兴各种章程》第4册。上档 Q268－1－30）

8月1日　盛竹书致总办函，商监察人胡藻清股票押款事。云："胡藻青君以本行股票四百四拾股订做押款，前已报奉核准，兹开具户名股数，请查照注册为荷。"（清单略）先生批注云："顷与寄顾先生面洽，胡藻青君押品已罄，折让所有监察人保管之股票，可以除去。兹将收条及尊处致监察人函，又原股票五十股一并送还，请察收。余即遵照注册可也。葵。"（原件，上档 Q268—1—103）

8月2日　盛竹书就股票担保过户事致总办函，云："蒋广昌户往来透支担保品，现由京行寄来敝处台头——〇号中国银行官股股票叁拾万元之寄存收条一纸，并据京行函称，此项股票系由蒋广昌委托敝处代表出面以京中钞借与财政部。订明到期不还，任凭债权者过户。曾由财政部、中国银行及敝处各执合同为据。是以此项股票无庸再向中行注册云云。查敝行受押各公司股票，除有特殊情形外，均系分别过户注册，以完手续。此项股票系有特殊情形，目前不必过户，应否免去中行注册之处，仍候核复遵行。"先生批注云："京行所拟合同，对于过户办法已有中国银行共同负责。目前注册手续请即免去可也。葵。"（原件，同上引档）

8月8日　盛竹书为泰和盐垦公司代收股款事致总办函，云："日前面陈之泰和盐垦公司收股事宜，已承台允。兹附奉该公司章程一份，即希察阅。章程内所列发起人中之职业、身家，如前广东省长之朱君子桥，前四川劝业道之周君孝怀，前农商总长之张君啬庵，前长芦运使之陶君心余，前边藏大臣之温君钦甫，前湖南财政厅长之严君孟蘩,以及大生纱厂之张君退庵、吴君寄尘,本行大股东之刘君澂如,均属信誉昭然人所共知者。所有招股细则内,第二、六条办法,亦经与该公司接洽照办。查照通一六二号函,仍候核后遵行。"先生批注云:"招股细则第二、六条既均照办,且有刘君澄如主持一切,尤表欢迎。请即订定可也。葵。"(原件,上档 Q268-1-103)

8 月 19 日　参加商务印书馆董事会议。(《郑孝胥日记》,第 1794 页)

8 月 25 日　日前张元济请陈叔通向先生借得明覆宋刻本《孔丛子》一部七卷附释文。(《张元济日记》,第 842 页)

同日　上海朝鲜银行复浙兴经理函。云:"顷奉八月廿三日惠书证明,昨午与尊处所定办法并收到七年短期六厘公债千元票一百张,作为敝哈尔滨分行与该处贵分行订定往来透支之担保品。引受证已由敝行寄往敝哈尔滨分行,并函告上述担保品已由敝处交到矣。"(原件,上档 Q268-1-103)

8 月 27 日　浙兴申行致总办函,抄示七月份各户押款请赎、转期、催收各户清单。(原件,同上引档)

8 月 28 日　浙兴申行致总办函,抄示六月十三日至本日止往来各户订定透支数清单。(原件,同上引档)

8 月 30 日　浙兴申行致总办函,报告海外通汇及钱庄拆账事。云:"新加坡现已通汇,其办法系由香港中行转托该处交通银行代理。请检取通汇一览表内加入为荷。""再本日拟加拆与兴恒隆庄元壹万两,又久和庄洋壹万元,均系活期。查照营业规程第四条戊项第二条,应候示遵行。顷奉申五九一号惠书,知董事长向京津两行各提京钞拾万元,拨付敝处售出。合元汇申其开出收付遵查照前叁拾万元办法,均归敝册,并已于京津两行接洽矣。"(原件,同上引档)

8 月下旬　赴京与中国银行交涉领用兑换券事宜,返沪后浙兴董事会议决对于中行宁行兑换券实行"停兑"。(1919 年 9 月 4 日致许福晒等函,同上引档)

9 月 1 日　就中行南京分行不结准备金利息事,致中国银行函。云:"敝行与尊处订立领用兑换券合同,自民国四年九月为始。沪、汉、津、杭各贵分行历来对于所交五成之准备现金,均于六月、十二月底按照合同第二条,按月息二厘半如数结算。去年敝行复与贵宁行商议,援照上海、中孚、浙江等行领用苏券之例,订领三十万元。当经尊处允许,但以包括于原订合同五百万元总额之内为条件。敝行遵照办理。惟因在宁尚无机关,兑换手续合同所规定者未能适用,特加订办法数条。双方同意,复由尊处核准订定施行在案。本年六月计息届期,沪、汉、津、杭存息均已按照合同如数核结,独贵宁行迟迟不结。致函查询,乃谓办法内无计息条文,碍难遵办。敝行以与合同权利有损,往返辩论,始谓从缓计议。又谓须有一度之商榷。

查敝行与贵宁行所订领用兑换券办法,系根据民国四年九月十四日之合同,故办法第六条,此项准备金平时按照合同办理,此即包含合同第二条现金准备给年息二厘半之条文在内。事实如此,无所用其商榷。且敝行所领苏券数目,系遵照尊处函示包括于原订合同五百万元总额以内。沪、汉、津、杭计息办法,历届均照合同履行,毫无愆误。今贵宁行延不结算,是不啻以三十万元之苏券,违背全部五百万元之合同,实与敝行权利有损,万无磋商之余地。凤荷尊处推诚相与,用特沥陈下情,并寄奉六月底结息单一纸,请烦查核,转交贵宁行,并请告以五百万元总额以内之准备现金,既有合同在前,自应与沪、汉、津、杭一律办理。至敝行对于领用苏券,在贵宁行未将此项息金按期正式转账以前,敝行祇有暂不兑付。且在暂停兑付期内,贵宁行如有其他问题发生,无论何种名义,敝行概不负责。合并附闻,即请转达,并祈示复为荷。"(副本,上档Q268-1-614)

同日 盛竹书致总办函,报告有关准备金事。云:"本月初五六准备表及现库存内数目略有短少,因目下银根奇紧,津汉两行屡有大数解款,以致不能如额,一二日内即可徐徐补足,合行陈明。"总办批注云:"一二日内想可补足,即请迅速筹补。市上银根日紧,为免去困难计外须至少之现款,无论如何总以不动用为宜,还祈采纳行之。分行垫款,尊四五四号函原定存款支讫,即筹准备,请如约办理并将酌定成数见示,以便核转时接洽。至董事长所调京津杭各款,系专备银市紧迫时专做活期妥善押款等之用。是为一种临时特筹之运用金,应请于商之准备外,另行计算报告而入原定范围以内。请洽办为荷。"(原件,上档Q268-1-103)

同日 作为银行方见证人签署浙兴租用陈理卿货栈合同。全文如下:

本合同订于中华民国八年九月一日(己未年闰七月初八日),一造为货栈业主陈理卿及其继续人(后简称业主),一造为上海浙江兴业银行及其继续人(后简称承租人)。兹因业主将自置货栈一所及其附属之苏州河码头,坐落成都路一百七十二号,英册一千三百五十号及三千一百六十四号(后简称货栈),完全租与承租人,承租人亦愿完全领租。彼此订定条件如下:

一、业主将货栈完全租与承租人受用,以十年为期,至民国十七年八月三十一日(戊辰年七月十七日)止。

一、每月租费元叁百两,每月初一日预先交付。

一、自本合同签字之日起,二年之内不得加减租费。二年之后每二年得由彼此按照市面情形商议增减。惟增减数目不得在每月五十两以上。如因增减租费彼此有争议时,可请公正人仲裁。倘一方面坚不照允,得取销其合同,但须三个月前通知。

一、自本合同自签字之日起所有巡捕捐、自来水等费,均由承租人承认付给。惟地税、工部局地捐，以及本合同签字之日以前之巡捕捐、自来水等费，均归业主自理。

一、承租期内货栈房屋，须由业主向可靠之保险行家保火险，保险费由业主付给。

一、承租期内栈房内零星修理，由承租人自理。如有改造或添筑之处，须先商准业主。惟原有房屋墙壁、沟渠、码头大损坏时，概由业主修理，或得业主同意委托承租人代修，其费得向业主收回。

一、承租人承认不堆存危险货品及在栈内起火食宿。倘违犯本条因而失慎，致保险行不认赔款或不允全赔时，此项所损失之保险费，应由承租人照偿。

一、承租期内如因承租人堆存易燃货物致加保险费者，由业主保足火险后，再由承租人将所加之保险费算还业主。

一、承租期内如遇火灾，毁及全部分或一部分之房屋，业主取到保险行家赔款时，应即重建或修补。如完全被毁，应由业主与承租人公同订定修复期限。自被毁之日起至修复完了时止不计租费。如一部分被毁，不致使栈房不适用时，又能停付租费。如一部分被毁，使栈房不能完全营业时，得酌量情形减免租费。

一、业主将房屋及附属品门窗板壁等，完全点交承租人接收，承租人须加意保存及注意栈内之清洁。至解约时由承租人规复原状，完全交还业主并附清单备查。

一、本合同期满，如承租人愿意继续租用，业主亦可照办。惟承租人须于三个月以前通知业主，另订合同。

一、以上各条业主与承租人均应严行遵守。

一、本合同共缮两分，业主、承租人各执一分为凭。

业　主　陈理卿（签章）

见证人　项兰生（签章）

承租人　（行印）　盛竹书（签章）

见证人　叶揆初（签章）

（副本，同上引档）

9月2日　赴宝山路商务印书馆出席董事会议。"张菊翁来函报告被推为香港联保水火险公司上海分行董事。经本日会议认可。"（《商务印书馆董事会记录簿》）

同日　张元济向先生借到《孟东野集》《张文潜集》各一部。（《张元济日记》，第849页）

9月3日　盛竹书致总办函。云："董事长、办事董事向京、津、杭调用之款，专备银市紧迫之需,放做活期押款之用。查此款并未用之于他途,请查阅日记账便知。敝处向来不敢贪重利放呆款,区区苦衷尚祈鉴原。"先生批复云:"此款放出,并无呆款,甚属佩慰。但以至原意对于此项调来之款,应另行计算报告,不可并入商定无渠图以内备范。务希照行,庶免提还时之困难,且与准备金额较实在也。"(原件,上档 Q268-1-103)

9 月 4 日 致中国银行南京分行许福畇等函,解释董事会决定停兑缘由及解决办法。云:"弟回沪过宁,因匆匆上车未克走访,至为歉仄。归来适逢董事会议,接到敝申行报告,本期五成准备计息结单未蒙照允结算。敝行董事会意见以为,如果五成现金无息收入,又须自备二成半现金担逐日兑现之责,未免亏损太钜,且影响于全部合同,于是有通知停兑之举。其中实有不得已之苦衷,并非对于贵行有所不慊也。顷奉手示,深荷原鉴,并谓计息一层对于敝行可以通融照办,读之弥歉于怀。但来示恐孚、实两行援例照办,意欲俟孚、实两行解决后再行照办。孚、实两行无论领与不领,决非短时间所能解决。以弟揣之,孚、实两行对于现金计息一层亦不肯牺牲,以致亏耗。往返磋商,定稽时日。敝行决算关系,势不能悬案以待,其中实有为难。弟既承优容,用敢切恳,务乞俯鉴下情,准照敝申行所请,即赐核办。弟当陈报董事会,仍旧照常兑换,以后遇有陲逡之事,弟总当竭个人之力,与全行同事竭诚效劳,以答厚意。"(副本,上档 Q268-1-614)

9 月 9 日 签署浙兴送上海县知事、江苏银行监理官函,致送上半年结算《财产目录》与《贷借对照表》。(副本,上档 Q268-1-68)

9 月 16 日 出席商务印书馆董事会议,讨论张元济提交"因本公司印行《四部丛刊》一书拟添购旧书"议案一件。议决通过。(《商务印书馆董事会记录簿》)

9 月 17 日 致中国银行函,催索续领兑换券。云:"前敝行以续领兑换券一百万元,并催已印未运之上海券二十万元尅日运沪等情,于本年五月十七日、六月五日先后致函尊处。嗣奉六月十四日公函,拟俟罢市风潮平息以后再行洽办。又于六月十九日将敝行遵守合同无可商缓各项情形详悉奉闻,迄今未准示复。现在罢市风潮久已平息,所有敝行照约续领之兑换券一百万元,即请查照五月十七日原函原单,迅速加印暗记,与上次印成未运之上海券二十万元一并尅期运沪。幸勿再事稽迟,并先赐复,无任盼切。"(副本,上档 Q268-1-616)

同日 盛竹书致总办函,报告某户透支逾额事。云:"达记户担保品不敷七千余两,因前周银紧,商令还款若干。该户即取出美金五万五千元,转向中国银行押借规元叁万两归还透支。将来中行赎押此项担保品,仍行交还。此七千余两大约不致发生问题。惟逾额壹万五千七百余两,当时即允日内有英美金来款作抵,顷已严催,俟补足再闻。"先生批复云:"逾额数钜,昨检查时对此项办法颇不满意。请速催交,即日交足。以后对于逾额办法,务希查照通函,切实办理。担保品不敷之数,不知何时可以交还? 希示及。"（原件,上档 Q268-1-103）

9月18日　盛竹书致总办函。云:"敝处练习生三人,每月分派各股帮同记账,及缮写报告、递送传票,刻无暇晷,而事务日繁,不敷分派,不免稍有搁置。兹拟于尊处轮派学习之练习生二人中,请酌定一人,于阴历八月一日起归让敝处,以资助理,并乞核准为荷。"先生批复云:"敝处因病告假者甚多,原有人员尚属不敷分配,请稍缓时日,酌定后再行奉洽。"（原件,同上引档）

9月19日　向张元济反映商务某馆员营私舞弊事。张元济记云:"叶揆初闻科学仪器馆顾□□言,风琴厂每年送（包）文信规敬四万元。"（《张元济日记》,第865页）

9月20日　张公权复先生电。云:"转叶揆初先生。电悉。沪新券尚未全到,已电催赶印。一二月后当可到齐。尊券俟续到即交。希谅鉴。璇。"（原电,上档Q268-1-616）

9月21日　盛竹书致总办函,报告录用试用员事。云:"试用员樊幹庭在行造算,嘱托存款利率表约二个月,帮同外国汇兑科缮写信札及逐日填写国内外汇兑行情表约二个月,合之会计科二个月共半年。该员办事勤谨,心气和平,成绩品性均属优长,用特详陈,乞核示为荷。"先生批复云:"樊幹庭津贴定十二元,自八月起支。惟对于营业各分科及会计方面,务令加意练习。总以期满时对于各股应办事务,均能完全明了。即便按照第五条办法,实行调处服务。"（原件,上档Q268-1-103）

9月23日　盛竹书复总办函,报告李维格等借款事。云:"（一）押款李一琴户,以宝兴铁路公司股票二千两押洋二千元,期限一月,遵俟到期即行收回可也。（二）国外汇兑科员蔡钰,前因兼充行中英文教员,由尊处另加津贴六拾元。现英文教员已聘定张君铭之,拟以蔡钰兼充敝处英文书记,月薪合共百元,自阴历八月份起,即由敝处照支。兹经面商尊处,允为照办,仍希核示为幸。"（原件,同上引档）

10月初　浙兴哈尔滨分庄主任徐青甫"因到哈水土不服,一再辞职",先生决定派遣总办事处钱才甫前往接替。（1919年10月7日浙兴总办致各分支行函副本,上档Q268-1-57）

10月7日　参加商务印书馆董事会议。议决于印刷所照相部对面造四层楼新屋一所,将彩色石印部迁入,以便腾出余地扩大铅印场地。（《商务印书馆董事会记录簿》）

10月10日　浙兴总行货栈开业。地点:上海北苏州路新垃圾桥东首。（《浙兴成立记录卡》,上档Q268-1-24）

10月15日　晚,赴一品香旅社出席欢迎菲律宾议会议长奥思梅那及随行之宴会。会上奥思梅那及孙中山有长篇演说。《欢迎斐律滨要人记事》云:"斐律滨议会议长奥思梅那氏及同行男女宾十一人,近以私人资格从事游历,先至日本,颇受该国朝野之欢迎,嗣由日至我国之奉天,更由奉至北京,均无人知,故并未招待。前日由京抵沪,本埠各界人士得悉,即由余日章、陈辉德、穆湘瑶、穆湘玥、宋汉章、聂其杰、黄炎培、荣宗敬、刘树森、史家修、盛炳纪、郭秉文、蒋梦麟、刘垣、叶景葵等,于昨日(十五)午后六时半假一品香旅社开会欢迎,本埠重要人物均莅会,列席者共约百余人。入席后推余日章为主席,述欢迎诚意,旋由奥氏起而演说斐律滨与中国之关系,演辞甚长。继孙中山氏演说,词亦甚长。至十一时,宾主始尽欢而散。散时并定翌日由沪人士推招待员陪奥君赴杭游览西湖胜景,已由路局任局长电饬各站人员沿途照料。"出席宴会者还有宋子文、薛敏老、李登辉、温钦甫、简照南、简玉阶、劳敬修、虞洽卿、朱葆三、沈联芳、王一亭、祝兰舫等。(1919 年 10 月 16 日《申报》)

11 月 11 日　参加商务印书馆董事会议,"议南京(路)购地事"。(《郑孝胥日记》,第 1804 页)

11 月 18 日　参加商务董事会议。讨论购置南京路地产事,推王显华、鲍咸昌为磋商代表。(《商务印书馆董事会记录簿》)

12 月 3 日　致中国银行函,再催续领兑换券事。云:"前因沪行换领新券事,专电奉询运沪日期。于九月二十日奉到复电,内开'沪新券尚未全到,已电催赶印,一二月后当可到齐。尊券俟续到即交'等因。现计已逾两月,此项新券必已陆续到齐,即请迅速运沪,如数点交敝行,以便赶印暗记。如尚未到齐,务请一面电催,一面先尽已到之券交付敝行,以应急需,万勿延缓,并祈示复。"(副本,上档 Q268-1-616)

12 月 16 日　参加商务董事会议。(《郑孝胥日记》,第 1808 页)

12 月 26 日　赴一品香出席商学交谊会举办之茶话会,欢迎美国资本代表团,后又出席欢迎美商大来之宴会。《国民外交盛会纪事》云:"昨日午后五时,商学交谊会余日章、聂云台、穆藕初、史量才、刘柏生、宋汉章、盛竹书、叶揆初、陈光甫、蒋梦麟、黄任之诸君,公邀美国资本团代表施栋诸君在一品香开茶话会。到会者除施栋诸君外,有美领事克银汉君、美国务院秘书骆吟德君、孙中山君及其夫人、任小山君、南洋荷属华侨代表韩希济君、安徽茶业代表俞去尘君、山西孔庸之君,及姚子让、王一亭、薛文泰、劳敬修、穆杼斋、沈信卿、莫子经、欧彬、黄焕南、唐露园、朱体仁、贾季英、鲍咸昌、黄首民、朱友渔、李耀邦、庄得之、朱吟江、谢绳祖、朱成章、杨敬甫、尹襄枢等。由主席余日章君致欢迎词,略谓人言中国南北不统一,实则南北人民本来一致,所不统一者,军阀与人民交哄而已。论中美邦交之厚,非仅政府之意,实全国人民公意云云。施栋君答词,谓此行自京南下,觉北京政府固有可令人注意之处，要不若南方社会之发展能力与其充满之精神，尤足令人了解人民之真意等语。至八点钟，复为美商大来君设饯。大来君旅华数十年，与中国感情极厚，今因事将离沪。席间先由余君日章起言，美国重公道尚信实，为天下冠，其对于中国之友谊，为吾人素所宝重。今日美国来之友人与吾辈同聚一堂，曷胜欣幸。遂介绍大来君演说。大来君起立演说曰：'余来中国次数甚多，故来中国时，恒称回家，盖中国犹余之家也。此次回中国见美国人数加多，余甚欣幸。美国人来中国，无妨碍中国利权之心，此中国人可放心者也。美国人可为中国助者，一曰经济，二曰经验。经济与经验相合，方有效力。中国为中国人之中国，为中国人所有之精神。不然，人虽以经济帮助中国，中国得益甚少。以中国之煤为比喻。中国每年购外国煤之金钱不下数千万元。中国煤矿甚富，何以不自开采？若假外国之经济、经验来开中国之煤矿，则中国国民必能多受其利。又中国现在分裂，于中国甚有害，如有一外国暗助一方面，则中国受害无穷矣。语云"合则强，分则弱"，愿中国人注意之。苏格兰有一故事曰：有某将军攻炮台不能破，后以其军联合专攻一处，得大胜。可知合则强也。今请略述山东问题。美国对于山东本一无所知，后因山东问题发生，惹起美国全国注意，现在无人不知山东矣。中国若能联合以爱国，则山东始可保存。抵制日货一事，使中国全国结合，于中国甚有好处，但望积极进行。从发展实业方面着想，方是根本办法。上海近年来进步甚速，甚为欣幸。商务亦甚为发达，若中国能将扬子江修浚，使大洋舰船上驶至扬子，则中国商务必更发达，盖世界八分之一之人居住于扬子流域也。三十七年以前，美国到中国之船合计不过一万吨，现在大来公司之船一只有一万一千吨，其他之船有一只二万余吨者。三十年以后进步如何，为吾人所梦想不到。上海将来必为世界之一大商埠，今日在座之青年必能见之。人生在世，所应做之事甚多，唯个人离此世界时，当使世界比较在我生前好一点，方不愧做一世人。'情词恳挚，闻者皆为动容。大来君演说毕，毕株钦铁路工程师客利君相继演说，略谓大来君所言者，使吾人甚为感动。中国非发展实业，无以臻富强。即如煤一项，发展之机会甚多，望中国人急起图之。然振兴实业须有良好之政府为后援，美国及加拿大之铁道均仗政府之帮助。如美国西北铁道建筑时，政府每哩津贴三万元，且无庸出地价。中国矿产甚富，然中国之矿律如此，美国虽有资本，不能在中国发展矿产云云。是时到会之外宾尚有大来之公子及铁路专家卡洛尔君、电机专家哈杰脱君、纺织专家海杰克君、密勒报主笔抛乎而君、慎昌洋行总理马易君、茶商潘其君、慎昌副经理雷司君、按察使罗平吉君等，极一时之盛云。"

（1919 年 12 月 27 日《申报》）

12 月　与王秉恩等 25 人联名发表《印行四部丛刊启》，文曰：

睹乔木而思故家，考文献而爱旧邦，知新温故，二者并重。自咸同以来，神州几经多故，旧籍日就沦亡，盖求书之难，国学之微，未有甚于此时者也。上海涵芬楼留意收藏，多蓄善本，同人怂恿景印，以资津逮；间有未备，复各出公私所储，恣其搜揽，得以风流阒寂之会，成此《四部丛刊》之刻，提挈宏纲，网罗巨帙，诚可云学海之钜观，书林之创举矣！觇缕陈之，有七善焉。汇刻群书，昉于南宋，后世踵之。顾其所收，类多小种，足备专门之流览，而非常人所必需。此之所收，皆四部之中家弦户诵之书，如布帛菽粟，四民不可一日缺者，其善一矣。明之《永乐大典》、清之《图书集成》，无所不包，诚为鸿博，而所收古书，悉经剪裁；此则仍存原本，其善二矣。书贵旧本，昔人明训，麻沙恶椠，安用流传；此则广事购借，类多秘帙，其善三矣。求书者，纵胸有晁、陈之学，冥心搜访，然其聚也非在一地，其得也不能同时；此则所求之本具于一编，省事省时，其善四矣。雕板之书，卷帙浩繁，藏之充栋，载之专车，平时翻阅，亦屡烦乎转换；此用石印，但略小其匡，而不并其叶，故册小而字大，册小则便庋藏，字大则能悦目，其善五矣。镂刻之本，时有后先，往往小大不齐，缥缃异色，以之插架，殊伤美观；此则版型纸色，觌若画一，列之清斋，实为精雅，其善六矣。夫书贵流通，流通之机在于廉价；此书搜罗宏富，计卷逾万，而议价不特视今时旧籍廉至倍蓰，即较市上新版亦减至再三。复行预约之法，分期交付，既可出书迅速，使读者先睹为快，亦便分年纳价，使购者举重若轻，其善七矣。自古艺林学海，奚止充栋汗牛，今兹所收，不无遗漏，假以岁月，更当择要嗣刊。至于别裁伪体，妙选佳椠，亦既盱衡时世之所宜，屡访通人而是正，未尝率尔以操觚，差可求谅于当世。邦人君子，或欲坐拥书城，或拟宏开邑馆，依此取求，庶有当焉。

王秉思	沈曾植	翁斌孙	严　修	张　謇
董　康	罗振玉	叶德辉	齐耀琳	徐乃昌
张一麐	傅增湘	莫　棠	邓邦述	袁思亮	同启
陶　湘	瞿启甲	蒋汝藻	刘承幹	葛嗣浵
郑孝胥	叶景葵	夏敬观	孙毓修	张元济

缪筱珊先生提倡最先，未观厥成，遽归道山，谨志于此，以不没其盛心。

己未十月

(《四部丛刊初编续编三编总目》)

约是年　撰《哭孙江东》五律二首。诗云：

江东少工应举文，受甲午后变法论之激刺，赴日留学，曾草《罪辫文》，主张排满，又主持《浙江潮》及《杭州白话报》，为时论所忌。

病中千百语，语语抵兼金。神到弥留定，交随患难深。形骸欣解脱，骨肉费沈吟。此去依清净，临危爱梵音。

盖棺方论定,依旧是孤寒。命蹇文章贱,时危事业难。薤须仍老瘦,《罪
辫》已丛残。纵忍须臾泪,为君摧肺肝。

(《杂著》,第 365 页)

先生后在《〈地学问答〉跋》一文里回顾与孙翼中的交往,说民国后,"余招至沪,
任海州海丰面粉公司经理。之任办理数年,因与当地绅士因应为难,辞职闲居。素
性耿介,办事尤认真,嫉恶最严,故落落寡合。家况极寒,处之泰然。忽患胆石重
症,痛苦不堪,乃至红十字会医院请西医割治,七日后痛发,又患高热度,不支而死。
自始病至临终,皆身亲其事,痛志士之不永年,经纪其丧,遗一妻一子一女,子旋夭
折,女已适人,奉母以居。此民国七、八年间事也。江东死,余挽之以诗,极沈痛。"
(《书跋》,第 117—118 页)

是年　直系军阀湖北督军王占元向汉口各银行"垫借"军饷 60 万元,浙兴被摊
6 万元。先生指示汉行,必须由督军署交足抵押品才能借款。汉行复函云:"此事与
感情、治安均有关系,况他行已允,我行似难独拒。"遂作罢,按所摊数"垫借"。(陈正
卿《叶景葵、徐新六与浙江兴业银行》,《近代中国工商人物志》,第 2 册,第 130 页)

1920 年(民国九年　庚申)　47 岁

4、5 月　上海金融动荡,金价日渐增涨。

5 月　《新青年》杂志编辑部由北京迁上海。

7 月　直皖战争爆发,皖系旋即失败。上海证券物品交易所开幕。

11 月　孙中山与伍廷芳、唐绍仪抵广州,重开政务会议,重建军政府。

是年　南北水旱灾区达十余行省,灾民 2 000 余万人。

1 月 5 日　张元济向先生借用《河南穆公集》抄本两部,"还一部,留述古抄藏本一部"。(《张元济日记》,第 931 页)

1 月上旬　为续领中国银行兑换券事再次赴京交涉。(1920 年 1 月 29 日致总办电,上档 Q268 - 1 - 616)

1 月 24 日　先生在京致张元济电。云:"要商议胡君祖同①,盖已接叔通信也,即复一电,余继致胡君一信。"(《张元济日记》,第 940 页)

1 月 29 日　自京致浙兴总办急电。云:"冯、张已电宋,速发新券。至第一条问题,由弟电宋担保在京解决。请向领新券可也。葵。"(原电。上档 Q268 - 1 - 616)

同日　午后四时,蒋抑卮复先生电。云:"揆公:领新券彼已预备,或可领。所争三条,万勿用函电解决。抑。"(电稿,同上引档)

1 月 31 日　浙兴总办致先生电。云:"新券已领三万,其余亦有望。前信与合同冲突,无收受与答复之价值。请谢绝冯、张。余待公归面商。"(电稿,同上引档)

1 月　核准浙兴与商务印书馆订立代理解款合同。条款如下:

(一)兴业于重庆、成都、云南、贵阳、西安五处未设分行或分庄之前,委托商务上列五处分馆代理解款。

(二)兴业托商务上列五处分馆解款,无论电汇、信汇、票汇,一俟验明,均可照解。进出一律以各地通用现大洋计算。

---

① 胡祖同,英国伯明翰大学硕士毕业,时在杭州任公立法校教授,由先生推荐进商务印书馆。后似未成功。——编著者

（三）每次托解款项，数目以壹千元为限。一面托解一面由兴业即将款项备具通知书，送交商务收入。上列五处分馆某馆之册，如数目在壹千元以上，俟与商务接洽，复上列五处分馆有款可抵，再行托解。

（四）兴业应将所用之汇票上号信上重要图章及经理印章、签字样式、电汇押脚密字，寄存上列五处分馆妥藏备核。如用密电，并将电本编就寄存备查。

（五）代解款项每届月底，由商务上列五处分馆抄账寄交兴业核对。

（六）此项代解款项彼此为便利调拨起见，不取利息及手续费余水。

（七）此项合同以一年为限，届期如无困难，再行续订。

（原件，上档 Q268－1－104）

2 月初 先生离京返沪。

2 月 6 日 复高时丰(鱼占)①函，商外甥入学事。云："受之来，闻起居绥适为颂。科一甥明年读书问题，以沪江大学须招女生百名，其管理法又不甚完密，今年在校又多疾病，似以移校为是。惟上海各校除沪江外，皆距市较近，不能放心。其著名大校之距市较远者，则女生之风早已传染，故上海无可改入之校。拟令入杭州安定，安定一年级不必投考，即可插班。商之舍妹，意亦谓然。乞兄代为觅一介绍人，为之报名可也。周宅姻事，系夏履平夫人之亲外甥女，向在苏州作绸庄生意，家世清白，新人相貌，皮气均佳，内子已见过，八字亦上上吉，合婚亦极利。但周宅之意允否，尚不知也。弟碌碌如昔，家母回沪，精神极佳，知注敬闻。家严归计，决在明春矣。"(手迹照片，录自《浙江图书馆藏名人手札选》)

2 月 10 日 致交通银行总管理处函。云："敝行前与贵行订立领用兑换券合同，曾将首批应领之券开具地点、种类分配清单，函请查照加印地域暗记，照发在案。迄今未荷示复，殊深盼念。现在商业区域日渐推广，兑换券之需要大有供不敷求之势。敝行既承不弃，彼此提携，自应尽因势利导之责任。务请贵行依照合同暨前次函件，将应领之券迅速预备，以便具领。敝行领到后尚须加印暗记，手续繁重，需日颇久，故请赶早备妥，以免失时。"(抄件，上档 Q268－1－617)

2 月 17 日 参加商务印书馆董事会议。议定中西女塾建校舍捐款二百元，捐助江苏教育会理科教授研究会理科实验室三百元，土山湾孤儿院二百元，广学会李提摩太纪念会二百元。(《商务印书馆董事会记录簿》)

---

① 高时丰(1876—1960)，字鱼占，号存道居士，浙江杭州人。著名书法家、画家。似为先生妹夫之兄长，书札称"鱼占大哥"。原信无年份。据考，上海沪江大学 1920 年始招女生。据此，定为 1920 年所书"腊十六"，即 1920 年 2 月 6 日。——编著者

2月18日　盛竹书致总办函,报告各事。云:"承示哈庄函商续借日金拾五万元一节。查敝处日金已借给拾五万元,无可再拨。仍乞函复津行哈庄接洽为荷。""商调敝处行员陈慕周接充津行收支主任,遵即照办。已转致该员接洽,于明正即行赴津。惟往透科一时尚未觅有相当之人位置也。"(原件,上档 Q268 - 1 - 104)

同日　盛竹书又致总办函,报告孙星伯舞弊案处理等事。云:"孙星伯舞弊案,承抄示董会议案,谨已诵悉。敝经理等荷格外宽宥,免予处分,于心尤觉不安也。""为孙星伯空款事,改良手续办法,以本埠同业移归收支股办理。俟明年开市再行商酌规定可也。""行员旅费迄未奉尊处规定,现在年终拟仍照去年办理。查处二一九号函曾声明,以家不在本地者为限。其有中途移家来沪者,亦通融照发。本年行员中有家眷并不在沪,而因宿舍不敷自行寄居戚友处者,虽不住行,似与住行无别。又查丙等行员中仅带妻室在沪者并此旅费而亦无着。实不足以示体恤。敝处之意莫妙于旅费规程尚未订定以前,除行员中之得有宿费者外,一律给以旅费。请速核示为幸。"先生批复云:"本年总处及津、汉、京各行支发旅费限度,俱系以总处二一九号函为标准,并一律以行员表内注明住行者为限。尊处亦请照此办理。否则即不公允矣。"(原件,同上引档)

2月23日　赴李拔可寓。张元济、李拔可、夏敬观宴请友朋。座有金仍珠、李维格、俞寿臣、袁伯夔、谭道吾、郑孝胥等。(《郑孝胥日记》,第 1815 页)

2月29日　主持浙兴重员会议①。参加者蒋抑卮、沈新三、陈叔通、盛竹书、杨介眉、张笃生、王稻坪、汪卜桑、朱振之、马久甫、钱才甫等。"首由叶揆初君宣言:去年各行营业极为发达,其成绩之佳为往年所无。此皆各经理暨办事人员经营之力,董会甚为满意。哈庄自去年下半年换人,经理已见进步,今年营业确有把握。至本行旧账各欠,亦次第清理。丁款已削除三万余元。其抵押品后湖地皮已经过户,换立地契。其余海丰、顺记等款亦可逐渐削除。是己未年实为第二期改革之结束。总办事处实行整理旧账计划,收买七年短期公债,弥补旧账极有成效。此对于整理旧账之情形也。至本行各种办事计划,在己未年以前依据向来之习惯,就目前之情形而定。惟近年各行竞争日甚一日,形势大变。自庚申年起亟应更改计划,以图后来发展。故拟修改规程及扩充资本。"会议讨论各项有关事宜,议决:(一)拟订各行往来欠款额度;(二)奉、哈分庄与各处拨款额度;(三)各行互借款项收付均以借出

---

① 从是年起,浙兴每年年初召开重员会议一次,参加者为总办各位常务董事、总经理、各分支行经理。后来还包括总行各部门主要负责人。一般安排在每年春天股东年会时由先生主持召开。1932 年因"一·二八"事变交通阻塞未曾召开。1938 年后因抗战爆发,同样原因中断达九年。——编著者

行之银两为本位;(四)确定往来办法;(五)订立往来账利息标准;(六)订立往来账
冲账办法。(浙兴《重员会议记录》,上档 Q268-1-57)

3月2日　参加商务印书馆董事会议,"以公司购地事托菊生担任"。(《郑孝
胥日记》,第 1817 页)

3月7日　午,张元济在寓所宴请梁启超,先生与徐新六、高梦旦、李拔可、陈
叔通、黄溯初、袁伯夔、周善培作陪。(《张元济日记》,第 958 页)

3月16日　参加商务印书馆董事会议。(《郑孝胥日记》,第 1817 页)

3月23日　浙兴聘任马寅初为总办事处顾问。先生与马寅初在聘任合同上
签字、见证人为先生三弟叶景莘(叔衡)。合同如下:

今因浙江兴业银行聘请马寅初先生为浙江兴业银行总办事处顾问(以后
银行一方称为甲,马寅初先生一方称为乙)订立合同如左:

第一条　乙方允照本合同条件,受甲方之聘请为该行总办事处顾问。

第二条　本合同期限为五年,自启程来行之日起算。

第三条　本合同第一年乙到行任事扣足一年,以后每年到行任事,自四个
月以至六个月为限,其余时日仍回北京大学讲席。

第四条　乙到行任事时由甲送月薪四百元。

第五条　乙回北京大学讲席时由甲送月薪一百元。

第六条　乙回北京大学讲席时如有特别顾问之件,须专程来行者,照薪水
每月四百元按日算给。

第七条　第一年期满后,另送酬劳金一千元。以后按到行任事月数,照前
酬劳金数目算给。

第八条　乙到行任事时,每日上午照行章所定钟点到行办事,下午自行研
究。惟讲演之日上午办公时间,可酌量迟到。

第九条　乙到行任事时所担任之职务为:(一)演讲学理;(二)审定规程;
(三)研究改良事务;(四)考查各行事务;(五)审定西文重要文件;(六)赞助派
遣学生出洋事务。

第十条　乙回北京大学讲席时,对于甲所担任之职务为第九条之(二)项、
(三)项及(六)项,均以通函担任之。如通函繁多,另由甲酌送津贴。

第十一条　乙每年除病假外,得照行章请假。

第十二条　乙研究所需之书籍,均有甲预备。

第十三条　乙每年赴行任事,由甲备送往返川费资各一次。如乙回北京
大学讲席时须专程来行办事者,其往返川资亦由甲备送。

第十四条　乙到行任事时,食费、宿费均由甲照行章最高级备送。

第十五条　如乙辞去北京大学讲席专就甲任事时,其合同另订之。

第十六条　本合同缮写二份,甲乙两方各执一份,以资遵守。

订立合同人浙江兴业银行董事长叶景葵(印)

马寅初(印)

民国九年三月廿三日订立　　　　见证人　　叶叔衡(印)

(原件,上档 Q268-1-82)

3月26日　午后四时出席商务印书馆特别董事会议。就前几次董事会南京路购地事,因张元济与高凤池意见相左而举行表决。随即引起张元济辞职风波。张元济记云:"到者郑苏龛、郭洪生、张葆初、叶揆初、金伯平、高翰卿、李拔可、鲍咸昌及余,凡九人。余坚请取消余前此主张购地之议,即投票取决。计董事六人,赞成买地者用'可'字、不赞成者'否'字。余写'否'字。计共五'否'字,一'可'字。投见即不相同,遇事迁就,竭力忍耐。翰翁虽声明不存意见,但余深知翰翁性情。余在公司,鲍君之次即为余。余甚爱公司,为今之计,惟有辞职,似于公司较为有益。"(《张元济日记》,第967至968页)郑孝胥记云:"商务馆开特别董事会,与伯平冒雨同往。高翰卿、张菊生各诉不协之状,各董事谓不必购地以免高、张之争。余谓宜购地、造纸并行不悖,乃可息争。众投票决,不购地。菊生辞职,余亦辞董事。"(《郑孝胥日记》,第1820页)

4月2日　出席商务印书馆特别董事会议。众议挽留张元济与郑孝胥。(同上引书,第1821页)

4月10日　出席商务印书馆特别董事会议。郑孝胥言高凤池与张元济均辞职,拟设监理,由高、张担任,立于监督地位。高凤池发言后,张元济云:"退志早,屡因事阻,不能如愿,此次辞职,实由于此。翰既采用余议,余自赞成,且多招新学问之人,尤为余所主张。监理不办日行事务。必有若干冲突,在公司如此之久,断无超然不顾之理。翰可担任,余必担随。但身体、年纪关系,恐亦不能久长,只可先行试办,但仍望翰翁及继任之人采纳余之意见。"(《张元济日记》,第973至974页)会议推举鲍咸昌任总经理,李宣龚、王显华为经理。(《商务印书馆董事会记录簿》)

4月18日　主持浙江兴业银行第13次股东常会。先生与办事董事蒋抑卮、沈新三等签署本行第十三届营业报告,公布民国八年《财产目录》《贷借对照表》与《损益计算书》。主要项目如下:

股本总额100万元;现款2 007 536元;存放他银行及钱庄4 194 136元;准备金335万元;抵押放款5 131 269元;信用放款586 126元;有价证券1 366 254元;放低长444 291元;本届纯益176 503元。

会议提议增加股本100万元,因到会股东未达四分之三,拟另开临时股东会复

议。选举新一届董事会。陈叔通、蒋赋荪为监察人。（《兴业邮乘》，第 15 期）

本次股东会项兰生被选为董事会董事、常务董事。因行章规定董事资格股为 5 000 元，时项不足此数，遂由先生借足。（《项兰生自订年谱》（二），《上海档案史料研究》，第 10 辑，第 312 页）

4 月 20 日　出席商务印书馆董事会议，议定升股办法及修改公司章程。（《商务印书馆董事会记录簿》）

4 月末　上海金融市场发生激烈动荡。"沪上先令、大条、美金、日汇等，为多数商业之关键。去年以来，因进口货多出口货少，华商之营洋货者皆须购买汇票，故每星期间或缩二三辨士、四五辨士不等，抽计终以缩多长少。至昨日，大条近期大缩至四辨士六二五之多，远期亦缩三辨士半；先令上午九时半至十时一刻，共缩小四辨士；美金洋亦缩十元，由一百二十九元跌至一百十九元；日汇涨二分七五。以是人心颇见恐慌。五月份标金骤涨十一两，始赤亦涨十一二两左右。一般定洋货将欲到期而未给汇票者，莫不吃亏不小云。"（《昨日金价之骤变》，1920 年 4 月 29 日《申报》）

5 月 6 日　出席商务印书馆第 242 次董事会议，讨论修改公司章程。（《商务印书馆董事会记录簿》）

5 月 8 日　下午，赴商务印刷制造厂新建铁工场，出席商务印书馆民国九年股东常会。张元济代表董事会作上年营业情况报告。会议逐项通过董事会所提议案五件：一、酌提余利及公积作为股份案；二、改正分派盈余案；三、追认增设监理案；四、增设经理一人案；五、修正公司章程第三条文字案。会议选举郑孝胥、鲍咸昌、高凤池、李拔可、张元济、郭秉文、王显华、张謇、叶景葵、丁榕、孙壮为新一届董事，张葆初、庄俞、周达为监察人。（《商务印书馆股东会记录簿》）

5 月 22 日　盛竹书致总办函，报告人事各事。云："兹复查得车炜丰前拟更换之保人金明章，同益泰纸号经理，在该号已有十余年，信用甚好。其带卖烟卷不过为纸号中一小部分之营业，与寻常烟纸店不同。该员除金君外别无相识之人可以作保。拟即许其照办。希核复为荷。"先生批复云："前以我行向无以纸店经理作保，且该号兼售纸烟，故有一〇〇号之函询。今据来函，既属信用甚好，是与尊一〇〇号复函情节不同，请即许其作保可也。"（原件，上档 Q268－1－106）

5 月 23 日　主持浙兴股东会临时会议，讨论增加股本提案。"董事长就席宣言云：'今日依照本行章程第三十一节召集股东临时会。因第十三届本会（九年四月十八日）附议增加股本一百万元事件，经到会各股东多数可决。惟是日到会股数为五千八百六十一股，尚未达四分之三以上，照章应再开临时会复议。当时全体赞成。今日到会股东有上次未曾到会者，应再将上次董事会提议加股理由及各股东议决情形撮要报告.'报告毕,董事长请各股东详细讨论良久。各股东对于上次决议增加股本一百万元情形,无表示反对者。股东刘襄孙君起云:'今日会议是否必须投票表决?'董事长答云:'为慎重起见,自以投票表决为妥.'董事长又宣言云:'今日到会股数,共到有五千三百十七股,照章程第三十一节,不论到会股数多寡即得决议。现已过股分半数以上,如各股东并无反对,应即表决。至应否用投票表决,请公议.'蒋抑卮君起云:'请投票表决.'众无异议。董事长请各股东推举二人,监算权数。公举王颂坚君、陈德予君二人。投票毕,核算权数,共有二千七百零九权,全体可决,余无讨论."(《增加股本一百万元股东会议决录》,上档 Q268-1-625)

5月25日　分别签署浙兴致江苏省银行监理官与上海县知事,呈送浙兴本届《财产目录》与《贷借对照表》。(副本,上档 Q268-1-68)

6月1日　参加商务董事会议。(《郑孝胥日记》,第 1828 页)

6月8日　汉行为元丰公司倒闭事①致浙兴总办函。云:"元丰事连日正在商办。泉通股款据云业已抵押于人,致难就范。至元顺公司不致有牵动之虑."(副本,上档 Q268-1-79)

6月15日　参加商务董事会议。(《郑孝胥日记》,第 1819 页)

6月16日　签署浙兴总办致汉行函。云:"元丰事如何商办,望随时将详细情形示知。四月底(按指农历)到期之款已否收回,亦望示悉。泉通股款恐已抵出,则对于我行信用各款加索相当担保品,尤属名正言顺。惟查得阮文衮名下科学仪器馆股份,新旧共有二万一千(折实一万四千七百元)。应将股票息折索取寄来,即作为逾期拆票之担保品。此外,有可进行之机会,望努力图之,仍将办理情形随时见告为要."(副本,上档 Q268-1-79)

6月21日　汉行复总办函。云:"元丰事几经磋商,仍无确实办法。所示阮文衮名下科学仪器馆股份一节,查确有其事。惟其数祇一万五千元,实值七折,分作两起。一为一万元……一为五千元。据文衮云,此项股份俟该号大局定有办法作归我行,不致失信。惟此时尚在他人之手,无法交出。并以所欠我行之款,将来当另行设法,不至相负。聆其答应之言尚出真心,俟该号善后办法定后再与其磋商。

---

① 元丰公司系当时国内一家经营出口蛋黄蛋粉的企业。规模颇大,汉口、许昌等地均有其工厂。主持者为宁波人阮文衮。然而其内部腐败,经营不善,导致债台高筑,资不抵债。百十余万资产,债务竟达三百余万之钜。浙兴汉行自 1916 年开始信用放款给元丰有 10 万两。到是年春该公司倒闭前,尚有 3.5 万两未曾收回,几乎有坏账可能。浙兴总办起先派遣申行总经理盛竹书前往调查清理,后又由办事董事蒋抑卮前往了解清理情况。蒋返沪后,盛竹书擅作主张,与总办发生严重分歧,深陷漩涡而不能自拔,从而引起一场严重风波。——编著者

查该号四月十一到期放款一万两、四月廿九及五月初四到期押款各二万,均尚未转期,暂作悬待,并此奉告。"(副本,同上引档)

6月25日　浙兴总办复汉行函。云:"商取阮文衷名下科学仪器馆股份,系备现在逾期放款担保之用。现查得实有一万五千元。可先行设法取到作为押品,俟大局定有办法,再议处分之法。祈查照前函力图。"(副本,同上引档)

6月　商务印书馆辑印《四部丛刊》第一期书出版,计58种,338册。由先生提供底本之《孔丛子》与《孟东野集》两种即在其内。(1920年7月11日《申报》)孙毓修《四部丛刊书录》云:"孔丛子七卷二册　杭州叶氏藏明翻宋本　旧题陈胜博士孔鲋撰　首载嘉祐三年宋咸进《孔丛子》表,次注《孔丛子》序,末有咸熙戊申濡须王蔺重刊序。遇宋帝字样,皆提行,源出于宋。每叶十六行,行十七字,中缝不记书名。卷一至四鱼尾上题'前'字;五至七题'后'字。叶数排长号。""《孟东野诗集》十卷二册　杭州叶氏藏明弘治己未刊本　唐孟郊撰　集分乐府、感兴、咏怀、游适、居处、行役、纪赠、怀寄、酬答、送别、咏物、杂题、哀伤、联句十四类。又以赞、书二系于后。明弘治己未依宋常山宋敏求重编本刊于商州本也。"(原书,第14、33页)

7月1日　盛竹书抄报在汉与安利洋行及各债权人讨论情形。云:"元丰事初与安利英大班接谈,该大班即以设法维持为宗旨,并表示愿以元丰所抵押该行财产之第二债券,作为华人普通债权之担保品。将来元丰营业所得余利,亦愿让步,尽先归还我华人普通之债权。其交换条件,要求我华人债权对于安利英有相当之扶助。所谓相当扶助有两种:(一)元丰继续开办营运资本;(一)元丰所抵于安利英之各项财产,如安利英有急需时,或全部分或一部分须向华人各债权转抵。旋经各债权人分头讨论,佥谓继续开办后之营运资本,祇要元丰内部改良管理得法,营业有预算,旧债权办法议妥,界限分清,即非债权人亦愿投资,可以无虑。"并开示《维持元丰号办法意见》八条。(原件,上档 Q268-1-79)

7月2日　在天津晤马久甫、卞白眉等。是日卞记云:"晚间马久甫约在鲍德晚饭,见叶揆初。"(《卞白眉日记》卷一,第81页)

7月3日　蒋抑卮在汉口致先生函,请对元丰事"当机立断"。云:"弟昨日平安到汉,请勿念。水电股东会因账未查毕,恐开会无结果,已禀准省长延期。惟填款到期,不能不筹还,故董会愿向我行借用。此行或可有结果也。将来签字手续,总理、董事一人、查账二人均列名。股东会有缓至秋冬之说。如我行借款成功,加股一层即取消,仍按所加一百五十万元之数,慎给盈余股票。老股东凭空多得三分之一股分,虽有野心家亦无可藉口以反对之。此项计画亦未始无补也。""元丰欠款计共三百十余万两,业经竹书哥详细调查清楚,做有意见书一分,附奉台览。元丰欠款数目内,除银行、洋行、钱庄外,有私人存款不少。即如安生兄五千两,锡庚兄六千两,均有陷入。竹书哥为子为婿计,亦不能得文衷丝毫之产业,因产业已如数交入安利也! 现拟组织一银公司,计数四十万两,向安利赎出值一百二十万两之财产。银公司系八人所组织,每人五万两,大多数均系钱庄帮。我行想亦在加入之列。办法如下:一、借与四十四万两,实交四十万两;一、四年为期;一、利息按四十四万两长年一分五厘算;一、到期不还,准由银公司没收拍卖;一、未到期以前之每年盈余,按各家旧借信用空款,尽先摊还。一、所有财产均详细注明合同内。安利此次愿意以四十万两赎取财产(财产押款计共七十万两,除赎四十万外尚有三十万两,系以德租界之元丰蛋厂作押),亦因安利欠汉口各庄之款有一百万两,不得不筹还故也。我行信用之款,如欲提前逼取他项财产,既为事实所做不到,又为各钱庄所不容。故竹书哥之意,以为非加入银公司无办法。此事关系太大,弟不能决,请兄当机立断为要。"(原件,上档Q268-1-79)

7月6日 出席商务印书馆董事会议,讨论同人酬恤、花红公积起息及剩余股份分给印刷所同人事。(《商务印书馆董事会记录簿》)

7月9日 蒋抑卮于汉口致先生函,谈收买京钞与元丰公司倒闭事。云:"顷闻京汉车已阻断勿通,未知确否? 京钞流通之额,实已不多,乘此跌落之际收买五十或一百万,尚不为难。一半月后,时局一变,其价必涨无疑。请公斟酌行之。汉行定存大增,今年已加多四十万。现在市面明紧暗宽,汉行多单超过准备之数,几有一百万元,正愁无处安排也。""元丰抵与安利之财产单(除其押款外)抄录奉上。全数系抵七十万两。先将汉厂所值四十余万,留抵安利所欠三十万两,其余均归银公司以四十万两向安利赎回,正在纠合股分,尚无具体办法。昨日来示所询八端,兹约复如下:一、安利英条件附上(现已作为罢论);二、财产清单附上;三、银公司八人,系八个法人团体。大约钱庄纠合十五万(系有十家),银行纠合十五万(约有四五家),个人十万,数目多寡均不均,大约以五千两起码,代表则八个法人而已;四、各债权姓名单附上;五、核对款目估计财产,尚未拟定何人;六、检察董事未拟定,会计董事拟丁慎庵(因其从前有五万个人放款故也);七、安利不愿签字担保;八、营运资本约需五十万两。元丰之事虽拟有办法,成否尚不敢必。我行所做之信用款三万五千两,现由竹书、晋生力逼,拟将各厂所存之袋皮移作我行之押品(此项袋皮不在安利押品之内)。文衷尚未允。即使可归我行,亦不过聊胜于无耳。闻全数可值二万两。现以四十万股分,不易纠集,拟由各钱庄自己集合二十万,向各银行做押款二十万两,共合四十万两,向安利赎回财产,约可值百二十万两。各钱庄向银行所做之二十万,其抵押品即以安利赎回之财产充交。银行借与各钱庄利息,较各钱庄借与元丰利息便宜二三码。惟银行所要求者,一、此项借款二十万,须各钱庄负完全责任,不涉元丰之事;二、各钱庄自款清了后(包括从前之信用款),其财产仍须交与银行,为银行从前借与元丰之信用款担保品;三、如元丰万一破产,则此项财产变价时,须先归各钱庄向银行所借之二十万,然后再归各钱庄自身之二十万股分。如尚有富裕,银行与各钱庄均分,为抵还从前之信用放款。此项计画,似于银行利益亦不少,最大之利益系以二十万押进可值百二十万之财产也。未知能成为事实否?"(原件,上档 Q268 - 1 - 79)

7 月 20 日　出席商务印书馆董事会议。会议报告张元济被举为先施公司沪行参事;报告公司换发新股票由董事郑孝胥、张元济、高凤池、鲍咸昌四人具名事宜;又复议第四印刷所建筑案。(《商务印书馆董事会记录簿》)

7 月 31 日　上海银行公会会员会议通过《上海银行公会营业规程》,凡十六条,俾为各银行共同遵守之规则。(徐沧水编《上海银行公会事业史》,第 77 页)

7 月中下旬至 8 月中旬　先生赴北京。(1920 年 8 月 12 日致史致容函,上档 Q268 - 1 - 79)时北京政府交通总长叶恭绰力主发展我国铁路建设,然而财政不足,试图向华商银行借款,以购买铁路车辆。中国银行副总裁张公权邀请沪上银行家赴京磋商。经过近三个月反复会谈商议,最终于 1921 年 1 月 15 日签订协议,由京沪两地 22 家华商银行组成车辆借款银行团(又称"经募车辆银行团"),认购交通部发行之购车债券。此为近代中国金融史上第一个华商银行团。先生此次北上,为首次谈判。

8 月 2 日　盛竹书致先生函。云:"弟于月初旋沪,满望大驾即可言旋,是以迄未修函奉达一是。元丰事以前所议情形,业由抑之兄转达,谅邀鉴及。其结果办法议定组织产业公司,股本五十万两,绍帮钱业分认。发起人先认二十万,而以三十万向各银行抵借二十万,合共四十万,备还安利英行之款。兹将草议三份附奉,即希台詧。汉口各银行对此办法多已赞成,惟数之多寡尚未说定。台意倘亦许可,即候复示为盼。"(原件,上档 Q268 - 1 - 79)

8 月 6 日　先生在京致蒋抑卮等函,就元丰公司债务事提出质疑。全文如下:

抑之、兰生、新三、人镜兄同鉴:顷接竹书先生信,为元丰债权事附来业产公司草章一分,业产公司与各债权人合同草案一分,业产公司办法草议一分。弟已详加披阅,有数问题须讨论者列下:

一、业产公司集得实款二十万两,而填五十万两之股票,在法律上公司不能成立,则银行团对于业产公司之债务发生疑问。

二、业产公司以其股票抵借二十万两,如何以收到之元丰产业作为完全抵押品。

三、如以元丰产业作抵押品,则无论变卖全部分或一部分,当然先还银行团之借款,不能与公司股东按数匀摊。

四、业产公司以四十万两赎回安利所得元丰抵押品,及收入未经抵押之各产。安利即以此四十万两归还所欠庄款,而元丰继续经费仍归无着。未知安利如何办法?

五、产业公司将旧欠搁起,另集股本二十万两以救济之,又担负二十万两之债务,其所仗以清还者为蛋厂之余利。以后蛋厂能得若干余利?及文衷所经营布置之厂,究能否于大伤元气后再获余利?此层须详细研究。万一余利无把握,则困难之事多矣!

就以上各节而论,似宜详细讨论方能定见。请将当日磋商困难情形,先向竹兄询明,由诸公先行讨论一番,再开董会公决。弟意元丰所欠者,一为有抵押之款,一为信用款。而抵押款中应以蛋粉蛋白蛋黄押款为最活动。现在信用各款固无办法,而活动之抵押款亦复呆滞,极为可虑。如果活动押款能陆续销货出清,则以后蛋厂营业无论获利与否,尚有可做之价值。若并此活动押款而亦无办法,则所谓余利更无把握。而受抵之许(昌)、彰(德)、驻(马店)、宿(迁)各厂亦毫无价值,仅有桥口地皮、麻庄产业。欲并各厂觅一四十万现银之售主,恐亦嘎嘎其难。故此事当以蛋产销路如何为进行之方针。鄙见如此,请详细筹议示复。弟因快车未通,且天时极热,须稍缓再行。即颂日祉。弟葵顿首,六月廿二日①(原件,同上引档)

8月12日 浙兴汉行经理史致容复先生函,告以元丰事。云:"顷奉惠书祇悉。此次大驾旅京日久,弟以为早已南旋,故少通讯。今读来函,始知尚留都门。直皖之争,会逢其适,殊非初意所及料。今年汉口天气亦炎热异常,日来幸已凉爽矣。元丰事曾由竹哥函商,承示谓二十万两之公司而出五十万两之股票,及银行借款变卖时无优先权,不能通行。尊论极是,与鄙见适相吻合。惟欧洲蛋货销路,如德、意两国及荷兰方面现已发动所押银行钱庄之蛋黄,托礼和、好时两洋行先行运往数十吨作为试销,而元丰无款取赎。商请通融办理,先将押货提出,装运出洋,俟卖出后再将所收货款归还。押款之家裕成庄已允其请提去十余吨。敝处亦曾商请总处许可,不日即来提取也。蛋白价已开出每担八十八两,汉口可卖,核之不致亏本。蛋黄何价以及盈亏如何,现尚不得而知。至欧洲销路能否复原,元丰存货能否不折本,以及将来能赚钱与否,此时均尚无把握。诚非慎重研究不可。我公回沪后,一切请与竹兄从长计议。所有押品花色另纸抄呈,祈詧阅。"先生批注云:"总处:行期因由要事须迟数日,方能决定。此函请阅后密存。"(原件,同上引档)

---

① 是为农历日期。——编著者

8 月 16 日　盛竹书致总办函,报告代收海外航业即海通贸易公司股票事。提议"惟缴股时仍须用该公司三联收条,而由我行加盖印章。将来须俟收条由我行收回后,方能动用股款。查前代理南洋烟草公司经收股款,即系如此办法。似可允其照办。"先生批复云:"股款俟收条收回后方能动用。可以照办。"(原件,上档 Q268-1-107)

8 月 25 日　杨介眉①致先生函,"暂为拜领"浙兴驻美代表职务。云:"昨诵惠书,敬悉种切。祺以樗栎庸才,滥竽三载,屡荷青睐,感愧莫铭。兹拟进美国银行实地练习,复承采及菲,委充驻美代表,自应竭效棉薄,聊补前失,焉敢再受津润,而频由叔通先生颁传盛意,只得暂为拜领。又,祺自去腊获抱采薪,绵缠半载,始能就瘥,近又以他事羁身,以致旷职日久,惶愧实深。屡辞薪资,未蒙允许,尤觉不安。薪资前已领至四月份,自五月份起均已另列暂存,务祈收回,是为至盼。"(原件,上档 Q268-1-188)

8 月 30 日　马寅初致先生函,拟辞去浙兴顾问职务。函云:

> 揆公钧鉴:寅初自惭才疏学浅,庸陋异常,并不谙事务。第既承委为顾问,敢不勉竭愚庸。但自就职以来,成绩毫无,徒有托足之地,拙无一技之献。扪心自问,实愧缩无地矣。用特函请辞职,以避贤者。所借书籍,一俟病瘥,即当奉还。至至交之情,则时铭五内不朽也。专肃。敬请
> 道安。　　　　　晚马寅初谨上　八月卅日　(原件,上档 Q268-1-80)

8 月 31 日　访马寅初,探病。(1920 年 9 月 1 日马寅初致先生函,上档 Q268-1-82)

9 月 1 日　马寅初致先生函,再辞顾问职。云:

> 揆公钧鉴:辱承下访,诸多简慢,殊深抱歉。寅初辞职之意,蓄之已久,实出于不得已之苦衷。以交情而论,似不应一别而去,但以才具而论,则非避贤路不可。其力不从心之处,尚祈格外宽宥。专肃。敬请
> 道安。　　　　　晚马寅初谨上　九月一号　(原件,同上引档)

9 月 4 日　浙兴申行徐寄颙致总办函,对新订简化手续办法提出修改意见。函云:"尊处为减少抄送报告起见,规定应行缮送各种报告及其日期,至为妥洽,与敝处向来主张手续简便、时间缩少、办事敏捷者亦复相同。惟查第二条之第三项,抵押放款报告每两个月报告一次者,似可删去。查此项报告,新做有报履历,有报押品之增减,又莫不随时有报。遇有进出日记账,又复逐笔登记,于尊处稽核及统

---

① 杨介眉,名静祺,以字行,江苏江宁人,时任浙江兴业银行上海总行副经理,1922 年起任上海商业储蓄银行国外汇兑处经理,后任总行副经理、代总经理等职。1942 年 8 月病逝于上海。——编著者

计两方面均有依据。且查敝处押款现在统计约在二百万左右,已得各分行庄之半数。户名既多,每户之中押品不下数种,琐碎繁重,自不待言。若必于两个月再行汇报一次,将来营业扩充押款增加,实有抄不胜抄之苦。而按之此项办法其性质属于统计,应在尊处统计范围之内,径有尊处办理,名实较为相副。如为核对起见,尊处尽可随时吊簿办理,其余所有开列各种报告,遵于八月初一日起,一律实行。"先生批复云:"每两个月抵押放款报告原为双方利便起见,来函既因尊处事务繁重,有特别为难情形,可改为每两个月将抵押放款每户结数抄报一次,所有抵押品记载概从减省,以期格外简便。希谅察实行为荷。"(原件,上档 Q268 - 1 - 107)

9 月 7 日 参加商务印书馆董事会议,"众议不购南京路易安以西之地,改议购路南万昌以东之地……"(《郑孝胥日记》,第 1840 页)

9 月 10 日 盛竹书与史致容联名致先生函。云:"弟纪(炳)于廿三傍晚抵汉。途中无恙,惟风浪极大,船难近岸,故迟至次晨始登陆也。元丰押款蛋黄,今有受主每担价三十五两。惟我行对于该号后局如可帮忙,则现在卖出之货,可以尽先于我行押品中提取,否则应归各押户公派。查此项欲买之货,计蛋黄七百三十余担,如归我行则除过约欠银五千之谱(利息在外),计尚存全蛋粉三百七十余担,照市价约值万两之谱。此事尊意以为然否?又各钱庄对于原议办法稍有变更,欲将安利英受押之许厂全厂备款二十万,向该行赎回。作为押款,不作股份,亦不与其他产业合并,即所谓局部借款。此二十万之数,在各庄方面已有十万可以作主,我行拟派四万,是否赞成?此举均祈即行电示为盼。"(原件,上档 Q268 - 1 - 79)

9 月 13 日 先生电复盛竹书、史致容。云:"业。汉口。函悉。元丰意存挟制,后局无可帮忙,即严催归款。否则蛋黄蛋粉由我出售,并转电竹兄。葵。"(1920 年 9 月 14 日致盛竹书、史致容函,同上引档)

9 月 14 日 致盛竹书、史致容函,就元丰押品事详告处置意见及理由。云:"弟因文衷近来态度不能开诚布公,对于我行向来热诚帮忙之意,不免置之脑后。又因蛋粉事业将来能否获利,元丰内容究竟能否整理尤觉怀疑。故迭次声明,非俟押款全清不能谈及后局。今接来函知蛋黄已有销路,元丰乘此要挟,欲归各押户公派,如不允公派,即须后局帮忙。且如何帮忙、如何办法,概未说明。而硬派我行四万,此等糊涂之人虽欲加以援助,亦属有心无力。应再声明我行对于后局无可帮忙。所有押款、欠款,限期责令归楚。如逾期不归,应先将押品由我行自行出售。闻蛋黄近可销,如汉埠不能全销,应将蛋黄全蛋粉如数提出预备,由沪托洋行代销。将来不足之款与一切欠款,仍向文衷追补。弟对于文衷虽无交情,然素主维持,为两兄所深悉。今为责任起见,实未便含糊从事,一切尚祈鉴谅。"(信稿,同上引档)

　　同日　致史致容函。云："昨奉与竹兄同赐公函谨悉，今又接奉手书亦悉。存货以早脱为是，目前姑与委托，允以帮忙，将来各家如相率观望，我行亦可推托。在尊见极为周妥，于理应即照行。但元丰现在情形却须慎重。第一，文衷此次已受小人包围，风闻中行查账，已查出中行放款确有与四明沟通情事。然则所谓后局者，中行必不赞成，四明是否受范尚无把握，其余更招之不来，而我行独与各钱庄，糊糊涂（涂）将收回之押款，如数改作长期放款。其余欠款尚在不可知之数。此等办法论行章、论良心，均提不出。一也。第二，闻文衷左右颇欲以改组为名，拥戴竹书为总理。我行如许以含糊之帮忙，若辈即借此号召簸拥竹兄登台。随后我行若再推托，岂非将竹兄置之困难之境？为行计，为竹兄计，均不愿其上当。弟等与竹兄交情，又岂可不开诚相见而用手段以尝试耶？故弟反复思维，文衷实无可扶助，不如趁此说明，尚觉对得住朋友。明知押品自销决不如熟手代销之妥当。但我恐揭穿西洋镜，则彼势不能赎取，结果惟有自己兜售之一法。只要外洋有其路，价值稍低总可出脱，其余欠款只有尽力追收。此尚为无法之法。否则如涂附，结果仍要决裂。长痛不如短痛，故弟见以早决为是，特将困难实情密布台端，乞即决定办理。"（副本，同上引档）

　　同日　史致容复先生昨日电报。云："似有误会之处。论日前奉函，非出于元丰之口。因知元丰有一百吨之销路，一有定议，货必派开而出。就竹兄与弟言，此次独归我行一家出货，后局方可与其帮忙如何。弟思蛋黄蛋粉能得早日出清，固属极好机会，所以会同竹兄函商。至后局帮忙一节，弟思货能出清，大概银行如能协助，我亦只得为其帮忙。如大众不赞成，则我行亦可作罢。……但售货之权本属我可自售，因受主无多，且此次所谈一百吨是否确可售出，尚属难定。至昨来电因恐生误会，故未转至竹兄也。"（原件，同上引档）

　　9 月 16 日　马寅初致先生与陈叔通函，谢辞报酬。云："日前公权先生来舍，转达揆、抑两公之意，今日叔通先生又提及此事，辱荷关切，感何可言，嘱件自当竭力。惟报酬一层，万不敢当。本月薪水，既已辞职，在贵行自无发给之义务，在寅初亦无领取之权利，幸勿遣人送来。是所切祷。"（原件，上档 Q268－1－82）

　　9 月 20 日　杨介眉致先生函，辞申行副经理职。云："辱荷提携，畀以申行副经理，自应力图报称，以副期望。祺自维葑菲，力与心违，两载而还，疏失诸多，抚衷自问，负疚良深。且思商业竞争，才不足以应世；贤能蔚起，学又不足以图存。游观先进之邦，研究其专门之学，念载夙愿，迄未能偿。现有舍亲允假巨款，往美游学、考察、实习，三年为期。祺大遂初衷，先生闻之，亦必赞许。不得已，谨辞申行副经理一职。敬祈鉴谅下怀，俯如所请。并恳许以年底为限，俾可将经手事件办理清楚。至感盛情之处，只得容图后报。谨布下忱，伏乞垂察，不胜待命之至。"（原件，

上档 Q268-1-188)

9月21日 浙兴申行副经理徐寄庼等致总办函,报告"调查得陈玉亭君个人信用声誉均佳"等事。先生批复云:"陈君为刘策庐君预备之保人。如果信用声誉均佳,尊处可以认许者,即请知照刘君可也。"(原件,上档 Q268-1-107)

9月29日 致盛竹书函,再谈元丰处置事宜,规劝盛"尤不可将身子捆住"。函云:"前日闻台从返汉,正深盼望,昨读致寄、孟二公电示,藉悉一切。元丰事吾哥古道热肠为之奔走,同人均极佩服。惟所谓大纲已定者内容如何? 所谓细目者如何? 极盼示教。弟对于元丰之事,偏于悲观,一则所欠信用款太多。所用之款并非在资本一方面,其中糜费若干,挥霍若干(糜费者,譬如厂屋机器成本祇值八千,而文衷共花一万,则内容有二千糜费矣。挥霍者,如其子嫖赌之类,其妻私蓄之类),此种款项皆一往而不可复,必欲于将来营业盈余一一弥补,恐属不可能之事,一也;欧洲物价暴落,出口货商囤积不少,以全球时局而论,骚扰縻有已时,而文衷之厂成本极重,负债又深,以后出货虽原料可以希望低廉,而加以种种耗费,必难与他人竞争,二也;安利为文衷所累,亦属不了,其目的祇在对于钱庄可以活动,对于元丰牌子可以继续经理。而文衷之根本问题,渠不问也。钱庄空手放款太多,目前出款赎厂而所出之款,仍又向安利收回,极为上算。将来垫款问题发生,钱庄未必应手,银行与之共事,窒碍良多,三也。有此三因,故愿吾哥为有限度之帮忙,可则进行,不可则止,宜处处参以活笔,尤不可将身子捆住。从井救人,智者不为,仁者亦不可为。用特密陈,希备纳刍荛为幸。公会因哭馆各事极为忙冗,均盼吾兄早归。大中华亦屡次问询。沪局重要,仍盼早日遄回。"(抄件,上档 Q268-1-79)

9月30日 浙兴总办致汉行"巧日密函",不赞成"维持元丰"办法。(1920年10月5日浙兴总办致汉行急电,同上引档)

10月2日 盛竹书在汉口擅自参与组织保元公司,是日致函浙兴申行徐寄庼云:"弟为元丰事牺牲一切,奔走呼号,不遗余力,完全激于义愤,作此破釜沉舟之举。详情已述致揆公函中,阅后乞转交。兹附上元丰事议决办法印刷品数套,即请一套送揆公詧阅。如有关切友人索观,亦希转交。此事各种计画并文字均出弟一人之手。老夫虽耄,雄心未已,特恐旁观不谅,或笑我为老糊涂耳。昨日元丰开全体债权人会,已将各议件通过。董事亦已举定。今日开董事会,董事正会长一席,因弟系首先发起完全组织之人,众人属目,恐难固辞。但一经推为正董事长,不特行事祇得偏劳吾哥及孟兄,即银行公会亦祇好由新之推升。弟不便徒拥虚名托友人久长办事也。弟离行匝月,招而赴京,继即回汉,风尘仆仆,固不待言。而种种计画经过多少挫折,费尽多少心血,得以藉此告一段落。然前途茫茫,不知又要加如许精神得收良好结果。别后未达一函,实因心绪恶劣,无可言告,乞谅之。凡我至

好还希转达种种,尤感。"(抄件,同上引档)

同日　盛竹书、史致容联名致先生函,通报组织保元公司事。云:"弟纪为元丰事来汉,到此后以毫无眉目,遂即赴京,意欲与劝业银行设法商办,亦无效果。本拟此次宁绍班回沪。乃安利英大班以押款延期缓无可缓,亟欲拍卖。一般债权人得此消息,莫不惊惶失措。盖安利英名为拍卖,实则背后有强有力者颇思攫取。旋为王督军所闻,以此事与实业、金融均有莫大关系,嘱各银行钱庄合力维持。于是各债权人均愿竭诚帮忙,并再四要求嘱弟纪勉力担任。窃思安利英押款如果实行拍卖,文衷家破人亡固不足惜,而各银行钱庄之信用借款以及各存户分文无着。受创既钜,则全镇金融机关势必受其间接影响。关系非浅,似难坐视。而且固辞不获,不得已惟有勉为其难,呼号奔走,积极进行。业已拟有办法,拟另行组织公司,定名曰保元公司,取保全元丰之意,而保全元丰即所以保全债权也。并推举董事九人公同负责,并拟办法数条,经各债权人一体通过。兹将各种印刷品,计共两分(每分五种)及董事名单一并附呈,统祈詧阅。我行之信用放款,似不得不照大概一律办理。惟押款名下或可另行设法,不致受亏。至保元公司垫款,向钱庄用长期之款(三年为限),向银行用短期之款(六个月为限)。届期或转或收,仍可随时酌定。现在官钱局、中交及各银行均已承认,或二万,或三万,我行似难独异。为此飞函奉达,乞即电示为盼。"(原件,同上引档)

10 月 3 日　史致容致先生函,认为我行"拟出二万"维持元丰。云:"此事近既渐有成议,各家既允帮忙,我行势不得不与大众一律,似难独异。惟垫款一层,前日各债权会议及昨日督军邀各银行各钱庄到署宴饮,□嘱合力维持,俱已承认。我行名下,弟实颇费踌躇。盖弟意拟先看各家情形,然后酌定数目。如果难免,亦祇好见机而行。惟大众要派我行三万两,弟意以二万之数。未识尊意以为如何? 祈示复为盼。"(原件,同上引档)

10 月 4 日　签署浙兴总办就试行《票据说略》事致各行通函。云:"据申行函报,我国办理银行历有年所,向无票据法之规定堪以遵守。沪上各银行悉以外国银行之办法为转移,无一定标准,办理殊为困难。兹参照各国成法,斟酌社会情形,拟具《票据说略》二十一条,抄送到处核阅。《说略》尚能详备,当函复申行先行试办。兹将《说略》一份寄送尊处詧阅。祈就当地情形及内部手续参互考证,详加研究能否照行或须酌改。"(副本。上档 Q268 - 1 - 107)

同日　浙兴申行徐寄庼、胡孟嘉致总办函,抄报盛竹书汉口来电云:"元丰大纲已定,细目正在厘订。请向总处再假一月,偏劳容谢。揆公何日行?"先生批复云:"已悉。盛总经理前次何日赴汉? 乞查示。此后贵总副经理因事离职,无论为私为公,仍希照向来办法随时函示,庶与各行一律。至丙辰七月所编之告假规程,已于

戊午正月一并取消,故副经理离职办法亦与总经理同。祈台洽为荷。"(原件,同上引档)

同日 浙兴汉行致总办函,报告元丰押品部分蛋黄粉两批已启运上海。(抄件,上档 Q268 - 1 - 79)

10月5日 签署浙兴总办致汉行史致容急电。云:"维持元丰敝处曾一再表示无办法,又于巧日密函详达。顷阅保元草章,反复研究,万难赞同。议定:无论他行态度如何,我行决不加入。竹兄担任董事尤与我行不利,务乞力辞。"(副本,同上引档)

同日 盛竹书于汉口致申行副经理徐寄顾等函,为其组织保元公司辩解,公开与先生等意见分歧之由来。函云:"弟之组织保元公司,非保阮文衷个人,实保百数十万债权……并保我宁波万数千人饭碗。查元丰营业,昨前两年汉、许两厂实获余利一百四十余万。其余各厂均要蚀本。至其失败之由,实由于内容腐败,阮文衷无用人知识所致。其实有人整顿,正非不可挽救之大实业也。""弟自辛亥承揆、抑二公逾格垂青,邀弟总理汉行。彼时我兴业尚在危险时代。凡我同乡至友均阻我万勿承认。其言词之诚切,亦若此次揆公劝我对元丰一般。而家兄省传当时阻止者亦居其一。弟向重感情,且好名誉,以为事在人为,何必见难而退?是以毅然决然不听人劝,冒险担任下来。当年即遭改革风潮,怨极悔极。然亦无可告诉,亦祇徒呼负之。次年继续开办,仍复冒险道。故数年来辛苦备尝,虽职务所在,理所应为,功亦何足表暴?但弟自问不负揆、抑二公知己之恩。私愿早已满足。迨后调任沪行,亦出于揆、抑二公之诚意。然弟舍去几经辛苦、将就安逸之汉行,当时心亦不愿,同乡阻止甚众,但亦迫于公谊私情,不得已舍汉而就沪。到沪第一年,时老去世,余生患病,寄兄尚未到行。此一年中之苦,较之在汉冒险进行时困难尤甚,非笔墨所纸传宣者。""不料近数年来有何开罪于总处?凡总处有重要事,外人已知其详,而弟一无所知。凡弟所建议,无一不反抗。对弟个人之行为屡屡不假以面子(去腊加薪事此即明证)。是总处之对弟似有特别之恶感,或弟有种种之破绽,已被总处明眼人看出,将来恐无圆满之结果。因思与其在本行尸位素餐居天然淘汰之列,不如冒险进取为狡兔三窟之计。弟亦明知办元丰事亦属九死一生,但年逾花甲,死不为殇,且与其抑抑郁郁死于无声无嗅,不若扬扬快快死于大庭广众。揆公来函劝阻,仁至义尽,弟亦感激涕零。特揆公祇知其然,而不知其所以然。弟亦惟铭心刻骨图报于来世而已。弟对兴行牺牲得多少心血,牺牲得多少精神,一旦舍去,如何甘心!言之不免涔涔泪下。""弟虽老朽,尚有自立能力,请总处不必神经过敏,鳃鳃过虑也。""弟想此次总处不赞同者,非就事实讲,仍归心理讲,以为弟之办事靠不住。其视线所及尚在弟个人上,并未顾及大局。特是我行如不赞同,他行纷纷效尤反对,大局破坏,安利英洋行第一期十万两已于本星期一解交。此款均系银行钱庄分认垫缴。如我行一经破坏,大局势必分裂,不又加十万交涉?此事由弟发起,弟能置身事外否?恐弟永无回沪之望!"(副本,同上引档)

10 月 6 日　上午,先生主持浙兴董事会会议,磋商盛竹书在汉组织保元公司事。决议如下:

> 元丰欠款应仍责成汉行向该号索取相当物品,按照总处历次致汉行号信办理。至我行对于保元一局,无论他人如何,我行决不加入。所有信放三万余两,即令汉行于函到之日尽数转入追收款项。对于元丰或阮文衷名下,不得再有丝毫款项垫付。保元我行既不加入,他行来问,未能含糊。即盛个人亦未便隐饰,并请盛总经理力辞保元董事。中行元丰户往来项下,计欠元五千余两,亦一并转入追收款项。将总处向元丰取来科学仪器馆股票七千七百元备抵。分别函电汉申两行暨盛总经理查照办理。

> (副本,同上引档)

同日　盛竹书复总办电云:"元丰事不赞成已悉。还求不向他行破坏,竹任董事,总以与本行无碍为度,请勿虑。余托晋函详。"(副本,同上引档)

同日　浙兴总办再致盛竹书电。云:"他行向我探问,岂能含糊!即公个人,亦未便隐饰。今日董会复议,签以公任董事于本行、个人均有不利,仍请力辞。另函详。"另函详告董事会决议。(副本,同上引档)

同日　史致容致先生函,再次为盛竹书说情。云:"查元丰之事,当竹兄六月初由汉回沪,其经过情形已由竹兄面告,均邀洞鉴。嗣由安利英暨各债权一再敦促,以期解决,故于前月下旬复又来汉。到此而后毫无眉目,遂即赴京一行,意欲另行设法。既无效果,本定十七日乘宁绍船回沪。不意十五日安利英大班邀竹兄过去,谓元丰事如能担任,可以变通办理,请备现款二十万,愿将该行受押之产业交出一百二十万两之押品,并愿将一切利息概免,藉以维持文衷等语。一面复经各债权再四要求即欲承认。当时弟固曾力劝不可担任,即乃郎赖生亦经一再谏止,无如势成骑虎,欲罢不能,并由商会会长万君泽生要求湖北督军、省长饬官钱局合力维持,亦即邀准。王督遂于廿一日设筵,特招万君与竹兄及汉口各银行钱业董事并官钱局总办,到署饮宴,劝令维持。若果拒绝,势必牵动市面。在竹兄一为大局计,二为同乡名誉计,并有汉口重要人共同负责,是以不遗余力积极进行,具有不得已之苦衷。其董事一席,因安利英关系亦有不能不允之势。盖安利英洋人实有借重竹老之意。弟以为既任董事,对于沪行事将如何兼顾,而竹兄谓,拟再假一月,一俟部署妥协,委一相当之人,以承其乏,渠即可遄回上海。年中不过来汉一二次,藉尽义务,亦无非为成全元丰之意。"另外认为垫款只能二万或三万,"尚祈格外曲谅为荷"。(原

件,同上引档)

10月7日 签署浙兴总办致汉行函,阻止其为保元公司垫款。云:"保元事未经董会商准,岂可即为垫款? 前昨两日已有函电奉洽。顷又发奉一电,文曰:'保元垫款一万查照董会议案,不能承认。请竹翁向该公司迅即收回。电复。'希迅将该款收回以后,切勿丝毫通融。转账办法亦希查照昨函迅即照办。"(副本,同上引档)

同日 晚,浙兴总办再致汉行电,云:"元丰事顷董会论决,无论多少,决不垫款。办法函详。"同时致盛竹书电,告以董事会决议。(同日史致容致沈新三、项兰生函,原件,同上引档)

同日 史致容致总办沈新三、项兰生函求助。云:"查元丰事一切为难情形,已详昨日致揆公函中,想荷洞鉴。尊处先后来电对于元丰后事嘱拒绝垫款,并劝竹老弗任董事。其拒绝垫款与鄙意正相吻合。因十七日督署会议,各银行各钱庄均已一致承认,官钱局亦允维持。弟当时同在席上,实有不得不允之势。若果否认,立即瓦解。对于文表固毫不足惜,但为大局计,各家既允维持,我行似难独异。惟数之多寡须再斟酌。迭经据情函告揆公,现若再事变更,我行特为众矢之的。且各债权之赞成与否,实视我行之态度为转移。至尊处不愿垫款确是正办,而弟迫于众议不能表示反对。再四筹思,惟有缩小数目之一法。故定为二万两。此项垫款现暗中已有殷实之人担保,期限亦与众不同,定为六个月……务乞俯赐照准。"又为盛竹书任保元董事一事说情。(原件,同上引档)

10月8日 先生致盛竹书电。云:"廿五总电未得复,甚念。保元组织我行决不承认。公任董事不啻立于反对地位,故万难允准,务请力辞速归。急电复。"(副本,同上引档)

同日 致盛竹书函,再次规劝其放弃组织保元之事。云:"得复电,嘱勿向他行破坏,并谓兄任董事以与本行无碍为度等语。此乃万难办不到之事。吾兄忽京忽汉,原系为元丰帮忙,但外人不察,不以为此系个人行动,而以为本行被元丰所欠之款不知内容若干,故不得已密嘱吾兄牺牲精神,呼号奔走,完全为自救起见。故汴汉一带谣传本行放给元丰之款有七十万。本行方辩护之不暇,乃忽闻吾兄有充任保元公司董事长之举。则以前疑窦人人证实矣。何也? 以吾兄之职位,乃本行重要之职位。假使本行被欠之账非至创钜痛深,奚肯出此下策? 此兄任董事万不能谓与本行无碍之理由也。保元公司成立以后,吾兄担任首席董事,人人以为又即兴业,此亦一定之理。然则兴业垫款乎,不垫款乎? 元丰根本败坏,万无挑雪填井之理。故董会议决无论他行态度如何,我行决不加入。况保元公司之组织敝处未前闻也。吾兄未举董事长以前,亦无只字报告,乃生吞活剥硬将吾兄著之炉火之上,故董会之不能承认保元公司。谓为保全本行也,可谓为保全吾兄也亦可。本行恐不承认保元公司,即不能为保元公司垫款。恐不能为保元公司垫款,同业不问则已,问则必以实告。如饰词相欺被同业觉察,如本行名誉何然? 则本行为保全名誉计,势不能欺同业。如同业来问吾兄,而吾兄不以实告,如吾兄名誉何以? 本行胶葛未清之债务机关,而忽然秘密进行变易名义,且拥戴吾兄为之领袖,是不啻与本行立于反对地位。如何可行? 至安利之取巧,钱业之无意谋,同行之不可恃,元丰之不可救,蛋黄业之无把握,前次密函已倾筐倒箧而直陈于吾兄之前。为公计为私计,均非决意辞去不可。兄进兴业系弟引荐,故向兄尤切用,敢以个人忠告,并代表同人良以为此再三之渎,幸吾兄摒去诇佞之言,俯纳刍荛之见。内断于心,决意力辞,勿再游移,本行幸甚,弟亦幸甚。信到即盼示复。"(副本,同上引档)

同日　致史致容函,云:"竹兄竟允保元董事长,可谓木匠做枷自己戴。现在同人意见,决用雷霆万钧之力将他救出来。所以措辞不得不严(本行名誉亦不能不顾,竹兄自己不觉,本行已受冤枉不少了)。吾兄进退两难,同人皆所深悉。为行计,不能不忍曲负重,望勿有所误会。竹兄如辞不脱,则此后处处荆棘,弟实忧虑之极。"(副本,同上引档)

同日　上海银行公会会议议决:由本会全体会员组织行市委员会,以划一行市、共同遵守为宗旨。(徐沧水编《上海银行公会事业史》,第75页)

10月9日　盛竹书复先生电。云:"弟任董事可不常驻,严定界限,与行无碍。乞谅苦衷,迅赐成全。"当日下午,先生复盛竹书电。云:"电悉。除辞保元董事外,别无两全之策。昨函已详,请速决。"(原电稿,上档Q268-1-79)

10月10日　为车辆借款银行团事,偕蒋抑卮第二次赴京谈判。(1920年10月11日项兰生复史致容函,10月14日先生致孙人镜函,同上引档)

同日　史致容又致先生函,再次为盛竹书说情。史认为"竹事木已成舟,惟有急事缓处。所最难者,竹兄年逾花甲,事处逆境,近日形容憔悴,大有性命之忧,深为可怕。弟本欲即日来沪面商办法,乃稻坪病尚未愈,调理需日,徒深焦灼。用再专函奉渎。彼此多年老友,务恳鼎力筹一两全之策。藉免为难"。(原件,同上引档)

同日　盛竹书致蒋孟苹电求助。云:"速筹两全之策,以救老命。"当日蒋复电云:"就现情推测,万无两全。深恐公毁而事仍不成,何不乘机下台? 再筹善后。闻京有钜变,尤当注意。公请介兄①赴汉面陈,务乞俯纳。"(副本,同上引档)

10月11日　浙兴总办根据先生意见,复汉行函。云:"奉晋生先生廿五日来不列号函。董事长言:'尊函诵悉。元丰内幕复杂,外间议论我行已得钜数呆账,再

---

① 指杨介眉。——编著者

加入保元而以总行总经理充保元董事,适足证明此种谣传,有口莫辩,关系全行名誉。无论如何惟有抱定廿五日董会议案,请汉行迅即照办。保元垫款仍难承认,竹书先生并任保元董事,尤难通融认许。此事于兴业全局有关,惟有请尊处曲为原谅。知我罪我,听之而已。'嘱再转达,特附呈请洽。"(1920年10月6日史致容函上批注,同上引档)

同日 项兰生等复史致容函,重申董事会决议。函云:"揆、抑二公昨晚北上,不久南旋。""此间董会之议,对于加入元丰及竹公兼任保元董事,讨论甚久,一致认为有碍本行名誉……连日所发函电想均荷誉及矣。至竹公兼任董事,利害所在事势使然,此间众议一致反对,亦因交谊为当然之忠告,迅请劝竹公俯从众言,卸除责任。公谊私交,均所厚奉。"(副本,同上引档)

同日 浙兴汉行致总办函,抄报元丰押款抵押品价值。共计借款35 000两,押品有蛋粉1 213担,价值可抵,然而目前"有行无市"。(原件,同上引档)

10月12日 沈新三、项兰生复史致容函,再次通报董事会决议,对保元公司不予承认,对于垫款"惟有另觅妥人出面,酌交物品作抵六个月"。"揆公在京已将前函及鄙见专函商达。"(副本,同上引档)

同日 在天津访卞白眉。是日卞记云:"叶揆公来谈。"(《卞白眉日记》卷一,第92页)

10月13日 在京赴北京饭店,访张元济。时张等为商务北京分馆建筑事到京。(《张元济日记》,第1017页)

同日 盛竹书致蒋孟苹函,详告半年以来元丰公司之事始末,对先生责备其擅自处置辩解,自称"句句是泪,字字是血"。请蒋转告先生,"慎重"处置元丰事。同日,盛又致徐寄庼、胡孟嘉函,说明元丰事原委。(副本,上档Q268-1-79)

10月14日 先生在京会商车辆借款银行团事,是日星期日,上午赴北京美术学校听丁文江讲演《遗传性与婚姻》。(同日致孙人镜函,上档Q268-1-562)

同日 致孙人镜函,告以车辆借款合同谈判情况。云:"顷奉卅日手书,复如下:议案稿改就奉上,请抑、新二公复酌即缮正。购车合同研究极细密。如交通部果能诚意履行,却是极好之事。弟之意见注重于条件第六条,已将鄙见批于眉端。兹特寄还,乞诸公誉阅。我行可谓最后承认之一行。弟所致疑者,如此办法交通部个人毫无好处,何苦为此正经买卖耶?弟在此专候君宣,终日闲暇。今晨至美术学校听丁在君先生讲演《遗传性与婚姻》,可谓无聊极矣。家有寅初先生,旷课已久,而来听题外之讲演何也?"(原件,同上引档)

同日 浙兴总办收到盛竹书致先生辞职书。云:"顷接密函,捧读之余,魂不附体。弟为元丰事完全急公好义。武汉两镇无论识与不识,莫不皆知。至组织保元公司之起点,实缘安利之逼迫,各债权之要求,各同乡之怂恿。祇有五十分钟时候,落此圈套。其实由于弟心肠过软,太无把握,以致铸成大错。然事后亦未始不深自懊悔。即弟父子间亦日日啼哭。以为弟年已如许,负此责任,受此辛劳,为子者被人议论,未免受不孝之名。此弟半月内之苦情,殊有不可言状。至我哥与董事诸公为弟个人计,弟敢不感激涕零! 但尊函云外人不察,不以为此系个人行动,而以为本行被元丰所欠不知内容若干,且汴汉一带谣传本行放给元丰之款有七十余万,不知何人造此谣言,丧尽天良! 是因弟个人而牵累本行,弟该万死。但既有此谣传,弟对于本行亦经营缔造之一份子,断不忍以完完全全、烈烈轰轰我兴行,被弟个人而受莫大之影响。一再思维,祇有由弟先辞本行总理之职,一面本行与弟双方登报声明。总以保全本行信用为唯一之宗旨。至弟近日困难情形,已电告孟苹暨寄、介、孟诸兄,谅荷垂詧。总之,弟此次之孟浪从事,良由弟寿运将终,以致倒行逆施。然亦断不怪何人害我,但我亦断无害本行之意。乞转告董事诸公格外原谅。心绪恶劣,语不成文。"(原件,上档 Q268 - 1 - 79)

10 月 15 日 杨介眉受浙兴申行委托到汉。(1920 年 10 月 16 日盛竹书致蒋孟苹等函,同上引档)

10 月 16 日 盛竹书致蒋孟苹、徐寄庼等函,告以杨介眉到汉及拟北上情形。云:"昨日上午十一时,弟亲到码头迎接介兄到行。谈及总处对弟种种之误会,听外人种种之谣言,以致已走极端。闻悉之下如霹雳一声,不觉心胆俱碎。又蒙诸公爱我怜我,公推介兄拨冗来汉,亲来开导我。弟非草木,有何不听从之理? 但将来之危险尚属将来之事,弟自当设法脱离。至本行之地位,弟年逾花甲,去留本不介意。无如目下中国(银行)填款不付已付之款,均由弟个人名义,未付之款各银行均以中国马首是瞻。撲初下此毒手,是特送弟以绝命汤。缘既不能上台,又不能下台,不是卡死乎? 撲公撲公,弟对兴行究有何十恶不赦之罪? 对总处究有何不共戴天之仇? 竟令我六十余几老朽死于非命! 试问兴行有何面子? 总处有何快心? 昨见介眉,亦祇相对无言,唏嘘而泣。介眉与弟本属挚爱,见弟如此情形,且采诸众论,披之舆情,弟之种种经过困难一一如绘,昨夜与晋生议定,准今早由京汉路北上面求撲公,开我一线生路。"(副本,同上引档)

同日 杨介眉致徐寄庼等函,为盛竹书说情,并告今日赴京面见先生。在叙述了解元丰事原委之后云:"总之,误会既多,疑窦丛生,弟此行首在解释疑团,并恳撲公念十余年交情,展宽下台期限,并向中行转圜。若中行无转圜之余地,不但后二十万无着(内有官钱局等均以中行之马首是视),中国、中孚必向竹公索还四万两,而十六万两之债权人又岂肯放松? 此机若朝发,竹公之命即朝去固不及待夕矣,又何台之能下? 故目前之危险已达万分。为祈转请新三、兰生二公及董事诸公,致函

揆、抑二公代为转圜,尤望公等速将详情转达为叩。"(副本,同上引档)

10月18日 在京致沈新三函,附去与蒋抑卮商议处置汉行元丰押款事意见书。函与意见书如下:

新三先生大鉴:介眉抵京,述及竹兄上当为难情形,并代达晋兄意见为之缓颊。弟与抑兄斟酌再四,竹兄为难固不能不曲谅,而本行为难亦不能不兼顾。兹商定通融办法,另纸开呈。共计两分,乞即邀请董事、监察人开一谈话会,将经过情形详为说明。如赞成弟所条陈通融办法,即请正式函知竹、晋两公可也。至汉上细情有为笔墨所不能详者,请与介眉一谈便悉。手颂日祉。弟葵顿首 初七 兰兄、镜兄均此。

兹将商定各项开列如左:

(一)竹书先生辞职书现在不能提出董事会,因办事董事之意,总以竹书先生辞退保元董事为上策也。现经商定自即日起给三个月假期,期内速将保元公司董事正式辞退,彼时即将辞职书取消。

(二)保元董事正式辞退后,应照来函办法登报声明,其词意大致:"鄙人前蒙保元公司举为董事,为维持实业,兼顾乡谊起见,不得不暂行担任。现因保元组织已有端倪,敝行事务纷繁,董事会以兼顾为难,坚嘱辞退保元董事,鄙人不得不遵从敝行董事会之意,已将保元公司董事正式辞退,合行登报声明。"

(三)垫款两万,本难照准。惟迭经晋生先生函称曾经到会认许,难于取消,应照下开三条酌量通融办理:

甲、已垫之一万应由来函所称妥实保人出面承借,本行不能与保元公司直接发生关系。

乙、如甲条办不到,则未垫之一万即行中止。

丙、如甲条可以办妥,则未垫之一万定于明年二月底交付。

以上三项并附属三条,系因介眉先生来京述明为难情形,由揆初提出意见,经抑之赞成,俟函寄总办事处,交各董事、监察人接洽认许后再行函达可也。

叶揆初 九月初七日 (原件,同上引档)

10月22日 浙兴汉行致总办函,商请调换元丰债票事。云:"保元公司业已成立,昨晚邀请各债权人宴饮。除和祥、汇通二家未到外,余均在座。当将元丰旧欠更换债券(该券办法详前竹书先生所寄印刷品),均已一律签字承认。我行由敝总经理列席,敝总经理因此事前未报告尊处,且有元顺公司铁路局保款一万两关系,故当场未曾签字,拟事后再行补签。惟保元急于办理此事,催我行补签。所以顷发一电,文曰:'总密。元丰信放调换债票,昨各债权人均已签字承认,我行当场声明照章须报告总处,再行补签。此事各家既均承认,我行未能独异。用特先行报告,请电复。再欠数仍归叁万,科学股及元顺保款拟设法暗扣。容。'谅蒙台译,有复在途矣。现敝处对于此事仔细研究,其换券办法既经各家均已承认签字,则我行自无反对之余地作独异办法,不得不允其照签。惟签字后于元顺保款有无出入,现亦详晰讨论,并无窒碍之处。盖其签字单上仅载换券之叙言,并未写明各家欠数,且债券调换之期尚系稍缓,非目前,即可彼此更调也。至于拟扣元顺保款办法,现亦再三想法。该款于阳历下月四日到期,距今不过十数日。如未到期前,元丰若将债券送来,敝处拟暂不收受,须俟阳历下月四日后,敝处将该保款之保单及收条收还后,再与元丰秘密谈判,另定办法。"(副本,同上引档)

10 月 23 日　在京致沈新三函,告以与杨介眉谈话情形。云:"介眉在汉听一面之词,故发函求助。及到北京弟与详细解释,不但总处主张认为正当,即中行止垫亦不能怪弟。渠已明白了解,自认此行受托勉强而来,对于竹兄担任保元事甚为悲观,且不主总处有敷衍之举动。故开去三条极为满意。特密闻。"(原件,同上引档)

10 月 24 日　在京收到浙兴总处转来史致容 10 月 22 日电报,当即批复。云:"保元组织本行董事会既议决不承认,此项债券条文处处与保元公司负连带关系,本行亦未便承认。补签之举应无庸议。信放三万两仍由阮文衷及元丰负其责任。停息一层目前未能遵准,俟阮文衷及元丰归还本款,或另提切实办法时再行酌量减免。科学股款已扣抵申行元丰透支欠款。元顺保款应暗抵汉行元顺透支欠款。因元丰欠元顺信放至十二万余两之钜,以情事论汉行不宜再与元顺往来。但未到年终不便提出,故以保款暗抵之。"又草拟致总办电稿:"总:元丰债券我行未便承认。函详。葵。"(原件,同上引档)

10 月 25 日　致沈新三函,重申对于元丰债券立场。云:"昨晚奉急电敬悉,今早又得手书敬悉。债券换不换毫无关系。换亦牺牲,不换亦牺牲,断不宜自乱其例,诚如公言。兹将鄙见述明于原电之后,请台洽。"(原件,同上引档)

11 月 1 日　浙兴申行致总办函,询问新购货栈账目处置事。云:"查阳历九月底经董事长经手购回之苏州路本行第一货栈陈理卿君之房地产,计价洋六万四千元。当时曾付入暂欠项下。而将货栈阳历十月份起租金收入暂存户。悬宕日久,迄未规定科目付账。鄙意此项价洋似可转入敝处房地产名下。十月、十一月已收之栈租,付入房租名下。十二月起不再收。所以货栈盈亏均由敝处转账之故。是否有当应如何另行转账之处? 即乞核覆遵行。"总办批复云:"请仍在暂存、暂欠内记账,俟董事长南旋商定办法后,再行奉洽。"(原件,上档 Q268-1-108)

约 11 月中旬　先生自京返沪,途经天津停留数日。(1920 年 11 月 15 日《卞白眉日记》)

11月15日　在津偕李济川访卜白眉。卜记云："叶揆公及李济川来谈。"(《卜白眉日记》卷一,第95页)

同日　签署委任杨介眉为浙兴驻美代表委任状。全文如下:

具委任状:上海北京路十四号按照中华民国组成浙江兴业银行,今委杨静祺赴美在美国境内为本行之合法代表,并代本行名义或该员名义办理后开各事。凡对于本行现今或日后所应得或他人或行号所该欠之一切银钱、货物、债额,该员得以要索、诉讼、追款、收款并出给收据。又以本行名义或该员名义,将所收之银钱存在银团并掮客或他人。又得向银团提出,现以本行或该员名义代本行所存在者之款。又对于上述各事,或与本行利益相关之事,该员得以诉讼、辩诉、答复、反对一切法律案件,并要索并对于各案得便宜讲和或付公断或服从堂谕或摘释。又对于现今或日后本行或该员与他人发生各事,得将账目债额、要索争执清算、结束讲和并付公断。又对于以上各事合同、契约应行签订者,均得签字订约。又无论何时何事,该员随时可派代表或撤销酌给薪水。又得本状在美国境内正式机关注册,办理一切应办手续,使本状有效。总之,该员代表本行在美国办理各事,与本行亲裁及正状式盖印无异。并该员所办各后事务本行悉行承认。此状。

中华民国九年　　月　　日①

浙江兴业银行董事长叶景葵当本交涉员面前签字盖印

(副本,上档Q268-1-108)

11月　商务印书馆辑印的《四部丛刊》第二期书出版,计61种,366册。由先生提供底本之《花间集》即在其内。(1920年11月20日《申报》)孙毓修《四部丛刊书录》云:"《花间集》十二卷补二卷三册　杭州叶氏藏明万历壬寅玄览斋刊本　蜀赵赵崇祚撰　欧序后有万历壬寅盂夏玄览斋重梓一行。巾箱本。字迹略带行体,刻印俱精。补二卷题西吴温博编次。《花间集》收藏家皆重陆元大本。陆本作十卷,此作十二卷。陆本赵崇祚、欧阳炯均题蜀人,此本均题唐人。然篇数、字句两本皆无异同,而此本较为罕见。"(原本,第70页)

12月初　浙兴汉行按照先生及总办处理元丰事意见较妥处置该号欠债,盛竹书亦摆脱困境回沪,继续担任浙兴申行总经理及上海银行公会会长职务。(参见《全国银行公会联合会议事录》,1920年12月10日《申报》)

12月5日　第一届全国银行公会联合会成立大会在沪召开。同时中国银行

---

① 原副本日期未署名月日,但首页有"庚申拾月初六日"橡皮印章,即公历11月15日。——编著者

团也宣告成立。上海代表为盛竹书、钱新之、孙景西、陈光甫、宋汉章、李馥荪六人。8 日会议结束,通过四项决议:(一)希望政府确定财政方针;(二)希望政府整理内国公债;(三)希望政府统一币制;(四)推举委员七人担任研究新银行团事宜。公推盛竹书具呈国务院、财政部,(徐沧水编《上海银行公会事业史》,第 5 页)会议"决定拒绝认购所有政府债券,除非政府'重新调整'旧债权清偿方式。"(《剑桥中华民国史》,第 285 页)

12 月 7 日 出席商务印书馆董事会议。会议报告购妥南京路 377 号(福建路口)地,计 14.66 万两。"本年营业约多于去年七十余万,至年底或过百万。《四部丛刊》只一千部,销已过半。"(《商务印书馆董事会记录簿》;《郑孝胥日记》,第 1850 页)

12 月 18 日 赴京呈币制局文,申请浙兴重新自行发行兑换券事宜。全文如下:

> 呈为继续发行兑换券呈明备案事。窃敝行前奉度支部准给予发行兑换券特权,历经总分各行遵章发行,数年以来信用卓著,曾蒙财政部批奖有案。嗣复于民国四年、六年两次呈准领用中国银行暨交通银行兑换券。讵中国银行合同领额已满,续订需时;交通银行则虽有合同,尚难给领。敝行营业日广,需用日多,实有供不应求之势。而各埠值金融恐慌之际,敝行屡次维持,尤非有兑换券不足以调剂市面。现拟除中交两行兑换券照旧商领外,仍由敝行继续自发,以补领用之不足。一切办法均遵守历届部领条例,并筹足准备金,严密办理,以保全旧有信用。理合呈明备案。此呈
> 币制局 浙江兴业银行董事长叶景葵 (副本,上档 Q268-1-597)

同日 先生在京为张公权修改全国银行联合会致北洋政府呈文。张公权本日致盛竹书、钱新之函云:"此次沪上联合大会,藉此固结团体,发挥精神,甚盛甚盛!京代表诸君回述开会经过,至为圆满。携归建议书所论均极痛切。惟同人意见,尚以言词过于宽泛,不甚切实,嘱弟重拟一稿。因本大会议决意见单拟一文,历数政府失职之点,表示我金融界明确之态度,以促政府之反省。语气虽稍愤激,然非此无以唤醒国民而明银行界之责任,谅同仁亦以为然。此文并经葵公修改,再四斟酌,不知当意否? 如无意见,请即缮发。惟弟意见,此次联合会之决议,不可徒托空言。昨日此间公会开会,将该文与大家阅过,均已表示同意。弟一再声明,俟该文递送政府后,须共同遵守,亦同声赞成。最好请尊处发出呈文后,将该文印送各公会,并劝告各公会共同遵守。致北京公会文函,须更切实为妙。吾民成无告之民,不能不自谋以全性命。言之痛心! 闻光甫兄等不日莅济,极盼到京一谈。葵公不日回南,当达详情。车辆借款,亦已议决,在京各银行一星期内决定加入与否,大致会加入。"(上海市档案馆编《民国名人手迹》,第 198 页)

12 月中旬 为浙兴重新发行兑换券事赴京交涉。12 月 15 日在京,苏、浙两路赴京守催路款代表来访。先生称"交部有以金融债票抵付之意,惟尚未提出","付票既违反付现院判,且该票俱系万元巨款,支配不便"。对代表催款极表同情,"当约协同力索付现"。(引自《苏浙两路股东代表之报告》,1921 年 1 月 17 日《申报》)

12 月 21 日 先生结束车辆借款谈判及呈币制局文等事,是日自京返沪。(1920 年 12 月 18 日潘履园致蒋抑卮函。上档 Q268-1-80)

12 月 25 日 张公权为车辆借款银行团事致先生函。云:

葵初先生大鉴:

日前畅聆教,至以为快。兹将关于借款合同各端分列于左:

(一)甲方当局以为,车辆纯由乙方代购,恐各路未易惬洽。弟为乙方计,亦恐统由乙方承办,各路局未必满意,将来购到车辆,或多挑剔,应付为难。不如由甲方派员会同乙方按照合同办理,其订购合同成立后,一切条件亦归甲方执行,较为妥便。

(二)原拟第八条云云,弟再四审量,乙方只可在德谊上负维持债票信用之任,不能在法律上负还本付息之责。曾与此间外国银行谈过,据称各银行在中国政府债票上亦签字,但只证明其为经理人员。又查善后借款合同第七条内有银行在债票上签字以证明其为发售债票经理人之语。此项条文刊入债票,是银行签字之责任已于条文中规定其范围。因与当局商量,将第八条删除,并入后条规定之。

(三)中国各银行名义,甲方以为,将来倘有一银行或数银行不能履行合同条件,甲方逐一商询,颇属为难,应用集合名义,俾责任攸归。此间对于名义一层,颇费斟酌,或用银行团,或用银行组合。此项名称究应如何妥定,请再裁酌。

(四)债票总额若匀摊分认,恐有为难之处,随意认募,又恐认不足额。弟意先由每行认募票额二十万元,约以二十行计,为四百万元,其余二百万元,再由各行随意认募,能多募则多募,团体各行道德上各尽其力,以设法使募债之足额。因甲方订购车辆合同成立后,即须交付现款三分之一,余可俟车辆运到,陆续交付。乙方先为募齐四百万元,足资甲方急要之需用,其余二百万元,尽可从容筹募,而各银行亦非完全摊认,仍留自由认募之余地。如此办法,沪上各行意见何如?

(五)台端临行时,弟曾谈过,沪上上海、浙江、四明、广东、东亚五行,务请一律加入,良以联络之力愈厚愈妙。对于上海造币厂借款及此项购车借款,京、沪各行总以不分畛域、统筹应付为宜。近来外人对我内国银团承募两种借款异常注视。凡我同志尤当联为一气，庶几对内对外均足示我团集力之坚厚。此为发轫之初，能得圆满之结果，同业前途关系至巨。务请与光甫、馥荪诸兄熟筹，有以促成之。

（六）酌改草拟录寄一份。①此稿经与交通当局一再磋商而定，请与同人詧阅，能不再有改易最妙。缘甲、乙两方契约上要点，似已规定周密，今后重要问题，则为乙方各银行间如何议订承募债票履行合同以及公推代表各办法。尚盼沪上同仁酌商见示，以便进行。

以上数端，请与诸同仁一商，先将加入行名及认数一层酌电示知，此外有何意见，并请函告为感。专此奉达。敬颂

台绥　　　张嘉璈敬启　十二月二十五日　（原件，上档 Q268-1-652）

12 月 31 日　张公权致先生函，再谈车辆借款银行团事。云："日前关于车辆借款事，曾奉快函，计早达览。本日此间公会集议，合同内乙方团体名称，拟定为经募车债银行团，其认募数目，拟分作三十股，每股二十万元，加入团内之银行至少须认一股，多认听便，权利义务按数比例。至对于合同草拟，此间各行大致均无异议，下星期六（十年一月八日）再行集议，决定加入与否，拟俟加入者满十五家，即行成立借款，签订草合同。北京外国银团已接到新银团议决书，俟使团议决后，将来相机宣布，内有欢迎中国银团共同行动一语。是以极盼我国银团先行成立，以便将来易于接洽。鄙意最妙目前以联络承募车辆借款及造币厂借款为起点，使中国银团无形成立，并须南北合为一气，庶几无论总行在京在沪，彼此臂指相联，易于指挥接洽，否则南北显分界限，而上海各行大半为北京之分行，一旦发生意见，团体恐难结合。此事关系至钜，务乞转商沪上诸同仁，早日筹定，切盼电示，以便进行。再，造币厂借款一事，经璈与总所洋人疏通，已允照办，惟财部因过年需款，拟商总所再发特种国库券四百万元，深恐造币厂借款一办，洋人不愿照发。是以当局拟商总所，两事同时并办，因此延搁。并以奉闻。"（同上引档）

是年　项叔翔投考浙江兴业银行职，"获取试用员"。1923 年 6 月，由浙兴派往美国欧芬银行实习。1924 年夏，又进英国米德兰银行实习。1925 年 12 月返国。1926 年派任浙兴天津分行金币股主任。（《项兰生自订年谱》（二），《上海档案史料研究》，第 10 辑，第 312、316、317、321 页）

是年　徐新六应聘进浙江兴业银行，任董事会秘书长。其才干很快为先生赏识，倚为左右手。1923 年，任徐为该行副总经理；1925 年起升任常务董事兼总经

---

① 指车辆借款合同草稿。——编著者

理。(汪仁泽《徐新六》,《民国人物传》第 6 卷,第 224 页)

是年 浙江兴业银行资本总额与实收资本在保持三年 100 万元基础上,增至 250 万元。(《上海研究资料续集》,第 249 页)

是年 核定浙兴申行与东京交通银行订立往来合约。(副本,上档 Q268 - 1 - 108)

是年 核定浙江兴业银行与汉冶萍公司往来透支合同。(副本,同上引档)

是年 薛佩沧①由其亲属周朋西之介,访先生于上海斜桥路寓所。先生知其乃薛师褧铭之孙,热情招饮于兴华川菜馆,"详询家庭状况",并谓:"当戊申之岁,佐次帅于奉天督署,曾约令先君前往襄助,亟知行装已整,罹疾去世。老师膝下只尔一人,时常在念。方今国势已更,徒读书无益,总须在社会服务。""情意殷拳,视同子侄。"(薛佩沧《敬悼揆公》,《兴业邮乘》,复第 54 号)

是年 父叶济参与编印《夏邑县志》出版。"《夏邑县志》九卷首一卷,民国汝南赵偁(周人)修,武王印川杭县叶济(作舟)鉴定,民国黄陂黎德芬纂修,民国九年石印本,八册。"(《叶目》)

---

① 薛佩沧于 1921 年 10 月进浙兴文牍股任职。1936 年任常熟分理处负责人。——编著者

1921年(民国十年　辛酉)　48岁

3月　北京政府发布总统令,建立统一国债基金会,将关税余额用作偿还基金。

5月　孙中山在广州就任中华民国非常大总统。全国银行公会联合会第二次会议在天津召开。

7月　中国共产党在上海成立。

12月　上海召开国民大会,学生及学界四五万人参加。会后举行示威游行,坚决要求取消"二十一条",否认太平洋会议决议。

是年　上海发生"信交风潮",100余家信托公司、交易所纷纷倒闭。

1月2日　张公权致先生函,附寄车辆借款草合同。函云:"垫款经募交部车债办法,兹经草拟合同抄奉一份,即祈誊阅。交部屡谓彼方只能认定团体代表,不便遇事逐家商询。其言在乎情理之中,自应本斯意旨拟订本团合同,以资遵守而利推行。仍盼我公转示沪上诸公,对于大概如无异议,再行誊录正夺,寄沪签字。"草合同由先生交盛竹书转上海各银行传阅,盛附言云:"交通部车辆借款顷接张公权君致揆初先生函,寄来草拟合同一份。阴历年底事繁不再开会,因将合同原稿奉阅,倘尊处对于本合同无其他意见,即乞于台名下签注许可字样为荷。"签字同意者有上海商业银行、上海浙江兴业银行、上海通商银行、上海东亚银行、上海四明银行、上海东陆银行等六家。(原件,上档Q268-1-632)

1月3日　张公权致先生等电。云:"车辆借款,前日公会开会集议,合同已无异议,担任数目拟分作三十股,每股廿万,凡加入银行至少须认一股。合同成立后,只用现款三分之一,馀一年后再用。为数无多,极盼商业、浙江、东莱三行同时加入,四明、广东、东亚亦望代劝,为中国银团成立之起点。馀详函。"(原件,Q268-1-652)

1月4日　收到张公权1920年12月31日函,即批注云:"请竹书先生阅后转送各处核定。葵。"(手迹,同上引档)

1月6日　币制局总裁张弧签署批复。云:"今浙江兴业银行呈发行兑换券由呈悉。应准备案。此令。"(原件,上档Q268-1-597)于是浙兴董事会在先生主持

下,迅速作出再次委托商务印书馆印钞之工作部署①:

(1) 向英国造纸公司定制钞票纸,每张均有行徽水印暗记。

(2) 以定制之纸,交商务印书馆承印,分一元、五元、十元三种。正面分别管仲、姜太公、王阳明肖像,背面刊一公鸡,取其羽毛复杂,易藏暗记也。

(3) 设立发行部,属于总行。

(4) 订立发行规程,现金准备至少七成,严格遵守。名第一次商务印为第一版,法国印为第二版,第二次商务印为第三版。

(《本行发行史(四)》,《兴业邮乘》,第 26 期)

1月7日 张公权致先生函,商签银行团合同事。云:"奉电敬悉。购车借款尊处认募一股,慰甚。日美两国代表屡言希望中国银团成立,沪上各家仍盼鼎力,切实商请加入。顷已电致馥荪,此间情形,具详电内。交部催两三日内签字,务请接洽后迅即电复,至为感幸。合同最后定稿略有改易,兹奉三份,即祈察阅,分转同仁。最后易定之稿,无非为团体筹万全之计,想高明必表同情也。惟合同份数过多,寄沪签字恐多不便,可否委托汪君②代签,尚盼示复为感。"(原件,上档 Q268-1-652)

1月8日 嘱浙兴总办致各分支行通函。通函云:"董事长言,天津久大精盐公司现在招收新股。查该公司续收新股章程第十七条,此次所招之新股及旧股东之无记名股,均须俟此项股本营业获利时方与旧股同等,按股均分云云。特嘱函告:凡有以新股及旧股东之无记名股来行作押者,应据此条婉谢。请告营业股注意为要。"(副本,上档 Q268-1-57)

1月10日 先生复张公权函。云:"顷奉七日赐函,敬悉一切。前次覆电,知已接到。购车经募债票,敝行认募一股,本拟电嘱京行代表签字,因公会诸家以上海共认三股,自以均在上海会同签字为妥。敝行已允照办,故电请尊处将合同寄沪。好在上海各家除敝行外尚合认二股,家数非九即十,应推代表两家,尚未推定,均系在上海签字,非将合同寄来不可矣。一切情形新之到京当已面洽。"(信稿,上档 Q268-1-652)

1月12日 张公权致先生、李铭、杨敦甫电。云:"新之到,详悉一切。此举完

---

① 针对各家商业银行都已发行钞票,浙兴发行业务开展艰难的情形,先生采纳徐新六提出的两项措施:①增加发行准备,向各外商银行存入定期存款二三万两,以提高浙兴钞票的信用。②凡钱庄领用浙兴钞票,一律给予"前七天不计利息,七天后才改为拆票,到期归还现洋"的优惠待遇。经过种种努力,浙兴钞票的发行,出现了后来居上的势头。(参见陈正卿《叶景葵、徐新六与浙江兴业银行》,《近代中国工商人物志》,第2册,第128页)——编著者

② 指浙兴北京分行经理汪卜桑。——编著者

全对外,意在普及。北京各商业银行合上海三股,约可得廿二股,中、交各四股。鄙意拟在中、交名下划出二股,归浙江、上海出面,浙江、上海在两股中担任之数照旧担任,上海二股请推四明、东亚出名。再,上海、浙江、四明、东亚四行,即电委景西代签字最妙。"(副本,同上引档)

同日 先生复张公权电。云:"电悉。浙江、上海、四明允照办,东亚须候港电,惟公决在沪签字,请速寄,葵。"(副本,同上引档)

同日 浙兴申行徐寄顾致总办函,报告元丰欠款等事。云:"元丰欠款上海一埠共计三万余两。日前元丰方面邀集债权人开会,敝处派冯主任到会。据称元丰邀朱葆三、傅筱庵二君到场,向各债权人商请以零数年内付清,整数叨特待明年筹还。各债权人均未允诺,要求年内先还半数,明年再还半数。未经解决,须俟下次开会方有切实办法。现乙台洽为荷。"又就"随时存款明年实行归并"事,送呈拟印新存折样折请审定。总办批复云:"随时废去,改用乙种往来汇款折,须将格式及□例改定即付印。"(原件,上档 Q268-1-109)

1 月 15 日 经募车债银行团与北京交通部正式签订车辆借款合同。徐寄顾代表浙兴在合同上签字。合同全文如下:

立合同:中华民国交通部(以下称甲方)、经募车债银行团(以下称乙方)今因甲方发行交通部八厘短期购车公债,由乙方承募,双方议定订立各条件如左:

第一条 甲方按照民国十年一月 日交通部颁布之交通部之八厘短期购车公债总额,通用大银元六百万元,全数由乙方承募。所有各项条件经该条例载明者,均须遵守。

第二条 此项债款专充甲方购置车辆,分配京绥、京汉、津浦、沪杭甬四路之用。由甲方按照购车合同,经由乙方径付承办车辆之公司。无论如何不得移作他用。

自本合同签字后三个月内,甲方应将车辆图样、数目及车价预算开交乙方,由乙方作为甲方之经理人,在公共市场货价最廉、质料最佳之厂家代为订购。由甲方选派专门人员会同办理。所订条件须先商明甲方,得其允许。订购合同成立后,其一切条件归甲方执行。但应付货价时,须由甲方通知乙方,证明按照合同确应付价,乙方自应照付。甲方应按车辆全价千分之二·五给与乙方作为手续费。此外乙方不另取用费。

上称车辆如何分配于四路之处,应由甲方酌定,通知乙方备案,并由乙方选派专门人员常常赴各该路局稽核使用、保管之情形。甲方仍须于每六个月造具表册报告乙方。倘乙方经专门人员报告发现使用、保管有危及债款担保之处,得酌定办法通知甲方执行。

第三条　乙方承募此项债款,按照条例每百元实收九十五元。

第四条　自本合同签定之日起,乙方应按照债票实收数目总额先行垫款,交与甲方。垫款利息计算,一面由乙方分期发售债票,归还垫款。

第五条　前项垫款或所收债款,均收入甲方账下作为甲方存款,按周息四厘计算。

第六条　此项债票应由甲方印就,交与乙方发售。所有承募、经理此项之债票之费用,如电报、告白、邮票以及其他各费,概由乙方担任。但由甲方按照债额全数给与酬费百分之一。

第七条　所有债票或垫款之本息由交通部担任付给。甲方在第一年内须于付利期前十五天,筹足应付利息数目,分交乙方指定之银行备付。自第二年第一个月起,应由甲方令知分配此项债款所购车辆之京汉、津浦、京绥、沪杭甬四路,每月按照另制偿还本息数目表,将每月应摊之本息数月,分别预期交存乙方指定之京、津、沪、汉之四处银行存储,以充偿本付息之准备金。并由上称各路局将每月分存之数,以公函通知银行承认照办。前项准备金按周息五厘计算。

但第一年第一期利息到期时,设甲方不能将应付之款拨交乙方,乙方得由在结存债款项下扣付。并由第一年第七个月起,由甲方将两届利息全数于六个月内由各路匀摊,拨存乙方指定之津、京、汉、沪之四处银行,照偿本付息准备金办理。如所存债款除付车辆全价尚有余存,应归入偿本付息准备金账内。

万一上称各路有不照本条办理之情事,乙方当通知甲方后派员赴上称各路收款,以足敷偿还本息。各该路每月应交之数为限,若犹有不敷,得由乙方派员提取京汉全路盈余补充之。

第八条　甲方允乙方每年年终派员赴京汉铁路检察账目一次,查核盈余实数,登报宣布。

第九条　甲方指定乙方各银行为还本付息经理机关,并由乙方各银行在债票上签字,以证明其为发售债票之经理人。甲方按每年经手付利还本之数,给与乙方每千分之一・二五作为经手费用。

第十条　此次乙方代售债票,如因政治上或财政上之恐慌,以致不能发行或不能全数出售时,所有乙方垫款或由乙方承购债票抵还,或另订归还垫款办法,均听乙方酌量办理。

第十一条　将来甲方如欲继续发行购车公债,乙方占有承募之优先权。

第十二条　凡合同内未规定各事项,应遵照条例办理。

第十三条　本合同缮写二十三份,甲方收执一份,乙方收执二十二份。并由甲方抄行该路局遵照办理。

中华民国十年一月十五日

交通总长叶恭绰

经募车债银行团

中国银行冯耿光　交通银行任凤苞　新华储蓄银行方仁元　金城银行周作民　保商银行王麟阁　大陆银行谭荔荪　新亨银行王灏　中孚银行孙达芳　浙江兴业银行徐陈冕　中国通商银行傅宗耀　上海商业储蓄银行杨敦甫　浙江地方实业银行李铭　四明银行孙衡甫　东莱银行[①]

北京商业银行陈毓菜　大生银行张连第　中国实业银行卓定谋　东陆银行贺宪年　聚兴诚银行张博昌　大宛农工银行吕志琴　劝业银行张寿镛　边业银行崔呈璋

(油印件,上档 Q268-1-652-1)

车辆借款对中国铁路建设发挥过积极作用,但也有若干问题延续数年未得妥善解决。据浙兴档案保存的一份 1926 年 7 月《交通部车辆借款经过大概情形》云:"民国十年中国银行等二十二家与交通部订立合同,经募八厘短期购车公债六百万元,作三十股分派。敝行认购一股,计票面二十万之九五折缴款,计洋十九万元。该款即收入往来存款内,开立交通部车债款户。订定每月由四路解款备还。十一年一月廿一日止付第一次,车银团先付车价四分之一,本行实摊 41 200.69 元[②]。嗣因四路缴款不足,车银团乃与另订合同,将旧合同及未发行之债票分别取消。所有未付车债四分之三,由车银团商请华比银行垫付。一面向四路陆续收回,尽先归还华比。间有收款不足,则有中国、金城等行特别垫。我行不在其内。计自十年八月起至十一年一月止,我行除收四路垫摊还垫息,计 3 499.86 元[③]外,实垫 38 700.83 元。据车银团十五(年)一月报告,四路现欠该团本息约二百卅万元(连华比垫款在内),须俟十六年底还清华比债款及中国等特别垫款后,方可摊还在团各银行也。按本行购车公债实缴十九万元,除去实在垫款 38 700.83 元外,应存 151 299.17 元。查往存内车债款户等三户,合计现存 143 649.11 元,实少 7 650.06 元。因当时我行存欠各款照算利息,已分别收付利息账内,而车银团随后来信知照冲回,我行并未照办故也。"(抄件,上档 Q268-1-358)

---

① 原件无代表名字。——编著者

② 原用码子字,今译为阿拉伯数字。下同。——编著者

③ 原文如此,似应为 2 499.86 元,否则与下列几个数字轧不平。——编著者

同日　致曹吉如函,聘任其为浙江兴业银行新设河南郑县分庄主任。云:"前经董事会议决添设郑县分庄,定于明年正月间始筹备。该处轮轨四达并西北货物集中之地,将来工商事业必甚为发达。主任一席,非得勤敏干练之才不克胜任。查执事共事多年,市情熟稔,现经商定遴充郑县分庄主任。自明年正月起,月定薪水壹百式拾元。所有职务希查照分庄规程与汉行接洽办理。至申行会计主任职务,已派沈籁清君接充。请于明年正月内先行移交。在郑庄未经成立以前,并请先在总办事处办事,以便接洽。筹备妥速进行。是所厚望。"(原件,上档 Q268-1-80)

1月17日　浙兴申行徐寄颀就该行职员彭效麟病故酬恤事致总办函。云:"核示该员保险金本年十二月止,提存数为六十七元八角七分。除应在保险金账付出外,具倍给赔偿之六十七元八角七分。查照细则第十五条,应于第四公积金项支付。拟请尊处于核准后即缮支票交下,并恳将该员保证书亦赐以检还。又查该员本年年底止,为满六年,年资薪水到期,丁巳无事假,戊午事假十五日,己未事假四日半,庚申无事假,核来均不逾限。惟既病故,则于六年仍未届满。核与规程不符。应如何办理,以示体恤之处,还希尊裁。又查《劝惩规程》第二条,该员在行任事在五年以上,虽无异常劳绩,办事尚无错误,应否念其家贫母老,酌量赠送奠金或津贴之处,亦候尊处裁定。"先生批复云:"收支股助员彭效麟病故,并据尊处函报家属困难情形,均悉。查酬恤办法现在业经发表,惟须于明年正月实行。彭君在行六年将满,平时尚无错事,并母老无依各情,即经议决,姑援上年周丕承成案,给予恤金七十七元,由总办事处于第四公积金支付;并另送奠敬照薪水一月,由申行并支送保险金。即照规程分别支付可也。"(原件,上档 Q268-1-109)

1月26日　签署浙兴总办致各分支行通函,通告哈、奉分庄改制事宜。云:"现经董事会议决,依照新定本行组织大纲,改哈尔滨分庄为一等支行,设经理、襄理各一人,直辖于总办事处。自民国十年二月八日起(即旧历正月初一)实行。即以钱才甫君升任经理,并以竹尧生君为襄理,列甲等职。奉天分庄改为二等支行,主任名称改为经理,列乙等职。即以娄俪笙君为经理。仍由津行管辖。"(原稿,上档 Q268-1-57)

1月27日　徐寄颀致总办函报告元丰欠款事。云:"元丰上海往来欠款,昨晚又经债权人公议议决,年内先还一成,利息按月照算。其余俟明年陆续归偿。另有凭证,请台洽。"先生批复云:"此事现经决议明年陆续归还。如何分期?请与凭证一并录示。至前交备抵之科学仪器馆股票请即日归还敝处,因汉款所短甚钜,急待抵算也。"(原件,上档 Q268-1-109)

1月28日　杨介眉致先生函,告以到美后情形。云:

　　前蒙先生及诸公宠饯,至深感纫。别后抵美已逾阅月,终日忙碌,未遑早修寸楮以伸谢忱,尤为歉仄。

祺于一月三号进欧芬银行实地练习,原拟不作行员,办事时间可得自由,俾能调查市面各种情形。而该行以为长期习练,不作行员殊多不便。盖恐日与行员相处,若不遵守行章,行员或将效尤,藉为口实。祺因其理由充足,只得允充行员,并承致送月薪美金一百元。然被行章束缚,致乖初愿。

纽约各大银行家重要人员,无不冗忙。如欲晤谈,非预先定约,竟难得会其人,而过此营业时间,寻人尤觉不易。今既有职守,不能仍[任]意与人定约,甚觉不便。拟俟情形稍熟再当设法进[行]。

祺现在纽约大学读晚课三种,一商务英文,一国外汇兑,一公司合同律,并兼习德法文。至德法文,不过略习语言,期为将来旅行之助。惟觉工课过多,能否贯串到底,尚不敢必耳。

嗣后对于我行报告,拟分二种。一市面金融情形,每星期报告一次,直寄申行。前已报告三次。惟终隔重洋,此种报告已为过去情形,无益于营运,仅能作参考之材料耳。一关于银行组织及进行方法,以及特别紧要新闻,报告总处,请不限期,遇有所得,即行陈报。此外,如有须调查之事,即请随时赐示,自当遵办。

（原件,上档 Q268-1-188）

1月30日　下午,主持浙江兴业银行临时股东会议,讨论续增股本50万元事。"是日到会者统共七千七百二十股,已过四分之三以上。照章由董事长主席。""董事长就席宣言云:今日以招本行章程第二十二节开临时股东会,并照章程第二十六节暨第三十节,到会股数已得有决议之权。事缘上年五月二十三日股东临时会通过增加股本一百万元。至十二月九日止为截收股本之期,因各旧股东于原额之外多愿加认新股。及至截收之期共收得股本一百五十万元。上次临时会公决,新旧股东权利平等,现溢出之五十万元应否承认为股本?并权利是否一律?应请公决。黄溯初君、范季美君、沈稚沂君、周孟由君、陈理卿君均有讨论。董事长云:今日会议诸股东既意见相同,然不可不有一种决议的表示。蒋抑卮君云:可请起立表决。董事长云:赞成续加股本五十万元并新旧权利平等者不起立。众无起立者。会场一致通过。"(《续增股本五十万元股东会议决录》,上档 Q268-1-625)

1月31日　签署浙兴总办通函,通报临时股东会决议。云:"昨日临时股东会议决,本行新股续加五十万元,连前共加壹百伍十万元,已如数收足。所有尊处业经函电报告已收之款,即行划交敝处。其已认未缴或随认随缴者,即行一律截收。"
（副本,上档 Q268-1-57）

1月　主持制定浙兴《会计年度改用阳历办法》。云:"本行自辛酉正月初一日

· 451 ·

起,会计年度改用阳历计算。各行所有簿据、契约及一切对外单据,均用阳历日期登记……改用阳历后,每逢六月底、十二月底,均系决算之期。各行定于七月一号起至二号止,一月一号起至二号止,各停止营业二天,将本届内营业一切账项送具报告书,报告总办事处。"(《浙兴各种章程》第5册,上档Q268-1-30)

2月1日 浙兴申行盛竹书致总办函,报告添置人员情况。先生批复云:"拟添人员准其先行试用。盛嵩觐、董效曾二人投于何种帮口①? 请详示。"(原件,上档Q268-1-109)

2月7日 盛竹书致总办函,报告"查押款项下陈振霞户洋一万元、叶柏皋户洋壹千元、周稚湘户元壹千两,均已逾期。屡次函催,亦未见复。因抵押品均佳,是以由敝处各代转期三个月。惟到期利息均未收归,并希台洽"。先生批复云:"到期不将手续转清,究非办法。请仍分别函催。"(原件,同上引档)

2月10日 签署浙兴总办致各分支行函,通报几项人事任命。云:"本处依照修正组织大纲,分设稽核、文书、发行、调查四部,以收分治之效。"遴调汉行副经理王稻坪为稽核部代部长,陈元嵩为文书部代部长,书记长项兰生兼任发行部部长,申行代副经理胡孟嘉为调查部部长。(副本,上档Q268-1-59)

浙兴新设调查部,"该部新设,行中无馀地,乃暂借董事室办公",先生亲临指导。(王叔畬《追念叶公揆初》,《兴业邮乘》,复第54期)

同日 杨介眉自美国致先生函。云:"昨奉一月十三日惠书,承锡金石之言,铭感肺腑。王君康生曾会晤两次,人甚诚恳,性情平和,至其学问如何,容探悉详陈。又奉总处来示,汇给贴补三百元,惟祺现由欧芬发给月薪一百元,已敷用费,兹特另函恳求总处将此款收回,将来如有需用之处,再当陈请发给。铭感云谊,莫可言宣。"(原件,上档Q268-1-188)

同日 杨介眉致先生电。云:"已与欧芬商妥,可派一人练习,惟不给薪。益兄②如未成行,请俟信到,来此共砚益多。"又再致函先生云:"前奉一缄,谅达左右:前承嘱留意派员来美习练之事,祺原拟寻觅中等银行,以为易于练习全部事务,搜寻数次,不得合宜银行。而欧芬行章多与我行相似,如能调派活动,不难贯串全部,且其国外部分极大,办法周详,手续严密,其他各大银行多不能及。乃于日前致函该行,要求派员练习,与上海银行行员一律看待。并与其主管人员详细讨论,调派各部,可由派来行员自行斟酌练习时间,随时请调。已得该行复函应允,并已直接函告申行矣。""查上海银行派员习练,欧芬原不发给薪水,仅蒋君蕙仙到行数月之

---

① 盛、董二人被安排当"跑街"。当时商界任此行当者似另有组织,俗称"帮口"。——编著者
② 朱益能,时任浙兴稽核部部长。——编著者

后,派在外国汇兑部办事,始给月薪一百元,今既欲其调派活动,不能与该行实行办事,薪水一层只能听该行之便。据其主管人员云,美国富家子弟常有来行习练者,多不发给月薪,惟每年给薪水一元。盖行员均须遵守行章,若无薪水,似不便加以约束,且与法律上有极大关系。如遇发生舞弊情事,可以曾领薪水证明其为行员。至其数目多寡,可得自由伸缩耳。""对于我派员,或可按月薪五元办法办理,当视时机再行酌定耳。尊处派员务请择选英语纯熟、略识行务者充之。英语最为紧要,祺英语不精,吃亏之处甚多。""支加哥大陆银行,祺路过该处时曾往见其国外部经理,见其行规模甚大,惟尚不及欧芬,惜时间匆促,未能参观。益兄如能介绍入行,亦甚有益,必能为我行多添一代理处也。""中国学生现在各行习练甚不乏人,惟多受薪水,调派不能自由,颇觉难得贯申全部事务,进步尤极迟缓,然能耐心久练者,此目的未常[尝]不能达到。"(原件,同上引档)

2 月 14 日　杨介眉复先生函。云:"顷奉尊电,译为'益能已介绍入支加谷大陆银行,欧芬准另派一人来'。敬悉益兄进大陆银行事已办妥,深为欣慰。尊处派人,请选英文熟习兼有银行经练者为最合宜。如兼习英文,不但精力不逮,实习亦觉困难。祺实因此吃亏不少,务请特别注意。练习由国外部人手,若专习此部约需六个月。其馀如会计、放款、存款、信托、担保品各部,共须三月即可蒇事。至营业各部,均系与顾客接洽机关,无可习练。故英文精通之人只须半年或九个月即可全部完毕。""又,纽约百物昂贵,目前用费每月约需一百五十元左右。惟现正在减价之时,然物价决不能回至欧战以前数目,恐每月非有此数不能敷用耳。"(原件,同上引档)

2 月 20 日　主持浙兴重员会议。到会者蒋抑卮、陈叔通、盛竹书、张笃生、徐寄顾、胡孟嘉、朱振之、马久甫、闻信之、娄俪笙、竹尧生、曹吉如、孙人镜、陈元嵩、朱益能等。先生云:"去年本行营业成绩更为佳胜,诸同人合力猛进,方克臻此。董会不胜感幸。惟是同业竞争,日趋剧烈,必须随事改良,方可与年俱进。去年曾拟修改规程,增加股本,业已次第举办。股本加多,负任益重,更非积极进行不可。今拟有进行方法,应请诸君共同讨论。"会议逐条讨论并议决如下:

(甲)议各行统一银元汇兑办法。3 月 15 日起开办。

(乙)议上海江苏银行及周口中国银行与我行订约往来事。

先生云:"上海江苏银行及周口中国银行均愿与我行订约往来。在苏行方面纯图汇兑上之利便,而周中行则含有利用我行之意义。苏行在南通、蚌埠、徐州等处均有分行,我行即可转托各该行代理收解,与我行亦不为无益。故与该两行往来情形各有不同。鄙人之意,周中行可由汉行与彼订约,限定若干数目,京津两行交换之款,统归汉行转账。苏行由申行与彼订约,各行均可与之往来,统归申行转账。"

众均赞成。即由上海江苏银行及周口中国银行所拟合同草案,分文申、汉两行,先行核议报处,酌定办法。

(丙)议各行银户往来欠款额度。

会议修订通过《各行统一银元汇兑办法》《各行银元汇兑报单手续》等规程。

(《民十年重员会议记录》,上档 Q268-1-59)

2 月 为增加股本、修改章程事,领衔签署呈农商部、财政部、上海县知事公署文。云:

> 具呈人浙江兴业银行董事长叶景葵等,呈为增加股本并修改章程禀请转呈注册改给执照事。窃本银行开设于前清光绪三十四年,股本一百万元,业经先后收足。迄于前清光绪三十四年正月二十七日及民国五年二月十四日禀准农商部注册给照,并将章程禀蒙核准各在案。兹经民国九年五月二十三日及十年一月三十日两次股东临时会议决,增加股本一百五十万元,合计二百五十万元。截止民国十年一月三十日为止,如数收足,章程亦经逐条修改,由股东会议决。谨遵照公司注册规程细则第十四条,缮成股东会决议录,董事、监察人姓名住址清折,并修改章程各五份,除径行呈部核办外,恳祈转呈道尹、实业厅,详请省长咨陈农商部核准注册,改给执照。(副本,上档 Q268-1-625)

2 月 浙兴董事会“议定派赴美国代表杨静祺遵照银行规定权限,由董事会备呈正副委任状各一份,送请江苏交涉公署签印”。(1921 年 2 月 22 日《申报》)

2 月 先生委派浙兴总办稽核部长朱益能赴美国芝加哥大陆银行实习。遴订汉行副经理王稻坪代理,汉行副经理由原会计主任闻信之代理。(总办通函,上档 Q268-1-57)

3 月 1 日 签署浙兴总办通函,通报哈行经理钱才甫现已调回总处,哈行经理一席即请津行总经理潘履园君兼代,业已抵哈,电令即日任事。津行总经理一席派遣董事顾逸农君前往兼代。(副本,上档 Q268-1-59)

3 月 2 日 经募车债银行团各银行在北京签订合约,作为与交通部所订合同之补充。盛竹书代表浙兴在合约上签字。合约全文如下:

> 立合约:经募车债银行团今因垫款经募交通部(以下简称交部)八厘短期购车公债(以下简称车债),共同组织团体,与交通部订立之合同应共同遵守外,兹再公同议订条件如左:

> 第一条 本团定名为经募车债银行团,以署名签字于本合同之各银行组织之。

> 第二条 本团以承募交部车债为目的。此项车债应向各地募集,以期实业投资之普及。

· 454 ·

第三条　本团承募车债总额，计通用银元陆百万元。按照本团与交部所订合同（以下称原合同）第四条，应照实收数目总额先行垫款。兹将总额陆百万元分为三十股，即每股贰拾万元。在团各银行垫款之数目，以附单认定之股数为准。

第四条　本团此项公债分期发售。其每期发售之数目及日期并截止日期，均由本团与交部商订。未经发售之债票由干事封固，送交公共委托之银行保管，发售时由各行先给收条，定期换给债票。各行经售数目，每星期结束一次，将照付利息收进债本。报告干事，按股均分，并领取债票转给买主。其每期截止后剩余债票，应由各行按股分配，自行留存得自由出售。但于每次公共发售期间内，不得夹杂出售。

第五条　本团设干事四人，经理本团一切事务；监察人三人，监察本团款项出入，均义务职。前项干事由本团公推，每一年为一任，得连举连任。监察人每三个月为一任，以在团各银行签定次序，轮流充任。

第六条　本团设办事机关于北京银行公会，聘任专门人员及雇用办事员。其薪水旅费及邮电告白暨其他各费，均按股分担。前项用项［款］，由干事筹垫，每月终结算一次。经监察人查核签字，向在团各银行收取归垫。

第七条　本团每届经理车债还本付息，由京、津、沪、汉在团各银行，于一个月前公推一银行担任，先期登报通告。每日所付出本息，由担任之银行结算后，照各行所认之股数平均分配，开具当日支票向收。其在团各银行在京、津、沪、汉如无机关者，应事先委托他行代理，以代付款项。公推之银行关于经理此项还本付息，应另设专簿记载，以备当地在团各银行随时核对检查。

第八条　凡交部存款及还本付息准备金，均由本团指定收款之银行，于次日按照在团各银行认定股分均摊之数分配，拨存于各银行。在团各银行对于前项存款及还本付息准备金共同负责。

第九条　凡承募车债，应按原合同应得之利益按股分配各银行，不以各行售票之数目为准。

第十条　本团遇有重要事件，须开全体会议，在团各银行应各派重要职员一人到会。其议决事件以每股为一权，取决多数。

第十一条　应付车价时，由交部通知本团干事，并经干事会同检察人审查，确系应付车价，即由干事会同检察人向在团各银行按照所认股数支取，汇总拨交承办车辆之公司。

第十二条　本合约作成抄本两份，送交财、交两部存案。

第十三条　本合约经在团各银行代表会议议决后签字盖章，各执一份。

第十四条　凡本合约未尽事宜,由本团会议议决施行,但以利益均沾并不违背本合同及原合同所订各条为限。

第十五条　本合约俟车债办理完竣作为无效。

公同负责办法

一、本团对于交部存款,由在团各银行公同负责。

一、在团各银行收到售出债款及交通部拨付利息之款,与夫各路局债本付利准备金时,各出具本票交由干事及监察人共同封固,归指定之银行保存。

一、在团各银行中,经多数议决认为有危险情形,即行凭票取款,不得异言。

一、在团银行如有意外情事,对于前项款项首先设法归偿,不得列入普通债务之内。(各银行认募车债股数及署名略)

（印刷件,上档 Q268‐1‐652)

3 月 14 日　浙兴总办致北京经募车债银行团函,委派浙兴北京分行经理汪卜桑,代表盛竹书总经理担任第三任监察人,参加相关活动。(副本,上档 Q268‐1‐356)

3 月 21 日　经募车债银行团致浙兴总办函,云:"本团合约业经各行签字齐,贵行一份已由钱新之兄转交。查本团与交通部所订合同第四条,自本合同签订之日起,乙方应按照债票实收数目总额先行垫款,交与甲方;垫款利息照债票利息计算。第五条前项垫款或所收债款,均收入甲方账下,作为甲方存款,按周息四厘计算。乞即按贵行权认借款股数,以一月十五日期转记交通部账。所有购车事宜,本团正与交通部接洽,当随时奉闻。"(引自 1921 年 3 月 24 日浙兴总办复函,同上引档)

3 月 24 日　签署浙兴总办复经募车债银行团函。云:"查敝行担任募债数为一股二十万元。按九五扣计十九万元。已按一月十五日期收入交通部册,即希台洽。"(副本,同上引档)

3 月 27 日　主持浙兴第 14 届股东常会。由董事长叶揆初、办事董事蒋抑卮、沈新三等签署本行第 14 届营业报告,公布民国十年《财产目录》《贷借对照表》与《损益计算表》。主要项目如下:

股本总额 250 万元;现款 2 015 894 元;存放他银行及钱庄 4 560 270 元;兑换券准备金 365 万元;抵押放款 6 219 036 元;有价证券 2 374 956 元;房地产 40 万元;各种定期存款 5 705 786 元;各种活期存款 6 726 411 元;本届纯利 266 806 元。(《兴业邮乘》,第 16 期)先生发表《营业报告书》,报告上年本行取得的成绩以及本届金融形势。云:

本届股份总额增为二百五十万元,今日各股东萃于一堂,可谓本行之新纪元。溯自总行移设上海以来,今已六阅寒暑。自今以后,改为阳历结账,故本届营业情形,又可谓六年来之小结束。本届营业方针无甚更变,最注重者抵押放款,仍以经营货栈为根本。故申行已将上届租赁之货栈向业主购得。又于苏州河滨租办第二货栈。哈庄亦于铁路附属地内,购得货栈一所,为存储押品之用。惟津行与津中行合办之中兴公栈,以地点不宜,业已退租,尚待另筹。杭、津、奉三处行屋,均系租赁,已嫌逼仄。杭、奉行基,前已选定,本届绘图投标,同时兴筑。津行拟迁入法租界,亦购得行基一区,以待来年为逐渐经营之计。

哈庄为扩充汇兑起见,于九月间在道里分设事务所。董事会已依照本届修正章程定于十年一月改哈庄为支行,直辖于总行。奉庄亦同时改为支行,仍归津行管辖。

本届营业收入,仍以利息为最,汇水次之。各行放款总额均较上届为增。各行汇款总额所增尤巨。以汉、哈为最,津、申次之。国外汇兑,以渐进行,又与巴黎劳合银行订约代理。

本届各种定期存款,较上届约增五分之一。各种活期存款,较上届约增十分之一。其各行增加之率,以申为最,汉次之,津次之,京、哈次之,杭、奉又次之。

本届各地金融大势,异常杌陧。一因先令骤缩。申、津两埠之进口业,皆以定货未结,亏折甚钜。论者谓为通商以来罕见之厄。奉、哈两埠亦因金票陡涨,恐慌迭至,著名之发字号竟至一蹶不振。二因货物停滞。出口各业受东西国战后经济之影响,存货不销,内地农产无人过问。购买力愈形薄弱,进口货亦因而滞销,各处货栈屯积无隙地。三因兵灾迭见。近畿旱荒,饿莩载道;直皖构衅,全国骚然。江汉为缦毂之区,鼙鼓之声屡作。六月间吴军之变,竟在商场附近激战。风鹤之警,无月无之。一张一弛,心力瘁矣。四因通货缺乏。整理京钞,政府颇有毅力。然京津一带,行号骤失,大宗筹码相继停闭者十四五家。其中不乏他种缘因,要皆信用过滥之所致。此外,各地同业亦复苦乐不均,时闻愁叹。有此四因,无论直接间接影响于我行者,事后思之,犹觉惊心动魄。故赢利稍优于畴昔,而辛劳亦倍于平时。景葵等才识凡庸,深以不克负荷为惧。观于本届增股踊跃,及本行股票市价始终坚定各情形,足征股东对于本行实有休戚与共之意,所堪告慰者此耳。(印刷件,上档 Q268-1-507)

会议照章选留旧董事二人:叶揆初、胡藻青;选举新董事九人:刘澂如、蒋抑卮、周湘舲、项兰生、沈新三、张澹如、陈理卿、陈叔通、潘履园;选举监查人三人:徐眉

轩、蒋赋荪、范季美①。(《兴业邮乘》,第 13 期)

3 月 28 日 浙兴新董事会会议,照章选举办事董事五人:叶揆初、蒋抑卮、沈新三、项兰生、陈叔通。又选叶揆初为董事长。会议议决哈行即请潘履园兼任经理;津行总经理即由顾逸农接替。(1921 年 3 月 29 日浙兴总办通函,上档 Q268 - 1 - 59)

3 月 31 日 签署浙江兴业银行呈上海县知事公署文,为增加股本、修改章程事,请予核准注册。4 月 1 日获批复。(呈文副本及批复原件,上档 Q268 - 1 - 625)

3 月 检出宣统元年六月致父母亲报告二弟景莱不幸消息之家书,装订成册,题名《鸰痛记》,并于封面题识。云:

> 余二弟仲裕于宣统元年己酉六月初三日黎明,舟行长江至泰兴上游,投水死,此为平生极痛心之事。箧中尚存当时家禀三十馀纸,报告甚详。检出重装,使子孙读之,知吾家有此志事,并为将来社会青年作借镜之资。读者当哀其不幸也!辛酉二月揆初记。(手迹,《鸰痛记》,上海图书馆藏)

3 月 上海银行公会会同银钱业组织上海造币厂借款银团。财政部发行国库券总额 250 万元,由银团担任发售。借款专充上海造币厂购地建厂及购置机械等项之用。浙江兴业银行为银团成员之一。上海银行公会公推盛竹书赴京接洽。3 月 2 日合同签字。此后银行公会组织银团董事会,各行庄认购数共达 365.5 万元,超过定额 115.5 万元。(徐沧水《上海银行公会事业史》,第 6 页)

4 月 13 日 签署浙兴总办致各行通函。云:"金融公债近日价涨,如须售脱,请先函商敝处,再行决定为要。"(副本,上档 Q268 - 1 - 59)

4 月 18 日 赴狄楚青之约,同座金仍珠、郑孝胥等。(《郑孝胥日记》,第 1865 页)

4 月 23 日 张公权、周作民致先生等电,商维持车债团事。云:"李馥荪先生转揆初、光甫诸公鉴:盛谈诸兄谅已到,车债团已立待结束。既诚联合会公议,拟请沪团速议电复,并乞格外维持至祷。公权、作民。"(原电,上档 Q268 - 1 - 652)

5 月 6 日 签署浙兴总办通函,通告各分支行"今年会计年度用阳历,应抄各种报告日期亦以阳历为标准"。计有:(一)每日应抄报告①各种收付单;②会计股收付结单;③收支股收付结单;④营业日报;⑤营业准备金表;⑥行市报告;⑦库存点现表;⑧外国货币存空表;⑨外国货币行市表;⑩各项开支细数报告。(二)每个月半应抄报告(略)。(三)每逢月底应抄报告(略)。(四)新添户或旧户变更应抄报

---

① 范季美于 1922 年 1 月辞职。——编著者

告(略)。(副本,上档 Q268-1-59)

5 月 9 日　主持浙兴董事会会议。议决本行所属事务所一律改为分理处。
(《浙兴各种章程》第 5 册附注,上档 Q268-1-30)

5 月 13 日　签署浙兴总办通函,要求上报广告费开支情况。云:"上年广告费
支出为数甚钜。现拟分别种类,删除繁复,以期节减。尊处所登广告共有几种? 并
分登报纸份,何种系逐日登载,何种系间日轮流登载,每种每月需费若干,应请将所
登各报广告,均裁下一纸,并将上列情况查明,另纸开载连同寄本处,以便考核,酌
定办法,再行奉告。"(副本,上档 Q268-1-59)

5 月 14 日　出席商务印书馆民国十年股东常会。李拔可报告民国九年总分
馆营业情况,张葆初报告本届决算各项数目均无误。选举新一届董事会。(1921
年 5 月 15 日《申报》)先生未担任本届董事。

约 5 月下旬至 6 月上旬　赴北京。访交通总长叶恭绰,代表浙路股款清算处
催索第 12 期应领浙路股款。先生后记云:"七年六月十日应领之第十二期,则如石
沉大海矣。在十年二三月间叶誉虎任交通部长,景葵以浙路十二期久悬未付,审察
财政情形,政府除赖债外,别无办法,而浙路财产业已由政府接收转抵于中英银公
司,部发证券毫无担保,第四期以后皆系以他路之收入移付浙路之旧债,以后路政
收入,断难抱注,计惟有催促中英银公司迅速完成杭绍线,银公司必要求续借款项,
加发债票,斯时将江浙两路未完股款,并计在内,则旧案可以了结。叶颇谓然。未
几去任,而代以张远伯志潭。"(《浙路股款清算处始末》,《杂著》,第 304 页)

5 月 22 日　赴陶然亭。参加在京杭人生日会第四集。生日会原有陈汉第、杨
晋、吴震春、邵章、马叙伦、许宝蘅等 12 人组成。是日,先生与王维季等应邀"加
席"。(《许宝蘅日记》,第 714 页)

6 月 2 日　在京应夏循垍(爽夫)之约,赴迫群社①。许宝蘅记云:"到迫群社,
爽夫约,同座有(孙)慕韩、(孙)仲玙、仲远、志钧、揆初、叔衡、慕孙,二时后散。"(同
上引书,第 821 页)

6 月 13 日　主持浙兴董事会,讨论调查部人事及各项规程。(同年 6 月 15 日
浙兴总办通函,上档 Q268-1-59)

6 月 15 日　浙兴总办致各分支行通函。通报调查部长胡孟嘉"已辞不就职,
所有部长一席暂不设置,致调查部事务亟待进行。现经拟就《调查部议事规程》《调
查事件分类编档细则》《调查实施细则》各一种并各项表式六种,业于六月十三日经

---

① 迫群社,当时旅京杭州人聚会之处。——编著者

董事会议决通过作为试办。"（副本,同上引档）

6月18日 浙兴总办得经募车债银行团电,通知本月22日在北京银行公会召开全体大会,"讨论审查车债开标办法"。当日,复函银行团,告知请浙兴京行汪卜桑代表参加会议。（副本,上档 Q268-1-365）

同日 签署浙兴总办致汪卜桑函。云:"兹敝处仍请阁下届时代表到会"。另告以四明银行亦委托其代表参加会议。（副本,同上引档）

6月 主持浙兴总办重订并汇编浙兴各种章程。包括《董事会会议规程》《花红分配规程》《统一银行汇兑办法》《股东调换外股股票办法》《武昌分理处规程》等。（《浙兴各种章程》第6册,上档 Q268-1-31）

6月 商务印书馆辑印《四部丛刊》第三期书出版,计45种、320册。由先生提供底本之《河南穆公集》即在其内。(1921年6月12日《申报》广告)孙毓修《四部丛刊书录》云:"《河南穆公集》三卷《遗事》一卷《校补》一卷一册 杭州叶氏藏述古堂钞本 宋穆修撰 每叶二十行,行十八字。遗事末叶有'钱尊王家藏照宋钞本'云云。有淳熙丁未刘清之后跋,印成得朱氏曝书亭写本,补祖无择序一首,又校其异同,附于卷末。有平阳汪氏印记。"（原书,第40页）

7月4日 签署浙兴总办复经募车债银行团函。云:"奉书转呈交通部债票业经印就,须在团各银行签字。承嘱将敝行行章式样寄奉,以便缩印。兹附奉一纸,希詧收汇送为荷。"（副本,上档 Q268-1-356）

同日 签署浙兴总办致汪卜桑函。云:"车债银团开会,荷阁下代表到会,至感。附来会议记事录一份,遵即转交四明银行可也。兹附复车债银行团函一件,内附行章式样,请转递为荷。"（副本,同上引档）

7月11日 北京政府财政部与四合公司①签订借款合同两份:①130万元,②90万元。分别如下:

> 立合同:财政部、四合公司。今因财政部向四合公司商借现洋壹百叁拾万

---

① 四合公司为浙江兴业银行参与发起并为其主要入股者的一家投资公司。设于北京施家胡同浙兴京行内。董事长金仍珠。当时北洋政府财政拮据,债台高筑,除内债外还向外国大举借债。浙兴档案中保存有一份浙兴京行抄录的1921年8月财政部与法商哈达忒公司签订的借款合同。订有财政部向该公司借款1 300万法郎,按九四扣交付,月息一分八厘,定期一年,以盐税抵还。扣率、利息似与四合公司相同,然而盐税抵还一条,可见其条件之苛刻程度。四合公司贷款与车债银行团借款形式上相似,但性质不同。车债为专项借款,后无明确用途,缺乏运营中各方有效牵制与监督。实际上财政部后来并未履约。浙兴档案显示,期限一年的借款,到1924年3月尚未解决,财政部仍欠四合公司本息57.09万元。几经交涉,效果不大,直至1925年10月,浙兴与先生等还在为此事奔走交涉。参见1924、1925年本谱相关条目。——编著者

元,约定条件如下:

一、此项借款壹百叁拾万元,按照九五扣交款(即每百元实交玖拾伍元),还款时财政部按照借款壹百叁拾万元归还。

二、此项借款以一年为期。自十年七月十一日起至十一年七月十一日为限。

三、此项借款利息按月壹分捌厘计算。

四、此项借款交款、还款均在上海行之。

五、此项借款以金融短期公债贰百万元为抵押品。该抵押品系按票面六五折计算。倘借款期内票面市价跌至七折,经四合公司通知应即增加抵押品,以凑足票面七五折为度。

六、此项借款之抵押品金融短期公债在此抵押期内,所有抽中之票及每届利息,应由四合公司收归分别收还本息。

七、此项借款财政部到期不还或还不足数,四合公司不必通知财政部,得将抵押品全部或一部分拍卖,以清还押款之本息为度。有余交还财政部,不足由财政部补还。

八、本合同照缮两份,财政部、四合公司各执一份

财政部　钮传善(部长印鉴)

四合公司　金仍珠(印)

立合同:财政部、中国银行、四合公司。今因财政部向四合公司借款现洋玖拾万元,议定条件如左:

一、财政部以中国银行官股股票票面壹百式拾万元为抵押品,向四合公司押借现洋玖拾万元,按九四扣交款(每百元实交玖拾肆元),还款时财政部按照借款总额玖拾万元归还。

二、前项借款以六个月为期。自十年七月十一日起至十一年一月十一日为限。

三、前项借款利息按月壹分捌厘计算。

四、前项借款由中国银行为保证人。

五、前项借款除财政部交来抵押品外,应由部指定到期还款准在中国银行所收盐余项下或关余项下尽先拨还。

六、前项借款之抵押品中国银行官股股票,准先过四合公司户。

七、前项借款交款、付款均在北京行之。

八、前项借款如财政部到期不还或还不足数,四合公司不必通知财政部,

得将抵押品全部或一部分拍卖,以还清押款之本息为度。

九、前项抵押品拍卖之后,如归还押款本息尚有余款,由四合公司交还财政部,不足由财政部或保证人如数补还。

十、财政部须预先向中国银行声明,前项拍押品官股股票,一经过入四合公司户后即为完全商股,与普通商股应享权利一律平等。

十一、本合同照缮三份,财政部与四合公司、中国银行各执一份。

> 中国银行(印)
>
> 财政部　钮传善(部长印鉴)
>
> 四合公司　金仍珠(印)
>
> (原件,上档 Q268-1-350)

7月14日　财政部致四合公司函。云:"本部顷以中国银行股票一百二十万元作抵,向贵公司借款九十万元,业由中国银行证明担保在案。查该项股票虽已过户,在受押期内不能行使股东权利。合同第十条订明办法,俟借款到期不赎,照章变卖,方为有效。特此声明,诸希台洽。"(副本,上档 Q268-1-347)

7月18日　杨介眉致先生电,告以自己已改投上海商业储蓄银行。文曰:"揆公大鉴:已就上海银行,伏恳准予辞去驻美代表职务,不克终始,尤任惶悚,下情函陈。"同日,杨又致函先生云:"祺出游之前曾奉尊示,许以返国之后去就自由,临行时复承嘱兼代驻美代表职务,领命之下,感愧莫名。而抵美以来,宿疾时发,三年计划,势难贯彻到底,故前已与上海银行订约早归,返回后必力谋两行共进幸福,想亦先生所赞许者也。现定明春返回,兹先电恳辞去代表职务,尚祈俯如所请,是为至祷。至代表职务,未克始终,不胜惶悚,图报有时,惟乞曲宥,临颖无任歉仄,旁皇之至。"(原件,上档 Q268-1-188)

7月22日　先生复杨介眉电。云:"自公去后,痛苦万状,顷奉来电,惶悚莫名,务乞收回成命。另函详。葵。"同日,又致杨函云:"前月十八肃复一缄,谅蒙察及。正盼缩短期限,早日归国,乃振飞兄过沪,传述尊意,昨又奉电示,已有上海之约,同人等均极为皇悚。""忆自丁巳申行改革伊始,即承不弃,惠然肯来,共事四年,彼此气谊均称融洽,而不知公之感受痛苦,亦即在此四年之中。此皆由弟德薄能鲜,平日绝无体察之所致。""去岁忽来书辞职,并以赴美求学为言,彼时申行接替无人,弟之本意实难允议,只以词意坚决,以为尚不如暂遂公志,将来终可量移借重,且首途之日,仍拳拳旧谊,允任驻美代表,允征雅爱。此弟所铭感勿谖者。今公忍而遽出于此?况上海人才与我行较,以我行为弱,公亦宜以扶弱为先。虽弟与公订交之日,诚不如光甫兄之深,然区区愚悃素荷鉴谅,是否弟对于公尚有不诚之处,还求见教,谨当负荆以请。万祈俯念我行相需之切,勿萌去志。至于返国后以何地何事为合,悉凭选择,切实告我,决不使公再受以前之痛苦也。掬诚布达,幸赐教言,无任企荷。振飞兄去年即经约定接任书记长之职,现已挽其到行,并以附闻。"(副本,同上引档)

同日　杨介眉致先生函。云:"祺就上海银行亦有不得已之苦衷,已往情形早在洞鉴之中。人错铸成,无可挽回,言念及此,五内俱焚。祺前次辞职,尽人皆知,不但无颜重来,且不愿即回上海,故求上海银行调派香港分行,业已订约,无从反悔。前承许以自由,尚祈体查下情,俯允所请,至为盼祷。电文过费,故用函复,馀情容返国后面陈。"(原件,同上引档)

7 月　应征加入中华职业教育社,为第 22 队队员。该队队长劳敬修,队员还有吕岳泉、陶心如、盛竹书、徐寄庼等。(1921 年 7 月 12 日、19 日《申报》)

8 月 1 日　胡祖同致先生函,退还浙兴补习班 8 月份薪水。云:"前奉惠书,知补习班成效极少,假后拟暂时停办。祖同责任所在,万分抱歉。正欲趋前请罪,乃复赐下八月份薪金百圆,惭愧之馀益增惶悚。盖欲心领璧谢,恐易滋误会;欲遵命收受,则与理未当。以祖同今日之境遇,而有此等问题措办之难,殆有非言语所能形容者矣。伏思祖同之离兴业,乃出于不得已之苦衷,虽旁人神经过敏,不无失当之猜测,而先生长者,谅必洞鉴其实情。敢本素志,谨将原钞百圆附上,敬乞亮詧,赐予收回,感荷高谊,实无既极。祖同一介书生,受知来沪遭时不遇,图报未能,顾身虽隔而心未离,来日方长,环境易迁,表白其心志以酬惠赐于万一。教授虽属重要,犹其馀事耳!"(原件,上档 Q268-1-80)

8 月 5 日　签署浙兴总办复经募车债银行团函。云:"承附还敝行行章印鉴一张,已收。荷示交通部以行章形式长大,不合债票盖章之用。兹遵另奉小方行章印鉴一张,即希詧收汇送。"(副本,上档 Q268-1-356)

8 月 24 日　杨介眉在美国就先生 7 月 22 日函电致陈叔通长函,再次解释转投上海银行缘由。云:"揆公函云'今公何忍而遽出此'至'勿萌去志'一节等情,读之尤觉毛悚臂然! 按祺屡上辞呈,不蒙允准,最后承揆公函许返国之后,去就自由。在辞职不获之时,得此一语,认为默许,深印入脑,故祺致光甫之函有云'前蒙揆公函许返国自由,兴业方面绝无防碍,且我两行终须携手,本此宗旨,谅亦兴业诸公所赞同者也'等情。今揆公以'何忍'责祺,祺实无以自明。祺非敢因此一语妄加猜论,况祺临行之时允充代表,并允暂受资补,确有未尽断关系之嫌疑,但当时祺之观念,则为欲避上海方面之议论。今远出重洋,毫无牵涉,冀得机缘,稍效绵薄,且屡受恩惠,将来返国,无论回行与否,必力图报答。此实祺之私衷未敢须臾忘者。又,祺服务四载,屡蒙揆初先生及诸公不吝训诲,获益良多,公惰私谊尤极浓密,今祺之就上海银行,系自度才力之决定,非有交谊之感想也。""祺曾调查欧芬银行与信托公司合并之后,改革之困难远胜兴业,同事之中发生冲突之事,至今尤时有所闻,亦因均以行务为前提,故易解决。兴业近复增加资本,改革行章,基础尤为巩固。然细查兴业发达之原由,实因扩张国内营业谨慎进行之故。嗣后方针自应以此为根据,国外汇兑似不宜推广。盖国外汇兑复杂万分,非有全部人才不能收效。世界金融变动极大,难以着摸,如不大做,不能获利。如果大做,危险尤多,不似国内营业易于收缩。兴业若忽拨三数百万做此冒险营业,必无是理,且全才难得,尤为困难。纽约第一最大银行专做国内营业,近数年之中金价涨落出乎寻常,美国银行做国外汇兑者无不吃亏,较小银行倒闭者亦有数家。如纽约最大之信托公司去岁亏折在千万以上,而独该银行竟能获利,实因专做国内营业之故。""至上海银行,则国外汇兑开办已久,营业扩张亦极迅速,全行之力均注于此,虽为冒险,其势只能有进无退,现虽增加资本,亦只能向此途发展,此预料上海银行进行之方针也。祺现所斯习练论,自觉进上海银行为宜。上海银行国外汇兑已有规模,办理内部事务尚可胜任,若主持全部则实无此才力。兴业注重国内营业,人才济济,去祺一人无足轻重。上海银行熟习国外汇兑情形者尚多缺乏,祺若能进该行,或可滥竽充数。推想及此,复得一理想之计划。我国商业银行之中,自以兴业为首,而上海银行对外营业亦已立有基础,若能两行携手,兴业对内,上海对外,合力进行,则在银行界中可有极强固之势力。纽约之西提银行(即第一最大之银行)与花旗银行合力进行,故其势力最大,此实祺拟进上海银行之缘因,并报联络两行之宗旨也。"(原件,上档Q268-1-188)

8月28日　先生主持浙兴第15次上届股东常会在沪召开,照新改章程每年召开股东会两次。[①] 先生《营业报告书》云:"本届为改用阳历结账后第一届,半年总结,实际营业尚不足五个月。此五个月内,各埠商业之疲滞,一如昨岁;银根极松,拆息低落;出口货物,推销无几。而各种新企业忽风发云涌,有异军突起之势,不可谓非经济界之一大变迁也。至于兵争相寻,遍地荆棘,宜昌剧变之后,继以武昌仓卒并发,不可收拾。虽祸在一隅,而影响全局。政治风潮则如彼,商业状况则如此。以往事衡之金融,恐慌似无幸免之理。是以本行睹兹时变,惟有循途守辙。各种放款诚未遑力图恢扩;而存款增加之率,既速且钜,收付相抵,所赢止此。惟冀下届半年时局稍定,商业稍振,推广营运实为本行刻不容缓之图。此则不敢不加勉耳!"(印刷件,上档Q268-1-507)

---

① 浙兴第十五、十六、十七次股东会分上下两届,而《兴业邮乘》所载此三届股东会营业报告所附《贷借对照表》《损益计算表》不分上下届,且年份均标下届召开之年。因而本谱亦将该届主要经济指标系于下届召开之时。——编著者

9 月 2 日　商务印书馆总经理鲍咸昌复先生函,协商印钞费折扣事。云:"昨奉大书,诵悉种切。印钞合同草底并前有陈叔翁转述各节,均可照办。惟印价一项,尊意拟以八五折计算,但敝处承印此种印件,手续颇繁,特派管理尤须严密,因之需费较诸他种为巨。承示折扣,相差未免太远。然念尊处交易有素,不得不格外核实,勉以照价九折付款,用答厚意。此外或有协商之处,特嘱敝友吴渔荃兄趋前,俾便面洽一切。"(原件,上档 Q268 - 1 - 606)

9 月 7 日　先生复鲍咸昌函,答允九折印价,但对延长印制期提请商榷。函云:"昨由渔荃兄交下印钞合同草底,尊意于交票期限一条改为九个月。查此项交票期限,原定共为七个月,本由尊处酌定,拟请仍照尊定前议,限七个月如数交足。又双方罚则甲项内,尊意改为'酌量赔偿'字样,仍苦无标准可资依据。与其临时致滋疑义,不如明白改定之为愈。敝处拟改为'应由商务印书馆按迟交票面洋数照市贴息'。此系为预定相当标准,藉免疑义起见,而彼此交谊,又非悠泛,故特再以奉商,敬乞鉴纳为幸。弟因事亟拟北上,深愿成行以前双方确定,并祈迅予酌夺示复。不胜感盼。原草底附奉,请察收。"(副本,同上引档)

同日　鲍咸昌复先生函,同意在合同内订明延期交票的赔偿条款,但总限期仍坚持九个月。函云:"顷奉台示,并阅准印钞合同草底。敬悉尊意于双方罚则内甲项条文,若无故迟延,应由敝馆按迟交票面洋数照市贴息以为标准,而免疑义等因。此属公允办法,谨当遵命。惟交票期限必请展至九个月者,实因此项印件手续繁重,逐节均备稽查,不能超越一步。为详慎计,是以宽此限期。在敝处果深望不满九月而提前蒇事也。弟对于此事十分注意,且列表规定某日责成某部办理某工,冀免延误,以仰副股股见属之雅。推想高明必能俯如所请焉。"(原件,同上引档)

9 月 14 日　经过商务与浙兴双方协商,印钞交票期限问题妥然解决,商务分批交货,前后总共九个月。是日合同签字,全文如下:

立合同:浙江兴业银行、商务印书馆,今由浙江兴业银行交商务印书馆代印钞票三种,所有印数、纸张、大小、印价,以及付银、交货期限等,双方议定各款开列于后。计开:

一、钞票印数

乙元票五十万张,五元票乙百式十万张,十元票叁拾五万张。共三种印式百零伍万张。另附钞票印数清单一纸。

一、钞票大小

乙元票英尺纵二寸又八分之五,横四寸又四分之三;五元票英尺纵三寸,横五寸又二分之一;十元票英尺纵三寸,横六寸又二分之一。

一、钞票用纸

所用纸张由浙江兴业银行自备,交商务印书馆印刷。

一、钞票颜色

三种钞票用凹凸版印。正面印凹版乙色,凸版二色;背面印凸版二色。正面两边加印红色号码并图章,背面加印签字一色,共七色。

一、印票价值

三种钞票乙元票每张洋三分二厘四毫,印五十万张,计洋乙万六千二百元;五元票每张洋二分八厘八毫,印乙百二十万张,计洋三万四千五百六十元;十元票每张三分四厘二毫,印三十五万张,计洋乙万乙千九百七十元。共计洋六万二千七百叁十元,不折不扣。上海交货,上海交洋。

一、制版期限

三种票版订明十年十二月底以前一律制竣。

一、交票期限

自两种纸交到之日起,每两星期送正式印样一种。俟印样签字后,乙元票三个月交货;交齐后,再四个月交五元票;又二个月交十元票。共九个月如数交足(五元票版工竣后欲于印一元票时,先印若干亦可。总之一元与五元两种,不逾七个月之限)。

一、交款期限

订定合同之日先付定洋式万一千元;三种印样正式签字后再付洋式万乙千元。其余银货两清。每次付款均由商务印书馆另出正式收据为凭。

一、废票票版

所有印刷此项钞票,印坏废票及废纸,均交由浙江兴业银行自行销毁。其所刻凹版之钢版,每版至多印至乙万二千张后即须另换,原版按次由浙江兴业银行收回。惟每版上得由商务印书馆凿明作废字样,以昭慎重。

一、双方罚则

甲、制版交票各期限,如凹版印墨敷用无故迟误者,其损失应由商务印书馆按迟交票面洋数照市贴息。但遇有水火兵灾以及罢工等事,非人力所能抵抗者,则不在此限。

乙、商务印书馆承印此项钞票,以浙江兴业银行所交纸张照数印足为度,不得有多印(如交还废票及废纸合计已印成之张数,与原交纸张张数不符时,亦以多印论)、匿留、走失及代他人冒印等事。如查有前项情弊确系商务印书馆中人所为,除照发见伪票票面额数如数赔偿外,应将作弊之人交出,按律罚办。

丙、商务印书馆承印此项钞票,至多每千张小张以五十张为试印之用(此项试印之票,仍照废票交由兴业银行收回)。如逾此数,倘调色先后不符或印刷模糊,除照废票由浙江兴业银行收回外,应即重印,并由商务印书馆酌照纸价摊偿。

丁、浙江兴业银行与商务印书馆订立合同之后,即遵照合同办理,不得翻议。如有减少印数、中途停止等情,商务印书馆所备物料以及损失,一切均由浙江兴业银行如数赔偿,以昭公允。

一、此项合同一式两纸,彼此盖章,各执一纸为凭。

民国拾年玖月十四日

立合同　浙江兴业银行代表人叶景葵
商务印书馆代表人鲍咸昌
(原件,同上引档)

同日　浙兴津行经理顾逸农致先生函,报告天津市面情形及津行陈德滋问题。云:"奉十日惠复敬悉。已嘱凤升兄预备交代,俟节后与慕周兄接洽妥贴,即赴奉代理右之职务。良哉调汉,已奉尊处公函,甚感。以吴生炳深补其遗缺,亦由敝处呈请,当荷照准矣。津埠市面因届秋节,非常紧迫,电汇高至 1 012①,闻为近来所罕见。敝处准备颇嫌不足,启新、滦矿均有用途,前来提存;中兴公司昨又来商加透支,似又不能不利用此机会,以期与该公司日益接近。一切详情已于昨日公函呈报在案,谅尊处尚不致谓非也。""再密启者,(陈)德滋迁行内住宿甫经一月,而每(星)期六夜则必不归宿,不免有令人疑虑之处。据久兄云,颇闻其有冶游之事,并曾于夜花园中遇其偕妓女同行。弟以颜面关系当托凤升兄设法讽劝,以期其改悔,似乎未荷容纳。又闻其现已深入迷津,大有欲罢不能之势。现因秋节已届,默察其形状,非常窘迫,即老久章一家自端节起秋节止,已欠货款洋四百数十元。以致日来精神恍惚,收支上错误层见叠出,不免惹起他人议论(其详情未便形诸笔墨,俟后面陈),使弟穷于对付。今午密嘱凤兄函达新三先生,请其速为设法将德滋调回,俾免慕周困难。即为德滋计,亦宜早日离开天津,方可以保名誉而期省悟也。"(原件,上档Q268-1-652)

9月15日　顾逸农致先生函,再次报告陈德滋劣迹。云行内今早发现现洋缺少七百元,"询诸德滋,方知系彼私取用去。乃六月间慕周请假南归,由彼代理收支主任时所为。弟等屡次定期检查,均只随意抽点,因此箱放在最下,多未注意,即慕周返行亦未检验及此。疏忽之咎,均所不免。而彼居心舞弊亦可概见。以致近日

———————

① 原为码子数字,单位不详。——编著者

· 467 ·

收支股发生之缺少款项之事,故群以德滋为之……慕周、琴齐均来声明,不能与其片刻共事。当由弟会商久兄、凤升,立刻停止德滋职务,并趁中秋放假之暇,由弟会同慕周彻底查对保管部分各只(箱子),一俟告竣,即托故派德滋赴沪,听候尊处发落。"(原件,同上引档)

9月18日 赴杭州出席浙江地方实业银行股东会。会议为官商分股事,即地方与实业分为两行。"对于权利问题互有争执,揆初大发火,对于代表①颇有难堪语,以致不欢而散。"(《项兰生自订年谱》(二),《上海档案史料研究》,第10辑,第314页)

9月21日 签署浙兴致上海县知事公署、江苏省银行监督官公函,呈送上半年《财产目录》及《贷借对照表》。(副本,上档 Q268-1-68)

10月5日 签署浙兴总办致经募车债银行团函。云:"昨承贵团委托结购车辆借款第二期,共计美金六万四千一百六十元。敝行按今日现市795加佣一厘,为786875,核得每元百两为美金七十八元六角八七五。共计规元八万一千五百三十七两七钱三分。兹将各家应派之银数开奉清单,即希查照,分别知照各银行,于明日备足现银本票,解交敝行。"(副本,上档 Q268-1-356)

10月初至10月中旬 赴北京②。(参见《张元济日记》1921年10月6日条)

先生在京期间,曾跟友人学习"米勒氏五分钟体操"。先生记云:"至四十八岁,请日本某医全体总检查,断为贫血。贫血原因,是运动太少。我问何种运动最良,日医云:'不论何种皆有益,总以不间断为要。与其行较繁之运动,而或作或辍,不如择一较简之运动,日日行之,永不间断,效验甚大。'我然其说,次年游北平,友人授我米勒氏五分终体操。我自四十八岁秋季,至五十七岁冬季,前后几十年,每晨练习,遵医生言,永无间断。"(《寿诞答辞》,《杂著》,第258页)

10月6日 先生在北京,赴德国医院探望张元济。张于9月17日到京,27日臀部上发一小疖,"入中央医院医疗,愈治愈恶,盖入德国医院。经用蒙药剖治,卧床不能动者旬日。"(《张元济日记》,第1061页;1921年10月21日张元济致许引之书,《张元济全集》第1卷,第483页)

10月7日 由京抵天津,访卞白眉。卞记云:"叶揆公来晤谈。"(《卞白眉日记》卷一,第142页)

10月27日 就紧缩借款事签署浙兴总办致各分支行通函。云:"迩来各地市

---

① 指浙江省财政厅代表陆庆瀛、郑云鹏等人。——编著者

② 似仍为浙路股款清算事与交通部交涉而赴京。参见本年5月中旬与1922年7月24日相关条目。——编著者

面紧急异常，敝处汇兑户款项已由各行调用罄尽，申行已无馀款可以代垫。尊处对于汇兑户内之欠款，请即设法归还。嗣后如遇借款，必须随借随还，万勿再事延宕。"（副本，上档 Q268 - 1 - 59）

10 月 29 日　与陈叔通、徐新六商定杨介眉转入上海银行事最后处置办法。当日由陈叔通出面致函杨介眉。云："前奉七月十二日手书，至十四纸之多，意亦良苦。揆初兄北行，故迟迟无从裁复。公之不得已而离兴业，弟实于游美前已备知之，但为行计，自不能不存万一之希望。揆初兄前云返国之后去就自由，诚恐公有所误会，或兼代表职务及所致微薪亦不允暂纳，故为此模棱之语，以求目前之解决，非对于公遽忍舍去也。至来书理由，弟绝不敢承。况现就上海香港一席，仍系办理此事，断无绌于此而优于彼之理，执谦毋乃过甚。总之，公入兴业及兴业之挽公均有义归终身之意，一旦分手，咎在兴业之不能使公安于其位，夫复何言。""弟意上海方面公不便食言，兴业方面又不便再就，再三筹度，惟有兴业让步之一法，振飞晤光甫，光甫亦有痛苦。与其各方面无不痛苦，毋宁使咎有应得之兴业受其痛苦也。自公去后，确系痛苦万状，远道不能缕述，公到沪后即知其详。尊体不宜久在外，上海亦应早日定局。振飞与揆初兄及弟今日始解决，可遵来命，但附三条件：（一）兴业所送之薪，在外一月照送照收。（二）代表亦在外一日允任一日。（三）以后仍随时求助。想荷鉴许。光甫处即由振飞与之接洽，揆初兄仍不忍于作最后决绝之函，惟有俟驾归负荆而已。""抑厄、新三查账出外。兰生以病，近又有事，故在杭之时为多。竹书仍为元丰事方在汉汴间。他无可告慰者，馀统俟返国后再作长谈。弟懒于作书，率布一二。"（副本，上档 Q268 - 1 - 188）

同日　浙兴总办通知，杨介眉辞申行副经理职，由董芸生接任。（副本，上档 Q268 - 1 - 59）

同日　签署浙兴总办通知，项兰生已任办事董事，坚辞书记长一职。"现经聘请徐振飞君为本处书记长，业已正式任事。合行通函知照。"（副本，同上引档）

12 月 10 日　张公权就四合公司借款押品事致蒋抑厄函[①]。云："查四合公司借款之押品金融公债二百万元，原系财政部向中行所借，作为卢斯通借款抵押。嗣由财部转作恒通及四合押品，并未得敝处同意。现在四合借款合同既签订已久，自未便推翻另议。惟四合借款除金融公债作押外，对于还款并未指定的款。四合借款一日不还清，则本行之债票迄无收回之望。弟意请阁下以四合出名函致财政部，以金融公债价格日落不敷抵押为词，请部指定在盐馀内按月拨还。将来设有万一

---

① 张函与蒋复函虽非先生往来函札，但均为浙兴要事，先生必定知晓，复函也必定为总办集体意志，故录于此。以后关涉四合公司借款往来函札仍择要选录，供读者参考。——编著者

之望,能在盐馀收回若干,或归尊处,或归敝行均可。敝行拟要求财部设在盐馀项下如数扣清,公债仍归本行。此于尊处无害,于本行有利。祈即日函达财部。此函可由本行代转。务请即予照办。至为感盼。"(原件,上档 Q268-1-348)

12月15日 蒋抑卮复张公权函。云:"奉示,以四合借款除金融公债作押外,对于还款并未指定的款,嘱转告四合公司,以金融公债价格日落不敷抵押为词,请部指定在盐馀内按月拨还,等语。当将尊意转达四合公司。金以兹事深蒙关注,感荷同深。惟经一再研究,均谓押品价跌在合同内本已订定,得通知财部增加押品,自当遵示办理。至还款虽未指定的款,而届期不还或还不足数,在合同内亦有规定办法。若此时于合同规定以外,请求财部另行制指定盐余按月拨还,求之合同,既嫌无据,按之事理,亦似歧出。嘱为转复我公,并道歉忱。请特专函奉复。"(副本,同上引档)

12月24日 浙兴、通商、四明银行与中兴煤矿公司缔结银币 100 万元借款合同。(原件,上档 Q268-1-457)

是年 郑州大昌树艺公司在先生聘请之经理白辅唐主持下,艰难复兴,逐渐取得成效。先生记云:"白君到郑后,其计划以雇人翻沙,栽种花生为主要培植,树苗次之。翻沙之后,肥土向上,即可下种。但一遇亢旱,则苗萎死;一遇霪雨,则苗烂死。且往往未届收成,有暴风雨,即前功尽弃。白君乃试挖沟,使雨水循沟而出。自十[民]六年至十年,三歉二丰。丰时,每年亦有千余元之收入。余即以收入之资,仍交白君逐渐建设。居然有熟地六七顷,且有房,有车,有牛,有骡;而所栽之榆树、柳树,亦芃芃发育,又有桑树数十株。"(《记郑州大昌树艺公司》,《杂著》,第 249 页)

是年 因"萦情故旧",特推荐甲午浙江乡试同考官、第三房阅卷官薛师聚铭之孙薛佩苍进浙江兴业银行,任总办事处文书股职员。(薛佩苍《敬悼揆公》,《兴业邮乘》,复第 54 号)

是年 致某某①函,问候徐寄庼牙痛病,并交流养生哲学。云:

某某鉴:寄庼牙痛已痊愈否? 牙痛由于心焦,心焦由于火重。有良方四大字:事宽则圆。每遇事务棘手时,以清水送服,立愈。此葵廿年来之经验秘方也,乞为转赠。葵又有秘诀两语云:"举世誉之而不加劝,举世非之而不加沮。"以此十六字制为丸散,时时服之,则相火无自而生矣。亦乞转赠。

内规中待遇问题,大致已改就,今冬必可发表。如某某者在本行无过失,可留,自应坚留;如不肯留,亦属无法。凡造大厦,其要点只在几根柱子,其馀

---

① 原件如此。——编著者

门窗板壁，不妨随时移动更改。各柱子要移动时，必须工程师详细估量，有万不能移动者，亦有可以移动者。总之，不可造次而已。凡为柱子者，不能不三复斯言。此外尚有一秘诀：无论何种挑拨之言，一概不理。因此等言语，足以引起相火也。以上各节祈转达。敬颂日祉。葵顿首。

（同上引刊）

是年　三弟叶景莘为北京政府财政部拟《"废两用元讨论会简章"暨设立特别委员会按语稿》。（《中华民国史档案资料汇编》第 3 辑"金融"[一]，第 170—171 页）

1922 年(民国十一年　壬戌)　49 岁

1 月　香港海员大罢工,持续近两月。
4 月　第一次直奉战争爆发。
6 月　广东军阀陈炯明叛变。
8 月　孙中山离粤经香港转沪。

1 月 14 日　北京政府财政部复四合公司函,要求借款本息 99 万余元"通融展期"。云:"本部前以中行股票一百二十万元押借洋九十万元,于本年一月十一日到期,共计本息洋九十九万七千二百元一款。查上项借款本息为数甚钜,现在阴历年关密迩,部库窘迫异常,实难筹付,拟请贵公司通融展期。俟本部财力稍舒,即行尽先筹还。相应函复贵公司,查照允办。"(引自同日四合公司复财政部函,上档 Q268 - 1 - 350)

同日　四合公司复财政部函。云:"查此项押款敝公司以阴历年关将届,亟待解决,务请大部俯念商艰,迅将本息如数照付。若仍急切无法筹还,则敝公司惟有按照合同第八条办理而已。相应函达,即希查照为荷。"(副本,同上引档)

1 月 15 日　主持浙兴重员会议。出席者沈新三、陈叔通、项兰生、蒋赋荪、徐眉轩、盛竹书、张笃生、顾逸农、徐寄庼、董芸生、朱振之、曹吉如、王向宸、徐新六、王稻坪等 16 人。

会议讨论各行统一银元汇兑办法,因各地汇兑情况各异,很难统一。讨论后由先生归纳谓:"照讨论结果,统一汇兑仍继续办理,哈行数目须特别放宽。惟各行须一律实行统一汇兑办法第四条之规定。"最后先生宣布议决事项:①统一汇兑办法继续试行一年;②银元买卖不入汇兑账;③各行欠款除冲抵外,应调回之款如有亏耗及费用,均有欠款行承认;④哈行得在时间、数目上另定办法。会议通过《各行他因函商办法》修正稿。全文如下:

(一)各行彼此委托收付各款,不论信电除照旧彼此发报单外,并发总办事处一纸,以便总处接洽记账(发报单手续另定之)。

(二)每月底由总处开清单寄交各行核对。关于往来信函,用汇字号,每半月各行造汇款统计表一纸交总处。

（三）各行每日行市须彼此报告。如须用电文报告者，其电费每月一结付，收电行账。

（四）各行（除申行）欠总办事处之款，须随欠随还。如一次或积次欠至五万元、哈行欠至十万元时，应由各行自行调还。如逾七日尚不调还，总办事处得设法调回。其因调回所发生之费用及亏耗，概归欠款行承认。

（五）如遇各行市面紧急时，应即由该行发电各行停止汇兑。惟申行接到该电后，即随报总处接洽。

（六）汇还之款必须以洋还洋。如汇来银两，照市价变成洋数收账。

（七）各行及总办事处彼此欠款不论何种洋元，均得互相抵冲。

（八）各行及总办事处彼此欠款均不计息。

（九）各行及总办事处彼此委托收解，所有洋厘汇价均得照市计算，其经纪费、电报费亦归付出之行付账，不必再付委托行之账。

（十）各行汇款不定额度，如数目过钜时，由各行彼此以电接洽。

（十一）各行卖买银元归各行自行作账，不入汇兑户。但因归还汇兑户欠款，得在申进洋收汇兑户账，其汇兑户款有余存者，得按所余之数在申拨售。

申行

（一）以上各条无冲突者，申行均适用之。

（二）申行与总处另立一汇兑往来户记账，总处欠申行之款可不必即行拨还，可以列作准备；如数目过大，即行拨现归还；如申行欠总处之款过多，亦随时拨现归还。

（三）申行须将各行行市电报，随译随报总办事处。

（四）如总处通知申行设法做汇款收回各行垫款，申行应即设法揽做。至因此项汇款发生之利益，归申行收账。如有亏耗，归用款或被调之行付账。

（浙兴《中华民国十一年重员会议记录》，上档 Q268－1－58）

1月19日　财政部复四合公司函，否认四合公司有权出售抵押品中行官股股票，宣称"该项股票价格须先报明本部核准后，方可变卖"。（原件，上档 Q268－1－350）

1月25日　商务印书馆经过几个月筹备，浙兴兑换券票版初样制成，样张印出，发现效果不佳。年初鲍咸昌提出原定背面印制凸版部分改用凹版，是日派员拜访先生面商。先生即日复函同意一试。函云："顷由贵馆吴渔荃君交来本行五元兑换券样本，业经聆悉。此项券版背面（即西文方面）原系凸版，惟所有花纹尚嫌未臻明显，兹拟改刊凹版，以期完美。除已面告吴君外，特此函达，即请台洽，并即转嘱从速办理。预计何时可以刊就，先盼示复为荷。"（信稿，上档 Q268－1－606）

2月1日 鲍咸昌致先生函,提出印钞换纸要求。云:"查五元兑换券印样,背面花纹原系凸版,确未能明显,惟以贵行交下打样之纸张纸质太松毛,而制定水印过大,致手民竭力设法而仍未臻完美,殊为歉憾。承嘱背面改刊凹版一节,自可照办,好在该项钞票纸贵行已交到者尚仅数箱。刻拟将五元票正面先行试印,一面赶刻背面凹版,预计约阳历三月二十日可以刊竣。惟贵行所定制之钞票纸,将来开印时是否完全适用,刻尚未敢预必[计]也。用先附闻。"(原件,同上引档)

2月6日 四合公司与三德、华发三公司联名在京沪等处报纸刊登广告,宣布出售财政部借款抵押品中国银行官股股票,共计280万元,七五折出售。(见同年2月16日朱振之致叶景葵、蒋抑卮函)

2月9日 是日起,浙兴分批送交商务印书馆向英国订购之印钞水印纸。此日第一批4箱、35令。(原送货清单,上档 Q268-1-606)

2月11日 浙兴第二批点交商务印书馆印钞水印纸3箱、10令。(原送货单,同上引档)

2月15日 浙兴第三批点交商务印书馆印钞水印纸2箱、10令。(原送货单,同上引档)

2月16日 浙兴京行副经理朱振之就四合公司财政部欠款事致先生与蒋抑卮函。云:"中行董会决议,财部官股十年份正息红利,由三公司自行与部结算,今日已来函知照。函到之后,忽接财部来函,以所售官股七五作价殊为不合,取消前议,另订价格,并通知中行将股票过户暂行停止。接阅之下,不知财部用意所在,旋托孟钟探询,始知岱公以中行官股董事暗中反对,托言售价太贱,登报攻击,不得已出此伪策。当与孟钟相商,仍由三公司函请财部遵照前议办理,俾此案得早了结,得早过户。顷已将复财部函稿送交孟钟,托其携稿与卢一看,再行缮发。结果如何,须俟明日方有下文。附上中行、财部来函各一件,又复财部函稿一件,均请詧收。翔记所换股票已送中行,并托招股处主任雷君从速办理。乃从中受财部打击,不免又延时日矣。"附四合公司拟复财政部函稿如下:"顷奉公函,以贵部中行官股折偿敝公司借款一案,闻股票出售价格不止七五折,应即取消前议,另订价格等因。查此项官股当时秉公议定七五折价格还欠款。商人本不合算,现在尚未换票,无从出售,岂能另有市价? 官股与商股不同,市面销售不易,将来价格其低落程度尚难悬揣。敝公司此项借款吃亏已甚,尚请俯念商艰,仍照原议,并请即速通知中国银行准予过户,万勿以已定之案随时更改,致失信用。不胜感激,待命之至。"(原件,上档 Q268-1-350)

2月18日 朱振之又致先生与蒋抑卮函,续报与财部交涉情形。云:"十六日寄上一信,并中行、财部致四合函各一件,又四合等复财部函稿一件,想均詧收。所复财部之函,是日即由孟钟送卢转岱阅看,小有更改。岱意仍愿遵照原意出售,惟虑公权尚有阻碍(其意欲利用此股为选举之用),公权处尤非孟钟与芑所能压迫。嘱俟趾卿到后再行投信,并由趾卿与公权交涉。顷趾卿来电,明晚可到。此事如何了结,俟渠到后再行报闻可也。"(原件,同上引档)

2 月 19 日　主持浙兴第 15 次下届股东常会,并作本届营业报告。主要经济指标如下:

股本 250 万元,公积金 614 564 元,领用中国银行兑换券 365 万元,各种定期存款 7 574 243 元,各种储蓄存款 420 523 元,各种往来存款及暂存 8 163 750 元;现款 1 643 603 元,同业往来及代收款项 3 664 189 元,中国银行兑换券准备 365 万元,抵押放款 7 658 306 元,往来担保抵押透支 1 863 276 元,定期及贴现放款 1 251 837 元,有价证券 3 020 065 元;本届纯利 262 257 元。(《兴业邮乘》,第 17 期)

会议选举蒋赋荪、蔡渭生、徐眉轩为监察人。(同上引刊,第 13 期)

2 月 22 日　中行冯耿光、张公权为先生等股单过户事致先生函。云:"顷奉二月十三日惠书,具承一一。此事晨间叔通先生来行相告,当经遍查,初无尊处见惠之函,直至午后始经送到。换股单可以买卖为一种通例,敝行岂能独异?叶卷盒君及群记两户存单,其所以未能由敝京行换给者,因款由沪行经收,单由京行换给,则出单收款人地不同,于账目上必发生困难。且存根在沪,京行尤难负责。此次因旧股票不敷填发,改制新票,制版印刷,成就需时,所复皆属实情,并非饰词延宕。辱荷明教,敢以寔闻。至叶卷盒君让给金仍珠君股单,顷已商定,不必换单。故已按照股票买卖里书办法办妥,面交叔通兄携回。群记一户因必须换单,仍请转达寄由敝沪行代换。一面已有敝处行知沪行,代敝处办理换股单过户手续矣。"(原件,上档 Q268-1-347)

3 月 6 日　中国银行致四合公司函,抄报财政部与中行关于抵押官股股票出售事往来信函。

对于三家公司联名刊登拍卖中行官股股票 280 万元广告一事,财政部致函中国银行,模棱两可,并不明确表示同意与否,只要求中行发放正息红利不得超过股息七厘。函云:"查上项股票应得正息红利列收部账,抵还垫款,本部自应照办。惟该项股票业经本部招商承买,现在三德、四合、华发等三公司来函,请将此项官股息折先交三公司等收执,以便将来领取股息。在投标期内,如有出价最高者,仍行退还。业经本部核准照办,请贵行即将前项官股息折先行点交该三公司等分别收执。将来此项股票出售以后,凡持该项息折前往贵行领取股息时,仍请代为垫付,转入本部账上。惟不得过股息七厘。至十一年一月一日起应发股息,应请按照普通股息发给,归持票人领取。相应函复贵行查照办理。"

中国银行回复财政部公函,承诺股息款已筹措,各事"均应通融照办",然而实际上并不准备真正向三家公司"点交"官股股票。复函云:"查上项官股二百八十万元应给十年分正息红利,既承大部委托代付,即以限定七厘计算,实需现洋十九万六千元。本月三日曾奉函属代收上海安利公司现洋二十万元。本行拟即以此款扣存备付上项利息,尚余洋四千元,听候大部拨用。至函嘱将此项官股息折先交三公司等收执,以便将来领取股息一节,又大部来函所属本年一月一日起应发股息请照普通股息发给,归持票人领取一节,均应通融照办。相应函复。"(抄件,上档Q2681—350)

3月14日 浙兴第四批点交商务印书馆印钞水印纸4箱、8令。(原送货单,上档Q268-1-606)

3月16日 签署浙兴就印钞事宜致商务印书馆函,通知哈尔滨地名券改印上海地名事。云:"本行此次向贵馆定印兑换券,所有哈尔滨地名券是否照印抑改印上海地名,须候临时知照。前经在清单内注明在案。查是项哈尔滨地名券,计壹圆叁万张,伍圆陆万张,拾元壹万柒千张,计券额面五拾万元,兹已决定不印。请将前项哈尔滨券悉数改印上海地名券。"(副本,同上引档)

约3月末 由沪抵天津。(1922年4月1日《卞白眉日记》)

4月1日 赴中国银行天津分行访卞白眉。卞记云:"叶揆公来行晤谈。"(《卞白眉日记》卷一,第170页)

4月2日 卞白眉回访先生。卞记云:"往拜叶揆公及钱琴翁。"(同上引书)

4月3日 在津赴卞白眉招宴。卞记云:"请叶揆公、钱琴翁及履园诸君在正昌午饭。"(同上引书)

4月5日 鲍咸昌致函先生与陈叔通,再次希望调换印钞纸。云:"敝馆承印贵行钞票所有墨色印工,在敝馆方面固应格外注意,以副盛意。惟顷据同人交阅样张,似一面所印之墨色不免透至他面。据同人再四讨论,咸谓水印字迹太大,中间纸质甚松,殆印机轧过,更觉单薄,势难完善。经弟复按事属实情,并试印在敝馆自定之纸张上,两相比较,似敝馆纸张较为适用。不识尊处要否改用?至贵行已有水印之纸张,不妨改印支票等项。盖就弟管见而论,若两面墨迹透过,似觉有失美观,当非贵行力求完善之意,而敝馆以关于印刷上之名誉,是以不敢缄默耳。究竟应否改用,仍候尊裁。敝处当遵示办理可也。"(原件,上档Q268-1-606)

4月6日 先生与陈叔通复鲍咸昌函,表示印钞纸不能换。云:"承示钞票样张,所印墨色渗透背面,以水印处纸质松薄所致,应否改用他纸一节。查此项水印纸质尚坚韧,至水印处较为疏松,固系实情。但于调色印工等事稍加注意,似不至渗透纸背。五元正面之绿色并未渗透,所有样张业经本行签定是其明证。此次一元票上之红色,于调用时格外注意,当亦可免渗透。敝行之意:所有钞票仍拟用水印纸付印,应请台洽照办,并盼力求完善为荷。"(副本。同上引档)

4月11日　撰长诗贺项兰生五十寿诞。"叙订交以来情事,惜并留底于日寇侵杭时遭劫。"(《项兰生自订年谱》(二),《上海档案史料研究》,第10辑,第314页)

4月15日　全国银行公会联合会第三次会议在杭州召开。上海代表盛竹书、宋汉章、孙景西、江少峰、吴蕴斋、叶扶霄参加会议。(徐沧水《上海银行公会事业史》,第10页)

4月17日　与张謇、韩国钧,张元济、陈敬第、王清穆、陶保廉、沈钧儒、沈恩孚、蒋汝藻、黄炎培等联名发表致浙江、江苏省议会、督军、省长等公电,坚决反对内战,竭力呼吁和平。文曰:

　　欧战告终,内争不已,川、陕、湘、鄂之民,堕于兵革蹂躏之中极矣。死丧枕藉,室家倾荡,呼号惨痛之声,宁不泣神鬼而惊遐迩!我江浙两省,当江海交通之冲,为中外商业所萃,自辛、壬、癸、甲以来,内厪蛮蚷相依之义,外迫兔狐伤类之悲,休戚安危,相维相顾,犹复人养兵而我协之,人遭兵而我恤之,事非所欲而固敢不从,力岂能胜而义无坐视。我江浙人惟日恫于杀人之凶残,故胥戒以弄兵为大耻,其良心然也。自顷两省百县大灾之后,人民奔走,救死不暇,而讹言忽起,倏传某方煽两省自斗,倏传浙且袭江,倏传江且被他击而浙掎之。天灾涛水旱矣,犹煎以人稠;商市涸金融矣,犹挤及贫农。户多仰屋之嗟,人有惊弓之色剧矣。我江浙人民,久吴越一家以相安,无周郑交恶之小隙,乱靡有兆,师以何名?抑闻两省当局,平日宣言与其行事,民亦信之,宁忽翻异。意所传某方某方,或不尽无因,然某方某方,独不在共和国家之内乎?共和国家讵非以人民为主体乎?川、陕、湘、鄂残之已如此,岂以彼为异民乎?岂犹以为未足,而必及江浙,使我中国无一片干净土乎?胥中国而残之,胥残者而仇之,岂将以上天下地为其权利寄托所乎?江浙人民百思而不得其故。且夫江浙者,虽江浙人民之江浙,凡往来太平洋诸友邦人民,属耳目焉。比者邻国之警告,外报之论列,咸为中国兵祸之惧。夫此中外具瞻之江浙,我不自爱自卫,万一有人爱我而卫我者,斯岂惟国家主权之忧?更安有诸公佳兵为豪之地?奈何不一计及之也。利诸公而左右之者,亦奈何不一计及之也。远而五代,近而十年,恃武力,逞横暴,拂民意,攫势位,颠覆继踵。往事彰彰可睹矣。江浙人诚不武,诚过好仁。然于兹往事,则无日不心焉数之,亦诚不愿我当局言行相违,以仅仅孑遗之片土,不相宝爱,并不忍诸公之良心久久迷复也,用是合词宣告,我江浙人民,既不愿以一官一职供人之政争,更不愿以一兵一饷助人之暴行。有违是者乎,我江浙人民无甘心承认之理,亦冀我两省民意代表机关与军民行

政当局,有所表白,以安人心,息邪说也。(1922 年 4 月 18 日《申报》)

4 月 30 日　赴总商会议事厅出席商务印书馆股东常会。经理王显华报告民国十年营业情形,监察人谭海秋报告账目审核情形。董事会提议增加股本至 500 万元,议决通过。会议选举高凤池、郑孝胥、鲍咸昌、李拔可、王显华、金伯平、张元济、丁榕、郭秉文、陈叔通、童世亨为新一届董事,叶景葵、吴麟书、黄炎培为监察人。(1922 年 5 月 1 日《申报》)

5 月 16 日　出席商务印书馆董事会议,讨论为增加股本呈部注册事。(《商务印书馆董事会记录簿》)

6 月 2 日　签署浙兴总办致各分支行通函,通知陈叔通任调查部长。云:"敝处上年添设调查部,以部长一席暂不设置……现经董事会议决,由办事董事陈叔通兼任调查部长。业荷陈董事允许兼任,即日任事。"(函稿,上档 Q268 - 1 - 648)

6 月　上海银行公会发起票据交换所筹备委员会,公推徐寄庼、姚仲拔、徐沧水三人起草《上海票据交换所章程草案》。委员会集议三次,甄酌增改,完成章程定稿。(《上海银行公会事业史》,第 47 页)

是年夏　父叶济因病辞职来沪定居。母暂赴杭州。(顾廷龙《叶公揆初行状》,《杂著》,第 421 页)《项兰生自订年谱》(二)记云,叶济"在河南为宦多年,每年入不敷出,由其子贴补,交卸时亦然"。(《上海档案史料研究》,第 10 辑,第 315 页)

7 月 2 日　杨介眉回国,是日来访先生。(同年 7 月 3 日杨介眉致先生函,上档 Q268 - 1 - 188)

7 月 3 日　杨介眉致先生函。云:"日前晋谒面陈一切,承格外垂恕,抚躬自问,殊觉不安。前次出游,蒙委代表,自愧才识疏浅,未能尽职,尤深内疚。在美时总处先后汇下贴补费美金九百元,暂为提出,另行存储,曾经函陈总处。兹于日前电托欧芬连息共计美金九百三十六元,收入申行账矣。昨虽蒙面允将今年贴补费收回,但祺现既就上海银行之职,自应全数缴还,务祈收回是荷。高谊云情,永志不忘。"(原件,同上引档)

7 月 8 日　经过努力,商务方面逐步解决浙兴印钞印墨渗透问题,但时间由此耽搁数月,明显已经违约。是日,鲍咸昌致函先生与陈叔通,商请印钞展期和印费加价。函云:

叔通、揆初先生均{钧}鉴:敬启者,敝馆承宝行订印钞票一事,祇因纸张多所周折,故于原定办法迭经变更,于是所定合同不得不随之改议。此诚彼此两感不便也。兹将期限、印价及关于废纸各事开具理由,函请察夺。

一、多印凹版宜宽期限也。(甲)关于五元票者。查原订合同系先印一元票,以三个月交货,再四个月印交五元票。是言其一元、五元两种不逾七个月之限。盖敝处计画原定五元票印凹版一次需时五个月，印凸版号码图章签字需时两个月。此七个月中，而印一元票之三月已指在内也。今五元背面亦改印凹版一次，则交货期应展长五个月自无疑义。（乙）关于一元票者。原定印凹版一次需时两月，印凸版号码图章签字需时一月。今背面亦改印凹版一次，论此已应展长时期两月。且因五元票背面改多一次凹版，而又提前先印，势不能照原定次序办理。今单指一元票，交货期非延至五个月不可。惟欲印五元票凹版时，先抽印一元票若干，当可照办。（丙）关于十元票者。原定印凹版一次需时一个半月，印凸版图章签字号码需时半个月。今背面亦改印凹版，则期限当然展长一个半月也。按印凹版手续，以敝处能力言，每日多至单面八千张为度。而是项纸张质地太薄，伸缩过甚，勉印两次凹版，实属异常困难耳。至于三种票版原订民国十年十二月底以前制竣，今因一再改动，亦须展缓若干时，当蒙鉴察。

　　二、印票价值随以增加也。各票背面不印凸版而改印凹版，其印价自与原议不同，计应加之。印价共一万六千九百五十元。兹将加价理由列表附呈。

　　三、废纸预备终觉不敷也。原订废纸预备以百分之五为率，溢于此数应归敝处认赔。嗣以多印凹版一次，承许加至百分之七五。然而按诸多印凹版纸张质薄情形，至少须加之百分之十为标准。事实使然，无可为强。且皱纸与原来破污，凡非印坏之纸应请宝行承认，以昭公允。

　　右陈各节，敬乞鉴核示复。尚须双方于合同签注，俾资信守。专此奉达。即颂公祺。

鲍咸昌顿首　民国十一年七月八日

（原件，上档 Q268－1－606）

7 月 10 日　先生决定以浙江兴业银行公函形式复鲍咸昌函。云：

　　咸昌先生阁下：昨承八日惠函，以敝行钞票因背面改刊凹版须延期交货并拟加价等因，均敬聆悉。查敝行钞票背面原议确系刊印凸版，惟贵馆所刊凸版，异常模糊，殊难应用，样券具在，可以查考。当时再三磋商，无法可想，祇得改刊凹版。此与敝行纸张无关，谅早在台端洞鉴之中。当改刊时贵馆仅以制版略需费用为言，时间、印费并未提及。兹者钞票业经开印月余，贵馆忽欲增加钜额印费，并延长交货期限至一倍之久，等合同于无效，实使敝行为难。查所订钞票原价已不算廉，此次改印凹版一次，免去凸版二次，套数既减，工料自省，此绌彼盈，相差无几。现在各银行钞票大概印自美国钞票公司，其印刷之精自不待言。该公司所制钢版乃真钢版，其价目平均尚不过每张三分以上。贵馆印刷日求精进，营业最讲信用，夙所钦仰，价目一层务请从长研求。敝行与贵馆交谊素深，以后交易正多，尤盼通盘筹算，格外克己为荷。所有印刷期限，此间总期从速，如延长数月，损失不赀。使贵馆易地而处，当亦有所不愿也。至增加废纸一节，本可融通商量，但此间余纸无多，如按百分之十计算，实难敷用。且工人一闻又增废纸成数，则所废必更加多。即使能照尊拟数目增加，其结果恐仍不敷用。此事亦祈谅察为荷。专复，并颂大绥。

　　　　　　　　　浙江兴业银行敬启　　　十一年七月十日①

　　　　　　　　　　　　　　　　　　　（信稿，同上引档）

　　7月下旬　赴北京。访交通部总长高恩洪、次长劳之常，"催还浙路未还股款及应偿债票"，并以私人身份访中英银公司代表梅尔思，"与之详说利害，颇为动容"。（《浙路股款清算始末》，《杂著》，第306—310页）

　　7月24日　以浙路股款清算处主任身份在京呈送致北京政府交通部次长劳之常（逊五）函，就浙路股款清算一再延宕事进行交涉。先生在《浙路股款清算始末》一文中记云："十一年初叶誉虎又任交通部长，奉直战争骤发，无心料理此事。六月叶去任，而代以高定庵恩洪，次长则为劳逊五之常，前浙路工程师也。乃先以函商，继以面恳，仍托空言。"函云：

　　　　逊五次长道鉴：展诵赐书，承示部库支绌情形，并荷垂询变通办法，失望之余，弥殷感奋。伏查浙路交出财产估值一千七八百万元，大部一方收入银公司借款，一方分期偿还股款，如果杭绍一线早日完成，商货大通，收入增旺，则所获利益，除偿还股款外，必可有盈无绌。讵料让归国有以后，线路未增，开支加钜，股东等以血汗争得之权利，拱手还诸政府，原冀全线早成，土货输出，为桑梓谋乐利，乃荏苒八年，寸效未增，而原订分期清还之股款，百方延宕，受耗无算，今仅区区尾数，亦久延不发，道路腾议，不特对于大部多方怨咨，其饮恨于银公司者亦日多一日。长此不已，恐于将来统一政策，必多梗阻，殊非国家之福。景葵私忧，窃叹为大部计，应速督催银公司克期完成杭绍一线，第一次借款一百五十万镑，除去利息折扣，以抵收回枫泾至杭州及绍兴至宁波首尾两段之财产，尚嫌不足，今期完成杭绍路工，自非发行第二次借款不可。在发行第二次借款时，应将浙路未了之股款及债票两项共计欠数一百十七万余元，加入借款之内，先由银公司垫付。如此则大部对于浙路股东债务清了，有数利焉。杭绍早成，则京浦、沪宁、沪杭甬联成一气，欧亚通轨，纵贯东南，国货转输，日臻旺盛，三路收入，均可增加。一也。浙路股款先由银公司垫付清了，则感情易融，非议渐减，将来杭绍一段购地雇工，求助于当地人民，亦较易浃洽。二

―――――――――――――

① 原信稿有叶景葵多处亲笔修改，斟字酌句，十分慎重。最有意思是原稿署名"叶○○陈○○"，先生划去，改为"浙江○○○○"，显然考虑事关重大，不宜用个人出面的缘故。——编著者

也。将来整理全国路债,非由大部另筹大宗铁路内债不易周转,浙民不乏财富,如此项股款早日清了,设遇筹集内债之时,浙省人民劝募较易。三也。景葵所任职务,为催还股款,原未便越俎代谋,但感于下问之殷拳,又谂知部库艰窘情形,迥非昔比,用敢胪举臆见,为刍荛之献。总之,以枫泾至宁波一线所得之盈利或所举之外债,为偿清浙路未了债务之保证,实属天经地义。倘贵总长、次长别有良策,能将浙路之款迅速清偿,则固所祷祀以求者也。临颖不胜翘企之至,敬候德音。顺颂

公安! 叶景葵顿首 十一年七月二十四日

(《杂著》,第 304—306 页)

同日 浙兴申行致总办函。云:"示七月十一日押款,龙毅夫以汉冶萍公司股票洋一万元,又中国制糖公司收据洋一千二百五十元,押洋一千五百元。与三八〇号通函内一、二、三项抵触,不能作押,嘱婉商前途调换押品。查此户押放,系夏剑丞君担保,负责到期必可赎清。请台洽。"总处批示云:"此款既称到期必可赎清,故照放,不可展期。以后务希查照三八〇通函办理。"(原件,上档 Q268-1-110)

8 月初 致商务印书馆经理李拔可函[1],通报浙兴汉行来函关于商务汉馆租屋事。云"汉屋事,查街房二百五十两,门楼六十两,住宅四十两。弟前本云渔荃自己弄不清楚,好翘前人之过。住宅亦即货栈也。据汉行称,'堆置书籍,压力太重,房屋受损太大,曾函请将堆置方法改良,该馆毫无公德心,置之不理,且租约延不交来,房租金亦迟,闰月分租金催索至四五(次),顷始于月底付来。请转致该总馆'等语。堆置改良为馆计,亦应办理,请转致。至住宅四十两,尚较他家少五两,此即撲初改让所致。"(手迹照片,孔夫子旧书网)

8 月初 复李拔可函,再告汉行房屋租约事。云:"两示均悉。汉分馆甲项所称,渔荃殆自己未弄明白。容再询汉行,大约为堆货房屋受损太大之故,非商务不愿再租。乙项所称,弟尚记得兴业本不愿十年,系商务再三商量,格外加长年限。渔荃亦未明从前经过之交涉也。改短则五年,可不以加价。汉埠房屋总量看涨。"
(手迹照片,同上)

8 月 5 日 山东峄县中兴煤矿公司张学良致浙兴盛竹书函[2],协商提前还款手续。云:"查本公司于西历一千九百二十一年十二月二十四日与贵行及通商、四明

---

[1] 原函现存不全,缺落页页。从同时现身拍卖品市场另两件商务总务处致汉口分馆信稿看,即转告叶信所述内容,信稿签署"民国十一年八月四日",据此,先生此函当撰于同年 8 月初。下一函稍后。——编著者
[2] 此函与下一通盛竹书致四明银行函,虽非先生直接经办,但与浙兴营业相关。为存史料,特此引录。
——编著者

· 481 ·

三银行缔结银币壹百万元借款合同。按照原合同甲项规定,系分十期偿还。又查该借款系以浦厂存煤玖万吨、上海本栈存煤壹万吨,共拾万吨栈单为还本付息之保障。现在敝公司沪、浦两厂销路异常畅旺,各户下煤纷至沓来。敝公司为便利顾客出煤起见,除已还过第一至第七期本息,如数清偿收回栈单柒万吨外,尚存栈单叁万吨。兹拟于八月二十四日第八期债款到期之时,连同第九、十两期,共计本金贰拾肆万元及第八期利息叁千叁百陆拾元,一并付清,赎回原立浦厂栈单三纸。似此办法在敝公司应付销路,既便于处分存煤,而在三银行方面,其债权可立于巩固之地位。兼之本年七月二十日续订借款伍拾万元合同,亦系以浦厂存煤伍万吨栈单为抵押品,更不能不谋担保之确实,俾顾全双方之信用。特此专函奉商,并祈转达傅筱翁、孙衡翁与贷款团诸公,预为接洽。所有提前偿还赎回栈单,以应销路办法既为事实上之变动,亦为法律上之所容许。务恳鼎力玉成。"(原件,上档 Q268-1-457)

8月8日 盛竹书致四明银行函,抄送中兴煤矿公司张学良来函。(副本,同上引档)

8月17日 再次以浙路股款清算处主任身份致交通部公函,请切实设法筹偿未了股债。云:

敬启者,月前趋诣铃辕,催还浙路未了股款及应偿债票,旋承赐示部库支绌情形,闻命之下,殊为失望。南旋后对于各股东宣布实况,佥以所欠各项业已延误至四年之久,股东损失太钜,切责景葵再行催付,景葵无可答解,允以继续陈请。窃念各股东痛苦情形,忍无可忍,若再迁延不付,诚恐咎怨日深,殊非贵部长顾畏民碞之初意。谨再肃函奉渎,应请大部切实设法,将浙路未了股款及应偿债票两项,共计洋一百十七万余元,迅予筹定拨下,以慰众望。伫企德音,不胜悚切。谨上

交通部

浙路股款清算处主任叶景葵十一年八月十七日

谨再启者,前承赐书,示以部库支绌情形,所有浙路未了债务,尚待从容筹措,并荷垂询变通办法,当经奉覆一函,有所贡献。大致请以枫泾至宁波一线所得之盈利,或所举之外债为偿还浙路未了债务之保证,想荷察阅。顷闻贵部长统筹全局,拟将杭绍一段工程赶期举办,并与银公司有所接洽。大猷秩秩,钦佩难名。或者刍荛之言,尚不乏壤流之益,倘邀鉴纳,极盼从速进行,全浙士民,同深翘企。再上

交通部

浙路股款清算处主任叶景葵再启 十一年八月十七日

(《浙路股款清算始末》,《杂著》,第306—307页)

8 月 25 日　北京交通部复函先生,谓正由司科核议办法,与银公司切实措商。云:"两准来函,备悉一是。前函督催银公司趸期完成杭绍一线,发行第二次借款债券,即将浙路未了股债加入借款之内,先由银公司垫付各节,详陈利弊,极佩荩筹。业由司科核议办法,正拟与银公司切实措商,一俟办理就绪,浙路股债当可提前清偿。相应函复,希即转知为荷。"(同上引书,第 307—308 页)

8 月 27 日　主持浙兴第 16 次上届股东常会。(《兴业邮乘》,第 13 期)报告本届营业情况如下:

(一)本届市面情形

本届国外汇兑市面,因欧美食物昂贵,生活程度日高,时有路矿工厂罢工风潮,加以市面沉静,供过于求,各厂号中不得不缩小范围,裁减人工,藉以维持现状。国内又值政局未定,各埠商业裹足不前,均怀观望之态,以致进出口货不如往年之踊跃。先令挂牌最长三先令七辨士半,最低三先令半辨士。先令暗盘最长三先令八辨士半,最低三先令半辨士。标金最高三百四十四两,最低二百七拾八两余,其中上落并非实在。市面大半为投机家买空卖空所操纵者外,如德国货币马克,市面骤涨骤跌,相差甚钜。自一百二十余马克竟涨至二百七十五马克,大概由于马克纸币发行过多所致。查伦敦、柏林间汇价,自本届开市时始由七百十个马克涨至一千六百十二马克(六月三十日价),统计相差有一倍又四分之一。其德国国立银行发行钞票,流通于市面者,计较去岁增四百六十三万万之多。据六月二十号报告,已有一千五百五十三万四千五百万(十二月三十一号止为一千〇八十九万九千六百万),平均每月增加率为七十七万万(另详逐月增加率比较表)。英法等国对于整理德国金融之计画,曾经多次提议,迄无完善结果。总观本届外币汇兑市面,与进出口货物有关系者,多多少少受投机家买空卖空影响者为多数耳。

(二)本届营业状况

本届外币定期、活期存款与上届比较,似觉稍逊。盖有本埠各业不振,新创工厂不多,加以向欧美订购机械者日行减少,且多数厂家因内部经济关系,将外币移向他行抵作押款透支,藉资活动,存款不免稍形减色。至于电汇英金、马克、法郎,比较去岁增加;其美金、日金、港纸则稍减。票汇美金、法郎、马克较去岁加增,英金、日金、港纸亦觉稍逊。其原因多由本埠新设银行日增,而香港分设来沪及日商各银行吸收现款、减收汇价之结果(升降比较率另详细表)。外币进口押汇,比去岁多出四倍,交易各户尚称殷实;出口押汇比较略减,盖因今年欧美市面清淡,各货销路异常疲滞所致(另详比较细表)。至我行存放国外同业款项,自欧战以后各国金融稍舒,存款利息不如往年之优厚,平均利率约在二厘半之数(另详国外利率表)。此后欧美存款利率如无意外变迁,难望起色。

(三)本决算期内损益之实况

本届年首数月,洋商银行库存不丰,多将先令售出,掉[调]取现款,贴补汇水,常在二分左右。我行于是时曾买进近期,卖出远期,获利尚优。迨至三四月间,各行装运大条进口,银根稍松,先令市面见软。嗣因出口丝茶渐动,加以多数投机家抛出远期,先令市面又趋长势。我行审睿市情,先售后补,稍得余利。至售出汇票,均按市随时升减,获利最厚。其电汇及进口押汇,较次之。利息项下之支出者,以马克为数最钜。我行酌量马克各存户情形,曾将马克一部分移作国外定期存款,利息差可冲抵。其余英美日金、法郎各存款,多藉为电汇、票汇、押汇之运用,得利较厚。统观以上情形,本届盈余以汇票汇水一项为最。此外,电汇、票汇、押汇、外币买卖较次之。

(四)下期进行方针

下期进行方针,以吸收存款、广招汇款为宗旨。至进出口押汇期长利微,似无电汇、票汇之优厚。兹为汇款便利起见,与德国同业开立金镑户,以后德国先令汇款可以直接汇解。瑞士国通惠亦在进行中,由美国纽芬银行介绍,与瑞士巴比银行开立瑞士法郎户,以应各厂家汇寄款项之需。下期先令市面因投机家远期买空卖空为数过钜,将来市面情形如何,颇难揣测。兹拟采取稳健主义,以应付市面潮流之趋势。(副本,上档 Q268-1-507)

8月28日 复北京交通部公函,请与银公司从速进行。云:"敬复者:顷奉函字二七七五号公函,敬聆种切。贵部长采纳刍荛,洞悉民隐,感佩之余,弥殷翘企。如果银公司方面能早日磋商就绪,景葵遵当婉劝各股东静候好音,毋负贵部长力践宿诺之至意。尚求从速进行为感。景葵日内拟附车北来,到京后当晋谒铃辕,面求教益。"(《浙路股款清算始末》,《杂著》,第308页)

8月底至9月初 赴北京,再一次与交通部交涉浙路股款清算事,又与中英银公司代表梅尔思接洽发行第二次债券。先生后记云:"十一年七月,旅京浙绅联名函请大部(按指交通部)督催中英银公司赶期完成杭绍线,敝主任亦请责成银公司发行第二次债券,即将未付股债本息加入借款之内,先由银公司垫付。十年八月奉二七七五号公函,核准函致银公司商办,敝主任亦向代表梅尔思接洽,梅尔斯表示完全赞成之意,虽因他项牵制,尚未商定,而成案具在,不能变更。"(1925年3月30日致交通部函,《浙路股款清算始末》,《杂著》,第314页)

9月1日 上海银行公会改选正副会长。盛竹书连任会长,孙景西为副会长。(1922年9月6日《申报》)

9 月 2 日　杨介眉致先生函,表示愿意领受赠款。云:"曩奉手翰并美金正副汇票九百三十六元各一纸,当即趋谒台端,面陈一切。承先生雅意殷拳,一再谆嘱,感胡可言!惟念祺在美时未有丝毫效力之处,返国又复他就,腆然受酬,于心何安!特缮具一函,并恳寄顾兄转达,乃遭拒绝,并述先生之意,如果将此款送还,则尽数备礼物见赐。闻之允为惶愧。复劳叔通先生枉驾再传盛意,若复固辞,似觉不情,只得腼颜拜领,期图报于将来。专函奉布,并鸣谢忱。"(原件,上档 Q268-1-188)

9 月 9 日　签署浙江兴业银行呈上海县知事、江苏省银行监理官文,送呈浙兴本年 6 月底报表。(副本,上档 Q268-1-68)

9 月 13 日　浙兴与商务印书馆经过双方友好协商,互相让步,浙兴增加印费一万余元,商务则承诺交货提前和降低废纸率。是日,签订修正条款九条,作为原合同之补充,先生代表浙兴签字。修正条款全文如下:

今为浙江兴业银行将壹圆、五圆、拾圆叁种钞票,原定背面印凸版二色者改印凹版一色,所有原合同内订定之印价及交票期限各项,均须修改。业经双方议定,开列于后:

(一)三种钞票用凸凹版印,正面印凹版壹色,凸版式色;背面印凹版壹色。正面两边分次加印号码并红色图章,背面加印签字、地名壹色。共陆色柒次。

(二)三种钞票:壹圆票每张洋叁分柒厘叁毫,印伍拾万张,计洋壹万捌仟陆百五拾元;伍圆票每张洋叁分式厘八毫,印壹百式拾万张,计洋叁万玖仟叁百陆拾元;拾圆票每张洋叁分玖厘式毫,印叁拾五万张,计洋壹万叁仟柒百式拾元。共计洋柒万壹仟柒百叁拾元。因钞票背面改印凹版,另贴偿制版费洋陆百元。共计洋柒万式仟叁百叁拾元正。不折不扣,上海交货,上海交洋。

(三)拾圆票版,极迟本年阳历九月底以前必须制竣,不得延误。票版制竣壹星期内送正式印样。俟印样阅准签字后,壹个半月交叁万张,以后每月至少交足肆万张。

(四)壹圆、伍圆票两种,自本年阳历九月起,每月至少交足念壹万张。

(五)壹圆、伍圆、拾圆票三种,限定民国拾式年阳历肆月底一律如数交齐,不得延误(所有各票交货,应先应后均凭浙江兴业银行临时指定付印)。

(六)加印暗记及装票箱子等费不再另加。

(七)钢版每版至多印至壹万式仟张后即须另换。其原版俟印票全数完竣,由浙江兴业银行收回。

(八)商务印书馆承印此项钞票,至多每千张小张以柒拾伍张为试印之用。

（九）除以上各条双方遵守不得翻议外,余仍依据民国十年九月十四日所定原合同办理。

中华民国拾壹年玖月拾叁日

商务印书馆代表人鲍咸昌

浙江兴业银行代表人叶景葵

（原稿,上档 Q268-1-606）

9月21日　浙江督军卢永祥、省长沈金鉴为浙属灾荒筹赈事,致沪总商会各同乡会暨叶景葵等浙籍人士函。云:"浙省比岁灾荒疮痍未复,本年入秋以来,迭次飓风霪雨,经旬累日,加以山洪暴发,山颓谷崩,江海河湖同时涨溢。低下之区,固成泽国,依山之县,尤罹奇灾,现实被水患者,浙东西五十余县,居全省十之七八。其最重者,水高于城,官署民舍共塌殆尽,漂没人畜无算,毁坏塘堤、桥梁、田畯、房舍,触处皆是。禾稻垂熟,全被淹没,颗粒无收者居大半数。综计被水冲没而死者数万人,风餐露宿嗷嗷待哺者数万人。转瞬冬寒,次贫变为极贫,尤恐不止此数。区之广,灾情之重,为亘古所未有。现虽拨款择灾重之区,散放急赈,并就地筹募赈款为善后计,惟放赈办粜及工赈各事,非有巨万之款,万难挽此浩劫。本省迭灾之后,收入锐减,财政难窘达于极点。永祥、金鉴服务无状,丁此鞠凶,午衣焦思,难安寝馈。诸公华念梓乡,热心救患,伏祈速为筹募,慨捐巨资,源源接济,转瞬冬寒,如能募捐棉衣尤为感盼。谨为千百万灾黎,涕泣以恳。"(1922年9月23日《申报》)

10月6日　签署浙兴总办致各分支行通函,通告聘任沈棉庭为稽核部长,代理稽核部长王稻坪仍回汉行任副经理;汉行襄理闻信之升任副经理。（原稿,上档 Q268-1-58）

11月27日　主持浙兴董事会,议决施行《浙江兴业银行试行总规程》。（副本,上档 Q268-1-32）

11月28日　签署浙兴总办致申行函,规定发行兑换券用准备金保管办法。云:"查发行准备金保管手续,早经券字第二号函奉达在案。现在发行在即,敝处为格外郑重将事,以期巩固对外信用起见,所有发行准备金仍归敝处直接保管。兹将此项办法条列如次:一、申行向总处领用兑换券时,应将应有发行准备金预交总处保管,同时并将应有存款准备,如数收入发行准备金存折,交总处收执。二、申行将兑换券缴还总处时,所有手续于上条反之。三、此项发行准备现金之收付,为手续简捷起见,应由申行装箱固封,交总处收管,将来兑换券收回时仍原封缴还。如遇奇零之数,亦须装箱固封,但在箱上标明数目,以资识别。四、各行代兑上海地名券时,总处应交还申行之准备现金,逐日彼此结算清楚,由总处与申行会同开箱,申行将应收之数取出后,仍将原箱固封,交总处收管。五、此项准备现金如遇查账时,应

由总处与申行会同启封,查毕仍由申行固封之。"(副本,上档 Q268-1-330)

11月29日　签署浙兴就重新发行兑换券事致上海总商会函。云:"敝银行兑换券曾于前清光绪三十三年,由度支部分别核准;复于民国十年一月六日奉币制局批准继续发行,并奉财政部核准各在案。现经印就十元、五元、一元兑换券三种,定于本年十二月一日发行。所有发行准备金与营业准备金另举存储,完全划分。凡持有敝行兑换券者,可随时向敝行兑现洋。兹送上十元、五元、一元样本一册,即存察阅。如尊处收敝行兑换券,需兑现洋,请随时莅临北京路十四号敝行照兑。"(1922年11月30日《申报》)

11月　主持制订浙兴《发行兑换券暨布置发行准备金办法》。全文如下:

　　甲、兑换券

　　1. 本行兑换券概由总办事处印交各行发行。

　　2. 本行发行权统一于总办事处,无论分支行凡收付兑换券均作为代总办事处办理。其发行会计规程另订之。

　　3. 本行发行完全与营业分立。各行兑换券之收付及保管须分别处理。其办法另订之。

　　4. 本行兑换券现分一元、五元、十元三种,先印上海、天津、湖北三种地名,由申、津、汉等行次第发行。

　　5. 申、津、汉以外各行或须领用他地名券时,应由总办事处将领用之券加印暗记,酌量给发。

　　6. 各行(除奉、哈两行外)对于本行兑换券,无论地名有无暗记,均有互相代兑之义务。但遇有特别情况,得由各行相机办理。

　　7. 各行所存兑换券由总办事处随时派员检察之。

　　乙、准备金

　　1. 本行发行准备金与营业准备金完全分离,另行存储,其办法另订之。

　　2. 各行所有发行准备金均系总办事处存入,非照总办事处规定办法不得动用。

　　3. 各行发行准备金,暂定现金准备七成。各行收发兑换券一律按此成数办理,不得随意参错。其余三成由总办事处以存款准备科目转账。

　　4. 现金准备以通用银元为限,不得代以他行钞票、外国银行钞票及各种票据等。

　　5. 存款准备三成作为各行暂欠总办事处之款,遇有拥兑风潮时,即须照还,以供兑现之用。

　　各行所存发行准备金,由总办事处随时派员检察之。(副本,上档 Q268-1-330)

11月 主持制订《本行领用兑换券及处理发行准备金办法》与《浙江兴业银行发行会计规程》(从略)。(副本,同上引档)

12月1日 浙江兴业银行开始发行第三版钞票。前一日各大报纸均开始刊登有关新闻与《浙江兴业银行发行兑换券广告》(广告内容与11月29日致上海总商会函大致相同),连续数日。(印本,上档 Q268-1-623;1922年12月1日《申报》)

12月 主持修订并汇编浙兴各种章程与规约。计有《本行试行总规程》《总务部办事细则》《会计部办事细则》《调查章程》《调查部办事细则》《发行部办事细则》《营业规程》《行员服务规程》《总分行往来款项办法》等。(《浙兴各种章程规则》第七册,上档 Q268-1-31)

12月 盛竹书辞浙江兴业银行总经理职。(徐寄庼《最近上海金融史》上册,第80页)浙兴于本年中改总行制。原申行则为浙兴总行,盛竹书为总经理。盛辞职后,总经理一职由先生兼任。

12月 三弟叶景莘参与创办北京松坡图书馆。北京松坡图书馆筹备处设立,拟在北海快雪堂设第一馆,专藏中文图书;在西单石虎胡同设第二馆,专藏外文图书。梁启超为创办主任,叶景莘为32位创办人之一。(《松坡图书馆十二年份报告》,1924年4月刊本)

是年 郑州大昌树艺公司受军阀、土匪双重压迫,白辅唐经理处境格外艰危,生产遭受严重破坏。先生后记云:"民国十一年以后,河南军阀,日益恣睢,横征暴敛,土匪蜂起。公司之树,被人偷盗。白君认真查罚,盗者含恨,借他事与之为难。土匪以公司有钱,思绑经理之票。最紧急时,白君露宿于麦田,至三夜之久。公司之牛骡及大车,为军队征发;且须佃户为之赶车。及归,则车已毁损,牛骡不全。又征发草料,无则缴钱,无钱则将佃户拘禁。余在上海,函嘱白君避居城内,白君骑一驴,朝去而暮归……"(《记郑州大昌树艺公司》,《杂著》,第249页)

是年 撰《挽张金坡(锡銮)》联[①]:

忆当年突骑防秋,试挈大宛名驹,祗肯归降老充国;

看今日积骸成莽,太息前朝玄菟,无人生殉故将军。(《杂著》,第405页)

先生后回忆张今颇事迹以及与其交往轶事,云:"与绳公同时之张今颇将军,亦恢奇人也。在奉资望极老。增祺为盛京将军,今颇奉令收编张作霖军队,故张即隶

---

① 张锡銮(1843—1922),字今颇、金坡,浙江钱塘人。1894年任东边道,训练新军,参加中日甲午战争。历任直隶海防营务处总办、奉天度支司、淮军全军翼长等职。1911年授山西巡抚。民国后任直隶都督、吉林都督、湖北将军等要职。1917年后困居天津以终。——编著者

其麾下,时今颇已任巡防统领矣。赵尚书来,委以营务处督办。适某营统领出缺,例由督办呈请遴员补授,并面陈尚书云:'张作霖名列第一,请遴补。'尚书颔而忘之,另在营官册中,遴出一人,填注发表后,今颇大愠,托病辞职。经余转圜,并婉陈于尚书,允再出统领缺,必以张作霖补授,始将辞呈撤回。终尚书之任,今颇自谓感恩而非知己也。辛亥共和诏下,尚书辞东三省总督,荐今颇自代,已得项城允许,忽为筹防会通电反对,盖张作霖嗾使之。项城改派段芝贵。未几,又为张所逐。今颇入关后,虽任以直督,嗣又赋闲。性慷慨不事生产,贫困无聊,有子亦不肖。今颇有老妾,其子藉词累重,私遣去,今颇无如何也。郭松龄战败之年,今颇殁于析津,身后萧条,几无以殓。今颇亦能诗,喜饮啖,尤善骑,好蓄名马,绰号快马张。"(《发园随笔·跋》,《杂著》,第 86—87 页)

是年 先生某次进京期间,会见友人邵章(伯絅),为吴印臣《松邻遗集》印行资助二百元。先生后回忆云:"印臣先生故后,友人章式之、傅沅叔、邵伯絅等搜集遗文,交式之担任编辑。辑成交琉璃厂文楷斋刊刻。文楷刻成,而刻资无人担任,阁置数年,文楷甚窘。壬癸间,葵入都,伯絅告葵曰:'文楷急于结账,只须付四百元,便可印刷数十部。'葵允出二百元,分得红印二十部。"(《松邻遗集·跋》,《书跋》,第 164 页)

是年 三弟叶景莘为北京政府财政部草拟《对于本位单位之意见》。(《中华民国史档案资料汇编》第 3 辑"金融"[一],第 181 页)

1923 年(民国十二年 癸亥) 50 岁

1月至2月 上海总商会、银行公会、钱业公会两次通电反对北洋政府决发1200万元十二年公债。

3月 日本政府拒绝北京政府取消"二十一条"及收回旅大的照会。全国各地举行反日集会游行。

10月 曹锟贿选当总统。各地声讨曹锟及其贿选议员。

是年 浙江地方实业银行改组,实行官商分营,官股称浙江地方银行,总行设于杭州;商股称浙江实业银行,总行设于上海。

1月1日 浙江兴业银行实行总行制。总行职员如下:总(经)理:董事长叶揆初兼领;协理:徐新六、徐寄庼;营业部长副经理:曹吉如;襄理:孙人镜;金币部副经理:董芸生;总务部长;陈文嵩;调查部长:协理徐新六兼;发行部长:陈亦侯。(1922年12月5日浙兴总办致各分支行函,上档Q268-1-58)

同日 浙兴实行《发行部办事细则》。(副本,上档Q268-1-595)

1月8日 签署浙兴总办致各分支行通函,改进信件编号办法。云:"上年十二月五日总办事处三九八号通函,所定各分支行与总行总办事处彼此往来号信办法第三条,规定总行致各分支行信件编号办法。兹为各分支行便于归档起见,已商明总办事处,自本日起改照该号通信第二条规定办法办理,亦依各部另纸起讫。惟于各种号信分类字样上,另冠地名一字,以资识别。例如,京行业字号信,编作'京业',余可类推。总办事处致各分支行号信亦同。所有总处及敝处各种号信,自本日起均自第一号起编,除分函外,特此奉洽。"(副本,上档Q268-1-112)

1月14日至15日 主持浙兴重员会议。参加者:蒋抑卮、沈新三、陈叔通、徐眉轩、徐新六、徐寄庼、董芸生、曹吉如、孙人镜、张笃生、汪卜桑、顾逸农、王稻坪、竹尧生、陈慕周、沈棉庭、陈亦侯。讨论并议决事项为:

(一)议各种存款利率限制事。议决:①特存第三条每三个月付息一次,可以照旧,从利率上随时伸缩。②各行各自酌定公告利率与内定最高度利率,其有特别情形不得已越此限度者,随时总行查询缘由,或径由各行函告。③各种存款章程发由各行自印。④规定各行公布和内定最高利率。

（二）议兑换券各分支行互兑办法及杭京领用沪津券准备案。议决：沪、杭、汉三处互兑不贴水，惟为数过钜至万，不得已时由汇方设法应付之。津、京两处以不兑为原则。

（三）议可认为押款之股票种类及其折扣事。议定各分支行收受各种股票之折扣数。"各种股票押款其手续以过户为原则，不得已时取其过户证书；再有困难时亦必正式注册。"

（四）议公债卖买计划事。（浙兴《重员会议记录簿》，上档 Q268－1－58）

1月15日　主持浙兴第 6 次行务会议①。①讨论汉行续放汉口第一纱厂五万两事。先生谓："汉行来函称，第一纱厂户前曾放给无期放款银五万两，该厂信用卓著，本年营业亦极得手。昨敝总经理与该厂经理晤谈，知该厂尚有用途，故现拟再放五万两，约三个月。应否照准，请公决。""议决准其加做五万两，并应提交的时候追认。"②议华新卫厂透支事。先生谓："该厂内容极为复杂，我行放款应取郑重态度。"议决透支不做。又议裕和面粉公司借款，上海商业银行、浙江银行领券贴现拆与汇丰银行款项等事。（《行务会议记录簿》第 1 册，上档 Q268－1－163）

1月16日　出席商务印书馆董事会议。鲍咸昌报告公共图书馆筹建情况等事。（《商务印书馆董事会记录簿》）

1月17日　主持浙兴第 7 次行务会议。沈棉庭报告汉行函报扬子公司拟赎取押品内零件事；徐寄庼报告华比银行拆票事；徐寄庼又"议各行庄放款限度业经通过以后，订做事应否会议"。均议决通过。（《行务会议记录簿》第 1 册，上档 Q268－1－163）

1月20日　主持浙兴第 8 次行务会议。讨论事项有：①议津行营业计划书。沈棉庭报告事由。讨论中先生云："如物华银楼等户头，万难商订契约，大抵由用户求我者，自可要求订约，而由我抖揽者即难办到。"②议哈行营业计划事。先生云："哈行放款困难已极，故曾与竹尧生君商洽，嘱其收缩放款，以五十五万为度。"有人提议多做汇兑，先生云："汇款之来源亦不外往来各户，且亦无多少汇票可做。"议决由会计部分别函洽。③议奉行营业计划书。沈棉庭报告计划书内容，议决通过。④议各行行章行用手续事，沈棉庭报告准备情形，议决通过。⑤议总行阴历年终存放钱庄款项事。曹吉如报告事由，议决通过。⑥徐寄庼报告与上海商业、浙江地方实业等银行接洽贴现及领券等事项。（同上引档）

---

① 浙兴总办于 1923 年 1 月 3 日起，设立行务会议制度，会议设有编号，由办事董事主持。列席者有总行经理、协理、营业部经理等。无规定日期，有时一天两次。第 1 次行务会议谱主未出席，由蒋抑卮主持。本谱选录谱主主持或与谱主有关各次，择要记述。——编著者

1月 先生父病母亡,返杭州办理母亲丧事。"十二月作舟公患中风,危急之际,(先生)突接太夫人同病之报,仓皇驰归,又恰弃养。返视椿庭,幸已向愈。定省黄昏,恒有娱以老人。"(顾廷龙《叶公揆初行状》,《杂著》,第421页)

2月1日 浙兴第14次行务会议举行,先生时与蒋抑卮在杭州,由陈叔通主持,讨论水电押款。会后,拟定致先生与蒋抑卮电:"揆、抑两公:汉电渭臣有水电股四十万,拟向兴业、浙江、上海合押十八万两。三家商经同意,拟过户即做。尊见然否?急复。业。"(《行务会议记录簿》第1册,上档Q268-1-163)

2月2日 先生复电总行云:"水电厂(股票)请电汉行照做。"(同上引档)

2月10日 京行请总办事处代送先生母亲徐太夫人奠礼素幛一幅,计洋10.54元。(1922年2月10日、23日京行致总办函,原件,上档Q268-1-563)

2月13日 主持制定浙兴《股东支取红利细则》并分送各分行。《细则》全文如下:

一、每年核给股东红利若干,先由总行于股东会议议决后,用股字号信通告各分支行。

二、股东红利付给事宜,总行归总务部股务股,各分支行归文牍股办理。

三、股东红利以红利单分别寄给股东,向总分行支取时,单上须股东盖章,并填明所执股票号数,总分行始得收受。

四、总分行收受红利单,随时由股务股主任核对印章,如属相符,由主任盖名印于单上,再连同印鉴簿送部长复核加章,仍由主任将红利单交收支股。支付后即盖用年月日付讫戳记,一面由主任于红利单存根内填载付讫年月日。

五、在杭、汉、京、津、哈、奉各分支行取红利者,股东将手续完备之单交行,各行即给股东收条一纸,收条上浙江兴业银行字样之上,各行仍加印地名二字,如杭州、汉口等,并由经副襄理中一人签名盖章。一面将收下红利单连同清单以及该清单印底一份,逐日包封寄送总行。该单于某日寄送总行,应在收条存根注明。

六、总行收到各分支行寄送红利单等件,应即由股务股主任查对印章、号数,如属相符,连同印鉴簿送部长复核,由部长将红利单盖用年月日销讫戳记,交还主任;一面将该行原送之清单印底该户上,加盖部长名印,用股字号信寄回,并通知该行,照单内有部长名印者付款。其核对印章或号数不符者,同时将红利单退回,清单印底上不盖部长名章,各分支行即止付红利。至退回之单经转交改正重寄时,仍须开入续送之清单内,并于纪要栏内注明缘由。如经总行核对无讹,即于续寄清单印底上盖部长名印,据以付款。

七、各分支行于股东交回原给收条支去红利后,由各分支行收支股盖年月日付讫戳记于收条上,并于存根内填明付出日期。

八、总行对于此项事务,当于信到后二日内作复,并将应付红利划收该行之账。各行约加邮局信往返日期并计共须若干日,于掣给股东收条时告知股东,约某日来取,并于收条纪要栏内注明。

九、总分支行以红利付股东时,随给该届报告一本。

十、总分支行间因此项股务通信,均用股字号函。

(副本,上档 Q268-1-112)

2月25日　主持浙兴第16次下届股东常会,报告本届营业情况,主要经济指标如下:

股本 250 万元,公积 758 878 元,中国银行兑换券 365 万元,发行兑换券 90 万元,各种定期存款 9 095 477 元,各种往来存款 9 827 042 元,各种储蓄存款 556 140元,应付电汇票汇 2 696 704 元;现款 1 809 617 元,中国银行兑换券准备金 365 万元,发行兑换券准备金 90 万元,同业往来 6 363 753 元,往来担保抵押透支 2 101 530 元,定期及贴现放款 2 637 062 元,抵押放款 5 147 889 元,合做放款 3 857 230 元,应收电汇票汇 2 472 961 元,有价证券 1 248 404 元;本届纯利 307 404 元。(《兴业邮乘》,第 18 期)

会议选举胡藻青、陈理卿、沈籁清为监察人。(同上引刊,第 13 期)

2月　先生斜桥路(今吴江路)10 号新屋落成,全家迁居于内。是为先生在沪第三处居所。1923 年 2 月 13 日浙兴京行致总办函,提到"致送揆公新屋落成礼份"等事。(原件,上档 Q268-1-526)

3月1日　由张元济辑编、商务印书馆影印之大型古籍丛书《四部丛刊》第 6 期书出版。至此全书 324 种、2 100 册全部出齐。包括宋刊本 39 种,金刊本 2 种,元刊本 18 种,影宋钞本 16 种,影元钞本 5 种,校本 18 种,明活体字本 8 种,高丽旧刻本 4 种,释道藏本 2 种,其馀均为明清精刻本。[①]　该丛书收有杭州叶氏卷盦提供底本影印者 4 种:

《孔丛子》七卷附《释文》一卷　(汉)孔鲋撰,《释文》不著撰人,明覆宋刻本

《孟东野诗集》十卷　(唐)孟郊撰,明弘治刻本(此书同江南图书馆藏本合印)

《河南穆公集》三卷《遗事》一卷《校补》一卷　(宋)穆修撰,述古堂覆宋钞本

[①] 1926 年至 1929 年商务印书馆重印,抽换 21 种版本,并给许多书加了校勘记,更名为《四部丛刊初编》。——编著者

《花间集》十二卷《补》二卷 （后蜀）赵崇祚辑,《补》（西吴）温博辑,明万历巾箱本

（《四部丛刊书录》）

4月15日 全国银行公会联合会第四次会议在汉口召开。上海代表盛竹书、倪远甫、李馥荪、林康侯、吴蕴斋出席。（徐沧水《上海银行公会事业史》,第12页）

4月17日 为浙江兴业银行继续发行兑换券事签署呈交通部文。云：

敝行于前清光绪三十四年奉度支部特准发行兑换券,遵于杭州、上海、汉口三处发行。其时各铁路、邮政、电报局一律通用。银行亦力顾信用,未敢失坠。辛亥以后因领用中国银行兑换券,即将自发兑换券收回。嗣又因领用之数,未足以供需要,且续领为难。于民国十年呈奉币制局批准继续发行。并蒙财政部核准在案。现拟先于上海、杭州、汉口、天津等处继续发行,以补领用券之不足。仰恳大部通饬各处铁路、邮政、电报局一律通用,以维金融,而济市面。再,银行自发兑换券,在沪、津、汉各大埠之各外国银行业已通用无阻。凡各处铁路等局有因借款关系,与各外国银行发生收款手续者,各用银行自发兑换券,并无何等阻碍。合并陈明。此呈

交通部

浙江兴业银行董事长〇〇〇 民国十二年四月十七日发

（信稿,上档Q268-1-597）

4月19日 币制局致浙兴公函,派遣新任监理官。云："查贵行发行纸币,应派监理官一员,以资检查。兹派张炽章充浙江兴业银行监理官。除分令外,相应函达查照。"（原件,同上引档）

4月25日 交通部批复浙兴呈文,同意继续发行兑换券。文云："原具呈人浙江兴业银行董事长叶景葵呈一件,为发行兑换券请饬路、电、邮各局通用由,呈悉。该行继续发行兑换券,已分饬路、电、邮各总局分别转行通用,仰即知照。此批。"（原件,同上引档）

5月1日 主持浙兴第38次行务会议。讨论事项有：①议杭行三月底长期信放转期事,沈棉庭报告事由（略）。②议元元丝厂借款事,徐寄庼报告事由（略）。③议刘鸿生户个人信用透支事,徐寄庼报告事由（略）。④议大同盐行借款事。先生报告事由云："大同借款事,昨与刘开甫君面谈。我方主张四月底止原订借款合同不能不解除。刘君则陈述种种困难及运照所以迟延之原因,并出示各项文电为证。察其情形,似然虚构,故预料彼方运盐事必可告成。若利湘遽与解约,则彼方困难情形亦自属实。最后与商利湘方面,不能不声明解约,即托刘君转达大同。如大同果有为难,仍可来函商恳。刘君所代认之四月七日起至四月底止之利息,则先

交付于彼。此函商时间内运照如果须发，自可继续进行。此事彼方固感困难，而在利湘亦实不愿舍弃。所虑彼方事前费用既钜，将来利益必致减少，且恐六十万元之借额不能敷用，则其时或致别生问题。"项兰生云：借款数额过大，"颇觉复杂，万一将来官厅复别生枝节，合做之家事后责备，以为我行错过可以解约机会，其时我反无词解免"。沈棉庭亦云："大同借款合同所得利益，充其量不过四、五万元而止，事前既多留难，将来变故之来不可预料。"先生又云："项君所言数额一层，我行经董会议决，以四十万元为度。合做之家虽以我行为标准，仍各自负责，或将现在情形先与接洽，亦属不妨。至虑运照发生之后别生枝节，大不了至于停运而止。然停运之日，便可结账。至沈君所言利益一层，查原订合同之精神，在于汇款。此项汇款利益数不在少。利湘所以不愿遽舍弃者，亦即在此。惟危险之来或有在意计之外者，自不可不预为虑及。最好将我行原定四十万之数额内，再分出若干。庶几数额较少，危险分量亦较轻。鄙人此次赴京，容相机办理。惟合做家数中银行同业加多，或须要求分沾汇水利益。"（《行务会议记录》第 2 册，上档 Q268-1-164）

同日　出席商务印书馆特别董事会议。会议通过第四印刷所工程竣工报告，所有建筑费用及安置设备、装修打样等费共计洋 35.91 万元。（《商务印书馆董事会记录簿》）

5 月 6 日　赴上海总商会议事厅出席商务印书馆股东常会，郑孝胥为议长，王显华报告民国十一年营业情况，监察人叶景葵报告。选出新一届董事 13 人：鲍咸昌、高凤池、张元济、郑孝胥、丁榕、李宣龚、童世亨、王显华、郭秉文、黄炎培、张蟾芬、陈叔通、庄俞；监察三人：张葆初、叶景葵、金伯平。（1923 年 5 月 7 日《申报》）

5 月 7 日　离沪赴津京。（1923 年 5 月 9 日总行致京行电，上档 Q268-1-562）本次赴京，一则处理行务，二则与交通部等交涉索讨浙路末期股款，三则与中国银行商谈修订领取兑换券等事项。约 5 月底返沪。

5 月 8 日　蒋抑卮于京行致电上海总行，问先生行踪。电云："抑待车直通后归。揆何日来？复。"（引自京行致总行函，同上引档）

5 月 9 日　总行复京行电。云："揆阳日行。"（电稿，同上引档）

5 月 11 日　先生到京。次日京行致总行函，云："揆公昨日由津来京。"（原件，同上引档）

5 月 16 日　先生在京期间，探访在翠微居养病之梁启超。是日，致刘承幹函，代梁启超索嘉业堂刻书。函云："顷因路事来京，晤梁任公，道及尊斋藏书至夥，意欲乞得所刊各种书全分，问弟可行否。弟谓吾兄以传之世人为职志，任公发微阐幽，有功国故，必乐于移赠。尚求检齐前后所刊各种孤本一全份，送交敝行陈叔通先生转寄京师为感。又石铭兄所刊善本闻亦甚众，可否转乞一分，一并寄来？任公

近有《清儒学案》之作,正在搜讨,两公宜有以助成之。石兄处恕不另肃。"(手迹,《求恕斋友朋手札》稿本)

5月24日 于北京至总行电。云:"在京安通,乞告舍间。葵。"(京行致总致函,上档Q268-1-562)

5月26日 在京期间,与交通部交涉索讨浙路末期股款。时吴秋舫(毓麟)任总长,孙章甫(多钰)任次长。是日,上北京交通部公函,详陈三策,请择一而行,或兼营并进。文云:

> 敬启者,浙路第十二期股款及未付债票两项计欠洋一百十七万余元,迁延日久,尚未清结。景葵来京面吁,仰蒙贵总长、次长赐以温霂,开诚相见,谂知浙路历史与他路迥乎不同,允为竭力设法,曷胜感佩。景葵始受股东委托,继受股东责备,异常为难。兹特陈甲、乙、丙三策,以备甄采。

> 甲、请饬命京奉、京汉、津浦、汴洛、正太、胶济、沪宁、沪杭甬各局,各筹借十五万元,自本年七月起,分作三个月,按月解交敝处收账,款齐即登报开付。事以分而易举,谅各局不致为难。

> 乙、上年八月二十五日第二七七五号部函允即督催中英银公司克期完成杭绍一线,发行第二次债券,即将浙路未了股债加入借款之内,先由银公司垫付,一俟办理就绪,浙路股债可提前清偿等因,法良意美,至为殷盼。现已瞬逾半载,应恳查照原案,切实督催银公司,克期办理,勿任延宕。

> 丙、在银公司垫款尚来实行以前,请饬令沪杭甬路局于每月营业收入项下拨出五万元,解交敝处收账,以拨足一百十七万余元为止。如未拨足前银公司垫款即可履行,应将已拨之数在银公司垫款内扣缴。

> 以上三策,均系刍荛之见,应请大部采纳,或审择其一,或兼营并进,俾浙路十余万户股东仰赖贵总长、次长擘画之劳,收回血本。景葵亦藉以稍赎愆尤。无任屏营待命之至,敬候复音。此上

交通部

> 　　　　　浙路股款清算处主任叶景葵　十二年五月二十六日

同日,再上北京交通部公函,痛陈股债不了之利害,促使采择建议三策。

> 再密启者:浙路交出财产估值一千七八百万元,原冀让归国有以后,全线早成,土货得自由输出,乃荏苒十年,线路未增,开支加钜,而原订四年还清之股款,百久延宕,受损无算。今并区区尾数,亦久延不发,道路腾议,多方怨咨。上年且有创议联呈当道,扣留沪杭甬浙境营业收入,以抵股款者。时值自治风潮而起,景葵不主激烈而主和平,乃与诸乡老竭力设法劝止之。惟股东人数以杭绍两处为最多,目睹列车开行,熙来攘往,追溯原始,皆各人血汗之资所积而

成，今债务未清，而他人入室，郁怒不平之气，蕴之已非一日，长此不已，不特与国家统一政策有碍，与将来杭绍路工亦无利益。去岁来京曾密陈诸高总长、劳次长，并以私人资格访中英银公司代表梅尔思与之详说利害，颇为动容。故梅尔思对于大部第二七七五号公函各节，业已口头承认。今又荏苒半年矣，迁延不决，是为无策。总之，以枫泾至宁波一线所收之款项或所举之外债，为偿浙路未了债务之保证，实属天经地义。景葵所陈三策，均系平心静气之言。或者甲策稍有困难，骤难实现，应请大部俯采乙、丙二策，兼营并进，在银公司续约未订以前，以丙策调剂之，俟乙策实行，丙策即可取消，于部款并无出入，而浙路十年未了之积欠，从此可有办法，岂惟两浙黎庶歌颂大德而已！并候复音。

再上

交通部

浙路股款清算处主任叶景葵　十二年五月二十六日

（《浙路股款清算始末》，《杂著》，第 308—311 页）

5 月　主持浙兴总行"编制全体同人录，并征求同人影片，以为我行实行总行制之纪念"。（1923 年 5 月 28 日京行致总行函，原件，上档 Q268 - 1 - 263）

6 月 7 日　北京交通部复先生函，谓拟就乙策酌量入手，或再用丙策，并请勉予维持。函云："准贵处来函，敬悉壹是。年来时局不靖，部帑支绌，应付浙路末期股款本息及公债本息，愆期已久。仰赖贵主任鼎力维持，兹复承代画甲、乙、丙办法三项，并及利害各端，精密周详，既佩荩筹，尤感高谊。查甲项就目前各路困难情形，实属万难办到。乙项原属本问题中之正当办法，上年虽向中英公司磋商，未有成议，似仍可斟酌进行，以期贯彻。丙项该路会计操之借款公司，所有收入，不敷还本。付息甚巨，在第二项未成立之前，事实上断难照办。本部对于此项债款，极愿早日清偿，以期结束。兹拟即从第二项办法酌量入手，果能议订就绪，或再用第三项办法为求速垫款之商洽，办无不可。罗掘已尽，竭蹶堪虞，诸希察谅，并祈勉予维持，无任感荷。"（《浙路股款清算始末》，《杂著》，第 311—312 页）

6 月 16 日　应约参加吴淞中国公学大学部商科班毕业生 22 人毕业式。时先生为该校董事会董事。（1923 年 6 月 16 日《申报》）

6 月 19 日　参加商务印书馆董事会会议。①总务处报告附购无线电音公司股份事；②王显华报告《韦氏大字典》案情况。（《商务印书馆董事会记录簿》）

6 月 25 日　主持浙兴第 47 次行务会议。讨论事宜有：

一、议聂云台为恒丰纱厂房地产担保透支事。徐寄顾报告："此事前于第四十二次行务会议议决，认为可做。现在聂君开单来商。查单内房地产共计估值银十七万余两，透支额尚未说过。窥其情形，大约要想十万两之谱。我行拟先允八万两,如实为难,总以十万两为额。利息拟照市加三两。至该项房产保险单,须请其交与我行。"先生云:"闻聂君此次订做透支,系为赴郑州采办棉花之用,惜该处本行无营运机关。倘汉行能利用此机会,拟与聂君商洽。至透支定额亦俟与其当面接洽。如能以八万两为额最好,否则以十万两为度言。次以原单嘱会计部长详核。房地产估价系为十六万余两。"又云:"如八万两不能办到,以九万两为度。至万不得已时允以十万两。"众无异议。

二、徐寄庼报告台湾银行拆票事(略)。

三、曹吉如报告做日金、美金或先令事(略)。

四、徐寄庼报告买进日金九六公债事(略)。

五、徐寄庼报告苏州顺康庄代兑我行兑换券事。先生云:"查苏州方面,我行钞票流行尚少,其原因即在无兑换机关。顺康庄尚称殷实,姑先试办,但遇茧用起时,须特别注意。"徐寄庼云:"该庄应用招牌,拟有我行做好,交其挂用,其字样为'代兑浙江兴业银行兑换券',不称代兑处,避去固定机关名称,似较活动。"众无异议。

六、议京、汉两行放款事。沈棉庭报告汉口新开宝隆洋行账房户,计信用透支一万两,契约出面人为劳用宏,此款疑系承接泰和洋行者。先生云:"劳用宏即劳敬修之子,在汉埠牌面尚好。宝隆或即泰和之后身。"沈棉庭又报告,"京行做一笔九六公债押款,押户为王绍贤,系北京中行副经理,押品九六公债十万元,押洋式万元,月息一分二厘,以一月为期。此与议决押品公债种类不符,已去函请其将事实缘由见告矣"。先生云:"此事鄙人在京时曾经接洽。先由王君向汪卜桑先生商恳,汪君曾以押品不合复之。嗣汪君以京行与中行营业关系情有难却,商之鄙人。初意拟以一五折允予受押,后以彼方为难,遇京津需要时以银易洋或须受耗。鄙意届时拟由总行以银元接济京津,以为短时间之调度,藉免京津两行之损耗。未知可行否?"时徐寄庼与先生均以事离席,蒋抑卮云,此刻先行报告,容再与诸公详酌。
(《行务会议记录》第2册,上档Q268-1-164)

6月28日 主持浙兴第48次行务会议。讨论事宜有:①议捆客安达生来商房地产及外国股票押款事。徐新六报告云:"有捆客安达生来商,谓有本埠法界霞飞路四九九号房地产,估价叁拾万两,又各种橡皮股票照实价叁拾万两,共六拾万两,拟押银叁拾万两,九个月期,年息一分二等语。当答以该两项押品,均为我行行章所不许,如须通融,亦必经董事会议决。约定明日予以确答。此项押款是否可做?请公决。"蒋抑卮云:"此事须先问该捆客是否靠得住?如其人可靠,再研究押品。"徐新六、徐寄庼均云此人历来似无不可靠事实。徐寄庼并历述从前所做类似此等押款之经过。先生云:"住宅不比市房之活动,且九个月之时期亦嫌过长。鄙意主张不做。"曹吉如云:"如果股票由我挑选,连同房地产作押,数目改为廿万两,期限缩为六个月,未尝不可做。讨论引成两种意见。蒋抑卮云:"橡皮股票种类甚多,价格亦至不一。可先令其将拟作押品之股票开一清单,连同房地产之道契号头交来,股票由我挑选,地皮房屋先去调查,押款数额改为廿万,利率、期限可照办。即以此意复之,可则进行,否则不做。"议决:照蒋抑卮所议办法办理。②议津行裕元押款事(略)。③议豫生庄欠款追押办法事(略)。(同上引档)

7 月 2 日 就金融债券抽签事,致浙兴京行转金仍珠电。云:"转仍老:金融如抽签,急复。葵。"同日,金仍珠托京行复电云:"抽签事公权不知。已函询税司,得复再告。"(引自 1923 年 7 月 4 日京行致总办函,原件,上档 Q268-1-563)

7 月 6 日 与徐新六宴请蔡元培①。出席者有张君劢、陈叔通、黄群、许秋帆等。(《蔡元培全集》第 16 卷,第 225 页)

7 月 12 日 主持浙兴第 49 次行务会议。讨论事宜有:①徐寄顾报告浙江实业、恒隆、恒昌等户放款事(略)。②沈棉庭报告津行与兴华棉业公司订定押款办法事(略)。③议存款利率事。徐寄顾云:"存款利率原不欲过高,惟各大数存项因不肯,略予牵就之故。任令他去,亦似非计。鄙意以后如有大宗存款,或系老主顾,拟个个对付,略予变通。诸公以为然否?"沈棉庭云:"现在特种定期存款增进较多,此于营运方面颇感困难。"先生云:"存户辨别力究尚薄弱,总以希冀高利者为多。若一味不予通融,任令他去,诚恐牵及其他存户,颇不相宜。鄙意亦主张相机办理。对于上门存户为个个之对付。至于特种定期一项所以较多之原因,实因普通定存无法通融,乃始引入特存一途。此盖经理对付存户之一种途径。若普通定存略予变通,则特存自不至激增。至余所谓个个对付云者,亦非漫无限制。盖以我行之地位言,与他家比较,无形中自有一种标准。过此标准,为经理者虽甚爱恋存款,亦必不愿迁就。故鄙意,以后对付定存各户,终可相机应付,而对于普通定存尤不妨略予变通,使不侧重于特存一途。又鄙意主张普通定存略予放松,而大宗活期存款则须限制,如商务印书馆、东三省银行等户,数目既钜,盘剥又重,则亦无所用其恋爱耳!此外,各银数、洋数利率向无区别,是否以区别谓宜?"徐寄顾云:"从前沪埠各行庄,银户利率本高于洋户。嗣以普通人家总是洋元,各银行存款洋多于银。为吸收洋数存款,所以将利率提高,与银数存息相等。"曹吉如云:"总行此次拟增存款利率,系指对于特别者而言,其普通者均拟维持现状。设普通银数存款增加利率,势必影响于普通之洋数存款。提高银数存息,似不相宜。"议决:对于定存各户,视其

---

① 蔡元培夫妇于同月 20 日赴欧旅行。——编著者

存款及交往年份如何,临时为个个之对付。宁使普通定存略予变通,不使特种定存激增。此为临时救济方法,俟下次重员会议时再行彻底讨论。④议行员保险金运用事(略)。(《行务会议记录》第 2 册,上档 Q268-1-164)

7月17日 主持浙兴第 50 次行务会议。讨论事项有:①议京行北京电车公司借款事。先生报告云:"此事前由行务会议议决,如做相当押款,可以商量。先是该公司股款及营业收入,多在金城、盐业两行存放。董事中有主张分存我行者,又以权义关系,并要求我行为垫款行之一。彼时垫款意义双方均不暇深求。迨我行复以改为押款始可商量,彼方颇滋误会,而押款名目又非所愿,乃改为有担保透支,并加入中、交两行,连我行共为五家。总额五十万,股款及营业收入亦由五行分存。此鄙人在京时直接、间接所得之事实。现据京行函告情形,并附来另纸所开条项,鄙意该公司系属正当营业,似不妨加入。惟欠息一层与存息有密切关连,如果存息可以放低,则欠息亦不妨稍示放松。"沈棉庭朗读条项。徐新六云:"条项中所称担保品一条,虽未据开单见示,大致总是车辆机器等件。而此项机件向例在订购合同内订明,在货价未曾扫数清还以前,仍系承办人所有。故以此项机件为担保品,法律上尚不少问题,似宜加入一语,谓'银行对于担保品有第一优先处分权'云云。"陈叔通云:"如果该项机件价尚未清,无论加入何等词句,总是无效。盖由于货价上所发生之债权,债权人(即出货行家)在法律上对于货物有绝对优先权,不受任何方面之凌驾。鄙意不如一概不加入何种词句,但将于是项担保品之推行结果,说明利害,嘱京行会同中、交两行商酌,与该公司商办。"先生云:"利息一层,视存息如何而酌定,亦须嘱京行会同中、交两行商酌,与该公司蹉议。"经讨论补充,最后议决:北京电车公司透支五十万元,我行可以加入,所开条项,如担保品、利息及存款三条,分别说明理由,嘱京行会同中、交两行,与该公司蹉议办理。②议京、津两行放款事。沈棉庭报告事由(略)。③议台湾银行拆款事。徐寄顾报告事由(略)。④报告常州纱厂昨日会议情形事。徐寄顾报告事由(略)。⑤报告吴蔚如君预商华丰纱厂垫款事。徐寄顾云:"东莱银行吴君来商,谓该行大股东刘子山君有款陷入华丰纱厂,计近二十万两。彼意拟劝刘君索性将该厂租来自办,并拟届时请我行及大陆数家共同垫款壹百万,每家约十万余两。查该厂日债壹百叁拾万、庄款四十万之谱。当答以如由刘君租办,对于日债如何办理? 吴君谓,日债原约无定期。又答以原约虽无定期,要必有一定之约束,如几个月前通知还款等类,不能不预为顾及。吴君又言,拟于六月十五日(想是阴历)动身赴青岛,与刘君商洽。故我行允为援助与否,亦须于六月十五日以前确答。"先生云:"日债契约非先察阅其内容不可。如果对于日债处理确有办法,刘君租办后各行共做花纱活期押款,当无问题。"议决:照先生所说答复吴蔚如君。(同上引档)

7 月 21 日　致北京美国钞票公司吴乃琛(荩忱)函,托其转呈币制局文。云:
"顷承教益极快。兹分奉上币制局呈文及合同草底各一件,即请詧收。呈文上日期
恳于送进时代为一注,并恳示知,以便在此间底稿上补填。合同各节皆商有头绪,
亦盼见告。诸费清神,公私俱感。"(信稿,上档 Q268-1-608)

同日　为向美国钞票公司订印钞票事,签署浙江兴业银行呈币制局文①。全
文如下:

> 呈为订印空白美钞,请饬关免验放行,并恳发给护照事。窃敝行继续发行
> 钞票,曾于民国十年一月六日奉钧局一〇〇三号批示,准予备案。当即向纽约
> 美国钞票公司订印壹圆票壹百万张、五圆票式百万张、拾圆票肆拾万张。现据
> 该公司来函,业已开印,将来印竣后即须陆续起运,敬请钧局咨行税务处,行知
> 总税务司转饬沪关,嗣后遇有美国钞票公司印运敝行空白钞票到沪,即予免验
> 放行,并恳发给护照,以凭持赴沪关验放,实为公便。再美国钞票公司英文名
> 为 American Bank Nate Company;敝行英文名为 National Commercial Bank。
> 谨以附陈。此呈
>
> 币制局　　　　　　　　　　　　　　浙江兴业银行董事长叶景葵
> 　　　　　　　　　　　　　　　　　(副本,上档 Q268-1-608)

7 月 24 日　出席商务印书馆董事会议。讨论照相部之影片部"稍稍扩展"事、
广州分馆购屋事,以及利用余款购买工部局公债等事项。(《商务印书馆董事会记
录簿》)

7 月　主持制定《浙江兴业银行露封保管箱事例》。(印本,上档 Q268-1-
623)

8 月 4 日　主持浙兴第 51 次行务会议。讨论事项有:①议各项放款事。徐寄
庼报告事由(略)。②议汉行拟支给学生及行役医药费事,徐寄庼报告事由。议决:
凡学生及行役中遇有急病,又其资力实有未逮者,得由总副经理酌量支给医药费。
其回家医养者不在此例。③议购买公债事。先生报告云:"近日公债市价较为低
落,因与浙江实业银行、通易信托公司合购金融公债八九月份期货,本行名下拟以
票面五十万为限,合行报告。"众无异议。④议论京行放款事。沈棉庭报告事由
(略)。(《行务会议记录》第 2 册,上档 Q268-1-164)

8 月 10 日　主持浙兴第 52 次行务会议。讨论事项有:①议应付伪钞办法事。
徐寄庼报告云:"发现伪钞事,迭经非正式商议,现在约有二旬。截至昨日止,柜上

---

① 实际送交币制局日期为 1923 年 7 月 29 日。——编著者

收落者计壹千叁百余元。当发见后之一二日内即报,由巡捕房派探来行侦伺。惟来兑者大多是钱庄、银行及烟纸店所收落之票。凡伪票来自正当铺户者,西探均不予根究。故派探侦伺,至今尚无结果。又以此项伪钞之行使,利在换得有价值之物品。故一面并嘱捕房派探六人,至各大银楼处暗探。探至五日,亦无端倪,故此项各银楼处之暗探已经撤去。昨经商及,佥以捕房探目对于其伙探,本有悬赏之例。我行对于捕房探目,似亦不可不先许以相当报酬。拟由振飞先生与姚克(即探目)说明此旨,以期早日收效。但此为希望破案之步骤,至我行对于是项伪票如何应付,应请讨论。"曹吉如主张"先从有交往之各银行、钱庄及各大公司如先施、永安等,与之说明,请其于收用我行钞票时量予鉴别,去伪留真,并与声明误收者照兑。如此则行使伪票者,既有所窒碍,而真票亦不受影响。"讨论热烈,最后由先生总结云:"现在不能有绝对的办法,第一步总期使行使伪钞者感觉行销之困难。"议决:以曹吉如君主张试行接洽。倘所兑伪票日有增益时,再行商议办法。至对于捕房方面,与之接洽报酬办法,亦可照行。②议各项放款事,徐寄顾报告事由(略)。(同上引档)

8月15日　表舅吴庆坻致先生函①,赠以生日礼品。函云:"此月中旬实为足下初度之辰,方当宅忧,自不言庆。惟鄙人回思往事,则有为足下幸且自为幸者。忆癸巳甲午之际,从者始入京师,庆坻方遭艰,滞留不得归。鉴儿②两次可得试差,有忌者尼尼,遂连二年分校京兆,试时贫甚,忧伤蕉萃。年才四十七,而鬓毛苍苍。足下方二十正,英英露华也。越十载,庆坻直政垣,君捷南宫,相见骧甚。时吾已五十六,而壮健乃胜于十年以前。六月阻暑,忽有滇南八千里之行,比入冬而与足下再聚于长沙,欢意处无涯量。自是而知君才已足为世用矣。世事万变,飚驰电激,昔当陆机作赋之年,今逮达夫学诗之岁,而幡然一老,虽贞疾而犹存。足下上奉椿庭,孝养备至;外治实业,誉望日隆。即穷巷衰翁,犹荷时时存问。此岂不足为足下幸且自为幸乎?病后惮用心,不能为诗,以连怀抱,取纨素作为许字置怀衷,间作一纪念品,媵以瓷瓶一事,绣字四方,唐人写经卷子一轴,伏望款纳,万勿屏弃也。"(原件,《尺素选存》)

8月18日　主持浙兴第53次行务会议。讨论事项有:①议大连分设机关事。先生报告云:"大连市面情形,前经奉行经理陈慕周君前往调查。现在陈君因回籍过沪,可以详细讨论。"陈慕周、董芸生、徐新六各有发言。先生又云:"据陈君报告,

---

① 原函署"七月四日",无年份。据考,是年七月下旬(农历)正为先生五十岁生日,故系于此。吴庆坻于第二年亦去世。——编著者
② 指吴士鉴。——编著者

在大连分设机关可不必自备食宿,即在以此为营业之行号中附设,亦不须食宿费,而即取偿于用(佣)金。又据陈君计划,驻办之人须倍悉英文,另须一人助理。鄙意此项机关但为被动的业务,不自动营业。原拟嘱樊干庭君再往该处调查,现陈君于阴历八月初三即可由籍回奉,届时拟令樊君与陈君同往。俟调查竣事,如认为可设,并拟请樊君前往办理。好在开支无多,试办若干时期,再定进止。诸位以为如何? 可请再加讨论。"众无异议。②补录筹议本行钞票事。曹吉如拟订办法(略)。③补录长兴煤矿公司放款事(略)。(同上引档)

8 月 19 日　主持浙兴第 17 次上届股东常会。(《兴业邮乘》,第 13 期)

8 月下旬　就浙路股款清算事呈交通部文,略谓:"浙路未了股款,请予照拨,并将历期损失如何赔偿,一律清结。否则,拟先将枫泾—杭州路线及江墅支线,交股东执笔。"(引自《沈桐叔与苏路清算处往还函》,1923 年 9 月 8 日《申报》)

约 8 月下旬　为接洽美钞公司印钞、四合公司欠款等事,离沪赴京。约 10 月下旬自北京返沪。

浙兴于 1921 年奉币制局批准印制新版兑换券三种,于 1923 年发行。新票甫出,伪票接踵而来。浙兴当即全数收回,另印新钞发行。(《纸币图说》,上海纸币旬报 1926 年印)

9 月 8 日　浙兴总办致京行函,附寄美国钞票公司所制浙兴钞票草样壹圆、伍圆、拾圆正背面各一张,以及《对于票样意见》一份,请转呈先生"核夺"。(原件,上档 Q268-1-608)

9 月 10 日　阅《对于票样意见》并逐条加以批注。《意见》全文如下:

对于票样意见

一、三种均用一像,似嫌板滞,且与券类区别上有碍。如决计用人头像,似仍分用王(阳明)、管(仲)、姜(子牙)三种为较妥,否则竟用西湖及钱江风景,如保俶塔、雷峰塔、六和塔。可分三种之类,俾较合世俗心理。[先生批注云:"十元用姜,五元用王,一元用管。姜、王皆居中,管则居右。因居中则两边易布置,好看。津行所存西湖风景,均极不合用,故仍用像。"]

二、照像之框均系腰圆直立,嫌太板滞,宜有变化。似可用银行所绘草样中照像之框,并拟使此框位置按三种券额,分中、左、右三式排列。

三、壹圆、伍圆正面式样颜色互相类似,易于涂改,其弊甚大。壹圆之色宜变更,使与伍圆显殊。[先生批注云:"伍元已选定玫瑰色,余照来样。"]

四、原有钞票一般舆论嫌壹圆、伍圆太小,拾圆太长,似均宜改良。另附大小式样,以备采择。[先生批注云:"照办。"]

五、伍圆、拾圆正面未留中文地名余地,请改良。[先生批注云:"票既改宽,余地尽有,不必另留边框。可照交通式印于下方。"]

六、背面预备加印洋文地名之方框,内地印局不善加印,有上下偏侧之弊。似宜不用此项范围。[先生批注云:"方框仍留,另加地纹。因无方框则两边签字处不显明。"]

七、背面地纹票样中 United States of America 等字样,想系暂时借用,宜改银行英文名 National Commercial Bank。[先生批注云:"照办。"]

八、背面之鸡及花纹可否亦印复色,俾较完美,并使作伪者有比较难易之念。以现在市上钞票背面大半一色,实未臻上乘也。[先生批注云:"万办不到。因价值太昂。"]

九、每种钞票中宜为银行各刊暗记一种,届时知照银行接洽。[先生批注云:"照办。"]

十、票样全黏在纸板上,纸张如何,无从考究。[先生批注云:"以中南(银行)之纸为标准。"]

十一、正面花纹颜色与他银行(如中南等)钞票比较,尚嫌单简。[先生批注云:"五元、一元者,比十元者为细,不知何故?已嘱加细。至颜色并不单简。"]

十二、伍圆、拾圆正面浙江兴业银行兑换券字样嫌小。[先生批注云:"已嘱放大。"]

再本行现发钞票,以印刷欠工,致多缺憾。此次既经特由美钞公司重印,一切式样自应精益求精,俾作永久之计。如因票样稍延时日,似无大碍。是否有当?均乞核夺。 十二年九月七日(原件,上档Q268-1-608)

9月14日 在京致林行规(斐成)律师函,聘任其为四合公司代表人。云:"前代四合公司介绍,拟聘先生为该公司代表人,荷承慨允,至深感荷。兹由该公司寄来正式委托书一件,又分致财部及内债债权人、会盐余借款联合团函稿四件。即祈誊阅归档。所有盐余借款团方面,已向该公司先行声明脱离。并请台洽。""再顷接四合公司来函,嘱抵送公费式百元。兹特迅奉。即请赐复。"(副本,上档Q268-1-348)

同日 浙兴京行致总办函,通报先生在京为四合公司聘请律师事。云:"附下四合公司致林行规律师委托书一件,又报告财部及内债债权人会函各一件。又复财部及致盐余借款联合团函各一件。均已交董事长阅后转送林律师处。已有董事长备函送去公费洋式百元。该洋付尊册,用报单填告。附函底一份,即请誊核。"(原件,上档Q268-1-349)

9月17日 浙兴京行副经理朱振之致总办陈叔通函,转达先生对于美国公司票样之意见。云:"顷奉惠示并总行来函,均转呈揆公,敬悉一一。揆公言,风景照片前已拣择多次,无一可取,故决用原有人像。五元、十元用王、姜像,因系正面之相印于居中。一元用管子像,因其侧面之相,印于右边。背面即用鸡。要求加一色,恐难办到。盖加一色,则价须变动。总行来函所示两条,第一条正面下端签字地位,用本行商标作底纹。揆公之意确与尊旨相同,此处不再加盖印章,亦不签字,与中行式样相同。背面仍用洋文 Chairman manger 字样,草稿已有。第二条'凭票即兑国币〇元',嘱仍用'凭票即兑通元银元'八字。背面洋文亦须改转。惟此样已与该公司接洽,业已寄美打样,去电再改,不知叙得明白否?中、交、中南之钞,均用国币字样,大多数已适用此二字,渐成习惯,似不致发生误会。仍请尊处详加讨论。如必须改成原字,请再示及,俾与该公司商酌办理。苶忱因事回南,约十日可回。并祈台恰。"先生在与美国公司接洽一段天头加批注云:"即不必再改公文。惟'国币'二字须请新三重写,不知来得及否?"(原件,上档 Q268-1-608)

9 月 主持修正《浙江兴业银行当值规程》。(副本,上档 Q268-1-32)

10 月 1 日 蒋抑卮主持浙兴第 57 次行务会议。蒋"报告董事长来函,以京行行屋不敷,所购地皮不能利用,深为可惜。拟就新购地皮上为一时便宜计,施行临时建筑,费以一万元为限,已属沈理源先具草图"。会议讨论,认为不宜盖临时用房,函告董事长。(《行务会议记录》第 2 册,上档 Q268-1-164)

同日 浙兴京行致总行函。云:"附上财政部致四合公司函一件,即请台收。该函已经敝处录底,由揆公备函送交林律师,嘱其驳复矣。"(原件,上档 Q268-1-349)

10 月 4 日 币制局复浙兴第 821 号指令,批准向美钞公司订印钞票。云:"今浙江兴业银行呈订印空白美钞,请饬关免验收并恳发给护照由,呈悉。查该行与中交两行所定合同,兑换券额仅有三百万元。此次所印之数未免过钜。惟既经向美钞公司订印完竣,由美陆续起运,姑准先予运回,交由监理官封存,呈候本局批准发行额后,再行启封。并发癸字第二百四十五号护照一纸,仰即领收,用毕仍即缴销,并速补缴照费洋一元五角。此令。"(原件,上档 Q268-1-59)

同日 致币制局函,商请更换护照。云:

敬启者:敝行呈请订印空白美钞发给护照一案,顷奉指令核准,并发癸字第二百四十五号护照一纸,谨以收悉。惟是此项美钞印刷需时,陆续交货,须费十二个月,辗转运送,又易耽误时日,诚恐或逾护照程限,于钧局功令不符。应恳自发照之日起,以壹年为限,以昭利便。特将原发护照一张送呈,即请换填一张,发交敝行收执。无任感叩。此呈

币制局 浙江兴业银行董事长叶景葵 十二年十月四日

外护照一张

(同上引档)

10月11日　在京签署浙兴与美钞公司订立第四版兑换券印制合同。全文如下：

立合同，美国纽约美国钞票公司（甲方）中国上海浙江兴业银行（乙方）

今因美国钞票公司代上海浙江兴业银行印刷钞票，双方订立条件如左：

一、甲方按照乙方核定之票样（包括花纹暨大小、颜色等而言），在纽约雕刻顶上钢版（正背面均用凹版）印刷。

二、订印钞票之种类、数目暨价格如下：

壹圆票　壹百万张　每千张美金念壹元

五圆票　贰百万张　每千张美金念式元伍角

拾圆票　肆拾万张　每千张美金念玖元

共叁百肆拾万张，计美金柒万柒千陆百元

以上钞票在上海交货。所有价目包括纸张、制版、印刷、编号、装箱、样本等费，并其他一切工料及自纽约运至上海之运费、保险费。惟上海进口关税由乙方自付。

三、乙方核定草样后，先付印价五分之一；印成票样核定后，再付印价五分之一·五；其余银货两清。款在上海交付。

四、草样核定后九个月，全货一律交齐。

五、甲方代乙方制造之各种花样材料，不得再作他用，并须代负严密保管之责。乙方并得派员会同加封。如发生意外情弊，乙方所受损失，应由甲方完全赔偿。

六、甲方所印钞票，如有印刷模糊及与票样不符等情，应如数剔除，双方会同销毁，另有甲方重印。所有此项一切损失，均由甲方负责。

七、合同订行后，甲方无论如何不得有藉词加价情事。

八、本合同共缮中英文各两份，双方各执一份存查。

中华民国十二年即西历一千九百二十三年十月十一日

美国钞票公司代表人 Harry F. Rayny

上海浙江兴业银行代表人叶揆初（印）

（副本，上档 Q268 - 1 - 608）

同日　为美国钞票公司代印钞票额度事致币制局函。云："敝行呈请印运美钞一案，仰蒙批准给照，莫名纫感。查敝行与中国银行所定领券合同，系初领三百万元，续领二百万元。又与交通银行另订领券合同一千万元。共已订有一千五百万元之领用额。嗣因中交两行未能充分给领，故呈请继续发行，以备领用之不足。曾蒙批准有案，此次向美钞公司订印空白钞票，护照一千五百万元之额，并未增数，应恳核准，即以一千五百万元为发行额，以应市面之需求。所有准备办法，当依遵钧局定章，不致逾越。用特专函陈请，即求核示施行。"（副本，上档 Q268-1-597）

同日　致林行规函。云："前代四合公司奉上财政部公函一件，请即拒约驳复，谅已核办。顷四合公司寄来九月底结单一纸，即请贵律师备函附送财部，要求即日拨还为感。"（副本，上档 Q268-1-348）

10 月 13 日　致美国钞票公司函，商请订印钞票能早日发运。云："敝行与贵公司所定印钞合同，第四条内开'草样核定后九个月，全货一律交齐'，兹特详细声明如左：此项钞票应由贵公司陆续分批装运，自草样核定之日起，限九个月内一律交齐。第一批装运之数至少为五元票四十万张，十元票十万张，一元票十万张。每批装运时，特将船名及启碇日期电知，并将所运钞票种类及箱数、张数备函通知，径寄敝总行查收，以便与海关预先接洽。其提单、保险单等亦祈径交上海敝总行查收，以免周折。"（副本，Q268-1-608）

10 月 17 日　吴乃琛复先生函。云："（订印钞票）背面加印复色一节，去电后尚未接到复电。一俟复电到后即行奉达事耳。"（原件。同上引档）

10 月 20 日　林行规复先生函。云："两奉手书，祗悉一一。因赴部迭访总次长，均未晤见，与司厅接洽，未得要领，致稽肃复，抱歉良深。现已去函催促，日内当陆续往部面洽。俟晤见当局，商有办法，再行奉闻。兹将致财部函稿钞奉，敬希詧阅为荷。"（原件，上档 Q268-1-348）

10 月 29 日　浙兴京行副经理朱振之致先生函，转告金仍珠对币制局索要合同一事之意见。云："币制局以我行领用中交钞票，其合同币局无案可稽，嘱即补录一份。当时该局来文，由号信寄呈，想邀台詧。此事昨与仍老谈及，渠意以为该局索取合同，本分内之事，似与我行发行钞票，不至发生何种问题。但前岁我行恢复发行权时，呈文中对于领用中交钞票一层，并未表示若何办法。倘此时遽将合同补去，恐遭意外，反为不美。不如暂置不理，俟将来催询时再行设法弹塞较为妥协。所云如是，嘱为代陈。即祈台洽。"（原件，上档 Q268-1-563）

10 月 31 日　主持浙兴第 63 次行务会议。讨论事项有：①议远东煤矿公司商请通融暂行垫付煤款事。徐新六报告事由（略）。②议各行放款事。程继高报告，天津久大精益公司户押款十万元，押品、利息号信内均未提及。先生云："此时略有接洽。先是该公司商诸津行，拟订借洋廿万元，时津行款项不多，祗订借十万元，系以所存塘沽盐作押，月息一分二厘，期六个月。杭行款项有余，得知此事，与津行协商，放给十万元。初则拟贴津行息一厘，要求沪借沪还。嗣后如何解决，却未之详，想必续有号信报告也。"程继高又报告杭行九月底放款各户情况。先生云："杭行所放各户均系老户，其中较新者均有保人，历来照准，此次亦可照办。"徐均无异议。

③议利兴转运公司借款事。徐寄庼报告事由(略)。(《行务会议记录》第2册,上档Q268-1-165)

同日 为抄送民国四年浙兴与中行、民国六年与交行所订领用兑换券合同事呈币制局文①。云;

> 敬启者:顷奉十月二十六日第二百五十九号钧局令开,敝行与中交两行所定领券合同应有三份,"前次未将合同抄送,以此为订定之额实属无案可稽,应即据实声复,并将原订合同抄录补送"等因。查敝行于民国四年与中国银行订定领券合同,计领用三百万元,又加领二百万元;于民国六年与交通银行订定领券合同,计领用壹千万元。共计订定壹千五百万元,均奉财政部核准在案。兹遵将原订合同各抄壹份附奉,敬请察收备案。
>
> 再,加领中券两百万元之额,系订入原合同第八条,并未另订合同,合并声明。此呈

币制局　　　　　　　　　　　　　　　浙江兴业银行董事长叶○○

附抄送合同两件(略)　　　　　　　　　　　(副本,上档Q268-1-597)

11月3日 主持浙兴第64次行务会议。讨论事项有:①议抵入发行准备之期票拟换回七长公债事。潘用和报告事由(略)。②议京行拟建临时行屋事。先生报告云:"京行拟建临时行屋,前经行务会议讨论,尚未解决。现在京行情形,营业处日益拥挤,非急谋展拓不可。惟正式建筑则须俟津、杭二行完全落成,计尚在一年以后。而建筑工程又需岁月。照京行现在需要情形,似不及待。故拟利用所购户部街地基,建筑临时行屋,费用以壹万元至壹万弍千元为度。鄙意此项临时行屋筑成后,即可将正式建筑展迟一年,于利息上亦不无合算。就现在津(京)行实例观之,新屋一建户部街,地点又较现在为佳,于吸收存款亦不无裨益。十月廿九日曾将此旨报告董事会,时适董事到会不足法定人数。致开谈话会,各董事、监察人均以为然。合报告。"众无异议。③议宝成纺织公司在北市收花用款事。徐新六报告事由(略)。(《行务会议记录》第3册,上档Q268-1-165)

11月5日 吴乃琛致先生函,告以纽约来电。云:"在京承教,无任欣幸。纽约来电云,背面加印多色版,与正面一样应加价如左:一元券每千张加美金叁元,五元券每千张加美金叁元,十元券每千张加美金肆元伍角。贵行十月廿六日来函业已诵悉,纸张准用特制之色点纸,如中南银行所用者为标准。又一元、五元、十元三种钞票花纹中各刊暗记,均当遵照尊示办理。除请洋员另以正式复函奉复外,先此

---

① 先生发出此文,显然未采纳金仍珠要求暂时不理币制局的意见。——编著者

函复。再者,前日贵京行询及英文合同中无'正背面皆用凹版'一句。其实并不漏译,当即备函解释,想已台洽矣。"(原件,上档 Q268-1-608)

11 月 8 日　复北京美钞公司吴乃琛函。云:"奉本月五日台函,敬聆一切。背面加印复式一节,加价过钜,成本太重,祇得作为罢论。所有钞票草样,计程已可由美寄出。如一到北京,即乞迅加快函寄下,以便核定。届时或恐台驾公出,致有压搁,拟恳预先知照公司同事,务须一到即寄。至要至感。贵公司解释合同中凹版一函,业经收洽矣。"(副本,同上引档)

同日　主持浙兴第 66 次行务会议。讨论事项有:①议津行来电拟做铜元押款事。沈棉庭报告事由(略)。②议哈尔滨厚康水磨房屋出售事。沈棉庭报告事由(略)。③议汉行拟放开期各户款项事。沈棉庭报告事由(略)。(《行务会议记录》第 3 册,上档 Q268-1-165)

11 月 10 日　主持浙兴第 67 次行务会议。讨论事项有:①议正金银行拆款事。曹吉如报告事由,正金提出三十万两,会议议决"拆与元十万两,并复以我行现在用途正多,故不能如数"。②议东华银行拆款事。徐新六报告事由。议决"允其照转,息按市价算"。(同上引档)

11 月 16 日　主持浙兴第 68 次行务会议。讨论事项有:①议暂移汉行发行准备下项现洋廿万两一面运洋归垫事。曹吉如报告事由(略)。②议拆款事。曹吉如报告事由(略)。③议杭行纬成公司户拟加透额事。程继高报告事由(略)。④议陈公洽户押款事。程继高报告事由(略)。⑤补录议决购入金融公债及购买均价事。先生报告云:"公债市价方落,我行款有余裕,拟酌购金融公债若干,以待时机,总额票面式百式拾万元,约价为六十六元五角零,佣金在内。"众无异议。(同上引档)

11 月 17 日　主持浙兴第 69 次行务会议。徐新六报告宝成纺织公司商请押款展额事。徐云:"押款之利率若从重,则彼方吃亏,从轻则我方吃亏。且纱价趋疲,在彼方亦尚非可以积极进行之时候,从缓办理,至所以顾全双方。""次讨论本日商做八万两中之逾期四万两一节,众皆主张通融照做,但逾额之数即以此四万两为止。"议决:宝成商请押款展额卅万两,婉复从缓。本日商做之八万两,除其中四万两系在原额以内应予照做外,其余四万两准其通融照做,但以逾额四万两为止。(同上引档)

11 月 19 日　主持浙兴第 70 次行务会议。讨论事项有:①议京行临时行屋建筑估价事。先生报告云:"京行拟建造临时行屋事,前经在会讨论,并已提出董事会议。时以到会董事不足法定人数,改开谈话会,在场董事、监察人均无异议。今日京行号信附来该项临时行屋之图及升大估价单。计估价洋一万〇七百余元,另加银库门一百八十五元,铁纱窗一百卅五元。"议决照办。②议宝成纺织品公司另做

十五万两押款事。徐新六报告事由(略)。③丝绸银行增加信用拆票事。曹吉如报告事由(略)。(同上引档)

11月20日　主持浙兴第71次行务会议。议津行电商中行滦股押款事。先生报告云:"津行来电称,'中行以滦矿股七千镑约值十七万,押十万元,期六月,息分二,拟允做。电复'等语。请讨论。"公决:金以滦矿股票曾做过,可以受押。曹吉如云:"现在市面加一厘利息,必可做到。"先生云:"去电关于利息部分似宜参以活笔,使津行有伸缩余地。"议决:滦矿股票可以受押,利息嘱津行商加一厘。电复津行。(同上引档)

同日　参加商务印书馆董事会议。讨论港九设厂之事。根据张元济等在当地考察后来函,议决分厂设于九龙,以银十万两为准。至于应否先行租屋开办,请张元济等酌情办理。(《商务印书馆董事会记录簿》)

同日　林行规致先生函,寄奉财政部复函。云:"近奉大函及附原合同钞件,均已祗悉。敝处前致财政部函稿,已于十月二十日钞奉,想达台览。兹将财部复函与四合公司商拟陈诸财部整理会主张相同。兹将该函钞请一阅。弟现因俗事返里一次,约计两旬可以返京,余容续布。"(原件,上档Q268-1-348)

11月22日　复吴乃琛函,催问票样。云:"敝行钞票草样,查系九月间交由贵公司寄美重制,业已两月有余,计可制就寄回。惟迄今尚未见到。敝行盼望甚殷,拟恳台端电催从速,并祈示复为感。"(副本,上档Q268-1-608)

11月23日　主持浙兴第72次行务会议。讨论事项有:①议津行电商拟做平和棉花羊毛栈单押款事。程继高报告事由(略)。②议棉业银行等押款事。曹吉如报告事由(略)。③议汉行函商堆栈栈单文字式样事。程继高报告事由(略)。(《行务会议记录》第3册,上档Q268-1-165)

同日　复林行规函。云:"顷奉本月廿日手并抄示部函一件,均以读悉。部函云承认金融公债变卖偿还□□①,此大有进步,非先生之力不至此。闻财政整理会现已规定表式,分送债权、债务两方各自填注,会齐后再行审核。但债权一方仍有整理会送部转交,约旬日内可以发出。此项表式如部中送至尊处,即请寄下,以便转交四合公司填注。因前单本息结至九月底,现须加入过期之息又有数月也。"(副本,上档Q268-1-348)

11月26日　主持浙兴第73次行务会议。讨论事项有:①议汉行函商南洋兄弟烟草公司借款事。徐新六报告事由(略)。②议汉行和记鱼行、棉花号放款事。

---

① 字迹不清。疑为"股款"。——编著者

程继高报告事由(略)。③议哈行同升泰欠款结束事。程继高报告事由(略)。④议在大连委托代理机关事。徐新六报告事由(略)。⑤议通州豫生钱庄欠款事。徐新六报告事由(略)。⑥议金币部套做远期先令事。董芸生报告事由(略)。(《行务会议记录》第 3 册,上档 Q268-1-165)

11 月 27 日　致林行规函。云:"日前奉复一缄,计大旆业已旋都,谅蒙鉴詧。昨接财政整理会致四合公司公函并表式二纸。兹照来函按式填注,由四合公司送请函致台端。恳即备函送交财政整理会汇案核定为荷。财政整理会原函照抄一纸附上。"(副本,上档 Q268-1-348)

11 月　沪埠银根奇紧,现银来源稀少。银行公会有鉴于此,因于十一月十九日组织金融讨论委员会,公推宋汉章、盛竹书、徐寄庼、陈光甫、李馥荪、倪远甫等为委员,集议办法。经数次集议,因拟定三项办法,并致函上海钱业公会,共同加以研究。公决授权董事会必要时动用银行公会公共储备金,"设同业如有急需,前来商借之时,因临时召集会员会议恐迫不及待,故得由董事会相机行事"。(《上海银行公会事业史》,第 19 页)

12 月 3 日　复吴乃琛函。云:"奉上月三十日台函,承示敝行票样大约本月二十日左右方可到京等语。因敝行盼望票样速到,异常殷切,一经到京,务乞迅予寄下。届时如无更动,当由敝行电达尊处转电纽约照办,以期迅捷。再草样核定后应付印价五分之一,计美金壹万伍千伍百贰拾圆,按照合同应在上海交款。届时如何交付,祈先示知,以便遵办可也。"(副本,上档 Q268-1-608)

12 月 7 日　林行规致先生函。云:"前因琐事回籍一行,途经上海,匆促未及叩访,至歉。归途在济南、天津略作勾留,五日夕抵寓,展诵上月二十七日台示。已将表式备函送致财政整理会矣。兹钞函稿,送请詧照。承委之件前与财部接洽时,部中初时仍以归入盐余通案为言。规往访张副总裁公权,叩以有抑卮先生复彼函在前,何以仍将四合借款列入盐余案内?彼答以充作四合抵押之公债,财部系向中行借用,若可另腾抵押,中行有收回公债之望。是四合公司本来承认将该款列入盐余通案。以后再访财部,以接晤公权先生谈话相告,并检抑卮先生与公权先生往来钞函相示部中,始无他言。现既由部将此笔债款汇送整理会审核,臆见以为可将根据合同及列入通案问题暂置不提。台端十月二十四日函嘱抄送整理会之财部与四合公司合同,似亦可暂缓抄送,俟日内查明主办该件人员,往晤接洽后再图相机办理。未知尊意以为如何?接洽情形,容再函陈。"先生批注云:"总务部拟复。"(原件,上档 Q268-1-348)

12 月 8 日　吴乃琛复先生函。云:"本月三日尊函敬悉。票样到京后自当迅速寄沪。如无更改,即可电告纽约雕版。至付款一层,如贵行在沪电汇至美最佳。

倘以电汇价格较高,改用票汇亦听尊便。正副汇票寄至北京或径寄纽约均可。敬此奉复。"(原件,上档 Q268-1-608)

12月10日 复林行规函。云:"接奉本月七日台函,并附示尊致财政整理会函底一件,均敬诵悉。承示执事与张公权先生谈话及与财政部接洽各情形,无任佩慰。财部现既将该款汇送整理会审核,前拟根据合同及列入通案问题,自可暂置不提。即弟于十月廿四日函请抄送整理会之合同,亦可从缓。已将尊旨转告四合公司。所有以后办法,准俟尊处将接洽情形见示后再行续商。"(副本,上档 Q268-1-348)

12月11日 致京行急电,嘱转金仍珠。电云:"转仍老:金融抽签,是否有期?急复。"金同日复电云:"金融抽签尚无期。"(引自同日京行致总办函,原件,上档 Q268-1-562)

12月12日 致浙兴京行电。云:"昨寄李祖虞致财部及整理会函,缓送。葵。"(引自同日京行致总办函,同上引档)

同日 主持浙兴第75次行务会议。讨论事项有:①议宝成押款事。沈棉庭报告事由(略)。②议振艺丝厂押款事。曹吉如报告事由(略)。③议恒昌祥以远期庄票在透支项下贴现额度事。曹吉如报告事由(略)。④议套做先令事。曹吉如报告事由(略)。⑤花生仁押款事。徐寄顾报告事由(略)。(《行务会议记录》第3册,上档 Q268-1-165)

12月13日 浙兴杭州货栈开办营业。地址杭州湖墅珠北潭。(浙兴机构成立记录卡,上档 Q268-1-24)

12月15日 致林行规函。云:"本月十日奉复一缄,度邀鉴詧。昨接财政部库藏司致四合公司公函并表式二纸。兹照来函按式填注,由四合公司送请函致台端,恳即备函送交财部库藏司詧核备案为荷。库藏司原函照抄一纸附上。"(副本,上档 Q268-1-349)

12月17日 主持浙兴董事会议。参加者陈叔通、蒋抑卮、沈新三、周湘舲、胡藻青、盛竹书、蒋赋苏。议修改《总规程》中关于发行各条事。先生报告云:"本行《总规程》试行一年,大体均无窒碍,惟就一年中之经过,详加体察,关于发行部之规定,尚有讨论余地。我行发行准备与营业准备实际上确系分离独立,惟营业以发展活泼为主,而发行方面以守法谨严为主。发行富有多金,在营业方面见之,以为呆存耗息,事属可惜,因思利用以资营运。而发行部在规程上本系隶属于总行,有时自亦不能不顾及营业上之利益,利害相权,颇资考虑。现拟仿照交通银行先例,将发行事宜划归独立机关办理,所有《总规程》中原定之发行部,拟改为发行库,直隶于总办事处,与总行为对待地位。库设总司库一员。在当初拟订总规程时,本拟将发行部独立,嗣以此项规程尚在试行时代,故仍隶属于总行。现在试行一年,既有上述情形自应力求改善,所拟条文,请各位详阅,并请叔通先生说明。"陈叔通报告云:"此次修改,仅不过将原定总行章内关于发行部各条删去,添订'发行库'一章,其余亦不过文字上之修改,至比较重要者,则为原定第卅九条下加添一项。原来第三十九条系规定行务会议之裁决权,其主旨系倾向于独裁制。此次发行库既与总行对立,则行务会议时主席行使裁决权,自亦不能不有特别严重之规定,故添一项。又为关于发行事项,主席行使裁决权,应征询发行库、总司库同意云云。"会议通过修改总规程有关条文。原定第四章之下添一章如下:

第五章　发行库

第三十一条　发行库设总司库一人,其余职员得依第二十六条办理。

第三十二条　发行库对分行函件,以发行库名义加盖总司库名章行之,其他关于发行事务、对外文件,以浙江兴业银行总行或董事长之名义行之。

第三十三条　发行库执掌如左。其办事细则另定之。

（一）总分行兑换券之发行事项;

（二）总分行兑换券之保管或委托保管及销毁事项;

（三）总分行发行准备之调拨及保管和委托保管事项;

（四）关于领用他银行兑换券之一切事项;

（五）发行账目之鉴定及记载事项;

（六）关于发行各项表单之编查及保管;

（七）关于本库函件之起草。

第三十四条　发行库库门及其他重要钥匙总司库掌之,但得委托其他相当职员代掌。

第三十五条　发行库总司库有事故不能到库执行事务时,由董事长于办事董事中指定一人代理之。

第三十六条　发行库总司库于必要时得商明董事长召集行务会议。

（《本行发行史》[五],《兴业邮乘》,第 27 期）

同日　吴乃琛致先生函。云:"前接台函,询及票样到后可否不再寄回纽约。查票样祇有一份,纽约仅留照片,如不寄回,花纹可从照片仿刊,颜色则无从悬揣。所以票样经贵行核定之后,一面电请纽约开始雕刻,一面仍须请贵行于票样上签字或盖章,寄回纽约,以资模范。"(原件,上档 Q268-1-608)

12 月 19 日　主持浙兴第 76 次行务会议。讨论事项有:①议振艺丝厂续做押款事。曹吉如报告事由(略)。②议天章丝厂茧子押款事。曹吉如报告事由(略)。③议货栈介绍来之押款事。曹吉如报告事由(略)。④议华丰面粉公司押款事。蒋抑卮报告事由(略)。⑤议宝成纱厂押款事。徐新六报告云:"刘柏森君之子刘孟靖君来商,该厂应付工部局十月份电气费,开出本日支票,计元弍万七千两,现尚在张罗中,意欲我行帮忙,并云该厂照现在情形,不久必将停工。惟日前即停与延至阴历年底停工不无出入,尚须讨论云云。此事我行应郑重考虑,不论赞成目前即停与否,前项电气费弍万七千两势不能不予以帮忙。因机上花衣正在工作中,一经闭电,纱机即不能运转。搁压花衣约有十四五万,银根损失堪虞。此外尚有扣存工资一项约叁万元。如目前即停工,即须发还。其他物件等费,诸共需银七万两始能停工。"先生云:"此当从双方利害着想,现在距阴历年底尚有一个半月,照现在市面,宝成每纱壹包,须亏拾五两,又须营运资本,而种种开支并于时日俱增。为该厂计,亦归苦难,故不如赞成目前即停,稍可减轻损失,然单为我行计也。惟所称电气费种种,是否仅止于此,应切实询问,并声明他项不再负担。此外再讨论宝成停工、我行结束问题。"徐寄庼云:"如果赞成该公司目前即停,第一,须令该公司电费照付,然后机上花衣可以做完;第二,我行须将所押花纱搬移至本栈。"议决照办。(《行务会议记录》第 3 册,上档 Q268-1-165)

12 月 20 日 复吴乃琛函。云:"奉本月十七日台函,承示'票样祇有一份,将来核定后仍须签字盖章寄回纽约,以资模范'等因,自当遵办。票样日内计可由京寄下,敝行盼望甚切。将来核定后,对于交货期限一层,务请贵公司随时注意,勿使稍有延迟。如能格外提早,尤所深盼,尚乞台端鼎力督促,公私俱感。"(副本,同上引档)

同日 林行规复先生 15 日函,"所有表式一纸,已遵嘱备函送交财政部库藏司矣。仅先复慰。"(原件,上档 Q268-1-348)

12 月 21 日 主持浙兴第 77 次行务会议。讨论派樊干庭赴大连试办分理处事。先生报告准备事宜,会议讨论议定办法如下:①定名为浙江兴业银行大连分理处,简称连处。②与大连正金银行开立往来户,计分两户,一为上海浙江兴业银行户,一为上海浙江兴业银行大连分理处户。③大连分理处存款暂定正钞壹万元,老头票壹万元。随时凭樊君签字支取。如用数在壹万元以上,当由总行电托大连正金银行,于浙江兴业银行户内拨付樊君,由樊君出给收条。④每日报告行市均用电报。计发总行、奉行两处。如行市无大上落,仍用上午开盘、下午收盘两市。如上落过大,随时电告,但须酌定,以行市上落至若何限度,即发电报。⑤大连分理处账目,直接总行,奉行不另开户。⑥每日用号函报告总行,奉行如仅系收解款项,或即用报单报告亦可。(《行务会议记录》第 3 册,上档 Q268-1-165)

12 月 24 日 主持浙兴第 78 次行务会议。讨论事项有;①议宝成押款事。徐新六继续报告事由(略)。②津行函商宝兴长借款事。沈棉庭报告事由(略)。(同

上引档)

同日　签署浙兴总办致各分支行通函,公告调整部分负责人:朱益能充任营业部副经理;京行副经理朱振之调任杭行副经理;哈行副经理竹尧生调京行副经理,等等。(原稿,上档 Q268-1-58)

12 月 25 日　浙兴第一次焚毁第三版印坏废券。"下午二时半,监察人盛竹书先生、沈籁清先生偕同徐寄顾先生,至发行库中将所有印坏之废券废纸,按照清折先点大数,复抽点细数。又抽查截留券角数,均属相符,随将券箱签封存库。其时已四时十分。竹书先生另有要公未及付毁,议定本月二十八日即星期五下午二时起在本行后楼所装火炉陆续付毁。"12 月 28 日第二次、12 月 29 日第三次、1924 年 2 月 1 日第四次、1924 年 2 月 10 日第五次、2 月 12 日第六次、2 月 13 日第七次、2 月 14 日第八次,共计焚毁废券废纸 330 950 张。(《焚毁第三版印坏废券废纸记录》,上档 Q268-1-599)

12 月 28 日　参加商务印书馆董事会议。议决暂以张元济名义承购香港本典乍街 26、28 号屋。在建筑未完之前另于皇后大道租屋。(《商务印书馆董事会记录簿》)

12 月 29 日　财政总长王克敏签署财部第 1260 号令:"唐价开去浙江兴业银行监理官差务,另候任用遗差派陈汉第接充。除分令外,仰即遵照。"(原件,上档 Q268-1-605)

12 月　主持修订《浙江兴业银行收录学生规程》。(副本,上档 Q268-1-32)

是年冬　浙兴汉口分行议定于郑州设分理处。先生委派洪成珑(雁舫)为主任。翌年 9 月,洪积劳成疾而去世,该分理处环境益恶,乃收歇。(《怀旧》,《杂著》,第 246 页)

是年　购入明嘉靖叶梦淇刊本《菉竹堂稿》八卷。"此书各家未见著录。民国十二年购自湘乡王氏,谓系袁漱六故物。"(《卷盦藏书记·集部》,稿本)

是年　项兰生辞浙兴书记长,专任常务董事。1924 年后改任监察人。(《项兰生自订年谱》[一],《上海档案史料研究》,第 9 辑,第 180 页)

1924 年(民国十三年　甲子)　51 岁

3 月　中国银行对钱庄开始实行领用兑换券办法。其后浙江兴业、中国实业、四明等银行皆开始仿行。

5 月　上海中国银行公布领用兑换券章程并规定领券办法。

8 月　国民政府在广州设立中央银行。1926 年迁汉口,不久结束。

9 月　第一次江浙战争爆发。广州国民政府发表《北伐宣言》。

12 月　第二次江浙战争爆发。

1 月 1 日　浙江兴业银行开办发行库,地址上海北京路总行内。(浙兴机构成立记录卡,上档 Q268 - 1 - 24)

1 月 2 日　洪成珑(雁舫)致先生函,报告郑州商号调查情况。云:"在郑时,商业之调查尚未报告完备,兹将能记忆者略为我公陈之,伏祈垂察焉。查郑州为河南及山西、陕西、陇、蜀各省集中之地,实往来货物之转运机关也。故自京汉、陇海通车以来,其商业之获大利者,首推转运事业。最初只有悦来、汇通、刘万顺、公兴存、利兴等八家。每家均获数百万之纯益。洎乎晚近硕果仅存者惟公兴存一家。刘万顺只留堆栈。汇通、悦来、利兴近均衰落。其余三家星散者星散,消灭者消灭。惟新添家头年多一年,尔攘我夺,利益渐薄。然信用卓著、营业较大者,仍推公兴存。兹将转运一览列表于下,请台詧为荷。(表略)以上调查所得,仅以奉闻,余容续陈。家慈之病稍瘥,晚拟下月初赴汉,道出沪上,再当趋前聆教也。"(原件,上档 Q268 - 1 - 431)

1 月 3 日　签署浙兴总办致各分行通函,通报云:"发行库总司库一席仍请总行协理徐寄庼君兼任。"(副本,上档 Q268 - 1 - 60)

1 月 6 日　与蒋抑卮、陈叔通、徐新六等宴请梅兰芳等,"宾主尽欢"。蒋抑卮自谓,看《天女散花》五十次,《霸王别姬》二十余次,"足见倾倒之忱"。(1924 年 1 月 7 日《申报》)

1 月 11 日　致林行规函。云:"去岁十二月十五日曾上一缄,计邀詧及。昨接财政整理会致四合公司函,嘱补具本息计算书一张。兹由四合公司办就,送请函致台端。恳即备函送交财政整理会詧核备案为荷。财政整理会原函照抄一纸附上。"

(信稿,上档 Q268-1-348)

1月16日　林行规复先生函。云:"顷奉一月十一日大函及本息计算书一件,均经祗悉。业经敝处备函将本息计算书即日送交财政整理会矣。"(原件,同上引档)

1月18日　签署浙兴总办致各分行通函。云:"本行现在大连设立分理处,隶属于总行。已有敝处选派樊干庭君为分理处主任。兹据报称业已成立,合行通函。"(副本,上档 Q268-1-60)

1月22日　美国钞票公司吴乃琛为钞票背面加印复色事复先生函。云:"贵行五元、十元两种钞票背面加印复色,已电告纽约敝总公司,遵照办理。惟加价一层,请贵行查照前开数目计算,至为感盼。"(原件,上档 Q268-1-608)

1月　主持重订《浙江兴业银行发行规程》。全文如下:

第一条　本银行兑换券概由总发行库(以下简称总库)印交各分发行库(以下简称分库)发行。

第二条　本银行兑换券暂分一元、五元、十元三种。

第三条　各行如须领用该行所在地以外之他地名券时,应由总库将领用之券加印暗记,酌量给发。

第四条　本银行发行兑换券统一于总库,凡分库收付兑换券,均作为代总库办理,其发行会计于本行会计规程另定之。

第五条　本银行发行完全与营业分立,所有发行准备金与营业准备金分别存储总行,由总库掌管,分行由分库掌管,非照本规程规定办法,不得动用。

第六条　本银行发行准备金定为现金准备七成,存款准备三成。总分库收发兑换券一律按此成数办理,不得随意参错。

第七条　凡发行准备金,总库有随时调拨集中于总库或调至其他分库之权,但以不碍各处兑现为度。

第八条　暗记兑换券之准备金,得由发行与领用行依照本规程另订办法,商准总库处理之。

第九条　现金准备以通用银元为限,不得代以他行钞票、外国银行钞票或各种票据等。如以生金银抵换银元,至多不得逾现金准备十成之五,总库或分库遇有必要时,仍得随时向总行或分支行营业方面换回银元。

第十条　存款准备三成遇兑现需要时,即须照还。

第十一条　总分支行对于本银行兑换券,无论何种地名有无暗记,均有互相代兑之义务,但遇特别情形,得由各行相机办理。

第十二条　凡发行分支行应各设一发行分库,该分库暂由会计股代为掌

管,仍由收支股负收支之责。其手续如下:

甲、分支行向总库领到兑换券时,应由收支股点数装箱固封,交会计股存储发行分库,待发行时会计股将原封点交收支股。

乙、分支行将兑换券发行时,应将现金准备七成,由收支股装箱固封,预交会计股存储发行分库,并将存款准备三成如数收入发行准备金存折,交会计股收执。

丙、分支行将兑换券换回准备金时,由会计股将收支股原封兑换券收回保存,同时将收支股原封准备金点交收支股。其存款准备三成,应凭发行准备金存折付出之。

丁、分支行因彼此代兑关系,会计股应缴还营业股之准备现金,逐日彼此结算清楚。由会计股收支股会同开箱,收支股将应收之数取出后,仍原箱固封交会计股保管。

戊、发行分库所存兑换券暨准备金遇检查时,应由会计股会同启封,检查毕,仍由收支股固封之。

第十三条　分支行代兑他地名券俟满五千元,由营业股将所有代兑之券,十足照付发行行之账,其兑换券须即交发行分库收总库存入券账,不得重行付出。

第十四条　分支行向发行分库领用或缴还兑换券,每次至少以一万元为限。

第十五条　总库及各分库所存兑换券及发行准备金,由总办事处随时检查之。

第十六条　总行发行兑换券应照本规程向总库领用,与支行同样办理。

第十七条　兑换券之销毁,应由总库办理,但分库得按照本规程第十八条规定销毁方法,自行截角汇送总库验明销毁。

第十八条　凡销毁兑换券应就券之正面(即汉文方面)右方截去全页四分之一留查,并以具有下列各项为标准:甲、券额;乙、地名;丙、号码。

第十九条　凡样本券应由总库印制,各行不得将库存兑换券自行改作样本。

(《本行发行史》[五],《兴业邮乘》,第27期)

2月9日　浙江兴业银行汉阳堆栈开办。地址汉阳生生林兴业码头。(浙兴机构成立记录卡,上档Q268-1-24)

2月11日　签署浙兴总办通函。云:"现拟在郑州设立分理处,隶属于汉行。前经汉行陈明,本处派洪雁艕君为该处主任,前往郑州筹备开办。"(副本,上档

Q268－1－60）

2 月 14 日　主持浙兴第 88 次行务会议。讨论事项有：

一、续议各行汇兑户总行金币部用款及认放京行余款事。蒋抑卮报告云："上次会议各行汇兑户用款数额，洋户在额内者，概不计息，逾额即付元户；元户存欠均依照市九折或八折计息。此项计息折扣，无标准可言。经一再讨论，据撰公之意，主张不如一概不计利息为妥。请撰公再加说明。"先生云："元户计息方法，若照市息，在分行方面必嫌太重，如照市折扣，又无适当标准，故不如与洋户一律办理，在额度以内均免计息。此在总行方面原属负担过重，但各分行除哈行外，均未拨给资本。故鄙意主张元户亦不计利息。惟如分各行用款逾额时，不论洋户元户，概须照市计息。如何？请再讨论。"曹吉如云："洋户元户概不计息，可以勉力照办。惟各行逾额用款，虽须照市计息，但为准备上免除困难起见，似亦不能不定一限度。"先生云："额外用款定一限度，鄙意亦赞成。惟此项额度如何酌定？请讨论。"经讨论议决：各行汇兑户改为往来户，用款总额度为洋三十万元，银三十二万两，分别额内、额外支配。数目如左：

	额度以内	额度以外
汉行	银 6 万两、洋 5 万元	银 6 万两
津行	银 2 万两、洋 5 万元	银 1 万两
杭行	银 2 万两、洋 6 万元	银 1 万两
奉行	银 6 万两、洋 5 万元	银 4 万元
哈行	银 2 万两、洋 5 万元	
京行	银 2 万两、洋 4 万元	

在额度以内，银户、洋户概不计欠息，洋户存息按月三厘计算，元户存息照申市，洋户逾额按当日市价折付元户，元户逾额照申拆计欠息。仍统俟重员会议与各行接洽办理。

次议金币部用款额度。徐寄顾报告事由（略）。

二、议奉行直辖总行事。先生报告云："奉行为二等支行，由津行管辖。现在体察情形，徒多一转折，无甚实益。照本行统系二等支行，亦得由沪总行直接管辖。不如径改为由总行直辖为便利，名义仍照旧。如何？待公决。"各有讨论，最后议决：奉行改为由总行直辖，名义照旧，自三月份起实行，通告各行。

三、议各行放款事。沈棉庭报告事由（略）。

四、议总行公债放款事。曹吉如报告事由（略）。

《行务会议记录》第 4 册，上档 Q268－1－166）

2 月 15 日　主持浙兴第 89 次行务会议。讨论事项有：①议豫丰纱厂借款事。

徐新六报告云:"豫丰借款原议由慎昌洋行担保,昨据该洋行律师声明,不允作保。当由新六向穆藕初君告以此事,不啻根本翻异,当报告行中再行接洽。嗣据丁榕律师研究,以为慎昌洋行担保究有若何效益,如为借款抵偿上关系,则但须维持借额以上之抵押品,便可无虞。为虑及意外变故,则水险、火险、盗险、兵险均有借款人保足,即有意外,亦有保险公司负责,均无所藉于慎昌之担保。至恐将来或须因事与北京政府交涉,则慎昌以洋商而在内地营业,政府可不予置议,即或置议,亦不过虚与委蛇,决无效果。诸如此类,即使慎昌允为担保,亦无何等效益,云云。新六以为,丁榕律师研究各节,不为无理。鄙见此项借款,如认为必须慎昌担保,则就此可以复绝,否则或因此而再开出条件,与豫丰开议,新六个人意见,拟从押品上着想,除原议花纱四十万两、栈房三宅、物件十万以外,因慎昌不肯担保,再要求豫丰提加时值十万两花纱为押品,物料则或可减为五万。如豫丰事实上不能提加,花纱十万则减为五万,而物件照旧十万。如何之处,请讨论公决。"先生云:"押放仍照做。惟慎昌担保当初由豫丰提出,我行表示承认,其原因注重在何处? 应就此点研究。""金云我行对于慎昌担保表示满意,其原因不尽在于偿还借款上着想,实因豫丰与慎昌既已合作,万一中途发生事故,因由慎昌担保,我行执行债权可不受何等之牵制。"徐寄颀云:"我行承认慎昌担保,原因既不在乎此,现在慎昌不肯担保,可要求改为证明。由该行另缮证明书,交我行存执,则与当初用意仍属贯彻。"议决:豫丰纱厂押款仍照做,要求慎昌证明,一面仍与商加市值十万两之花纱,至少亦须五万。如允加十万,时得减物料为五万。②议另设保险部事。徐寄颀报告事由(略)。(同上引档)

同日 致林行规函,请其与财政整理会谈判时,守住四合公司"底线"。云:"财政整理会对于内外债整理事宜,进力颇速。内债部分,财政部派库藏、公债两司长与各债权银行接洽,各银行亦推举张公权、钱新之、周作民诸君为代表,与部派人员蹉议办法,并闻主张就各债情形分别办理。有减低或削除利息者,亦有全照原约者。四合公司闻此消息,以为此种办法,当局者不免因于自身之利害关系薄于人,即所以为厚于己之地步。并称该公司债权与其他情形不同。原订利率本轻者,再受歧视,未免吃亏太甚。声明最大让步,以不计复息为止境。嘱为转乞执事允予加意关注,俟财政部定期与各债权团接洽,即请前往谈判。谨特专此奉恳,务乞鼎力主持,不胜感荷,随时告以近情,俾慰远系。"(信稿,上档 Q268-1-348)

2月16日 主持浙兴董事会议,通过重订《浙江兴业银行发行规程》。(上档 Q268-1-595)

同日 签署浙兴总办致各分支行通函,通告"奉行向由津行管辖,现经议决仍以二等支行名义改归总行直接管辖,从三月一号实行"。(副本,上档 Q268-1-60)

2 月 17 日　主持浙兴第 17 次下届股东常会。报告营业情况,主要经济指标如下:

股本 250 万元,公积 920 526 元,发行兑换券 110 万元,领用中国银行兑换券 365 万元,各种定期存款 11 180 630 元,各种往来存款 8 952 359 元,各种储蓄存款 639 715 元,应付电汇票汇 2 245 734 元;现款 2 296 590 元,发行兑换券准备金 110 万元,中国银行兑换券准备金 365 万元,同业往来 5 408 202 元,往来担任抵押透支 2 427 136 元,定期及贴现放款 1 474 846 元,抵押放款 8 771 030 元,合做押款 2 693 649 元,应收电汇票汇 1 362 732 元,有价证券 1 027 537 元;本届纯利 741 433 元。(《兴业邮乘》,第 19 期)

会议议决提取股份准备金 25 万元;修改行章,每年开股东会一次。议定民国十二年(1923 年)红利每股 12 元。改选新一届董事 11 人:叶揆初、刘澂如、项兰生、盛竹书、蒋抑卮、周湘舲、徐寄庼、沈新三、陈叔通、张澹如、沈棉庭;监察人 3 人:胡藻青、陈理卿、沈籁清。旋由当选董事开选举会,选出办事董事 5 人:叶揆初、蒋抑卮、沈新三、徐寄庼、陈叔通。先生继续当选董事长。(1924 年 2 月 18 日浙兴总办通函,上档 Q268-1-60)

2 月 18 日　主持浙兴重员会议。先生报告各议案。讨论事项有:①议各行银根支配案。沈棉庭说明事由(略)。休息后先生因有事退席,委托蒋抑卮主持。②津行提案事。师凤昇说明事由(略)。③修正受押股票折扣案。议决受押主要股票种类及折扣(略)。(同上引档)

2 月 19 日　致林行规函。云:"密启者,前为四合公司事奉上一缄,计荷惠誉。前接京函,知财政整理会现在内容实已竭力进行,四合公司之事分与严君鸥客。严君系弟至戚,并曾密询办法。顷得复函,谓四合之账渠尚未曾看见云云。不知系何原因? 是否委员会分配错误,或财政部未曾投到? 应请台端详密查明。如果查有舛误或未曾投到情事,并请设法补救,以期早日由主管委员审核。严君系吾兄同学,当可径访面谈。惟渠极谨慎,其职务亦不宜泄露秘密。因与弟至戚,故来函实告。"(信稿,上档 Q268-1-348)

同日　豫丰纱厂总经理穆藕初签署浙兴抵押放款证明书。借款金额 16 万两正,月息一分二厘,七天活期。(原件,上档 Q268-1-364)

2 月 23 日　主持浙兴第 91 次行务会议。讨论事项有:①议豫丰纱厂另商透支事。徐新六报告事由(略)。②议宝源纸厂商做押款事。徐新六报告事由(略)。(《行务会议记录》第 5 册,上档 Q268-1-167)

2 月 26 日　主持浙兴第 92 次行务会议。讨论事项有:①议大丰纱厂透支事。营业部襄理孙人镜报告事由(略)。②议鸿成泰花行及鼎记海味号放款事。孙人镜

报告事由(略)。③议汇丰、麦加利拆款事。孙人镜报告事由(略)。（同上引档）

同日 参加商务印书馆董事会会议。讨论通过在香港注册开设印刷局,与香港分馆合并另组公司案,并拟具组织办法。(《商务印书馆董事会记录簿》)

2月27日 主持浙兴第93次行务会议。先生报告与施省之君谈询汉口打包厂情形事。云:

> 汉口招商局空地租建棉花打包厂事,据汉行历次函电,极为热心。此事如果成立,诚与我行在汉棉花押汇生意关系匪细。顷约同李馥荪君往访施省之君,作为受蒋海老之托转询此事。据云,就招商局空地划出千余方,租给与人组织公司建设栈房二所、棉花打包厂一所,兼设银公司做押汇生意。预计十二年成本可以收回。此后全是利益。询以公司办法,则云股额未定。渠因有招商局关系,托由朱芑臣出面,汉口方面朱如山、朱寿丞、姜春邨,托其力为拉拢,但股额亦无成议。平和洋行朱子芳君则愿加额租去办理,亦未予拒绝。及询以招商局自身是否附股,则云拟加入,而亦未定有数额。并云,如银行界加入组织公栈,正所欢迎。继又与言,此事如果有省老主持,自易集事。渠云,现在自系由其一人主持,且云租金年二万两,期三十年大约已定。惟傅君筱庵此时尚未与分开,云云。就上列称询结果,对于附股似已表示容纳,主权确在施君一人,尚未与他行发生关系。至其称招商局入股之说,恐悉托词,实际或系个人入股。盖就其欢迎银行界入股已隐然含有利用之意,可以推测而知也。至于我行对此问题,颇费讨论。若主消极不插入进去,则将来于棉花生意自必发生影响;若主积极,则不但须加入股份,且必须有左右事权之程度,方有裨益。然既不能以行之名义附股,而个人出资亦有为难。抑厄先生之意,拟从募集股份着手。李馥荪君则主张,允其以该厂股票做押款,而以其股权归银行行使为条件,恐难办到。鄙意有两种理想,一为允许该厂以其房地产做押款;二为允许该厂以其股票做押款,却与李君办法不同。但前一种之主张现已抛弃,因徒受呆滞银根之痛苦,而于该厂事权无充量之关系。后者则略将意见开列如左,以供讨论。
>
> (一)招股以洋例五十万两为额。
>
> (二)拟请省之、竹书、芑臣、晋生、馥荪五人为发起董事,五人中推省之为领袖。
>
> (三)发起董事担任招股廿五万两。
>
> (四)交通、永亨、浙江实业及浙江兴业允以八折收受股票押款,以做足洋例二十万两为额(如彼此有缓急时可多寡通融之)。
>
> (五)不另设银公司,所有押汇生意由上开四行合做,亦可视供求缓急彼

此多寡通融之。

（四、五两条四行可分订合同彼此遵守。）

（六）其余二十五万两拟分配如下：棉花号允其入股，以十万两计；平和等三栈允其入股，亦以十万两计；其余五万尽汉市招足。

（七）经理人由发起董事择贤任之。

（八）租期须三十年。

先生又云："照上开理想办法，枢纽在发起董事五人，且尚不着痕迹。事实上此五人亦容易通过。以省之为领袖，必乐从，但是否避嫌，未可知也。"徐新六云："两者之中自以后者为宜，惟发起董事担任之廿五万两，仅足股额之半数，若其余之廿五万两亦集为一体，则势力均等，发起董事方面仍不能占多数，且五人中，施与芑臣不啻一体，竹老空洞无成见，只余二人，重心仍在施一人。"徐寄顾云："可否增至七人？"先生云："其余之廿五万集为一体，在事实上不易发生。且发起董事方面以担任之额为基础，对于他一方面仍须以相当策略从事吸收，构成势力。至增加发起董事为七人，难于提出，恐太著痕迹为彼方所忌。"徐寄顾云："第五条押汇生意可否不提明？即使提明，不可呆定合做，恐汉行方面以为事尚未成，而押汇生意已先被人分润。"先生云："不提押汇生意，各行之目的物失去，且施君亦已言明，打包厂附设银公司，兼做押汇生意，则将来与商条件，亦何必不明言？至四行合做云云，俟正式商订时自可相机应付。"

徐寄顾又云："照后者办法，设该厂又以房地产另行押款，则股票已不啻无用。"先生云："此则视乎其经理人如何。"沈棉庭云："经理人极为重要，能否先提出？"大家认为，经理由发起董事择贤而任，时机到时自应预为准备，此时未便提出。讨论结果云，须将与施君接洽情形电告汉行，俟明日抑厄、叔通回行再行讨论。议定以先生名义致汉行电稿："施已密洽，似尚欢迎。此时主权在施，尚无他行关系。招商入股数亦未定，已订期再洽。葵。"（《行务会议记录》第 5 册，上档 Q268-1-166）

同日　致林行规函，转送四合公司索款办法。云："十九日奉上寸缄，计荷惠詧。顷接京函，知财政部对于非盐余借款案内各款，已定有结算办法，京中各银行大致赞同。惟其细节条文略有修改之处，业由各银行拟具修正办法，答复财部在案。现据四合公司声称，前项办法与该公司关系至为重要。惟该公司借款与各银行事同一律，自应与各银行取同一态度向财部备案结算，云云。并抄录财部及各银行协商办法两份，前来嘱为转寄吾兄詧阅，务祈速与财部接洽办理，并盼见复为荷。"（副本，上档 Q268-1-348）

3 月 1 日　浙兴郑州分理处主任洪成珑致先生、蒋抑厄、陈叔通函，报告豫丰纱厂借款厂方反映以及中行留难等事。云："此次我行借予豫丰纱厂四十万之款，见吴文钦君到郑之举动,及听穆藕初君之口气,其内部颇多意见。吴君拟将第一次已用十六万除过外,尚余之廿四万颇有不来押用之意。而穆君因合同已签字,未能爽约,拟于月底在汉用九万五千两。而吴君终以我行条件太严,缚束太紧,利息太贵,监视太周为辞,且以豫丰之信用只此数十万之款项,当不难调剂云云。即北路销纱用款之廿五万,以为我行额度少,手续多,亦不愿意再做。但穆君颇大方,惟因该厂办事界限问题,在郑须归吴文钦主权,未便越俎。故北路用款准作罢云云。旋由黄鼎丞兄与晚谈及,倘贵行愿意做,敝厂之津汉信用汇票亦可分做。黄君与晚缔交多年,在厂中亦有一部分势力。而穆君谓,一有手续,即请作罢,因汇票归贵行做,尚未得文钦先生之同意也。此次吴文钦之所恃者为中行。晚在中行与吴君邂逅相遇者三次,且与束云章相谈颇为秘密。而敝处向中行去做两次交易,又大敲竹杠,均不成而回。则中行又明明与我行反对,其北路垫款生意当为中行揽去无疑矣。而我行此次来郑分设,中行因鉴我行无现款,处处留难。近日汉票换现洋可平汇,而中行则索我每万贴运费念元。津票换现洋反可升每万元五六元,而中行亦索我每万贴运费三十元。束君不知市面高低,深居行中,由自己瞎说,我行将来做汇票,欲想其现款上帮忙,难矣。顺奉告。"(原件,上档 Q268-1-572)

3月3日　浙兴郑州分理处致总行函。云:"我行自放于豫丰押款四十万两后,郑地名誉大振,各家均来商借款项。敝处筹备伊始,且营业范围限定汇票、押汇两种,故均已婉谢。今日复有卫辉纱厂朱学卿君及该厂驻郑庄客萧廷标君来敝处,商用洋拾万元。"征询总行意见。(原件,同上引档)

3月4日　主持浙兴第94次行务会议。讨论事项有:①议津行函请核议华新、青卫、唐宝业团借款事。沈棉庭报告事由。议决:不加入,电复津行。②议福建大和庄订定往来事。曹吉如报告事由(略)。

(《行务会议记录》第5册,上档 Q268-1-166)

同日　林行规复先生函。云:"前奉上月十五日、十九日、廿七日大函,祗悉一切。承委四合公司事件,久无所闻,迄未陈报,至深抱歉。奉十五日、十九日大札后赴瀛台,往访当局,由周寄梅接见。对于提出账单核算有无异同,遽不肯有所表示,惟言如有异议,必约请会商。探寻以后整理办法,亦仅言如能筹得财源,即有希望。询以内债中有与财部自行结束之说,据答会中亦亟盼双方自了。惟移送会中各债,该会可保证一律待遇,决不偏倚。所得如此,殊令失望。鸥客尚未晤见。展诵廿七日大札,既荷示知他项具体办法,自应力促财部径与结算,并托作民遇有所闻,略示一二,以免向隅。承委之件,受托经年,绝未效力,深滋惭愧。日内进行如有眉目,当再驰报。"(原件,上档 Q268-1-348)

3月5日　主持浙兴第95次行务会议。议大连分理处营业事。议决:汇事除

与中行接洽外,再与汇丰银行联系。(《行务会议记录》第 5 册,上档 Q268-1-166)

3月19日 访聂云台,谈大中华纱厂开工复业事。(同日在浙兴行务会议上报告,同上引档)

同日 主持浙兴第 96 次行务会议。讨论事项有:①报告与聂云台谈话各节事。先生报告云:"今日访聂云台君,合将谈话情形报告。缘聂管臣君来函商及大中华纱厂事,意欲我行照宝成例维持该厂。殊不知该厂情形与宝成不同,公司债及庄款最为该厂困难之点。顷晤云台君,知庄款虽属无多,而公司债则毫无办法,据云只有听债权人之处分。又称前虽由秦润卿等议租,嗣为怡和(洋行)所持,迄未成议,而怡和又无力可以买收。询以该厂如果全部开工,周转之款约需若干?则云,该厂所出之十支纱可以毫无停滞,二十支则不免稍搁。周转之款以一月或四十五天计,约需五十至七十万两。聂君意极冷,迨谈话结果,心似稍动。据云俟探询怡和后,再将详情复我。此今日谈话大致也。"众无讨论。②报告丽华绸厂、久康贸易公司、长和海味号等往来数额请追认事。曹吉如报告事由(略)。③报告橡皮股票押款分别转期清还事。曹吉如报告事由(略)。④议郑州义成丰抵押事。曹吉如报告事由(略)。⑤议总行催收各户办法事。沈棉庭报告事由(略)。⑥议各行放款事。沈棉庭报告事由(略)。(同上引档)

3月25日 郑州分理处陈仁愔复先生函,报告豫丰纱厂抵押品情况。云:"顷奉手谕,谨悉一切。厂中栈房除物料栈房外,夜间均无甚出入,故栈房中并电灯亦未装置,火烛方面颇可放心。纸烟则除办公室及住房内以外,即不能吸食。因厂中废花废纱狼藉满地。北地风大,易于遭祸,故限制极严。甥在此一切自当格外小心也。慎昌新派来一意大利人,本在上海怡和纱厂办事者,现在此管理纺织方面事务。到后初似不甚认真,不意数日来多方挑剔,办事人颇感困难。此间摇纱时接头处向系用手拉去。彼谓须改用剪刀,则纱头可以较少,而纱亦可稍齐。但本地工人俱用不惯,手脚甚慢。闻前数年亦曾试办,未果实行。加以摇纱机又稍出毛病,故现在堆积之纱甚多。锭子上所用之细纱管,因纱一时不及摇好,亦均未能取下。我行物件押品项下之细纱管四十箱,本系备而不用之物,昨已取出十箱。大约纱再堆积,完全取出尚难够用。前次物料本系六万两,如将细纱管完全取出,则仅余五万四千两左右。厂中又因将来细纱管仍可交回,故暂时不以他物调换。好在纱花方面尚有余额可用,约九千余两,只可通融也。近日十支纱销行颇旺,阴历二月底闻除去每日出品,尚少二百余包。十六支纱除抵押我行之五百包外,随出随卖,亦无存货。昨日起厂中因抵押我行之纱将来陈旧,恐纱包变黄,故每日上午八时、下午五时,将当日所出新纱调换旧纱。惟数目零碎,手续亦较多耳。尚有物料四万两,

闻已由厂中直接将收条寄申总行矣。"先生批注云:"送协理及会计部长阅。"(原件,上档 Q268-1-572)

3月29日 吴乃琛致先生函。云:"颜色样本一册在京奉与阁下收存,携至上海,现在敝处需用此册,拟请检出固封,挂号寄京。费神,预谢。"(原件,上档 Q268-1-608)

3月下旬 为美钞公司印钞事赴北京。旋返。(1924 年 3 月 29 日吴乃琛致先生函,同上引档)

在京期间,购得明刻《类编草堂诗余》,并撰跋云:"嘉靖庚戌上海顾从敬刻《类编草堂诗余》四卷,题武陵山人编次,开云逸史校正。此为万历间上元昆石山人本,即用顾刻,增注故实,见双照楼景印洪武本后跋。甲子春日得于北京。景葵记。"(《书跋》,第 184 页)

《类编草堂诗余》四卷,明武林逸史辑,明万历中据嘉靖顾从敬刊本景刊,四册。(《叶目》)

3月[①] 洪成珑致先生函,送呈郑州地图。云:"前承嘱绘郑州地图,兹特根据尊寄草图加以标记,陈附上请台阅。惟极北之地皮,近二百里之遥,均有主顾矣。极南极西,近车站数十里,亦均居为奇货。自孙丹林督办郑州商埠令下,此处地价又昂贵三分之一。我行倘久驻郑州,相当地位颇难物色。敝处近日营业稍有头绪,此间各花行颇表示欢迎我行之意,汇票亦应接不暇,因无现款,均将各家送来汇票婉为辞谢。成立日期已由汉行择定四月二日。敝处并无举动,惟因与就地各银行号及各客家,互通声气起见,款以酒食,亦得汉行之许可矣。"先生批注云:"送总行阅。附图二纸应保存。"(原件,上档 Q268-1-572)

4月1日 复吴乃琛函。云:"兹遵将该颜色样本一册另封寄邮,挂号寄上,即乞检收示复为荷。"(信稿,上档 Q268-1-608)

同日 主持浙兴第 99 次行务会议。讨论事项有:①议恒丰纺织局商做厂基押款事。先生报告云:"恒丰八十万两花纱押款,对于所拟条件大致可无问题。惟该厂原意尚请求厂基押款一百卅万两内,以一百万两还原押之恒隆庄主,以三十万两为花纱押款垫头。当时未予确答,现在订定八十万两押款,宜同时就上项一百卅万两之事予以解决。应如何对付之处,请讨论。"徐寄顾云:"厂基押款数巨,而押品亦呆,难以照允。且恒隆庄主方面须本年九月到期,并闻可以商转一年。故一百万之说应即婉复。惟其余之三十万两,作为花纱押款垫头,似可讨论。"金称厂基押款内

---

① 原函未署日期。——编著者

一百万两难以照允,至其余之三十万两,如彼方必须,要求可先允以连位透五万,合成二十万,归入厂基项下,与恒隆庄主同处第一债权地位。最后限度除位透五万仍照原议外,允以数额廿万,归入厂基项下第二债权。若再有要求,则告以另提相当押品方可商量。先生云:"恒隆既有可以商转之说,即请徐寄庼君前往接洽,使彼方不致多所要求。"议决:请徐寄庼本前项意旨前往接洽。②续议宝成纱厂商做押款事。徐新六报告事由(略)。(《行务会议记录》第 5 册,上档 Q268 - 1 - 166)

4 月 2 日　浙兴汉行下辖郑州分理处正式开业。(1924 年 4 月 7 日陈仁憻致先生函,上档 Q268 - 1 - 431)

4 月 3 日　主持浙兴第 100 次行务会议。讨论事项有:①议宝成纱厂押款事。徐新六报告事由。议决由新六前往接洽后再议。②续议恒丰纱厂花纱押款事。徐寄庼报告上次会议后接洽情况。③议拟放各户茧款事。曹吉如报告事由。议定调查后再议。④议郑州分理处用款事。曹吉如报告事由。议定以元一万两、洋五万元为限度。(《行务会议记录》第 5 册,上档 Q268 - 1 - 166)

4 月 7 日　陈仁憻致先生函,报告郑处开幕及豫丰纱厂押品与生产等事。云:"郑州分理处四月二日开幕,请客五六十人,颇为热闹,稻坪先生亦来此。三日,厂中由汉行派一吴君少耕来此帮忙。押品方面会计员已由雁膀先生嘱甥兼管矣。豫丰纱厂日来纱布甚为畅销,我行押品内只有壹百件十六支纱,厂中栈房则一包不存。豫丰经理穆先生已离厂多日,闻初十在上海开股东会,须会开过方回。协理吴文钦先生闻在苏州养病,曾来信辞职,厂中尚未答应,不知将来如何结果。厂中自慎昌派来管纺织工程师,到后谓所出之纱成分太好。此间向来俱用陕西花衣,掺一二分彰德粗绒,纱之扯力达九十磅以上。现在大掺粗绒,颜色较前稍白,但纱之扯力仅七十余磅。对于利息方面,固赢余较多,但厂中同事颇以为信用方面大有关系也。北地销路粗纱较可获利。惟目下花贵,反觉细纱较粗纱利厚。闻自明后日起,厂中拟减少十支、十二支锭数,改纺二十支纱。惜限于机器不能再细也。厂中栈房所保险之数,俱不及所堆花衣之价。但此种活动货色,颇难使其恰如保险之数。自后自当格外留意,与管栈主任特别商量,以货就栈,当能较为妥当也。"(原件,上档 Q268 - 1 - 431)

4 月 8 日　主持浙兴第 101 次行务会议。讨论事项有:①议津行拟在石家庄设分理处并派员在榆次收做押汇事。先生报告云:"接津行来函,谓前派跑街王裕廷赴山西榆次、直隶石家庄调查两处商业情形,先后寄到调查报告。大致以榆次虽为棉花转运之区,尚非商业要冲。因天津宝兴长在该处收花,极思我行派员在彼监督,订做押款,薪水膳食由该号担任。我行既不挂牌,而又无开支,仅须驻榆管理收货、转运、保险、发电等事。按之实际与寻常押汇无殊,绝无危险,且可并做他家押汇。至石家庄则地处交通、百货云集，晋省出口货即棉花一项已达二千余万元。将来沧石铁路开通，在商业上实占重要位置，足与郑州相颉颃，且可为郑州之策应。并榆次方面亦可遥为声援。商业银行中现惟懋业一家在石庄设有分行。当地收款年约千万，交通银行张佩绅君曾计以运输款项及揽做汇款之援助。于此筹设分理处，实为目前切要之图。拟先遴派一二人，专从汇兑入手。即榆次之人亦可由石庄派出，以便就近呼应。选材务极其慎，范围无事铺张，俾可舒卷自如。该地商务重在秋收，现在从事筹备，以俟秋初开办尚有半年营业可做。"接着，传阅两处调查报告。议决照办。②议各行放款事。沈棉庭报告事由(略)。③议哈行函请前债收回安达油坊运输轨道事。沈棉庭报告事由(略)。(《行务会议记录》第 5 册，上档 Q268-1-166)

4月9日　参加商务印书馆董事会会议。(《商务印书馆董事会记录簿》)

4月10日前后　致林行规函①，介绍竹尧生前往接洽。云："未修函候，倏又匝月。遥想起居定多纳祜，至为颂慰。前接还云，承示与财部周君接洽情形，祗聆一是，当经转告四合公司。兹据四合公司声称，'财部对于各银行欠款，业经订有结账办法，并须各银行开具账单，派员到部核对，双方签字为凭'等语，并云所有该公司账目情形。日前敝京行副经理竹尧生君在沪时，曾当面接洽，托其到京后晋谒台端，面洽一是。同时备函作介，应如何与财部办理手续之处，尚乞拨冗接晤竹君，赐教迅办，无任感荷。"(信稿。上档 Q268-1-348)

4月12日　主持浙兴第102次行务会议。讨论事项有：①议蒋孟苹户押款更换押品另订合同事。先生报告云："蒋孟苹户押款欠元十万零二千三百十三两五钱四分，来远公司户欠元二万七千九百四十五两三钱八分，一并结至十二年十二月底止，共欠元十三万零二百五十八两九钱二分。本年四月十日又加用元四万两，合共欠元十七万零二百五十八两九钱二分。原押品除业经处分者外，下余押品均无价值之可言，因商换所藏书籍。兹经议定，除将原押品内中法银行法郎存单计念一万五千三百十二个又五二留存外，其余淮海银行股票票面洋一万一千三百五十元、永利制盐公司股票票面洋五千元、扬子公司股票票面洋例纹一万两、大生纱厂股票票面五万零零廿两、浙江银行马克存单二百五十万个、各盐垦公司股票票面洋七万二千元，均退还蒋君。另由蒋君交来所藏传书堂各种书籍(附有详细书目)作为抵押品，另行订有合同。"报告毕，将合同及书目传阅。先生又报告云："蒋孟苹君尚有哈尔滨所设之新盛恒粮栈，结欠哈行十一年十一月廿八日到期洋七千元，及十一年九

---

① 原信稿未署日期，据同年 4 月 15 日林行规复函推断。——编著者

月三十日满期透支洋五千五百六十七元五角八分。合共一万二千五百六十七元五角八分。原约俟天盛东股本拆出尽先归还。嗣因该股本拆出后,尽数归还东三省银行,以致哈行仍无着落。复约定以该地油坊变卖作抵,或以租金陆续扣抵。现尚未有一定办法。是以订明将上项应退还之旧押品内,留出大生股票票面五万零廿两,暂为第二担保。又蒋君欠有南通豫生庄元一万零七百九十八两六钱。业由该庄来函谓,已商明蒋君,划付我行。故此款亦应加入大生股票担保之内。再此次与蒋君所订合同内应交之传书堂各种书籍,现在尚未交齐,大生股票尤应留作保证之一助。此事业经办妥并双方以书面声明矣。"众意对于两项办法,均无异议。①②议汉行刘秉义户押款事。沈棉庭报告事由(略)。(《行务会议记录》第 5 册,上档 Q268 - 1 - 166)

4 月 13 日　赴商务印书馆新落成同人俱乐部出席商务股东常会,郭秉文为议长,经理王显华报告民国十二年营业概况,金伯平作监察报告。遂通过分派盈余、增修公司章程各案。选举张元济、高凤池、鲍咸昌、张蟾芬、王显华、童世亨、陈叔通、黄炎培、李拔可、郭秉文、丁榕、叶景葵、吴麟书等 13 人为董事,金伯平、李恒春、张葆初等 3 人为监察人。会后演映公司电影部新制影片《大义灭亲》。(1924 年 4 月 14 日《申报》)

4 月 15 日　林行规复先生函。云:"顷承竹尧生先生交下大札,拜悉一切。昨日赴财部,晤公债司长,询以四合公司对账之事。当经该司长约同第三科科长与规面洽。据称四合公司余欠,业经列入非盐公案内已无问题。现已将债权人应填之表付印,本星期内即可将印就各表汇送北京银行公会,分致各债权人填注。嗣后部中如有与四合公司直接接洽之事,当径知敝处云云。规拟俟接到该表时,或参照四合公司前时造送财政整理会结至上年十二月三十一日止之原账填注,或就近商承竹尧生先生办理。知关仅注,谨先奉闻。"(原件,上档 Q268 - 1 - 348)

同日　全国银行公会联合会第五次会议在北京召开。上海代表盛竹书、吴蔚如、徐寄庼、钱俊骙、李馥荪出席会议。(《上海银行公会事业史》,第 22 页)

4 月 17 日　参加商务印书馆董事会会议。(《商务印书馆董事会记录簿》)

4 月　主持制定《浙江兴业银行保管箱租用事例》。(印本,上档 Q268 - 1 - 623)

4 月　主持修订浙兴各种规程。计有:《行员觅具保证书规程》《薪水规程》《旅费规程》《给假规程》《劝惩规程》《行员存款规程》《行员食宿费规程》《行员保险费规

---

① 南浔蒋氏传书堂藏书流出,此乃近代藏书史上一大事件,由此开始。传书堂藏书后归商务印书馆涵芬楼。——编著者

程》《行员保险金处理细则》《应酬及年节开支规程》《花红分配规程》《股票注册细则》《经理招股事例》等。(《各项规程汇编》,上档 Q268-1-33)

4 月 为四合公司事赴北京。在京期间曾访王国维。王为先生所携《演易》手稿本题跋。云:"甲子三月揆初先生携至京师,得读一过。海宁王国维识。"(手迹,原书,上海图书馆藏)

《演易》一卷,(清)嘉定钱大昕(竹汀)撰,手稿本,一册,民国王国维跋。(《叶目》)

5 月 1 日 北京银行公会致浙兴函。云:"接奉财政部函开'案查本部与贵会共同商定之结算通则,前经本部提交国务会议议决照办。除已函达贵会查照外,所有应需空白账单格式及填注样本,并经与贵会代表一再接洽,分别印制各在案。现查上项账单样本已经印制就绪,除将各债权人名称及借款金额,并分配空白账单样本各数目,分别缮表附送贵会查照外,相应将空白账单一百三十六张、样本六十八张,随函送请贵会查收,按照附表发给各债权人,尽十五日以内填注完竣,送还本部,以便核算。是为至要'等因,并空白账单样本清单等件到会。查此项结算办法,前经大会公议照颁,自应遵照办理。所有空白账单及样本,均经按照清单数目分配。计每一债款应分空白账单二张,样本一张,即希查照,按期径行填送财政部,幸勿迟误,是为至要。"先生批注云:"速按照'非盐余借款'办法,将来表结算填写两张寄来。另备四合公司信一封,声明委托竹尧生君来部,会同林行规律师将新表会同核对、签字。此信不必由林律师签名,可另刻四合公司木戳一个,钤于签名之处,以便日后可径与部通信,惟目前尚不脱离林行规也。"(原件,上档 Q268-1-348)

5 月 5 日 四合公司按照财政部颁发核对借款账单填报送呈,后先生又赴京交涉。然而财政部仍拖延不清还欠款。(见 1925 年 4 月 10 日四合公司致财政部函,上档 Q268-1-348)

5 月 7 日 签署浙兴总办事处通函。云:"本行各种规程,现经酌量改定,计十有四种,兹特印就。""再本号通信之前尚有十四号通函,以无关尊处事项,故未发奉。请洽。"[①]附送《行员觅具保证书规程》等 14 种新修订之规程。(副本,上档 Q268-1-60)

5 月 8 日 参加商务印书馆董事会会议。(《商务印书馆董事会记录簿》)

5 月 11 日 参加商务印书馆临时股东会议,通过议案两项。①修订公司章程,"遇有营业上之必要,随时可在国外置产";②修订公司章程,在酬恤项下移拨五

---

① 后一句为先生亲笔所加。——编著者

厘加入花红,改为"花红五成,酬恤一成"等。(《商务印书馆股东会记录簿》)

5月15日　四合公司致先生函。云:"民国十年财政部以金融公债二百万元向敝公司押款一百三十万元。合同订明到期不赎,由公司变卖抵押品偿还,不足之数由财部补付。嗣由财部将敝公司押款归入盐余借款案内,额以九六公债抵还一部分。敝公司以原合同并无盐余作抵之说,始终未能承认。至该押款到期之后由敝公司按照合同变卖金融公债,历经报部有案,尾欠本息尚未偿还。现在财部与各银行结账订有办法,敝公司已填表送部,并派林君行规、竹君尧生代表接洽签字。查敝公司此项借款既非盐余作抵,所有按照合同变卖抵押品,以及结算利息一切办法,均系按照财部新定结算通则办理。敝公司填表送部,部中正在审核。此次借款余欠拖延已久,敝公司极为吃亏,现届结账之期,必须正当解决,拟请先生就近为向叔鲁总长①暨公债司长鼎力吹嘘,早日结束,至纫公谊。"(抄件,上档 Q268-1-348)

5月18日　四合公司致财政部函,委托先生就近"商洽一切"。云:"前寄公函并结算表两纸,嘱敝公司代表竹君尧生等赍京面投,知荷鉴纳。顷接竹君尧生等函称,'蒙大部王司长接见,告以来账尚须详细审核,尧生等对于公司账目曲折情形未尽详悉,请速派人前来,以备大部咨询'等语。兹已函托叶君揆初就近诣前,商洽一切。俟双方审定后,即由叶君知照竹君尧生前往签字。特行奉闻。"(副本,同上引档)

5月下旬　为四合公司欠款事赴京。约6月上旬返沪。(1924年5月26日行务会议记录,上档 Q268-1-166)

5月26日　陈叔通主持浙兴第106次行务会议。议酌购金融公债事。陈宣读先生来函,拟购本年6月、7月底金融公债100万元,价格87、88万元。议决照办。(同上引档)

5月31日　汉口六河沟煤矿公司扬子铁厂陈廷纪致先生函,商请通融办理抵押品分存事宜。云:"六河沟向兴业做生铁押款事,晋生、信之诸兄坚欲将该项生铁另堆分存,弟已照办。而本公司驻汉经理袁君甚不以为然,致弟两边为难。袁君嘱函恳我哥量为变通办理。因本公司虽以生铁作抵押品,惟还款时,拟以售出煤款陆续归楚。该煤款在汉每月收入约廿万两零,拟以半数随时还兴业,且本公司煤质优良,营业发达,办事认真,在汉信用甚好云云。乞兄斟酌,复弟数行。惟不必提及弟个人为难情形为盼。"(原件,上档 Q268-1-555)

---

① 指财政总长王克敏。——编著者

6月2日　致财政总长王克敏函。云：

　　叔鲁总长台鉴：敬启者，顷接四合公司函，称前经大部以金融公债二百万元向该公司押借洋一百三十万元一案，以处分抵押品彼此主张不同，迄未核结，余欠亦未清偿。该公司吃亏甚钜。现已遵照新定结账通则填表送部，另派代表接洽签字，拟请景葵将该公司困难情形转陈清听，务恳曲体商艰，早日结束等语。兹特将该公司原函抄呈冰鉴。查该公司处分抵押品，系按照原订合同办理，主张尚属正当，应请速予接洽。俟奉复准之后，当嘱代表诣司签字。倘所填详表有结算舛误之处，亦恳饬司核明示知，以便转令更正。该公司分子均系景葵乡友，幸逢总长励精整理之际，用敢代为吁请，是否可行？尚求明教。致颂公安！叶制景葵拜启　十三年六月二日

（抄件，上档 Q268－1－348）

同日　致财政部公债司王叔钧司长函。内容同上（略）。（抄件，同上引档）

6月4日　蒋抑卮主持浙兴第 107 次行务会议。讨论先生来函嘱讨论九六公债应否酌购事。"议决以七长盈余之款，限三折左右进票壹百万元。电复董事长。"电文云："九六（公债）限三折左右买百万。"（《行务会议记录》第 5 册，上档 Q268－1－166）

6月17日　参加商务印书馆董事会会议。（《商务印书馆董事会记录簿》）

6月18日　复财政部函，再次反驳将四合公司欠款拉入盐余借款案内。云："顷奉一二五二号公函，具悉一是。查四合公司承借大部金融公债押款处分押品一案，细校双方原订合同，实与盐余借款案毫无关系。该公司迭次声明在案，务请迅予更正，按照内国银行借款结算通则，将前送结算表即日核结，不胜企盼。"（副本，上档 Q268－1－349）

6月27日　签署浙兴总办事处通函。云："本行试行总规程，上年十二月经董事会修正，本年六月二日复经董事会第二次修正，兹为便于检查起见，重行付印，请誊存备之。"（副本，上档 Q268－1－60）

6月　主持浙兴董事会议决施行《浙兴储蓄部规程》。（副本，上档 Q268－1－32）

7月5日　主持浙兴第 113 次行务会议。讨论事项有：①议恒丰纺织局商请押款加额事。曹吉如报告事由。先生云："如允其加额，不比初商之六万系为短期。下半年头寸如何，预为筹及。"最后，"议决恒丰所存花纱布匹，越过作抵前订八十万两，时得其以所余花纱布匹，按市价八折加押款项，以规元八十万两为限度，利率及一切条款，均照原合同办理"。②徐新六报告划归储蓄部各户押款户名额事（略）。（《行务会议记录》第 5 册，上档 Q268－1－167）

7月8日　主持浙兴第 114 次行务会议。讨论事项有:①议汉行函请总行协济郑州分理处事。曹吉如报告事由(略)。②沈棉庭报告各行放款事(略)(同上引档)

7月11日　主持浙兴第 115 次行务会议。讨论事项有:①议通易公司商请利民在沪栈存货内加押款项归还该公司欠款事。曹吉如报告事由(略)。②议通易商做公债押款事。曹吉如报告事由(略)。③沈棉庭报告杭、京、津各行往来借款等事(略)。(同上引档)

7月18日　主持浙兴第 116 次行务会议。讨论事项有:①议津行函报裕元纱厂增加透支额事。沈棉庭报告事由。"议决照做。惟须嘱津行随时注意纱价,弗使有逾原定折扣。"②议津行所订豫丰纱厂透支事。沈棉庭报告事由。"议决照办。"③议汉行代新顺转运公司续保运费事。沈棉庭报告事由(略)。④议杭行各透支数目事。沈棉庭报告事由(略)。(同上引档)

7月19日　主持浙兴第 117 次行务会议。讨论事项有:①议恒丰纺织局商加用款事。先生报告云:"恒丰纺织局聂璐生君来商,谓阴历六月底、九月底须付恒隆庄地产、机花押款利息,不得不预为筹备,拟商请加用元六万五千两。其意盖欲于花纱押款余额内取用。当答以为数较钜,殊有为难,且备款待用,亦恐多耗利息,容商定再复云云。鄙意加用若干似可允许,惟数目拟酌量从减。请公决。"经讨论,"议决:原合同不动,允于透支额内增加元四万两,仍以加押二十万内之花纱余额作担保。"②议石家庄分理处代理荷兰保泰维亚保险公司保险事(略)。(同上引档)

7月23日　主持浙兴第 118 次行务会议。议金币部用款事。议决:"除续拨之十五万元按周息六厘计算外,原订廿五万两,加用廿五万两,共计元五十万两。一半免息,一半按长年一分计息,八月一日开始。"(同上引档)

7月26日　上北京交通部公函,再请饬令沪杭甬局每月拨交 5 万元,以归还浙路末期股款。函云:

> 敬启者,浙路末期股款本息及公债本息共壹百拾柒万余元,迭次请付,未荷实践。曾奉十一年八月第二七七五号公函,允即督催中英银公司发行第二次债券,将浙路未了股债加入借款之内,先由银公司垫付等因。敝处又于十二年五月函陈甲、乙、丙三策,其丙策请于银公司垫款尚未实行以前,饬令沪杭甬路局于每月营业收入项下拨出五万元,解交敝处收账。复奉是年六月第一三四〇号公函,允准酌量进行,惟以该路收入不敷为虑等因。各在案。现又时阅年余,敝主任迭次诣辕请求照办,虽蒙贵总长、次长恳切维持,但事实上尚未办到,而持券人纷向敝处诘责,外则怨咨交作,内则罗掘已空,瞻后跋前,万难支拄。闻沪杭甬路局自去年以来,收入增加甚钜,敝处请拨每月五万元,为数无多,当可照办。且以沪杭甬之收入,拨还浙路未了股债,名正言顺,借款公司亦

无可阻挠。应恳大部力践前诺,饬令沪杭甬路局于每月营业收入项下,拨出五万元,解交敝处,陆续收账;一面并恳督催银公司克期完成杭绍线,并赶发第二次债券,仍照原案将浙路未了股债本息加入借款之内,以期早日结束。至纫公谊,即盼玉音。此上交通部

浙路股款清算处主任叶景葵　十三年七月二十六日

(《浙路股款清算始末》,《杂著》,第312—313页)

同日　就设立改良办事手续委员会事,签署浙兴总办通函。云:"现为本行各种办事手续力求完善起见,设立讨论改良办事手续委员会。订定简章九条。经董事长指定蒋抑卮君、徐寄顾君、徐新六君、陈元嵩君、沈棉庭君、朱益能君、曹吉如君为委员会委员,并定蒋抑卮君为委员长。"(副本,上档Q268-1-60)

7月28日　美国钞票公司致浙兴函,通报钞票印竣开始发运。云:"兹交美国运通公司装由林肯总统号船钞票拾九箱。该船于八月五日由旧金山起行。"内有壹元券、五元券、十元券及样张等。[①]（原件,上档Q268-1-608）

7月31日　主持浙兴第119次行务会议。讨论事项有:

一、议豫丰纱厂商做信用汇票事。沈棉庭报告云:"据郑处函称,'豫丰来商因须运纱至保定,无款可以周转,拟商做信用汇票十二万两,庆丰义又不肯居间作保'云云。应如何?请公决。"金以此事在我行万难通融,而在豫丰则又非通融不可。徐新六云:"只得从庆丰义方面设想求一着落。"徐寄顾云:"提单保险单既无可交,则车运中总有一种书类,要求将此项书类交与我行,亦属通融之一法。"先生云:"不得已办法,只可将纱径交庆丰义,取得庆丰义收条比较有着落。"徐新六报告云:"适间穆藕初君来,正为商谈此事。据云照例自应缴款取货起运,惟因周转为难,故请求通融。又不愿令庆丰义方面窥悉为难情形,以致货价上多所抑勒。总额约六十万两,因深知我行为难,故所商只十二万两,余请他行通融办理云云。适才所议将纱径交庆丰义,即可视为不信任豫丰之表示,正为豫丰所不愿。鄙意拟避此一层,加入'作为代豫丰交'数字,如何?"议决:货交庆丰义取收条,声明款交我行。草拟复郑处电稿。

二、议恒丰厂商做担保透支事。曹吉如报告云:"恒丰来商拟以坐落昆明路二十三堡十三图率字圩土名薛家浜地一亩一分九厘九毛,又同坐落地一亩二分三毛,共计地二亩四分零二毛。此项地皮前曾做过透支担保,现商透额银式万两,活期一月,已去过户。"众无异议。

三、议新通公司商请向北票公司作保事。曹吉如报告事由(略)。

---

① 美钞公司又于同年8月19日运沪钞票49箱。见1924年8月11日来函。——编著者

四、议拨本行所有中行股票于哈行事。先生报告云:"哈行特定之存项下以他埠现洋为本位者,计有十六万三千余元。现在该处既无可营运,故令其于汇水平定时逐渐调存总行,酌给利息。昨经该行复称同意,惟要求优给利息。查此间存息无论如何优异,断难与哈埠相衡。故此层难以照允。惟亦不能不为哈行设想。故现在拟俟额度调满后,由总行拨与中国银行股票若干,按照票面三五折作价,约有常年二分之利息,可以补贴该行开支。"议决照办。(《行务会议记录》第 5 册,上档 Q268－1－167)

8 月 1 日 主持浙兴第 120 次行务会议。议新通贸易公司在金币部存元备款事。徐新六报告事由。先生云:"国内外贸买回,既有契约关系,与凭空进货投机者不同。此项押汇可以免谢垫头。鄙意该户可令定一透支额度,约以银五万为度。"又云:"利息如何,亦可约定。"议决照办。(同上引档)

8 月 4 日 主持浙兴第 121 次行务会议。讨论事项有:①议哈行拟订做广号押款事。沈棉庭报告事由(略)。②议哈行不欲以中行股票拨抵营业准备余额事。沈棉庭报告事由。"众意以中行股票利息优厚,以此拨抵哈行所收外埠优利存款实为合算。且中行股票随时卖出可变现款,并可照原定三五折扣随时让归总行,极为活动。可函嘱哈行再行通盘筹划。"议决即致函哈行,嘱其酌复。③议津行以省公债划入储蓄准备事。沈棉庭报告事由(略)。(同上引档)

8 月 12 日 签署浙兴总办通函。云:"年来我行业务逐渐发展,各种存款亦与年俱进,所有库存现金尤宜随之增长,方可有备无患。近今各地纸币滥发,金融界已暗伏危机。加以时局酝酿隐忧未已,一有风潮,同业间势必各自为谋,同时吃紧。我行为未雨绸缪计,亟宜厚集实力,以为应付之资。查本行营业准备,规定现款一项必须有往来,随时储蓄总数十分之三。原为平时准备、力求稳慎之意。务望各行抱定此项办法,切实履行,并于上述所有十分之三现款内,就尊处资金状况参酌,特划出现洋□□①元,作为固定准备金,非有紧急之变故不能随时动用。如至万不得已动用时,必须来电报告敝处接洽,次日即须补足。总之,时局既未可乐观,金融又常生变动,备现防患,实为巩固行基切要之图。深望各行加以体察,即日实行,不胜企盼。"(副本,上档 Q268－1－60)

8 月 13 日 签署浙兴总办通函。颁布修订《浙江兴业银行检查规程》。(副本,同上引档)

---

① 原件此处空白。但书眉注有:"总五十万,汉贰拾万,京拾万,津拾贰万,杭捌万",当为各行应备固定准备金数。——编著者

8月18日 签署浙兴总办致汉行电①。云:"江浙谣重,银根必紧,库存余额勿放。总。"(电稿,上档 Q268-1-555)

8月19日 参加商务印书馆董事会会议。议决于京、津、汉、宁、杭、港六分馆及京华、香港二印刷厂现行改用新会计制度。又通过图书馆、俱乐部竣工决算报告。(《商务印书馆董事会记录薄》)

8月22日 主持浙兴第122次行务会议。议浙江丝绸银行商做押款事。蒋抑卮报告事由。"议决照上列押品折扣押元弍万五千两。其付款须视押品过户手续办妥几种,即行付几笔为依据。"(《行务会议记录》第5册,上档 Q268-1-167)

8月25日 主持浙兴第123次行务会议。讨论事项有:①议通易公司支裕丰庄划条纠葛事。曹吉如报告事由(略)。②议杭行函请调款事。沈棉庭报告事由。"议决致函杭行,暂可毋庸调款,俟数日内詧看市情再行函告。"(同上引档)

8月27日 签署浙兴总办通函,通报江浙战争影响市面情况。云:"今日江浙战讯益复严重,市面仍紧。劝业(银行)停兑,证券交易所因缴证据金数钜未齐,下午停市。杭沪路下午尚通车,钱庄内容已比前平定,但因战谣严重,故仍紧。"(副本,上档 Q268-1-114)

8月28日 签署浙兴总办致各分支行函。通报董事会议定于石家庄设立分理处,试办营业。嘱津行筹备。派杨善钦为石处代理主任。(副本,上档 Q268-1-60)

8月29日 签署浙兴总办通函,通报战讯。云:"今日战讯表面仍尚平和。因后冲之议,双方军事当局均表示容纳人心,因资以安慰。钱市亦为平静,各交易所交割已无问题。钞票兑现亦经平息。沪杭、沪宁两路交通均尚无阻。所冀和平希望果成事实,则市面较易转机。惟军事瞬息万变,不知果能为一般人所祈祷否耳。特此奉闻。"(副本,上档 Q268-1-114)

8月30日 签署浙兴总办通函,通报行市。云:"近日各埠金融紧急,当地同业或发生挤兑,或发生周转不灵,均在所难免。银钱公会及往来较密各家自不能不召集会议联合维持。我行所居地位议不过问,固有未可,而随波逐流亦非所宜。如有实因环境关系,不得不量力垫助者,望电候敝处核后再行照认。幸勿径先商定为荷。"(副本,同上引档)

同日 盐余借款联合团致北京银行团转浙江兴业银行函。云:"接奉财政部函

---

① 原电稿未署日期。该年8月16日,江苏督军齐燮元为夺取上海召开军事会议,决定攻打浙江军务善后督办卢永祥。消息传出,东南震惊,上海各界纷纷成立各种"弭兵会",通电呼吁和平。据此,浙兴总办此电文,大约在8月18日前后,让汉行有所准备。——编著者

开'案查关于结算盐余借款一案,前准贵团代表声请于正式账单之外,附带九六公债存抵部分计息账单一纸,以便计算。当经本部核准照办,并经商定该项账单式样各在案。兹查前项计息账单及样本,均已印妥,相应各检壹百五十份,送请贵团查收。即希转送各债权人,从速填列,连同正式账单一并送部,俾早结算'等因。查此次附带九六公债存抵部分计息账单,原为尊重债权而设。务希尊处早日填齐,径送财部,幸勿迟延,是所至盼。"(原件,上档 Q268-1-349)

8 月 31 日 签署浙兴总办通函,通报行市。云:"今日银拆已平,洋厘较小;兑钞亦均平息,市面顿趋佳境。说者谓经钜创之后各图收缩,故反呈余裕之观。殆诚然欤!至战讯方面,双方似仍趋严重,人心虽尚希望和平,而具体办法迄未实现,故市面虽较平定,而戒心仍未稍舒。特以奉闻。"(副本,上档 Q268-1-114)

9 月 2 日 签署浙兴总办通函,通报行市。云:"昨日星期一市面与上星期六及星期日无甚变动,此外亦无特殊情事,故未报告。今日市面亦尚平静,惟战讯似益趋严重。两军有在黄渡地方冲突之说①,虽未证实,而双方军队距离比以前接近,则已可想见。沪宁车路已阻。特以奉闻。"(副本,上档 Q268-1-114)

同日 浙江兴业银行津行货栈开业②。地址天津英租界一号路、二号路转角。(浙兴机构成立记录卡,上档 Q268-1-24)

9 月 5 日 浙兴郑州分理处主任洪成珑病逝。"凶电传来,同人震悼。"先生撰挽联云:

> 同辈中朴诚勤勉,如吾子者有几人;图始未观成,为公悲岂谓私痛!

> 病革时反复丁宁,除行务外无他语;往过恃来续,愿后贤勿忘前师。

> (《怀旧》,《杂著》,第 246 页)

9 月 19 日 银行监理官陈汉第签署《银行资本及发钞情况调查表》。其中浙江兴业银行名下资本等为:额定资本 250 万元;实收资本 250 万元;总分行发行纸币数目:上海地名券 15 000 元,湖北地名券 600 000 元,共计 615 000 元。(抄件。上档 Q268-1-600)

---

① 9 月 3 日江浙战争爆发。直系军阀、江苏督军齐燮元联合闽赣皖各省直系军队 8 万余人,自任总司令,分四路攻守。皖系军阀、浙江督军卢永祥联合反直军阀,以闽浙沪军队组成浙沪联军 9 万余人,自任总司令,分三路攻守。是日,江浙两军在黄渡开战,卢永祥通电成立浙沪联军,设司令部于龙华。9 月 4 日直系军阀张作霖通电声援卢永祥。7 日,曹锟下令讨伐卢永祥。9 月 5 日,苏、浙两军在安亭、青浦一带展开激战。9 月上旬江浙战区内大批难民涌入上海,租界内难民总数激增。浙、沪两军在华界内又强行招工拉夫,直接送往前线。南市各商店相继闭门停业。上海工商凋零,交通阻塞,银根奇紧,金融衰颓,一些钱庄陆续倒闭,货物奇缺,物价飞涨,粮价直线上升,且购买极难,百姓怨声载道。——编著者
② 此津行货栈 1944 年 11 月为日军军部强行租用,胜利后收回。——编著者

9月20日　签署浙兴总办通函,颁发本年8月修订《浙江兴业银行营业准备规程》,定10月15日起实行。(副本,上档Q268-1-60)

9月下旬　为领用中行兑换券事离沪赴京,与中国银行总行交涉。(1924年9月28日致浙兴总办函,上档Q268-1-615)约10月中旬返沪。

9月28日　自京致浙兴总办函,通报与马寅初、金仍珠、张公权面谈领取中行新钞事。云:

> 诸公同鉴:日前马寅初来谈,谓沪行来信,言我行于二成五以外,不肯再兑领券,甚为不平。葵告以此系杭行所商特别办法,除二成五外,请其在五成现金准备内兑冲。至沪地所收领券,业已超出二成半以上。我行因金融情形,沪较杭稍松,故并未一并交涉。且沪券积压原因,由于不给新票,所以此次来京,请求速给新票,否则我行不得不正当防卫云云。寅初以为然。次日又与仍珠、公权言之。仍、权皆言,不给新票实在不对,总行已三令五申,令其速给,不料尚未照办。葵嘱其再函催,并云杭州事尊处可复以已与叶某谈过,据云实因战事骤起,金融变动,不得不特别商量。好在杭已安定,可由杭行仍与笃生熟商办理(此等画策可谓不着一字)。公权大约已照办矣。昨日与寅初遇,渠云一波未平,一波又起,沪行又来函责备兴行不付保管证。葵云,此事我接洽,因贵沪行持绍兴保管证来沪收洋,此系向由杭行照兑之证,敝沪行当然不付。寅初又无以难我。次与详谈沪中行新券情形,乃知沪中行所云未到之券,乃新之券,只有十元票,两面皆复色,成本极重,当然只肯自用,不肯给人。至各钱庄所领之新券,现在未加暗记者,尚有十元票七十余万,五元票二三百万,尽可给我,沪行所云新票未到,乃饰词(即新之券也,即不肯给人之券也)。此项新券,并无印而未交者,亦不续印。现在我只能坚决要他的新券。葵闻中孚所领系新券,所以疑及馥苏或已得到一部分。然则沪中行显系专与我行为难。不必与实行同进止,不能不告之耳!现在寅初已函致史海峰,嘱其速给,请总行速与沪中行一函,云大意如下:

> 敝行所请换给新票一事,顷与贵总管理处商洽,允即在贵行所存未用之新票内,尽数拨给敝行换领。兹特开具种类细数单,由敝总司库〇〇先生携交,面洽一切。请即协商换领办法,将前项新票如数发下,以便预备暗记。

> 此事须寄颛出马,须直接与汉章谈判,再与冯、史等接洽。不可但凭口说,须用书札,如彼不肯,请其用书面答复,然后再与总处交涉,非逼他速给不可。否则以停兑对付之。我已向张、马表示大概矣。此事总处毫无推诿,完全是沪行可恶。葵。　九月廿八日。　(原件,同上引档)

10月1日　自京致浙兴总办函,再次告以与中国银行交涉换票情形。云:"润泉将暗记业已印好之新券揩而未发,刻已函诘中行,请其速饬发给。应告笃生正式函催,并要求答复。签后如不复,即函报总行,以便与之积极交涉。换票事,我行太谦和,仅口头请求,以致若辈故意刁难。以后须以书面交涉,非换到不甘休。我已查清,系专与我行为难,且汉章未必是主动,纯系旁边人揣摩汉章意旨而行。"(原件,同上引档)

10 月 3 日　浙兴总办根据先生京中来函意见,致中行总管理处函,磋商领取新票事。函云所领兑换券"行使过久,破烂不堪,搁积甚多",要求中行根据以前允诺即在"未用新券内尽数拨给"。(副本,上档 Q268 - 1 - 604)

10 月 21 日　参加商务印书馆董事会会议,讨论公益保安会承包火险事。(《商务印书馆董事会记录簿》)

同日　浙兴总办按照先生在京与中行总办交涉后意见致中行沪行函,要求领取新票。云:"顷接敝杭行函,称沪中行不承认敝处所拟特别办法,杭中行来函亦大致相同。至云九月廿四日迄今未兑,以及九月十七日至廿四日中止兑付,均应由敝处完全负责等语。查特别办法第三条本有贴还原息二厘半之规定。中行代兑之数,敝处自应照算。至沪中行所云以后仍请照常兑付,敝处兑收之数已在自备准备以上,碍难再兑。即请尊处转复,并向沪中行查明,自九月廿四日起所收暗记券之确数,逐日详细开示尊处,以便将来算还利息时之根据云云。特行奉达。"(信稿,上档 Q268 - 1 - 615)

10 月　主持制定并实行《浙江兴业银行会计科目》。(抄件,上档 Q269 - 1 - 32)

11 月 18 日　参加商务印书馆董事会会议。(《商务印书馆董事会记录簿》)

11 月 19 日　上海银行公会会员会议议决:组织金融讨论委员会。(《上海银行公会事业史》,第 41 页)

12 月 4 日　主持浙兴第 126 次行务会议。讨论事项有:①议总行各种放款内应予结束各户办法事。沈棉庭报告事由(略)。②议汉、杭、奉、京各行各项放款事。沈棉庭报告事由(略)。③议正金银行拆款事。曹吉如报告事由(略)。(《行务会议记录》第 5 册,上档 Q268 - 1 - 167)

同日　浙江兴业银行与中国实业、中南、大陆、中华懋业、上海、盐业、中孚、华丰、金城等 10 家银行联名致汉口第一纺织公司函,索取欠款。函云:"查贵公司息借敝行等款项,为数颇钜,现已先后到期,并为准贵公司分别清偿,亦未洽商确实办法。究竟各该款项贵公司拟如何归还,应请于五日内答复,以便彼此结束。"(副本,上档 Q268 - 1 - 555)

12 月 6 日　出席商务印书馆特别董事会议。会议讨论:①失窃浙江兴业银行

钞票案已告破,通报案情;②高凤池来函辞监理职,讨论后决定挽留,并派代表亲往挽留。(《商务印书馆董事会记录簿》)

12月13日 史致容复先生函,谈汉行副经理闻信之调离事。云:"顷接寄兄附下尊函均悉。所言信之各节亦经照领。惟其聪明过人,反被其误,实属可惜。春夏之间,弟因而大不为然,即此之故,并非与其不睦,莫非为其大局,且与行中不甚好听。此时奉达尊听,实为恐再无忌惮之意。总之,渠之今庚办事不善亦不多谈,惟保其一个后起之秀将来或可补救之策。就尊见掉(调)到总行会计部副部长,令其离汉,弟亦赞成,决不为阻。惟尊云月半即须发表,弟之意可否从缓一步?为此今午先奉电,计可达览。就鄙见目下第一纱厂押款事是其经手接谈,半途面子关系,实属不雅。该厂须在月底(月)初方成事实。且近来弟追其刘秉义等经手之账即行收束,渠答年底总可归来。一经发表,未免办法为难,似与行中亦有未便。为其个人计,年内两年关如果发表,必定为难。因汉上风土尚是阴历为重,彼或预为布置,不至大生风潮。若现在更动发表,定难离汉,债款逼紧,势在必行,于行中亦有不便之处。就弟意最好阴历年终发表,彼则可图两年关。为其人才计,弟托寄兄转恳与其救一会,能可集一二万,先解其急,年关过去此后掉(调)开,与其似觉体面,于行亦属无关。论其人才,不能不救其将来,为此奉告尊听。尚祈格外鉴宥。未识能否允许? 实为至祷。至汉行人手随后再商。原属不得已,弟亦决不为留。"
(原件,上档 Q268-1-80)

12月15日 签署浙兴总办通函,改良本行办事手续。云:

我行营业日渐发达,处理事务益觉纷繁,手续稍有未周,难免不生枝节。本届临时检查结果认为,应行注意及改良之处约有数端,条列如左:

一、凡以堂名记号来行订做押款或透支者,应有人确实负责签印(账簿内须将真实姓名注明),否则发生纠葛,无从交涉。纵使押品可以变卖,而遇有市价跌落及货物损坏等情,其变卖不足之款,势将无法取偿。至用店号名义者,除盖店号重要图章外,仍以加具经理人签印较为妥当。

二、甲某以乙某之物品来行押款或透支者,总以办到先行过户为第一要义。如事实上不能即时宣布过户,亦应于事先注册,一面仍由本人预将过户手续办齐,交存本行,以便到期不还即可实行过户处分,免致临时掣肘,不易变卖。

三、凡以中外栈房栈单来行押款或透支者,(一)须向该栈房验明存货是否相符,及有无副栈单或小栈单;(二)须向该栈房验明栈单上签字或印章是否系该大班、二班或经副襄理之负责签印。

四、抵押品如货物房产等火险,宜多觅外国殷实行家承保,较为可靠。

五、各种放款证书及透支契约上，印花骑缝章应查照印花税法盖用本人图章或签字，不可加盖无关系之闲章，致失效力。

六、本埠同业往来存折，应由会计股逐日逐笔与账簿核对，以昭慎重。

七、定期存单、特别定期存单、本票等，付讫或转期更换者，自十四年一月一日起，均应随时与存根核对，并于存根上端空白处，分别加盖下列戳记，以销废之。其因误写或他项事由作废者，应在正张及存根上注明，毋庸将正张撕下。又作废之号码，无须重编，俾每本起讫号码有定，易于检查。

以上各项务请查照，切实办理。其他手续如有未臻妥善之处，并望随时见示，共图改进，以期完密。（副本，上档 Q268-1-60）

12 月 17 日 主持浙兴第 127 次行务会议。讨论事项有：

一、议总行各项放款事。曹吉如报告事由（略）。

二、议南洋兄弟烟草公司拟与汉行往来事。先生报告云："顷由南洋烟草公司劳敬修、李经磋二君来商与汉行往来事。彼方要求数额为十万两，以前杏花里房地产，即现在南洋汉分公司所居，并出租市房全部为担保品。允先立一拟付凭据，预备随时可以过户。并允双方呈请夏口厅立案。利息期限由汉商酌。彼要求客气。我答以汉行与贵公司交情必能公平云云。该公司虽要求十万两外，可以允其加用五万两。但如彼不需用或汉行未允照加，亦可作罢。我又答以汉行前来报告，谓贵公司拟用廿万两不甚赞成，今减为十万两，而又能照上开条件，当可商量。惟仍须汉行史晋翁决定。当由号信通知，请李经磋君回汉后，自与晋翁接洽。至加额五万两一事，现可不必并另一谈，由汉行作主可也。"徐新六云："该公司如以烟叶作押，自可临时商做五万两。"议决：函知汉行接洽。

三、议各行自开国外汇票事。朱益能报告云："现在各处国外汇款如学费等，日渐加多，此项生意较可沾光。惟现在各行遇有此项主顾，系转由总行开汇票代寄国外，或再寄回各行交付主顾，转折较多。似不如由各行自开汇票，数额至多为五百镑，其在限外者仍转由总行办理，故拟具办法，请讨论公决。"蒋抑卮就所拟办法逐有讨究。先生云："此事须先调度人员方可着手。"徐新六云："奉行现可不生问题，汉行可择相当人员先来总行实习，再议开办。"蒋抑卮云："试办之初，数额固须有一定限制，业务种类亦以限定电汇、票汇为妥，合同买卖概不开做。"议决：奉行先试办，业务限定电汇、票汇；汉行选择相当人员，嘱其来总行实习，再议开办；其余各行缓议。

四、补记汉口第一纱厂押款事。"抵押货堆，该公司本栈允由我行派人管理，遇事变时可移租界。期乙丑年八月底由该厂董事毛树棠君个人担保，月息分一云云。该项押款初谈时，数为一百万两，押品棉花堆洋栈，当经覆准，惟嘱前放十万能设法并入,或另觅保证尤妥。嗣据续报数额,须分一部分与西商,减为六十万两。该厂栈多不肯另租,改为堆存本栈,由我行派人管理,亦经核覆照准。"(《行务会议记录》第5册,上档Q268-1-167)

同日 签署浙兴总办通函,颁布董事会决定。云:"董事长向董事会提议:'本行实施总行制已届两年。鄙人兼任总经理本属权宜之计。兼职过久,实非所宜。拟自明年一月为始,鄙人不再兼任总经理职务,即以协理徐新六君升任总经理。其协理一职即行裁撤,不另补人'等语。当经各董事讨论,均无异议,特此奉布。"(副本,上档Q268-1-60)

12月21日 中国银行南京分行许福昞等致盛竹书、徐寄庼函,换领暗记券宁行要求追加条文事。云:"昨接敝总行程子籛君来函,以敝处对各领券行商酌追加条文出函证明一节,'他行均经照办,惟兴业尚持异议,日久未经解决。项叶揆初君与张副总裁商定,改为沪兴行向宁中行领用之暗记券,发行后在领券办法未取消以前,无论何事何时,沪兴行对于此项暗记券不得藉口停止付现之事'等语。谅尊处亦曾接洽。应请迅催贵总处出函证明寄宁,俾资结束。即希查照见复为荷。"先生批注云:"揆初在京与张副总裁论及此事,其意以为换领暗记券宁行要求追加条文,实无正当理由,应将此事分别办理。暗记券现已加印,俟完竣以后,即请宁行允由兴行换领。至条文一节,俟鄙人南归再行磋商。鄙意暂时无庸议加条文。如果将来发生窒碍,尽可随时协商。如宁行定须追加条文,则敝申行前次所拟条文内'无故'二字万难删去,'请贵总裁函致宁行查照'等语,今阅来书所云,程总司券函内所指各节,均与面谈事实不符。请专函声明,要求更正为荷。"(原件,上档Q268-1-615)

12月24日 主持浙兴第128次行务会议。讨论事项有:①议锦云、天章商做绸缎押款事。曹吉如报告事由(略)。议决可做。②议汉口第一纱厂押款事。"汉行电称,'第一厂来商,本(月)底先借银二十万两,半月期,预备购花,由毛保,并交大兴股票二十万两为抵押品。故已允。请洽'等语。当以此项押款,如果前商之六十万合同成立后能归并,自无问题。但现在能否成议尚无把握。以后是否归并,来电亦未说明。故对于现商廿万两之押品,不能不格外注重。该厂先借此款,既系备购花之用,似可以购进之花作押,随到随换,嘱汉行切实相商,并须订定将来归并六十万两,不可作为另押。即经复去一电,文为'六十万合同尚无把握,廿万押款既系购花,花随到换花依押请酌'等语。又查原放之信用十万,至今毫无办法,十分危险,并由函中嘱汉行及早挽救,勿任落空。如何计划,嘱其示复。"(《行务会议记录》第5册,上档Q268-1-167)

12月30日 参加商务印书馆董事会会议。张元济报告往访高凤池事。议决

继续挽留。(《商务印书馆董事会记录簿》)

是年 先生投资南洋橡胶园明庶农业公司 1 万两。明庶公司系民国元年由汤寿潜之子汤孝穗(韦存)创建于南洋柔佛。欧战后世界金价日涨,英荷殖民当局又限制胶价,明庶公司经营受到限制。是年,主要投资人汤韦存、蒋抑卮、蒋孟苹拟添招新股规元 30 万两,以充实资金。先生应汤、蒋"怂恿"而入股。次年,明庶公司组织董事会,先生被举为董事长,汤韦存为董事兼总经理。[①](《汤韦存之橡胶业》,《杂著》,第 272 页)

---

① 明庶农业公司此后情况,详见本谱 1926 年、1940 年、1941 年、1946 年冬、1948 年 1 月 26 日各条。——编著者

1925 年(民国十四年　乙丑)　52 岁

3 月　孙中山在北京逝世。

5 月　上海发生五卅惨案。

6 月　上海实行"三罢",抗议帝国主义暴行。

7 月　国民政府在广州正式成立。

10 月　第三次江浙战争爆发。孙传芳占领上海。

1 月 15 日　主持浙兴第 129 次行务会议。讨论事项有:①议总行放款事。曹吉如报告事由(略)。②议各分行放款事。曹吉如报告事由(略)。③议新通公司电机押款事。徐新六报告事由(略)。(《行务会议记录》第 5 册,上档 Q268－1－167)

1 月 20 日　参加商务印书馆董事会会议。(《商务印书馆董事会记录簿》)

1 月 22 日　主持浙兴第 130 次行务会议。讨论事项有:①议总行拟订各户抵押放款及拆票事。曹吉如报告事由(略)。②议哈行拟订各户透支事。沈棉庭报告事由(略)。(《行务会议记录》第 5 册,上档 Q268－1－167)

1 月 30 日　与高云麟、叶尔恺等浙人致浙江督军卢永祥电,呼吁和平。电云:"南京卢宣抚使钧鉴:此次苏省又作军事行动,人民复遭兵祸,惨不可言。浙省虽未入战区,而农商业辍,亦饱受流离损失之痛苦。齐已师败身逃,战事自可结束,正赖执事宣抚,轸恤灾黎。浙省曩隶仁帡,爱护浙人,始终不渝。迭蒙宣布,感深瀹浃,现孙督理一秉萧规,亦以保境爱民为己任,环恳钧座俯念旧治,民困难堪,并谆切转告张、陈两军长,严饬所部军队,万弗接近孙军,致生误会,再起兵端。我公多一分爱惜浙省之心,即多留国家一分元气,迫切叩祷。高云麟、叶尔恺、徐宗溥、吴士鉴、刘燕翼、叶景葵、姚福同、许文濬、陶葆廉、钱绍桢、徐士钟、葛嗣浵、徐棠、沈镛、刘锦藻、庞元济、周庆云、陈其采、杨泰颐。卅。"(1925 年 2 月 1 日《申报》)

1 月 31 日　主持浙兴第 131 次行务会议。讨论事项有:①议总行拟订往来信透支各户数目事。孙人镜报告事由(略)。②议杭行各户放款事。沈棉庭报告事由(略)。(同上引档)

2 月 7 日　参加商务印书馆董事会会议。讨论香港分馆购屋事。议决同意照

购。(《商务印书馆董事会记录簿》)

2月8日　主持浙兴重员会议。参加者蒋抑卮、陈叔通、陈理卿、徐新六、朱益能、曹吉如、孙人镜、陶子石、陈元嵩、王稻坪、朱振之、竹尧生、刘策安、陈慕周、师凤昇等。讨论事项有:

一、议修正存款期限利息案(略)。

二、议押品种类及折扣案。议决押品种类及折扣如下:

甲、证券类

公债　七年长期、整理六厘、整理七厘、(整理)五年、三年、金融、十一年短期　上列七种统照市价七折至七五折。

股票　商务印书馆七折至八折,开滦煤矿照市对折,中兴煤矿七折至八折,久大精盐七折,丹华火柴五折,济安自来水照市对折,启新洋灰六折。以上各种股票除开滦煤矿、济安自来水照市计算外,余均照票面计算。

华商电气、既济水电、大有利电气、第一纱厂、纬成丝绸、中国银行

以上各种股票均暂行停押,已押者到期收回。但大有利电气、既济水电两种于收回后或收回中,均按左列限度及办法收押(略)。

乙、货物类

押品货物以下列种类为限:棉花、棉纱、白布、茧、素绸缎、煤、盐、纸、桐油、烟叶、人造靛青、各种粮食、紫铜生铁、生金银及金银首饰。

上列各种货物抵押折扣货价高时五折至六折,低时七折至八折,平时六折至七折。

三、议银根支配案(略)。

四、议提高存单押款利息案(略)。

五、议存放同业案(略)。

最后先生总结云:"上列各案均经解决,需有各行相互间应行协商各事,诸位均聚首在此,可各别相互讨论,以利进行。"(《浙兴重员会议记录》,上档 Q268-1-60)

2月9日　主持浙兴第132次行务会议。讨论事项有:①议哈行进行营业方针事。先生报告云:"哈行前以市面败坏,从事收缩,现在市面虽未回复,但我行机关既议有续,自不能不设法营运。兹有应行讨论者数事,一粮食,二放款。""粮食套卯,此项营业于银行实非常轨,故去年未允照做。但以哈埠情形而论与内地不同,故因地制宜,尚非绝对不可做之业务。惟如何做法,应力求稳妥,请讨论。"经讨论,"议决由哈行量力酌放,数额连已放之数约以十万或十五万为度"。②议总行续订温、甬两埠同业往来事。曹吉如报告事由(略)。③曹吉如报告总行放款事(略)。

《行务会议记录》第 5 册,上档 Q268－1－167)

2 月 11 日　主持浙兴第 133 次行务会议。讨论事项有:①议日金、标金套利事。朱益能报告事由。"议决可以试做。暂以日金五十万元为度,买卖不用本行名义,另以兴记名义行之。"②议津行放款事。沈棉庭报告事由(略)。③补报总行蒋广昌及恒丰纺织新局两户放款事。曹吉如报告事由(略)。(同上引档)

2 月 13 日　主持浙兴第 134 次行务会议。议京行营业方针事。徐新六报告云:"京行营业计划书尚未到,其应取方针兹拟先行讨论。按收缩信放,推广押款,并由他行代为放款,已为决定应取途径。惟股票押款合于我行决定范围以内者甚少,自不能辄多变通。公债押款去年因债票价高,曾经函嘱到期收缩,即以表示限制。至于由他行代放,则事实上能放若干亦待时机之凑合,未能预必。故经各方面种种观察,消纳之途既隘,若于信放一途再取绝对收缩主义,恐京行必致为难。鄙意谓宜挑选进出活动、信誉素著各户,仍量予照放。其呆滞者则从事收缩。至公债押款祗须折扣相符,于总额可不限制,惟户头能散尤善。诸位以为如何?"蒋抑卮云:"鄙意主张京行为吸收存款之机关,至放款则由津行、总行代为消纳。"徐新六云:"此意甚表赞同。惟津行与总行事实上能消纳若干,须视机会耳。"先生云:"蒋君主张自是不错。惟京行记一笔,不放势亦为难耳。津、总两行是否能包办,亦待机会之则来,未能预必。总之,京行营业方针自应专重吸收存款,而实施则不能不有步骤。就现在论,信放一途只可于一定条件之下仍予酌量营运。即方才所说挑选进出活动各户,仍量予照放;呆滞者从事收缩而已。一面逐户考量以为取舍之标准。此为第一步。俟有机会以较优之息代其放款,使其潜移默转于我所祈响之一途。斯为得矣。"议决:京行信放各户进出活动者,仍酌量照放,呆滞者收缩,由会计部逐户考查定取舍。至公债押款得多做,但户头宜散,折扣严守重员会议议决案。(同上引档)

2 月 14 日　浙兴汉行经理史致容致先生与徐新六函,报告武昌第一纱厂拟做抵押借款 200 万元,分析有利因素。云:"弟所以与之商谈者,因此事利益甚大。认为我行可得名利双收。查去年底做花纱押款一百万,外界已有评论我行财力雄厚,应此做法等言。而且此事颇觉稳妥,其第一优点,则该厂全年收付约计在三千万两之谱,内计售纱收入约一千六七百万两,购花等付款约一千三四百万两,归我行承做,沾润极大。第二优点,全年支出之薪金工资及日用各费,约需钞票一百数十万元,我行可以推广零星用途之兑换券。又购用台票约数百万串,可得代办之厘头。且有各路汇款亦可承做,其收付解款并可计算票贴。第三优点,我行得于该厂收付之中推广钜数押款等交易。因代理收解我行即立于第一厂及客家之居间地位,其购花之花行及售纱之纱号,均与我行发生经过款项关系。多一交际,即多一熟识之家,藉以兜揽生意,易于推广。第四优点,我行之名冠有浙江两字,虽前此我行对于社会上不分疆界,鄂人亦似欢迎,而比年以来竞争剧烈,本帮心理不无顾忌。若此项借款告成,则维持湖北实业之苦心尽人皆知,足征无分畛域;且调剂金融,地方得益,同业各行年来纵以种种方法暗中倾轧,将为此举一概推倒矣。故弟认为,一举而数善备,且可无形打消一般野心家。第五优点,该项借款他日归还之责任,不在厂之盛衰,而在负责担保之各董事。倘届期厂中无款,各董事须筹措还偿(担保之董事须由我行选择)。且两厂价值颇优,在各董事之责任亦非无限也。敝处详加讨论,因由上述种种优点,业与开谈数次,该厂亦选开董事会议。现毛谓'一百五十万之数,实为不敷,缘归还市面上之欠款未便挂漏,故拟以两厂押银一百五十万两,而另以货物、物料再押银五十万两,至利率再行磋商'等语。毛君之言,确属实情,不识我行能否设法及可否订做? 即祈核实。弟意以为,今年情形放款或恐不易,倘沪、杭、京、津能有余款,似不妨合力进行。是否有当,再祈董会酌议,见复为盼。再弟对于此事亦有两层意思:(一)将来订立合同时,或由洋商出面,藉以避免各方危险;(二)该厂之财产,或由尊处先派工程师来汉估价后,再与商谈一切,亦无不可。并以奉闻。"(原件,上档 Q268-1-379)

2 月 15 日 主持浙兴第 18 届股东常会。报告 1924 年上下两届账略及比例分配。营业报告主要经济指标如下:

股本 250 万元,公积金 1 055 725 元,发行兑换券 167 140 元,领用兑换券 365 万元,定期存款 11 423 971 元,往来存款 9 456 046 元,储蓄存款 1 025 853 元,卖出期货 1 042 746 元;现金 3 115 012 元,发行兑换券准备金 167 140 元,领用兑换券准备金 365 万元,存放同业 5 825 945 元,定期放款 3 367 462 元,定期抵押放款 7 725 849 元,往来透支 759 037 元,往来抵押透支 1 185 802 元,有价证券 3 394 526 元,房地产 1 227 537 元;本届总纯益 257 529 元。(《兴业邮乘》,第 20 期)

营业报告经全场股东一致通过。次报告农商部、财政部批准上年股东会决议修改本行章程及由农商部批改各节经过情形。各股东均无异议。后次改选监察人,胡藻青、陈理卿、沈籁清三人继续当选。(1925 年 2 月 16 日浙兴总办通函,上档 Q268-1-115)

2 月 16 日 主持浙兴第 135 次行务会议。议豫丰纱厂押款事。总经理徐新六报告云:"豫丰押款将次到期,察度情势,恐须转期。如果允其转期,所有应行磋商之点,业已汇集会计、营业各部,提出意见。有应行注意各点,并经询明陈伯琴君。大略如左:一、押品纱价,郑高于沪(豫丰所出飞艇纱高于沪市标准纱每在十两以上),最好以沪价为标准。否则以郑沪均价定一标准。二、纱布销路不畅,如五、六、七、十一各月押品进出甚少。三、押品利息及保兵险款项,须付现,不可转付押款账。四、押品内之物料,宜改换花纱布。五、该厂本汇票去年曾有退汇情事。"众就上列各项讨论。徐新六云:"第二项询据陈伯琴君云,系属特别事故,五、六、七月则以该厂由慎昌接办之初,货身更变,以致滞销。至十一月份,则因受兵事影响、运输停滞之故。第五项退票情事,亦因运输困难,货品迟到,未能如期售货解款。至该项票据以五万为限,由慎昌担保可以仍旧。至第一、第三、第四各项,鄙意拟提出前往商洽办法。能商量至如何程度,当相机办理。此外,更拟提出两事:一、请其加入慎昌担保;二、须保兵险。时定一切实办法,即约定我行接到郑电时,经通知后即须照保是也。"众皆称善。"议决照议前往商洽。"(《行务会议记录》第5册,上档 Q268-1-167)

2月20日 主持浙兴第136次行务会议。讨论事项有:①议津行放款事。沈棉庭报告事由(略)。②议汉行放款事。沈棉庭报告事由(略)。③议总行拟放透支新旧各户及抵押透支事。孙人镜报告事由(略)。④议汉口第一纱厂续商南北两厂房地产押款事。沈棉庭报告云:"第一厂续商押款,熟加考量,颇滋顾虑。缘现在既有一百万已做之款,押品花纱又系十足计算,且已先有信放十万,我行担负实已非轻。目下时局未定,纱厂生意纵能获利,而交通多阻,输送为难,亦但博纸片上之盈利。如豫丰其适例也。故依此观察,若再于原做以外加重负担,深恐更入重地。且续做者系以房地产、机器等作押,尤涉呆滞。"先生云:"沈君所虑甚是。故照汉行来函所拟办法,由我行独做亦认为难以照允。惟经详细考虑,第一厂非豫丰可比,因其房地产上尚无设定何种权利,但使该项财产确有价值,自属比较安稳。据查估值银五百万,即假定作为洋数,以之抵放壹百七拾万两,亦尚无可虑。现在预拟办法,由我行拉拢安利英,假定总额为壹百七拾万两内,劝安利英认借壹百五拾万(原允壹百叁拾万),我行转入原放之信用十万两,再加新放十万,合成壹百七拾万。此外添做花纱叁拾万,以足成第一厂原定借额式百万之数。如此,我行名为加入廿万两,实则信放十万系已成之事,只加放十万两。至时局问题,固是可虑。但第一厂地点比豫丰完全在内地者不同。因系近处沿江,舰队足资声援,危险程度亦比较略减。据此理由,所以有昨复汉行信内云云也。"蒋抑卮、徐新六均表赞同。"议决俟汉行复到再议。"(同上引档)

2月27日 史致容致先生与徐新六电,提议第一纱厂押款与安利洋行合做办法。电云:"振兄函悉,甚佩。押款式百(万),预算归欠最少之数。弟亦再三为之规划,查安利借不成,因有人挑剔误会之故。现该厂拟筹款归安利,断绝往来,我行可乘机进行并代和解。照弟意,此款我行与安利各出资百万,合做新旧两厂兜保。惟布厂划与安利为前款抵押,且我行可暗向该厂取得花纱卅万、物料廿万为担保。毛①亦允。我行明放百万,暗实五十万,而得其全厂常年进出之特利。现安利合做暂不与毛说明,故请与安利说明现商做时归我行接洽,则利息可做大,约可到常年分三三,期定三年归还。倘安利接洽,不独息难大,而我行要求权利难办,至立约时方可由安利出面,我行作经手代表人,安利亦颇得益。倘此事不成,恐安利对该厂采料等交易恐须断绝。乞说动安利为要。我行数目不宜少过百万,方无偏轻之虞。且五拾数另有暗盘,抵而得其如此利益。况名誉更振,即存款一项,恐全市有极大效果,实大便宜。近中国、金城及日商正金、兴业会社均竭力揽做,息亦较廉,惟毛不愿与做。因去年中、金为信放事太阴谋,故乐就我行。我行去年既做花纱百万,今年市论上均推重我行,倘为他家得,我行前功尽去。况为数量力有余,即汉行余款亦尽。值此市状,今年营业不易,故此事成,不独稳而利优,即近年我行方针亦觉舒溢。务请速商电复。"(抄件,上档 Q268-1-379)

2 月 28 日　与徐新六联名复史致容电,云:"(纱厂)欠款总数、结欠安利数、董事垫款,又存款数各若干?请电示。"(引自 1925 年 3 月 2 日史致容致先生与徐新六函,同上引档)

3 月 1 日　史致容致先生与徐新六电。云:"银钱帮百九十万,安利七九万,存款四十万,董垫念万。现该厂宗旨先还市欠。本年六(月)底止,连去年盈余款,再另招优先股,可全清。"(同上引档)

3 月 2 日　史致容致先生与徐新六函,详述与汉口第一纱厂商谈情形并分析利弊。云:"查第一厂借款事,为数虽钜,然该厂自去年董事会改组后,改选得人,竭意整顿,现在开支每月连内外一起在内,仅银一万二千两。且自去年九月至去年底止,以前所有未能得力之员司及舞弊情形,均陆续开除剔尽。故旧年九月开工至年底止,仅时四阅月毛利盈余可得五十万两之谱。除开支五万两外,利息支出多至二十七八万,净盈仅十万两。目前花价日涨,已至四十三四两。该厂去年因积之二百万两棉花,扣价为三十八九两,现下已见成效。故今年六月底止之预算,亦颇有把握。现该厂预算倘二百万借款成立,再在下半年股东会时招集优先股。如此每年支息可省耗约银廿四万两。查该厂董会中如永福庆花号等,均属鄂中最大股富,皆可以投巨资。惟以前因厂务腐败,李紫云异常固执刚愎,未敢出手助理。现在改组以后,凡事公开,咸拟设法进行,故优先股情形亦极有把握。惟因面子关系,不能不俟本届成绩先行发表后再行进行。且查该厂优点为纱商企慕之处,第一好在锭子较多,比例上为他厂所不及。盖该厂锭子共为八万八千个,月可出纱六千包之多。

① 指汉口第一纱厂新任董事长毛树棠。——编著者

机料精美,可以立刻开足。故该厂遇纱料旺销之际,其出货为他家所不及。而全厂开支实比他厂便宜不少。每年销纱常有多次旺市,该厂销货机会自比他家沾先,容易掫注也。又该厂地点居长江中枢,销路畅旺,而收花便利,价亦较廉。即如税捐一项,亦得湖北政府特许,每年仅费数千串统包在内矣。至目前借款情形,日商谋之甚急,此系日商居心不良之故。该厂因前时创立原因系抵制日货、挽回利权起见,故日商借款无论如何不愿接收。余如中南、金城亦深悉其常年进出款项共有三千万两之大,行施钞票约有一百数十余万之多,故亦极为垂涎,近来连日在公库开会商量。惟毛树棠君人颇爽直,恐怕该四行将来发生阴谋,不易抵制,故目前我行交谈之时,极不愿与四行承借。现此事不独银钱两帮大为注意,即全市花纱各帮亦均注目。弟已再四研究,以为若照前函办理,我行出资仅半数,而风险不重,利益极大。且此事若能成功,大为鄂人惊悟,我行名誉益振,阳夏汉全局殊不能与他银行同日而语焉。但未知尊意如何? 深为挂念。且为日渐近,故尚须商量之事,均请用电报往来,是为至盼。"(原件,同上引档)

3月3日 就汉口第一纱厂借款事徐新六致史致容电。云:借款二百万,"安利认一百三十万,我行七十万。闻有花纱物料暗抵五拾万。候电复,与安利接洽"。(电稿,同上引档)

3月5日 史致容复先生与徐新六电,报告与毛树棠商谈情况。云:"电悉。再四商该厂,据云去(年)底囤花二百万,除我行百万外,余均由毛等向钱庄垫用。此次借成二百万,只还银钱帮前债。去年花欠尚须出纱后可归。且去(年)底前债转期时,毛再三商明本年到期付还,并有中人保证,故银钱帮款不能不清。既重信用,又顾营业需款时通融。至存款去底索之亦急,此次亦须略还若干。其董事垫款前后已两笔,均排落在后。现照我行意差捌拾万,实难布置云云。毛又云,厂产押尽,原冀信用全清,故万难再遗欠他款。况去秋安利亦允做二百万,扣除机花款,惟实不能安排,故要求叁百万,而拖延未成。今向我行借,深盼。去年既相助在前,此外格外帮忙维持,鄂中实业界深感云云。弟与毛复细详算目前情形。毛君办法却比前任精明清楚,颇顾名誉,非照此布置不能见功。尚望力商安利,照敝前电进行。为期渐迫,乞速商复。"(抄件,同上引档)

同日 王稻坪奉浙兴总办命4日到汉,调查第一纱厂押款事。是日致先生与徐新六函,云:"第一(纱厂)押款事,已将尊处筹定宗旨与晋翁、信兄[1]详谈。旋由信兄复与毛树棠君商谈。方知该厂欠安利款确是七十九万两,拟在此次押款内拨

---

[1] 信兄,浙兴汉行副经理闻信之(云韶)。——编著者

还四十万两,尚欠卅九万两,拟另以布厂全部作押。兹将毛君借款还款之计画缘由列左:一、拟借押款银式百万两。一、欠银行钱庄银壹百九十余万两,欠存款四十万两,欠老董垫款念万两,现向各方商恳,先还六成,约需银壹百五拾余万两(该厂欠人之款照上年六月底报告确有变更),连还安利四拾万两,共约式百万两。其中老董垫款一项,其未连任者催索甚急,不得不酌量归还。其已连任者因去年底购花式百万两,除向我行押借壹百万两外,其余壹百万两系连任新董向各钱庄担保。故对于旧垫之款亦须摊还也。照上述办法,毛君以为还款只六成,不能再少,故押款非式百万不可。但历次商谈,毛君未曾提起还安利之四十万,即在此次押款式百万内拨付,故信兄以为比较略有进步。至该厂欠安利七十九万两,现已到期念万,五月、九月各有拾万到期。此三笔均今年到期,先拟归还。尚欠卅九万两,系明后两年到期,因其利息只周年七厘,甚为合算,故拟以布厂划与安利作为抵押。现信兄与毛君商谈结果,毛君要求押款数目仍定为式百万两。而我行内部计画拟由安利认壹百万两,除转账四十万外付现六拾万。我行认壹百万两。今日晋翁已有电商。达①以为照此办法,在安利只多拾万,或可磋商,惟我行之壹百万两,为数已巨,实与尊处原定计画,对于房地、机件呆押款不使投资过巨之宗旨不符,恐难成议,故晋翁电末有商毛君减少念万之语。但即使减少,我行名下尚须八拾万两。虽有花纱卅万、材料念万暗中作担保品,实际上房地、机件只押卅万两,而为数似仍嫌过钜。想尊处当能斟酌适当,电复示遵也。""揆公暨叔通先生嘱转告晋翁、信兄各言,均已照达。晋翁不日赴沪,一切详情面谈也。"(原件,同上引档)

3 月 6 日 史致容致先生与徐新六电,告以毛树棠借款还款计划(同王稻坪函),云:"弟意照此办法,名为二百,实仅百六十万,与前谈颇进步。照尊意仅差四十万。倘我行认百万,安利付现六十万,转账四十万,则此事可成。而照安利意亦仅多十万。如我行嫌过巨,拟商毛减廿万,或可办到。惟再少决难。成期迫,毛恳速办。请商议,急电复。"(抄件,同上引档)

3 月 7 日 先生与徐新六复史致容虞电。嘱与纱厂会商,"拟以厂机为银钱帮第二担保"。(引自 1925 年 3 月 12 日史致容致先生等函,同上引档)

3 月 9 日 史致容致先生与徐新六电,告以查阅第一纱厂账簿,安利"已决允照我行办法借款二百万,除代还安款七十九万外,其余均付现"。"现说定拟俟尊处核定后,先立草合同,再订正合同。安利在内一层不能先与说明,恐渠知安利占大数,对息必发大窒碍。因安利前有周息九厘之议。须俟正式合同签约时方可说明。

---

① 王稻坪,名文达。——编著者

乞告安利为要。该厂本比须银五十万,现因不及,故毛已商银钱帮转至本(年)底。借款定本(年)底全付。又我行借款七十万,如何支配?正合同稿由尊处拟示,抑敝处拟呈核定?乞复。"(抄件,同上引档)

同日 浙兴总办复史致容电。云:"第一(纱厂)押款五十万请照做,仍由董事担保。"(电稿,同上引档)

3月10日 参加商务印书董事会议,张元济报告在上海北四川路租赁房屋,增设发行所,定名商务印书馆虹口支店,于三月九日开幕。又原拟在港建设分厂,与香港分馆合并,另设立香港公司,董事会亦经议决,但碍于港英法律,在港另设公司诸多不便。现经总务处一再讨论,拟以港厂仍照京华印书局办法作为本公司之分局,提请董事会讨论。董事会议决通过。(《商务印书馆董事会记录簿》)

同日 史致容致先生与徐新六函。云:"虞电办法弟已研究,数目照尊意式百拾万,新旧两厂完全作抵,无第二债权事。其布厂将来或须抵款,可先商我行同意。安利款转账拨还,其未到期者,另定账法作为存款,利率与借款同,到期逐笔结镑价转账,两得其平。至他债由毛自布置,不必第二担保等办法。毛对此已同意。安利旧欠或扣作存款,或另用他法拨还,毛祇须息不吃亏,镑价按期照结,可听我便。弟意照此办法较为稳妥。尊意如何?速商复。"(电稿,上档Q268-1-379)

3月12日 史致容致先生与徐新六函,告以第一纱厂方面拟商减借款利息。云:"查尊来虞电,拟以厂机为银钱帮第二担保一节,据毛树棠君言,'倘此项借款成立,其结欠银钱两帮等款约计一百三十万两、本届盈余及另招优先股恰可全数还清,颇有把握,且大数恐已清了,此百余万之数伊等诸董为力亦易'等语。敝处与毛所谈对于第二担保之办法,暂且不提,其新旧两厂完全尽作借款之单独担保品,恐无其他牵混,亦无纠纷之虞,且布厂目前并不押作他家留作欠款之信物,办法亦尚妥。其暂订五十万之押款不欲先用,亦可见其慎重将事。今日复晤毛君,渠意安利欠款利息相差五厘,约需银三万余两,为数较钜,实难交代。但为顾全面子起见,拟商恳我行将借款利息改为周年一分三厘,原订为一分三厘二毫。""窃减去利率二毫,以三年分计仅差银一万二千两,毛已认亏三分之二,而安利实仍合算。照此调解颇为适当,惟镑价必须按期结算。至尽出布厂亦属不得已事,将来万一优先股招集不易。而近时纱价涨起十两,出货大有盈余。现毛预算极低程度,今年六月底结账至少或可盈余三十余万两,故优先股招集非难。""嘱恳通融,乞速商,急复。"(原件,同上引档)

3月13日 史致容致先生与徐新六电,再次通报毛树棠商减利息要求,并云:"毛拟在合同订明本年阴历九月为期招集优先股,还清他欠。布厂亦即划作押品。倘股不能集,自须作他欠押品。但目前不交他人作担保理由颇充,亦系实情。"(抄

件，同上引档）

3 月 14 日　史致容致先生与徐新六电，再告纱厂内部纠葛等事。云："该厂于安利未另接洽。惟彭董事素与申买办尤由密交，为裁人含冤，诬毛改革不善，怂安利索款，此前两月事。但勿将隐情向安利说，免尤作梗。惟须请公竭力疏通。尊前电办法，毛已大部允办，业详敝文电。若安(利)要求过苛，派洋经理及会计万难办到，息分四亦不易办。惟可派华会计事已谈成八九，条件及息加重，颇难对毛。弟意安利或加现卅五万亦可，因差拾万不难设法。究如何？乞速商定急电复。"（抄件，同上引档）

3 月 17 日　史致容等致先生与徐新六电，告纱厂押款与安利关系。云："安利合做尚未与毛说明。要求洋经理会计及酬劳，该厂决不允，我处亦难。提请其取销，倘不允，安现款仍卅五万亦可。如再不允，拟毛以大兴股廿万及房屋私产向我押四拾万加入大借款，归我出面，其债权交我作私产押款第二担保。合安利转账九拾五万、我行七拾五万，共式百拾万。如是较易成功。惟毛私产押款可否承做，乞急复。林后日行，容明晚行。"（抄件，同上引档）

3 月末　因 1924 年 11 月叶恭绰又任交通总长，郑洪年任次长，为索浙路未了股款，先生赴京与交通部接洽浙路股款清算与发行兑换券事宜。约 4 月中旬返沪。3 月 30 日呈北京交通部公函，再次痛论将浙路末期股款列入丙项整理之不当，并历陈经过事实，重申前请。云：

敬启者：浙路末期股款暨浙路公债共欠一百十七万余元，叠经愆期，迄未清结。闻贵总长、次长莅任伊始，力图整理，正拟趋辕请求拨付。展阅报章，奉诵大部最近发表之整理中交通财政案一件，已将浙路末期股款暨公债款列入丙项，敝主任窃所未喻。查浙路交出财产，估值一千数百万元，除苏路外，其他各路之商股公股未便与浙路相提并论。是以贵总长暨历任总长、次长，对于浙路股债屡有优先整理之表示。况此项欠款一百十七万余元，实有相当财源可以发付。在大部整理案内，应列入甲项，不应列入丙项，敬为贵总长、次长详析陈之：

浙路点交大部时，杭枫干线及江墅支线，均已完全通车，与他路之议而未筑或筑而未成者，迥乎不同。乃每年路款收入，继长增高，而订定四年还清之股款，则延长至十一年之久，尚未清了。浙民愤不能平。近数年间或议收回商办，或议截留收入，或议以江墅线作抵，舆论所在，即公理所在。况该路近来收入，除开支外，确有盈余，而未付股债仅一百十七万余元，何难于盈余内尽先拨抵？所谓有相当财源可以筹付者，此其一。十一年七月，旅京浙绅联名函请大部督催中英银公司克期完成杭绍线，敝主任亦请责成银公司发行第二次债券，即将未付股债本息加入借款之内，先由银公司垫付。是年八月奉二七七五号公函,核准函致银公司商办,敝主任亦向代表梅尔思接洽,梅尔思表示完全赞成之意。虽因他项牵制,尚未商定,而成案具在,不能变更。所谓有相当财源可以筹付者,此其二。敝主任又于十二年五月请在银公司垫款尚未实行以前,饬令沪杭甬路局于每月营业收入项下拨出五万元,解交敝处收账,是年六月奉一三四〇号公函,允准酌量进行。敝主任又于十三年七月函申前请。正商办间,惜战争陡起,暂行中辍。而大部对于浙路仍恪守贵总长优先整理之诚意,已昭然若揭。今幸荣戡重临,更幸有洞明浙路历史之贵次长同心共济,岂有不赓续进行之理?所谓有相当财源可以筹付者,此其三。用特沥陈经过事实,即请大部据案更正。并请查照敝主任前请饬令沪杭甬路局于每月营业收入项下拨出五万元解交敝处,陆续收账,一面督催银公司克期完成杭绍线,并赶发第二次债券,仍照原案将浙路未了股债本息加入借款之内,以期早日结束。至银公司不能拒绝之理由,则旅京浙绅前次联名公函业已痛切言之。贵总长、次长智珠在握,当有以平浙民之气,弭股东之怨。敝主任不胜屏营待命之至。此上

交通部

浙赂股款清算处主任叶景葵　　十四年三月三十日

（《浙路股款清算始末》,《杂著》,第 313—315 页）

3 月　签署为修改《浙江兴业银行章程》请予注册事呈财政部、农商部文。（文稿,上档 Q268 - 1 - 625）

4 月 3 日　就发行兑换券事签署浙江兴业银行呈交通部文。云:

呈为发行新印兑换券请通饬各处铁路、电报、邮政局一律通用事。窃银行发行兑换券曾于民国十二年呈奉大部通饬各处铁路、电报、邮政局一律通用在案。现在银行为求兑换券式样格外精密起见,复向美国钞票公司印就壹圆、伍圆、拾圆三种兑换券继续发行,与旧券一律行使。谨将前项兑换券样本,计上海地名三十册、湖北地名二十册、天津地名二十册,共计七十册附呈,敬乞大部查照原案,仍予通饬各处铁路、电报、邮政局一律通用。无任感荷。此呈

交通部　　　　　　　　　　　　浙江兴业银行董事长〇〇〇[1]

附样本七十册　　　十四年四月三日　　　　（文稿,上档 Q268 - 1 - 597）

同日　浙江兴业银行与汉口第一纺织股份有限公司借款 150 万两草合同由汉行成文[2]。全文如下:

立合同:汉口第一纺织股份有限公司(下称纱厂)、汉口浙江兴业银行(下

---

① 原稿如此。——编著者

② 此草合同当时尚未签字,直到 1925 年 6 月 1 日才正式签字。——编著者

称银行),今因纱厂向银行借款,议定条件如左:

一、借款金额　洋例银壹百五拾万两,分批订做。每批所需数目如五拾万两以上,十日以前关照。如壹百万两以上,十五日以上关照。

二、合同期限　订定五年。自十四年四月廿日起,至十九年四月廿日止。合同到期,所欠借款本息全数还清。期满后如须继续借款,应向银行尽先商做。

三、利息　按月一分一厘,照每批做定期限计算。惟每批利息最长三个月结付一次。

四、抵押品　以上等之花纱布照汉市九折作抵。

五、货栈　纱厂除另以存货向钱庄抵押,准以壹百万两为度外,划出货栈一部分,归银行堆存押品。但遇必要时银行可商得纱厂同意,随时移存洋栈,其费用及栈租统由纱厂担任。

六、监察　上项押品除由纱厂酌派人员随时管理外,并由银行派员驻栈监察。所有银行派员薪水膳费,由纱厂每月津贴共银壹百两。

七、保险　在平日照借款数目加一成保火险。遇必要时银行可商得纱厂同意加保兵险。一切费用归纱厂担任。其保险公司由银行指定,保险单用银行名义,并交银行收执。

八、处分　借款到期不能清还,或未到期以前纱厂不能履行合同条件及押品价格跌落不能补足时,银行得随时变卖押品抵还借款本利。如有不足,仍由纱厂照补。

九、损失　押品如有损坏、走漏,或发生纠葛,或因处分,所受之损失统由纱厂担任。

本合同共缮两份,由纱厂、银行各执一份为凭。

中华民国十四年四月三日

　　　　　　　汉口第一纺织股份有限公司
　　　　　　　浙江兴业银行汉口分行
　　　　　　　(抄件,上档 Q268-1-379)

4月6日　在京为邵章一笔存款利率之事致徐新六函。云:"邵伯絅兄有洋式万元,去年秋间要求存汉,月息一分,半年一付息,业已函允。不料渠因款项未齐,迟至今日方行照交。今年重员会议汉行特存息已改九厘,此款汇汉必请示总行,若不予通过,势必大起交涉,已与言明月息一分,一年一付,但须行务会议特别允许方能照办。请俟汉行函到,由行会特别通过,以允许在前为理由可也。"(原件,上档 Q268-1-555)

4月10日　修改签发四合公司致财政部函①。云:"民国十年七月十一日大部以金融公债贰百万元向敝公司押借现洋壹百叁拾万元一款,因到期未还,由敝公司按照原合同订明条件,变卖押品抵充不足之数,节经函催清偿在案。上年五月五日复经遵照大部颁发核对借款账单样本及结算办法,填列账单,委托代表赴部签字,迄今几及一年,迁延未决。该款本息截止本年三月底止,计欠现洋五十七万零八百四十一元九角四分,附上清单一扣,即祈鉴核。此项欠款历时已久,为数甚钜,敝公司血本攸关,万难再行拖延,仍委托叶揆初君前赴大部代表接洽。乞迅赐拨还,以解倒悬,而全国信,不胜企祷之至。"(信稿,上档Q268-1-348)

4月14日　出席商务印书馆特别董事会议,讨论设厦门分馆事;继又讨论《增订股息公积办法案》。会前,股东张廷桂致函董事会,要求发还股息公积。根据上年股东会童世亨提案及今张廷桂意见,通过《增订股息公积办法案》:"(一)股息公积常留一百万元,专备股息不足一分时填补股息之用。(二)股息公积满一百万元,其溢出之数,每满三年分派一次;或分派现款,或改作股份,由董事会提交股东会议决。(三)股息公积之息金,仍照常年八厘起息,自十三年份起,每年分派一次,随同股息发给。(四)分派股息公积及其息金,每股零数未满一元时,其零数留存下次并派。"(《商务印书馆董事会记录簿》)

同日　致刘承幹函,送所抄蒋孟苹藏书目。云:"自京归来事冗,尚未及诣谭。《密韵楼善目》一册抄就重校,近甫订成,奉呈浏览,仍祈赐还。"(《求恕斋友朋手札》稿本)

4月19日　赴东方图书馆出席商务印书馆股东年会。经理王显华报告营业概况,李恒春报告本届结算账目。会议讨论《增订股息公积办法案》,略有修正,投票通过。年会选举高凤池、丁榕、鲍咸昌、张桂华、吴麟书、张元济、叶景葵、夏鹏、李宣龚、王显华、郭秉文、陈叔通、郑孝胥等13人为新一届董事;金邦平、黄炎培、周辛伯3人为监察人。(1925年4月20日《申报》)

4月28日　出席商务印书馆董事会议。讨论应付同业竞争事,郑孝胥建议仍应从教科书上着手。(《商务印书馆董事会记录簿》)

5月5日　草拟浙兴总办致汉行电稿。云:"急。汉口二支电均悉。大合同未签,安利不加入,垫款是厂机。第一债权仍□安利□,我行临时以厂放款担保甚不确实,手续亦难完备。况安利均坚持须正合同签后付款,不能承认先垫,风险全由我负。明系我行另做放款,不能作为大合同之垫款题目,务须认清。惟尊意势在必

---

① 信稿有多处先生亲笔修改,首页并添加"十四年四月十日重缮发"字样。——编著者

放,数目能酌减,愈少愈好。准以厂机全部抵与我行,由张肇元赶办合同。地契交我,惟此项担负极不可靠。故务必毛及他董事之有财产者交出他项押品,并由毛酌拉他董事个人作保,以一比为期。正合同礼拜五可寄到汉,必须即签速办存案。此数条如毛均承认照办,方可允放。现在银根甚松,如开诚与钱帮商量,未必无一部分可以照转。况律师赶办合同因跑马延误,实告亦无损名誉。此电务守秘密。微。"(电稿,上档 Q268-1-379)

5 月 6 日　史致容复先生微电。云:"微电悉。另加押品万难办。再四磋商,除浙钱帮已请人疏通外,其余至少需一百十余万。业由德丰庄经放五十万,再向我押垫五十万。弟意不作垫款论,由毛签字,全体董事担保,出票一比为期,另加全部地契为附属押品。毛已允。非此该厂本比为难,恐另生枝节,务乞核准急复。"先生批注云:"急。歌电照办。鱼。"(原电抄件,同上引档)

5 月 9 日　主持浙兴第 140 次行务会议。讨论事项有:①曹吉如报告总行放款事(略)。②议各行存息超过限度事。沈棉庭报告事由(略)。③报告各行放款事。沈棉庭报告事由(略)。④报告汉行押款逾额及储蓄股购入金融公债事。⑤议日金标金套利加额事。(《行务会议记录》第 5 册,上档 Q268-1-167)

5 月 13 日　史致容致先生函,商第一纱厂合同英文文本修改事。云:"第一厂借款事,月前弟在沪时曾经三面商定,其保人一节,起初安利英并未提及,由振飞兄主张,嘱毛个人作保。斯时毛本未赞成。总因在安利英签字时草合同洋文并无保人字样。惟嘱渠签保人。彼虽照签,不意今日正合同寄到一看,大不为然,以为草合同并未提及,不过由彼华文签字,并无别种名义,今且连带后嗣,所以保人一节万难承认。昨已电商振兄,请其善商安利,能否免书保人字样?否则保人由毛树棠代表签字下,盖该厂董事图章,此系全体负责之意。若嘱毛个人担保,此事似难办到。弟再三相劝,反多冲突。最好请振兄妥为商之。"(原件,上档 Q268-1-379)

5 月 20 日　签署浙兴总办通函,通告将二等支行奉天支行 7 月 1 日起改为一等支行。(副本,上档 Q268-1-60)

6 月 2 日　审定浙兴总办致各分支行通函①,通报上海时局。云:"此次沪上因学生游行演讲,与英捕房巡捕冲突,致被枪毙学生及路人多命。英租界各业昨日起多已停市。银钱两业以关系较巨,昨经两业联席会议议决,银钱两业暂行照常办

① 上海五卅惨案发生后,浙兴总办自 6 月 2 日起几乎每天都有通函致各分支行,通报时局,通报金融行情。上海市档案馆所藏浙兴老档案内,不仅有誊清的副本,还有底稿。底稿中每通函件后大多有徐新六、曹吉如等印章,并无先生签章。但有不少修改文字似为先生之笔迹,可见这些重要通函均经先生审定。本谱择要选录。——编著者

公。先由银钱两公会联名致函工部局,要求惩凶、抚恤等款。本行本日仍照常营业。除嗣后情形随时奉告外,特此布闻。银钱两公会致工部局函,已载本日各报,不另录奉。"(函稿,上档 Q268-1-113)

6月3日　审定浙兴总办致各分支行通函,通报上海时局。云:"沪上租界肇事情形,昨已由通字号函奉告,谅荷台洽。昨日复有华人中弹死伤之事,群情愤激较前益甚。今日钱业厘拆行情均未开出,致银行、钱庄一律停市,无论收解款项,概行止理。凡尊处嘱收之远期票据及各种收款,在此停市期内均须递延。嘱解各款亦系同一办理。顷特发奉急电,文曰:'沪安。惟因钱行市不开,银钱业均休业。本行亦暂停。江。'谅荷译洽。嗣后如何情形,容再续报。"(函稿,同上引档)

6月4日　审定浙兴总办致各分支行通函,通报上海时局。云:"今日继续罢市,形势依然严重,交涉尚无端倪,幸地方安谧,交通稍觉松动。"(函稿,同上引档)

6月5日　出席商务印书馆特别董事会议,讨论应付外界要求罢工事。五卅惨案发生后,外界常有人来厂要求罢工,以为援助。会议议决,"由总务处相机应付,至万不得已时暂时停工"。(《商务印书馆董事会记录簿》)

同日　审定浙兴总办致各分支行通函。云:"今日仍停市,洋商公司之华员华工,亦有响应停止职务者,形势似更严重,调停尚无办法。余情如昨。"总办又致各分支行电。云:"银钱业开市无期,各种申汇请缓做。开市后厘价必涨,洋数解款尤盼注意。"(函电稿,上档 Q268-1-113)

6月6日　审定浙兴总办致各分支行通函。云:"今日英租界各业仍继续停市,法租界各商店昨因工党要求,亦曾休业。但各界以此次肇事责在英租界工部局,法租界并未牵连,且法领事于华人意见亦表同情,愿为合力调停,未便再使卷入漩涡。当经分头劝告,已于今日开市。英租界方面交通渐可恢复,工商虽经停顿,秩序均极整齐。各界以坐是因循,损失堪虞,现正亟筹调解,并有已向租界当轴提出条件之说。惟尚无确切办法,容再续告。此次停市多日,积压殊甚,一经开业,洋用较旺,厘价必涨。故电请缓收申汇洋数,尤盼注意。"(函稿,同上引档)

6月8日　审定浙兴总办致各分支行通函。云:"此间仍停市未开,惟地面尚属安谧。政府委员蔡、曾二委员君昨已到沪,使馆方面亦派六人来沪,明后日可到。"(函稿,同上引档)

6月9日　审定浙兴总办致各分支行通函。云:"此间仍未开市,但地面安静如昨。至解决办法尚无确息。抑或须俟使团派员到沪后好有眉目,亦未可知。"(函稿,同上引档)

6月10日　审定浙兴总办致各分支行通函。云:"今日仍继续停市,地面尚无变故。捕房防范似已稍松。使团委员闻已到沪。今日下午总商会开大会,举出委

员廿一人办理此事。"（函稿，同上引档）

6 月 11 日　审定浙兴总办致各分支行通函。云："今日仍继续停市，地面安静及捕房布防各情形，均壹是如昨。"（函稿，同上引档）

6 月 12 日　主持浙兴第 141 次行务会议。讨论事项有：①议浙江实业银行领券准备金处理办法。徐寄颙报告事由（略）。②议奉、哈、汉各行存款利息事。沈棉庭报告事由（略）。③议总行押透、押放、暂欠、催收各项下应行理结各户事。沈棉庭报告事由（略）。④议京、津、汉、哈各行放款事。沈棉庭报告事由（略）。⑤议总行放款事。曹吉如报告事由（略）。（《行务会议记录》第 5 册，上档 Q268-1-167）

同日　审定浙兴总办致各分支行通函。云："此间仍未开市，地面各情形仍复如昨。惟被捕学生等已于昨日由会审公堂讯明，无罪开释。是此案法律方面问题业经解决，此后惟视外交方面办理如何耳。"（函稿，上档 Q268-1-113）

6 月 13 日　审定浙兴总办致各分支行通函。云："今日仍继续停市，交涉尚在进行中。晨间接汉行电，称'昨夜英界骚扰，因起冲突，死伤数人。今市安，商店恐扰，不敢开门，银行照常'等语，并以奉洽。"致汉行通函内另问"以后情形如何"等。（函稿，同上引档）

6 月 15 日　审定浙兴总办致各分支行通函。云："枪击交涉案已由外交当局向此间领团提出条件，闻驻京公使团所派调查委员六人，将于明日与蔡、曾二特使会商，或可有解决办法。各业仍停业未开，但地面安静如常。"（函稿，同上引档）

6 月 16 日　审定浙兴总办致各分支行通函。云："六国调查委员与蔡、曾二特使约定本日会商，已详昨函。会商情形如何，探明再告。现就市面观察，各业仍继续停市，捕房布防似稍和缓，地面亦极平静。"（函稿，同上引档）

6 月 17 日　审定浙兴总办致各分支行通函。云："昨日蔡、曾二特使等与六国委员会议情形，闻六国委员对于我方条件颇多容纳，认为可以磋商，其余诿为无权解决，须电使团请示。定于本日继续会议。会议情形容探明再告。至各业停市、地面安谧各情形，仍一切如昨。"（函稿，同上引档）

6 月 18 日　主持浙兴第 142 次行务会议。讨论事项有：①议永胜面粉公司商做哈大洋押金事。徐新六报告事由（略）。②议津行放款事。沈棉庭报告事由（略）。（《行务会议记录》第 5 册，上档 Q268-1-167）

同日　审定浙兴总办致各分支行通函。云："昨日中外会议情形，闻系就六国委员前日所认容纳各条件逐条磋议。无若何进展。今日各业仍停市，地面安静如常。特以奉洽。"（函稿，上档 Q268-1-113）

6 月 19 日　审定浙兴总办致各分支行通函。云："昨日中外会议，闻因收回会审公廨问题，六国委员诿为无权接受，谈判遂致停顿。该委员等均于昨日晚车回

京。此间仍未开市,但地方安谧如常。祈洽。"(函稿,同上引档)

6月20日 审定浙兴总办致各分支行通函。云:"沪案交涉停顿及地面安谧情形已详昨函。昨下午总商会召集临时会议议决,到会会员意见金开市,惟日期有旧历五月初一及初六两种主张,尚未确定。定于本日下午继续开会表决。"(函稿,同上引档)

6月22日 审定浙兴总办致各分支行通函。云:"此间昨今两日安谧如常。惟各业开市日期系阴历五月初六日,已由总商会发函通告。"(函稿,同上引档)

6月23日 出席商务印书馆董事会议,决定"京局在天津增设机关,应即作为京华印书局支局"。(《商务印书馆董事会记录簿》)

6月24日 审定浙兴总办致各分支行通函。云:"开市日期前日已函达。兹经确定于廿六日开市,银钱两业亦同日开市。"(函稿,上档Q268-1-113)

7月1日 主持浙兴第143次行务会议。讨论事项有:①议汉冶萍商做押款事。徐新六报告事由(略)。②续议永胜面粉公司商做哈大洋押款事。徐新六报告事由(略)。(《行务会议记录》第5册,上档Q268-1-167)

7月上旬某日 在沪会晤交通银行协理卢学溥(鉴泉),要求履行前订领取兑换券合同事。(1925年7月20日卢学溥致先生函,上档Q268-1-617)

7月11日 汉行副经理闻信之致先生与徐新六等函①,告以即将来沪报告第一纱厂借款事进展。云:"敝处拟揽武昌第一纱厂花纱押款事及郑州分理处进行各事,定后日即十三日乘江安赴申,与尊处商酌进行。第一纱厂生意,韶自旧年向该厂各董事商谈至今。今年抑公到汉曾一度接约,款须银二百万之上。此事不独根本之完善优越,且开汉口金融之先例也。一切容面洽。"(原件,上档Q268-1-379)

7月20日 卢学溥致先生函,答复所询领券问题。云:"前承面交民六交行与贵行所订领钞合同,业已查明原委。当时固因时局变迁不定,亦因保证单薄不无风险,以故未刻实行。现在时隔多年,时易境迁,此项办法不甚适用。且敝行于十二年秋冬之间,规定四种领券办法,通令各行一律遵守。核与就合同所订条件颇多出入。惟燕老②与弟凤蒙关爱,公谊私交迥异恒泛,自当竭力效劳,特别优遇,藉答盛意。兹已商同燕老,饬令主管股参照规定办法,酌予变通办理。即将旧合同修

---

① 浙兴档案中另有多件闻信之(署名"云韶"或"韶")致徐新六的信件,报告汉口商业情况以及第一纱厂借款事。日期不明,从略。——编著者
② 燕老,指梁士诒(1869—1933),号燕孙,广东三水人。民国后先后任袁世凯总统府秘书长、国民参议院院长、内阁总理等要职,时任交通银行总理。——编著者

正改订,以期双方兼顾,利于推行。所有拟改条项暨敝行规定办法,另纸抄附。倘荷示复赞同,当即嘱令各地行库就近商同贵行分别办理,以便实行。"（原件,同上引档）

7 月 21 日　出席商务印书馆董事会议。会议报告印刷制造厂闸北水电公司供电 6 日午时停止输电,已购 200 马力柴油引擎,安装已毕,尚拟筹备购办较大发电机,为一劳永逸之计。经讨论众无异议。又报告本公司十四年一月至六月底共捐助慈善事业 11 919 元 5 角之详细账目。（《商务印书馆董事会记录簿》）

7 月 27 日　复卢学溥函,商请修正领券条件。云:

鉴泉先生大鉴:浦滨话别,时深驰系。侧闻莅新以来,鸿猷丕焕,引领北望,无任钦迟。顷奉惠缄,并示贵行领券办法及拟修改旧合同各条,均经聆悉。此事在敝行本意深盼将合同早日实行,俾符原议。既承燕老暨台端开诚布公,将旧合同现难适用之处指示修改,自当勉力通融。惟尚有数事不能不请求鉴允者:

一、公债　原合同祗缴二成半,今改缴四成,所增已多。如再实值交付,不特市价上下彼此随时找补,手续上诸多困难,敝行负担实感过重。且现拟新合同第三条,已有敝行先兑二成之规定。是则敝行除缴现金六成、公债面额四成外,不啻又自备现金二成。若以公债市价五折而论,所有准备实际已经十足,无论如何当于贵行发行制度不致有所出入。故公债一项,以缴面额四成最为平允。惟可规定以五折以上者为限,俾格外稳妥。

一、领额　原合同名义上为五百万圆,实系一千万圆,载明第一条第一项。因当时(任)振采先生虑一千万之名义为他人藉口,故允其实而避其名也。今减为三百万圆,未免过少,拟请改为五百万圆。先在第一区总库领天津券叁百万圆,即由敝津行承领。其余式百万圆预备日后在沪、汉各埠领用。是较之原合同已减去半矣。

一、利息　保证现金利息原合同系年息叁厘五,现在尊示月息二厘,实觉过少。拟请改为年息叁厘或月息二厘五,较之原合同已属减轻。既承特别优待,务请格外体恤。

一、年限　原订二十七年,系以敝行注册年限为标准。今改为叁年,一转瞬间即须重订。且领券推行亦须宽假时日,方易奏效。拟请酌加,至少以拾年为断。

以上四事均系实在困难情形。既荷关爱,故敢直陈。尚乞俯如所请,并将下情转呈燕老,始终玉成为感。附上敝津行领券合同拟稿一件,即求酌核复示,以便函知敝津行遵办。至其余沪、汉各埠应用之式百万圆,彼此先行互换

公函作为成约，即将旧合同注销，俟敝行需用时当再行分别商定合同可也。专此奉恳。致颂

公绥！　　　　　　　　　　　　　　叶○○敬启　十四年七月二十七日

附合同拟稿壹件

燕老前均为致意　　　　　　　　　　　　（函稿，上档 Q268-1-617）

7 月　主持修订《浙江兴业银行各种储蓄存款章程》。（印本，上档 Q268-1-623）

8 月 17 日　卢学溥复先生函，商改领券合同拟稿。云：

揆初先生大鉴：惠函并领券合同草稿，均已拜悉。查敝行天津总库发行准备早已完全公开。凡领用钞券不论行内行外，均须一律照章缴付六成现金、四成证券，全数存库，本难通融。前函允于现金部分给予月息二厘，已属竭诚优待。第既承一再谆嘱，敢不勉从，以副盛意。兹分条奉答于次：

一、债票　四成保证债票，遵示按照票面计算，但须以中央政府所发之公债且市价在五折以上者为限。

二、利息　前项债票既经勉从尊嘱照票面缴付，所有六成现金之利息，祇可给予周息二厘。

三、领用数额　尊拟五百万元，数目未免过钜。请仍以总额三百万元为限，在敝天津总库领用一百五十万元，余在沪、汉两处分领。

四、合同期限　尊拟十年之期似觉过长，兹拟折衷办法以五年为限，期满再行续订。

五、领用手续　该项领用券应分批领用，每次领用时并应将领用数目先期通知。

六、领用时期　该项领用券须俟本年秋后敝行新钞运回时，再行发给。

以上各条，实已竭诚让步勉力办理，为历来领券各家所未有。倘荷赞同，即请示复。兹将原件附还，请照上开修改各点加以修正，再行寄下，以便饬知敝津、沪、汉各行、库分别与贵津、沪、汉各行接洽商订合同，早日实行。专此布复。藉颂

台绥！　　　　　　　　　　　　　　　　愚弟卢学溥拜启

抑卮、振飞、叔通、寄顽诸先生候安不另。　　　　　八月十七日

　　　　　　　　　　　　　　　　　　　（原件，上档 Q268-1-617）

8 月 20 日　致卢学溥函，约两周以后赴京面商领取兑换券事。云："顷奉本月十七日所发公函，敬悉乙是。敝行修正领券合同一事，所有商榷各条已承分别改定。虽与原函所求有出入之点，但既重费清神，示以优待，敝行不应琐屑较量，故大

致可以遵行。其中尚小有推敲之处。拟于两星期后乘便入都，面求教益，届时即可协定一切也。燕老前乞先致意。"（副本，上档 Q268 - 1 - 617）

8 月 21 日　签署浙兴总办致汉行密电。云："闻信之违反行规，立予辞退。所遗汉行副经理一席由杭行副经理朱振之调任。"8 月 24 日又以总办通函转发各分支行。（副本，上档 Q268 - 1 - 60）

8 月 22 日　主持浙兴第 144 次行务会议。讨论事项有：①沈棉庭报告各分支行借款事（略）。②曹吉如报告总行放款事（略）。③徐新六报告通成纱厂押款事（略）。

（《行务会议记录》第 5 册，上档 Q268 - 1 - 167）

8 月 28 日　下午五时赴极司非尔路 40 号张元济寓所出席商务印书馆特别董事会①。到会者陈叔通、吴麟书、叶景葵、张蟾芬、高凤池、张元济、鲍咸昌、王显华、夏鹏。会议通报本月 22 日以来商务罢工情形及其谈判结果。议决除公布加薪办法外，"其余如有无关紧要，不妨酌允，由总务处酌量办理"。（《商务印书馆董事会记录簿》）

9 月上旬　赴北京与交通银行协商领用兑换券合同修改事。（见 1925 年 8 月 20 日致卢学溥函）

9 月 11 日　卢学溥致先生函，送呈复函副本。云："顷谈。复贵行信，文书股不知我公在京，已将原信寄沪。兹特抄副本，送请台阅，即希洽办为荷。馀再谈。""再，顷间所谈务嘱与闻大事，守秘密为要。"附卢学溥公函。云："顷奉惠复，藉念前函所陈领券条项，大体已蒙允诺，良深佩慰。利息一层，前允周息二厘，原已优待，兹承谆嘱，勉照尊示周息二厘半付给。至领用年限，在合同内仍拟定为五年，一面另定交换公函，声明期满后得再展期五年。如此实际仍为十年。现在大体条件既经议妥，即请将合同草底送来，以便饬知敝津行库接洽办理。一俟新合同正式签订，所有民国六年之旧合同，请即双方注销，以完手续。"（原件，上档 Q268 - 1 - 617）

同日　复卢学溥函，送交领券合同修正稿。云："顷奉函复敬悉，前函所商领券合同第二条，求息改为周息二厘半，已荷核准。至第四条期限，尊意在合同内仍订五年，另行交换公函，声明期满后得再展期五年。敝行遵当照办。兹将前拟合同草

---

① 在商务印书馆中共组织领导之下，1925 年 8 月 22 日全馆罢工。23 日，罢工职工 4 000 馀人集会，向馆方提出复工条件，主要为公司应承认工会有代表全体职工之权；增加工资；缩短工作时间；废除包工制；优待女工等。24 日，劳资双方代表开始谈判。经过几天艰苦谈判，27 日达成协议，并公布总务处原拟之加薪办法。28 日复工。——编著者

底,遵照来示修正缮就,奉上一份,乞寄贵津行库接洽办理。已另以一份寄敝津行,即由津经理携往贵津行库会同签字。至应备交换公函及旧合同注销手续,亦已函报敝总行照办矣。"(副本,同上引档)

同日 卢学溥致先生函,再商合同条款修改事。云:"顷奉惠复并领券合同底稿均悉。此间已将该项底稿,连同商定领券办法大纲六条,一并寄交敝津行库,饬向贵津行接洽办理。惟查前项商定领券办法第五条,规定应领之券须分批领用,每次领用时并应将数目先期通知。顷阅合同底稿第一条所载,核与原定第五条所订办法不符。且敝行空白券库存无多,事实上不能办到。此节敝津行库与贵津行商谈时,必须酌改也。"(原件,同上引档)

9 月 12 日 复卢学溥函。云:"顷奉惠复。承示应领之券须分批领用,每次领用时应将数目先期通知,顷阅合同底稿第一条,核与商定领券办法第五条不符,贵津行必须酌改等因,谨已聆悉。查原拟合同第一条,系指加印暗记以一次付印为便,若空白券库存不敷,则事实上亦可分批办理。至领用应分批并先将数目通知各节,敝行当然遵办,与商定领券办法第五条并无违背。既承明示或将合同字句酌改,或由敝津行另以公函声明,均无不可也。已函告敝津行,向贵津行库接洽办理矣。"(副本,同上引档)

约 9 月中旬后期 自京返沪。

9 月 19 日 致刘承幹函,代黄群赠书。函云:"承惠《旧五代史》,校刊精审,娱人心目,感谢之至。至友黄溯初兄前承蒙惠赠尊刊佳籍,无以为报,兹检出温处人著书八部(《滑疑集》《木钟集》《汲古堂集》《欠泉庵集》《温州经籍志》《永嘉诗人祠堂丛刻》《印谱》),托转奉詧收,俾得传之永久。如尊刊尚有可以分惠之籍,固所愿而不敢请也。其已得尊刊另纸奉。"(《求恕斋友朋手札》稿本)

9 月 22 日 出席商务印书馆董事会议。总务处报告上月罢工议妥各条件"全年增资约须 17 万元左右,比前次原议之数略予放宽"。会议无异议。(《商务印书馆董事会记录簿》)

9 月 24 日 北京政府聘请外交家、财政银行家 40 人为筹备中之关税会议顾问,先生名列其间,聘书今日送出。媒体报道:"政府具体方针仍未确定。我国对关税会议方针,昨经向负责方面探询,据称政府对此数星期来祇为大体上之磋商,具体方针尚未至决定之程度。政府以国人争持关税自主非常热烈,当然须有以应顺此潮流。惟关会召集,既系根据华会,华会协定精神亦须兼顾。故决将采双方并顾之法,而关税自主则当悬为目标,以期逐渐到达。现在所谓关会方针,程度仅此而已,实未到有具体决定之程度云。""各国代表间,将先开会议。外人消息被邀参加关税会议各国,关于中国关税自主之要求,及华会条约外须讨论之事项,此问题现使团中正在注意考虑。据某国公使之建议，拟俟各国出席关会之代表到齐后，先由各国代表自开一非正式会议，相与讨论，应如何准备与各代表权限能力，再与中国周旋。庶几正式会议开幕，各国不致主张歧异，相互间之阻障误会，亦得避免，而立于同一前线之上，以与中国出席代表相折冲。又关会之议程方式问题，在京参加各国代表，亦已向中国政府有所要求。换言之，彼等尤注意于议程所列之各种问题，于会议开始之前，各国甚愿加以一番研究考量。惟据可靠消息，各国对于中国税则问题，其观察乃至不同，而于关税增加后之用途，尤特别注意，有主以将来增加之二五税收，悉数拨偿中国所欠之外债者；有主提供作为裁撤厘金之用途者。意见亦殊不一致。"（1925 年 9 月 28 日《申报》）

10 月上旬　为四合公司欠款事再赴北京。（见 1925 年 10 月 10 日呈财政部文，上档 Q268 - 1 - 348）

10 月 10 日　代表四合公司呈财政部文，催索欠款。文云：

敬启者：十年七月十一日大部以金融公债式百万元向敝公司押借现洋壹百叁拾万元一款，除按原合同条件办理外，不足之数叠经函催清偿，未蒙拨付。本年六月廿七日续函呈送六月底结单并请求清偿，后又于八月廿九日函请财政整理会转催，又未奉复示。不得已特派景葵代表趋诣大部，恳陈苦衷，请求迅速清结。查敝公司六月底结平，已欠本息六十万零零四百余元之钜，七、八、九月欠息尚不在内。此款延宕日久，敝公司周转为难，务求体恤商艰，顾全国信，迅将所欠本息如数拨还。无任感悚待命之至。此上

财政部　　　　　　　　　　　四合公司代表人叶景葵　十四年十月十日

（副本，同上引档）

10 月 17 日　在京代表四合公司复财政部函。云："顷奉二三一八号公函，内开应发敝公司八厘债券三十五万三千七百八十元，又现洋三元九角七分，'除函中国银行如数发给八厘债券外，请径向该行领券'等因。谨以聆悉。兹已备具收据，径赴中国银行领取，并请将现洋三元九角七分如数拨交敝公司查收，以了全案。"（函稿，同上引档）

同日　在京代表四合公司致中国银行函。云："顷奉财政部公函，内开应发敝公司八厘债券三十五万三千七百八十元，嘱径向贵行领取等因。兹特备具收据，交竹君尧生送上，即请将前项应发八厘债券如数点交竹君查收。"附收条一纸。[①]（函稿，同上引档）

[①] 四合公司借予财政部金融公债押款，至此算是了结，只是最后拿到的不是现款，而是不能马上兑现的"八厘债券"。——编著者

约 10 月下旬　自京返沪。在京期间,先生曾会晤新任交通总长龚心湛,商请清算浙路股款事。1926 年 1 月 31 日先生致龚心湛函云:"秋间在京,快聆雅教……"(《浙路股款清算始末》,《杂著》,第 315 页)

10 月 24 日　签署浙兴总办致汉行电①。云:"时局严重,第一(纱厂)花纱应保兵险。安利三个月保费约一厘,即一百万为一万。乞商毛同意。电复。总。"(电稿,上档 Q268-1-380)

10 月 26 日　汉行复总办电。云:"毛允保兵险。谓刻尚安,至必要时向安利保,一面觅洋栈备堆新购花。"(原件,同上引档)

10 月 27 日　浙兴总办再致汉行电②。云:"电悉。紧急时兵险费昂,或竟无人保。现保较合算,仍望商复。兵火险须一家保,免纠葛。已保火险改保,可算还未到期。安利允保费给我佣三厘。顺告。乞密。"(电稿,同上引档)

10 月 28 日　主持浙兴第 148 次行务会议。讨论事项有:①曹吉如报告总行放款事(略)。②沈棉庭报告各行放款事(略)。③议京行买卖九六公债事。先生提议:"此次体察京行情形,应予自行买卖九六公债,因在京各银行无不为是项买卖,而京行关于是项买卖亦有设备,故以开放为便。""金谓京行自行买卖九六公债,前曾议决照办,但以十万为限。如以开放为宜,数目亦可不加限制。一面将行市电改由营业部径发,以期迅捷。"议决照办。

(《行务会议记录》第 6 册,上档 Q268-1-168)

10 月 29 日　签署浙兴总办通函,通报上海惠兴钱庄倒闭事。云:"本埠镇江帮惠兴钱庄(小同行)内容向系空虚,其经理副理黄、霍二人历年亏负,总数当在叁拾万以上。暗中竭蹶由来已久,全恃北帮银号、银行之存款以为运用。此次因上海边业银行代哈尔滨电车公司解西门子洋行电料款项,为数达七十万元,即将存在该庄之款提用殆尽。兼以时局关系,津奉等帮在沪解款及由沪装运现洋北上,为数甚钜,致该庄浮存款项骤受影响,周转不灵,于昨日午后倒闭。经副理等均于事前避匿,簿据亦检寻无着。就调查所得,对外亏欠约近八十万两之谱。其中钱业大小同行,占银数约拾余万、洋数约二十余万。此外东三省银行约占十三万,边业三万,敦昌、敦义亦近十万。华商银行亦有数家往来,除四明银行闻有五万外,其余数万两至一二千两,将来收回希望至多三折。今日早市银拆开至三钱半,亦系受该庄倒闭之影响。然数目究不甚钜,受累者又亦北帮居多。银拆本系松时,故影响于沪市金融必不钜。一二日后银拆当可照常。"(副本,上档 Q268-1-115)

---

① 此电稿似为先生手迹。——编著者
② 此电稿仍似为先生手迹。——编著者

12 月 1 日　汉行史致容致先生电,告以武汉军警督察处强行借款事。云:"借款事商减数目及换押品,均难办到。李处长谓,深知各行为难,允负责不误期,必要时可商提前还。四行已勉允,敝难独异。二号签字,祗好照允。请洽并谅。"①(原件,上档 Q268-1-555)

12 月 8 日　出席商务印书馆董事会议,讨论下列各事:①总务处报告《四库全书》因军事交通梗阻,何时能实行殊无把握。②郑孝胥提议在租界觅一厂基,现在金神父路觅得一地。议决:应询明法租界当局,该地可否建厂。③讨论增设人事股案。(《商务印书馆董事会记录簿》)

12 月 10 日　主持浙兴第 152 次行务会议。讨论事项有:①曹吉如报告总行放款事(略)。②沈棉庭报告各分行放款事(略)。③议四合公司户结账事。先生报告云:"该户结账办法拟留出现洋五万元,以俟该案完全结束,余均折价收账。"蒋抑卮云:"可留出半数之九六公债,以俟结束,其余半数折价收账。"讨论后议决:以半数九六公债 176 000 余元作价收账,余俟全案结束后再办。④议提存股份准备金事。先生云:"此项准备金可酌量情形提存,不必一定为廿五万元。"各有讨论。议决:视盈余总额酌定提存数额。(《行务会议记录》第 6 册,上档 Q268-1-168)

12 月 14 日　主持浙兴董事会会议,决定于 1926 年 2 月 21 日召开股东定期会。(1925 年 12 月 15 日浙兴总办通函,上档 Q268-1-115)

12 月 16 日　晚赴一枝香参观出席湖北旅沪同乡会欢迎协济湖北水旱灾义赈会各会长、会董。协济会会长为王一亭、盛竹书,先生任会董之一。"室间陈列鄂省灾民图片甚多,其中哀鸿徧野、赤地千里之写真,惨不忍睹。"席间当场认捐约计五万元,公推浙江兴业银行与华生银行为代售处。(1925 年 12 月 18 日《申报》)

12 月 22 日　下午赴海宁路顺征里高凤池寓所出席商务印书馆特别董事会。因"馆方突然违反三个月前签定的复工条件,无理解雇近百名职工,其中不少是工会的积极分子,立即引起公愤",印刷所职工于是日晨实行罢工。(《上海商务印书馆职工运动史》,第 47 页)张元济等报告罢工情形,并宣读工会来函,其要求最要之点在恢复已开除之同人。张等提出总辞职。会议议决:"办事人辞职万难应允,应由公司出名通告劝解。其已辞退同人万不能复职,希望同人谅解,于廿四日复工。罢工期内薪工停给。如同人不允复工,不得已惟有暂行宣告休业,召集股东会另谋解决方法。"(《商务印书馆董事会记录簿》)

---

① 武汉军警督察处强行借款共 100 万元。浙江兴业银行与中南银行、盐业银行、金城银行、大陆银行每家承担 20 万元,分 13 个月摊还。——编著者

12月30日　主持浙兴第153次行务会议。讨论事项有：①沈棉庭报告汉行放款事(略)。②曹吉如报告总行放款事(略)。③议另定收据应付有保证性质之存款事。曹吉如报告事由(略)。④议津行中兴(煤矿)股票押款事。徐寄廎报告事由。议决："中兴股票押款设法渐渐减少，过户手续亦应相机酌办。"(《行务会议记录》第6册，上档Q268-1-168)

12月　撰《挽徐沧水[①]》七律：

> 千金骏骨贫无市，卅载鲽鱼耿不眠。
>
> 欲挽沈疴求大药，却愁老母已高年。
>
> 丹铅郑重知难舍，衾襚萧条剧可怜。
>
> 青眼高歌前日事，偶繙遗著一潸然。

　　　　　　　　　　(《徐沧水先生哀挽录》，《银行周报》1926年第10号)

是年　浙兴董事会议定本行在美国市场买卖各种有价证券办法七条[②]。全稿如下：

　　兹为便利在美国市场买卖各种有价证券起见，兹由本董事会议定下列各办法：

　　(一)由本行总经理徐○○君径向美国纽约城百老卫廿五号海登斯顿公司 Hayden, Stone Co25, Broad Street New York City, U, S. A. 以本行名义立一户名，用垫头或其他方法买卖各种公债、股票及其他有价证券，并得随时酌存现金，寄存有价证券及抵押品等。

　　(二)上项公债交易须用书面通知海登斯顿公司之上海代理人新丰洋行 Swan Couection Company 代为买卖，并由该公司记入本行账内。

　　(三)所有本行寄存海登斯顿公司各项证券或预买而尚未交割者，如该公司或新丰洋行认为必要时，或为保护本行利益起见，将由该公司或该洋行代为变卖，本行并认是项行为为有效。

　　(四)关于上项账内之一切通知书，须由该公司用邮或电寄递本行，并同时通知新丰洋行。

　　(五)关于上项买卖证券，前此系用新丰洋行 J. E. Swan Company 及现已改组之新丰洋行 Swan Couection. Co 或斯璜 J. E. Swan 个人等名义，托由海登斯顿公司代为办理，兹应即赶办手续，过入本行户名。凡本日以前关于上项

---

① 徐沧水，湖南长沙人，上海《银行周报》主编。1925年12月12日病逝。——编著者

② 原件无日期。从"由本行总经理徐○○君"一语推断，当为徐新六担任总经理时期所拟定。暂系是年。原稿大部分为徐新六手迹，标明"(三)条拟改"一张系先生手笔。——编著者

一切买卖行为,本行兹特加以追认。

（六）本行可向海登斯顿公司声明,依本行组织章程,得以上述各办法向该公司订做及经营是项交易。

（七）上项议案着由各关系职员查照执行,并随时照例签订各种文据,以利进行。

（三）条拟改:本行所欠海登公司之款,如到期不还,或利息不付,或押品不足、追加垫头不理时,该公司得将本行寄存之各项公债及合同代为变卖,本行认是项处分为有效。 （原稿,上档 Q268 - 1 - 623）

是年 徐新六升任浙江兴业银行总经理。"徐新六主持浙江兴业银行后,积极以新的管理方法改进经营,推动和促进了该行业务的发展。对外通过代理汇兑,合放贷款、互相开户和清算票据等业务,使浙江兴业银行与浙江实业银行(后改称浙江第一商业银行),上海商业储蓄银行、新华信托储蓄银行建立了密切的联系,形成旧中国南方的一个强有力的金融集团,被称为'南四行'。同时,对内部也进行整顿,延揽人才。他用人一秉公开,采取考试制度,选拔富有朝气、懂得新型管理的人员担任各分支行、部门的负责人。对原有在职人员,给予业务技术训练的机会,提高工作效率,逐步淘汰老弱冗员,精简机构。浙江兴业银行由于叶揆初、徐新六的精心擘划,经营得法,信用昭著,1921 年到 1927 年间的存款总额,在各商业银行中一直处于领先地位;1926 年底的定、活期存款共达三千三百十二万余元。"(汪仁泽《徐新六》,《民国人物传》第 6 卷,第 224 页)

约是年 购得清顾祖禹《读史方舆纪要》稿本。1941 年先生撰《读史方舆纪要稿本·跋》云:"距今十六七年前,杭州抱经堂主人朱遂翔①告余:'在绍兴收得《方舆纪要》稿本,因虫蛀不易收拾,愿以廉价出让。'余嘱取来,则故纸一巨包,业已碎

---

① 朱遂翔(1894—1967),字慎初,浙江绍兴人。民国时期杭州抱经堂书局老板。该书局创办于 1917 年 2 月,信誉卓著,又印行书目,实行函购,其首创古旧书籍明码标价之例,深得海内外读书人及图书馆人士赞誉。20、30 年代为抱经堂兴旺时期。抱经堂于 1937 年抗战爆发后被毁,朱遂翔避居上海,在三马路又设抱经堂书局分号。先生与朱交往约始于 20 年代,《抱经堂历年所藏名人信稿》收有先生致朱书信多封,均为购书之事,因无日期,综述于下,以存史实。如某年某月 22 日函云:"遂翔兄鉴:书目收到,兹选得数种,另单开上,请拣出首册,寄下一看为荷。"书目有《绍熙本公羊传注》《孟子赵注》《外科正宗》与《全上古三代文》等。又如某年 1 月 17 日函云:"复函敬悉。山西一册既无可补,鄙人亦只好忍受。兹如数寄上洋十七元八角,即乞查收。又,前寄来之折一件,亦祈检为荷。"某年某月 16 日函云:"前托理卿先生带来之《鹤林玉露》,仍须奉还。日内有便即带去。"另外几通信扎中,先生向朱遂翔索取一些古旧书的首册,以便选购,有旧抄本《经锄堂杂志》、万历两京遗编本《盐铁论》、嘉靖刊本《嘉佑集》《清献堂集》、抄本《素问玄珠密语》、抄本《难经集注》等等。抱经堂售书之多,经营之周到,由此可见一斑。(参见《杭州抱经堂上款书札选萃》,西泠印社拍卖有限公司 2014 年 12 月出版)——编著者

烂,检出首册,见旧跋与陶心云年丈跋,均定为顾氏原稿,以七十二元得之。灯下排日整理,剔除蠹鱼蛀虫,不下数百,排列次序,残缺尚少,乃觅杭州修书人何长生细心修补,费时二年,费款二百元,于是完整如新矣。迭次繙读,并与刻本对校,知刻本与此底本,虽有字句不同,而大体无异,所不解者,全书签校删增,朱墨杂沓,非出一手,是否顾氏及门所为,有无顾氏亲笔,抑为乾嘉以后人所加,无从臆断,就正好学之士,皆未能决。"(《书跋》,第41页)

1926年(民国十五年　丙寅)　53岁

1月　国民党"二大"在广州召开,通过《弹劾西山会议决议案》。国民党上海市特别市党部成立。

2月　上海华商股票公司成立。

3月　北京发生"三一八"惨案。

4月　北京发生政变,段祺瑞执政府瓦解。

5月　上海成立淞沪商埠督办公署,孙传芳任督办。

7月　广州国民政府出师北伐。7月11日攻占长沙。

9月　北伐军攻占汉口。

10月　上海工人举行第一次武装起义失败。

11月　北伐军攻占九江。

12月　国民党中央党部及国民政府由广州迁至武汉。

1月5日　浙兴杭行致总办函。云:"杭州府志局有新印《杭州府志》十部送到敝处,嘱交揆初先生。此书现由敝处代收,乞转告,此书应否如数装运到沪,抑暂存敝处?尚希转询见示。"(原件,上档 Q268－1－586)1月10日,杭行将《杭州府志》十部全数运沪。

1月6日　主持浙兴第154次行务会议。讨论事项有:①曹吉如报告总行放款事(略)。②议各行庄领用钞票事。徐寄顾报告事由,议决可以照办。(《行务会议记录》第6册,上档 Q268－1－168)

1月13日　主持浙兴第155次行务会议。讨论事项有:①议发行钞票记账办法。先生提议云:"现在我行发行钞票数额尚属无多,惟将来逐渐增加,记账办法拟自本年一月起,分为直接发行与间接发行两部分各别记账。凡总分行自己发行者,属于直接发行部分对外用之;由其他银行领用者,属于间接发行部分对内用之,库存则仍照旧。庶于分晰之中,仍不失核实之意。是否请公决?"各有讨论。议决暂行试办。②蒋抑卮报告蒋孟苹君押款办理结束事。云:"蒋君押款按照合同,已届处分押品之期。现在是项押品传书堂书籍适有受主可出银十六万两①。昨与蒋赋荪君详谈,并与说明我行困难及吃亏之处。渠云,与孟苹君商洽再告。兹拟以鄙人与蒋君私人关系,请求宽缓至本星期六为止,一面函知承受之人接洽。"众无异议。③议杭行本年上届计划书内拟定放款各户事。沈棉庭报告事由(略)。(同上引档)

1月19日　出席商务印书馆第 311 次董事会议。总务处报告上年 12 月 22 日至 25 日罢工风潮处理情况及酬恤章程修改、汉口分馆购地等事。(《商务印书馆董事会记录簿》)

1月30日　主持浙兴第 156 次行务会议。讨论事项有:①议津行放款事。沈棉庭报告事由(略)。②议总行放款事。曹吉如报告事由(略)。(《行务会议记录》第 6 册,上档 Q268-1-168)

1月31日　因年初北京政府交通总长叶恭绰、次长郑洪年去任,龚仙洲(心湛)任总长,先生是日为浙路股款清算事再上交通部公函,函陈经过事实,请与中英银公司赓续前议,清偿苏浙两路未了债务。函云:

> 仙洲仁兄姻世大人台鉴:秋间在京,快聆雅教。人事纷变,倏又新春。侧闻荣掌交通,治绪于棼乱之余,受任于倥偬之顷,以吾兄之坚卓缜密,处事不苟,理而董之,固恢恢乎有余裕矣。浙江铁路股款末期及未付公司债本息合计共欠一百十七万余元。弟受股东重托,职司清算,连年仆仆京华,皆为此事。历任部长虽有践诺之意,终以库帑空虚,口惠无实,而股东及持券人则怨詈交作,户限为穿。弟内受责备,外感困难,尝于穷无复之之中,竭虑殚思,为大部代筹了债之策。当高总长在任时,浙江士绅函请责成中英银公司迅速完成杭绍线,弟亦条陈杭绍线工费须由中英银公司发行债票,而所欠浙路股款及公司债须加入债票之内由中英垫付。高总长赞成斯议,与中英代表函商,该代表有

---

① 受主即为商务印书馆。1 月 19 日张元济在商务印书馆总务处第 696 次会议上,就收购密韵楼藏书事发言云:"兴业银行抵押蒋孟苹旧书一宗现在可以设法收购,查此项旧书,鄙人曾一一看过,并为之审定板本。蒋君收藏,费十余年之心力,诚属不易。在银行用作抵押,虽为呆滞,在本馆则因影印旧书为营业之一种。如《四部丛刊》《续藏》《道藏》《学津讨原》《学海类编》《百衲本资治通鉴》《廿四史》《续古逸丛书》等,有数种均已售完,虽有数种销数无多,然从未有不销因而亏本者。此项旧书颇多善本,可以影印者甚属不少。共计宋本 563 本,元本 2 097 本,明本 6 753 本,抄本 3 808 本,《永乐大典》10 本,鄙意久思再出《四部丛刊》续编,留心访求,已有数年,无如好书极不易得,如能将蒋书收入,则《四部丛刊》续编基础已立,再向外补凑若干,便可印行,影印之后,原书尚在,其本来价值并不低减,将来如有机会仍可售去也。此项贵书,转售诚属不易,然鄙见以为美日两国退还赔款,均决定先设图书馆。此种大规模之图书馆不能不收藏好书,则售亦未必无机会也。该行估计押本为十九万两或尚可商量。曾与之商议买价,先拟以十五万两,嗣经再三磋商,前途减为十七万两,后折中为十六万两。是否可行,谨候公决。"经讨论后议决,蒋氏书即以拾陆万两照购。(会议记录打字稿)密韵楼藏书由此转入商务印书馆涵芬楼。——编著者

允许之意,未商妥而去任。继之者为吴总长,复采纳斯议,续商中英银公司。该公司代表正在讨论中,而吴又去任。继之者为叶总长,弟重申前议,适中英银公司董事长那森来华,叶总长委路政司长刘竹君兄与之提议,那森表示赞成,并允将债票分为金镑、银元两种,金镑债票在伦敦发行,银元债票则由华银行团承募,弟允于承募时竭力帮忙。乃饬沪杭甬局预算杭绍线工费,据复需洋四百七十六万元,弟又专诚入京,商量办法,其草拟条件如下:

一、由部或沪杭甬局发行杭绍线债票八百万元,以四百万元合金镑在伦敦发行,其余银元债票四百万元由华银行团承募。

二、债票九折发行,周息八厘,五年为期,期内利息及满期还本之款,由沪杭甬局支付,并由中英银公司担保。

三、华银行团承募之四百万元内,须提存洋一百六十一万元,以一百十七万元还浙路公司末期股款及未付公司债本息,以四十四万元还苏路公司末期股款。按苏路虽与杭绍线无关,但当商办时,两路实属连枝,在收归国有时,两路均有实在财产交付大部,而苏路所欠亦止一期,为数只四十四万元,故与浙路欠款同等待遇,一并了结,两省人民当然赞成。

四、九折发行约得七百二十万元,除去杭绍线工费及苏浙路债款外,约尚余八十万元,另款存储,备付施工时期内之债票利息(原估一年半完工)。

以上四条,双方均表示可以合作,正欲函致那森,而战事陡作,叶总长又去任,弟亦空劳往返。幸继任者为公明干济之君子,可以开诚相见,赓续旧案,玉汝于成,苏浙数千万人民同声祷企。查浙路公司交出财产估值一千七八百万元,原冀让归国有以后,全线早成,土货得自由输出。乃荏苒十年,不特支线未增,即业已规画之杭绍干线亦复辍而不举,运费迭加,开支日钜。而原订四年还清之股款,百方延宕,受损无算,并区区尾数亦久延不发,道路腾谤,多方怨咨。前年且有创议联呈当道扣留沪杭营业收入,以抵股款者。股东人数以杭绍为最多,目睹列车开行,熙来攘往,追溯既往,皆各人血汗之资所积而成。今债务未清,而他人入室,郁怒不平之气,蕴之已非一朝。此中情形,亦曾有人间接言于中英银公司,该公司颇为动容。若蒙台端以诚意协商,该公司无不合作之理。一举手间,沪杭甬全线可以贯通,苏浙两路未了债务,可以清结,计未有便于此者。用特觌陈经过事实,上备采择,务祈饬司迅速进行,以慰隔望,不胜企踵待命之至。敬颂

公安!

浙路股款清算处主任叶景葵　十五年一月三十一日发

(《浙路股款清算始末》,《杂著》,第 315—317 页)

2月3日　主持浙兴第157次行务会议。讨论事项有:①议总行放款事。曹吉如报告事由(略)。②议京行、哈行本年拟定透支各户数目事。沈棉庭报告事由(略)。③议天津宝成纱厂及九江久兴纱厂押款事。徐新六报告事由(略)。(《行务会议记录》第6册,上档Q268-1-168)

2月6日　浙兴京行致总办函,报告四合公司账款处理事。云:"董事长电嘱敝处,付朱旭初君洋壹万元,业已译洽。该款查已付总行账。来函嘱咐总行四合记账,容俟总行将报单退回再行照办可也。""张公权先生嘱电致揆公谓:'四合事非年内解决不可。'当经电达。顷闻复电文:'电悉。请划洋四万,照前致仍老函,恳公权费神办理。'已译洽矣。"(原件,上档Q268-1-564)

2月9日　交通部路政司司长刘竹君复先生函:"辱荷大札,诵悉壹是。浙路发行杭绍线债票一案,迭承执事陲诿,亟愿勉竭棉力,乐与观成。乃事机未遂,时局益纷,又复搁置,殊深歉怅。承附示致仙公总长函,亦经读悉,自当再为详陈原委,以期核准,赓续前议,再将上次商定大概,与中英公司总董那森切实妥商。弟职司所在,亦惟尽心所事,但时事如斯,殊无把握,俟有佳音,当再布闻。"(《浙路股款清算始末》,《杂著》,第318页)

同日　浙兴京行致先生电。云:"揆公:四合事前途坚持原议,并次年内解决。公权无法对付。如何?电复。"(原件,上档Q268-1-564)

同日　先生复京行电。云:"电悉。股东只得五万,除此别无他法。乞转达原谅。葵。"(电稿,同上引档)

2月11日　主持浙兴第158次行务会议。讨论事项有:①续议处分蒋孟苹户押品办理结束事。徐新六报告云:"蒋孟苹户押款抵押品内之传书堂书籍,兹已议定价银十六万两售与商务印书馆。按该户押款本息结至乙丑年年底止,计欠规银十八万八千九百三十九两零伍分。除售出书籍归还十六万两外,其余式万八千九百三十九两零伍分,仍催其设法归还。押品内尚有中法银行存单,计法郎二十一万五千三百十二个六二,及大生纱厂股票票面元式万五千零式拾两。本应留抵上项不敷之数,惟念蒋君与本行关系甚深,拟特别通融,先将处分余品交还,是否有当?请公决。"议决照办。②议津、汉两行放款事。沈棉庭报告事由(略)。(《行务会议记录》第6册,上档Q268-1-168)

2月18日　北京交通部总长龚心湛复先生函,告以已饬司与中英公司赓续前议。云:"接奉手书,敬悉种切。弟承乏交通,于凋敝之余,几乎无可措手,而债台高筑,尤苦挹注无从,信用攸关,良用引疚。部欠浙路及苏路之款,久而未结,兹荷荩筹,开示办法,回环三复,缜密周详,并承慨许临时实行,竭力帮助。感佩之余,已饬司与中英银公司赓续前议,切实磋议。俟有眉目,当即奉闻。先此布复。"然而,"自

此以后,北京政局动摇,人无固志,所商毫无眉目"。(《浙路股款清算始末》,《杂著》,第 317—318 页)

2月20日　主持浙兴重员会议。出席者:张笃生、朱振之、竹尧生、师凤昇、刘策安、陈慕周、罗瑞生、徐新六、朱益能、曹吉如、马久甫、沈棉庭、陈元嵩、蒋抑卮、沈新三、陈叔通、陈理卿。会议讨论以下各案:①各种存款利率案。各项存款利率照十四年度应否修改?②缩短嘱托存款年限案。③押品种类及折扣案。④银根支配案。⑤修订劝惩规程案。(《重员会议记录簿》,上档 Q268-1-60)

2月21日　主持浙兴第 19 次股东常会。先生报告十四年份上下两届账略及红利分派表。1925 年度浙兴主要经济指标如下:

资本总额 250 万元,公积金 1 197 772 元,定期存款 14 492 857 元,往来存款 13 767 299 元,储蓄存款 1 522 026 元,本票 1 176 557 元,发行兑换券 3 813 730 元,领用兑换券 365 万元;定期放款 2 680 648 元,定期抵押放款 14 522 124 元,往来透支 849 937 元,往来抵押透支 1 442 237 元,存放同业 8 982 670 元,有价证券 3 055 243 元,营业用房地产 1 229 116 元,发行兑换券准备金 3 813 730 元,领用兑换券准备金 365 万元,现金 3 830 515 元;本届总纯利 601 096 元。(《兴业邮乘》,第 21 期)

先生按照十二年份股东议决案,提议于下届盈余内续提股份准备洋 15 万元。股东一致起立通过。会议推举胡藻青、陈理卿、沈籁清为监察人。(同上引刊,第 13 期)

2月27日　主持浙兴第 159 次行务会议。讨论事项有:①议津、哈两行放款事。沈棉庭报告事由(略)。②议总行放款事。曹吉如报告事由(略)。③议外国货币债券买卖付账手续事。徐新六报告事由(略)。④议呆账准备事。沈棉庭报告事由(略)。(《行务会议记录》第 6 册,上档 Q268-1-168)

同日　出席商务印书馆董事会议。高凤池与张元济联名报告:"民国四五年份银行钱庄往来清簿发见涂改舞弊一案,曾于十四年十二月八日报告在案。查当时舞弊情形系本公司账簿收付数目与银行、钱庄账上不符,核对银行钱庄清单时将公司清簿涂改,共计短少洋八千余元。"现已查明一名当事人已病故,另一人事发不久离馆,现极穷困;主管两人均已责令退职。"惟公司受损甚巨,凤池、元济彼时先后任总经理、经理之职,失察之咎,多所不敢辞。应如何处分,并责令赔偿之处,敬请公决。"众议决,"应即作为结束,高、张二君自请处分及赔偿之处,应毋庸议"。(《商务印书馆董事会记录簿》)

2月　上海银行公会香港路 4 号新会所落成。上海总商会召集各业代表会议,与会者一致赞成设立关税公库,组织公库促成委员会。上海银行公会召开董事会,赞成设立关税公库。(《现代上海大事记》,第 273 页)

3月2日　浙兴京行致总办函,报告警察厅筹借"警饷"事。云:"此警厅派人来行,筹假警饷,敝处曾婉言拒却。现此事由警厅托中、交两行代办借款,总额三十五万元,期限半年,年息一分二厘,以内外城官产作抵中行,与敝处来函,敝处初认五千。嗣经该行再三说项,不得已认假壹万。后中、交两行调查内外城官产清楚,复再行订立合同付款。先此奉告。"(原件,上档Q268-1-564)

3月3日　浙兴与郑州豫丰纱厂签订补充借款合同,增补1924年2月23日双方所订之正合同。条文云:

银行允将正合同内所订到期之借款本金四十万两,展期至明年二月二十三号,并将作抵押之物料放归纱厂。允将郑州豆腐寨堆栈一所及其附属之物品及权利让与银行,但纱厂仍保留其取赎权。

又纱厂允将存于该堆栈及在正合同内所述堆栈内之花纱,计值银五十万两,让与银行。但纱厂仍保留其取赎权。至花纱清单,俟本合同签字两星期内,由纱厂交银行。

所有正合同内订定之花纱抵押品仍旧有效,继续作押。

利息自上月二十三号后,须改增至月息一分二厘二五,按照正合同订定日期两月一付。

正合同内所订之花纱布押品价值应作五十万两,非四十万零五千。其押品之余数之价值作八折后不得低过欠银行之数。

所有正合同内订定之堆栈修理、花纱布保险等纱厂应履行之义务,亦须于本合同内所述之M堆栈行之,悉照正合同办理。

纱厂不得将本合同借款本金四十万两或其一部分,于明年二月廿三日前付清,除非于两个月前先通告银行或另付三个月利息。

(抄件,上档Q268-1-431)

3月10日　与朱古微等联名刊登《夏棣盦书例》。云:"夏棣盦先生,书法幼宗颜平原,深得拨蹬三昧。壮岁后又追踵隋法,上窥晋人,益臻变化。嗣持节美洲,归后主持实业,公余之暇,不废临池。比来杜门谢客,求书者踵相接。同人等劝其勿闷金玉,藉作后学津梁,爰代定书例如下:(书例略)收件处:极司非而路三十六号、南京路有美堂及各大笺扇庄。朱古微、吴昌硕、盛省传、虞洽卿、方椒伯、盛竹书、王一亭、劳敬修、陈炳谦、傅筱庵、严直方、张菊生、谢蘅牕、叶揆初同订。"(1926年3月10日《申报》)

3月17日　主持浙兴第160次行务会议。讨论事项有:①议茧子放款事。曹吉如报告事由(略)。②沈棉庭报告总行储蓄部及津行放款事(略)。③议总行透支各户事。孙人镜报告事由(略)。④议嘱托存款酌量营运事。马久甫报告事由

（略）。⑤议特别准备事。徐新六报告事由。先生云："鄙意此项特别准备金，拟改定为一百万元。纯为现金，不能以公债抵充。内以八十万元存总行，仍照原案属于固定性质，只可以银易洋，不作他用。以二十万元拨存津行，亦照原案属于固定性质。盖因津行历年受往来户损失，本年重员会议曾允另为设法。惟该项损失为事实上不可避免，苦无他法可以补救。如果拨给上项特别准备金二十万元，则该行原有存库之营业准备金，即可活用于不失准备性质之范围以内（例如存放同业），酌量生息，藉以贴补前项往来户之损失。惟往来户与拨入特别准备仍属截然两事，不得视为往来户之补助办法。而特别准备拨入之后，亦不得视为原有普通准备之代替。此层应嘱津行注意。"各有讨论。议决："特别准备既为一百万元，则现在所缺之数即以相当之金融债票处分补足。其余债票归还营业部。至特别准备金原案二百万元，除减去一百万元作固定性质外，下余之数仍以含有准备性质之方法运用之。"（《行务会议记录》第 6 册，上档 Q268-1-168）

3 月 23 日 出席商务印书馆董事会议。股东张廷桂于本月 10 日提议要求取销公司股息公积，为此总务处提请董事会讨论。讨论时王显华、高凤池等均认为可以变通办法。张元济则坚决反对，发言说明此项办法对于公司之重要性。先生支持张之主张。会议形成两种对立意见。（《商务印书馆董事会记录簿》）

4 月 9 日 出席商务印书馆董事会议，会议通过十四年股息一分四厘；又提交股东大会议案《修改股息公积办法案》，（同上引书）此案主要内容为："股息公积每满三年，将已提存之数，分派一次；或分派现款，或改作股份，由董事会提交股东会议决。"股息公积之息，随股息公积"一并分派"。三年公积及历年派剩之股息 93.14 万元，以"每股派现款 18 元，共计洋 90 万元"于当年分派。张元济对此议案竭力反对，向股东散发前印之通启，力图说服。（童世亨《企业回忆录》，排印本）

4 月 12 日 浙兴京行致总行函，报告京城政变事。云："前日京中发生政变，段氏避入(东)交民巷。所有驱段释曹迎吴之情形，鹿氏曾有通电，想已鉴及。当变生之时，交民巷禁止华人往来，电话不通，东北城各街军警密布，民间甚为惶愕。迨午后真相既明，始相安无惊。连日近畿一带枪炮之声不绝于耳，飞机又乱掷炸弹，受无妄之灾者甚众。此次战争之烈，为历年所未有。行中一切虽非常戒备，而万一将来纷扰至于极点，亦只得尽人事而已。谨将近情奉达，并望转陈总处，以后情形当随时函告也。"（原件，上档 Q268-1-564）

4 月 15 日 主持浙兴第 161 次行务会议。讨论事项有：①沈棉庭报告各分行放款事（略）。②沈棉庭报告总行放款事（略）。③议论储蓄部营运事。徐新六报告事由（略）。④议储蓄部存款限度事。曹吉如报告事由（略）。（《行务会议记录》第 5 册，上档 Q268-1-168）

同日 浙兴京行致总行函,续报京中情形。云:"连日南宛、通州两军奋斗正酣,轰轰之声达旦不休,民间恐怖。前日起邮政汽车亦告停驶,消息阻滞,各商家咸作绸缪之计。惟至紧急之时亦不敢必其无祸。干木①下台,无人暂继,延陵②未必能来,即来亦非了局,恐此场面非一时所能解决也。谨闻,并祈转达总处为荷。"(原件,同上引档)

4月21日 主持浙兴第162次行务会议。讨论事项有:①沈棉庭报告杭行及总行放款事(略)。②议安利洋行来商放款事。徐新六报告事由(略)。(《行务会议记录》第5册,上档Q268-1-168)

同日 出席商务印书馆董事会议,与会董事详细阅看印成之本届红账草案及提交股东会之报告。均无异议。(《商务印书馆董事会记录簿》)

4月25日 赴西藏路宁波同乡会出席商务印书馆股东年会。高凤池为议长,王显华报告十四年份营业概况,由于高、王等坚持,股东会一致通过《修改股息公积办法案》。会议选出高凤池、吴麟书、夏鹏、张元济、鲍咸昌、张桂华、丁榕、李拔可、郭秉文、叶景葵、王显华、陈叔通、秦印绅等13人为新一届董事。(1926年4月26日《申报》)

4月26日 核定浙兴总办致各分支行通函,通报当前时局下应付办法。云:"近来因时局关系,各埠邮件常有阻滞,各分行开出汇票屡有票根未到而汇票先来兑取。在收款人大都急于需用,要求凭票预付。敝处为查验汇票印鉴相符,亦只得量予通融。惟间有凭签字图章支取者,各行大都在票面盖留有印鉴,或凭签章支取,或凭保可付等字样,而持票人三字多未画销,似尔一律。嗣后遇有该项汇票,拟请尊处将持票人三字必须画销,并在旁加盖'凭图章支取'或'凭签字支取'等图章,以昭慎重。希台洽。"(副本,上档Q268-1-113)

4月28日 出席商务印书馆董事会特别会议,讨论张元济辞职事③。张未出席。议决由董事会复函挽留,(《商务印书馆董事会记录簿》)

4月29日 受商务董事会委托,先生与吴麟书、陈叔通访张元济,未遇。(《张元济日记》,第1142页)

4月30日 与吴麟书、陈叔通再访张元济,要求张打消辞意。(同上引书)

---

① 指段祺瑞。——编著者

② 指吴佩孚。——编著者

③ 1926年4月27日起,上海《申报》《新闻报》刊登《海盐张元济启事》,宣布辞商务印书馆监理职。《启事》云:"鄙人现因年力就衰,难胜繁剧,所任商务印书馆监理之职,已向本公司董事会辞退。四方人士如因关涉公司事务有所询商,务请径函商务印书馆总务处,勿再致书鄙人,免致迟误。谨此通咨。"该文连登三天,引起商务印书馆上下震动。——编著者

5月5日　主持浙兴第 163 次行务会议。讨论事项有：①曹吉如报告总行放款事(略)。②沈棉庭报告各行放款事(略)。③议陈公洽押款事。蒋抑卮报告事由(略)。④议储蓄存款每户存额限度事。先生云："前议储蓄存款中整存整付、整存零付两种，应酌定一限度。此项限度应讨论定议。"各有讨论。议决：两种储蓄存款期在十年以上者，每户以一千元为限度；期在十年以下者，暂不定明存额，随时酌量迎拒。⑤议外国货币债券抛售先令掉(调)期事。朱益能报告事由(略)。(《行务会议记录》第 5 册，上档 Q268 - 1 - 168)

5月6日　中华职业教育社第九届年会在杭州举行。黄炎培等 25 人当选为议事员，先生与张元济、蒋梦麟、顾维钧、王志莘等 12 人当选为候补议事员。(1926年 5 月 7 日《申报》)

5月12日　主持浙兴第 164 次行务会议。讨论事项有：①曹吉如报告总行放款事(略)；②沈棉庭报告各行放款事(略)。(《行务会议记录》第 6 册，上档 Q268 - 1 - 168)

5月13日　出席商务印书馆特别董事会议。鲍咸昌报告挽留张元济情形，谓："菊公意甚坚决，迄今无效。"黄炎培云："张菊翁登报辞职后，鄙人在沪、在杭听得各界舆论对于公司均极为关系，实为中国文化所关。无论如何董事会总要设法就菊翁辞职之缘由上谋根本之解决。"议决请高凤池再与张磋商解决办法。(《商务印书馆董事会记录簿》)

5月18日　浙兴京行汪卜桑致总行函，报告军阀张宗昌强行借款事。云："日前张宗昌向北京银行公会借洋贰百万元，情词剧迫，限期交款。公会处于势力范围之下，虽欲拒绝而不敢出诸口，乃召集各银行开会，拟由各行分认。敝处以在京公会平日为少数人所垄断，及至多事之秋，则各行分认其责，如此情形殊非公允，且此款放出不啻虚掷。故屡向声述，坚持不认，竟至以公会为拒绝之严词。嗣经中行吴震修先生来行，缓颊情不可却，答以如京中各银行不论会内会外若均承认，敝处亦勉认，以壹万二千元为度，作退一步之要挟。其时张宗昌待款弥亟，每日派王琦赴会追索，势同强迫。公会知此事不能幸免，而各行均裹足不前，处公会于骑虎之势。一再会议，佥谓放此钜款，不能无抵押之品。于是由公会会长与财政部安税务司商妥，以十四年公债基金外之余款每年十六万元作抵，由公会名义发行一种公债，票面额二百万元，以六折发行，计洋一百二十万元，每年三月、九月底各付息一次，即以上述之十六万作为每年付息之用。于民国二十三年十月起每月拨还二十四万元，至二十四年六月底拨足。""此次债额本拟多认若干，惟因公会筹款在先，基金条例议决在后，敝处为慎重计，仅认票面二万元，计现洋壹万二千元。又有梁、赵诸君因各项债票价格过昂无可收买，为孤注一掷之计，央托敝处代买六万。专此布陈。"

（原件，上档 Q268－1－564）

5月19日　主持浙兴第165次行务会议。讨论事项有：①议总行放款事。曹吉如报告事由（略）。②议各分支行放款事。沈棉庭报告事由（略）。③议中兴煤矿公司公司债事。先生云："此事昨据师凤昇君面告，盐业、金城、大陆均表示愿为赞助该公司，意欲我行加入。在津行之意拟不认购。论该公司所定办法原未能完善，一则不定明用途，二则不以公司财产作担保，此为较著之缺点。惟我行与该公司之关系，亦未可遽予拒绝。且就公司内容而论，我行如酌认若干，尚无何等危险。故鄙意主张酌量认购，一面可就我行对于发行上意见，向该公司表示。"徐新六云："该公司此次发行公司债，原因系由积存煤斤因车路阻断不能运销之故。据闻现有五十余万吨之存积，仅恃附近销路，以资活动。又查该公司附近售价为每吨六元。以五十万吨计，适各拟募债额之数是其发行原因，于公司内容尚未根本发生问题，而实由于外来之障碍。鄙意亦主张可以酌认。至其办法不能完善之处，关于担保品一层，可以不提，其用途一项似不妨由津行顾君以个人意思对该公司当局询其究竟，必可略得端倪。查我行现在放给该公司之款，计共二十四万之谱，如果认购该债，似可即以三十万元为度。"议决："先函津行，嘱顾经理以其个人意思向该公司探明用途再议。"④议上届决算有价证券折扣事。沈棉庭报告事由（略）。（《行务会议记录》第6册，上档 Q268－1－168）

5月26日　主持浙兴第166次行务会议。讨论事项有：①议总行放款事。曹吉如报告事由（略）。②议各分行放款事。沈棉庭报告事由（略）。（同上引档）

6月9日　主持浙兴第167次行务会议。讨论事项有：①议购英美烟公司股票事。先生报告云："英美烟公司为缓和中国人感情起见，拟发行股票洋数二百万元。每股票面洋一百元，八五实收。其中提出一部分联络华商银行，我行亦在其列。查该公司股票原有定额，股东人数亦有一定限制。此次经该公司议定办法，由原股东让出二百万，另组一股票公司办理此事。照该公司向章，每季发息一次，历年大约每次每股可发二元半之息。照八五折计算，按年可得一分二厘之谱。此次发行之后经过六个月，即拟在上海外国证券市面开做行市。当初来商谈时，我行曾允其帮忙，核计利息亦尚合算。鄙意我行拟购四十万元，俟将来市场上卖买时如有盈余，可售出若干，并酌留一部，似届时酌量办理。"议决以票面四十万购入上述股票。②议总行放款及补报透支各户事。曹吉如报告事由（略）。（同上引档）

6月10日　签署浙兴总办通函，通报东方银行倒闭事。云："此间东方商业银行因受香港该总行倒闭影响，同时搁浅。闻其出事原因，系营运国外汇兑受耗所致。故金融界中除平时与该行有外汇交易者，稍须牵连外，其他华商银行与钱庄，

大都无甚关系。闻零星储蓄存款约有拾万。详情容续告。"(副本,上档 Q268-1-116)

6月17日　致浙兴京行转徐新六电,请与美国钞票公司商谈印钞事。云:"业。北京。振兄:茝忱函云印一元钞票二百万,每千美金十七元半。请向商减一元,并询几个月交货。葵。"(电稿,上档 Q268-1-608)

6月19日　出席商务印书馆董事会议。高凤池报告与张元济又两次切实磋商,对改革及用人等方针大致将来可以办到,彼此尚觉满意。然劝其担任一种名义,仍坚持不允,现仍在继续磋商。(《商务印书馆董事会记录簿》)

6月21日　徐新六自京复先生电。云:"茝忱已电美商减并询日期。护照事,抑、寄在京如何接洽? 电示。"同日先生致电徐新六云:"护照事,寄与杨孝慈接洽允办,从美电交货期。决定即起呈稿,仲恕与总次长接洽。葵。"(原电及先生拟电稿,上档 Q268-1-608)

6月22日　应张元济之邀赴其寓所晚饭。同座傅增湘、吴麟书、陈叔通、高梦旦。傅增湘代表商务北京股东劝张复职,张"力言万无复回之理"。(《张元济日记》,第 1145 页)

6月23日　徐新六在京致先生电。云:"美钞复电,价不能减。如既定,八月底开始交货。"(原件,上档 Q268-1-608)

6月　撰《鲍氏战国策注跋》。云:"曩得郁华阁旧藏本,已将卷末篆文牌子剜去。此本尚完,故并存之。丙寅夏日购于杭州抱经堂。全书评点,均明人手笔,精审不苟。景葵记。"(《书跋》,第 24 页)

《战国策》十卷,(宋)鲍彪(文虎)注,明嘉靖七年吴门龚雷刊本,十二册,明人评点,叶景葵跋。(《叶目》)

6月　为《国语补音》三卷题识。云:"《国语补音》,顾千里抄校本,第三卷系手抄,以正德本、微波榭并本校。凡以双圈作记者皆此本佳胜处。"(原书,上海图书馆藏)

《国语补音》三卷,(宋)宋庠(公序)撰,(清)顾广圻手抄本,一册。(《叶目》)

6月　为《国语》《国策》合刊二十卷本封面题识。原题有"嘉靖戊子金李合刻《国语》《国策》　郁华阁收藏"先生纠正云:"《国策》是嘉靖戊子龚雷本,非金李合刊。丙寅夏日景葵记。"(原书,同上)

7月1日　为在美印制钞票商请护照事呈财政部文①。云:

---

① 此文似由陈汉第、徐新六在北京代拟。——编著者

敬呈者,窃敝行发行美印壹圆、伍圆、拾圆兑换券壹千五百万圆,前经呈奉大部核准有案。现以一圆券一种市上需要较广,敝行前次所印壹百万张业将用罄,拟即向美国钞票公司续印空白壹圆券二百万张,以备应用。此项壹圆券据美钞公司称,订印以后当陆续分批交货,敬乞大部核准给予护照壹纸,并恳赐予咨照税务处转饬沪海关,届时免验方行。至此项壹圆券将来发行时,敝行当请监理官将原有伍圆、拾圆券酌量封存,俾符大部限制发行之原旨。再该券以须陆续印运,极易耽误时日,如一逾护照程限,恐多窒碍。所有护照上期限,务恳自发照之日起以九个月为限,俾资利便。统乞示遵,以便向美钞公司订印。无任感叩。此上

财政部

浙江兴业银行董事长叶○○

(副本,上档 Q268-1-600)

同日 陈汉第电致徐寄顾,索要先生图章。云:"续印一元券呈稿已与司接洽商改,封存原有五元、十元一层预备部批示,呈内不叙。现拟即由京呈递,以便于财部更动前将一切办妥。惟董事长名章可否由京另刊? 望转商,电复。汉。"(原电,同上引档)

同日 先生复陈汉第电。云:"仲恕丈鉴:电悉。极感。鄙章请费心代刻,用毕寄下。葵。"(电稿,同上引档)

7月3日 致陈汉第电。云:"印券案财部批复须速,咨税务处由处速饬总税司行知沪关极紧要,请费心。"(电稿,同上引档)

7月9日 致刘承幹函,谢赠书。云:"昨奉赐书,并承惠《八琼室金石补正》一部,开缄雒诵,美感五中。星农先生与听邠丈为至戚,先祖在汴时,与听邠丈讲求金石学,收萃考订,相视莫逆,遂订兰谱,故星农先生轺程所得,时时赠与先祖,至今敝箧中尚存数十种。今其身后遗著蒙吾兄发潜阐幽,费七年苦心寿诸梨枣,并以初印精本惠及不才,谨当珍袭藏之,永为世守矣。敬谢敬谢。令族弟名条已先记存,目前尚无机会,容留意。"(《求恕斋友朋手札》稿本)

7月12日 午后赴商务印书馆,张元济约谈公司人事。张主张"劝鲍(咸昌)不可退,尽管赴莫干山休息,或在家静养,公司事可以不管,但名义不可动","商量去仙①之事"。张"历举仙之不宜,当去"。同座高凤池、丁榕、周辛伯、陈叔通。(《张元济日记》,第1146页)

7月13日 主持浙兴第169次行务会议。讨论事项有:①曹吉如报告总行放

---

① 指商务印书馆经理王显华。——编著者

款事（略）。②沈棉庭报告津行定新纱厂放款事（略）。（《行务会议记录》第 6 册，上档 Q268 - 1 - 168）

7 月 16 日 签署浙兴总办通函，通告总行副经理朱益能暂兼津行副经理，调汉行营业股主任项叔翔任津行金币股主任。（副本，上档 Q268 - 1 - 60）

7 月 17 日 财政部批复浙江兴业银行向美国钞票公司续印一元券 200 万张，"将来印就运回后，应将五元、十元券照数封存二百万元，以符原额"。（原件，上档 Q268 - 1 - 608）

7 月 19 日 陈汉第致先生电。云："印钞事及护照，并咨税处文均办妥。汉。"（原电，上档 Q268 - 1 - 600）

7 月 21 日 参加商务印书馆特别董事会，会议议决同意张元济辞监理职。李拔可代表张元济陈述其退俸金务请照普通职员核算，千万不可有特别待遇。议决退俸金先行照章核算，以后再行核议。（《商务印书馆董事会记录簿》）

同日 下午，主持浙兴第 170 次行务会议。曹吉如报告恒丰纺织新局押款转期及上海煤业公司订立透支事（略）。（《行务会议记录》第 6 册，上档 Q268 - 1 - 168）

7 月 撰《张文潜文集跋》。云："《铁琴铜剑楼书目》，此即胡应麟《笔丛》所载之本，犹出宋人抄录，故庙讳皆有改字减笔。较今刻《柯山集》增多文十余篇，虽非完本，亦可贵也。有马鲋《序》、郝梁《跋》。按，此本缺马鲋《序》。旧为双照楼所藏。丙寅夏，景葵记。"（《书跋》，第 128 页）

《张文潜文集》十三卷，（宋）华阴张来（文潜）撰，明嘉靖中郝梁刊本，二册。（《叶目》）

7 月 为《五代会要》秦敦复藏本封面题识。云："每册首有吴城印，后有敦复印，乃绣阁亭续藏书，非石研斋藏本也。丙寅夏。景葵识。"该书封面原有题识云："精钞《五代会要》一册，共四册，秦敦复先生藏本。十万琳琅阁珍藏。"（原书，上海图书馆藏）

《五代会要》三十卷，（宋）王溥（齐物）撰，清乾隆中绣谷亭钞本，四册，（清）吴城方燕昭跋。（《叶目》）

8 月 4 日 主持浙兴第 171 次行务会议。讨论事项有：①报告津、汉各行放款事（略）。②报告总行放款事（略）。

会议还讨论徐寄顾个人信用放款为行章所不许，不如加入地皮押款或以地皮押款余头作抵为宜。先生云："地皮押款到期在该项之后，自属无妨。"（《行务会议记录》第 6 册，上档 Q268 - 1 - 168）

8 月 5 日 出席商务印书馆特别董事会议。张元济被推选为董事会主席（后称董事长)。会议议程：①讨论补助同人子弟学校案，议定由公司从总盈余内拨2万元为该校基金，仍存公司，以常年八厘计息，用息不用本；②传阅张元济7月24日致董事会书。张发言云："董事会来信仍嘱鄙人对于公司遇事帮忙，极为愿意。当此公司艰难之时引退而去，对于公司、对于同人均极为抱歉，但亦出于事非得已。此后只要政策相同，鄙人总当尽力帮忙。譬如人当身体强壮之时遇有疾病，吃药可，不吃药也可，即使用药稍错亦无大碍。假如到身体亏弱之时，则用药必须审慎，万不可杂药乱投。公司今日已如亏弱之体，政策方针务须一致方可以维持，鄙人此次来信系要知道公司现在之方针如何，政策如何，俾鄙人得竭尽所知所能以副董事会之委托。惟今日到会董事不多，此信或尚有未寓目者，请打出分送。"③讨论张元济退俸金案前，张发言云："此案关涉鄙人本身之事，照例应退席回避，但有数言，谨为声明。鄙人此次辞职，深对公司不起，本不愿收退俸金，惟章程既有规定，如不收受，未免过于矫情。但只能照普通职员例照章算给，方敢收受。倘有优待增加，则决不敢收，务请体谅采纳。"(《商务印书馆董事会记录簿》)

同日 浙兴汉行史致容致先生密电，请派员赴汉处理第一纱厂保险事。电云："一厂保险等事内容复杂，致多纠纷。兼另有重要关系事，均极待商。请抑卮兄来，倘抑卮兄无暇，请寄顾兄速来。何日行？乞电复。至盼。"(原电，上档Q268-1-380)

8月6日 张元济来访，征求商务董事会对原经理王显华退职条件之意见。先生表示赞成。(《张元济日记》，第1149页)

8月18日 主持浙兴第172次行务会议。讨论事项有：①沈棉庭报告京津各行放款事(略)。②议津行租借地皮押款事。沈棉庭报告事由(略)。③议随时存款利率事。沈棉庭报告事由。先生云："此事各行情形不同。鄙意认为，不能一律办理。即一行之中存户情形亦个个不同，应逐户相机应付。如有认为应行放松者，亦可随时办理，不必待重员会议。"众议决："先可函询各行意见。"④曹吉如报告总行放款事(略)。⑤议轮舶押款事。徐新六报告事由(略)。(《行务会议记录》第7册，上档Q268-1-169)

8月24日 浙兴汉行致总行急电，报告郑州军阀勒索事。云："昨晚接伯琴电，陈师剿樊，向五银行借款十万，以京汉货捐担保，期一月，分三期还。勒派我行贰万，限令今午缴款。敝复电以郑无分行，商减一万，必不得已再酌加。请洽。"(原电，上档Q268-1-555)

同日 核定浙兴总行草拟致豫丰纱厂函①。云："顷接敝行驻厂员陈伯琴君函

---

① 此函天头注有"此函取消，未发"。因含有军阀强行借款史实，故录于此。——编著者

报,此次郑县公署为陈师剿樊勒派敝行借款二万元各节。其中经过情形,谅荷台洽。查敝行派员至郑,专为贵厂押款而来。约计以前所收利息不过十六万余两,而前得垫去军事借款数达四万七千余元,合银三万四千余两,已占所得利息五分之一。此等借款既全由贵厂押款发生,敝行实难担负,应请转归贵厂之账。否则敝行亏耗太钜,不能持久。惟有到期清结为难情形,当希鉴谅。兹附开借款清单一纸,即祈俯赐照转,不胜企盼。"附清单:"河南省军事借款,洋二万五千元;郑商会代直鲁豫兵站借款,洋一千五百元;郑商会代十四师借款,洋三百元;郑县公署代绅界房租垫款,洋五百十元;郑县公署为陈师剿樊借款,洋贰万元。共计四万七千三百十元。"(信稿,上档 Q268-1-431)

8月25日　汉行致浙兴总行电,报告军阀勒索款已付。云:"接伯琴电,借款商减为壹万五千,已付。"(原电,上档 Q268-1-555)

8月26日　汉行抄送总行所接到湖北督理省长公署8月25日向武汉各银行强行借款之"训令"。云:"赤军北犯,紧逼鄂境,幸吴大帅凯旋,业经筹有抵御办法,不难一鼓荡平。惟随大帅南下军队甚众,所有军饷、军费、给养等项,在在需款。当此库空如洗,自非设法筹借,难以度此急需。是以日前曾有以鄂岸四分之三盐税作抵,函由汉口总商会迅速筹借式百五拾万元在案,迄尚未拨交。始刻军队已到,随即南下应战,一切用款急于星火。值此一发千钧,稍有延误,武汉动摇,影响大局。该银行公会素明大义,共抒患难,当有同情。兹限廿六日交款壹百万元,廿八日交款八十万元,卅一日交款七十万元,共二百五十万元。筹到即交军需总监部核收,以资军用,并先于李总监接洽为要。再,此项借款专为讨灭赤军、保护商民所用,如有意存观望者,即以贻误军机论。勿延。切切此令。"(抄件,同上引档)

8月28日　因汉口第一纱厂不愿保兵险,汉行多次发电请示。是日,先生亲笔草拟总办复汉行电。云:"一厂花纱保兵险,移洋栈。速商办。"同日得汉行回电,称"一厂花纱准移洋栈",但厂方仍不愿意保兵险。(电稿,上档 Q268-1-380)

8月30日　亲笔修改总办复汉行电稿。云:"一厂货准转洋栈,不保兵险如何是好?急电复。"(电稿,同上引档)

8月31日　签署浙兴总办致汉行急电。云:"洋栈仅防抢劫,难免流弹,仍望商保兵险,保价容探告。倘一厂不允,务须另提相当物品,办妥手续备抵。"同日汉行复电云:"电悉。保险事与毛切商。移存汉栈货坚不肯保,存厂货八十余万,除再移汉栈外余允照保。可否照办?请急电复。"(电稿,同上引档)

同日　汉行致总办电,请总办代办一厂保兵险事。云:"第一厂存棉花规元九十万两,棉纱拾万两,粗布十五万两,搬运不及,均请尊处如数设法代保兵险。保妥急电复。"同日总办复电云:"花纱布兵险共一百十五万元,由安利保定一个月,今日

起至九月卅日止。保费净百分之三点五。原保火险单应更换,遵向安利接洽。"（电稿,同上引档）

9月初 致开封河南财政厅秘书长陈鄂年电[①],请为豫省勒派借款事"力予疏释"。云:"敝兴业行在郑州未设分行,仅以豫丰押款之故派员驻厂看管押品。此次陈师借款急切之间,未容申说,勉力担承。敝行专营商业,利殖微薄,举鼎绝脰,万分困难,拟乞吾丈鼎言力予疏释,以祷准予邀免,并恳禹臣丈将为难下情转陈省座为感。景葵。"（电稿手迹,上档 Q268-1-431）

9月3日 汉行致总办电,报告第一纱厂毛树棠认为所保兵险保费太贵。（原电,上档 Q268-1-380）

9月4日 陈鄂年复先生函。云:"电示当即转省座察阅,未加可否。豫省财政已陷绝地,罗掘虽工,亦难补救。前次陈师借款,并非省政府主张,闻为同业作祟,贵行派摊独多。中国人不能合群往往如是。今则又以夹持省行向各商借款。此次却系省长一人倡议,先拟凑集百万,嗣以各商力不能支,始减为六十四万,每家应摊八万,贵行亦在其列。如中、交等拒,既不可认,又不敢自专,均向总处请示,不知如何结果。鄂年曾将详情电复左右,兹特照录原电寄呈青览。当如何应付,即请裁酌。""正封函间,三小儿来言,交行总处已来电复绝。大概他处亦未必慨允也。"（原件,上档 Q268-1-431）

9月上旬 汉行又抄送武汉当地各银行"认借"——实为强行勒索"军事借款"清单如下[②]:

中国 洋15万元	交通 洋15万元	金城 洋7.5万元
盐业 洋7.5万元	大陆 洋7.5万元	中南 洋7.5万元
兴业 洋7.5万元	四明 洋3万元	中国实业 洋3万元
浙江实业 洋3万元	上海商业 洋3万元	懋业 洋3万元
中孚 洋3万元	华丰 洋1.25万元	聚兴诚 洋1.25万元
广东 洋1万元	工商 洋1万元	
共计洋90万元		（抄件,上档 Q268-1-555）

9月6日 主持浙兴董事会会议。议定修改《浙江兴业银行总规程》《浙江兴业银行旅费规程》《浙江兴业银行给假规约》与《浙江兴业银行薪水规程》等四个制度。（1926年11月17日、12月2日浙兴总办通函,上档 Q268-1-60）

9月7日 致汉行史致容电。云:"河南省长借款电,请暂勿复,函详。"（电稿,

---

① 原电稿无日期,据同年9月4日陈鄂年复信推断。——编著者
② 原件数字为汉字,现改为阿拉伯数字,以方便阅读。——编著者

上档 Q268-1-431)

同日 致史致容函,嘱再托陈鄂年兄弟疏释。云:"前次郑州陈师借款,后为惩前毖后计,弟曾电请开封财政厅秘书长陈鄂年丈代为疏释。我行在郑并无分行,以后务请邀免,并恳其转致乃兄禹臣丈向省座代陈下情,因禹臣现在熊省长处充秘书也。现接鄂年复电及禹臣复函,均各抄附一份,即请台察。鄂年电内示及省座为维持铜元票向银行借款,有电致兄,谅已达到。照禹臣函,该项借款,交通总行业已拒绝,闻豫丰亦决不承认,则此事恐无结果。我行对于此事,固应完全拒绝,但来电不必需复,顷特发奉一电(略),亮荷台洽。兄与鄂年丈亦多年熟人,请详函告以郑州并无分行,只因豫丰押款关系由沪派员管理押品,利息本极微薄,办事尤感困难。我行对于此项押款,无非为救济实业起见。今既困难环生,颇觉无甚意味,总行已有完全收束之议。此项借款万难担负,务求鼎力转圜,准予邀免。至汉行历来在鄂负累已重,最近又在炮火之中一日数惊,全市收解已宣告停止。覆巢之下,将无完卵,更无余力可以兼顾。以上艰危情形,据请转陈省座'云泥分隔,恕不径复,并求詧照,声与泪具,言不尽意'等语,函致鄂年,并请禹臣同阅,大约即可作为了结。"(副本,同上引档)

9 月 8 日 主持浙兴第 173 次行务会议。讨论事项有:①议总行放款事。曹吉如报告事由(略)。②议京、津两行放款并津行订做包装押汇事。沈棉庭报告事由(略)。③沈棉庭报告各行营业准备余额缺额事(略)。马久甫提议。经议决,请马拟定章程草案后再议。(《行务会议记录》第 7 册,上档 Q268-1-169)

同日 浙兴汉行致总行电,报告一厂处境危险。云:"一厂有被流弹焚毁之处。因不能渡江履视,无从述举,容调查详确再告。乞告安利。此间安利已告。"(原电,上档 Q268-1-380)

9 月 10 日 汉行抄送汉阳堆栈来函,报告时局。云:"敝处兹北伐军声浪宣告之时,存货客家下去颇多,其不下者亦不少。不料九月六日下午五时,北伐军由蔡甸后湖抄击北军后路,对战。十时之复由鄂军炮兵内应,于第二天黎明占领龟山兵工厂。略为休息,转向黑山缴北军枪械,至近日止不见北军踪迹。北伐军秩序颇佳,无扰乱性质,故能与民相安。敝处同人以及客货等毫无损失。相应函达,祈勿锦注。"(抄件,上档 Q268-1-555)

9 月 12 日 陈鄂年复先生电,告以此次每家八万借款,浙兴仍在其内。云:"电悉。贵行为债务关系派员在豫丰监视抵押品,非分行性质,素所深知。上次为同业中掣动,派款特多,本欠平允。今省座为维持铜元票借款,请五家银行及豫丰、开(封)郑(州)两商会原定债额百万,磋商至再,减至每家八万元。已由省座电汉行施[史]晋翁处征求同意。此次以四个月归还为最短限度,以盐款收入为最确担保。

由银行商会派员每月监收本息。虽官厅信用久为商家所悉,然订定条件缚束甚严,与向办借款有所不同,当可完璧而归,开历来未有之创局,请释锦注。来电交禹转呈省座一阅,而贵行在郑之非正式分行亦可恍然也。"(原电,上档 Q268-1-431)

9月13日 草拟致汉行电,告以一厂保兵险等事。云:"函悉。汉洋栈兵险安利只肯保一月,费一厘半,仍视时局如何请示保额若干。又运申布卖价较尊函少式万,准赎否? 复。"(电稿,上档 Q268-1-380)

9月14日 豫丰纱厂致浙江兴业银行总行急电,云:"财政厅借款派中、交、盐、金、兴五银行各四万,四家已承认。又,开(封)郑(州)两商会各八万,敝厂四万,限三日缴齐,不容商榷,并嘱敝厂代提贵行存款缴付。函详。"(1926年9月18日豫丰纱厂致浙兴总行函,上档 Q268-1-431)

9月16日 草拟致汉行电,再告保兵险事。云:"速商毛(树棠),用董事会名登沪、汉报头面,报告股东谓厂栈房屋、花纱布均保足兵险,请安心,以杜群疑。拟妥急复代登。"(电稿,上档 Q268-1-380)

同日 河南省财政厅致浙江兴业银行函,强行摊派"认借"洋8万元。函云:"窃照军用紧迫,维持金融,由开、郑两商会及各商行息借款共四十万元,公同订定条约,缮呈三份,已蒙督、省两长批准盖章。一存开封总商会,一存郑州商会,一存财政厅备案存查。兹将原订借款条约照录一份,特用印函奉布,即希贵行查照,迅将认借前项款洋四万元克日措缴,至纫公谊。"(原件,上档 Q268-1-431)

同日 蒋介石签署国民革命军向浙江兴业银行抵押借款借据。全文如下:

今借到浙江兴业银行光洋壹万五千元正,言明以二个月为限,每月按息陆厘。限于十一月十五日本利一并还清。以广东中央银行钞票式万式千五百元作抵。此据。

借款光洋改作壹万元,抵押品减为壹万伍仟元正。方之签字盖章

借款人蒋中正签字盖章

经手人陈方之签字盖章

中华民国十五年九月十六日

(抄件,上档 Q268-1-555)

9月17日 汉行致总行急电。云:"存一厂货,兵险到期。已与毛商妥,除焚毁外拟续保兵险:花六拾万两,纱布廿五万两,请询明三个月及六个月两种保费何价?"先生批复云:"函复。至多只能保一个月,保价俟接洽后电复。"(原电,上档 Q268-1-380)

9月18日 出席商务印书馆特别董事会议。会议讨论:①香港分厂拟在九龙购地案。张元济向诸董事介绍该地情况,议决同意香港分厂报告,以六万四千

八百元之价购定该地。②北京股东陈宝琛等来电,请规定张元济办事名义。众讨论议决,即电复以"已就本会职权范围所及,公推先生为主席董事"。③张元济退俸金按本人要求,照章程规定之普通同人例发给。会议公推吴麟书、叶景葵、黄炎培三位对张"应如何酬庸"酌议办法,再行报告公决。(《商务印书馆董事会记录簿》)

同日　豫丰纱厂致浙江兴业银行总行函,通报河南财政厅军事借款催缴事①。云:"查此次借款虽假维持铜元票为名,实因军事万急,仍济饷用。昨晚温厅长来郑召集开会,急催缴款,限于中秋节前缴清。对于贵行借款,力促代催。并谓'借款之事,通知多日,当时兴业在郑确有营业关系,本厅已调查清切,如不遵缴,当即查抄抵押物品,万勿推诿'等语。昨日吴大帅已来郑,军饷急需,乃系实情。现在地方秩序如常,并望其继续维持。故中国、金城、盐业等行闻已各将四万元全数缴清,商会亦缴出半数。敝厂四万元,其势须于节前缴楚。""照条约所订,各商行公推五人共同监督。敝厂名下定有一人。如贵行在银行团体中不能推派代表,拟请贵行遴选精干人员,顶敝厂名义,前往实行监督。则数月之间,当有收回借款之希望。"(原件,上档Q268-1-431)

9月20日　郑县知事韦联棣致浙江兴业银行电,催索借款。云:"贵行致穆藕初兄电已奉悉。此次督、省两长借款,系以盐款附指担保,一分五厘行息,四个月归还。贵行应借四万元,系由公同议决,各行商、纱厂均已照交,贵行岂能独异?如谓现已歇业不能担认,然当借款乏时尚在营业,更不得藉词推诿。刻下吴大帅驻郑,专恃此款带往前方,接济军需,万难延缓。已商请藕初兄将贵行借款由纱厂垫付。即希如数拨还,以全信用。是所至盼。"(原电,同上引档)

9月22日　浙兴总行收到汉行转来河南省财政厅强行摊派"军事借款"债权人"条约"。云:"昨奉督理、省长面谕,以军事万急需款孔殷,铜元票价又日见跌落,关于小民生机影响甚大。若不设法维持,实于地方秩序有碍,险象环生,不可思议。兹邀集开、郑两商会各行商借款,以资救济。开封商会、郑州商会各借洋八万元,中国、交通、盐业、金城、兴业五银行各借洋四万元,豫丰纱厂借洋四万元,共计洋四十

①　1926年9月18日河南郑县知事韦联棣为军需借款事致函穆藕初,要求穆从浙江兴业银行存款中代为提出4万元,充作"军事借款"。谓:"财政厅长温元电内开,'各行商借款一致议定,开、郑两商会各借洋八万元,中、交、盐业、金城、兴业五家各借洋四万元,豫丰纱厂借洋四万元。此时军需万急,决无商榷余地,望即转饬豫丰及兴业两家,刻速照办,限三日内送款到厅。……'""此项借款,遂邀集各行商经理会商,而兴业银行独无人到,现厅电减为四万元。……查兴业银行有款存放厂,人所共知,无庸讳言。应请贵总理在其一存款项下,提出洋四万元,依限于三日内送厅,切勿推诿,代人受过,是为至盼。"(原函抄件,上档Q268-1-431)——编著者

万元。即以盐款经理处及盐务督销局正款收入为担保,分期抵还。饬即约同银行、商会办理等因。兹将双方订定条件开列于后(略)。"(抄件,同上引档)

9月23日 浙兴京行副经理竹尧生致总行函,报告警察厅强行借款事。云:"日前京师警察厅向各银行筹借秋节警饷。旋由公会讨论,以前次所借三十五万迄未归还,此次所借之数亦复不小,金不愿再入漩涡。而节关已届,警厅待款甚急,屡来催促,然又未便拒绝,不得已允其改由财政部出名,以奥国赔款为抵押品,借洋五十万元。敝处明知中央贫困情形,断无放款之理,但以节关军警需饷孔亟,为维持地方安全计,不能不稍事敷衍。中、交两行各认七万元,四行各认四万元,其余在会各行亦均分认若干。敝处认壹万元,今日已付定期放款科目,附奉抄合同一份,祈詧阅为荷。"(原件,上档Q268-1-564)

9月28日 为汉口第一纱厂保兵险事草拟致汉行急电。云:"一厂兵险期两礼拜,价百分之五,限明日下午四时签订,过时无效。急复。"(电稿,上档Q268-1-380)

9月29日 得汉行复电,云"照保"。即草拟复汉行电。云:"一厂兵险安利尚须电伦敦核夺。先保一星期,价百分之二五,余候伦敦复电再定。乞告毛。"(电稿,同上引档)

9月30日 草拟致汉行急电。云:"纱布运汉,已商安利一切,允电汉径与尊处洽办。"(电稿,同上引档)

10月2日 陈公博签署湖北财政委员会向浙兴借款借据。全文如下:

兹借到浙江兴业银行大洋式万元。声明以汉口房租捐及水电、铁路二成附加费作抵,随收随还,月息一分。此据。 湖北财政委员会陈公博盖章 中华民国十五年十月二日(抄件,上档Q268-1-555)

10月4日 草拟浙兴总办致汉行电。云:"一厂货除已运续保若干,其细目限明日详告安利,电沪安利转伦敦请示。勿迟误。"(电稿,上档Q268-1-380)

10月5日 草拟致汉行急电。云:"豫丰月底用洋四万捌千圆,汉慎昌亦来关照。能否照付?急电复。"(电稿,上档Q268-1-555)

10月6日 主持浙兴第174次行务会议。讨论事项有:①曹吉如报告总行放款事(略)。②沈棉庭报告京、津、汉各行放款事(略)。③徐新六报告第一纱厂厂机押款利息事(略)。(《行务会议记录》第7册,上档Q268-1-169)

同日 蒋抑卮、沈经楣在汉口致先生函,报告汉钞及第一纱厂情况。云:

揆公台鉴:别后于五日下午安抵汉口。本拟住行,恐外间熟人来访,转多招摇,故住德明饭店。史晋翁病尚未愈,勉强出门,不能多谈。兹将今日商洽各事先行分陈如左:

甲、汉钞　(1)汉钞上海兑现,申、汉两方用新闻宣传,防干涉不登广告,自本月十二日实行。新闻稿另议。(2)柜上零星汉钞用申钞调换。(3)汉钞可兑上海汇票,酌收汇水。(4)收回之汉钞随时截角销毁。

乙、存款　(1)已到期之定存及活存,均可做上海汇票,酌收汇水。(2)已到期之定存及活存,如愿移存上海者不收汇水,但期限至少半年,年息五厘,一年七厘,两年八厘(此系最低利率,颇难再少)。(3)已到期之定存及活存,俟停止支付命令两月期满,可以酌付申钞。(4)凡到期之存款概不转期。(5)此项办法与汉钞同时实行。新闻稿内提及"存款可转上海"一语。

丙、营业方针　(1)新存款不论定期或活期,一概不收。(2)各种信用或抵押放款,一概勿做。(3)以后专做汇兑及押汇,但押汇须俟现金可以寄存洋银行时再做。(4)做汇兑时极力推行上海钞票,不加暗记,用出一万,即将现洋准备十成,如数划交总库。(5)为节省开支起见,年内酌调两三人来沪,其余俟年终看情形,能裁则裁,不能裁再调。

以上各节系今日所商之结果。至一厂之事尚未讨论。惟闻近日正在青黄不接时候,本星期内并无棉花可以工作,机上花已经做完,工人进厂不过整理机器而已。闻工人不肯停止,要求继续开工。将来有无暴动,殊无把握。韩君涛为免除危险计,已不驻厂。行中方面防有工人来扰,业已呈请卫戍司令部派兵四名保护。一面备具节略送呈建设厅,陈明被该厂拖累情形,官厅尚无下文。现在统计一厂欠款,除厂基外共欠六十五万五千两,而押品零星拼凑不过念万,落空四十五万。其余情形俟讨论后再报。此上即颂

台绥　　　　　　　　　　　　蒋鸿林　沈经楣同拜启　十月六日下午
诸公均此。　　　　　　　　　　　　　　(原件,上档 Q268-1-80)

10月7日　蒋抑卮等致先生函,报告第一纱厂欠款事。云:"今日与史、王二公续谈第一纱厂事,虽无切实解决办法,惟继续维持开工之意均已取销。至于停工以后解散工人费用,在史晋翁意仍须略为援助。弟等以名目繁多,坚持不可再垫。如至万不得已时,即以未曾运出(存厂)之花纱变卖开销。现在工人方面尚谈不到停工二字,且看下星期情形如何,再定对付方法。三行钞票决定十二(日)开兑,我行亦可同时在上海举行。所拟新闻稿略有变更之处,兹改正附上,请接电后照此送交各报馆登载可也。顷晤刘策安兄,告以哈尔滨殖边银行拟购我行房屋一事。据云从前吉督亦来问过价钱。现在市面渐有起色,可以不必贱卖。日前公复(潘)履园之信,索价二十万元,并未说明哈洋。可否再去一信,声明非现洋二十万不卖。请裁夺。余续陈。"(原件,同上引档)

10月9日　蒋抑卮等致先生函,报告第一纱厂停工事。云:"抵汉后连发两次

快信,想可先后呈览。一厂前日开董事会讨论办法,结果无力筹款,不得不停。即由毛、蔡两公备具呈文,亲投建设厅陈诉。官厅已能谅解,当即批准,文曰'准予备案。应即赶筹款项,于最短期间内恢复工作。仰即知照'云云……在官厅意见目前暂停未尝不可,但必须速筹将来继续开工办法,并非永远可以不问。汪羽唐亦言此系暂时之计,一面应速与安利商办,请他来做,官厅定能尽力保护。否则工人为生计所迫,永无安宁之日也。工会方面昨日有公文来行,询问何以不能借款原因,并索取一厂花纱押款合同。今日正在拟复。解散费恐非十余万不能了事。工资尚欠半月之多,现在谈不到此,一二日后必定提出,要求由行发还也。弟等定双十节乘隆和船回申,与藻公同行。汉行钞票决定十月十二日实行,弟等拟于十日电请尊处登报,请台洽。闻交通(银行)藉口无款,十二日不开兑,暗中在市上收买。中央(银行)及中国(银行)已决定开兑矣。余容面馨。"(原件,同上引档)

10 月 10 日　先生由沪抵达北京,视察京行受时局影响情形。1926 年 10 月 11 日京行致总行函云:"董事长昨午抵京……"(原件,上档 Q268 - 1 - 568)

10 月 11 日　郑州豫丰纱厂致浙兴总行函,商请到期借款转期三个月。(原件,上档 Q268 - 1 - 431)

10 月 12 日　在京草拟致汉行急电。云:"兵险可续保两礼拜,价三厘,问保若干。又十月七日租界货安,保数查复。"(电稿,上档 Q268 - 1 - 380)

10 月 13 日　在浙兴京行,许宝蘅来访。许记曰:"又到浙江兴业银行,过叶揆初、陈仲恕。"(《许宝蘅日记》,第 1155 页)

10 月 14 日　浙兴总行复豫丰纱厂函,同意 10 月 12 日到期借款 20 万两转期三个月。函云:"兹附奉证书一纸,即希詧收签印,连同附属条件函一并寄下为荷。"(函稿,上档 Q268 - 1 - 431)

10 月 16 日　蒋抑卮抵京,与先生会晤,共同考察京行。(1926 年 10 月 17 日京行致总行函,上档 Q268 - 1 - 586)

同日　北京蒋隆埏(水生)致先生函[①],谓拟办《国学丛刊》,请浙江兴业银行参与发起。先生复函云:"水生仁兄世大人:原函及复函寄京行一阅,即转送。敝行在京感于时局困难,极力撙节,故广告未见如命。时局稍平,业务进益,再行求教。"(原信及批注,上档 Q268 - 1 - 586)

10 月 18 日　草拟致汉行急电。云:"汉栈兵险,安四日接汉电,即向各家保妥。自七日起一个月,费一厘半。顷接汉电不保,甚为难,祇能商各家退保,但今日

---

① 原信仅署"十六日",现据卷宗前后档案年份推定约 1926 年。——编著者

以前须照认。"(电稿,上档 Q268-1-380)

10 月 22 日 浙兴杭州分行致总行函,报告时局影响。云:"近日浙省时局谅尊处早有所闻。此间自沪杭铁路中断后,初以军事尚未十分紧急,人心尚安。自二十日起忽闻嘉善方面发生战事,廿一早又盛传夏省长前赴嘉兴,军事消息逐渐严重。傍晚,夏率败军纷纷回省,险象环呈。入夜,三元坊忽起枪声数响,知溃军希图劫掠,幸向扎馒头山之第三师第十团早已密布城内各要地,当场开枪击伤二人,余众悉遁,所有附近商店获庆安全。今晨由省会警厅出示,大致谓城内治安已由士绅公请张前省长维持,仍由第三师第十团兵士协同警察保卫,商民可以安心等语。是以本日起繁盛街市以及银行门首,均派有军士数人分别保卫,照常开市,并无恐慌景象。至上海开浙之军,现尚在嘉兴,各公团正在商量欢迎中。至敝处自闻嘉善接触后之讯,所有行内一切即已预为布置,合并陈报。"(原件,上档 Q268-1-586)

10 月 24 日 先生与蒋抑卮出京赴天津,视察津行。25 日,由津乘津浦特别快车南下。过南京,视察浙兴宁行。27 日,返回上海。(1926 年 10 月 23 日、27 日浙兴京行、宁行致总行函,同上引档)

10 月 25 日 汉口商会向浙兴汉口堆栈收取"军事借款"400 元。汉行抄报总行。(收据原件,上档 Q268-1-555)

10 月 于上海中国书店购得《吕氏家塾读诗记》,前有清徐松(星伯)手钞补陆序。(《吕氏家塾读诗记·跋》,《书跋》,第 7 页)

11 月 2 日 浙兴京行致总行函。云:"附下蒋水生君致揆公函及揆公复蒋君函,均洽悉,揆公函已致送。兹将蒋君函附呈,祈詧转。蒋君于日前亦来敝处揽登广告,敝处已婉复矣。"(原件,上档 Q268-1-586)

11 月 10 日 浙兴京行致总行函。云:"揆公在京谈及总行购地股份由敝处认洋拾万元,迄未奉复,未知是否股份业已额满?"(原件,上档 Q268-1-564)

11 月 11 日 草拟浙兴总行致汉行电稿。云:"安(利)云俟损失报告到后即与分保各家接洽,并电告总行核准即赔,不致延宕。续保兵险两星期,费叁厘,难延长。"(电稿,上档 Q268-1-599)

11 月 15 日 赴爱多亚路联华总会出席商务印书馆特别董事会议,讨论南昌分馆因战事影响受损及厦门分馆经理张海山携款卷逃事。王显华来函辞经理职。(《商务印书馆董事会记录簿》)

11 月 16 日 主持浙兴第 175 次行务会议。讨论事项有:①曹吉如报告总行放款事(略)。②沈棉庭报告奉、哈、京各行放款事(略)。③议本年下届决算拟予削除各账事。沈棉庭报告事由(略)。④议本年下届决算有价证券折扣事。沈棉庭报告事由(略)。(《行务会议记录》第 7 册,上档 Q268-1-169)

同日　国民革命军总司令部军需处致浙江兴业银行函,商请押款展期。云:"案查本年九月份敝处因军费急需,曾用百元小洋券向贵行押借现款应付开支。当时双方议定限期两个月赎取,现因军事紧急,支用浩繁,前项押借之款实难如约办理,有乖信守,抱歉良深。特请推展两个月再行取赎,所有抵押之小洋券,亦请暂勿动用。事关军款,深望互相维系,为此函达,请烦查照,实纫公谊。"(抄件,上档Q268-1-555)

11月17日　签署浙兴总办致各分支行通函,重新颁发修改后之《浙江兴业银行总规程》。(副本,上档Q268-1-60)

11月20日　签署浙兴总办通函,通报时局对金融之影响。云:"顷据江西振华银行函称,'赣省军事以来,金融紊乱,收解停顿,一时筹救无法'等语。尊处俟后对于南昌、九江等处汇款请暂时止做,容可通汇当即函告。再者刻下时局多变,金融不静,凡非本行所在地而系托各代理行转汇之地点,倘有发生军事混乱等情,尊处随时注意并停止该埠之汇款为荷。"(副本,上档Q268-1-116)

11月22日　针对汉口第一纱厂毛树棠不愿再保兵险,先生草拟致汉行电稿。云:"安(利)允一月弍厘,敝拟照保。复。"(电稿,上档Q268-1-380)

同日　浙兴杭行致总行函,报告时局影响情形。云:"自军兴以来敝处运钞到沪,每因沪杭两站检查颇严,殊形不便。曾于前年向杭州军署领到通行证一份,随同携带,历无阻滞事。惟近来杭州方面虽在戒严期内,敝处尚能自行设法招呼。而上海北站每逢检查,则以通行证为期已远不能适用为词,不肯稍予通融,稽查仍密,并嘱敝处连向军署掉(调)换新证等语。现在政局未定,敝处对于掉(调)换新证一时亦无从措办,不得已拟恳尊处向淞沪督办署请领通行证一件,声明此项通行证专为运钞到沪,以备到站免予盘查之用。至杭州方面,敝处自能设法。"(原件,上档Q268-1-586)

11月23日　赴联华总会出席商务印书馆特别董事会议。会议经讨论,同意王显华辞职。(《商务印书馆董事会记录簿》)

11月24日　主持浙兴第176次行务会议。讨论事项有:①曹吉如报告总行放款事(略)。②曹吉如报告购进英金善后公债及中国五厘金券事(略)。③沈棉庭报告杭行、津行放款事(略)。④议津行特别准备金暂时移动一部分事。沈棉庭报告事由(略)。(《行务会议记录》第7册,上档Q268-1-169)

同日　草拟浙兴总行致汉行电。云:"兵险可退保,但遇紧急不及磋商我行代保时须照认。请一厂来函声明妥复。"(电稿,上档Q268-1-380)

12月2日　浙兴总办通函公布《旅费规程》《给假规约》与《薪水规程》等。自1927年1月1日起实行。(副本,上档Q268-1-60)

12月8日 主持浙兴第177次行务会议。讨论事项有:①曹吉如报告总行放款事(略)。②沈棉庭报告京津各分行放款事(略)。(《行务会议记录》第7册,上档 Q268-1-169)

12月11日 浙兴京行经理汪卜桑致先生等急电,告以津行同人对新颁《旅费规程》等有意见。云:"揆、新二公:津同人因更章废止旅费及假期,通电各行同人,要求恢复原状。潮流所趋,深恐敝处亦卷入漩涡。此时应如何办法?乞急复。桑。"(原电,上档 Q268-1-80—144)

同日 徐新六复汪卜桑、竹尧生电,通报总行立场。云:"电悉。修订章程,(乃)董会事,同人倘有意见尽可陈,由两兄转弟代达总处。津行同人会举动实属非是,望尊处同人切勿效尤,于事无补。新六。"(电稿,同上引档)

12月12日 浙兴津行同人会致总办事处函,对修改行章"停给旅费及事病假扣薪"等提出质疑。云:

> 我行对内各种规程,在其他各行中比较为严,夫人知之;而薪水最薄、花红最少,亦夫人而知之。花红之分配依据章程,固可毋庸置喙。惟我行之分配红利不尽根据盈余,每届决算不论盈余多少,悉以之削除房地产,或多立名目种种提存,股东只得年息一分二厘,因之我同人之花红,不因营业发达而加多,反因同人增多而减少。所唯一希望者祗有年终加薪。各员薪水本极微薄,生活程度日增一日,维持不敷,继以告贷,债累日积,十人而九方思在上者加以体恤。近闻总处有修改规程之举,莫不额手相庆,谓必有以加惠。及颁到新章,乃知所修正者不过停给旅费及事病假扣薪等等,不闻于改正规程之时一为同人增进利益,殊令同人甚为失望。若我行营业亏欠则实行减,既亦固其所,各同人自当相谅。惟历年营业均极繁荣,偶有调查不谨致放账波及数十万,诸公主持大计,其责自有攸归。特同人扣回薪水,能有几何?即以回籍旅费而论,津行全年不过千元,察察为明昔人所戒。而况家室远在异地,岁时省亲,人情之常,感冒风寒,人所不免。旧规程之所以有此者,未尝不研究再三折衷。至当相安已久,人无间言。今于每届加薪则种种限制,难之又难,而独于频年沿用同人已得之权利,一纸剥削之而有余。易地而处使董事诸公而身受之,不知作何感想?或谓诸公席丰履厚,困苦下情有为诸公所不及。知者仅设一例于左:
>
> 杭州人 月薪十元(同人薪水少于十元者尚多,住家远于杭州者亦多。始以此为例。)全年收入一百二十元。支出旅费(三等车往返)六十元。告假扣薪(在家住三十天,程途十天,病假二十天,合两个月)二十元。收支两抵,剩余四十元。
>
> 是服役一年,所得祗此四十元。仰事俯畜以及一身之衣履,处世之酬应胥给,于此毋乃太菲。固知诸公未之思耳!为根本计,首当广用分行所在地之人

员,告假减少,免予旷职。在同人既免扣薪之痛苦,在我行亦省旅费之支出,此尤公私两全其道。若尽用远方人,一纸除书,星奔就道,又复减其收入,窘其旅费,而公事又复责之黾勉,岂易致耶? 同人等对于我行从事多年,患难与共,对于诸公或有缟纻之欢,或有葭莩之谊,愿我行蒸蒸日上,声望当隆,各能安居乐业有以自养;不愿见我行呈不安之象,同人陷于危苦之境。谨由同人列举数条,开呈鉴核。一方面使同人可以维持生活,一方面又使诸公易于采纳,尚祈曲鉴苦衷,加以俯允,即行电复,慰此群情,临颖企盼。

(抄件,同上引档)

同日 浙兴津行同人会致总行同人公开信。云:"昨上一电,谅邀译洽。同人等为谋公众利益、减轻困苦起见,商酌两全办法,由同人等拟就公函具名,请由经理转陈总办事处,要求核准施行。兹将函稿并所附声请书一并附奉察阅。惟事关重大,非群策群力不见效力,务请一致进行,互为声援。尊处方针如何,想亦有相当办法,亦祈示复为荷。"(原打印件。同上引档)

12月15日 主持浙兴第178次行务会议。讨论事项有:①曹吉如报告总行放款事(略)。②曹吉如报告续进善后公债事(略)。③议善后公债折价事。沈棉庭报告云:"善后公债折价原定八五折,现在时价又跌。应如何改折?"众议此系一时现象,不必改定折价。(《行务会议记录》第7册,上档Q268-1-169)

12月18日 出席商务印书馆董事会议。会议议决夏鹏、杨端六在总务处办事,帮同总经理、经理处理一切事务,并出席总务处会议。又讨论在租界及香港购地事。张元济以为,既已决定,因时价等因素有变动,董事会似可授权于总务处酌量议购,不必每次由董事会讨论。议决通过董事长提议。(《商务印书馆董事会记录簿》)

12月中旬 为津行同人反对总行通函取消同人旅费津贴招集董事商议,会后以"暂缓执行"名义停止执行。据《项兰生自订年谱》(二)记云,该年"兴行忽通函裁去同人旅费,津行发生异议,反对此举,相持甚僵。当初提倡此举,原为同人所入微薄,借各种名义津贴,无非为加薪既有限制,其生活不足者,得此补贴,可以安心任事,一旦废除,甚失人心。持反对讨论最激者为津行,其馀相率观望,颇有两不相下之势。吾适以避兵乱去申,揆初约吾对于此事在会议中加以支持。是日到会,各董咸集,揆初以往来文电交阅。吾谓关系甚细,宜加慎重,不可以琐屑,酿成恶感。通函虽经发表,可以南北军事纷乱,暂缓执行为辞,以解纠纷。会中刘澄如、周湘舲诸董事一致赞成吾议,揆初亦同意,其主议之人,至此亦别无一语。一场风波,遂告消灭"。(《上海档案史料研究》,第10辑,第319页)

12月23日 浙兴汉行就豫丰商做押款事致总行电。云:"豫丰商做花押款拾万或念万,现约定做拾万,期三封,息分四,保足兵险。可否? 请急复。"(原电,上档

· 596 ·

Q268 - 1 - 555)

12 月 26 日　由张公权出面于上海沧州旅馆约集各银行代表密商,支持武汉国民政府发行新公债。出席者有浙江实业银行总经理李馥荪、浙江兴业银行办事董事蒋抑卮、中国银行汉行经理王子鸿、大陆银行汉行经理沈季宣等。"与议者大都赞成国民政府财政计划,盖认此为国民政府对于新旧债务的诚意维持办法,并非置之不理。查银行界现存有整理案内公债以及其他种种债权,苟按国民政府计划而行,则从前非国民政府发行之外债如善后公债等,内债如整理案内公债,以及北军在汉所借款项,均可因新公债而立于稍趋稳固之地位。"对于武汉国民政府金融公债 2 000 万元中拟以 800 万元押款 500 万元,与会各行大都认为可以勉力而为,以表示合作之诚意。但大家也提出一些要求,如:公债基金应由基金委员会在中央银行开立专户存放,随时有权移动;或在中央银行库中另放一处,与该行款项不相混合;基金委员会每月须将款项收支情形登报声明,仿安氏办法,以昭大信;要求把长期公债(即整理湖北财政公债)的利息率由四厘增至六厘。①（原载《上海商业储蓄银行史料》第 1291、1292 页,引自吴景平主编《上海金融业与国民政府关系研究(1927—1937)》,第 41—42 页）

12 月 28 日　草拟复汉行电稿。云:"豫丰兵险请照保。"又致电汉行云:"豫丰一日到期款,因纱销滞欲转期,请与洽商。新做拾万,拟暂止做。"（电稿,上档 Q268 - 1 - 555）

12 月下旬　因浙江时局不靖,项兰生将眷属迁避上海。项陈夫人病喘甚剧,先生闻讯,介绍刁信德医生诊治。翌年三月渐愈。（《项兰生自订年谱》[二],《上海档案史料研究》,第 10 辑,第 320 页）

是年　撰《挽张季直(謇)联》。云:

　　导廿二行省农工富国之先河,荷锸成云,遂使斥卤化为沃野;
　　结三百余年科举取士之残局,盖棺定论,勿谓文人尽属虚言。

　　　　　　　　　　　　　　　　　　　　　　　（《杂著》,第 406 页）

据薛佩沧《叶揆初的联语》云:"揆公联语至佳,《杂著》中辑有'联存'四十余则。他每次撰作挽联,先以便笺写出,交文书股谢伯衡老兄书就送去,所以其中大部分原稿均为我取藏,可惜现在已不知去向。记得挽张謇(季直)一联……下联末句,原稿是'莫谓儒生纯盗虚声',作于 1926 年。当时我正到董事会去,看见揆公与陈叔通先生谈话,说今日拟为张季直做一挽联,想不出警句,坐包车过马霍路(今黄陂北路。揆公当时寓居马霍路德福里),车上得此一句,足以自豪云云。我当时解释不出,后来

---

①　国民革命军于 1926 年 10 月占领武汉,革命军方面曾多次直接向汉口 20 余家银行借款,各银行反映并不热烈。有些设于上海的总行还指示当地分支机构"婉拒"国民革命军借款。——编著者